CASANOVAS MEMOIREN

⋖✿⋗

ELFTER BAND

CASANOVAS MEMOIREN

VOLLSTÄNDIGE ÜBERSETZUNG
IN ZWÖLF BÄNDEN VON HEINRICH CONRAD
NACH DER AUSGABE
MÜNCHEN UND LEIPZIG 1907/1909, 12 BÄNDE

REVIDIERT UND ERGÄNZT NACH
JACQUES CASANOVA DE SEINGALT VÉNITIEN
HISTOIRE DE MA VIE
ÉDITION INTÉGRALE
(WIESBADEN UND PARIS 1960/1962,
TOM. 1–6, VOL. 1–12)

ELFTER BAND

GUSTAV KIEPENHEUER VERLAG
LEIPZIG UND WEIMAR

GIACOMO CASANOVA

Chevalier de Seingalt

Geschichte
meines Lebens

Herausgegeben

und kommentiert von

Günter Albrecht

in Zusammenarbeit mit

Barbara Albrecht

ELFTER BAND

Gustav Kiepenheuer Verlag

Leipzig und Weimar

Übersetzung der Textergänzungen
aus dem Französischen von Barbara Bartsch

© 1988 Gustav Kiepenheuer Verlag Leipzig und Weimar
(für revidierte und ergänzte Übersetzung
und Kommentare)

ISBN Sammel-Nr. 3-378-00084-8
ISBN 3-378-00095-3
(Bd. 1 ISBN 3-378-00085-6)
(Bd. 2 ISBN 3-378-00086-4)
(Bd. 3 ISBN 3-378-00087-2)
(Bd. 4 ISBN 3-378-00088-0)
(Bd. 5 ISBN 3-378-00089-9)
(Bd. 6 ISBN 3-378-00090-2)
(Bd. 7 ISBN 3-378-00091-0)
(Bd. 8 ISBN 3-378-00092-9)
(Bd. 9 ISBN 3-378-00093-7)
(Bd. 10 ISBN 3-378-00094-5)

INHALT
DES ELFTEN BANDES

ANHANG

Abkürzungen in den Anmerkungen

ELFTER BAND

ERSTES KAPITEL

Meine Liebschaft mit Doña Ignacia,
der Tochter des adligen Flickschusters
Meine Haft im ›Buen Retiro‹ und mein Triumph · Ich werde
dem vénezianischen Gesandten durch einen Staatsinquisitor
der Republik empfohlen

ICH betrat mit der schönen Doña Ignacia[1] den Saal; wir schlenderten anfangs umher und trafen auf zahlreiche Wachsoldaten, die mit aufgepflanztem Bajonett langsam hin und her gingen, um sich sofort derer zu bemächtigen, die die Ruhe durch Lärm stören würden. Wir tanzten Menuette und Paartänze bis zehn Uhr und gingen dann zum Souper. Wir schwiegen beide: sie, um mich nicht zu ermutigen, es ihr gegenüber an Respekt fehlen zu lassen; ich, weil ich nur wenig Spanisch konnte und nicht wußte, was ich ihr sagen sollte. Nach dem Essen ließ ich sie einen Augenblick allein und ging in die Loge, wo ich die Pichona[2] treffen sollte. Da ich jedoch nur unbekannte Masken fand, begannen wir wieder zu tanzen, bis die Erlaubnis zum Fandango[3] kam. Ich trat mit meiner Partnerin an, die ihn ganz ausgezeichnet tanzte und sehr erstaunt war, daß ein Ausländer sie so gut begleitete. Der verführerische Tanz hatte uns in Flammen gesetzt. Sobald er beendigt war, führte ich sie nach dem Büfett, ließ ihr Erfrischungen vorsetzen und fragte sie, ob sie mit mir zufrieden sei; ich sagte ihr, sie habe mich so verliebt gemacht, daß ich sterben werde, wenn sie nicht ein Mittel fände, mich glücklich zu machen. Zugleich versicherte ich ihr, ich sei der Mann, allen Gefahren zu trotzen.

Sie antwortete mir: »Ich darf nur daran denken, Sie glücklich zu machen, wenn ich selber glücklich werde; ich werde Ihnen morgen schreiben, inwiefern Sie dazu beitragen können, und Sie werden meinen Brief in die Kapuze des Dominos zwischen Futter und Überstoff eingenäht finden, lassen Sie ihn deshalb erst am nächsten Tag abholen.«

»Sie werden mich zu allem bereit finden.«

Es war Zeit zum Aufbrechen; wir gingen auf den kleinen

Platz,[4] fanden meinen Wagen und stiegen ein. Die Mutter erwachte, und der Kutscher fuhr ab. Ich ergriff die Hände des Mädchens, um sie ihr zu küssen. Ohne Zweifel dachte sie jedoch, ich hätte andere Absichten, bemächtigte sich meiner Hände und hielt diese so fest, daß ich wohl vergeblich versucht haben würde, sie zu befreien. In dieser seltsamen Stellung und augenscheinlich ohne Kraftanstrengung begann Doña Ignacia ihrer Mutter zu erzählen, wieviel Vergnügen der Ball ihr bereitet habe. Sie ließ meine Hände erst los, als wir in die Calle del Desengaño[5] einbogen und die Mutter dem Kutscher zurief, daß er halten solle. Sie wollte nicht vor ihrer eigenen Tür aussteigen, um den Nachbarn keinen Anlaß zu böser Nachrede zu geben. Sie bat mich, im Wagen zu bleiben, und sie bedankten sich beide nochmals und gingen zu Fuß zu ihrem Haus. Ich ließ mich heimwärts fahren, um mich schlafen zu legen.

Am nächsten Tage ließ ich den Domino abholen. Ich fand darin den Brief, und Doña Ignacia schrieb mir: Don Francisco de Ramos[6] werde sich bei mir melden lassen; er sei ihr Liebhaber und ich werde von ihm erfahren, auf welche Weise ich sie glücklich machen könne; mein Glück werde die Folge des ihren sein.

Dieser Don Francisco ließ nicht lange auf sich warten; denn mein Page meldete ihn mir schon am nächsten Morgen um acht Uhr. Er sagte mir, Doña Ignacia spreche mit ihm jede Nacht von ihrem Fenster aus; sie habe ihm anvertraut, daß sie mit mir und ihrer Mutter auf dem Ball gewesen sei; sie sei überzeugt, daß ich zu ihr eine väterliche Zuneigung gefaßt habe, und habe ihn überredet, sich mir vorzustellen; sie sei gewiß, ich werde ihn wie meinen Sohn behandeln. Infolgedessen habe er den Mut gefaßt, sich mir zu eröffnen und mich um ein Darlehen von hundert Dublonen[7] zu bitten, wodurch er in den Stand gesetzt würde, seine Geliebte noch vor dem Ende des Karnevals zu heiraten. »Ich bin«, fuhr er fort, »im Münzamt[8] angestellt, habe jedoch derzeit nur ein sehr geringes Gehalt. Ich hoffe, daß es später erhöht wird. Mein Vater und meine Mutter wohnen in Toledo, und ich bin allein mit meiner geliebten Braut in Madrid. Ich habe außer Ihnen keinen einzigen Freund und kann mir nicht vorstellen, daß Sie Doña Ignacia mehr lieben als ein Vater seine Tochter.«

Ich antwortete ihm: »Sie lassen mir Gerechtigkeit widerfahren, Don Francisco; ich habe jedoch im Augenblick die hundert Dublonen nicht, und ich weiß überhaupt nicht, wann ich eine solche Summe erhalten werde. Sie können auf meine Verschwiegenheit zählen und werden mir ein Vergnügen bereiten, sooft Sie mich besuchen.«

Er machte mir eine Verbeugung und ging schwer gekränkt hinaus. Don Francisco war ein Jüngling von zweiundzwanzig Jahren, häßlich und schlecht gewachsen. Ich lachte über das Abenteuer; denn ich hatte für Ignacia nur eine flüchtige Neigung empfunden und ging aus, um der Pichona meine Aufwartung zu machen. Dies war die Dame, die mich das erste Mal, als ich sie sah, so freundlich eingeladen hatte, sie zu besuchen. Ich hatte mich nach ihr erkundigt und erfahren, daß sie Schauspielerin gewesen war und dem Herzog von Medinaceli[9] ihr Glück verdankte. Der Herzog hatte ihr bei sehr strenger Kälte einen Besuch gemacht und kein Feuer im Kohlenbecken gefunden, weil sie kein Geld hatte, sich Kohlen zu kaufen. Er schämte sich, daß er, der unermeßlich Reiche, bei einer so armen Frau gewesen war, und schickte ihr gleich am nächsten Tage ein silbernes Kohlenbecken, das er, statt mit Kohlen, mit hunderttausend Goldpiastern[10] gefüllt hatte, die einen Wert von fünfzigtausend Zechinen hatten. Seitdem lebte die Pichona in sehr behaglichen Verhältnissen und empfing in ihrem Haus auch gute Gesellschaft.

Ich ließ mich bei ihr anmelden, und sie nahm mich sehr freundlich auf, aber sie sah traurig aus. Ich sagte ihr: »Ich hatte nicht das Glück, Sie in Ihrer Loge zu finden.«

»Ich hatte nicht die Kraft auszugehen, denn an demselben Tage starb nach dreitägiger Krankheit der Herzog von Medinaceli,[11] der einzige Freund, den ich auf der Welt besaß.«

»War der Herzog sehr alt?«

»Nein, keine sechzig Jahre. Sie haben ihn ja gesehen; man sah ihm sein Alter nicht an.«

»Wo habe ich ihn denn gesehen?«

»Hat er Sie nicht in meine Loge geführt?«

»Wie? Das war er? Er hat mir nicht seinen Namen genannt; ich sah ihn zum ersten Male.«

Sein Tod hatte mich getroffen. All sein Hab und Gut ging an

einen Sohn,[12] der, wie es meistens der Fall ist, sehr geizig war. Doch dieser geizige Sohn hatte seinerseits wieder einen sehr verschwenderischen Sohn.

Gerade das habe ich immer und überall beobachtet. Der Sohn eines Geizigen ist verschwenderisch, der Sohn eines Verschwenders ist geizig. Es erscheint mir nur natürlich, daß die Auffassungen des Vaters und des Sohnes ständig im Widerspruch zueinander stehen. Ein Autor,[13] ein geistvoller Mensch, suchte nach dem Grund, warum ein Vater gewöhnlich seinen Enkel mehr liebt als seinen Sohn. Er glaubte die Ursache dafür in der Natur gefunden zu haben. Es ist ganz natürlich, sagte er, daß der Mensch den Feind seines Feindes liebt. Diese Begründung erscheint mir grausam, wendet man sie so allgemein an, denn, forsche ich bei mir nach, so kann ich sagen, daß der Sohn seinen Vater liebt. Ich bin jedoch mit der Feststellung einverstanden, daß die Liebe des Vaters zu seinem Sohn unendlich viel größer ist als die des Sohnes zum Vater. Man sagte mir, daß das Haus von Medinaceli dreißig Hüte[14] hätte; das bedeutet, daß es dreißig spanische Adelstitel trug.[15]

Ein junger Mann, der in dem Café verkehrte, das ich niemals besuchte, obwohl ich dort wohnte, trat eines Tages mit recht ungezwungener Miene bei mir ein, um mir in einem für mich neuen Lande, das er gründlich zu kennen behauptete, seine Dienste anzubieten.

»Ich bin der Graf Marazzani[16] aus Piacenza. Ich bin nicht reich und kam nach Madrid, um hier mein Glück zu versuchen. Ich hoffe, in die Leibgarde seiner Majestät[17] aufgenommen zu werden. Seit einem Jahr warte ich darauf und amüsiere mich unterdessen. Ich sah Sie auf dem Ball mit einer Schönheit, die kein Mensch kannte. Ich will nicht wissen, wer es ist; aber wenn Sie die Veränderung lieben, kann ich Sie mit allen, auch den Zurückhaltendsten, bekannt machen, die es in Madrid gibt.«

Wäre ich vernünftig gewesen, hätte ich den dreisten Menschen wegen des Angebots abblitzen lassen müssen; doch ich hatte keine Lust, vernünftig zu sein. Eine unerträgliche Leere begann mich zu quälen; ich hatte eine nette kleine Liebelei nötig, wie ich schon viele gehabt hatte. So nahm ich diesen Merkur[18] gut auf und lud ihn ein, mir die Schönheiten zu zeigen, die meiner Aufmerksamkeit würdig wären; jedoch nicht solche, die leicht zu haben wären, und ebensowenig solche, deren Eroberung zu viele Schwierigkeiten machen würde; denn ich wollte in Spanien in keine unangenehmen Geschichten verwickelt werden. ›Nolo nimis facilem, difficilemque nimis‹.[19]

»Kommen Sie mit mir auf den Ball«, sagte er mir, »und ich verspreche Ihnen, Sie sollen alle Frauen bekommen, die Sie interessieren, trotzdem sie ihren offiziellen Liebhaber haben.«

Der Ball fand an demselben Abend statt. Ich gab ihm meine Zusage, daß ich mitgehen würde, und als er mich zum Mittagessen einlud, erfüllte ich seine Bitte. Nach dem Essen sagte er mir, er habe kein Geld, ich gab ihm zwei Goldpiaster und sagte zu, ihn im Ballsaal zu treffen. Dieser recht freche, häßliche und üble Kerl wich die ganze Nacht nicht von meiner Seite, er zeigte mir fünfzehn oder zwanzig hübsche Frauen und erzählte mir von jeder deren Geschichte. Eine von ihnen erregte mein Interesse, und er versprach mir, mich bei einer Kupplerin mit ihr zusammenzubringen. Er hielt mir Wort, aber es kam mich teuer zu stehen, und das Vergnügen, das er mir verschaffte, war die Ausgabe nicht wert; denn ich suchte Liebe und fand kein Geschöpf, das würdig gewesen wäre, mich zu fesseln.

Gegen Ende des Karnevals brachte der Flickschuster[20] Don Diego mir meine Stiefel und zugleich Grüße von seiner Frau und seiner Tochter, die immer noch von dem Vergnügen spreche, das sie auf dem Ball gehabt habe, und mein zartfühlendes Benehmen gar nicht genug loben könne.

Ich antwortete ihm: »Sie ist ein ebenso ehrbares wie schönes Mädchen; sie verdient, ihr Glück zu machen, und wenn ich nicht zu ihr gegangen bin, so geschah dies nur, weil ich ihrem Ruf nicht schaden wollte.«

»Ihr Ruf ist über alle Nachrede erhaben, und ich würde mich geehrt fühlen, wenn Sie die Güte haben wollten, mich zu besuchen.«

Diese Aufforderung stachelte mich an.

»Der Karneval geht seinem Ende zu, und wenn Doña Ignacia Lust hat, ein zweites Mal den Ball zu besuchen, so werde ich sie mit großem Vergnügen hinführen.«

»Holen Sie sich die Antwort selber.«

Ich war neugierig, wie meine fromme Schöne sich benehmen würde, die mich alles nach der Heirat hoffen lassen wollte und mich für diese Hoffnung eine riesige Summe zahlen zu lassen gedachte. Ich ging noch am gleichen Tage zu ihr und fand sie mit dem Rosenkranz in der Hand bei ihrer Mutter sitzen, während ihr ›edler‹ Vater alte Stiefel flickte. Ich lachte innerlich darüber, einen Flickschuster Don nennen zu müssen, der nicht Schuhmacher sein wollte, weil er Hidalgo war.[21] Doña Ignacia stand höflich von der Erde auf, auf der sie mit gekreuzten Beinen saß wie eine Afrikanerin. Diese Sitzart ist noch eine maurische Gewohnheit aus dem alten Spanien. Ich sah in Madrid vornehme Frauen so auf dem Parkett sitzen, sogar in den Vorzimmern des Hofes und in dem des Palastes der Prinzessin von Asturien.[22] Die Spanierinnen sitzen auch in der Kirche auf ihren Beinen; sie besitzen eine überraschende Geschicklichkeit, aus dieser Stellung in eine kniende oder stehende zu wechseln oder umgekehrt.

Doña Ignacia dankte mir für die Ehre, die ich ihr durch meinen Besuch erweise, und sagte mir, ohne mich würde sie niemals den Ball gesehen haben; auch hoffe sie nicht mehr, noch einmal hinzukommen; denn ohne Zweifel werde ich in den vergangenen vier Wochen eine würdige Partnerin gefunden haben.

»Ich habe keine gefunden, die würdig wäre, Ihnen vorgezogen zu werden«, antwortete ich ihr, »und wenn Sie noch einmal auf den Ball gehen wollen, werde ich Sie mit größtem Vergnügen hinführen.«

Vater und Mutter waren sehr zufrieden, wir unterhielten uns über den Domino, und sie meinte, ihre Mutter werde selbst einen beschaffen, und als ich ihr eine Dublone gab, ging die Mutter sofort los, da der Ball an demselben Tage stattfand. Da auch Don Diego irgendeine Besorgung zu machen hatte, so war ich mit dem Mädchen allein. Ich benutzte die Gelegenheit und sagte ihr, es stehe bei ihr, die volle Herrschaft über mich zu erlangen, denn ich bete sie an; wenn sie jedoch gedenke, mich schmachten zu lassen, so werde sie mich nicht wiedersehen.

»Was können Sie von mir wünschen, und was kann ich Ihnen bieten? Ich muß doch meine Unschuld für meinen künftigen Gatten bewahren.«

»Sie müssen sich meiner Liebe ohne jeden Nebengedanken

überlassen und können überzeugt sein, daß ich Ihre Unschuld schonen werde.«

Ich machte einen sanften Angriff auf sie, sie verteidigte sich jedoch mit Kraft und mit einer ernsten Miene, die auf mich großen Eindruck machte. Als ich es sah, ließ ich von ihr ab, indem ich ihr versicherte, sie werde mich die ganze Nacht hindurch dienstwillig und ehrerbietig finden, aber weder zärtlich noch verliebt, obgleich dies viel besser sein würde. Ihr Gesicht war feuerrot geworden; sie antwortete mir, ihre Pflicht nötige sie, ihrem eigenen Wunsche zum Trotz sich meiner Kühnheit zu widersetzen. Diese Metaphysik gefiel mir sehr an einer frommen Spanierin. Es handelte sich nur darum, die feste Idee des Pflichtgefühls in ihr zu zerstören; sie würde dann sofort zu allem bereit sein. Ich mußte sie zum Nachdenken bringen und dann einen Sturmangriff wagen, wenn sie keine Antwort mehr wußte.

Ich sagte daher zu ihr: »Wenn Ihr Ehrgefühl Sie zwingt, mich, entgegen Ihrem eigenen Wunsche, zurückzustoßen, so ist Ihr Ehrgefühl eine Last für Sie; es ist Ihr echter Feind. Wenn es aber Ihr Feind ist, warum verhätscheln Sie es dann, warum lassen Sie es so leicht siegen? Sich selbst zuliebe müssen Sie dieses unverschämte Ehrgefühl bezwingen.«

»Das ist nicht möglich.«

»Im Gegenteil, es ist sehr leicht möglich. Denken Sie an sich selbst; überlegen Sie und schließen Sie die Augen!«

»Ist es so gut?«

»Vortrefflich.«

In demselben Augenblick faßte ich an ihre schwache Stelle; sie stieß mich zurück, doch ziemlich sanft und mit einem weniger ernsten Gesicht. Zugleich sagte sie: »Es steht in Ihrer Macht, mich zu verführen; aber wenn Sie mich lieben, müssen Sie mir diese Schande ersparen.«

»Meine angebetete Ignacia, für ein kluges Mädchen ist es nur eine Schande, wenn sie sich einem Mann hingibt, den sie nicht liebt. Gibt sie sich aber dem hin, den sie liebt, so erklärt und rechtfertigt die Liebe alles. Wenn Sie mich nicht lieben, verlange ich nichts.«

»Aber was muß ich tun, um Sie zu überzeugen, daß ich Sie aus Liebe gewähren lasse und nicht aus schmachvoller Gefälligkeit?«

»Lassen Sie mich gewähren, und mein Selbstgefühl wird Ihnen beistehen, um mich zu überzeugen, daß Sie mich lieben, ohne daß Sie es mir erklären müssen.«

»Geben Sie zu, daß ich Sie zurückweisen muß, da ich dessen nicht sicher sein kann.«

»Das gebe ich zu, aber Sie werden mich dann traurig und kühl finden.«

»Das würde auch mich traurig stimmen.«

Durch diese Worte ermutigt, erreichten meine Hände durch einen kühnen Griff noch mehr, und ihre Hände ließen sich dorthin führen, wohin meine es wollten; und sie teilte meinen Genuß, ohne es zu leugnen. Hiermit war ich vollständig zufrieden, denn für den Anfang konnte ich nicht mehr verlangen. Ich überließ mich einer Heiterkeit, die sie bei mir noch nicht kannte und die auch sie ansteckte.

Die Mutter kam mit dem Domino und den Handschuhen zurück und wollte mir den Rest der Dublone wiedergeben. Ich weigerte mich jedoch, das Geld anzunehmen, und entfernte mich, um sie am Abend wie beim letzten Mal abzuholen. Da der erste Schritt einmal getan war, fühlte Doña Ignacia, daß sie sich lächerlich machen würde, wenn sie sich meinen Bemühungen widersetzen und nicht auf meine Worte eingehen würde, die ich auf dem Ball verlauten ließ und die das Ziel hatten, wie wir uns künftig die Wonne gemeinsamer Nächte verschaffen könnten. Natur und Verstand und ihre Eigenliebe brachten sie zu der Überzeugung, daß sie mich nur an sich fesseln konnte, wenn sie sich Mühe gab, sich meine Liebe zu erhalten. Auf dem Ball fand sie mich ganz anders als beim ersten Mal; ich war geschäftig, zärtlich und zuvorkommend. Beim Souper war ich darauf bedacht, ihr alles vorsetzen zu lassen, was sie gern aß. So zwang ich sie, sich selber Beifall zu zollen, daß sie sich entschlossen hatte, ihren Widerstand aufzugeben. Ich füllte ihre Taschen mit Zuckerwerk und steckte in die meine zwei Flaschen Ratafia;[23] diese gab ich der Mutter, die wir im Wagen eingeschlafen fanden. Doña Ignacia wies eine Achterdublone[24] zurück, die ich ihr schenken wollte; aber sie tat dies ohne Stolz und mit dem Ausdruck zärtlicher Dankbarkeit. Zugleich bat sie mich jedoch voller Vertrauen, ich möchte sie ihrem Liebhaber geben, wenn er mich wieder besuchen würde.

»Gern, aber wie soll ich mich vergewissern, daß mein Anerbieten ihn nicht beleidigen wird?«

»Sagen Sie ihm, es sei eine Anzahlung auf die hundert, um die er Sie gebeten hat; er ist arm. Ich bin überzeugt, er ist jetzt in Verzweiflung, weil er mich nicht am Fenster gesehen hat; vielleicht wird er die ganze Nacht auf der Straße warten. Morgen nacht werde ich ihm zum Trost sagen, ich sei mit Ihnen nur auf den Ball gegangen, um meinem Vater einen Gefallen zu tun.«

Sie, von der ich dachte, daß sie sich entschlossen hatte, sich mir hinzugeben, tanzte den Fandango mit so viel Wollust, daß keine Worte mir hätten alles deutlicher verheißen können. Was für ein Tanz! Er erhitzt und setzt in Flammen, er reißt die Tänzer mit sich fort. Trotzdem hat man mir versichern wollen, daß die meisten Spanier und Spanierinnen sich gar nichts Schlimmes dabei dächten. Ich habe getan, als wenn ich das glaubte. Bevor sie ausstieg, bat Ignacia mich, am nächsten Morgen um acht Uhr in die Kirche ›Nuestra Señora de la Soledad‹[25] zu kommen. Ich hatte ihr noch nicht gesagt, daß ich sie dort zum ersten Mal gesehen hatte. Sie bat mich ferner, sie gegen Abend zu besuchen, und sagte mir, sie werde mir einen Brief zustekken, wenn sie es nicht ermöglichen könne, mit mir allein zusammen zu sein.

Ich schlief bis zum Mittag und wurde von Marazzani geweckt, der sich bei mir zum Essen einlud. Er sagte mir, er habe mich die ganze Nacht maskiert auf dem Ball beobachtet und mich mit Doña Ignacia beim Essen gesehen. Er habe vergeblich alle Kenner von Madrid gefragt, wer dieses Mädchen sei. Ich ertrug geduldig diese sehr indiskrete Neugier; als er mir jedoch sagte, er würde mir jemanden nachgeschickt haben, wenn er Geld gehabt hätte, da sprach ich zu ihm in einem Ton, daß er ganz blaß wurde. Er beeilte sich, mich um Verzeihung zu bitten, und versprach mir, in Zukunft seine Neugier im Zaum zu halten. Er schlug mir eine galante Zusammenkunft mit der berühmten und gefeierten Buhlerin Spiletta[26] vor, die ihre Huld nicht billig verkaufte; ich wollte jedoch nicht, denn ich war ganz und gar von Doña Ignacia eingenommen, die ich mir als eine sehr würdige Nachfolgerin Charlottes[27] vorstellte.

Ich war vor ihr in der Kirche, und sie sah mich gleich in der

Ecke des Beichtstuhls, sowie sie eintrat. Das Mädchen, das sie das erste Mal begleitet hatte, war wieder bei ihr. Zwei Schritte von mir warf sie sich auf die Knie, aber ohne den Kopf nach mir umzudrehen. Ihre Freundin dagegen sah mich unaufhörlich an; sie war ebenso alt wie Doña Ignacia, aber sehr häßlich. Da ich Don Francisco bemerkte, verließ ich die Kirche vor der Schönen; er folgte mir und machte mir ein etwas bitteres Kompliment darüber, daß ich zum zweiten Male das Glück gehabt hätte, mit der Herrin seines Herzens auf den Ball zu gehen. Er gestand mir, daß er uns die ganze Nacht auf den Spuren gewesen wäre, und sagte: »Ich wäre mit dem Ball ziemlich zufrieden gewesen, wenn ich nicht Sie beide den Fandango hätte tanzen sehen; denn Sie sahen mir zu sehr wie zwei glücklich Liebende aus.«

Ich fühlte ein Bedürfnis, die Gefühle des armen Teufels zu schonen, und sagte ihm daher mit gütiger Miene, die Liebe leide an Einbildungen, aber ein kluger Mann wie er müsse jeden Zweifel aus seinem Herzen verbannen. Zugleich drückte ich ihm eine Achterdublone in die Hand und bat ihn, diese als Anzahlung anzunehmen. Er nahm sie mit erstaunter und gerührter Miene, nannte mich seinen Vater, seinen Schutzengel, und versprach mir ewige Dankbarkeit. Beim Abschied sagte er mir, er glaubte, daß ich ihm, sobald es mir möglich wäre, den Rest der Summe geben würde, die er brauchte, um Doña Ignacia nach Ostern heiraten zu können, denn der Karneval sei fast vorbei, und in der Fastenzeit seien Hochzeiten nicht erlaubt.

Gegen Abend ging ich zum Flickschuster, der mich mit dem ausgezeichneten Ratafia bewirtete, den ich seiner Frau, Doña Antonia, geschenkt hatte; sie und ihre Tochter sprachen von nichts anderem als von den großen Verpflichtungen der Nation gegen den Grafen Aranda[28] für seine Maßnahmen.

»Es gibt«, sagte Doña Antonia, »für die Gesundheit nichts Besseres als den Ball, und doch war dieses Vergnügen verboten, bevor der große Mann an die Regierung kam. Trotzdem wird er gehaßt, weil er die ›Padres de la Compañia‹[29] aus dem Land gejagt und die bis an die Knöchel reichenden Mäntel und die ›Sombreros gachos‹[30] verboten hat. Aber die Armen segnen ihn; denn sie erhalten alles Geld, das der Ball in den ›Canos del Peral‹[31] einbringt.«

»Auf diese Weise«, bemerkte der Flickschuster Don Diego, »tun alle, die auf diesen Ball gehen, zugleich ein frommes Werk.«

»Ich habe«, sagte Doña Ignacia zu mir, »zwei Basen, die an Tugend wahre Engel sind. Ich habe ihnen erzählt, daß ich mit Ihnen auf dem Ball war, den zu besuchen sie nicht die geringste Hoffnung haben, denn sie sind arm. Es würde nur von Ihnen abhängen, sie glücklich zu machen, indem Sie sie am letzten Tage des Karnevals mitnehmen. Ihre Mutter wird sie um so lieber mitgehen lassen, da der Ball mit dem Schlage der zwölften Stunde zu Ende ist, um nicht die heilige Ruhe des Aschermittwochs zu stören.«

»Ich bin, meine gute Doña Ignacia, vollkommen bereit, ihnen dieses unschuldige Vergnügen zu erweisen, um so mehr, weil dadurch Ihrer Mutter die Mühe erspart bleibt, die Nacht im Wagen auf uns zu warten.«

»Sie sind sehr liebenswürdig; ich müßte Sie jedoch erst mit meiner Tante bekannt machen, die von einer gewissenhaften Frömmigkeit ist. Wenn sie Sie kennengelernt hat, bin ich überzeugt, wird sie mir keine abschlägige Antwort geben, wenn ich ihr den Besuch des Balles vorschlage; denn Sie sehen wie ein gesitteter Mann aus, der keine schlechten Absichten ihren Töchtern gegenüber haben könnte. Suchen Sie sie noch heute auf. Sie wohnt in der nächsten Straße gleich im ersten Hause, über dessen Tür ein Schild anzeigt, daß dort Spitzen ausgebessert werden. Stecken Sie einige Spitzen in Ihre Tasche und sagen Sie, meine Mutter habe Ihnen die Adresse gegeben. Das übrige werde ich selber machen, wenn ich morgen aus der Messe komme. Gegen Mittag kommen Sie bitte hierher, damit Sie hören, wie wir den letzten Karnevalstag zusammen verbringen.«

Ich machte alles genau nach ihrer Vorschrift und brachte den Basen Spitzen, und am anderen Tage konnte Doña Ignacia mir melden, daß alles in Ordnung sei.

Ich sagte hierauf zu ihr: »Ich werde alle Dominos in meiner Wohnung bereithalten, in die Sie durch die Hintertüre gelangen können. Wir werden in meinem Zimmer speisen; hierauf werden wir uns maskieren, um auf den Ball zu gehen, und wenn dieser zu Ende ist, werde ich Sie alle nach Hause bringen. Die ältere Base werde ich als Mann verkleiden; dann wird sie vollkommen wie ein Kavalier aussehen.«

»Ich werde ihr vorher nichts davon sagen, denn ist sie erst einmal bei Ihnen, so wird sie alles tun, was Sie wollen.«

Die jüngere der beiden Basen war häßlich, sah aber unverkennbar wie ein Mädchen aus; die ältere dagegen, die auffällig häßlich war, sah wegen ihrer ungewöhnlichen Größe wie ein mißgestalteter Mann in Frauenkleidern aus. Dieser Gegensatz machte mir Spaß, denn Doña Ignacia war eine vollkommene Schönheit und im höchsten Grade verführerisch, sobald sie ihr frommes Gehabe zum Teufel schickte.

Ohne daß mein Page etwas merkte, sorgte ich dafür, daß die Dominos und alles Notwendige in der kleinen Kammer neben meinem Zimmer vorhanden waren. Am Dienstagvormittag gab ich ihm einen Piaster und sagte ihm, er könne den letzten Karnevalstag in voller Freiheit feiern; es genüge mir, wenn er am anderen Mittag wieder da sei.

Ich besorgte mir Schuhe, bestellte im Gasthof in der Nähe ein gutes Mittagessen für vier Personen und sagte dem Kellner des Cafés, daß er uns bedienen sollte. Ich schaffte mir Marazzani vom Halse, indem ich ihm Geld für ein gutes Essen gab. So hatte ich alle Vorbereitungen getroffen, um mich zu unterhalten und Doña Ignacia Gelegenheit zum Fröhlichsein zu geben, die an diesem Tage im guten meine Geliebte werden sollte. Die Partie war neu in ihrer Art: drei Betschwestern, davon zwei ekelhaft häßlich, die dritte höchst appetitlich, schon in meine Absicht eingeweiht, freundlich und gezähmt.

Sie kamen um zwölf Uhr, und um ein Uhr setzten wir uns zu Tisch, nachdem ich ihnen die ganze Stunde lang weise, moralische und sehr salbungsvolle Reden gehalten hatte. Ich hatte mich mit ausgezeichnetem Wein aus der Mancha[32] versehen, der sehr angenehm zu trinken ist, aber die Stärke des Ungarweines besitzt. Die jungen Mädchen waren nicht daran gewöhnt, zwei Stunden lang bei Tisch zu sitzen, gute Speisen zu essen, soviel sie Lust hatten, und sich an feinen Weinen zu laben; sie waren nicht gerade betrunken, aber sie glühten und waren von einer Lustigkeit, deren Reiz sie bis dahin nicht gekannt hatten.

Ich sagte der älteren Base, die etwa fünfundzwanzig Jahre alt sein mochte, ich würde sie als Mann verkleiden, und sah sie erschrecken. Doña Ignacia sagte ihr, sie könne doch glücklich sein, daß sie das Vergnügen haben werde, und die jüngere Base sagte, das könne doch keine Sünde sein.

»Wenn es eine Sünde wäre«, sagte ich, »glauben Sie, daß ich Ihnen einen solchen Vorschlag machen würde?«

Doña Ignacia, die die Heiligenlegenden auswendig wußte, bestärkte meine Versicherung, indem sie sagte, die glorreiche heilige Marina[33] habe ihr ganzes Leben in Männerkleidung zugebracht; bei dieser gelehrten Bemerkung streckte die große Base dann endlich die Waffen.

Ich pries nun in schwülstigen Worten ihren Geist und reizte sie dadurch, mich zu überzeugen, daß ich mich nicht täuschte.

»Kommen Sie mit mir«, sagte ich zu ihr, »und Sie, meine Damen, warten Sie hier! Ich möchte mich an Ihrer Überraschung weiden, wenn Sie sie als Mann erscheinen sehen.«

Sie überwand sich und folgte mir. Ich breitete die ganze Ausrüstung eines Mannes vor ihr aus, ließ sie ihre Strümpfe ausziehen und dafür weiße Strümpfe und die Schuhe anziehen, die ihr gut paßten. Indem ich mich vor sie hinsetzte, sagte ich ihr, sie würde eine Todsünde begehen, wenn sie mir unanständige Absichten zutraute; denn da ich ihr Vater sein könnte, wäre es unmöglich, daß ich solche hätte. Sie antwortete mir, sie sei eine gute Christin, aber nicht dumm. Ich band ihr die Strumpfbänder zu und sagte ihr, ich würde niemals geglaubt haben, daß sie so schöne Beine und eine so weiße Haut hätte; sie lächelte vor Eitelkeit.

Durch mein Lob geschmeichelt, hatte sie nichts gegen die Gründe einzuwenden, die ich anführte, um ihre Schenkel zu loben; jedoch vermied ich, diese zu berühren, was sie wohlwollend aufnahm. In der Tat waren sie wohlgeformt und prächtig. Wieder einmal, wie schon so oft zuvor, hatte ich gesehen, daß ›sublata lucerna nullum discrimen inter feminas‹.[34] Ein wahres Sprichwort in bezug auf den körperlichen Genuß, jedoch falsch, sehr falsch sogar in bezug auf die Liebe. Das Liebenswerte der Seele spiegelt sich auf dem Gesicht wider; das kann der stärkste Beweis dafür sein, daß der Mensch eine Seele hat, die ihn vom Tier gänzlich unterscheidet.

Nachdem ich die schönen Schenkel der Frömmlerin gelobt

hatte, die ich jedoch nur bis zu einer gewissen Stelle näher ins Auge faßte, gab ich ihr meine Hosen, erhob mich dabei und drehte ihr den Rücken zu, um ihr jede Freiheit zu lassen, die Hosen anzuziehen und sie bis zum Gürtel zuzuknöpfen. Ich war nicht erstaunt darüber, daß sie ihr gut paßten, obwohl ich fünf Zoll größer war als sie.[35] Die Frauen sind so beschaffen, daß sie in dieser Gegend in der Körperbildung sich stark von den Männern unterscheiden.

Ich gab ihr ein Hemd und drehte mich nochmals um, was ihr vielleicht mißfiel, denn dadurch hatte ich sie um ein Kompliment gebracht; hinterher merkte ich, daß sie es verdiente. Sie teilte mir mit, daß sie fertig wäre, als sie ihren Kragen noch nicht einmal zugeknöpft hatte. Sie hatte einen schönen und festen Busen, sah, daß ich ihn betrachtete und war mir dankbar dafür, daß ich bei meinem Lob mich nicht indiskret gerühmt hatte, ihn gesehen zu haben. Ich streifte ihr eine Jacke über, und nachdem ich sie von Kopf bis Fuß betrachtet hatte, sagte ich ihr, daß jemand, der zwischen ihre Schenkel schauen würde, merken könnte, wessen Geschlechts sie sei.

»Erlauben Sie mir«, sagte ich ihr, »Ihr Hemd an dieser Stelle besser zu ordnen?«

»Ich bitte Sie darum, denn ich habe mich noch nie als Mann verkleidet.«

Sie stand aufrecht, während ich mich vor sie hinsetzte und ihre Hose aufknöpfte, um das Hemd zu raffen und es zusammengebauscht dort zu ordnen, wo sie nichts hatte und wo sie als Mann etwas haben müßte. Meine Augen hatten bereits die Erlaubnis zum Schauen erteilt bekommen; doch auch der Tastsinn mußte ein wenig im Spiel sein. Ich tat das so schnell, so ernsthaft und mit einem derartigen Anschein des Zufälligen, daß die große Base sehr unrecht getan hätte, mein Tun anstößig zu finden oder mir gar verstehen zu geben, daß sie etwas bemerkt hatte.[36]

Nachdem ich ihr in ihren Domino geholfen, ihre Kapuze aufgesetzt und die Maske vorgebunden hatte, stellte ich sie vor, und ihre Schwester und Doña Ignacia machten ihr Komplimente und sagten ihr, die größten Kenner müßten sie für einen Mann halten.

»Nun zu Ihnen«, sagte ich zur Jüngeren.

»Geh nur«, sagte die Ältere zu ihr; »Don Jaime ist der anständigste Mann in ganz Spanien.«[37]

Ich hatte bei der Jüngeren nicht viel zu machen, denn sie brauchte nur den Domino anzuziehen; trotzdem veranlaßte ich sie, die Strümpfe zu wechseln. Sie war einverstanden und drehte mir den Rücken zu, um sich in Ruhe fertigzumachen, ich ließ es zu. Ich hoffte nicht, etwas Seltenes zu sehen. Das weiße Brusttuch war angeschmutzt, ich gab ihr ein neues. Sie drehte sich wieder um, nahm das schmutzige ab und legte meins an; mir war es egal. Ich maskierte sie noch und machte die Tür auf, um sie den anderen vorzustellen. Doña Ignacia bemerkte, daß sie andere Strümpfe und ein anderes Brusttuch trug, und fragte sie, ob ich Talent im Aus- und Anziehen hätte.

»Das weiß ich nicht«, antwortete die Base ihr, »denn ich habe seine Hilfe nicht gebraucht.«

Nun kam Doña Ignacia an die Reihe, für sie hatte ich mich aufgespart.

Sobald sie in der Kammer war, machte ich mit ihr, was sie erwartete, und sie gab sich mir mit jener Miene hin, die zu sagen schien: ›Ich ergebe mich dir, weil ich nicht länger widerstehen kann.‹ Da ich mich in der gleichen Lage befand und ihre Ehre schonen wollte, so hielt ich nach einer Minute inne; das zweite Mal aber hielt ich sie länger als eine Stunde in meinen Armen. Sie war zur Liebe geboren. Zu ihren Basen sagte sie: »Ich mußte das ganze Vorderteil des Dominos auftrennen und wieder zusammennähen.«

Bei Sonnenuntergang fuhren wir nach dem Ballhaus, wo für diesen Tag der Graf von Aranda den Fandango nach Belieben erlaubt hatte; das Gedränge war jedoch so groß, daß es unmöglich war, ihn zu tanzen. Um zehn Uhr speisten wir zu Abend; hierauf gingen wir im Saal auf und ab, bis die beiden Orchester schwiegen. Es war Mitternacht, und die heilige Fastenzeit begann; die Ausgelassenheit war zu Ende.

Nachdem ich mit den drei Mädchen nach meiner Wohnung gefahren war, um sie dort die Dominos ablegen zu lassen, brachten wir die beiden Basen nach Hause. Doña Ignacia sagte zu mir, sie habe einen Kaffee nötig. Ich verstand sie sofort und nahm sie wieder mit zu mir, wo ich gewiß war, sie ein paar Stunden lang in voller Freiheit bei mir zu haben. Sie schien das gleiche Bedürfnis zu haben. Nachdem ich sie auf mein Zimmer geführt hatte, ließ ich sie einen Augenblick allein, um den Kaffee beim Kellner zu bestellen; aber im Café sah ich plötzlich Don Francisco vor mir, der mich ohne Umstände bat, ihn als Dritten zu unserer Gesellschaft zuzulassen, denn er habe Doña Ignacia hinaufgehen sehen. Es gelang mir, meine Enttäuschung und meine Wut zu verbergen, und ich sagte ihm, es stehe in seinem Belieben und er könne sicher sein, daß sein unerwarteter Besuch Doña Ignacia das größte Vergnügen machen werde. Ich ging hinauf, er folgte mir, und ich meldete ihn der Schönen, indem ich ihr sagte, sein Besuch zu einer solchen Stunde werde ihr jedenfalls viel Vergnügen machen. Ich hätte wetten mögen, daß sie sich mindestens ebensogut zu verstellen gewußt hätte wie ich; aber ich hatte mich getäuscht. In ihrem Verdrusse sagte sie ihm grob, sie würde sich gehütet haben, mich um Kaffee zu bitten, wenn sie hätte glauben können, er würde mich belästigen. Das wäre sehr indiskret von ihm, und wenn er weniger schlecht erzogen wäre, so würde er mich nicht zu solcher Stunde gestört haben. Trotz meines Ärgers glaubte ich den armen Teufel verteidigen zu müssen; denn er machte ein Gesicht, als sei er vor den Kopf geschlagen und werde gleich seinen Geist aufgeben. Ich suchte Doña Ignacia zu beruhigen, indem ich ihr sagte, es sei doch ganz natürlich, daß Don Francisco in der letzten Karnevalsnacht zu dieser Stunde im Café sei; er habe uns nur zufällig gesehen und sei von mir selbst gebeten worden, heraufzukommen, weil ich geglaubt habe, ich würde ihr damit ein Vergnügen machen. Doña Ignacia erriet meine Absicht und stellte sich, als wenn sie mir recht gäbe. Sie lud ihn ein, Platz zu nehmen, richtete aber dann kein Wort mehr an ihn und sprach nur mit mir allein von dem Ball, indem sie mir für das Vergnügen dankte, das ich ihr zuliebe ihren Basen verschafft hätte.

Nachdem Don Francisco seinen Kaffee getrunken hatte, glaubte er, sich entfernen zu müssen. Ich sagte ihm, ich hoffte ihn zuweilen während der Fastenzeit zu sehen. Aber Doña Ignacia sprach kein Wort zu ihm, sondern begnügte sich mit einem leichten Kopfnicken. Als er fort war, sagte sie mir mit traurigem Gesicht, dieser verdrießliche Zwischenfall beraube sie des Vergnügens, eine Stunde mit mir zu verbringen; denn sie sei überzeugt, daß Don Francisco im Café oder an irgendeinem anderen

Ort auf sie warte, um ihr nachzuspüren, und wenn sie seine Neugier verachte, werde sie sich seiner Rache aussetzen. Sie fuhr fort: »Haben Sie also die Güte, mich nach Hause zu fahren, und wenn Sie mich lieben, so besuchen Sie mich in der Fastenzeit. Der Streich, den der Wahnwitzige mir gespielt hat, soll ihn noch Tränen kosten. Vielleicht werde ich ihn mir überhaupt vom Halse schaffen, denn nur um mich zu verheiraten, erlaube ich ihm, mir am Fenster den Hof zu machen. Sind Sie überzeugt, daß ich nicht in ihn verliebt bin?«

»Vollkommen, mein schöner Engel! Du hast mich glücklich gemacht, und ich muß mich für geliebt halten, solange ich dich liebe.«

Doña Ignacia gab mir in aller Eile einen neuen Beweis dafür. Hierauf brachte ich sie nach Hause, wo ich ihr versicherte, ich würde nur für sie leben, solange ich mich in Madrid aufhielte.

Am nächsten Tage speiste ich bei Mengs[38] zu Mittag, und den Tag darauf um vier Uhr sprach mich ein Mann von üblem Aussehen auf der Straße an und bat mich, ihm in den Kreuzgang einer Kirche zu folgen, wo er mir etwas sagen würde, was für mich von größtem Interesse sein müßte. Ich folgte ihm, ohne ein Wort zu sagen, und sobald er sah, daß uns kein Mensch hören konnte, sagte er mir: »Noch heute nacht wird der Alkalde[39] Messa Ihnen einen Besuch machen, und zwar mit allen seinen Häschern, zu denen ich gehöre. Er weiß, daß Sie verbotene Waffen besitzen, die Sie unter der Matte, die auf dem Fußboden Ihres Zimmers liegt, hinter dem Ofen versteckt haben. Er weiß – oder glaubt zu wissen – noch mehrere andere Dinge, die ihn berechtigen, sich Ihrer Person und Ihrer verbotenen Waffen zu bemächtigen und Sie nach dem Gefängnis der zur Zwangsarbeit in den Straflagern bestimmten Verbrecher[40] bringen zu lassen. Ich sage Ihnen dies alles, weil ich Sie für einen ehrenhaften Menschen halte, der es nicht verdient hat, ein so trauriges Schicksal zu erleiden. Verachten Sie meine Warnung nicht, treffen Sie Ihre Maßnahmen, und bringen Sie sich an einen sicheren Ort, um diesem Schimpf zu entgehen.«

Da der Umstand der verborgenen Waffen unter der Matte wahr war, so maß ich der Warnung des Mannes Glauben bei und drückte ihm eine Dublone in die Hand. Anstatt zu Doña Ignacia zu gehen, wie es meine Absicht gewesen war, ging ich nach Hause, nahm meine Pistolen und den Karabiner aus dem Versteck, verbarg sie unter einem weiten Mantel und ging so bewaffnet zu dem Maler Mengs, nachdem ich im Café Bescheid hinterlassen hatte, man möchte mir meinen Pagen zuschicken, sobald er wieder nach Hause käme. Im Hause von Mengs war ich in Sicherheit, da es dem König gehörte.

Der Maler war ein braver Mann, aber ehrgeizig, stolz und über alle Maßen mißtrauisch und nahm sich in acht vor allem Unangenehmen. Er verweigerte mir keineswegs eine Zuflucht für die Nacht, sagte mir jedoch, am nächsten Morgen müßte ich daran denken, mir ein anderes Nachtlager zu besorgen; denn es wäre unmöglich, daß der Alkalde keine stärkeren Gründe für meine Verhaftung hätte als den Besitz verbotener Waffen in meinem Zimmer. Er wisse von der ganzen Sache nichts und könne daher für nichts aufkommen. Er gab mir ein Zimmer, und wir speisten allein miteinander und sprachen unaufhörlich über diese Geschichte: ich wiederholte fortwährend, ich hätte mich keines anderen Vergehens schuldig gemacht als des Besitzes der mitgebrachten Waffen, worauf er mir erwiderte: unter diesen Umständen hätte ich die ungebetene Warnung des Mannes verachten müssen, anstatt ihm eine Dublone zu geben; ich hätte ruhig in meinem Zimmer bleiben sollen, statt meine Waffen fortzuschaffen; denn als ein kluger Mann müßte ich doch wissen, daß ein jeder Mensch nach dem Naturrecht in seinem eigenen Zimmer nicht nur Waffen, sondern sogar Kanonen haben dürfte.

Ich antwortete ihm: »Indem ich zu Ihnen ging, wollte ich nur der Unannehmlichkeit ausweichen, eine Nacht im Gefängnis zuzubringen; denn ich bin überzeugt, der Spitzel, dem ich die Dublone gegeben habe, hat mir weiter nichts als die Wahrheit gesagt. Morgen werde ich eine andere Wohnung nehmen; ich gebe zu, daß ich meine Pistolen und meinen Karabiner hätte zu Hause lassen müssen.«

»Sie hätten ebenfalls dort bleiben sollen. Ich glaubte nicht, daß Sie so leicht zu erschrecken wären.«

Während wir uns in dieser Weise stritten, kam mein Wirt und sagte, der Alkalde Messa sei mit dreißig Häschern dagewesen und habe meine Wohnung durchsucht, nachdem er die Tür durch einen Schlosser habe öffnen lassen. Nachdem er überall gesucht, aber nichts gefunden habe, habe er die Tür wieder schließen und amtlich versiegeln lassen. Hierauf sei er gegangen und habe meinen Pagen ins Gefängnis geführt unter der Anschuldigung, daß er mich gewarnt habe; ›denn sonst‹, so habe er hinzugefügt, ›würde er sich nicht zu Chevalier Mengs[41] zurückgezogen haben, wo ich mich seiner Person nicht bemächtigen kann.‹

Nach dieser Erzählung gab Mengs zu, daß ich nicht unrecht gehabt hätte, an die mir gemachte Mitteilung zu glauben; er fügte hinzu, ich müßte sofort am nächsten Morgen den Grafen von Aranda aufsuchen und vor allen Dingen die Unschuld meines Pagen betonen, den man ins Gefängnis gesteckt hatte.[42] Da Mengs sich fortwährend für meinen unschuldigen Pagen interessierte, sagte ich ihm schließlich in ungeduldigem Ton: »Mein Page muß ein abgefeimter Schuft sein; denn wenn der Alkalde ihn in Verdacht hat, mich von seinem Besuch in Kenntnis gesetzt zu haben, so ist das ein ganz unwiderleglicher Beweis, daß der Page dasselbe gewußt hat, was der Alkalde wußte. Nun frage ich Sie: muß der Page nicht ein Schurke sein, wenn er von einer derartigen Geschichte hört und mich nicht davon in Kenntnis setzt? Und weiter frage ich Sie, ob er sie wissen kann, wenn er nicht selber der Denunziant und Spitzel gewesen ist? Denn schließlich wußte doch nur er allein, wo meine Waffen versteckt waren.«

Als Mengs sah, daß er mir nichts mehr antworten konnte, ärgerte er sich, ließ mich allein und ging ebenfalls zu Bett.

Am anderen Morgen in aller Frühe schickte mir der große Mengs durch seinen Kammerdiener Hemden, Strümpfe, Unterhosen, Kragen, Taschentücher, Duftwasser und Haarpuder. Seine Haushälterin brachte mir Schokolade, und sein Koch fragte mich, ob ich Erlaubnis hätte, Fleischspeisen zu essen. Durch solche Manieren verpflichtet ein Prinz einen Gast, sein Haus nicht mehr zu verlassen; aber ein Privatmann jagt ihn damit fort. Ich ließ ihm für alles danken und nahm weiter nichts an als die Schokolade und ein Taschentuch. Ich hatte mich frisieren lassen, mein Wagen hielt vor der Tür, und ich war bei Mengs in seinem Zimmer, um ihm einen guten Morgen zu wünschen und ihm zu danken und ihm zu sagen, daß ich erst wieder zu ihm kommen würde, wenn ich frei wäre. In diesem

Augenblick trat ein Offizier ein und fragte den Maler, ob der Chevalier de Casanova[43] bei ihm sei. Ich antwortete selbst:

»Der bin ich.«

»Monsieur, ich bitte Sie, mir gutwillig in die Wachstube des ›Buen Retiro‹[44] zu folgen, wo Sie als Gefangener bleiben werden. Da das Haus eins des Königs ist, so kann ich keine Gewalt anwenden; aber ich mache Sie darauf aufmerksam, daß binnen weniger als einer Stunde der Chevalier Mengs den Befehl erhalten wird, Sie aus seinem Hause zu weisen, und dann werden Sie in aufsehenerregender Weise ins Gefängnis gebracht werden, was Ihnen doch nur sehr unangenehm sein kann. Ich rate Ihnen also, mir ruhig zu folgen und mir die Waffen auszuliefern, die Sie in Ihrem Zimmer hatten.«

»Monsieur Mengs kann Ihnen die Waffen übergeben, die ich seit elf Jahren stets bei mir habe und die ich nur mitführe, um gegen Straßenräuber gewappnet zu sein. Ich werde Ihnen folgen und bitte Sie nur, mir zu gestatten, daß ich vier Briefchen schreibe, wozu ich nicht einmal eine halbe Stunde nötig habe.«

»Ich kann weder solange warten noch Ihnen erlauben, Briefe zu schreiben; aber es steht in Ihrem Belieben, dies zu tun, sobald Sie im Gefängnis sind.«

»Das genügt. Ich werde mich gehorsam fügen, was ich nicht tun würde, wenn ich in der Lage wäre, Ihrer Gewalt Gewalt entgegenzusetzen. Ich werde mich Spaniens erinnern, wenn ich im übrigen Europa ehrenwerte Menschen finde, die etwa Lust haben sollten, in diesem Lande zu reisen wie ich.«

Ich umarmte den Chevalier Mengs, der ein ganz betroffenes Gesicht machte. Hierauf ließ ich meine Waffen von dem Bedienten in den Wagen schaffen und stieg mit dem Offizier, einem Hauptmann, ein, der wie ein durchaus ehrenwerter Mann aussah.

Er brachte mich nach dem Palast ›Buen Retiro‹. Die königliche Familie hatte ihn aufgegeben, und er diente nur noch als Gefängnis für überführte Verbrecher, während die königlichen Gemächer als Kasernen benutzt wurden. In diesen Palast hatte Philipp V. sich in der Fastenzeit mit der Königin[45] zurückgezogen, um sich auf das Osterfest vorzubereiten.

Als der Hauptmann mich in der Wachstube einem ungehobelten Offizier vom Dienst übergeben hatte, führte ein Korporal mich in das Innere des Schlosses, in einen großen Saal im Erdgeschoß, dem Gefängnis für alle, die dorthin kamen und keine Soldaten waren. Mir kam ein erstickender Gestank entgegen, und ich sah fünfundzwanzig oder dreißig Gefangene und zehn oder zwölf Soldaten. In dem Raum standen zehn oder zwölf sehr breite Betten und einige Bänke, aber keine anderen Sitze und keine Tische. Ich bat einen Soldaten, mir Papier, Feder und Tinte zu besorgen, und gab ihm zu diesem Zweck einen Taler. Lachend nahm er den Taler, ging und kam nicht wieder. Alle, an die ich mich wandte, um mich nach ihm zu erkundigen, lachten mir ins Gesicht. Am meisten wunderte mich der Anblick meines Pagen und des Grafen Marazzani, der mir auf Italienisch sagte, er befinde sich seit drei Tagen in diesem Gefängnis, habe mir aber nicht geschrieben, weil er ein Vorgefühl gehabt habe, daß er mich bald in seiner Gesellschaft sehen werde.

»Binnen weniger als vierzehn Tagen«, fuhr er fort, »wird man uns von hier unter guter Bedeckung auf irgendeine Festung zur Zwangsarbeit schicken; von dort aus werden wir jedoch unsere Verteidigungsgründe schriftlich vorbringen können und dürfen hoffen, in drei oder vier Jahren dort rauszukommen und mit einem Paß Spanien verlassen zu können.«

»Ich hoffe, man wird mich nicht verurteilen, bevor man mich gehört hat.«

»Der Alkalde wird morgen kommen; er wird Sie verhören und Ihre Antwort aufschreiben. Das ist alles. Hierauf wird man Sie vielleicht nach Afrika schicken.«

»Hat man Ihnen bereits den Prozeß gemacht?«

»Man hat sich gestern drei Stunden lang mit mir beschäftigt.«

»Wonach hat man Sie gefragt?«

»Wer der Bankier sei, der mir das nötige Geld für meinen Lebensunterhalt gebe. Ich habe geantwortet, daß ich keinen Bankier kenne, daß ich von meinen Freunden Geld borge und auf einen Bescheid über die Aufnahme oder Nichtaufnahme in die Leibgarde warte. Man hat mich gefragt, warum der Gesandte von Parma[46] mich nicht kenne, und ich habe geantwortet, ich habe mich ihm niemals vorgestellt. ›Ohne die Empfehlung Ihres heimatlichen Gesandten‹, hat man mir eingewandt,

›können Sie niemals Leibgardist werden, und das müssen Sie wissen; aber der König wird Ihnen eine Beschäftigung geben, zu der Sie von niemandem empfohlen zu werden brauchen.‹ Mit diesen Worten ging der Alkalde hinaus, ohne sich weiter um mich zu kümmern. Ich sehe voraus, daß man Sie ebenso behandeln wird, wenn nicht der venezianische Gesandte[47] Ihre Freilassung verlangt.«

Ich beherrschte mich, aber ich mußte meine Bitterkeit hinunterschlucken, obwohl ich eine so harte Behandlung, wie Marazzani sie mir androhte, nicht für wahrscheinlich hielt. Ich setzte mich auf ein Bett, das ich drei Stunden später verließ, als ich mich von Läusen bedeckt sah, deren bloßer Anblick einem Italiener oder Franzosen Ekel einflößt, einem Spanier jedoch unvermeidlich zu sein scheint, den solch kleines Mißgeschick höchstens belustigt. Flöhe, Wanzen und Läuse gibt es in Spanien in so großen Mengen, daß sie niemand als Anstoß betrachtet. Man sieht sie wohl als eine Art Haustiere an. Unbeweglich, ohne auch nur ein Wort zu sagen, stand ich da und schluckte die schlechte Laune runter, die in mir hochkam und mir wie Gift ins Blut ging. Reden hatte keinen Zweck; ich mußte schreiben, und man gab mir nicht die Mittel dazu. Notgedrungen hatte ich den Entschluß gefaßt, die Ereignisse abzuwarten, die in den nächsten vierundzwanzig oder dreißig Stunden bestimmt eintreten mußten.

Gegen Mittag sagte Marazzani zu mir, ich könne mir etwas zum Essen besorgen lassen, wenn ich einem Soldaten, den er kenne und für dessen Ehrlichkeit er bürge, das nötige Geld gebe; er werde auch gerne mit mir essen, da er seit drei Tagen nur Brot, Wasser, Knoblauch und eine elende Suppe gehabt habe.

»Ich habe keine Lust zu essen«, antwortete ich ihm, »und ich gebe keinen Heller mehr, bevor ich nicht meinen Taler von dem Soldaten zurückerhalten habe, mit dem er nicht wiedergekommen ist.«

Er machte Lärm wegen dieser Spitzbüberei, die ja direkter Diebstahl war, aber man lachte ihn aus. Hierauf sprach mein Page mit ihm, er möge mich doch bitten, ihm etwas Geld für Essen zu geben; denn er habe Hunger und besitze überhaupt kein Geld.

»Ich werde ihm nichts geben; denn im Gefängnis ist er nicht mehr in meinen Diensten.«

Ich sah alle meine Unglücksgenossen schlechte Suppe und erbärmliches Brot essen und Wasser dazu trinken, mit Ausnahme von zwei Priestern und einem Mann, den man Landrichter[48] nannte; diese hatten gutes Essen.

Um drei Uhr brachte ein Bedienter von Mengs mir eine Mahlzeit, die für vier genügt hätte. Er wollte die Speisen dalassen und am Abend wiederkommen, um die Schüsseln zu holen. Ich wollte jedoch in meiner Wut die Reste nicht mit dem Gesindel teilen, dessen Gefährte ich nun war, auch nicht mit den Soldaten. Ich ließ den Bedienten warten. Nachdem ich auf einer Bank meinen Hunger und Durst gestillt hatte, schickte ich ihn fort, indem ich ihn bat, erst am nächsten Tage um die gleiche Stunde wiederzukommen, da ich nicht zu Abend essen wollte. Der Bediente gehorchte, und das Gesindel tobte. Marazzani sagte mir in frechem Ton, ich hätte doch wenigstens die Flasche Wein behalten können. Ich antwortete ihm nicht.

Um fünf Uhr kam Manucci[49] ganz niedergeschlagen mit dem Wachoffizier zu mir. Nachdem er mir sein Bedauern ausgesprochen und ich ihm dafür gedankt hatte, fragte ich den Offizier, ob es mir erlaubt wäre, an die Personen zu schreiben, die mich nur darum an diesem Ort lassen könnten, weil sie nicht wüßten, daß ich hier wäre.

Er antwortete mir: »Es wäre eine Grausamkeit, Ihnen das nicht zu erlauben.«

»Wenn dies der Fall ist, ist es dann erlaubt, daß ein Soldat, den man um acht Uhr morgens beauftragt, das nötige Schreibzeug zu kaufen, einen Taler nimmt und nicht wiederkommt?«

»Wer ist dieser Soldat?«

Die Wache war abgelöst worden, und wir fragten vergeblich nach dem Mann; niemand kannte ihn.

»Ich verspreche Ihnen, Señor«, sagte der Offizier zu mir, »daß Sie Ihr Geld wiederbekommen sollen und daß der Spitzbube von Soldat bestraft wird. Unterdessen werden Sie augenblicklich Papier, Tinte, Feder, einen Tisch und eine Kerze erhalten.«

»Und ich«, setzte Manucci hinzu, »verspreche Ihnen, daß um acht Uhr ein Bedienter des Gesandten in Livree hier sein wird, um die Briefe, die Sie schreiben wollen, an ihre Adressen zu bestellen. Der Gesandte wird sich unter der Hand für Sie einsetzen, denn in der Öffentlichkeit glaubt er das nicht tun zu können.«

Ich zog hierauf drei Taler aus meiner Tasche und sagte zu dem Gesindel, dieses Geld sei für denjenigen, der den Namen des diebischen Soldaten angeben werde. Marazzani war der erste, der ihn nannte; zwei weitere wiederholten den Namen, den der Offizier lächelnd in sein Notizbuch schrieb. Er begann mich kennenzulernen; denn ich gab drei Taler aus, um einen wiederzubekommen. Als sie fort waren, begann ich zu schreiben, aber ich mußte dabei eine unglaubliche Geduld aufwenden. Sie kamen und lasen jedes Wort, das ich dem Papier anvertraute, und wenn sie etwas nicht verstanden, trieben sie die Frechheit so weit, daß sie mich nach der Bedeutung fragten. Unter dem Vorwand, das Licht zu putzen, löschte man die Kerze aus. Mir kam es vor, als sei ich auf den Galeeren, und litt, ohne mich zu beklagen. Ein Soldat wagte mir zu sagen, er werde alle zur Ruhe bringen, wenn ich ihm einen Taler geben wollte; ich antwortete ihm nicht. Trotz dieser Höllenpein brachte ich meine Briefe fertig und versiegelte sie. Es waren keine kunstvoll verfaßten Schreiben, aber ich hatte in sie das ganze Gift geträufelt, das ich in mir brennen fühlte.

Ich schrieb dem Gesandten Mocenigo, es sei seine Pflicht, einen Untertan seiner Regierung zu verteidigen, wenn die Diener einer fremden Macht ihn bedrängen, um sich seines Eigentums zu bemächtigen. Er könne mir seinen Schutz nicht verweigern, es sei denn, daß er wisse, inwiefern ich gegen die Gesetze der Republik verstoßen habe, denn meine Zwistigkeiten mit den Staatsinquisitoren bestünden nur deshalb, weil Signora Zorzi mich dem Signor Condulmer[50] vorgezogen habe, der mich aus Eifersucht unter die Bleidächer gebracht hätte.

An den gelehrten Señor Manuel de Roda,[51] Minister für Justizwesen und Gnadenangelegenheiten, schrieb ich, daß ich mich an ihn wende, nicht um eine Gnade zu erlangen, sondern um Gerechtigkeit zu erhalten.

›Durchlaucht, dienen Sie Gott und Ihrem Herrn, dem König, indem Sie verhindern, daß der Alkalde Messa einen Venezianer hinterhältig umbringt, der kein Gesetz übertreten hat und nach Spanien in der Zuversicht gekommen ist, daß er sich dort unter ehrlichen Leuten befinden werde und nicht unter Mördern, die kraft des ihnen anvertrauten Amtes straflos morden dürfen. Der Mann, der Ihnen das schreibt, hat in seiner Tasche eine Börse voll Dublonen. Er ist in einem Saal eingesperrt, wo man ihn bereits bestohlen hat, und er fürchtet, in dieser Nacht ermordet zu werden, um ihm seine Börse und andere Sachen zu stehlen.‹

Dem Herzog von Losada[52] schrieb ich, er möge seinem Königlichen Herrn mitteilen, man ermorde ohne sein Wissen, aber in seinem Namen einen Venezianer, der kein Verbrechen begangen und kein Gesetz übertreten habe und dessen ganze Schuld darin bestehe, reich genug zu sein, um während seines ganzen Aufenthaltes in Spanien keines Menschen zu bedürfen. Ich stellte ihm vor, daß er verpflichtet sei, sofort den König zu bitten, er möge einen Befehl ergehen lassen, um diesen Mord zu verhindern.

Aber der schärfste von den vier Briefen, die ich schrieb, war der, den ich an den Grafen Aranda richtete. Ihm schrieb ich: Wenn man den Mord an mir begehe, so werde ich vor meinem Tode unbedingt glauben müssen, es geschehe auf seinen Befehl; denn dem Offizier, der mich verhaftet habe, sei mehrere Male von mir gesagt worden, ich sei nach Madrid mit der Empfehlung einer Fürstin[53] gekommen, deren Brief ich ihm übergeben habe. ›Ich habe nichts getan; welche Entschädigung wird man mir geben, nachdem ich aus dieser Hölle befreit worden bin? Wie will man die Mißhandlung wiedergutmachen, die ich bereits erdulden mußte? Lassen Sie mich entweder sofort in Freiheit setzen, oder befehlen Sie Ihren Henkern, mich schnell zu erledigen, denn wenn diese sich einfallen lassen, mich zur Zwangsarbeit zu schicken, werde ich mich vorher mit eigener Hand umbringen.‹

Nach meiner Gewohnheit behielt ich Abschriften von meinen Briefen; hierauf beförderte ich diese durch den Bedienten der Gesandtschaft, den der allmächtige Manucci mir pünktlich zur genannten Stunde sandte. Ich verbrachte eine entsetzliche Nacht. Alle Betten waren voll, auch hätte ich mich nicht darauf ausstrecken mögen. Vergeblich verlangte ich Stroh, aber wenn ich auch welches hätte erhalten können, so wäre es mir doch unmöglich gewesen, es auszubreiten, da der ganze Fußboden mit Urin überschwemmt war; denn außer zweien oder dreien hatte niemand ein Nachtgeschirr. In meiner schrecklichen Wut wollte ich nicht einen roten Heller ausgeben, um mir eine kleine Erleichterung zu verschaffen, und sei es nur, um diese Halunken noch mehr ins Unrecht zu setzen, denen ich drei Taler gegeben hatte, damit sie dem Offizier den Dieb unter den Soldaten verraten sollten. Ich verbrachte die Nacht sitzend auf einer schmalen Bank ohne Lehne.

Um sieben Uhr in der Frühe kam Manucci zu mir. Ich bat ihn, mich mit dem Offizier und ihm in die Wachstube gehen zu lassen, damit ich etwas zu mir nehmen könnte; denn ich fühlte mich erschöpft. Meine Bitte wurde augenblicklich bewilligt. Ich trank Schokolade, und als ich den beiden dabei meine Leiden schilderte, standen ihnen die Haare zu Berge. Manucci sagte mir, meine Briefe könnten erst im Laufe des Tages bestellt werden, und fügte lachend hinzu, der von mir an den Gesandten geschriebene sei grausam. Ich zeigte ihm hierauf die Abschrift der drei anderen, und der unerfahrene junge Mann sagte mir, man erlange durch Freundlichkeit leichter etwas. Er wußte nicht, daß es Lagen gibt, in denen es einem Mann unmöglich ist, freundlich zu schreiben. Er sagte mir im geheimen, der Gesandte speise an demselben Tage beim Grafen von Aranda und habe ihm versprochen, unter vier Augen mit dem Minister zu meinen Gunsten zu sprechen; er befürchtete jedoch, mein zorniger Brief werde den stolzen Spanier gegen mich aufbringen.

»Ich bitte Sie, dem Gesandten nicht zu sagen, daß Sie von diesem Brief Kenntnis hatten.«

Eine Stunde nach seinem Fortgehen, während ich wieder unter dem Gesindel saß und mir die Unverschämtheiten anhörte, mit denen man mich wegen meines hochmütigen Benehmens verhöhnte, sah ich Doña Ignacia und ihren Vater, den adligen Flickschuster, in Begleitung des wackeren Hauptmanns, der mir schon so viel Gefallen erwiesen hatte, eintreten. Dieser Besuch schnitt mir in die Seele, aber ich mußte ihn von der guten Seite auffassen und dankbar dafür sein; denn es lagen darin von seiten des braven Mannes Achtung, Größe, Tugend und Menschlichkeit und von seiten der frommen Doña Ignacia wirkliche Liebe.

Mit traurigem Gesicht und in schlechtem Spanisch schilderte

ich ihnen, wie tief ich die Ehre zu empfinden wüßte, die sie mir erwiesen. Doña Ignacia sprach kein Wort; das war das einzige Mittel, um zu verhindern, daß ihre Tränen hervorbrachen, die ihr in den schönen Augen standen; Don Diego aber bot seine ganze Beredsamkeit auf, um mir begreiflich zu machen, daß er mich niemals aufgesucht hätte, wenn er nicht der festen Überzeugung wäre, daß man sich irrte oder daß es sich um eine jener schrecklichen Verleumdungen handelte, durch die die Richter für ein paar Tage getäuscht werden könnten. Er zog daraus den Schluß, daß ich bald wieder frei sein und daß man mir eine dem erlittenen Schimpf angemessene Genugtuung geben werde.

»Ich hoffe es«, antwortete ich ihm, »denn ich bin von meiner Unschuld durchdrungen.«

Der brave Mann rührte mich tief, als er mir bei der Abschiedsumarmung eine Geldrolle in die Hand drückte und ins Ohr sagte, sie enthalte zwölf Achterdublonen, die ich ihm wiedergeben sollte, wenn ich könnte. Mir standen die Haare zu Berge. Ich drückte ihm herzlich die Hand und sagte ihm ins Ohr, ich hätte in meiner Tasche fünfzig, die ich ihm nicht zu zeigen wagte, weil ich mich vor den Dieben um mich herum fürchtete. Er steckte seine Rolle weinend wieder in die Tasche und entfernte sich, nachdem ich ihm versprochen hatte, ihn sofort nach meiner Freilassung zu besuchen. Er hatte seinen Namen nicht genannt, und da er sehr gut gekleidet war, so hielt man ihn für einen Herrn von Bedeutung. Derartige Charaktere sind in Spanien nicht selten, da der Kastilianer eine Marotte für schöne, heroische Handlungen hat.

Mittags kam der Bediente von Mengs mit einer Mahlzeit, die noch feiner, aber weniger reichlich war. Das war gerade, was ich wollte. Ich aß in seiner Gegenwart eine halbe Stunde lang, und er entfernte sich wie am Tage vorher mit meinen besten Empfehlungen an seinen Herrn. Um ein Uhr kam ein Mann und befahl mir, ihm zu folgen. Er führte mich in ein kleines Zimmer, wo ich meinen Karabiner und meine Pistolen sah. Der Alkalde Messa saß mit zwei Schreibern an einem mit Aktenheften bedeckten Tisch. Er befahl mir, mich zu setzen und alle seine Fragen genau zu beantworten, da meine Antworten aufgeschrieben würden.

»Ich verstehe nur unvollkommen Spanisch und werde nur schriftlich in italienischer, französischer oder lateinischer Sprache Fragen beantworten.«

Diese Antwort, die ich in festem und zuversichtlichem Ton gab, setzte ihn in Erstaunen. Er sprach eine volle Stunde lang auf mich ein. Ich verstand alles, was er mir sagte, aber er empfing von mir immer nur dieselbe Antwort: »Ich verstehe nicht, was Sie mir sagen. Beschaffen Sie einen Richter, der eine von den mir bekannten Sprachen versteht, dann werde ich antworten; aber ich werde meine Antworten nicht diktieren, sondern sie niederschreiben.«

Der Alkalde geriet in Zorn, aber ich machte mir nichts aus seinem Toben.

Schließlich gab er mir eine Feder und sagte mir, ich möchte in italienischer Sprache aufschreiben, wie ich hieße, was ich wäre und was ich in Spanien wollte. Diesen Wunsch konnte ich ihm nicht abschlagen, aber ich beschränkte mich darauf, nur zwanzig Zeilen zu schreiben: ›Ich heiße Soundso, bin Untertan der Republik Venedig,[54] ein Literat, ich besitze genügend Mittel und reise zu meinem Vergnügen. Mich kennen der venezianische Gesandte, der Graf von Aranda, der Prinz della Cattolica,[55] der Marqués de Mora,[56] der Herzog von Losada. Ich habe in keiner Beziehung Gesetze Seiner Katholischen Majestät[57] übertreten und werde trotzdem überfallen und unter Missetäter und Diebe gesetzt. Dies widerfährt mir von Beamten, die viel härter behandelt zu werden verdienten als ich. Da ich nichts gegen die Gesetze getan habe, so muß Seine Katholische Majestät wissen, daß ihr gegen mich kein anderes Recht zusteht, als daß sie mir befehlen kann, ihren Staat zu verlassen. Diesem Befehl würde ich gehorchen, sobald ich ihn erhielte. Meine Waffen, die ich hier sehe, habe ich seit elf Jahren auf meinen Reisen bei mir; ich führe sie nur mit, um mich gegen Straßenräuber zu verteidigen. Man hat sie an der Puerta de Alcalá[58] in meinem Wagen gesehen und hat sie nicht beschlagnahmt; das ist der Beweis, daß der Besitz dieser Waffen jetzt nur ein Vorwand ist, um mich zu ermorden.‹

Nachdem ich diese Zeilen niedergeschrieben hatte, reichte ich das Papier dem Alkalden. Er ließ jemanden rufen, der ihm meine Worte genau in spanisch übersetzte. Als er sie hörte, sprang er auf, sah mich wütend an und schrie: »Bei Gott,[59] Sie sollen es noch bereuen, diese Worte geschrieben zu haben!«

Dann befahl er, mich wieder in den Saal zurückzuführen, und ging hinaus.

Um acht Uhr kam Manucci und sagte mir, Graf von Aranda habe den Gesandten zuerst gefragt, ob er mich kenne; der Gesandte habe ihm hierauf die allerbeste Auskunft gegeben und ihm zuletzt versichert, es tue ihm leid, daß er mir bei einer Beschimpfung, die man mir angetan habe, nicht unmittelbar nützlich sein könne, weil ich bei den Staatsinquisitoren der Republik in Ungnade sei. Hierauf habe Graf von Aranda ihm geantwortet: »Allerdings hat man ihm einen großen Schimpf angetan, aber dieser ist doch nicht derart, daß ein kluger Mann darüber den Kopf verlieren dürfte. Ich würde nichts davon erfahren haben, wenn er mir nicht einen wütenden Brief geschrieben hätte; in derselben Tonart hat er an Don Manuel de Roda und an den Herzog von Losada geschrieben. Casanova hat recht, aber so schreibt man nicht.«

Das sei alles gewesen.

»Wenn er wirklich gesagt hat, daß ich recht habe, so ist ja meine Sache in Ordnung.«

»Das hat er gesagt. Darauf können Sie sich verlassen.«

»Wenn er es gesagt hat, so kann er nicht umhin, mir zu meinem Recht zu verhelfen; und was den Stil meiner Briefe betrifft, so hat eben jeder seinen eigenen. Ich war wütend und habe wie ein Rasender geschrieben, weil man mich wie einen Hund behandelt hat. Sehen Sie dieses Zimmer: ich habe kein Bett; der Boden ist mit Urin völlig bedeckt, und ich kann mich nicht einmal auf die Erde legen; ich werde die zweite Nacht auf dieser Bank sitzend ohne Rückenlehne verbringen. Ist es Ihnen nicht verständlich, daß ich in einer solchen Lage nicht Lust bekomme, alle meine Henkersknechte zum Teufel zu schicken? Wenn ich nicht morgen aus dieser Hölle herauskomme, nehme ich mir das Leben oder werde wahnsinnig.«

Manucci begriff, daß ich ganz natürlicherweise in einem Zustand ungeheurer Erregung sein mußte. Er versprach mir, am nächsten Morgen in aller Frühe wiederzukommen, und riet, mir für Geld ein Bett zu beschaffen. Ich konnte seinen Rat nicht befolgen. Ich hatte Angst vor den Läusen; auch fürchtete ich für meine Börse, meine Uhr, meine Tabaksdose und für alle Sachen, die ich bei mir hatte. Ich verbrachte auf der Bank hindämmernd eine entsetzliche Nacht. Alle Augenblicke unterlag ich dem Schlummer und fuhr sofort wieder auf, wenn ich das Gleichgewicht zu verlieren und auf den verschmutzten Boden zu fallen drohte.

Manucci kam vor acht Uhr wieder, und ich sah ihn bei meinem Anblick erschrecken. Er war in einem Wagen gekommen und brachte gute Schokolade mit, die er wärmen ließ und die ich mit Vergnügen trank, wodurch ich ein bißchen Mut wiederbekam. In diesem Moment öffnete sich die Tür, ein Offizier trat mit zwei anderen ein. Der erste fragte nach mir; ich ging auf ihn zu und sagte meinen Namen.

»Seine Exzellenz der Graf von Aranda hält vor der Tür«, sagte er. »Er bedauert außerordentlich das Unglück, das Ihnen widerfahren ist. Er hat es gestern durch den Brief erfahren, den Sie ihm geschrieben haben, und wenn Sie ihm früher geschrieben hätten, wäre es Ihnen nicht passiert.«

Nun erzählte ich ihm die Geschichte von dem Soldaten, der sich mit meinem Taler davongemacht hatte. Er erkundigte sich nach dem Namen des Mannes, und nachdem ich ihm alles erzählt hatte, ließ er den Hauptmann kommen und erteilte ihm in meiner Gegenwart einen derben Verweis. Hierauf befahl er ihm, mir selber meinen Taler wiederzugeben, den ich lachend annahm, und den Soldaten kommen zu lassen, um ihm in meiner Gegenwart Stockprügel geben zu lassen.

Der Offizier war Graf Rojas,[60] Oberst des Regiments, das im ›Buen Retiro‹ lag. Ich erzählte ihm ausführlich die Vorgänge bei meiner Verhaftung und schilderte ihm alle Qualen, die ich an diesem verfluchten Ort erduldet hatte. Ich sagte ihm: »Wenn ich nicht im Laufe des Tages meine Freiheit, meine Waffen und meine Ehre wiedererlange, so werde ich entweder wahnsinnig oder ich töte mich; denn ein Mann hat das Bedürfnis, wenigstens einmal in vierundzwanzig Stunden zu schlafen, und ich habe mich weder auf ein Bett noch auf die Erde legen können. Wären Sie eine Stunde früher gekommen, so hätten Sie den Unrat gesehen, der den Boden überschwemmte.«

Der brave Mann erschrak über die Aufgeregtheit, mit der ich zu ihm sprach. Ich bemerkte es und bat um Entschuldigung, ich versuchte ihm begreiflich zu machen, daß ich ein ganz anderer Mensch sei, wenn der Zorn mich nicht so wütend machte. Manucci sagte ihm, wie umgänglich ich für gewöhnlich wäre. Der Oberst bedauerte mich, seufzte und sagte: »Ich gebe Ihnen mein Ehrenwort, daß Sie im Laufe des Tages das Gefängnis verlassen, daß Sie Ihre Waffen wiedererhalten und daß Sie in Ihrem eigenen Bette schlafen werden. Nachher sollten Sie sich beim Grafen von Aranda bedanken; denn er ist eigens Ihretwegen hierhergekommen und hat mir befohlen, Ihnen zu sagen, daß Sie erst nach dem Mittagessen nach Hause kommen können; Seine Exzellenz will, daß Sie volle Genugtuung erhalten, damit Sie Ihre Ruhe wiedererlangen und diesen Schimpf vergessen – wenn es überhaupt ein Schimpf ist; denn durch ein gerichtliches Verfahren können nur Schuldige entehrt werden. Der Alkalde Messa ist durch den Schuft getäuscht worden, der bei Ihnen im Dienst war.«

»Da steht er! Ich erbitte von Ihnen die Gnade, ihn von hier fortzuschaffen, da man ihn ja als Ungeheuer erkannt hat.«

»Sofort.«

Der Oberst ging hinaus, und zwei Minuten darauf traten zwei Soldaten ein und führten ihn fort; ich habe ihn niemals wiedergesehen, und es lag mir nichts daran, zu erfahren, was aus dem Elenden geworden war. Graf Rojas bat mich, in die Wachstube zu kommen und Zeuge zu sein, wie der diebische Soldat seine Stockprügel erhielte. Manucci befand sich an meiner Seite. Ich sah den Grafen von Aranda, der von einer großen Anzahl Offiziere umgeben war und an seiner Seite einen Leibgardisten des Königs hatte; er ging etwa vierzig Schritte vor mir auf und ab. Diese ganze Geschichte nahm zweieinhalb Stunden in Anspruch. Bevor er mich verließ, bat der Oberst mich, mit Mengs bei ihm zu speisen, sobald er diesen einladen werde. In den Saal zurückgekehrt, fand ich dort ein Klappbett auf Brettern stehend; es sah sauber aus. Ein Unteroffizier sagte mir, man habe es für mich gebracht. Ich streckte mich sofort darauf aus, und Manucci verließ mich, nachdem er mich noch hundertmal umarmt hatte. Ich war von seiner aufrichtigen Freundschaft überzeugt und bin noch immer traurig, wenn ich daran denke, daß ich ein Unrecht gegen ihn begangen habe.[61] Ich wundere mich nicht, daß er mir das Unrecht niemals verziehen hat, denn ich kann es mir selber nicht verzeihen. Der Leser wird jedoch einsehen, daß der Beleidigte die Rache zu weit getrieben hat.

Nach dieser Szene wagte das Gezücht im Saal nicht mehr, mich anzusehen. Marazzani kam an mein Bett, um sich mir zu empfehlen; ich dachte nicht daran, mich aufzuspielen, sondern sagte ihm, in Spanien müsse ein Fremder sich glücklich schätzen, wenn es ihm gelinge, selber fertig zu werden.

Mein Mittagessen wurde mir wie gewöhnlich gebracht, und um drei Uhr kam der Alkalde Messa und sagte mir, ich möchte ihm folgen; er sei getäuscht worden und habe Befehl erhalten, mich in meine Wohnung zurückzuführen, wo ich, wie er hoffe, alles finden werde, was ich zurückgelassen habe. Zugleich zeigte er mir meinen Karabiner und meine Pistolen und gab sie einem seiner Leute, der alles zurückbringen sollte. Der wachhabende Offizier gab mir meinen Degen zurück; der Alkalde in schwarzem Mantel trat an meine linke Seite und führte mich, von dreißig Häschern begleitet, zum Café in der Calle de la Cruz. Er nahm die Siegel ab, der Wirt öffnete die Tür, ich trat in mein Zimmer ein und sagte dem Alkalden, daß alles in Ordnung sei, so wie ich es verlassen hatte. Beim Abschied meinte er, wenn ich nicht einen Verräter in meinem Dienst gehabt hätte, wäre ich niemals auf den Gedanken gekommen, daß die Diener Seiner Katholischen Majestät Mörder seien.

»Señor Alkalde, dasselbe habe ich im Zorn vier Ministern geschrieben. Damals dachte ich, was ich schrieb, und glaubte, was ich dachte; jetzt glaube ich es nicht mehr. Vergessen wir alles! Aber geben Sie zu, daß Sie mich auf die Galeeren geschickt haben würden, hätte ich nicht zu schreiben gewußt.«

»Das ist leider recht gut möglich.«[62]

Ich wusch mich und kleidete mich ganz um. Darauf veranlaßte mich Pflichtgefühl mehr noch als Liebe, dem wirklich großmütigen Flickschuster einen Besuch zu machen. Als er mich sah, pries er sich als den glücklichsten und weitblickendsten Menschen, da er gewußt habe, daß man sich geirrt hatte. Doña Ignacia war außer sich vor Freude; denn sie war vielleicht ihrer Sache nicht ganz so sicher gewesen wie ihr Vater. Als er erfuhr, welche Genugtuung man mir gegeben hatte, sagte er mir, ein Grande von Spanien könnte nicht mehr verlangen. Ich bat die guten Leute, mit mir irgendwo Mittag zu essen, sobald ich es ihnen mitteilen würde, und sie versprachen es mir. Das Gefühl hatte sich eingemischt, und ich war in Doña Ignacia noch viel verliebter, als ich es früher gewesen war.

Von der Calle del Desengaño begab ich mich zu Mengs, der als Kenner der spanischen Verhältnisse alles eher erwartet hätte, als mich zu sehen. Als er die Ereignisse des letzten Tages und meinen Triumph erfuhr, machte er mir pflichtgemäß die größten Komplimente. Er trug Hofkleidung, was bei ihm sehr selten vorkam, und er sagte mir, daß er versucht habe, bei Don Manuel de Roda ein Wort für mich einzulegen, ihn aber nicht habe erreichen können. Er übergab mir einen Brief, den er soeben aus Venedig erhalten hatte. Ich beeilte mich, ihn zu öffnen; er war von Signor Dandolo[63] und enthielt einen versiegelten Brief an den Gesandten Mocenigo. Signor Dandolo schrieb mir: ›Wenn der Gesandte diesen Brief gelesen hat, wird er nicht mehr den Staatsinquisitoren zu mißfallen fürchten, indem er Sie in aller Form vorstellt; denn der Briefschreiber empfiehlt Sie ihm im Auftrag eines der drei Inquisitoren.‹[64]

Als Mengs dies hörte, sagte er mir, es hänge jetzt nur von mir ab, in Spanien mein Glück zu machen, indem ich mich gut aufführe, besonders da in diesem Augenblick alle Minister gewissermaßen gezwungen seien, mich das mir angetane Unrecht vergessen zu machen. »Ich rate Ihnen, dem Gesandten den Brief augenblicklich zu überbringen. Nehmen Sie meinen Wagen; denn nach einem sechzigstündigen Leiden können Sie sich natürlich kaum aufrecht halten.«

Da ich ein Bedürfnis nach Schlaf hatte, so sagte ich ihm, ich würde nicht zum Abendessen zurückkommen; doch verpflichtete ich mich für den nächsten Tag zum Mittagessen. Den Gesandten traf ich nicht an; ich hinterließ daher meinen Brief Manucci. Sobald ich zu Hause war, ging ich zu Bett und schlief zehn Stunden lang fest und tief.

Manucci kam am nächsten Morgen in aller Frühe und sagte mir mit freudestrahlendem Gesicht: »Signor Girolamo Zulian[65] schreibt dem Gesandten im Auftrage von Signor da Mula,[66] er könne Sie überall vorstellen; denn was das Tribunal etwa gegen Sie haben könne, berühre Ihre Ehre nicht. Der Gesandte gedenkt, Sie nächste Woche in Aranjuez[67] bei Hofe vorzustellen, und er wünscht, daß Sie heute in zahlreicher Gesellschaft bei ihm speisen.«

»Ich habe mich schon bei Mengs verpflichtet.«

»Das macht nichts; ich werde ihn sofort einladen, und wenn er ablehnt, so brauchen Sie auch nicht zu ihm zu kommen; denn Sie begreifen, welch wunderbaren Eindruck es machen wird, wenn Sie am Tage nach Ihrem Triumph beim Gesandten sind.«

»Da haben Sie recht. Gehen Sie zu Mengs; ich werde zum Mittagessen zum Gesandten kommen.«

ZWEITES KAPITEL

-◄❀►-

CAMPOMANES · OLAVIDES · DIE SIERRA MORENA
ARANJUEZ · MENGS · DER MARCHESE GRIMALDI · TOLEDO
DONNA PELLICCIA · ZURÜCK IN MADRID BEIM VATER
DER DOÑA IGNACIA

BEI den hauptsächlichsten Wechselfällen meines Lebens haben besondere Umstände immer so zusammengewirkt, daß mein armer Geist ein bißchen abergläubisch geworden ist; ich demütige mich, wenn ich in mein Inneres gehe und es zugebe. Aber was kann ich dagegen machen? Es liegt nun mal in der Natur, daß Fortuna mit dem Menschen, der sich ihren Launen überläßt, dasselbe macht wie ein Kind mit einer Elfenbeinkugel auf dem Billard. Es läßt sie von einer Seite zur anderen laufen und lacht herzlich, wenn sie in das Loch fällt. Aber nicht natürlich ist es nach meiner Meinung, wenn das Glück mit dem Menschen verfährt wie ein geschickter Spieler mit der Billardkugel: er berechnet Stoß, Schnelligkeit, Entfernung und Abprall; es ist nicht natürlich, wenn ich dem Schicksal die Ehre erweise, es für geometrisch bewandert zu halten, oder wenn ich annehme, daß dieses metaphysische Wesen den physikalischen Gesetzen unterworfen ist, die für die ganze Natur gelten. Obgleich mein Verstand mir das sagt, erstaunen mich meine Beobachtungen. Dieses Schicksal, von dem ich als gleichbedeutend mit dem Zufall gering denken muß, erscheint in der ehrwürdigen Gestalt einer Gottheit bei allen wichtigen Ereignissen meines Lebens. Es schien stets Gefallen daran zu finden, mir zu beweisen, daß es nicht blind ist, was man auch sagen möge. Es hat mich nur immer in die Tiefe gestürzt, um mich zu einer Höhe zu erheben, die meinem Sturz entsprach, und es hat mich anscheinend immer nur recht hoch steigen lassen, um sich beim Anblick meines Absturzes zu erfreuen. Wie es scheint, hat es stets nur darum eine unbeschränkte Herrschaft über mich ausgeübt, um mich zu überzeugen, daß es weiß, was es will, und daß es nach seinem eigenen Belieben verfahren kann. Um diesen Zweck zu erreichen, hat es stets die geeigneten Mittel angewandt, um mich unter Zwang zum Handeln zu bringen, einerlei, ob ich es gern oder ungern tat, und um mir fühlbar zu machen, daß meine Willensentscheidung durchaus nicht frei, sondern im Gegenteil nur ein Werkzeug sei, dessen es sich nur bediente, um mit mir zu machen, was es wollte.

Ich konnte nicht hoffen, in Spanien etwas ohne die Hilfe des Gesandten meiner Heimatstadt zu erreichen, und dieser hätte in seiner Furchtsamkeit ohne den Brief, den ich ihm übergeben ließ, niemals etwas für mich zu tun gewagt. Dieser Brief nun wäre wahrscheinlich so ziemlich ohne Wirkung geblieben, wenn er nicht gerade in dem Augenblick meiner Haftentlassung gekommen wäre, die wegen der von Graf Aranda mir gegebenen glänzenden Genugtuung das Tagesgespräch geworden war.

Als der Gesandte diesen Brief erhielt, errötete er, nicht schon vor dessen Ankunft etwas für mich getan zu haben; indessen gab er die Hoffnung noch nicht auf, die Öffentlichkeit werde glauben, daß der Graf von Aranda mir nur eine so großzügige Genugtuung gezeigt habe, weil er es von ihm verlangt hätte. Sein Günstling, Graf Manucci, hatte mich in seinem Auftrag zum Essen eingeladen; da ich aber glücklicherweise Mengs bereits zugesagt hatte, war Manucci so klug, Mengs im Namen des Gesandten ebenfalls zu Tisch zu bitten. Die Einladung schmeichelte ganz außerordentlich der Eitelkeit dieses Mannes, bei dem ich eine Zuflucht gesucht hatte, aber vergeblich. Diese Einladung besaß in seinen Augen das Merkmal einer Handlung der

Dankbarkeit und entschädigte ihn für die Kränkung, die er hatte empfinden müssen, als er sah, wie ich aus seinem Hause abgeführt wurde. Nachdem er die Einladung angenommen und von Manucci gehört hatte, daß ich auch schon eingeladen war, schrieb er mir sofort, er werde mich um ein Uhr mit seinem Wagen abholen.

Ich ging zum Grafen von Aranda, der mich eine Viertelstunde warten ließ und dann mit einer Handvoll von Papieren herauskam und lachenden Mundes zu mir sagte: »Die Geschichte ist in Ordnung, und ich glaube, Sie können beruhigt sein; sehen Sie hier vier Briefe, die ich Ihnen wiedergebe, damit Sie sie noch einmal durchlesen.«

Es waren die drei Briefe an ihn, an den Herzog von Losada und an den Justizminister.

»Warum, Durchlaucht, muß ich sie noch einmal durchlesen? Dieses Schriftstück da ist die Erklärung, die ich vor dem Alkalden abgegeben habe.«

»Ich weiß es, lesen Sie sie noch einmal, und Sie werden einsehen, daß man nicht so schreiben darf, und wenn man noch so sehr recht hat.«

»Ich bitte Sie um Verzeihung, Durchlaucht; ein Mann, der, wie ich es war, entschlossen ist, sich zu töten, muß so schreiben. Ich glaubte, es sei alles auf Befehl Eurer Exzellenz geschehen.«

»Sie kannten mich nicht. Sie werden jetzt zu Don Manuel de Roda gehen, um ihm Ihren Dank abzustatten; er will Sie durchaus kennenlernen. Außerdem werden Sie mir ein Vergnügen machen, wenn Sie an einem der nächsten Tage zum Alkalden gehen, nicht um ihm Ihre Entschuldigung auszusprechen, sondern nur, um ihm Ihre Höflichkeit zu erweisen und dadurch die Beleidigungen in Vergessenheit zu bringen, die Sie in Ihren Briefen über ihn gesagt haben. Wenn Sie diese Geschichte der Fürstin Lubomirska[1] mitteilen, so sagen Sie ihr bitte, daß ich eingegriffen habe, sobald ich davon erfuhr.«

Nachdem ich dem Grafen von Aranda so meine Aufwartung erwiesen hatte, ging ich zum Oberst Rojas, um auch ihm einen Besuch zu machen. Er sagte mir klar und deutlich, ich hätte sehr ungeschickt gehandelt, dem Grafen von Aranda zu sagen, daß ich zufriedengestellt wäre.

»Was konnte ich noch beanspruchen?«

»Alles: Absetzung des Alkalden, eine Entschädigung in Geld für die Qualen, die man Sie an jenem abscheulichen Orte hat erdulden lassen. Sie sind in einem Land, wo man nur schweigen muß, wenn es sich um die Inquisition[2] handelt.«

Der Oberst Rojas, jetzt General, ist einer der liebenswürdigsten Männer, die ich in Spanien gekannt habe.

Ich ging nach Hause, und bald darauf kam Mengs und holte mich ab. Der Gesandte empfing mich mit tausend Schmeicheleien; er spendete dem Maler Mengs die größten Lobsprüche, weil er mich in seinem Hause aufgenommen und versucht habe, mich vor einem Unglück zu schützen, das jedermann zur Verzweiflung bringen könne. Bei Tisch erzählte ich ausführlich über alle meine Leiden im ›Buen Retiro‹ und mein Gespräch mit dem Grafen von Aranda, der mir meine Briefe zurückgegeben hatte. Man begehrte jene Briefe zu lesen, und jeder sprach seine Meinung darüber aus. Die Gäste waren: der französische Konsul Abbé Béliardi,[3] der sehr berühmte Don Rodrigo de Campomanes[4] und der auch berühmte Don Pablo Olavides.[5] Bei dem Meinungsaustausch über meine Briefe verurteilte der Gesandte sie, indem er sie als grausam bezeichnete. Campomanes dagegen lobte sie und sagte, sie enthielten durchaus keine Beleidigung und wären genauso, wie sie sein müßten, um den Leser, wäre dieser auch König, zu zwingen, mir sofort Gerechtigkeit zu verschaffen.

Olavides und Béliardi stimmten ein. Mengs unterstützte die Meinung des Gesandten und lud mich ein, bei ihm zu wohnen, damit ich nicht mehr den Verleumdungen der Spitzel ausgesetzt sei, von denen es in Madrid wimmelte. Ich nahm seine Einladung erst an, nachdem ich mich lange hatte bitten lassen und besonders, nachdem der Gesandte mir gesagt hatte, ich sei dem Chevalier Mengs diese Genugtuung schuldig für die mittelbare Beleidigung, außerdem mache mir das die größte Ehre.

Ich war sehr erfreut, Campomanes und Olavides beim Essen kennenzulernen; denn beide waren geistvolle Männer von einer Art, die in Spanien sehr selten ist. Sie waren zwar nicht Gelehrte, aber sie waren über religiöse Vorurteile und Mißbräuche erhaben; denn sie scheuten sich nicht, sich öffentlich darüber lustig zu machen, und arbeiteten ganz offen an deren Ausrottung. Campomanes hatte dem Grafen von Aranda das ganze

Material gegen die Jesuiten geliefert, und dieser konnte sie deshalb an einem einzigen Tag aus Spanien vertreiben. Campomanes schielte, Graf von Aranda schielte, und der Jesuitengeneral schielte auch; der Krieg zwischen den drei Schielern[6] erregte beim Essen meine Heiterkeit, wo der eine gegen die beiden anderen verloren hatte. Auf meine Frage, warum er die Jesuiten hasse, antwortete Campomanes: »Ich hasse alle religiösen Orden, und wenn es nur auf mich ankäme, würde ich sie alle abschaffen.«

Er war der Verfasser vieler Schriften gegen den Besitz der toten Hand,[7] und da er mit dem venezianischen Gesandten sehr befreundet war, hatte der ihm alles mitgeteilt, was der Senat gegen die Mönche getan hatte. Er hätte dieser Mitteilungen nicht bedurft, wenn er einfach alles gelesen hätte, was unser Frater Paolo Sarpi[8] über dieses Thema ehrlich geschrieben hat. Campomanes war ein scharfsichtiger, tätiger und mutiger Mann; er war Schatzmeister des Hohen Rates von Kastilien, dessen Präsident Graf von Aranda war; er galt allgemein als rechtschaffener Mann, der nicht besondere Interessen im Sinn hatte, sondern der stets nur für das Wohl des Staates handelte. Darum war er von den Staatsmännern geachtet und geschätzt; aber die Mönche, die Priester, die Frömmler und das ganze Lumpenpack, das bei Gott und den Heiligen in Ungnade zu fallen fürchtete, wenn es gegen die weltlichen Interessen der Geistlichen und der Inhaber der Pfründen verstieß, wünschten Campomanes den Tod. Die Inquisition hatte ihm ohne Zweifel seinen Untergang geschworen, und man sagte überall, Campomanes werde in zwei oder drei Jahren Bischof sein oder für den Rest seines Lebens in den Kerkern der Inquisition gefangengehalten. Diese Vorhersage traf nur zum Teil ein. Campomanes wurde wirklich vier Jahre später in den Kerker der Inquisition gesperrt, aber er erlangte nach drei Jahren seine Freiheit wieder, nachdem er eine riesige Geldbuße[9] geleistet hatte. Sein Freund Olavides wurde noch härter behandelt,[10] und selbst Graf von Aranda hätte dem Wüten dieses schrecklichen Ungeheuers nicht entgehen können, wenn er nicht als Mann mit durchdringendem Geist vom König den Posten als Gesandter in Paris[11] für sich erbeten hätte, den dieser ihm gern bewilligte, da ihm dadurch zu seiner Erleichterung die Notwendigkeit erspart blieb, den Grafen der verfluchten Rache der Mönche auszuliefern.

Carlos III., der im Wahnsinn starb,[12] wie fast alle Könige sterben müssen, hatte Dinge vollbracht, die denen, die ihn kannten, unglaublich erschienen; denn er war schwach, schwerfällig, eigensinnig, der Religion bis zum Exzeß treu und fest entschlossen, eher hundertmal zu sterben, als seine Seele mit der allerkleinsten Todsünde zu beflecken. Ein jeder wird begreifen, daß ein solcher Mann der Sklave seines Beichtvaters sein mußte.

Die Exzesse der Jesuiten in Portugal, in Westindien und in Frankreich[13] hatten sie schon verhaßt gemacht und in allen vier Richtungen des Erdballs verschrien. Das Verbrechen des Jesuiten, der als Beichtvater des Königs Ferdinand VI.[14] die Ursache für das Verderben des Marqués Ensenada[15] war, hatte seinen Nachfolger Carlos III. gelehrt, daß er auf einen Jesuiten als Beichtvater verzichten müsse, denn das Staatsinteresse erforderte die Zerstörung der Theatinos.[16]

So nannte man sie in Spanien, dort wurden die Theatiner auch Gaetanos[17] genannt.

Derselbe Beichtvater, der sämtliche Gewissenszweifel des Königs beseitigte, die sich gegen die große Unternehmung richteten, einen religiösen Orden auf ein Nichts zurückzuführen, sah sich allerdings gezwungen, dem König nachzugeben und ihn handeln zu lassen, als zur gleichen Zeit ihm der Graf von Aranda eröffnete, daß er der allzu großen Macht der Inquisition Schranken setzen mußte, deren Hauptwirken darin bestand, die Christen in der Unwissenheit zu belassen, und die Mißbräuche, den Aberglauben und die ›pia mendacia‹[18] mit Macht aufrechtzuerhalten. Die Schlauheit des Beichtvaters gebot, in allem nachzugeben; er war sicher, daß der König in den Abgrund des Aberglaubens zurückfallen werde, sobald er es wollte; und es gelang ihm. Dennoch habe ich nie erfahren können, ob man dem König zwei Jahre nach meiner Abreise einen neuen Beichtvater[19] gab, denn zum Unglück des armen Menschengeschlechts ist es sicher, daß ein frommer König nur das tun wird, was ihm sein Beichtvater gestattet; und es ist augenscheinlich, daß deshalb sein größtes Interesse nie das Wohl des Staates sein wird, da die Religion, so wie sie ist, dem direkt widerspricht. Wenn man mir entgegenhalten sollte, daß ein weiser König vielleicht nicht umsonst die Angelegenheiten des Staates in seinen Glauben einfließen läßt, so wäre ich damit einverstanden; doch ich spreche nicht von einem weisen König, denn wenn er es ist, so braucht er als Christ nur einmal im Jahr beichten zu gehen und die Stimme seines Beichtvaters nur zu hören, wenn jener die Worte zur Absolution ausspricht. Falls dieser König mit ihm sprechen muß, um Zweifel zu vertreiben, so ist er dumm; denn Zweifel und ängstliche Bedenklichkeit sind die gleiche Sache; wer zur Beichte geht, muß sich in seiner Religion auskennen. Beim Beichtvater darf er weder Zweifel hegen, noch mit ihm schwätzen. Ludwig XIV. wäre der größte König der Erde gewesen, größer noch als der preußische König Friedrich II., wie ja auch Frankreich größer als Preußen ist, hätte er nicht die Schwäche besessen, mit seinen Beichtvätern zu schwatzen.[20]

Zu jener Zeit beschäftigte sich das spanische Kabinett mit einem schönen Plan. Man hatte aus verschiedenen Kantonen der Schweiz tausend Familien ins Land geholt, um sie in der schönen, aber verödeten Gegend, die man Sierra Morena[21] nennt, anzusiedeln. Eine in Europa berühmte und bekannte Gegend bei allen, die das Meisterwerk von Cervantes kennen, den großartigen Roman von den Abenteuern des Don Quijote. Die Natur schien sich darin gefallen zu haben, ihre schönsten Gaben über diese Landschaft auszuschütten: ein vortreffliches Klima, fruchtbarer Boden, reines Wasser und endlich die günstigste Lage, denn die Sierras, was ›Berge‹ heißt, bilden die Grenze zwischen den beiden Königreichen Andalusien und Granada; und trotzdem war diese große, köstliche Landschaft verödet.

Der König von Spanien hatte beschlossen, für eine beschränkte Zeit den Ertrag des Bodens ohne Abgaben an Siedler zu vergeben, sie zum Kommen aufgefordert und ihnen die Reise bezahlt. Die Schweizer kamen, zogen dorthin, und die Regierung scheute keine Kosten, um Häuser für sie zu bauen und sie einer guten weltlichen und geistlichen Ordnung zu unterstellen. Don Olavides, der ein kluger Mann und einigermaßen als Schriftsteller erfolgreich war, förderte dieses Unternehmen. Er verhandelte mit den Ministern in Madrid, um unter der neuen Bevölkerung gute Ordnung zu schaffen; sie brauchte Richter für eine schnelle Rechtspflege, Priester, denn die Schweizer[22] waren alle Katholiken, einen Gouverneur und die nötigen

Handwerker, um Häuser und Kirchen zu bauen, besonders aber ein Theater oder eine Arena für die Stierkämpfe, die beliebte Unterhaltung aller Spanier, die für sie schön, human, natürlich und angemessen ist, daß die Denker in diesem Lande nicht verstehen, wie es auf der Welt Völker geben kann, die so etwas entbehren können. So bekamen also die guten Auswanderer aus der Schweiz in der Sierra Morena ein riesiges rundes Amphitheater, damit sie an bestimmten Tagen diese köstliche Vorstellung erleben konnten.

In seinen Eingaben hatte Don Pablo Olavides sehr vernünftigerweise gesagt, wenn die Kolonie gedeihen solle, so müsse man jede Niederlassung von Mönchen untersagen. Er hatte die besten Gründe dafür beigebracht, aber selbst wenn er die Richtigkeit seiner Behauptung mit dem Kompaß in der Hand bewiesen hätte, so wäre nichts weiter nötig gewesen, um ihm den Haß aller Mönche Spaniens zuzuziehen, vor allen Dingen den des Bischofs, zu dessen Diözese die Morena gehörte.[23] Die spanischen Priester sagten zwar, Olavides habe recht; aber die Mönche schrien, es sei eine Gottlosigkeit, und so begannen bereits die Verfolgungen. Auf dieses Thema kam unsere Unterhaltung beim Essen des Gesandten.

Nachdem ich sie angehört hatte, sagte ich so bescheiden wie möglich, in wenigen Jahren werde sich aus mehreren physischen und moralischen Gründen die mit so großen Kosten eingerichtete Kolonie auflösen. Der Hauptgrund, den ich vorbrachte, war der, daß der Schweizer sich von allen anderen Sterblichen unterscheidet. Ich sagte folgendes: »Der Schweizer ist eine Pflanze, die sofort abstirbt, wenn sie in ein anderes Erdreich versetzt wird. Die Schweizer sind ein Volk, das unter der Krankheit ›Heimweh‹[24] leidet; sie wollen zurück, die Griechen sagten ›Nostalgie‹[25] dazu. Wenn sie weit weg von ihrer Heimat leben, tritt nach einiger Zeit diese Krankheit auf, und das einzige Heilmittel ist, daß sie in ihr Vaterland zurückkehren; können sie das nicht, so gehen sie zugrunde. Ich glaube, es wäre gut, sie mit einer Kolonie aus Spaniern zu vereinen, damit sie sich durch Heiraten vermischen; man dürfte ihnen, wenigstens in der ersten Zeit, nur schweizerische Richter und Priester geben. Vor allen Dingen aber müßte man ihnen zusichern, daß sie in Gewissensfragen außerhalb der Inquisition stehen; denn die

Schweizer haben in Liebesangelegenheiten ganz eigene Gewohnheiten und Gesetze,[26] von denen sie ihrer Natur nach niemals lassen können, dazu kommen Gebräuche, die die spanische Kirche niemals billigen würde, und sehr schnell würde ein allgemeines Heimweh hervorgerufen werden.«

Meine Bemerkungen, die Don Olavides anfangs nur für einen Scherz gehalten hatte, leuchteten ihm schließlich doch ein, und er begriff, daß ich wohl recht haben könnte. Er bat mich, meine Gedanken über diesen Gegenstand aufzuschreiben und meine Einsichten nur ihm allein mitzuteilen, die mir vielleicht dazu noch einfallen sollten. Ich versprach, ihm alles aufzuschreiben, und Mengs setzte den Tag fest, an dem er mit mir zusammen bei ihm speisen könnte. Am nächsten Tag ließ ich mein kleines Gepäck zu Mengs bringen und begann, an einer Denkschrift über das Wesen der Ansiedlungen vom naturkundigen und philosophischen Standpunkt[27] zu schreiben

Ich stellte mich am nächsten Tag Don Manuel de Roda vor, der, was in Spanien sehr selten vorkommt, ein Gelehrter war. Er liebte lateinische Poesie und fand Geschmack an der italienischen, gab jedoch der spanischen den Vorzug. Er empfing mich außerordentlich freundlich, bat mich, ihn oft zu besuchen, und sprach mir wegen der erlittenen Unannehmlichkeiten während meiner Haft im ›Buen Retiro‹ sein tiefstes Bedauern aus. Der Herzog von Losada wünschte mir Glück dazu, daß der venezianische Gesandte überall Gutes von mir sagte. Er ermutigte mich, an eine Verwertung meiner Talente zu denken, indem ich mich der Regierung für einen geeigneten Posten anböte. Er versprach mir zur Erreichung dieses Zweckes seinen besten Beistand. Der Prinz della Cattolica lud mich zusammen mit dem venezianischen Gesandten zum Mittagessen ein. So machte ich im Verlauf von drei Wochen eine Menge schöner Bekanntschaften; ich wohnte bei Mengs und speiste oft beim Gesandten. Ich dachte ernstlich daran, mich in Spanien anstellen zu lassen; denn da ich aus Lissabon keine Briefe erhielt, so wagte ich nicht, auf gut Glück dorthin zu gehen. Da die portugiesische Dame[28] mir nicht mehr schrieb, gab es für mich kein Mittel, zu erfahren, was aus ihr geworden war.

Ich verbrachte meine Abende oft bei einer spanischen Dame, Doña Sabattino,[29] bei der ein Salon[30] stattfand und wo recht klägliche Literaten empfangen wurden, auch ging ich zum Herzog von Medina Sidonia,[31] dem Oberstallmeister des Königs, einem gelehrten, klugen und zuverlässigen Mann; ich war ihm durch einen Kammerdiener des Königs, dessen Bekanntschaft Mengs mir verschafft hatte, einen gewissen Don Domingo Varnier,[32] vorgestellt worden. Auch ging ich sehr oft zu Doña Ignacia; da es aber nicht möglich war, mit ihr allein zu sein, so langweilte ich mich. Wenn ich einmal einen günstigen Augenblick traf, um ihr zu sagen, sie solle sich doch irgendeine Lustpartie mit ihren beiden häßlichen Basen ausdenken, um ihr auf dem Land meine Beharrlichkeit beweisen zu können, antwortete sie mir, sie wünsche das ebensosehr wie ich, aber in dieser Zeit des Jahres müsse sie jeden Gedanken solcher Art weit fortweisen; denn die Karwoche nahe heran, und da Gott für uns gestorben sei, so müßten wir an Buße und nicht an sündiges Vergnügen denken. Nach Ostern könnten wir vielleicht wieder an unsere Liebe denken. Dies ist die Art aller frommen Schönen in Spanien.

Vierzehn Tage vor Ostern verließ der König von Spanien Madrid, um mit seinem ganzen Hof nach Aranjuez zu gehen. Der venezianische Gesandte[33] lud mich ein, mitzukommen und bei ihm zu wohnen; er werde dort leicht eine Gelegenheit finden, mich vorzustellen. Am Tage vor der Abreise, während ich mit Mengs in seinem Wagen fuhr, um der Witwe des Malers Amigoni[34] einen Besuch zu machen, ergriff mich plötzlich Fieber mit so heftigem Schüttelfrost, wie man es sich gar nicht vorstellen kann; ich zitterte so stark, daß ich mit dem Kopf gegen das Verdeck des Wagens schlug. Meine Zähne klapperten, und ich konnte nicht mehr sprechen. Mengs bekam einen Schreck und ließ sofort umkehren; man brachte mich zu Bett, und vier oder fünf Stunden darauf brach sehr reichlich Schweiß aus, der durch zwei Matratzen und den Strohsack drang und den ganzen Fußboden unter meinem Bett überschwemmte. Dieses Schwitzen dauerte zehn oder zwölf Stunden, und ich verlor mindestens zehn Liter Wasser. Achtundvierzig Stunden darauf hörte das Fieber auf, aber eine außerordentliche Schwäche fesselte mich noch acht Tage ans Bett, und ich konnte erst am Sonnabend vor Ostern mit einem Wagen nach Aranjuez fahren. Ich wurde von dem Gesandten sehr gut aufgenommen und untergebracht; aber in derselben Nacht wurde ein kleines Geschwür, das ich bereits bei der Abfahrt aus Madrid etwa an der Stelle meiner früheren Darmfistel gespürt hatte, durch die Erschütterung des Wagens auf der Fahrt sehr schmerzhaft. In der Nacht wurde das Geschwür so groß wie eine Birne. Es war mir unmöglich, am Ostersonntag aufzustehen und in die Messe zu gehen. In fünf Tagen wurde dieser Abszeß so groß wie eine Melone. Der Gesandte und Manucci waren ganz erschrocken, als sie ihn sahen, und ein alter Chirurg des Königs, ein Franzose, erklärte, er habe so etwas noch nie gesehen. Ich selber war vollkommen ruhig; denn da ich keine Schmerzen hatte und alles weich war, so sagte ich dem Chirurgen, er solle den Abszeß öffnen. Einem Arzt und ihm beschrieb ich den Fieberanfall, den ich in Madrid gehabt hatte, und überzeugte ihn, daß das Geschwür nur eine Ansammlung von Lymphe sein konnte, die sich in diesen Körperteil ergossen hatte; wenn sie abgeflossen sei, würde ich meine Gesundheit wiedererhalten. Der Arzt hielt das alles für richtig, und der Chirurg ging ans Werk; nachdem er ein zweiunddreißigfach gefaltetes Tuch[35] unter mich gelegt hatte, machte er einen sechs Zoll langen Schnitt. Obwohl in dem Abszeß höchstens ein halber Liter Wasser sein konnte, ergoß sich aus der Öffnung in vier Tagen genauso eine Menge Flüssigkeit, wie ich während des Fiebers bei Mengs an Schweiß ausgeschieden hatte. Nach diesen vier Tagen war die Wunde beinahe geschlossen, aber vor Schwäche konnte ich das Bett nicht verlassen. In dieser Lage befand ich mich, als ich durch einen Eilboten ein Schreiben von Mengs erhielt. Ich öffnete den Brief und las in schlechtem Italienisch, was ich jetzt wörtlich wiedergebe:

›Gestern ließ der Pfarrer meiner Gemeinde an der Tür der Pfarrkirche die Namen der in seinem Bezirk wohnenden Personen anschlagen, die nicht an Gott glauben und das Osterfest nicht gefeiert haben. Unter diesen Namen steht auch der Ihre, und ich mußte mir eine unangenehme Bemerkung von besagtem Pfarrer gefallen lassen, der mir voller Bitterkeit den Vorwurf machte, daß ich in meinem Hause Andersgläubigen[36] Gastfreundschaft gewährte. Ich wußte nicht, was ich ihm antworten sollte, denn sicherlich konnten Sie einen Tag länger in Madrid bleiben und Ihre Christenpflicht erfüllen, wäre es auch nur gewesen, um die Rücksichten zu erfüllen, die Sie mir schuldig sind. Meine Verpflichtung gegen meinen König, die Sorge um meinen guten Ruf und um meinen zukünftigen Seelenfrieden nötigen mich, Ihnen mitzuteilen, daß mein Haus nicht mehr das Ihre ist. Wenn Sie nach Madrid zurückkommen, mögen Sie wohnen, wo Sie wollen; meine Bedienten werden Ihre Sachen den Leuten übergeben, die Sie mit der Abholung beauftragen. Ich bin usw.... Antonio Raffael Mengs.‹

Dieser Brief machte auf mich einen solchen Eindruck, daß Mengs ihn nicht ungestraft an mich geschrieben haben würde, wäre ich nicht sieben große spanische Meilen[37] von ihm entfernt und außerordentlich schwach gewesen. Ich sagte dem Eilboten, er könne gehen. Er erwiderte mir, er habe Befehl, auf meine Antwort zu warten. Ich zerriß den Brief und rief ihm zu, daß dies die Antwort sei, die ein derartiger Brief verdiene. Der Bote entfernte sich ganz erstaunt. Der Zorn gab mir Kräfte; ohne eine Minute zu verlieren, kleidete ich mich an und begab mich in einer Sänfte nach der Kirche von Aranjuez, wo ein Franziskanermönch mir die Beichte abnahm, und am nächsten Morgen um sechs Uhr früh empfing ich die Kommunion. Mein Beichtvater war so gefällig, mir eine Bescheinigung zu schreiben, daß ich vom Augenblick meiner Ankunft in der Residenz[38] an hätte das Bett hüten müssen und daß ich trotz meiner großen Schwäche gebeichtet und von ihm die Osterkommunion erhalten hätte; somit hätte ich als guter Christ mein Osterfest gefeiert. Hierauf nannte er mir den Pfarrer, der meinen Namen an seine Kirchentür angeschlagen hatte.

Ich ging in die Wohnung des Gesandten zurück und schrieb dem Priester, die Bescheinigung, die ich ihm übersende, werde ihm begreiflich machen, warum ich meine Osterkommunion habe verschieben müssen. Ich hoffe, er werde meinen Namen von der Schandliste streichen, auf der er mich unrechtmäßig verdächtigt habe. Zum Schluß bat ich ihn, den beiliegenden Brief dem Chevalier Mengs zu überbringen.

Dem Maler schrieb ich: ›Ich erkenne an, daß ich die Beschimpfung verdient habe, die Sie mir angetan haben, indem Sie mich aus Ihrem Hause weisen; ich habe die Dummheit begangen und Sie als Gast beehrt. Aber als Christ, der soeben die Osterkommunion empfangen hat, verzeihe ich Ihnen Ihr rohes Betragen und empfehle Ihnen nur, sich einen Vers zu merken, den alle anständigen Leute kennen, der Ihnen aber ohne Zweifel unbekannt ist: ›Turpius ejicitur, quam non admittitur hospes.‹[39]

Nachdem ich diesen Brief abgeschickt hatte, erzählte ich die ganze Geschichte dem Gesandten. Er antwortete mir: »Mengs wird nur wegen seines Talentes geachtet, sonst kennt ihn ganz Madrid nur als Narren.«

In der Tat hatte der ehrgeizige Mann mich nur aus Eitelkeit aufgefordert, bei ihm zu wohnen. Ganz Madrid sollte es in einem Augenblick wissen, wo man überall von der glänzenden Genugtuung sprach, die ich auf Befehl des Grafen Aranda und der Minister erhalten hatte, und man sollte glauben, diese Genugtuung sei mir, wenigstens zum Teil, aus Rücksicht auf ihn gewährt worden. Er hatte tatsächlich in seinem Hochmut gesagt, ich hätte fordern sollen, daß der Alkalde Messa mich nicht in das Café zu meiner Wohnung,[40] sondern nach seinem Hause zurückbrächte, wo ich mir die Verhaftung hätte ankündigen lassen. Mengs war ein ruhmsüchtiger Mann, ein großer Arbeiter, aber eifersüchtig und Feind aller zeitgenössischen Maler, die etwas konnten. Er hatte unrecht; denn obwohl er in Farbengebung und Entwurf ein großer Künstler war, fehlte es ihm an Erfindungsgabe, und diese ist die notwendige und wesentliche Eigenschaft eines großen Malers.

Eines Tages sagte ich ihm: »Wie jeder große Dichter ein Maler sein muß, so muß jeder Maler ein Dichter sein.« Hierüber wurde er ernstlich böse, weil er, übrigens mit Unrecht, glaubte, ich wolle ihm damit seine Fehler vorwerfen. Er war sehr unwissend und wollte trotzdem als gelehrt gelten; er war dem Trunk verfallen, geil, jähzornig, eifersüchtig und geizig und wollte für tugendhaft gehalten werden. Da er ein großer Arbeiter war, so aß er für gewöhnlich nicht zu Mittag; denn nach dem Essen konnte er nichts mehr machen, weil er sich gewöhnlich bis zur Besinnungslosigkeit betrank. Wenn er auswärts speiste, trank er nur Wasser, um sich nicht bloßzustellen.

Er sprach vier Sprachen, aber alle schlecht; und er wollte das nicht einsehen. Einige Tage vor meiner Abreise aus Madrid fing er an, mich zu hassen, weil ich zufällig allzusehr seine Schwächen erkannte und weil er sich meine Zurechtweisungen gefallen lassen mußte. Der Flegel war entrüstet, weil er wesentlichen Anlaß hatte, mir dankbar zu sein. Ich hatte ihn eines Tages gehindert, ein Schreiben an den Hof abzuschicken, das ihn lächerlich gemacht haben würde. Diese Eingabe mußte dem König selber vor Augen kommen, und Mengs hatte sie unterzeichnet ›el mas inclito‹, womit er sagen wollte: Ihr ergebenster Diener. Ich machte ihn darauf aufmerksam, daß ›el mas inclito‹ der berühmteste Diener[41] bedeutet und nicht der ergebenste Diener. Er wurde zornig, sagte mir, es wäre unrecht von mir, zu glauben, daß ich besser spanisch könnte als er, und war in Verzweiflung, als ein Besucher ihm sagte, daß er mir zu Dank verpflichtet sei, denn durch diesen Irrtum hätte er sich unwiderruflich blamiert.

Ein anderes Mal glaubte ich, ihn hindern zu müssen, eine Kritik gegen einen Artikel zu veröffentlichen, in dem jemand schrieb, wir besäßen auf der Welt keine Bauwerke aus der Zeit vor der Sintflut. Mengs glaubte, den Verfasser zu widerlegen, indem er vorbrachte, man sehe die Überreste des Turms von Babylon;[42] eine doppelte Dummheit; denn man sieht diese angeblichen Überreste nicht, und selbst wenn man sie sähe, so erfolgte doch der Bau dieses eigentümlichen Turms in der Zeit nach der Sintflut. Nachdem ich ihn überzeugt hatte, zerriß er seine Aufzeichnung, doch er haßte mich dennoch von ganzem Herzen, denn er war nun sicher, daß ich das ganze Ausmaß seiner Unwissenheit erkannt habe. Er hatte die Sucht, über metaphysische Themen zu streiten; sein Steckenpferd war es, sich über die Schönheit im allgemeinen auszulassen und sie zu definieren; die Dummheiten, die er dabei sagte, waren haarsträubend.[43]

Über alle Maßen jähzornig, schlug Mengs zuweilen seine Kinder beinahe zu Krüppeln. Mehr als einmal entriß ich seinen Händen in solchen Augenblicken seinen ältesten Sohn,[44] den der rohe Mensch mit seinen Zähnen zerreißen zu wollen schien. Er rühmte sich, daß sein Vater,[45] ein Bohemien und schlechter Maler, ihn mit dem Stock in der Hand erzogen habe. Er behauptete, dadurch sei er ein guter Maler geworden, und hatte beschlossen, dasselbe System anzuwenden, um seine Kinder zu zwingen, ebenfalls etwas zu werden. Er war tief gekränkt, wenn er einen Brief erhielt, dessen Adresse nicht seinen Titel Chevalier[46] und seine Taufnamen trug. Eines Tages sagte ich ihm, ich sei durchaus nicht beleidigt gewesen, daß die Briefe, die er mir nach Florenz und Madrid geschrieben habe, nicht meinen Titel Chevalier getragen hätten, obgleich ich die Ehre hätte, mit demselben Orden geschmückt zu sein wie er. Er antwortete mir nicht. Der Grund, weshalb er seine Taufnamen als eine besondere Ehre ansah, war recht seltsam. Er sagte, da er sich Antonio Raffael nenne und Maler sei, so könnten diejenigen, die diese beiden Namen fortließen, das in seiner verrückten Einbildung nur mit der Absicht tun, zu leugnen, daß die Eigenschaften des Antonio da Correggio und des Raffael[47] aus Urbino in ihm allein vereinigt seien.

Eines Tages wagte ich ihm zu sagen, als ich eines seiner Gemälde betrachtete, die Hand einer Hauptfigur sei mißraten, denn der Ringfinger sei kürzer als der Zeigefinger. Er antwortete ärgerlich, das müßte so sein, und zum Beweis zeigte er mir seine Hand. Lachend zeigte ich ihm meine, indem ich ihm sagte, ich sei überzeugt, daß meine Hand so geformt sei wie die aller Abkömmlinge Adams.

»Von wem behaupten Sie denn, daß ich abstamme?«

»Das weiß ich nicht. Aber ganz gewiß gehören Sie nicht zu meiner Art.«

»Im Gegenteil, Sie gehören nicht zu der meinen, überhaupt nicht zu der der anderen Menschen; denn alle Hände von Männern und Frauen sind allgemein so geformt wie die meinen und nicht wie die Ihren.«

»Ich wette hundert Pistolen, daß Sie unrecht haben.«

Er sprang auf, warf Pinsel und Palette auf die Erde und läutete seinen Bedienten. Die Leute kamen, er sah ihre Hände an, untersuchte sie ganz genau und fand, daß der Zeigefinger kürzer ist als der Ringfinger.

Zum ersten Male sah ich ihn lachen und hörte ihn einem Streit durch ein Scherzwort ein Ende machen. Er sagte nämlich: »Ich bin entzückt, daß ich mich rühmen kann, wenigstens in etwas einzig zu sein.«

Mit Vergnügen teile ich hier eine sehr vernünftige Bemerkung mit, welche Mengs eines Tages zu mir machte und die ich nie vergessen habe. Er hatte eine Magdalena gemalt,[48] die wirklich von überraschender Schönheit war. Zehn oder zwölf Tage sagte er mir jeden Morgen: »Heute abend wird das Bild fertig sein!«

Er malte daran bis zum Abend, und am anderen Morgen arbeitete er wieder am gleichen Bild.

Eines Tages sagte ich ihm, er habe sich am Tage vorher getäuscht, indem er mir gesagt habe, das Bild werde am Abend fertig sein.

»Nein!« antwortete er mir, »denn neunundneunzig von hundert Kennern könnten es für vollendet halten; mir aber liegt am Urteil des hundertsten, und mit dessen Auge sehe ich das Bild an. Es gibt überhaupt auf der ganzen Welt nur relativ fertige Bilder, und diese Magdalena wird erst fertig sein, wenn ich nicht mehr an ihr arbeite, und selbst dann wird sie nur relativ fertig sein; denn sicherlich würde sie vollkommener sein, wenn ich einen Tag länger daran arbeiten würde. Bei eurem Petrarca[49] gibt es kein einziges Sonett, das wirklich vollendet wäre. Auf dieser Welt ist nichts vollkommen, was aus der Hand oder dem Geiste des Menschen hervorgeht, es müßte denn etwa eine mathematische Berechnung sein.«

Ich umarmte meinen lieben Mengs vor Freude über seine treffliche Bemerkung. Weniger groß war meine Freude an einem anderen Tag, als er mir sagte: »Ich wünschte, ich wäre Raffael aus Urbino gewesen.« Das war sein großes Vorbild!

»Ganz gewiß; aber wie können Sie sagen: Sie wünschen etwas gewesen zu sein? Dieser Wunsch ist gegen die Natur; denn wenn Sie Raffael gewesen wären, so wären Sie nicht mehr; Sie können so nicht im Ernst reden, wenn Sie sich nicht etwa vorstellen, Sie genössen die Glorie des Paradieses; wenn das der Fall ist, so wünsche ich Ihnen Glück dazu.«

»Ganz und gar nicht! Ich möchte Raffael gewesen sein und würde dann nicht mehr den Wunsch haben, heute körperlich und seelisch vorhanden zu sein.«

»Das ist Unsinn. Denken Sie doch darüber nach! Wenn Sie nicht Ihren Verstand verloren haben, können Sie einen solchen Wunsch nicht hegen.«

Er wurde zornig und sagte mir eine Menge Beleidigungen, über die ich nur lachte. Ein andermal verglich er die Arbeit des Dichters, der eine Tragödie dichtet, mit der eines Malers, der ein Gemälde entwirft, auf dem die ganze Tragödie in einer einzigen Szene zusammengefaßt ist. Nachdem ich eine Menge Unterschiede besprochen hatte, schloß ich mit den Worten:

»Der tragische Dichter muß alle Kräfte seines Geistes aufbieten, damit die kleinsten Einzelheiten zueinanderpassen, während der Maler, der sich nur um eine Oberfläche zu kümmern hat, seine Farben auftragen und sich dabei mit anwesenden Freunden über viele Themen unterhalten kann. Das beweist, daß Ihr Gemälde mehr durch Ihre Handfertigkeit als durch Ihren Geist entsteht. Finden Sie mir einen Dichter, der bei seinem Koch sein Abendessen bestellen kann, während er die Verse zu einem Epos verfaßt.«

Wenn Mengs sich besiegt sah, wurde er grob und behauptete, ich hätte ihn beleidigt. Trotzdem wird dieser Mann, der schon im Alter von fast fünfzig Jahren starb,[50] als Philosoph, großer Stoiker, Gelehrter und Musterbild aller Tugenden in die Nachwelt eingehen, dank der Lebensbeschreibung, die einer der Anbeter[51] seines Talentes im Großformat mit sehr schönen Buchstaben hat drucken lassen und die er dem König von Spanien gewidmet hat. Diese Lebensbeschreibung ist ein Lügengewebe.

Lassen wir Mengs nun, und befassen wir uns mit meinen Erlebnissen. Ich werde auf Mengs zu sprechen kommen, wenn wir ihm in zwei oder drei Jahren noch einmal in Rom begegnen.[52]

Meiner Schwäche wegen war ich nicht mehr genötigt, das Bett zu hüten, als Manucci zu mir kam und mir den Vorschlag machte, ihn nach Toledo zu begleiten und die Altertümer zu besichtigen, die sich in dieser alten Stadt befinden. In fünf oder sechs Tagen mußten wir wieder in Aranjuez zurück sein. Manucci wollte ein paar Tage abwesend sein, weil der Gesandte für alle Minister ein Galaessen gab, woran er nicht teilnehmen konnte, da er nicht vorgestellt war.

»Dieser gesellschaftliche Ausschluß wird nicht auffallen, wenn man weiß, daß ich nicht in Aranjuez bin«, sagte er zu mir.

Es war mir sehr angenehm, Toledo zu sehen, und so nahm ich an. Wir fuhren am anderen Morgen ab und kamen abends in der berühmten Stadt an. Bei dem Tor dieser Hauptstadt von Neu-Kastilien, die auf einer Anhöhe liegt, befinden sich die Reste einer Naumachie.[53] Der Tajo, der Gold mit sich führt, umfließt die Stadt von zwei Seiten. Wir fanden für spanische Verhältnisse eine recht gute Unterkunft in einem Gasthof auf dem großen Platz, und gingen am Morgen mit einem Cicerone[54] aus, der uns in den Alcazar[55] führte. Das ist der Louvre von Toledo, ein großer königlicher Palast, in dem der maurische König wohnte. Sein majestätischer Name durfte keinen anderen Vokal haben als die Königin des Alphabets. Hierauf gingen wir in die Kathedrale, ein sehenswertes Kunstdenkmal wegen der Reichtümer,[56] die sie enthält. Ich sah das Tabernakel,[57] worin bei der Fronleichnamsprozession das heilige Sakrament herumgetragen wird. Es ist so schwer, daß dreißig kräftige Männer nötig sind, um es zu tragen. Der Erzbischof von Toledo hat ein Jahreseinkommen von dreihunderttausend Talern, und sein Klerus hat jährlich vierhunderttausend. Ein Kanonikus, der mir die Gefäße mit den Reliquien zeigte, sagte mir, in dem einen befänden sich die dreißig Silberlinge,[58] die Judas für den Verkauf unseres Heilands erhalten hätte. Als ich ihn bat, mir diese Silberlinge zu zeigen, warf er mir grimmige Blicke zu und sagte, der König selber würde nicht wagen, eine solche Neugier an den Tag zu legen. In Spanien sind die Priester ein Lumpenpack, auf das man noch mehr Rücksicht nehmen muß als in anderen Ländern.

Am nächsten Tag sahen wir uns das physikalische und naturgeschichtliche Kabinett[59] an, wo wir aber wenigstens lachen durften. Man machte uns besonders auf Stücke von einem Drachen aufmerksam, und der Besitzer sagte zu mir: »Das beweist, daß der Drache kein Fabeltier ist.«

Nach dem Drachen zeigte er uns noch einen Basilisken,[60] dessen Blick uns nicht erschreckte, sondern uns lachen ließ. Dann führte uns der würdige Señor zu einem Freimaurerschurz und versicherte uns, daß jemand, der in der Loge gewesen sei, es seinem Vater geschenkt hätte.

»Das beweist«, setzte er hinzu, »daß diejenigen sich sehr täuschen, die behaupten, es existiere diese Sekte nicht und sie habe niemals existiert.«

Diese Reise kräftigte meine Gesundheit, so daß ich nach meiner Rückkehr nach Aranjuez allen Ministern meine Aufwartung machen konnte. Der venezianische Gesandte stellte mich dem Marchese Grimaldi[61] vor, mit dem ich mehrere Besprechungen über die Kolonie in der Sierra Morena hatte. Es stand mit dieser Kolonie schlecht. Die Familien aus der Schweiz konnten dort nicht gedeihen. Ich reichte ihm meinen Plan[62] ein, worin ich nachwies, daß die Kolonie aus spanischen Familien gebildet werden müßte.

»Allerdings«, sagte er, »aber Spanien ist überall schwach bevölkert, und nach Ihrem Plan müßten wir eine Gegend entvölkern, um eine andere zu bereichern.«

»Durchaus nicht; denn zehn Auswanderer, die in Asturien aus Armut in jungen Jahren sterben, würden in der Sierra Morena fünfzig Kinder hervorbringen. Diese fünfzig würden zweihundert in die Welt setzen, diese tausend, und alles wäre in Ordnung.«

Mein Plan wurde einer Prüfung unterzogen, und der Marchese Grimaldi versicherte mir: wenn der Plan angenommen würde, sollte ich zum Gouverneur der Kolonie ernannt werden.

Eine italienische Opera buffa entzückte zu jener Zeit den ganzen Hof, mit Ausnahme des Königs,[63] denn dieser empfand gar keinen Geschmack an Musik. Der König liebte nur die Jagd. Ein italienischer Kapellmeister, den der venezianische Gesandte beschützte, wollte gern ein neues Drama in Musik setzen; er schmeichelte sich mit der Hoffnung, daß er allgemeinen Beifall verdienen und durch diese Oper reichliche Geschenke erhalten werde. Da die Zeit zu kurz war, um nach Italien zu schreiben, so erbot ich mich, auf der Stelle ein Libretto zu dichten; ich wurde beim Wort genommen, und am nächsten Tag übergab ich ihm den ersten Akt. Der Kapellmeister setzte ihn in vier Tagen in Musik, und der venezianische Gesandte lud alle Minister ein, der Probe dieses Aktes im Saal seines Palastes beizuwohnen. Die beiden anderen Akte waren auch bereits geschrieben; man fand die Musik köstlich, und vierzehn Tage später wurde meine Oper[64] aufgeführt. Der Kapellmeister wurde reichlich belohnt; von mir aber nahm man an, daß ich über einem Dichter stehe, der für Geld arbeite; mein Lohn bestand daher in Beifall. Ich hätte es aber auch als Kränkung empfunden, wenn man mir Geld angeboten hätte. Übrigens war es für mich in meiner Lage Lobes genug, daß der Gesandte entzückt war, mich unter seinem Gefolge zu sehen, und daß ich von den Ministern als ein Mann angesehen wurde, der imstande war, zu den Vergnügungen des Hofes beizutragen.

Das Verfassen dieser Oper hatte mich genötigt, die Bekanntschaft der Schauspielerinnen zu machen. Die Primadonna war eine Römerin, namens Pellicica;[65] sie war weder schön noch häßlich, schielte ein wenig und besaß ein mittelmäßiges Talent. Sie hatte eine jüngere Schwester, die wirklich hübsch war, trotzdem fand sie keinen, der ihr den Hof machte oder sich für sie interessierte, und die ältere liebten alle, die mit ihr sprachen. Ihr Gesicht hatte den Vorzug schielender Augen: einen rührenden sanften Blick; ihr Lächeln war fein und bescheiden, ihr Benehmen ungezwungen, alle Welt liebte sie.

Ihr Gatte war ein schlechter Maler, gutmütig, aber ziemlich häßlich, der mehr den Eindruck ihres Bedienten als den ihres Gemahls machte. Er war ihr sehr treu ergeben, und sie belohnte ihn dafür durch ein rücksichtsvolles Benehmen. Sie flößte mir keine Liebe ein, wohl aber eine aufrichtige Freundschaft. Ich besuchte sie jeden Tag und dichtete ihr italienische Arien, die sie mit großer Anmut sang. Sie empfing mich freimütig und ohne Künstelei, als wären wir seit unserer Kindheit befreundet.

Eines Tages bei der Probe eines kleinen Aktes der Oper, zu der ich den Text geschrieben hatte, sprach ich mit ihr auf der Bühne über die großen Namen der Anwesenden, die sich nur eingefunden hatten, um die neue Musik zu hören, die gespielt werden sollte. Der Impresario der Oper, namens Marescalchi,[66] hatte mit dem Gouverneur von Valencia[67] die Abmachung getroffen, daß er den ganzen September mit seiner Truppe dort zubringen solle, um auf einem eigens vom Gouverneur dieses Königreichs für diesen Zweck erbauten kleinen Theater komische Opern aufzuführen. Man hatte in Valencia noch niemals eine italienische Opera buffa gesehen, und der Impresario Marescalchi hoffte, dort sein großes Glück zu machen. Die Pellicca wünschte von irgendeinem großen Herrn vom Hofe einen Empfehlungsbrief für Valencia zu erhalten, und da sie niemanden kannte, so fragte sie mich, ob sie den venezianischen Gesandten bitten könnte, sich für sie zu interessieren und irgend jemanden um einen Brief zu ersuchen.

»Ich will Ihnen einen Rat geben: Bitten Sie selber den Herzog von Arcos[68] um diesen Brief.«

»Wer ist das?«

»Der Kavalier, der dort zwanzig Schritte von uns entfernt steht und Sie beständig ansieht.«

»Aber wie darf ich das wagen?«

»Er ist ein großer Herr, und ich will darauf wetten, er hat die allergrößte Lust, Ihnen gefällig zu sein. Gehen Sie augenblicklich zu ihm und bitten Sie ihn um diese Gefälligkeit, er wird sie Ihnen bestimmt erweisen; Sie bitten ihn damit um nicht mehr als um eine Prise Tabak.«

»Dazu habe ich nicht den Mut. Stellen Sie mich vor.«

»Nein, damit würde ich alles verderben; er darf nicht einmal ahnen, daß ich Ihnen den Rat gegeben habe. Nehmen Sie den Rat an, ergreifen Sie die Gelegenheit, er steht ganz allein in der Kulisse und sieht nur Sie an. Ich werde Sie jetzt verlassen; eine Minute darauf treten Sie an ihn heran und tragen ihm Ihr Anliegen vor; Sie werden erhalten, was Sie wollen.«

Ich ging zum Orchester, und als ich einen Augenblick darauf den Kopf umwandte, sah ich, wie der Herzog auf die Schauspielerin zuging und sie höflich ansprach. Ich beobachtete das Gespräch und bemerkte, daß die Pelliccia errötend etwas zu ihm sagte; der Herzog schien einverstanden, und er entzog der Pelliccia seine Hand, die sie ihm küssen wollte. Die Sache schien in Ordnung. Nach der Oper sagte die Pelliccia mir, sie werde den Brief am Tage der ersten Opernaufführung erhalten. Der Herzog hielt Wort; er übergab ihr einen versiegelten Brief an einen Kaufmann in dieser Stadt, Don Diego Valencia.[69] Da sie erst im September nach Valencia gehen sollte, so war noch Zeit, denn wir befanden uns erst in der Mitte des Mai. Wir werden daher erst später erfahren, was der Brief enthielt.

In Aranjuez verkehrte ich viel mit dem Kammerdiener des Königs, Don Domingo Varnier, mit einem anderen Kammerdiener des Prinzen von Asturien,[70] der jetzt den Thron einnimmt, und mit einer Zofe der Prinzessin. Diese angebetete Prinzessin hatte die Macht besessen, eine Menge ebenso törichter wie lästiger Vorschriften zu unterdrücken und die schwerfällige und ernsthafte Etikette durch ihre sanfte Liebenswürdigkeit zu verwandeln. Mit großem Vergnügen sah ich Seine Katholische Majestät jeden Tag um elf Uhr zu Mittag essen; der König aß jeden Tag dasselbe, ging jeden Tag zur selben Stunde mit seinem Bruder[71] auf die Jagd und kam abends todmüde zurück.[72] Der König war sehr häßlich, aber er war schön im Vergleich zu seinem Bruder, dessen Gesicht einem wirklich angst machen konnte. Dieser Bruder reiste niemals ohne ein Bild der Heiligen Jungfrau, das Mengs ihm gemalt hatte. Es war ein Gemälde von zwei Fuß Höhe und dreieinhalb Fuß Breite. Die Heilige Jungfrau saß im Gras; ihre Füße waren nackt und nach maurischer Art gekreuzt, und man erblickte die heiligen Beine bis zur Mitte der Waden entblößt. Es war ein Bild, das die Seele durch die Vermittlung der Sinne entflammte. Der Infant war in dieses Bild verliebt, aber er hielt die sündigsten aller wollüstigen Gefühle für Frömmigkeit; es war unmöglich, daß er beim Betrachten dieses Bildes nicht vor fleischlicher Begier glühte, die auf der Leinwand zu sehende Gottesmutter warm und lebendig in seinen Armen zu halten. Hiervor hatte jedoch der Infant keine Bedenken; er war entzückt, in die Mutter des Heilands verliebt zu sein. Diese Liebe garantierte ihm sein ewiges Heil. So sind übrigens die Spanier im allgemeinen alle. Was sie interessieren soll, muß sich an ihre Sinne wenden, und sie legen alles nur zugunsten der Leidenschaft aus, die sie beherrscht.

Bevor ich nach Aranjuez ging, sah ich in Madrid das Bild einer Heiligen Jungfrau mit dem Jesuskind an der Brust. Ihr herrlich gemalter entblößter Busen setzte die Phantasie in Flammen. Es war das Altargemälde einer Kapelle in der ›Carrera de San Jerónimo‹.[73] Die Kapelle war den ganzen Tag voll von frommen Männern, die dorthin gingen, um die Gottesmutter anzubeten, deren Bild sie wahrscheinlich nur wegen des wundervollen Busens anlockte. Die Almosen, die diesem Heiligtum zuflossen, waren so reichlich, daß man im Laufe von anderthalb Jahrhunderten – so lange Zeit hatte das Gemälde schon seine Anziehungskraft auf die Menge ausgeübt – eine große Anzahl silberner und goldener Lampen und Leuchter angeschafft und sie durch eine reichliche Rente mit Öl und Kerzen versorgt hatte. Vor der Tür der Kapelle fand man stets mehrere Kutschen, und ein Soldat mit aufgepflanztem Bajonett stand dort, um die Ordnung aufrechtzuerhalten und Streitigkeiten zwischen den Kutschern der vielen sich kreuzenden Wagen zu verhindern; denn kein Kavalier fuhr an diesem heiligen Ort vorbei, ohne den Wagen anhalten zu lassen und, wenn auch nur im Vorübergehen, der Gottesmutter zu huldigen und ›beata ubera quae lactaverunt aeterni patris filium‹[74] anzusehen. Wenn man die Männer kennt, wird man sich über diese Frömmigkeit nicht wundern. Als ich aber Ende Mai 1768 nach Madrid zurückkam, passierte mir zu meinem Erstaunen folgendes.

Da ich dem Abbate Pico[75] einen Besuch zu machen hatte, befahl ich meinem Kutscher, nicht durch die Carrera zu fahren, damit er keinen Aufenthalt durch die vielen Wagen hätte, die dort vielleicht vor der Kapelle warteten und uns aufhalten würden.

»Oh, Señor«, antwortete er mir, »seit einiger Zeit fährt nur noch selten ein Wagen bei der Kapelle vor; ich kann ganz bequem durchkommen.«

Er fuhr weiter und bei der vormals so besuchten Kapelle vorbei; ich sah auch nur zwei oder drei. Als ich beim Abbate aus dem Wagen stieg, fragte ich den Kutscher nach der Ursache dieser Veränderung.

»Oh, Señor! Die Männer werden jeden Tag schlechter.«

Dieser Grund erschien mir kindisch, und als ich mit dem berühmten Abbate, einem geistvollen und ehrwürdigen Greise, eine Tasse ausgezeichneter Schokolade getrunken hatte, fragte ich ihn, warum jene Kapelle nicht mehr in Gunst stehe.

Er lachte laut auf und sagte: »Verzeihen Sie mir, mein Lieber, wenn ich Ihnen dies nicht zu sagen wage. Gehen Sie selber hin, holen Sie sich dort einen Ablaß, und Ihre Neugier wird befriedigt werden.«

Ich fuhr noch am selben Tage hin, und auf den ersten Blick sah ich alles. Die Brust der Heiligen Jungfrau war nicht mehr zu sehen. Ein Tuch, gekleckst von dem ruchlosesten aller Maler, hatte dieses herrliche Gemälde verdorben. Man sah nichts mehr, weder die Brustwarze noch den saugenden Mund des Gotteskindes, nicht einmal die Wölbung der Brust. Das führte dazu, daß die Jungfrau, die früher mit gutem Grund aufmerksam die königlichen Lippen ihres Ambrosia saugenden Sohnes betrachtet hatte, jetzt nur das häßliche Tuch anzuschauen schien, mit dem ein entweihender Pinsel sie im Gegensatz zur Kleidung ebenso häßlich wie das Gemälde hatte werden lassen. Dieses Unglück geschah am Ende des Karnevals. Als der alte Kaplan tot war, kam der neue auf den Gedanken, die schönsten und heiligsten aller Brüste, die Gott jemals schuf, skandalös zu finden. Dieser Kaplan hatte vielleicht als Dummkopf recht, doch als spanischer Christ hatte er unrecht, denn schon allein wegen der verminderten Almosen mußte er es bald bereut haben. Meine Überlegungen zu dieser Begebenheit und meine unersättliche Neugier, Menschen durch das Gespräch kennenzulernen, zwangen mich, jenem Kaplan, der nach meinen Vorstellungen alt und einfältig sein mußte, einen Besuch abzustatten.[76]

Ich fuhr also eines Morgens zu ihm und sah einen dreißigjährigen Priester von lebhaftem und zuvorkommendem Wesen, der mir, obwohl er mich doch nicht kannte, eine Tasse Schokolade anbot. Ich lehnte sie ab, wie jeder Fremde es in Spanien tun muß; denn abgesehen davon, daß die Schokolade im allgemeinen schlecht ist, wird sie einem überall und zu allen Stunden angeboten, und man würde sterben, wenn man sie jedesmal annähme.

Ohne meine Zeit mit einer langen Vorrede zu verlieren, sagte ich ihm, ich hätte das Gemälde leidenschaftlich geliebt und empfände einen tiefen Schmerz, daß er ein so herrliches Bild habe verderben lassen.

»Das mag sein«, antwortete er; »aber gerade seine Schönheit machte es in meinen Augen unwürdig, eine Frau darzustellen, deren Anblick zur Frömmigkeit und zur Verinnerlichung ihrer Unbefleckheit anregen muß, nicht aber die sinnlichen Begierden erfüllen darf. Mögen alle schönen Gemälde zugrunde gehen, wenn sie alle zusammen die Ursache der geringsten Todsünde sein können.«

»Wer hat Ihnen diese Verunstaltung erlaubt? In Venedig hätten die Staatsinquisitoren, sogar Signor Barbarigo[77] selber, obgleich er gottesfürchtig und sehr fromm ist, Sie unter die Bleidächer bringen lassen; denn die Liebe zur Paradieswonne darf nicht den schönen Künsten schaden, und ich bin überzeugt, der Evangelist Lukas,[78] der, wie Sie wissen müssen, Maler war und das Bildnis der Heiligen Jungfrau mit nur drei Farben gemalt hat, spricht jetzt gegen Sie zur Heiligen Jungfrau.«

»Señor, ich bedurfte der Erlaubnis keines Menschen. Ich muß jeden Tag vor diesem Altar[79] die Messe lesen, und ich schäme mich nicht, Ihnen zu sagen, daß ich nicht mehr imstande war, die Wandlungsworte zu sagen; entschuldigen Sie meine Schwäche. Der schöne Busen brachte meine Phantasie in Verwirrung.«

»Wer zwang Sie, das Bild anzusehen?«

»Ich sah es nicht an, aber der Feind Gottes zeigte es mir, ohne daß ich es wollte.«

»Warum haben Sie sich nicht entmannt, wie der kluge Origenes[80] es tat, ›qui se castravit propter regnum coelorum‹?[81] Glauben Sie mir, Ihre Geschlechtsteile, die zu anfällig sind, weil sie allem Anschein nach zu stark geraten sind, sind es nicht wert, daß Sie dieses Gemälde verunstaltet haben.«

»Señor, Sie beleidigen mich!«

»Ganz und gar nicht, denn das ist nicht meine Absicht. Entweder Sie bitten Chevalier Mengs, Ihnen ein neues Bild der Heiligen Jungfrau zu malen, das geeignet ist, die Frömmigkeit ihrer frommen Verehrer, denen Sie sehr mißfallen haben, erneut zu wecken, oder Sie verzichten auf eine Pfründe, zu deren Genuß Sie nicht geboren sind.«

»Ich werde weder das eine noch das andere tun.«[82]

Der junge Priester führte mich mit solchem Ungestüm an die Tür, daß ich sein Haus mit der Überzeugung verließ, er würde mittels der gefürchteten Inquisition irgendeine spanische Rache gegen mich anspinnen. Ich wußte, daß es ihm leicht sein würde, sich meinen Namen zu verschaffen, um mir Scherereien zu bereiten, deshalb beschloß ich, ihm zuvorzukommen. Ich hatte vor einiger Zeit einen Franzosen, namens de Ségur,[83] kennengelernt, der erst ganz vor kurzem nach dreijähriger Haft aus den Gefängnissen der Inquisition entlassen worden war. Sein Verbrechen war gewesen, daß er in einem Zimmer seines Hauses auf einem Tisch ein Waschbecken aus Stein stehen hatte, in dem er sich jeden Morgen sein Gesicht und die Hände wusch. Auf dem Rand des Waschbeckens befand sich die eineinhalb Fuß hohe Figur eines ganz nackten Kindes, die mit Wasser gefüllt war. Zum Waschen ließ er das Wasser aus dem kleinen Glied des Kindes, anstelle eines Hahnes, laufen. Jemand, der in allem Gott sieht, konnte in der Figur leicht das Bild unseres Erlösers sehen, da der Bildhauer den Kopf mit einer Art von Heiligenschein geschmückt hatte, so wie Bildhauer und Maler eben die Heiligen abbilden. Der arme Ségur wurde der Gottlosigkeit angeklagt, und die Inquisition fand es sündhaft, daß er zum Waschen ein Wasser benutzte, das man als den Urin unseres Heilands ansehen konnte. Für diesen Spaß mußte er drei Jahre büßen. ›Aliena spectans doctus evasi mala‹.[84]

Ich begab mich zum Großinquisitor,[85] einem Bischof, und berichtete ihm Wort für Wort das Gespräch, das ich mit dem Kaplan gehabt hatte, verschwieg aber seinen lustigen Anstrich. Zum Schluß bat ich ihn um Verzeihung für den Fall, daß der Kaplan sich etwa beleidigt fühlen sollte, und versicherte ihm, ich wäre durchaus rechtgläubig. Ich hätte niemals erwartet, in Madrid einen Großinquisitor zu finden, der trotz seines häßlichen Gesichtes ein liebenswürdiger Mensch war; aber ich hatte mich geirrt; denn er lachte von Beginn bis Schluß bei meiner Erzählung, da er sie nicht als Beichte ansehen wollte.

»Der Kaplan«, sagte er zu mir, »ist selber schuldig und unfähig, seinen Beruf auszuüben; denn indem er die anderen für ebenso schwach hält wie sich selber, hat er der Religion einen wirklichen Schaden zugefügt. Trotzdem haben Sie unrecht daran getan, ihn aufzusuchen und zu reizen.«

Da ich ihm meinen Namen hatte sagen müssen, las er mir schließlich, immer mit lachendem Gesicht, eine andere Anschuldigung vor, die von einem Augenzeugen des Vorfalls bei ihm eingereicht worden war. Er warf mir mit Sanftmut vor, den Beichtvater des Herzogs von Medina Sidonia, einen Kapuziner, als Ignoranten bezeichnet zu haben, weil er nicht hatte zugeben wollen, daß ein Priester die Messe zum zweitenmal lesen müßte, selbst wenn er inzwischen gegessen haben sollte, falls an einem Feiertag sein König die Messe nicht gehört hätte und befehle, sie noch einmal zu lesen.

»Sie hatten recht«, sagte der liebenswürdige Bischof zu mir; »trotzdem aber durften Sie den Beichtvater des Herzogs in dessen Gegenwart nicht einen Ignoranten schelten. In Zukunft vermeiden Sie jeden Streit über religiöse Dinge, sowohl was das Dogma wie die Liturgie betrifft. Damit Sie bei Ihrem Abschied von Spanien einen richtigen Begriff von der Inquisition mit sich fortnehmen, so will ich Ihnen sagen, daß der Pfarrer, der Sie auf die Liste der Exkommunizierten gesetzt hat, einen derben Verweis erhalten hat; denn er hätte Sie vorher warnen und vor allen Dingen sich erkundigen müssen, ob Sie krank wären; wir wissen, daß dies wirklich der Fall war.«

Hierauf beugte ich vor ihm ein Knie zur Erde, küßte ihm die Hand und entfernte mich sehr zufrieden.

Doch zurück nach Aranjuez, denn was ich eben erzählt habe,

fand bei meiner Rückkehr nach Madrid statt. Sobald ich erfuhr, daß der Gesandte mich in Madrid nicht bei sich unterbringen konnte, wo ich zu verweilen gedachte, um, wie ich hoffte, Gouverneur der Sierra Morena zu werden, schrieb ich meinem guten Freunde, dem Flickschuster Don Diego; ich brauchte ein schön möbliertes Zimmer, ein gutes Bett, eine Kammer und einen ehrlichen Bedienten, der auf meinen Wagen hinten aufsteigen sollte, und einen Wagen monatlich zu einem bestimmten Preis, den ich im voraus begleichen würde, falls er die Bürgschaft für mich übernehmen würde. Ich gab ihm an, wieviel ich für meine Wohnung ausgeben wollte, und schrieb ihm, daß ich Aranjuez verlassen würde, sobald er mir mitteilte, wo ich bei meiner Ankunft in Madrid vorfahren müßte. Der Flickschuster teilte mir sofort mit, daß er meinen Wunsch erfüllen und mir die Adresse schreiben werde, sobald er die Wohnung gefunden hätte.

Der Plan der Besiedlung[86] der Sierra Morena nahm meine Zeit sehr in Anspruch; denn ich schrieb über die Verwaltung, auf die es vor allem ankam, um die Kolonie zur Blüte zu bringen. Meine beweiskräftigen Schriftstücke gefielen dem Minister Grimaldi und schmeichelten dem Gesandten Mocenigo; dieser hoffte: Wenn es mir gelänge, zum Gouverneur der Kolonie ernannt zu werden, so würde dadurch der Ruhm seines Amtes gestärkt werden. Meine Arbeiten hielten mich jedoch nicht ab, mich gut zu unterhalten und vor allen Dingen die Herren vom Hofe zu besuchen, die mich über die besonderen Charaktereigenschaften der verschiedenen Mitglieder der königlichen Familie am besten unterrichten konnten. Don Varnier, ein aufrichtiger, freimütiger und geistvoller Mann, erklärte mir alles ganz genau.

Eines Tages fragte ich ihn, ob es wahr sei, daß der König Gregorio Squillace[87] nur deshalb begünstigt habe, weil er dessen Frau liebte oder geliebt habe; er antwortete mir, daß es eine verleumderische Erfindung von Leuten sei, die für wahr nehmen, was nur wahrscheinlich ist.

»Wenn der Beiname ›der Keusche‹ einem König der Wahrheit gemäß und nicht aus Schmeichelei beigelegt werden soll, so verdient Karl III. ihn vielleicht mehr, als bis jetzt irgendein König ihn verdient hat. In seinem ganzen Leben hat er sich nicht ein einziges Mal einer anderen Frau genähert als der verstorbenen Königin,[88] und zwar nicht so sehr wegen seiner Verpflichtung zur ehelichen Treue wie aus Christenpflicht. Er meidet die Sünde aus Furcht, seine Seele zu beflecken, und weil er die Schande vermeiden will, dem Beichtvater seine Schwäche gestehen zu müssen. Er ist kerngesund, stark, rüstig und hat niemals eine Krankheit gehabt, nicht einmal das geringste Fieber; dazu ist er mit einem Temperament begabt, das ihn zum Geschlechtsakt sehr geneigt macht; so ist kein einziger Tag vergangen, als die Königin noch lebte, ohne daß er ihr die eheliche Pflicht bewies. Ausgenommen an den Tagen, an denen ihm das aus Gründen der Reinlichkeit schlecht möglich war. Dann ermattete er sich mehr als üblich auf der Jagd, um seine Glut zu löschen. Stellen Sie sich vor, wie verzweifelt der Mann war, als er plötzlich Witwer wurde; denn er war entschlossen, lieber zu sterben, als sich zu der Demütigung gezwungen zu sehen, eine Geliebte zu nehmen. Seine einzige Zuflucht war die Jagd und ein solches Beschäftigungsprogramm für jede Stunde des Tages, daß ihm keine Zeit übrigblieb, an eine Frau zu denken. Dies war eine sehr schwierige Sache, denn er findet weder am Schreiben, noch am Lesen, noch an der Musik, noch an netter Unterhaltung Gefallen. Er tut nun folgendes und wird es bis zu seinem Tode tun: Um sieben Uhr steht er auf und kleidet sich an und begibt sich dann in ein Zimmer, wo er frisiert wird. Bis acht Uhr betet er; hierauf hört er die Messe, nimmt seine Schokolade und eine ungeheure Prise spanischen Tabak, die er in seine große Nase stopft. Es ist die einzige, die er den ganzen Tag über nimmt. Von neun Uhr an arbeitet er mit seinen Ministern bis elf. Dann kommt das Mittagessen bis dreiviertel zwölf, das er stets allein einnimmt. Hierauf macht er der Prinzessin von Asturien einen kurzen Besuch; mit dem Schlage zwölf steigt er in seinen Wagen und fährt zur Jagd. Um sieben Uhr ißt er einen Bissen, wo er sich gerade befindet, und um acht Uhr kommt er so müde ins Schloß zurück, daß er oft einschläft, bevor er in seinem Bett liegt. Auf diese Weise hält er seine Bedürfnisse nach einer Frau nieder. Er hat einmal daran gedacht, sich wieder zu verheiraten, und bat Madame Adelaïde von Frankreich[89] um ihre Hand; aber die bekam Furcht, als sie sein Bild sah, und wies ihn ab. Dies kränkte ihn, und er verzichtete auf eine zweite Heirat. Wehe dem, der ihm vorschlagen würde, eine Geliebte zu nehmen!«

Wir sprachen hierauf noch weiter über den mitfühlenden, ernsten, sanften oder strengen Charakter des Königs, und Don Domingo sagte mir, die Minister hätten recht, daß sie den Herrscher unerreichbar machten; denn wenn es durch Überrumpelung irgend jemandem gelänge, sich dem König zu nähern und ihn um irgendeine Gnade zu bitten, so machte er es sich zur Ehrensache, niemals eine abschlägige Antwort zu geben, weil er der Meinung wäre, daß er nur so sich als König betätigte.

»Es ist wahr, daß die hartherzigsten und schwierigsten Herrscher die sind, die jedem freigebig eine Audienz gewähren; sie werden auch fortwährend hintergangen. Bei ihnen kann man nichts erreichen, denn ihr erster Gedanke ist, stets das abzuschlagen, was man von ihnen verlangen will. Als Gegensatz dazu nenne ich den unzugänglichen Herrscher, der, wenn jemand es erreicht und mit ihm sprechen kann, aufmerksam zuhört und versucht, die vorgebrachte Bitte zu gewähren. Auf der Jagd findet man Karl III. oft allein, und dann ist er guter Laune und bereit, einem Bittsteller nichts abzuschlagen. Seine Festigkeit ist sein Hauptfehler, es ist schon fast Halsstarrigkeit, denn wenn er einmal etwas will, so will er es durchaus, und Unmöglichkeiten gibt es für ihn nicht. Vor seinem Bruder, dem Infanten, hat er die größte Hochachtung; er kann ihm nichts abschlagen, obgleich er doch stets der Herr bleiben will. Man glaubt, er werde ihm die Erlaubnis bewilligen, eine Ehe zur linken Hand[90] einzugehen, obgleich der König illegitime Kinder nicht liebt. Er fürchtet aber um das Seelenheil seines Bruders, weil er bereits drei Kinder hat.«

In Aranjuez befanden sich eine unglaubliche Menge Leute, die die Minister verfolgten, um von ihnen Stellen zu erlangen. »Alle diese Leute«, sagte Don Domingo zu mir, »kehren wieder nach Hause zurück, wenn der König abreist, und kein einziger hat etwas erreicht.«

»Sie verlangen also Unmögliches?«

»Sie verlangen gar nichts. ›Was wünschen Sie?‹ sagt ein Minister zu ihnen.

›Was nach der Meinung Eurer Exzellenz für mich passen kann.‹

›Aber was können Sie denn?‹

›Das weiß ich nicht. Eure Exzellenz können mein Talent und meine Fähigkeiten prüfen und mir dann das Amt geben, das ich am besten auszufüllen vermag.‹

›Gehen Sie; ich habe keine Zeit.‹«

Aber so ist es überall. Carlos III. ist im Wahnsinn gestorben; die Königin von Portugal[91] ist zur Zeit wahnsinnig; der König von England[92] ist es gewesen, er wurde geheilt, wie man behauptet. Ich verabschiedete mich vom venezianischen Gesandten drei Tage, bevor er selber abreiste, und umarmte sehr herzlich Manucci, der mir während meines ganzen Aufenthaltes unaufhörlich Beweise seiner Freundschaft gab. Ich gestehe dies zu meiner eigenen Schande. Der Flickschuster Don Diego hatte mir geschrieben, für die Summe, die ich ausgeben wollte, bekäme ich auch noch eine Magd aus der Provinz Biskaya,[93] die mir gute Mahlzeiten bereiten würde, wenn ich Lust hätte. Er hatte mir auch die Adresse meiner Wohnung geschickt, die in der Calle de Alcalá[94] lag. Ich reiste von Aranjuez am Morgen ab und war am frühen Nachmittag in meiner Wohnung. Aranjuez liegt von Madrid ungefähr so weit entfernt wie Fontainebleau von Paris.[95]

Ich hielt an, stieg aus und begab mich in den ersten Stock. Ich fand dort die Magd aus der Biskaya, die französisch sprach, sah mir meine Wohnung an und erblickte außer dem Kabinett noch ein zweites Zimmer mit einem Bett, um einmal einen Freund aufnehmen zu können; ich spendete dem Flickschuster reichlich Lob. Ich ließ mein Gepäck heraufschaffen und sah bei dieser Gelegenheit meinen Lakaien, der mir rechtschaffen erschien. Ich lobte Don Diego noch einmal. Da ich neugierig auf die Geschicklichkeit meiner Köchin aus Bilbao[96] war, so befahl ich ihr, ein gutes Abendessen für mich allein herzurichten, und wollte ihr Geld dazu geben. Sie antwortete mir aber: »Ich habe Geld, Señor, und werde Ihnen morgen meine Rechnung geben.«

Ich ging mit meinem Bedienten zu Mengs, um meine Sachen abzuholen. Sein Kammerdiener gab sie meinem Bedienten, der zwei Lastträger holte und sich entfernte. Ich erkundigte mich nicht, ob Mengs zu Hause sei; der Kammerdiener nahm die Dublone, die ich ihm geben wollte, nicht an.

Ich lenkte meine Schritte in die Calle del Desengaño, um

Doña Ignacia und ihrem Vater einen Besuch zu machen. Ich wollte ihm meine Zufriedenheit aussprechen und seine Unkosten erstatten. Ich kam an und fand das Haus leer. Von einer Nachbarin hörte ich, daß sie umgezogen seien. Erstaunt darüber, daß er mich nicht davon unterrichtet hatte, ging ich wieder in die Calle de Alcalá, die nur dreihundert Schritte entfernt war. Ich ordnete meine Sachen und fragte meinen Bedienten Felipe,[97] wo denn Don Diego jetzt wohne.

»Das ist sehr weit, Señor; ich werde Sie morgen hinführen.«

»Wo wohnt mein Wirt?«

»Über Ihnen, Señor; aber Sie können sicher sein, daß man niemals den geringsten Lärm machen wird.«

»Ich wünsche ihn zu sehen.«

»Er ist ausgegangen und wird erst um zehn Uhr nach Hause kommen.«

Ich ließ mir alles auf einem kleinen Tisch zurechtlegen, was ich zum Schreiben brauchte, dann gab ich Felipe bis neun Uhr Urlaub, um mich dann beim Abendessen zu bedienen. Ich schickte ihn noch nach Wein, und zwar dorthin, wo ich wußte, daß er schmeckte; nun begann ich zu schreiben. Um neun Uhr meldete er mir, daß im Nebenzimmer aufgetragen sei. Hungrig stand ich auf, denn ich hatte kein Mittagessen gehabt, und sah zu meiner großen Überraschung einen kleinen Tisch, der geschmackvoll mit einer Sauberkeit gedeckt war, wie man sie in Spanien in den Häusern der Bürger selten trifft. Das Essen bewies mir, daß Don Diego ein Genie war. Diese Köchin aus Bilbao konnte es mit der besten französischen aufnehmen. Es gab fünf Gerichte, dazu ›Criadillas‹,[98] die ich leidenschaftlich liebte; alles war ausgezeichnet. Obgleich ich meine Wohnung ziemlich teuer bezahlte, schien es mir doch unmöglich zu sein, noch obendrein eine so gute Köchin zu haben.

Als ich mit dem Abendessen fast fertig war, sagte Felipe mir, mein neuer Wirt sei nach Hause gekommen, und wenn ich es erlaube, werde er mir guten Abend wünschen.

»Er möge eintreten.«

Die Tür öffnete sich; ich sah den Flickschuster und seine Tochter. Er hatte das Haus eigens gemietet, um mich beherbergen zu können!

DRITTES KAPITEL

MEINE LIEBSCHAFT MIT DOÑA IGNACIA
SIGNOR MOCENIGOS RÜCKKEHR NACH MADRID

I HR unglückseligen Grafen und Marquis, die ihr das Selbstgefühl eines Mannes verspottet, der euch durch gute Handlungen zu dem Eingeständnis zwingen will, daß er ebenso edel ist wie ihr – hütet euch vor ihm, wenn es euch gelingt, seinen Anspruch herabzuwürdigen, ihn selber zu demütigen; denn aus gerechter Verachtung wird er euch verunglimpfen, und das mit Recht. Denn ihr müßt diesen Mann achten, der zwar kein Edelmann nach eurer Art ist, aber sich als Edelmann fühlt, weil er der Meinung ist, er brauche nur gute Taten zu vollbringen, um das Recht zu haben, als Edelmann aufzutreten. Achtet diesen Mann, der dem Wort Adel einen Sinn gibt, den ihr nicht begreift. Er behauptet nicht, daß der Adel für ihn in einer langen Reihe von Generationen besteht, deren letzter Sprößling er selber ist; denn er lacht über die Genealogien. Nach seiner Definition ist nur der ein Edelmann, der Achtung erfordert und nach dessen Meinung es nur ein einziges Mittel gibt, um Achtung zu verdienen, nämlich auch die anderen zu achten, ehrenhaft zu leben, niemanden zu täuschen, niemals zu lügen, wenn der, zu dem man spricht, glauben muß, daß man die Wahrheit spricht, und endlich die Ehre dem Leben vorzuziehen.

Dieser letzte Teil seiner Definition vom Wesen des Edelmanns muß in euch die Furcht wecken, daß er euch hinterrücks tötet, wenn ihr ihn verräterischerweise oder durch Überlistung entehrt. In der Natur folgt auf jeden Stoß ein Gegenstoß; aber im Moralischen ist die Rückwirkung noch stärker als die Tat. Betrug führt zur Verachtung, diese zum Haß, der Haß zum Mord; so ist auch die Reihenfolge, wenn etwas die Ehre eines Mannes befleckt, eines Mannes, der Achtung erwartet und nun alles tut, um zum Ziele zu gelangen.

Der Flickschuster Don Diego hatte vielleicht gedacht, daß er sich in meinen Augen etwas lächerlich gemacht hatte, indem er mir sagte, er sei ein Edelmann, da er jedoch wußte, daß er in dem Sinne, den er diesem Worte beilegte, wirklich ein Edelmann war, so wollte er mich immer mehr überzeugen, daß er mir damit nicht imponieren wollte. Seine edle Handlungsweise während meiner Haft im ›Buen Retiro‹ hatte mir schon sein Herz gezeigt; aber dies genügte ihm nicht; er wollte mir weitere Beweise geben. Als er durch meinen Brief einen Auftrag erhielt, wie ihn ein jeder gut oder schlecht ausführen kann, da wollte er mich nicht wie ein Bankier bedienen, sondern beschloß ein Haus zu mieten, um mir dessen besten Teil abzutreten. Ohne Zweifel konnte er das tun, ohne seine vorhandenen Möglichkeiten zu überschreiten, da er hoffen konnte, vielleicht nach einiger Zeit Nutzen daraus ziehen zu können, denn eine gut gehaltene Wohnung würde nach mir nicht lange leer stehen; so tat er es also und freute sich über meine Überraschung. Er wußte, daß ich diese gute Tat würdigen und ihm die entsprechende Achtung zollen würde.

Er täuschte sich nicht, denn ich beteuerte auf das höchste unsere Freundschaft.

Doña Ignacia war ganz stolz auf das, was ihr Vater für mich getan hatte. Wir blieben eine Stunde lang beisammen, plauderten miteinander, leerten eine Flasche ausgezeichneten Weines und regelten alle unsere geschäftlichen Angelegenheiten.

Ich verlangte, daß die Köchin aus Biskaya auf meine Rechnung gehen solle, und setzte diesen Wunsch mit großer Mühe durch. Ich bezahlte die Zimmer für sechs Monate im voraus; und ich bat ihn, die Köchin in dem Glauben zu lassen, daß sie nicht in meinen, sondern in seinen Diensten stehe. Dann bat ich ihn noch, ihr täglich die Auslagen für meine Beköstigung zu bezahlen, mindestens bis zur Rückkehr des Gesandten. Außerdem sagte ich ihm, es sei für mich eine wahre Strafe, allein zu essen, und ich bitte ihn daher, mittags und abends stets an meinem Tische zu speisen. Er sollte der Köchin die Anweisung geben, immer für zwei Personen zu kochen. Vergeblich suchte er Ausreden zu gebrauchen; er mußte schließlich nachgeben und behielt sich nur das Recht vor, sich durch seine Tochter vertreten zu lassen, wenn er selber zuviel Arbeit und nicht die Zeit hätte, um sich umkleiden zu können. Wie man sich denken kann, lehnte ich diese Bedingung nicht ab, denn ich hatte sie erwartet.

Am nächsten Morgen machte ich ihm oben einen Besuch. Der zweite Stock war der Dachboden, er hatte Zwischenwände gezogen und dadurch vier Räume erhalten. In dem großen Zimmer befand sich seine Schusterwerkstatt, wo er mit einem Burschen an Schuhen und Stiefeln arbeitete; hier stand auch sein Bett, in dem er mit seiner Frau schlief. In der kleinen Kammer daneben sah ich Doña Ignacias Bett, einen Betschemel vor einem Kruzifix, ein vier Fuß hohes Bild, das den heiligen Ignatius von Loyola[1] darstellte, dessen junges, hübsches Antlitz mehr die irdische Liebe erweckte, dann noch Rosenkränze, Gebetbücher und ein Weihwassergefäß. Ihre kleine Schwester, die sehr häßlich war, ich habe wohl noch nicht von ihr gesprochen, schlief in einer dritten Kammer; das letzte Zimmer war die Küche, in der in einer Ecke das Bett der Köchin stand.

Der Flickschuster sagte zu mir: »Ich wohne jetzt viel besser als früher, und Ihre Wohnung trägt mir das Vierfache der Miete für das ganze Haus ein.«

»Aber die Möbel...«

»In vier Jahren wird alles bezahlt sein. Ich hoffe, dieses Haus wird die Mitgift meiner Tochter sein, und diese schöne Spekulation verdanke ich Ihnen.«

»Das freut mich. Aber mir scheint, Sie machen da ein Paar ganz neue Schuhe?«

»Allerdings; aber bemerken Sie, daß ich nach Leisten arbeite, die man mir gegeben hat. Ich bin daher nicht genötigt, sie meinem Besteller anzuziehen, und brauche mich nicht darum zu kümmern, ob sie gut oder schlecht sitzen.«

»Wieviel bezahlt man Ihnen dafür?«

»Eineinhalb Pesos.«[2]

»Das ist teurer als der gewöhnliche Preis.«

»O ja; es ist aber auch ein großer Unterschied zwischen meinen Schuhen und denen der anderen Schuhmacher. Bei den meinen ist sowohl die Arbeit wie die Güte des Leders viel besser.«

»Ich werde mir Leisten machen lassen, und Sie werden mir Schuhe anfertigen, wenn es Ihnen recht ist; ich mache Sie jedoch darauf aufmerksam, daß sie vom schönsten Leder sein und Sohlen aus dickem Ziegenleder haben müssen.«

»Solche kosten mehr und halten nicht so lange.«

»Das ist einerlei; im Sommer kann ich nur sehr leichte Schuhe tragen.«

Ich ließ mir gleich Leisten machen, und dann arbeitete er bis zu meiner Abreise für mich.

Als ich mich empfahl, sagte er mir, er sei sehr beschäftigt und könne mit mir erst zu Abend essen, seine Tochter werde daher mit mir mittags speisen; ich antwortete, daß mir die Gesellschaft seiner Tochter genauso angenehm sei wie die seine.

Ich machte einen Besuch beim Grafen von Aranda, der mich kalt, aber sehr höflich empfing. Ich erzählte ihm, was mir in Aranjuez begegnet war: von der Schererei, die der Pfarrer zusammen mit Mengs mir bereitet hatten.

»Ich habe davon gehört. Dieses neue Abenteuer war schlimmer als das erste, und ich hätte keine Abhilfe zu schaffen gewußt, wenn Sie nicht schnell Ihre Osterbeichte abgelegt hätten; dadurch war der Pfarrer gezwungen, Ihren Namen wieder auszustreichen. Augenblicklich glaubt man mich durch Drohschriften zu beunruhigen; aber ich bin dabei ganz ruhig.«

»Was will man denn nur von Eurer Exzellenz?«

»Ich soll den langen Mantel und den Schlapphut[3] erlauben. Das wissen Sie doch?«

»Ich bin erst gestern abend wieder angekommen.«

»Schön. Kommen Sie also Sonntagmittag lieber nicht zu mir, denn mein Haus soll, nach einer gestern erhaltenen Drohschrift, in die Luft fliegen.«

»Ich bin neugierig, ob es recht hoch fliegen wird. Ich werde mittags in Ihrem Saal sein.«

»Ich glaube, Sie werden nicht allein sein.«

Ich ging hin, und der Saal war so voll, wie ich ihn nie gesehen hatte. Der Graf sprach mit allen Anwesenden. Unter der letzten Drohschrift, die ihm seinen Tod ankündigte, wenn er seine Erlasse nicht rückgängig mache, standen auf spanisch geistvolle und anmutig klingende Verse. Der Verfasser des Anschlages wußte, daß man ihn hängen würde, wenn man ihn entdeckte, und hatte geschrieben:

>Si me cogen me horqueran,
          Però no me cogeran.<[4]

Beim Essen gab Doña Ignacia mir jeden Augenblick zu erkennen, daß sie mich sehr gerne in ihrem Hause sah; aber sie ging nicht ein einziges Mal auf die verliebten Reden ein, die ich an sie richtete, wenn Felipe, nachdem er ein Gericht aufgetragen hatte, hinaufging, um das nächste zu holen. Sie errötete, seufzte, und da sie doch endlich sprechen mußte, so sagte sie mir, sie bitte mich, alles zu vergessen, was zwischen ihr und mir im Karneval vorgefallen sei. Ich antwortete ihr lächelnd, sie wisse sicherlich, daß es mir nicht möglich sei zu vergessen, sie geliebt zu haben, da ich sie immer noch liebe. Ich setzte mit einer Miene, halb ernst, halb zärtlich hinzu: »Selbst wenn es in meiner Macht stünde, alles zu vergessen, so würde ich es nicht wollen.«

Da ich wußte, daß sie weder sich verstellte noch heuchelte, so begriff ich sofort, daß die Zurückhaltung von dem gefaßten Vorsatz kam, zukünftig gottesfürchtig zu leben, denn sie hatte durch das Liebesabenteuer mit mir gesündigt; aber ich wußte, woran ich mich zu halten hatte und daß ihr Widerstand nicht lange dauern konnte. Ich mußte Schritt für Schritt vorgehen. Ich hatte schon mit anderen Frommen zu tun gehabt, die nicht ein so heißes Temperament besaßen wie Doña Ignacia und mich weniger liebten; trotzdem hatten sie sich ergeben. Ich war auch hier meiner Sache sicher.

Nach dem Essen blieb sie noch eine Viertelstunde mit mir zusammen, aber ich ließ mir nicht das geringste von meiner Liebe anmerken. Als ich meine Siesta gehalten hatte, kleidete ich mich an und ging aus, ohne sie zu sehen. Als sie am Abend zu mir und ihrem Vater kam, der mit mir gespeist hatte, behandelte ich sie mit der größten Freundlichkeit, ohne mich im geringsten verdrießlich zu zeigen über ihren Entschluß, mich nicht mehr zu lieben. Am folgenden Tage verfuhr ich ebenso. Beim Essen sagte sie mir, sie habe mit Don Francisco gleich in den ersten Tagen der Fastenzeit gebrochen und bitte mich, ihn nicht zu empfangen, falls er mir etwa einen Besuch machen sollte.

Am nächsten Tag, dem Pfingstsonntag, war ich beim Grafen Aranda, dessen Palais man gedroht hatte, in die Luft zu sprengen, und ging dann nach Hause; Don Diego, der sehr anständig gekleidet war, speiste mit mir. Seine Tochter sah ich nicht. Als ich ihn fragte, ob sie auswärts esse, antwortete er mir mit einem Lächeln, das ganz unspanisch war, sie habe sich in ihr Zimmer eingeschlossen, wo sie allem Anschein nach das Pfingstfest mit

Gebeten feiere. Am Abend werde sie sicherlich herunterkommen, um mit mir zu essen; denn er sei bei seinem Bruder eingeladen und werde mindestens bis Mitternacht ausbleiben.

»Mein lieber Don Diego, machen Sie keine Umstände, ich meine es ganz ernst. Sagen Sie, bevor Sie fortgehen, Ihrer lieben Tochter, ich verzichte herzlich gern auf meine gesellschaftlichen Rechte zugunsten jener Ansprüche, die Gott auf ihr Gewissen haben mag. Sagen Sie ihr, sie möge sich nach ihrer Bequemlichkeit verhalten, wenn sie etwa ihren Andachtsübungen Zwang antun müsse, um mit mir zu Abend zu essen; wir würden ein andermal miteinander speisen. Werden Sie ihr das sagen? Sie machen mir damit ein Vergnügen.«

»Da Sie es wünschen, so soll es nach Ihrem Willen geschehen.«

Nachdem ich meine Siesta gehalten hatte, kam der brave Mann wieder und sagte mir, Doña Ignacia lasse mir danken, sie werde von meiner Erlaubnis Gebrauch machen, da es ihr angenehm sei, an diesem Tage niemanden zu sehen.

»Sehen Sie, so müssen wir untereinander leben! Ich bin entzückt. Morgen werde ich ihr meinen Dank sagen.«

Es kostete mich einige Mühe, ihm diese Antwort zu geben; denn diese übermäßige Frömmigkeit mißfiel mir so sehr, daß ich sogar fürchtete, sie könnte die Liebe und die Achtung beeinträchtigen, die ich dem reizenden Mädchen entgegenbrachte. Trotz meiner Empfindlichkeit hätte ich aber beinahe laut herausgelacht, als der biedere Don Diego mir sagte, ein kluger Vater müsse seiner Tochter ein Übermaß an Frömmigkeit ebenso verzeihen wie eine starke Liebesleidenschaft. Solchen sonderbaren Denkspruch hätte ich von einem spanischen Flickschuster nicht erwartet.

Da es regnete und stürmte, beschloß ich nicht auszugehen. Ich sagte Felipe, er möchte meinen Wagen fortschicken und mich allein lassen; doch solle er vorher der Köchin sagen, ich würde erst um zehn Uhr zu Abend essen. Als ich allein war, setzte ich mich zum Schreiben nieder; am Abend kam die Mutter und zündete meine Kerzen an. Dann hatte ich einen guten Gedanken. Als mich die Köchin um zehn Uhr zum Abendessen rief, befahl ich ihr, alles wieder abzudecken, da ich nicht essen wollte. Um elf Uhr ging ich zu Bett und schlief sofort ein. Als ich am anderen Morgen um neun Uhr eben erwacht war, sah ich zu meiner großen Überraschung Doña Ignacia eintreten. Sie sagte mir, wie schmerzlich es ihr gewesen sei, als sie am Morgen erfahren habe, daß ich nicht zu Abend gegessen habe.

»Da ich allein, traurig und unglücklich war, so tat ich gut, mich des Essens zu enthalten.«

»Sie sehen niedergeschlagen aus.«

»Ich werde besser aussehen, sobald es Ihnen gefällt.«

Da der Friseur kam, so ließ sie mich allein. Ich kleidete mich an und ging zur Messe in die Kirche ›del Buen Suceso‹,[5] wo ich die schönsten Kurtisanen von Madrid sah. Ich aß mit Don Diego zu Mittag, und als beim Nachtisch seine Tochter erschien, sagte er zu ihr, sie sei schuld, daß ich am Abend vorher nichts gegessen habe.

»Dies soll nicht wieder vorkommen!« antwortete sie.

»Wollen Sie mit mir zur Kirche ›Nuestra Señora de Atocha‹[6] fahren, meine teure Ignacia?«

»Ich möchte es gern«, antwortete sie, indem sie ihrem Vater einen Blick zuwarf.

»Liebe Tochter«, sagte Diego, »die wahre Frömmigkeit ist untrennbar von einem fröhlichen Herzen und von dem Vertrauen, das man zu Gott, zu sich selber und zu der Rechtschaffenheit der ehrenwerten Menschen, mit denen man verkehrt, haben muß. Daher mußt du glauben, daß der Señor ein braver Mann ist, obgleich er nicht das Glück hat, als Spanier geboren zu sein.«

Über diesen Schluß mußte ich unwillkürlich lachen; Don Diego fühlte sich jedoch nicht dadurch beleidigt. Doña Ignacia küßte ihrem Vater die Hand und fragte mich in einem Ton verführerischer Unschuld, ob ich erlauben wolle, daß sie ihre Base einlade.

»Wozu brauchst du deine Base mitzunehmen?« sagte Diego. »Ich bürge für Don Jaime.«[7]

»Ich bin Ihnen sehr verbunden, mein lieber Don Diego. Aber wenn ihre Base mitkommen will und Doña Ignacia ihre Begleitung wünscht, so wird es mir eine große Freude sein; nur möchte ich, daß die ältere käme, denn deren Charakter gefällt mir besser als der ihrer Schwester.«

Nachdem diese Verabredung getroffen war, entfernte der Vater sich, und ich schickte Felipe in den Stall, um vier Maultiere anspannen zu lassen.

Als wir allein waren, bat Ignacia mich zärtlich und reuevoll, doch Verständnis für ihre Schwäche zu haben.

»Natürlich, mein Engel – wenn Sie mir nur erlauben, Sie zu lieben.«

»Ach, lieber Freund! Ich fürchte, wahnsinnig zu werden, wenn ich noch länger auf den Kampf bestehe, der mir das Herz zerreißt!«

»Es ist kein Kampf nötig, mein Schatz. Lieben Sie mich, wie ich Sie liebe, oder befehlen Sie mir zu gehen und nicht wieder vor Ihren Augen zu erscheinen. Ich werde die Kraft besitzen, Ihnen zu gehorchen, aber das wird Sie nicht glücklich machen.«

»Oh, das weiß ich! Nein, nein, bleiben Sie bei uns, dieses Haus gehört Ihnen. Nun aber gestatten Sie mir, Ihnen zu sagen, daß Sie unrecht haben, wenn Sie glauben, meine große Base habe einen besseren Charakter als die kleine. Ich weiß, warum Sie dies seit der letzten Nacht des Karnevals glauben. Die kleine ist gut; so häßlich sie ist, so ist sie doch jemandem unterlegen, der ihre Empfindung weckte, genau wie ich. Aber die ältere, die zehnmal häßlicher ist, ist boshaft vor Verdruß, daß niemals ein Mann sie hat lieben wollen. Sie glaubt, Sie verliebt gemacht zu haben, und trotzdem spricht sie schlecht von Ihnen. Sie sagt, Sie sind ein Verführer, und macht mir Vorwürfe, daß ich Ihnen nicht widerstanden habe, und brüstet sich, bei ihr werde es Ihnen nicht gelingen.«

»Sagen Sie nichts weiter, meine Liebe! Wir müssen sie bestrafen und die jüngere mitnehmen.«

»Vortrefflich; ich danke Ihnen.«

»Weiß sie, daß wir uns lieben?«

»Leider ja!«

»Wozu haben Sie es ihr erzählt?«

»Sie hat es erraten; aber sie hat ein gutes Herz und begnügt sich damit, mich zu beklagen. Sie wünscht, daß wir zusammen in der Kirche ›Nuestra Señora de la Soledad‹ eine Andacht verrichten, die die Wirkung haben wird, uns alle beide von einer Liebe zu heilen, die uns um unser Seelenheil bringt.«

»Sie ist also ebenfalls verliebt?«

»Ja, und das arme Mädchen liebt unglücklich; denn ihre Liebe wird nicht erwidert. Das muß eine große Qual sein.«

»Wahrhaftig, ich bedauere sie; denn so, wie sie aussieht, weiß ich nicht, welcher Mann sie begehren sollte. Sie ist ein armes Mädchen, und es wäre für sie gut, wenn sie nicht das Bedürfnis hätte zu lieben. Aber Sie...«

»Ich! Schweigen Sie. Meine Seele ist einer größeren Gefahr ausgesetzt als die ihre; ich weiß zwar nicht, ob ich hübsch bin, aber man sagt es mir. Ich muß mich verteidigen, oder ich werde verdammt sein. Aber es gibt Männer, gegen die eine Verteidigung nicht möglich ist. Gott ist mein Zeuge, daß ich in der Karwoche ein armes Mädchen besucht habe, das die Pocken hatte. Ich habe sie berührt, weil ich hoffte, daß ihre Krankheit mich anstecken und daß ich dann häßlich werden würde. Aber Gott hat es nicht gewollt, und obendrein hat mein Beichtvater in der Kirche ›de la Soledad‹ mich ausgescholten und mich zu einer Buße verurteilt, die ich niemals erwartet hätte.«

»Was für eine Buße war das?«

»Ja, Ihnen kann ich es erzählen. Nachdem er mir gesagt hatte, daß ein schönes Gesicht ein Zeichen für eine schöne Seele und daß es ein Geschenk Gottes sei, für das man ihm jeden Tag danken müsse, weil ein schönes Gesicht eine Empfehlung bei allen Menschen sei, erklärte er mir: indem ich mich bemüht hätte, häßlich zu werden, hätte ich Gott beleidigt, indem ich sein Werk zerstören wollte, und hätte mich dadurch seiner Gnade unwürdig gemacht. Dann befahl er mir zur Strafe für diese Sünde ein wenig Wangenrouge aufzulegen, so oft es mir vorkäme, daß sie zu blaß wären. Ich habe mich fügen müssen und einen Topf Wangenrouge gekauft, aber ich habe mich desselben noch nicht bedienen zu müssen geglaubt. Bedenken Sie nur, daß mein Vater es sehen könnte! In welcher Verlegenheit würde ich sein, wenn ich ihm sagen müßte, daß ich es auf Befehl des Beichtvaters gekauft habe.«

»Ist Ihr Beichtvater jung?«

»Er ist ein alter Mann von siebzig Jahren.«

»Sagen Sie ihm alle einzelnen Umstände Ihrer Sünden?«

»O gewiß; denn ein jeder Umstand, mag er noch so klein sein, kann eine große Sünde sein.«

»Fragt er Sie aus?«

»Nein; denn er weiß, daß ich ihm alles sage. Ich schäme mich dabei sehr, aber das läßt sich nicht vermeiden.«

»Haben Sie diesen Beichtvater schon lange?«

»Seit zwei Jahren. Vor ihm hatte ich einen ganz unerträglichen. Er fragte mich nach Dingen, die mich empörten. Ich bin nicht mehr hingegangen.«

»Wonach fragte er Sie?«

»Oh, erlassen Sie es mir, Ihnen dies zu sagen.«

»Wozu müssen Sie so oft zur Beichte gehen?«

»So oft! Wollte Gott, ich brauchte nicht so oft hinzugehen. Übrigens gehe ich nur alle acht Tage zur Beichte.«

»Das ist zuviel!«

»Nein; denn Gott weiß, daß ich nicht schlafen kann, wenn ich eine Sünde begangen habe. Ich habe Angst, während meines Schlafes zu sterben.«

»Ich beklage Sie, meine teure Freundin; denn diese Angst muß Sie unglücklich machen. Ich habe einen Vorzug, den Sie nicht besitzen: ich rechne viel mehr als Sie auf Gottes Barmherzigkeit.«

Die Base kam, und wir fuhren ab. Es ist übrigens wahr, daß ein frommes Mädchen, wenn es sich mit ihrem Liebhaber sinnlich vereint, hundertmal mehr Vergnügen hat als eins ohne Vorurteile. Die Gründe für diese Wahrheit liegen in der Natur selber, es scheint mir nicht notwendig, meinen Lesern hierfür den Beweis zu erbringen.

Wir fanden viele Wagen vor der Tür der kleinen Kirche, die voll von Frommen beiderlei Geschlechts war. Ich sah unter anderen die durch ihre Mannstollheit berüchtigte Herzogin von Villadarias.[8] Wenn die Begierde über sie kam, konnte nichts sie zurückhalten. Sie bemächtigte sich des Mannes, der ihren Trieb erregte, und er mußte sie befriedigen. Dies war mehrere Male in großer Gesellschaft vorgekommen, deren Teilnehmer hatten flüchten müssen. Ich hatte sie auf dem Ball kennengelernt; sie war noch hübsch und ziemlich jung. In dem Augenblick, wo ich mit meinen beiden Betschwestern eintrat, lag sie auf den Knien am Boden. Sie hob den Kopf und richtete ihre Augen auf mich, als wenn sie sich auf mich zu besinnen suchte. Sie hatte mich bis dahin nur im Domino gesehen. Als meine Begleiterinnen eine halbe Stunde gebetet hatten, standen sie auf, um hinauszugehen, und die Herzogin erhob sich ebenfalls. Draußen vor der Kirche fragte sie mich, ob ich sie kenne; ich nannte sie bei ihrem Namen, und sie fragte mich, warum ich sie nicht besuche und ob ich zur Herzogin von Benavente[9] gehe. Ich verneinte diese Frage und sagte ihr, ich würde die Ehre haben, ihr meine Aufwartung zu machen.

Während wir in den ›Balbazes‹[10] spazierengingen, erklärte ich meinen beiden Begleiterinnen die Krankheit der Herzogin. Doña Ignacia fragte mich in ängstlichem Ton, ob ich Wort halten und ihr einen Besuch machen würde. Sie atmete auf, als ich ihr versicherte, ich würde es nicht tun.

Es erscheint mir lächerlich, wenn ich an gewisse Tatsachen denke, die eine elende Philosophie ständig als Probleme behandeln will, obwohl sie, seit es ein vernünftiges Denken gibt, bereits geklärt worden sind. Man möchte wissen, welches der beiden Geschlechter mehr Grund hat, sich in bezug auf die dabei empfundene Lust für die fleischliche Vereinigung zu interessieren. Immer wurde gesagt, daß das für das weibliche Geschlecht zutrifft. Homer hat einen Streit darüber zwischen Jupiter und Juno geschildert;[11] Teiresias,[12] der zuvor eine Frau war, gab ein wahres Urteil ab, das jedoch lächerlich wirkte, denn es schien, daß er die beiden Lustempfindungen auf die Schalen einer Waage gelegt hätte. Es gab einen summarischen Grund für die Behauptung der Praktiker, die Lust der Frau müsse größer sein, denn das Fest findet in ihrem eigenen Haus statt, und diese Überlegung ist sehr einleuchtend, denn in aller Bequemlichkeit braucht sie die Sache nur zuzulassen. Doch für einen naturwissenschaftlich erfahrenen Geist wird die Wahrheit dadurch greifbar, daß die Frau, wenn sie nicht ein größeres Vergnügen als der Mann empfände, ihrer Natur nach kein stärkeres Interesse an der Sache hätte als er; sie sei auch nicht stärker beteiligt als er und hätte auch nicht mehr Organe. Denn wenn es sich allein um diesen Beutel, den die Frauen zwischen Mastdarm und Harnblase haben, den man Gebärmutter nennt, handelte, der in keiner Weise mit dem Gehirn zusammenhängt und deshalb unabhängig von ihrem Verstand reagiert, so wäre es gewiß, daß man sich die Möglichkeit der Geburt eines Menschen gut vorstellen könnte, ohne daß ein männliches Wesen besamt hätte, nie jedoch ohne ein Gefäß, in dem das Kind geborgen ist und in die Lage versetzt wird, an der Luft zu leben, bevor es das Licht der Welt erblickt.[13] Es wäre angebracht, darüber nachzudenken, daß diese Gebärmutter, die nur eine Verbindung zur Vagina hat, in Erregung gerät, wenn sie nicht mit dem Gegenstand ausgefüllt wird, für den sie die Natur geschaffen und den wichtigsten Körperbereich der Frau ausgesucht hat. Ihr Instinkt will keine Vernunft annehmen. Sie will; und wenn die Person, in der sie sich befindet, sich ihrem Willen widersetzt, wird sie teuflisch und bereitet dem Tyrannen, der sie nicht zufriedenstellen will, die heftigsten Leiden. Das Darben, dem sie ausgesetzt ist, ist viel schlimmer als Wolfshunger; wenn die Frau ihr nicht die geforderte Nahrung über die Röhre verschafft, deren einzige Herrin sie selbst ist, wird sie oft rasend und gewinnt schließlich die Oberhand über sie, so daß sich keine Kraft dem widersetzen kann. Sie bedroht sie mit dem Tod, sie macht sie mannstoll wie die Herzogin, von der ich sprach, oder wie eine andere Herzogin, die ich vor fünfundzwanzig Jahren in Rom kennenlernte, wie zwei vornehme venezianische Damen und zwanzig andere, die mich allesamt zu der Auffassung brachten, daß die Gebärmutter ein so unabhängiges, unvernünftiges und unbezähmbares Wesen ist, daß eine wirklich kluge Frau weit davon entfernt ist, sich seinem Eigensinn zu widersetzen, sondern demütig es willfahren läßt und sich in Tugend dem Gesetz unterwirft, dem Gott sie mit ihrer Geburt verpflichtet hat. Dieses wilde innere Organ ist jedoch auch für Sparsamkeit empfänglich; es wird nur dann boshaft, wenn es von einer Fanatikerin erregt wird. Das führt dann bei der einen zu Krämpfen, die anderen läßt es verrückt werden; noch andere werden fromm wie die heilige Therese[14] oder die heilige Maria von Agreda.[15] Es läßt eine Menge Messalinas[16] entstehen, die jedoch nicht unglücklicher sind als die zahllosen Frauen, die des Nachts halb schlafend, halb wachend in ihren Armen den heiligen Antonius von Padua,[17] den heiligen Luigi Gonzaga,[18] den heiligen Ignatius[19] oder das Jesuskind halten. Bemerkenswert ist, daß diese armen Unglücklichen alles dem Priester oder dem Mönch beichten, der über ihr Gewissen wacht; und nur selten öffnet der geweihte Schinder ihnen die Augen. Er hat Angst, die Pflanze beim Säubern zu entwurzeln.

Nachdem ich all die Übel genannt habe, denen wir Männer

nicht ausgesetzt sind, stelle ich die Frage, ob zu vermuten ist, daß die ›semper sibi consona‹[20] und in ihren Reaktionen und Entschädigungen immer gerechte Natur dem weiblichen Geschlecht ein gleiches Vergnügen als Ausgleich für die unangenehmen Übel, denen es ausgesetzt ist, zugebilligt hat. Folgendes kann ich jedoch versichern: Das Vergnügen, das ich empfand, wenn mich eine geliebte Frau glücklich machte, war gewiß groß, doch ich hätte diesem Vergnügen entsagt, wenn ich dabei Gefahr gelaufen wäre, schwanger zu werden. Die Frau jedoch setzt sich dieser Gefahr aus, sogar dann, wenn sie diese Erfahrung bereits mehrmals gemacht hat; also ist sie der Meinung, daß die Lust die Sorge wert sei. Nach all diesen Überlegungen frage ich mich, ob ich noch einmal als Frau auf die Welt kommen möchte, und bei aller Neugier sage ich: nein. Ich habe genügend andere Freuden als Mann, die ich als Frau nicht empfinden könnte und die mich mein Geschlecht dem weiblichen gegenüber bevorzugen lassen. Jedoch würde ich, um das schöne Vorrecht der Wiedergeburt zu besitzen, mich damit zufriedengeben; besonders heute wäre ich befriedigt nicht nur als Frau, sondern sogar als ein unvernünftiges Geschöpf in irgendeiner Gestalt erneut auf die Welt zu kommen, das jedoch nur mit meinem Gedächtnis, denn ohne das wäre ich ja nicht mehr ich selbst.[21]

Auf den ›Balbazes‹ aßen wir Eis; hierauf fuhren meine beiden jungen Damen mit mir nach Hause; sie waren sehr zufrieden mit dem Vergnügen, das ich ihnen an diesem Tage verschafft hatte, ohne den lieben Gott zu beleidigen, den sie von Herzen liebten, obwohl er ihnen verbot, einen Mann zu lieben, der nicht ihr Ehemann war.

Doña Ignacia, die ich anbetete und die dem wählerischsten aller Männer gefallen hätte, war entzückt, mit mir den ganzen Tag verbracht zu haben, ohne daß ich etwas von ihr gewollt hätte; offenbar fürchtete sie jedoch, ich würde mich beim Abendessen nicht in denselben Grenzen halten, und bat mich daher, ihre Base einzuladen, mit uns zu speisen. Ich war damit einverstanden, und sogar mit Vergnügen.

Diese Base, die ebenso dumm wie häßlich war, hatte ein gutes Herz und war mitfühlend. Sie war so alt wie Doña Ignacia, und da ich wußte, daß diese ihr alles anvertraut hatte, was zwischen uns vorgefallen war, so war es mir nicht unlieb, daß sie bei unseren Unterhaltungen zugegen war: sie konnte mir nicht lästig werden, und Doña Ignacia glaubte, ich würde in ihrer Anwesenheit nichts unternehmen.

Es war bereits ein drittes Gedeck aufgelegt worden, als ich jemanden die Treppe hinaufkommen hörte. Es war der Vater, und ich lud ihn ein, mit uns zu essen. Er freute sich darüber. Don Diego war liebenswürdig. Seine moralischen Lebensweisheiten, die er ab und zu von sich gab, ergötzten mich; es war ihm Ehrensache, sich mit seinem Vertrauen zu brüsten. Er wußte oder ahnte doch zum mindesten, daß ich seine Tochter liebte; aber er glaubte, es geschehe in allen Ehren, sei es, daß er sich auf meine Redlichkeit verließ oder auf ihre Frömmigkeit. Ich bin stets der Meinung gewesen, daß er gekränkt gewesen wäre und ihr nicht erlaubt haben würde, mit mir unter vier Augen beisammen zu sein, wenn er geahnt hätte, was bereits im Karneval zwischen uns vorgefallen war.

Bei Tisch saß er neben seiner Nichte und gegenüber seiner Tochter, die mir zur Rechten saß; er bestritt die ganze Unterhaltung.

Es war sehr warm, und da ich es mir gerne selber bequem machen wollte, so forderte ich ihn auf, seinen Rock auszuziehen und auch seine Tochter dazu zu bringen, es sich bequem zu machen, als wenn sie in ihrem Zimmer sei; er tat es. Ohne sich lange bitten zu lassen, entblößte die Tochter ihre sehr schöne Brust. Die Nichte widersetzte sich kräftig; als sie nachgeben mußte, schämte sie sich sehr, uns nur Knochen unter der schwärzlichen Haut sehen zu lassen; ich nahm jedoch Rücksicht und blickte nicht hin.

Doña Ignacia erzählte ihrem Vater, wieviel Vergnügen die Andacht zu ›Nuestra Señora de Atocha‹ und der Spaziergang in den ›Balbazes‹ ihr gemacht habe, und sagte ihm schließlich, sie habe die Herzogin von Villadarias gesehen, die mich eingeladen habe, sie zu besuchen.

Dies veranlaßte den biederen Don Diego, über die Krankheit der Dame zu philosophieren und zu scherzen. Er erzählte viele Einzelheiten, über die wir lange Betrachtungen anstellten; die beiden Basen taten so, als wenn sie nichts davon verständen.

Der gute Manchaer Wein hielt uns zwei Stunden bei Tisch.

Don Diego sagte seiner Nichte, sie könnte mit seiner Tochter in der Kammer schlafen, die sich gleich daneben befände, denn das Bett wäre breit genug für zwei, während das Bett der Doña Ignacia oben in ihrer Kammer zu eng wäre, besonders bei der sehr heißen Nacht. Ich beeilte mich hinzuzufügen, daß die jungen Damen durch die Annahme dieses Vorschlages mir eine Ehre erwiesen; Doña Ignacia erwiderte jedoch errötend, es sei nicht schicklich, denn das Zimmer sei von dem meinen nur durch eine Tür getrennt, die oben aus Glas sei.

Auf diesen Einwurf sah ich Don Diego mit einem Lächeln an, und der brave Mann begann feierlich auf seine Tochter einzureden, und ich hatte Mühe, ernst zu bleiben. Er bezichtigte sie des Hochmuts, schlechter Gedanken, übertriebener Frömmigkeit und des Mißtrauens. Er sagte ihr: »Señor Don Jaime muß mindestens zwanzig Jahre älter sein als du. Durch diesen Verdacht hast du eine größere Sünde begangen, als wenn du dich zu irgendeiner kleinen verliebten Gefälligkeit herbeigelassen hättest. Ich bin überzeugt, am Sonntag wirst du vergessen, die Sünde zu beichten, daß du Don Jaime eine unehrenhafte Handlungsweise zugetraut hast.«

Doña Ignacia sah mich an, bat mich um Verzeihung und sagte mir, sie werde tun, wie es ihr Vater wolle. Die Base sagte nichts. Der Vater entfernte sich sehr zufrieden, daß er mir erneut seine Vornehmheit bewiesen hatte. Ich beschloß, zurückhaltend zu sein, um Doña Ignacias Liebe zu mir noch zu vertiefen, denn sie hatte sich vielleicht vorgenommen, Widerstand zu leisten, um mich in Verlegenheit zu bringen. Ich sagte ihnen ganz ruhig gute Nacht und erklärte, daß sie beruhigt schlafen könnten; dann legte ich mich in meinem Zimmer auch ins Bett und löschte die Kerze aus. Aber sofort stand ich wieder auf, um zu sehen, ob ich nicht irgendwelche Schönheiten erspähen könnte, wenn sie sich unbeobachtet fühlen würden. Die häßliche Base flüsterte Doña Ignacia etwas zu, die gerade ihren Rock auszog und die Kerze auslöschte. Ich ging nun zu Bett. Am anderen Morgen stand ich um sechs Uhr auf und sah durch die Glasscheibe, daß sie das Bett bereits gemacht hatten, und alles war in guter Ordnung; die beiden Basen waren nicht mehr da. Da es der dritte Pfingsttag war, so zweifelte ich nicht, daß sie in die Kirche ›de la Soledad‹ zur Messe gegangen wären.

Um zehn Uhr kam Doña Ignacia allein zurück. Sie fand mich vollständig angezogen und mit Schreiben beschäftigt, weil ich um elf Uhr zur Messe gehen wollte. Sie sagte mir, sie sei drei Stunden in der Kirche gewesen, und ihre Base, die sie begleitete, habe sie eben erst an ihrer Tür verlassen.

»Ich vermute, Sie sind zur Beichte gegangen?«

»Nein, ich war Sonntag zur Beichte und werde erst am nächsten Sonntag wieder hingehen.«

»Ich bin entzückt, daß Ihre Beichte nicht meinetwegen länger sein wird.«

»Sie täuschen sich.«

»Wie, ich täusche mich? Ach so, ich verstehe. Aber hören Sie, ich will nicht, daß wir beide wegen natürlicher Begierden unser Seelenheil verscherzen. Ich bin nicht zu Ihnen gekommen, um Sie zu quälen, und ebensowenig, um selber Märtyrer zu werden. Was Sie mir am letzten Tag des Karnevals bewilligt haben, hat mich ganz und gar in Sie verliebt gemacht, und ich schaudere bei dem Gedanken, daß meine und Ihre Zärtlichkeiten zum Gegenstand Ihrer Reue geworden sind. Ich habe eine sehr schlechte Nacht verbracht, und ich muß auf meine Gesundheit achtgeben. Ich werde versuchen, Sie zu vergessen, aber dazu ist vor allen Dingen notwendig, daß ich Sie nicht mehr sehe. Ich werde die Wohnung bei Ihnen behalten, aber schon morgen ziehe ich zum Schlafen anderswohin. Wenn Ihr religiöses Gefühl aufrichtig ist, so müssen Sie meinem Plan beistimmen. Teilen Sie ihn am Sonntag Ihrem Beichtvater mit, und Sie werden sehen, daß er ihn billigen wird.«

»Was Sie da sagen, ist wahr; aber ich kann nicht einwilligen. Es steht Ihnen frei, sich von mir zu entfernen; ich werde es schweigend dulden, werde meinen Vater reden lassen, aber ich werde das unglücklichste Geschöpf in ganz Madrid sein.«

Während sie diese Worte sprach, schlug sie die schönen Augen nieder und fing an zu weinen; ich fühlte mich tief bewegt und sagte: »Ich liebe Sie, Doña Ignacia, und ich hoffe, die Leidenschaft, die Sie mir eingeflößt haben, wird mich nicht zur Hölle verdammen. Ich kann Sie nicht sehen, ohne Sie zu lieben, und da ich Sie liebe, so zwingt die Natur mich, Ihnen meine Liebe deutlich zu bekunden: dies ist für mein Glück notwendig. Sie sagen: wenn ich gehe, so werden Sie unglücklich sein. Ich kann mich nicht entschließen, Sie unglücklich zu machen; aber wenn ich bleibe, so werde ich unglücklich sein, falls Sie nicht eine andere Haltung einnehmen. Ich bin sogar sicher, daß es mich meine Gesundheit kosten wird. Sagen Sie mir jetzt, was ich tun soll! Soll ich gehen oder bleiben? Wählen Sie!«

»Bleiben.«

»Sie werden also lieb und zärtlich sein, wie Sie es, vielleicht zu meinem Unglück, bereits waren.«

»Ach, ich habe es bereuen und Gott versprechen müssen, nicht wieder in dieselbe Sünde zu verfallen. Ich bitte Sie zu bleiben, weil ich überzeugt bin, in acht oder zehn Tagen werden wir uns dermaßen aneinander gewöhnen, daß ich Sie nur noch wie einen Vater oder Bruder lieben werde und daß Sie in mir nur eine Tochter oder eine Schwester sehen werden, die Sie in Ihre Arme schließen können, ohne daß Sie dabei irgendwie an Liebe zu denken brauchen.«

»Und Sie sagen, Sie sind dessen sicher?«

»Ja, mein lieber Freund, sehr sicher.«

»Sie täuschen sich.«

»Gestatten Sie mir, mich zu täuschen. Wollen Sie es mir glauben? Es macht mir ein Vergnügen, mich zu täuschen.«

»Mein Gott, was muß ich hören. Ich sehe, es ist wahr. Diese unglückselige Frömmigkeit.«

»Warum unglückselig?«

»Nichts, meine liebe Freundin; ich würde zu weitschweifig werden und vielleicht Gefahr laufen... Ach, sprechen wir nicht mehr davon! Ich werde bei Ihnen bleiben.«

Ich ging aus. Der Zustand des armen Mädchens betrübte mich mehr als mein eigener, und ich sah mich um etwas gebracht, das sie mir ohne ihre falschverstandene Religion gegeben hätte, und ich fühlte, daß ich mich bemühen müßte, sie zu vergessen. ›Denn‹, sagte ich bei mir selber, ›selbst wenn es mir gelingen sollte, sie noch einmal durch eine Überrumplung zu besitzen oder nachdem ich sie durch meine Worte in Feuer gesetzt hätte, so würde bald wieder der Sonntag dasein, und eine neue Beichte würde sie wieder störrisch und unzugänglich machen. Sie gestand, daß sie mich liebte, aber sie schmeichelte sich, ihre Liebe bändigen zu können, indem sie mich nach wie vor sähe und sich zusammennähme. Ein solcher widernatürlicher Wunsch kann nur in einer ehrlichen Seele vorhanden sein, wenn diese sklavisch einer Religion gehorcht, die ihr eine Sünde zeigt, wo die Natur keine Sünde dulden kann.‹

Zum Mittag kam ich nach Hause; Don Diego glaubte mir eine Aufmerksamkeit zu erweisen, indem er mit mir aß; seine Tochter erschien erst beim Nachtisch. Ich bat sie höflich, aber mit trauriger und kühler Miene, sie möchte Platz nehmen. Ihr Vater fragte sie spöttisch, ob ich vielleicht in der Nacht aufgestanden wäre und sie in ihrem Bett besucht hätte.

»Ich habe Don Jaime durch keinen Verdacht beleidigt«, antwortete sie ihm; »und wenn ich Einwendungen machte, so geschah dies nur infolge meiner gewöhnlichen Zurückhaltung.«

Ich unterbrach sie, indem ich ihre Sittsamkeit lobte und ihr sagte, sie würde recht haben, sich vor mir in acht zu nehmen, wenn die Gesetze der Pflicht in mir nicht stärker wirkten als die Wünsche, die ihre Reize mir einflößten. Don Diego fand diese Liebeserklärung erhaben und der eines Ritters der alten Tafelrunde[22] würdig. Darüber mußte ich lachen. Seine Tochter antwortete ihm, ich machte mich über sie nur lustig; er erwiderte ihr jedoch, er sei überzeugt, daß sie sich irrte, und er glaube sogar, ich habe sie schon gekannt, bevor ich zu ihm gekommen sei und sie zum Ball eingeladen habe.

»Ich schwöre Ihnen, Sie irren sich!« erwiderte Doña Ignacia.

»Sie schwören falsch, Ihr Vater weiß mehr als Sie.«

»Wie? Sie hätten mich gesehen? Wo denn?«

»In der Kirche ›de la Soledad‹, als Sie gerade das heilige Abendmahl genommen hatten und nach der Messe mit Ihrer jüngeren Base hinausgingen, die Sie an der Tür getroffen hatten, folgte ich Ihnen von weitem. Das übrige können Sie erraten.«

Sie war sprachlos; ihr Vater triumphierte und freute sich seines Scharfblickes.

»Ich gehe zum Stierkampf«,[23] sagte mein Wirt zu mir; »es ist ein schöner Tag, ganz Madrid wird dort sein; man muß früh hingehen, um einen guten Platz zu finden. Sie haben dieses herrliche Schauspiel nie gesehen? Ich rate Ihnen hinzugehen. Und du, liebe Tochter, bitte den Señor, dich mitzunehmen.«

»Wäre meine Gesellschaft Ihnen angenehm?« fragte sie mich mit zärtlicher Miene.

»Daran können Sie nicht zweifeln, Doña Ignacia, aber ich stelle die Bedingung, daß Ihre Base Sie begleitet, denn ich bin in sie verliebt.«

Don Diego lachte laut heraus, seine Tochter aber sagte, indem sie sie holen ließ: »Ich bin davon überzeugt.«

Wir fuhren also zum großen Amphitheater außerhalb der Puerta de Alcalá,[24] um uns dieses prachtvolle und grausame Schauspiel anzusehen, das alle Spanier entzückt. Wir hatten nicht mehr viel Zeit. Fast alle Logen waren schon besetzt oder vermietet. Wir setzten uns in eine, in der schon zwei Damen waren, und die eine von ihnen war zu meiner Belustigung die Herzogin von Villadarias, die wir am vorherigen Tage in der Kirche ›de Atocha‹ gesehen hatten. Meine beiden Damen setzten sich auf die Vordersitze, und ich nahm auf einem höher liegenden Brett, genau hinter der Herzogin, Platz, so daß sich ihr Kopf zwischen meinen Knien befand.

Sie wünschte mir auf französisch Glück zu dem Zufall, der uns in Kirchen und bei Stierkämpfen zusammenbrächte; hierauf betrachtete sie Doña Ignacia, die neben ihr saß, äußerte mir ihre Bewunderung über deren Schönheit und fragte mich, ob sie meine Frau oder meine Geliebte sei. Ich antwortete ihr, sie sei eine Schönheit, um die ich vergebens seufze. Sie sagte mir lächelnd: in diesem Punkte sei sie ungläubig; hierauf wandte sie sich zu Doña Ignacia und machte ihr die reizendsten Bemerkungen über die Liebe, der sie die gleiche Erfahrung darin zutraute wie sich selber. Schließlich sagte sie ihr etwas ins Ohr. Doña Ignacia errötete. Die Herzogin wurde feurig und sagte mir, ich hätte mir das schönste Mädchen in ganz Madrid ausgesucht; sie wolle gar nicht wissen, wer sie sei, aber sie werde sich freuen, wenn ich mit dem reizenden Mädchen bei ihr in ihrem Landhause speise.

Ich versprach es ihr, da es eben nicht anders ging. Doch ersparte ich es mir, den Tag festzusetzen. Indessen nötigte sie mich zu dem Versprechen, sie am nächsten Tage um vier Uhr zu besuchen. Ich bekam einen Schreck, als sie mir sagte, sie werde allein sein; denn dieses Wort bedeutete ein regelrechtes Stelldichein in aller Form. Sie war hübsch, aber zu bekannt; es wäre über meinen Besuch zu viel geredet worden.

Der Stierkampf begann, und damit wurde allgemeines

Schweigen unerläßlich; denn die ganze Nation ist für dieses Schauspiel so leidenschaftlich begeistert, daß sie sich durch nichts davon ablenken läßt.

Ein Stier kam wutentbrannt durch eine kleine Tür und gelangte schnell in die Arena. Dann blieb er stehen und wandte sich nach rechts und links, als wolle er denjenigen entdecken, der ihm übelwolle. Er sah einen Mann zu Pferde, der ihm entgegengaloppierte und eine lange Lanze in der Hand hielt. Der Stier lief ihm entgegen, und der Picador[25] gab ihm einen Stich mit seiner Lanze und wich ihm geschickt aus. Der gereizte Stier verfolgte ihn, und wenn er nicht gleich bei der ersten Begegnung eines seiner Hörner in den Bauch des Pferdes stieß, so tat er es beim zweiten, dritten oder vierten Mal, oft sogar jedesmal, so daß das Pferd beim schwankenden Laufen durch die Arena seine herausquellenden Gedärme mitschleifte; Blut strömte durch die Stöße aus seinen Wunden, bis es tot hinstürzte. Nur ganz selten gelingt ein so gut gezielter Lanzenstich, daß der Stier auf der Stelle tot zusammenbricht. Wenn das geschieht, so sprechen die Präsidenten des Festes dem tapferen und geschickten Picador, dem es gelungen ist, den Stier so zu töten, ihm diesen zu.

Es kommt sehr oft vor, daß ein Stier in seiner Wut das Pferd und den Mann, der es reitet, tötet. Dieser Grausamkeit schaut die Menge kaltblütig zu; nur der Fremde erschauert. Nach dem einen Stier läßt man einen anderen kommen, ebenso ein anderes Pferd. Es tat mir weh, daß bei diesem barbarischen Schauspiel, dem ich mehrere Male zugesehen habe, das Pferd, für das ich mich mehr als für den Stier interessierte, immer wegen der Feigheit der Memme, die es ritt, aufgeopfert wurde und zugrunde ging. Bei diesem grausamen Schauspiel habe ich jedoch stets die Gewandtheit und Verwegenheit der Spanier bewundert, die zu Fuß in der Arena dem wütenden Stier entgegenlaufen, der, obwohl er von Männern mit Stricken zurückgehalten wurde, sich sogleich sowohl auf den einen, wie auf den anderen, der ihn verletzte, stürzte, die sich dann vor seiner Wut retteten, ohne ihm dabei den Rücken zuzukehren. Diese Kühnen haben zu ihrer Verteidigung nur einen ausgebreiteten schwarzen Mantel, der an die Spitze eines Spießes angeknüpft ist. Wenn sie sehen, daß der Stier sich auf sie stürzen will, so halten sie ihm den Spieß mit dem ausgebreiteten Mantel entgegen; das getäuschte Tier wendet sich von dem Mann ab, um sich dem Mantel entgegenzuwerfen, während sich der Verwegene mit einer erstaunlichen Behendigkeit rettet. Er läuft davon, überschlägt sich und vollbringt gefährliche Sprünge, manchmal sogar über die Barrieren hinweg. Das beschäftigt den Zuschauer und kann ihm auch etwas Vergnügen bereiten, doch alles in allem erscheint mir dieses Schauspiel jämmerlich und entsetzlich. Es ist teuer. Die Einnahme beträgt oft vier- oder fünftausend Pistolen.[26] In allen Städten Spaniens gibt es eine Arena für diese Kämpfe. Wenn der König in Madrid weilt, geht der ganze Hof dorthin, nur er nicht, denn er bevorzugt die Jagd. Carlos III. jagte alle Tage des Jahres, außer am Karfreitag.[27] Ich brachte die beiden Basen, die mir tausendmal dankten, nach meiner Wohnung und lud die Häßliche auch zum Abendessen ein, indem ich darauf rechnete, daß sie wie am Tage vorher dableiben und mit ihrer Base zusammen schlafen werde.

Wir aßen, aber wir waren traurig; denn Don Diego aß außerhalb des Hauses, und ich war in so schlechter Laune, daß ich mir keine Mühe geben mochte, die Mahlzeit durch Scherze zu erheitern.

Doña Ignacia war betrübt und wurde nachdenklich, als ich auf ihre Frage, ob ich die Herzogin wirklich besuchen würde, ihr antwortete: »Ich würde gegen alle Gebote des Anstands verstoßen, wenn ich nicht hinginge. Wir werden auch eines Tages zu ihrem Landhaus hinausfahren.«

»Oh, rechnen Sie nur nicht auf mich!«

»Warum denn nicht?«

»Weil sie wahnsinnig ist. Sie flüsterte mir Bemerkungen ins Ohr, die mich beleidigt haben würden, wenn ich mir nicht gesagt hätte, daß sie mir eine Ehre zu erweisen glaubte, indem sie mich wie ihresgleichen behandelte.«

Wir standen vom Tisch auf, und nachdem ich Felipe fortgeschickt hatte, setzten wir uns auf den Balkon, um auf Don Diego zu warten und einen leichten kühlen Wind zu genießen, der bei solcher Hitze köstlich ist.

Angefeuert durch das gute Essen, durch die Liebe und von der geheimnisvollen Dunkelheit erregt, die die Liebenden gegen lästige Blicke schützt, ohne sie zu hindern, einander zu sehen, saßen wir nebeneinander auf Kissen und sahen uns verliebt an. Ich legte meinen Arm um Doña Ignacia und drückte meine Lippen auf ihren süßen Mund. Sie wehrte sich nicht, als ich sie an mich zog, sondern fragte mich, ob ich am nächsten Tag zur Herzogin gehen würde.

»Nein, ich werde nicht gehen, wenn du mir versprichst, Sonntag nicht zu deinem Beichtvater zu gehen.«

»Aber was wird er sagen, wenn ich nicht komme?«

»Nichts – vorausgesetzt, daß er sein Geschäft versteht. Aber laß uns einmal vernünftig darüber sprechen!«

Wir waren beide in ganz eindeutiger Stellung, daß die Base, die sich wohl dachte, was aus Liebe kommen würde, an das andere Ende des Balkons ging und uns den Rücken zudrehte.

Ohne mich zu rühren, ohne die Stellung zu ändern, ohne meine Hand wegzunehmen, die ihr verliebtes Herz klopfen fühlte, fragte ich sie, ob sie in diesem Augenblick geneigt sei, die zärtliche Sünde zu bereuen, die sie zu begehen geneigt sei.

»Ich denke in diesem Augenblick nicht an die Verwirrung, in die mich meine Beichte bringen wird; aber wenn du mich daran erinnerst, werde ich sie ganz gewiß beichten.«

»Und wenn du gebeichtet hast – wirst du dann fortfahren, mich zu lieben wie in diesem Augenblick?«

»Ich hoffe, Gott wird mir die Kraft geben, ihn nicht mehr zu beleidigen.«

»Ich versichere dir, Gott wird dir diese Kraft nicht geben, meine liebe Freundin, wenn du fortfährst, mich zu lieben. Ich bin überzeugt, du wirst dein möglichstes tun, um Gottes Gnade zu verdienen, und so sehe ich zu meiner Verzweiflung voraus, daß du mir jeden Sonntag abend die süße Sünde verweigern wirst, die du mir zu bewilligen in diesem Augenblick bereit bist.«

»Ach, das ist nur zu wahr, mein lieber Freund; aber warum sollen wir in diesem Augenblick daran denken?«

»Meine Liebe, du zerstörst deine Gefühle derart, daß es eine größere Sünde ist als die sinnliche Vereinigung, die für uns die Krönung der Liebe ist. Ich will mit dir keine Sünde begehen, die meine Religion als verdammenswert verurteilt, dabei bete ich dich an und bin im Augenblick der glücklichste Mensch. Aber: Entweder versprichst du mir, während der ganzen Zeit, die ich noch in Madrid bleibe, nicht zur Beichte zu gehen, oder laß mich in diesem Augenblick mich selber zum Unglücklichsten aller Sterblichen machen, indem ich mich zurückziehe; denn ich kann mich mit gutem Gewissen nicht der Liebe überlassen, wenn ich an den Kummer denke, den dein Widerstand mir am Sonntag bereiten würde.«

Während ich ihr diese sehr schrecklichen Worte sagte, schloß ich sie zärtlich in meine Arme, indem ich sie in überströmender Liebe mit allen möglichen Liebkosungen überhäufte; bevor ich jedoch zur entscheidenden Handlung schritt, fragte ich sie von neuem, ob sie mir verspreche, am nächsten Sonntag nicht zu beichten.

»Oh, wie grausam sind Sie in diesem Augenblick, mein lieber Freund! Sie machen mich unglücklich; denn dieses Versprechen kann ich Ihnen mit gutem Gewissen nicht geben.«

Als ich diese Antwort vernahm, die ich erwartet hatte, hielt ich inne und blieb vollkommen unbeweglich, obwohl ich sicher war, sie für den Augenblick unglücklich zu machen. Denn ich mußte sie zur Verzweiflung bringen, damit sie in Zukunft ganz glücklich sein konnte; ich hatte Mühe damit, aber ich litt in der Gewißheit, daß sie es nicht lange erdulden müsse. Doña Ignacia war verzweifelt; ich hatte sie nicht aus der Umarmung gelassen, aber ich verhielt mich vollständig untätig. Da die Schamhaftigkeit sie hinderte, offen das Werk der Liebe zu begehren, so begann sie aber ihre Liebkosungen zu verdoppeln und mir Verführung und grausame Handlungsweise vorzuwerfen. In diesem Augenblick drehte sich die Base um und sagte uns, Don Diego komme nach Hause.

Schnell nahmen wir eine anständige Stellung ein. Die Base setzte sich neben uns; Don Diego ließ uns nach einigen Komplimenten im Dunkeln allein, indem er uns gute Nacht wünschte. Auch ich wünschte mit der traurigsten Miene der reizenden Doña Ignacia gute Nacht. Ich betete sie an und bedauerte so handeln zu müssen, um auch sie glücklich machen zu können.

Ich löschte die Kerze und beobachtete sie noch eine halbe Stunde durch die Glasscheibe. Sie saß mit tiefbetrübter Miene in einem Lehnstuhl und antwortete ihrer Base gar nicht auf die Fragen, die ich allerdings nicht verstehen konnte. Sobald die Base eingeschlafen war, hoffte ich, daß sie in mein Bett kommen würde, und legte mich hin; aber sie kam nicht. Sie verließen das Zimmer am Morgen in aller Frühe. Mittags kam Don Diego herunter, um mit mir zu speisen; er sagte mir, seine Tochter habe so starke Kopfschmerzen, daß sie nicht einmal zur Messe gegangen sei; jetzt sei sie eingeschlummert.

»Man muß sie überreden, etwas zu essen.«

»Im Gegenteil, das Fasten wird ihr gut tun, und heute abend wird sie mit uns essen können.«

Sobald ich meine Mittagsruhe gehalten hatte, ging ich zu ihr und setzte mich neben ihr Bett. Drei Stunden hindurch sagte ich ihr alles, was ein Liebhaber wie ich einem Mädchen sagen kann, das erst bekehrt werden muß, um glücklich zu werden. Sie hielt die Augen geschlossen, sprach kein Wort und seufzte, wenn ich irgend etwas Rührendes sagte. Ich verließ sie, um einen Spaziergang auf dem ›Prado San Jerónimo‹[28] zu machen. Beim Abschied sagte ich zu ihr: wenn sie nicht herunterkäme, um mit mir zu Abend zu essen, so wäre das ein Beweis, daß sie mich nicht mehr sehen wollte. Die Drohung tat ihre Wirkung. Sie setzte sich zu Tisch, als ich schon nicht mehr auf ihr Kommen hoffte, aber sie war bleich und verstört. Sie aß wenig und sprach nicht; denn ihre Überzeugung stand fest, und sie wußte nicht, was sie mir sagen sollte. Von Zeit zu Zeit kamen Tränen in ihre Augen, ohne daß sie ihr schönes Gesicht dabei verzog; ich war tief bewegt. Ich litt Höllenqualen und glaubte, sie nicht mehr aushalten zu können, denn ich liebte sie und hatte in Madrid keine Abwechslung, die mich für mein enthaltsames Leben entschädigen konnte.

Bevor sie wieder nach oben ging, fragte sie mich, ob ich bei der Herzogin gewesen sei. Ihre Traurigkeit verminderte sich ein wenig, als ich ihr antwortete: »Nein, ich bin nicht dagewesen; hiervon kann Felipe Sie überzeugen, denn er hat der Dame einen Brief überbracht, worin ich sie gebeten habe, mich zu entschuldigen, wenn ich ihr heute nicht meinen Besuch machen könne.«

»Aber werden Sie an einem anderen Tage hingehen?«

»Nein, meine liebe Freundin, denn ich sehe, daß das Ihnen Kummer bereiten würde.«

Ich umarmte sie sanft und schmachtend; sie ging hinaus, indem sie mich ebenso traurig zurückließ, wie sie selber war.

Ich sah wohl, daß das, was ich von ihr verlangte, viel zuviel war; aber ich durfte trotzdem mit Grund hoffen, sie umzustimmen, denn ich wußte, wie heiß ihre Liebesglut war. Ich wollte sie nicht Gott abspenstig machen, sondern ihrem Beichtvater. Sie hatte mir gesagt, sie wäre ihm gegenüber in Verlegenheit, wenn sie nicht mehr zur Beichte ginge. Von Redlichkeit und hohem spanischen Ehrgefühl erfüllt, konnte sie sich nicht entschließen, ihren Beichtvater zu betrügen, ebensowenig aber, ihre Liebe mit ihrer vermeintlichen religiösen Pflicht in Einklang zu bringen. Sie tat recht daran, daß sie so dachte.

Der Freitag und der Sonnabend vergingen, ohne daß sie eine Wendung brachten. Ihr Vater, dem es nicht entgehen konnte, daß wir uns liebten, ließ sie mittags und abends mit mir essen und achtete unsere Gefühle. Er selber kam fast nur herunter, wenn ich ihn eigens bitten ließ. Doña Ignacia verließ mich am Sonnabend trauriger als gewöhnlich; sie wandte den Kopf ab, als ich ihr wie jeden Abend einen Kuß geben wollte, durch den ich sie, so kam es mir vor, meiner Treue versicherte. Ich sah, warum sie sich so benahm: sie sollte am nächsten Tag das Abendmahl empfangen. Ich bewunderte unwillkürlich die Aufrichtigkeit ihrer Seele, und ich beklagte sie, denn ich erriet, welchen Kampf die beiden entgegengesetzten Leidenschaften in ihrem Herzen führen mußten. Ich begann Furcht zu hegen und zu bereuen, daß ich alles aufs Spiel gesetzt hatte, anstatt mich mit einem Anteil zu begnügen.

Um mich mit eigenem Auge zu überzeugen, stand ich am Sonntag in aller Frühe auf, zog mich ganz allein an und verließ nach ihr das Haus. Ich wußte, daß sie ihre kleine Base abholen würde, und ging daher in die Kirche ›de la Soledad‹ voraus. Ich stellte mich hinter die Tür der Sakristei, von wo aus ich alle Kirchenbesucher sehen konnte, ohne selber gesehen zu werden.

Eine Viertelstunde später kamen die beiden Basen; sie beteten, dann erhoben sie sich und gingen auseinander. Jede stellte sich an einen Beichtstuhl. Ich beschäftigte mich nur mit Doña Ignacia. Als sie dran war, kniete sie nieder, und ich sah, wie der Beichtvater zur rechten Seite hin eine Absolution erteilte und sich dann nach links zu Doña Ignacia hinwendete. Diese Beichte bereitete mir Ärger und Verdruß, denn sie nahm kein Ende; was hat er ihr gesagt, dachte ich bei mir, als ich sah, daß der Beichtvater von Zeit zu Zeit mit der Büßerin sprach. Ich war schon auf dem Sprung zu gehen. Die Beichte dauerte bereits eine Stunde. Ich hatte drei Messen ausgeharrt. Endlich sah ich sie aufstehen. Die häßliche Base hatte schon am Hauptaltar das Abendmahl empfangen.

Doña Ignacia sah wie eine Heilige aus; mit gesenkten Augen kniete sie nicht weit von mir nieder, aber ich konnte sie von meinem Platz aus nicht mehr sehen. Ich glaubte, sie wollte die Messe hören, die am Seitenaltar, vier Schritte von mir entfernt, gelesen wurde, um das Abendmahl zu empfangen. Aber es kam anders: als die Messe zu Ende war, ging sie zur Kirchentür, wo ihre Base auf sie wartete, und die beiden Mädchen verließen die Kirche. Das war es. Das Mädchen hatte ehrlich gebeichtet, ihre Liebe gestanden, und der Beichtvater hatte ein Opfer von ihr verlangt, das sie zu geben nicht bereit war, und getreu seinem Stand hatte der Barbar ihr die Absolution verweigert. Ich war am Verzweifeln. Was wird nun kommen? Meine eigene Ruhe und die des anständigen Mädchens, das ein Opfer seiner Frömmigkeit und seiner Liebe war, verlangten, daß ich ihr Haus verließ. Ich unglücklicher Mensch! Ich hätte mich damit begnügen müssen, sie ab und zu durch Überrumpelung zu besitzen. Heute beim Mittagessen werde ich sie tränenüberströmt sehen; sie wird weinen. Dieser Qual muß ich ein Ende machen.

Unter solchen Selbstgesprächen ging ich sehr traurig und höchst unzufrieden mit mir selber nach Hause. Mein Friseur wartete auf mich; ich schickte ihn fort und sagte meiner Köchin, sie solle mein Mittagessen nicht früher auftragen, als bis ich es befehle. Ich hörte, wie Doña Ignacia zurückkam, aber ich hatte keine Lust, sie zu sehen. Ich schloß mich ein, legte mich zu Bett und lag bis ein Uhr in tiefem Schlaf.

Nachdem ich aufgestanden war, befahl ich, das Essen aufzutragen und dem Vater und der Tochter Bescheid zu sagen, daß ich sie erwarte.

Es kam die Tochter, sie trug ein schwarzes Mieder, das an allen Nähten mit Seidenbändern geschmückt war. Es gibt in ganz Europa keine verführerischere Kleidung, wenn sie von einer Frau mit schöner Brust und schlanker Taille getragen wird. Als ich sie so hübsch und heiter sah, konnte ich mich nicht enthalten, ihr ein Kompliment zu machen. Über ihre unerwartete Erscheinung vergaß ich, daß sie mir am Tage vorher einen Kuß verweigert hatte, und umarmte sie, und sie war sanft wie ein Lamm.

Felipe trat ein, und wir setzten uns zu Tisch. Ich dachte über die unverhoffte Änderung nach und sah, daß meine schöne Spanierin den Graben übersprungen und ihren Entschluß gefaßt hatte.

›Ich werde glücklich sein‹, sagte ich zu mir selber, ›aber tun wir nichts, und lassen wir sie von selber kommen.‹

Ich verbarg jedoch nicht die Zufriedenheit, von der meine Seele erfüllt war, sondern sprach mit ihr von Liebe, sooft Felipe uns allein ließ; ich sah, daß sie nicht nur in ungezwungener Stimmung war, sondern von Liebe glühte. Bevor wir vom Tisch aufstanden, fragte sie mich, ob ich sie noch liebte.

»Mehr denn je, mein Herz! Ich bete dich an!«

»So führe mich doch zum Stierkampf!«

»Schnell den Friseur!«

Nachdem ich frisiert war, zog ich einen Taftrock mit Lyoner Stickerei[29] an, den ich noch nicht ein einziges Mal getragen hatte. Vor Ungeduld glühend, gingen wir zu Fuß hin, um uns nicht durch das Warten auf den Wagen zu verspäten; denn ich fürchtete, wir würden keinen Platz mehr finden. Wir erhielten zwei Plätze in einer großen Loge und setzten uns nebeneinander. Doña Ignacia war froh, daß ich nicht, wie beim letzten Mal, neben einer Rivalin saß. Als der Stierkampf zu Ende war, bat sie mich, ich solle sie bei dem herrlichen Wetter auf den Prado führen, wo wir die elegante Welt von Madrid trafen. Doña Ignacia ging an meinem Arm, sie schien stolz darauf zu sein, mir anzugehören. Ich war vor Freude ganz selig.

Plötzlich sahen wir vor uns den venezianischen Gesandten und seinen Günstling Manucci. Sie waren an demselben Tage von Aranjuez gekommen, aber ich wußte das noch nicht. Nachdem wir uns mit gemessenem spanischen Anstand begrüßt hatten, machte der Gesandte mir das schmeichelhafteste Kompliment über die Schönheit meiner Begleiterin. Doña Ignacia tat, als wenn sie nichts verstanden hätte. Nachdem sie ein Stückchen mit uns auf der Promenade spazierengegangen waren, sagte er zu mir, er hoffe, ich werde ihm das Vergnügen machen, am nächsten Tag zum Mittagessen bei ihm zu speisen.

Nachdem wir Gefrorenes gegessen hatten, gingen wir in der

Dämmerung nach Hause, wo wir Don Diego antrafen, der seiner Tochter ein Kompliment über ihre gute Laune machte und daß sie den Tag gemeinsam mit mir verbracht hatte. Ich lud ihn ein, mit uns zu Abend zu speisen. Er nahm meine Einladung an und unterhielt uns durch hundert galante Geschichtchen, bei deren Erzählung sein schöner Charakter so recht zutage trat. Beim Abschied aber sagte er folgendes zu mir, das ich wörtlich übersetzt habe:

»Amigo Don Jaime,[30] ich lasse Sie hier, um auf dem Balkon mit meiner Tochter die frische Nachtluft zu genießen. Ich bin entzückt, daß Sie sie lieben, und versichere Ihnen, daß es nur bei Ihnen steht, mein Schwiegersohn zu werden, sobald ich von Ihnen die Gelegenheit dazu erhalten habe und ich überzeugt bin ›de vuestra nobleza‹.«[31]

Sobald er fort war, sagte ich zu seiner Tochter: »Ich wäre überglücklich, meine reizende Freundin, wenn das sein könnte, aber in meiner Heimat nennt man Adlige nur diejenigen, die durch ihre Geburt das Recht haben, den Staat zu lenken. Wäre ich in Spanien geboren, so wäre ich adlig. Aber wie ich auch bin – ich bete dich an und darf hoffen, daß du mich heute glücklich machen wirst.«

»Ja, mein lieber Freund, ganz und gar! Aber auch ich will mit dir glücklich sein. Keine Untreue!«

»Niemals! Darauf gebe ich dir mein Ehrenwort.«

»So komm, laß uns die Balkontür schließen.«

»Nein; laß uns die Kerze auslöschen und noch ein Viertelstündchen hier bleiben. Sage mir, mein Engel, woher kommt dieses Glück, auf das ich nicht mehr zu hoffen wagte?«

»Wenn es ein Glück ist, so verdankst du es einer Tyrannei, die mich zur Verzweiflung bringen wollte. Gott ist gut, und ich bin überzeugt, er will nicht, daß ich mich selbst zugrunde richte. Als ich meinem Beichtvater sagte, es sei mir ebenso unmöglich, dich nicht mehr zu lieben, wie es mir unmöglich sei, mit dir eine Sünde zu begehen – da antwortete er mir, ich könne nicht dieses Vertrauen zu mir haben, da ich bereits einmal schwach gewesen sei. Hierauf verlangte er, ich solle ihm versprechen, niemals wieder mit dir unter vier Augen zu sein. Ich sagte ihm, dies könnte ich ihm nicht versprechen, und hierauf verweigerte er mir die Absolution. Dieser Schimpf widerfuhr mir zum ersten

Male in meinem Leben, aber ich habe ihn mit einer Seelenstärke ertragen, die ich mir nicht zugetraut hätte. Ich habe mich in Gottes Hände gegeben und mir gesagt: ›Herr, dein Wille geschehe!‹ – Während ich die Messe hörte, faßte ich meinen Entschluß: ›Solange du mich liebst, werde ich nur dir gehören. Wenn du Spanien verlassen wirst, will ich einen anderen Beichtvater aufsuchen. Mein Trost ist, daß meine Seele sehr ruhig ist. Meine Base, der ich alles gesagt habe, ist darüber ganz erstaunt, aber sie hat sehr wenig Verstand. Sie weiß nicht, daß meiner nur eine vorübergehende Verwirrung hat.‹«

Nach dieser Rede, die mir die ganze Schönheit ihrer Seele offenbarte, nahm ich sie in meine Arme und brachte sie zu meinem Bett, wo ich sie bis zu den ersten Strahlen der aufgehenden Sonne, von allen Gewissenszweifeln befreit, umschlungen hielt. Als sie mich dann verließ, war ich verliebter denn je.

VIERTES KAPITEL

‹❖›

ICH BEGEHE EINE INDISKRETION,
DIE MANUCCI ZU MEINEM GRAUSAMSTEN FEIND MACHT · SEINE RACHE
MEINE ABREISE VON MADRID · ZARAGOZA · VALENCIA · NINA
MEINE ANKUNFT IN BARCELONA

JETZT ist der Moment da, wo die Wahrheit mich belastet, ich sehe mich gezwungen, sie zu bekennen und mich einer Indiskretion zu bezichtigen. Der Leser könnte sich ein falsches Urteil über mich bilden, wenn er sie als charakteristisch für mich ansieht.

Am nächsten Tage speiste ich beim venezianischen Gesandten und hatte das Vergnügen, von ihm zu vernehmen, daß bei Hof alle Minister und alle, deren Bekanntschaft ich gemacht hatte, von mir die allerbeste Meinung hätten. Drei oder vier Tage darauf kehrte der König mit den Ministern und der königlichen Familie nach Madrid zurück. Wegen des Problems der Sierra

Morena verhandelte ich oft mit den Ministern, und ich stand im Begriff, eine Reise nach jener Gegend zu machen. Manucci, der mir fortwährend eine aufrichtige Freundschaft bekundete, wollte mich zu seinem Vergnügen begleiten und gedachte, eine Abenteuerin mitzunehmen, die sich Portocarrero nannte und behauptete, eine Nichte des verstorbenen Kardinals dieses Namens[1] zu sein, und erhob daraufhin große Ansprüche, obwohl sie insgeheim nur die Geliebte des französischen Konsuls in Madrid, Abbé Béliardi, war.

In dieser günstigen Lage befanden sich meine Verhältnisse, als ein böser Geist einen Lütticher Baron de Fraiture[2] nach Madrid führte. Er war Oberhofjäger des Fürstentums[3], ein Wüstling, Spieler und Gauner – so wie alle diejenigen, die noch heute behaupten, er sei ehrlich gewesen. Er hatte mich in Spa kennengelernt, wo ich ihm gesagt hatte, ich würde nach Portugal gehen. Dorthin reiste er mir nach, da er auf meine Freundschaft rechnete, um Zutritt zur guten Gesellschaft zu erlangen und seine Börse mit dem Geld der Dummen zu füllen, die er zu finden hoffte.

Niemals in meinem Leben haben die Berufsspieler den geringsten Grund zu der Annahme gehabt, daß ich zu ihrer Bande gehörte, trotzdem haben sie mich aufs hartnäckigste für einen Griechen gehalten.[4] Ich mußte einfach einer sein; sie dachten, mich damit ehren zu können. Wie konnten sie mich für so primitiv halten, da ich doch nach meiner äußeren Erscheinung und nach meinem ganzen Auftreten als ein gebildeter Mann gelten mußte? Sie erklärten sich mir ohne Scheu, und seltsamerweise wehrte ich mich nicht dagegen, ich verstellte mich; ich mußte es einfach tun, oder den Gekränkten spielen. Sobald der Baron de Fraiture erfuhr, daß ich in Madrid sei, besuchte er mich; und da er anständig aussah und höflich zu reden wußte, so nötigte er mich, ihn gut aufzunehmen. Ich glaubte, er würde mich nicht bloßstellen, wenn ich ihm einige Höflichkeiten erwiese und vielleicht einige Bekanntschaften vermittelte. Er hatte einen Reisegefährten, mit dem er mich bekannt machte. Dies war ein dicker Franzose, ein Faulenzer, ein ungebildeter Mensch; man ignoriert das aber bei einem Franzosen gern und denkt selten daran, seine charakterlichen Werte zu prüfen, wenn er gut auftritt, sich sauber kleidet, bei Tisch lustig ist, die Mädchen liebt und den Freuden der Tafel huldigt. Fraitures Reisegefährte war von Beruf Kavallerierittmeister in französischen Diensten, und er hatte das Glück, ständig Urlaub zu haben.

Vier oder fünf Tage nach seinem ersten Besuch sagte Fraiture ohne alle Umstände zu mir, er habe kein Geld und bitte mich, ihm doch dreißig oder vierzig Pistolen zu geben, die er mir zurückerstatten werde. Ich dankte ihm für sein Vertrauen und sagte ihm, ebenfalls ohne alle Umstände, ich könne ihm bei dieser Gelegenheit nicht gefällig sein, denn ich brauche selbst in Kürze Geld.

»Aber wir können gerade ein gutes Geschäft machen, und an Geld wird es Ihnen dann nicht fehlen.«

»Ich weiß nicht, ob das gute Geschäft zustande kommt, aber ich weiß, daß ich derweilen das Notwendige nicht hergeben darf.«

»Wir wissen nicht, was wir anfangen sollen, um unseren Wirt zu beruhigen: sprechen Sie doch mal mit ihm!«

»Wenn ich mit ihm spreche, werde ich Ihnen mehr Schaden als Nutzen bringen, denn er wird mich fragen, ob ich für Sie bürgen wolle, und ich werde antworten, Sie seien Edelleute, die keines Bürgen bedürften. Trotzdem wird der Wirt natürlich denken, daß ich für Sie nicht bürge, weil ich Zweifel hege.«

Da ich ihn auf der Promenade mit dem Grafen Manucci bekannt gemacht hatte, so überredete Fraiture mich, ihn zu diesem zu führen, und ich war so schwach, dies zu tun. Ihm offenbarte sich acht oder zehn Tage darauf der Lütticher Baron. Manucci war gefällig, aber selber von Berufs wegen Gauner und schlau; er lieh ihm kein Geld, aber verschaffte ihm jemanden, der ihm ohne Wucherzinsen gegen Pfand lieh. Fraiture und sein Freund machten einige Spielpartien und gewannen auch etwas; ich mischte mich in keiner Weise in diese Angelegenheiten ein. Mit meiner Siedlungsangelegenheit und mit Doña Ignacia beschäftigt, wollte ich in Frieden leben; hätte ich eine einzige Nacht außer dem Hause verbracht, so hätte ich dadurch die schöne Seele des Mädchens beunruhigt, das alles der Liebe opferte.

In jenen Tagen kam der neue venezianische Gesandte, Signor Querini,[5] in Madrid an, um Signor Mocenigo abzulösen, der als Gesandter der Republik an den Hof von Versailles ging. Dieser

Querini besaß wissenschaftliche Bildung, eine Eigenschaft, die Signor Mocenigo abging; denn der liebte nur die Musik und die Freundschaft auf griechische Art.[6]

Der neue Gesandte wurde mir wohlgeneigt, und binnen wenigen Tagen konnte ich mich überzeugen, daß ich auf ihn viel mehr hätte rechnen können als auf Mocenigo.

Baron Fraiture und sein Freund mußten daran denken, Spanien zu verlassen; weder beim Gesandten noch anderswo brachten sie eine Spielpartie zusammen, und sie hatten keine Hoffnung, im Escorial[7] etwas zu erreichen. Sie mußten nach Frankreich zurückkehren, aber sie hatten Schulden in ihrem Gasthof, und für die Reise brauchten sie Geld. Ich konnte ihnen nichts geben, und Manucci glaubte, ihnen ebenfalls nichts geben zu können. Wir bedauerten ihr Unglück, aber wir mußten in erster Linie an uns selber denken und daher gegen alle Welt unerbittlich sein.

Doch dann kam eine Überraschung. Eines Morgens kam Manucci verstört und aufgeregt zu mir, ohne mir jedoch zu sagen, was ihn beunruhigte.

»Was hast du, lieber Freund?«

»Ich sitze wider meinen Willen in der Klemme. Ich habe dem Baron Fraiture seit acht Tagen den Zutritt verboten; denn er wurde mir lästig, da ich ihm kein Geld geben konnte. Nun hat er mir einen Brief geschrieben, worin er mir droht, er werde sich heute noch erschießen, wenn ich ihm nicht hundert Pistolen leihe, und ich bin überzeugt, er wird es tun, wenn ich ihm das Geld verweigere.«

»Vor drei Tagen hat er mir dasselbe gesagt. Ich habe ihm geantwortet, ich wolle hundert Pistolen wetten, daß er sich nicht töten werde. Aufgebracht über meine Antwort, forderte er mich auf, mich mit ihm zu schlagen. Ich antwortete ihm: da er in einem verzweifelten Zustande wäre, so hätte er entweder einen Vorteil vor mir oder ich vor ihm. Antworte ihm wie ich, oder antworte ihm überhaupt nicht.«

»Ich kann deinen Rat nicht befolgen. Da hast du hundert Pistolen. Bringe sie ihm und sieh zu, daß du eine Quittung von ihm bekommst, damit man in der Lage ist, sich von ihm in Lüttich die Summe zurückzahlen zu lassen, dort hat er ja sein Vermögen.«

Ich bewunderte diese großmütige Handlung und übernahm den Auftrag. Ich ging zum Baron, den ich sehr verwirrt und verlegen fand; ich wunderte mich jedoch nicht darüber, da ich es mir durch seine Lage erklärte. Ich dachte mir, sein Lebenswille und seine gute Laune würden wohl zurückkehren, wenn ich ihm sagte, daß ich ihm hundert Pistolen überbrächte, die der Graf Manucci ihm schickte, um seine Angelegenheiten ordnen und abreisen zu können, und daß er sich dafür bedanken müßte. Er nahm das Geld, aber ohne irgendwelche Freude oder Dankbarkeit zu zeigen, und schrieb den Schuldschein nach meinem Diktat. Hierauf versicherte er mir, er werde am nächsten Tage mit seinem Freunde nach Barcelona abreisen und sich von dort nach Avignon begeben, wo dieser einen Verwandten hätte. Ich wünschte ihm eine gute Reise und brachte Manucci, der immer noch nachdenklich und zerstreut war, den Wechsel des Barons und blieb beim Gesandten zum Mittagessen. Es war das letzte Mal.

Drei Tage darauf wollte ich bei den Gesandten[8] zu Mittag speisen, sie wohnten zusammen in der Calle ancha de San Bernardo; zu meiner großen Überraschung sagte der Pförtner zu mir, daß in diesem Hause niemand für mich zu sprechen sei, und es wäre gut, wenn ich zukünftig nicht mehr kommen würde, denn er habe Befehl, mich nicht mehr eintreten zu lassen.

Das war ein unerwarteter Schlag für mich, dessen Anlaß ich nicht erraten konnte. Ganz vernichtet ging ich nach Hause. Ich schrieb sofort kurz an Manucci, um eine Erklärung zu erbitten. Ich versiegelte den Brief und schickte ihn mit Felipe, aber der brachte ihn ungeöffnet zurück. Graf Manucci hatte befohlen, ihn nicht anzunehmen. Neue Überraschung.

›Was ist geschehen? Ich will eine Erklärung haben, und sollte ich darüber zugrunde gehen!‹ sagte ich zu mir selbst.

Ich speiste sehr nachdenklich mit Doña Ignacia, ohne ihr etwas von der Ursache meines Kummers zu sagen. Als ich mich eben zur Mittagsruhe hinlegen wollte, brachte Manuccis Bedienter mir einen Brief von seinem Herrn und lief hinaus, obwohl ich ihm sagte, er möchte warten, bis ich den Brief gelesen hätte.

Dieser Brief enthielt einen anderen, offenen, den ich vor dem Manuccis las. Er war vom Baron Fraiture. Der verzweifelte

Mensch erbat von Manucci hundert Pistolen nicht als Darlehen und versprach ihm, wenn er ihm das Geld gebe, wolle er ihm einen Feind gerade in dem Manne enthüllen, den er für den treuesten Freund seiner Interessen und seiner Person halte.

Manucci nannte mich einen Verräter und Undankbaren und schrieb mir, er sei neugierig gewesen, diesen Feind kennenzulernen, und habe den Baron Fraiture nach dem Prado San Jerónimo bestellt. Nachdem der Baron sein Ehrenwort erhalten habe, daß er ihm das Geld geben werde, habe er ihm bewiesen, daß ich dieser Feind sei; denn von mir habe er erfahren, daß zwar der Name, den Manucci trage, echt sei, daß er aber nicht den Adelstitel besitze, den er sich beilege.

Manucci führte viele schreckliche Einzelheiten an, die Fraiture ihm gegeben hatte und die er nur von mir haben konnte. Und so hätte er, Manucci, nun keinen Zweifel mehr über meine Falschheit. Er schloß seinen Brief mit dem Rat (und das war ein starkes Stück), ich möchte Madrid spätestens binnen acht Tagen verlassen.

Vergeblich würde ich versuchen, dem Leser den Zustand der Niedergeschlagenheit zu schildern, in den mich dieser Brief versetzte. Zum ersten Male in meinem Leben mußte ich mich einer ungeheuerlichen, ohne jeden Grund begangenen Indiskretion schuldig bekennen, einer abscheulichen Undankbarkeit, die sonst nicht in meinem Charakter lag, mit einem Wort, eines Verbrechens, dessen ich mich nicht für fähig gehalten hätte. Ich schämte mich meiner selber, erkannte das Unrecht in vollem Umfang an und fühlte, daß ich nicht einmal um Verzeihung bitten durfte, da ich keine verdiente. Darum versank ich traurig in eine Art von Verzweiflung. Obwohl jedoch Manucci mit Recht erzürnt war, mußte ich sagen, daß er einen großen Fehler begangen hatte, indem er seinen Brief mit dem beleidigenden Rat schloß, Madrid binnen acht Tagen zu verlassen. Da er mich genau kannte, so mußte der junge Mann wissen, daß mein Selbstgefühl mir verbot, einen solchen Rat zu befolgen. Er war nicht mächtig genug, fordern zu können, daß ich einen Rat annähme, der einem Befehl von höchster Stelle glich. Nachdem ich eine so unwürdige Handlung begangen hatte, durfte ich mich nicht einer zweiten schuldig machen, durch die ich mich zum erbärmlichsten Menschen gemacht und mich für unfähig erklärt hätte, ihm eine andere Genugtuung zu geben. In schwärzeste Gedanken versunken, verbrachte ich den Tag, ohne einen Entschluß fassen zu können. Um neun Uhr umarmte ich meine liebe Freundin und sagte ihr, sie solle mit ihrer Familie essen und mich allein lassen, denn ich müßte den größten Kummer meines Lebens verwinden.

Nachdem ich ziemlich gut geschlafen hatte, so daß ich imstande war, einen vernünftigen Entschluß zu fassen, wie er mir als dem schuldigen Teil zukam, stand ich auf und schrieb dem beleidigten Freund in einem demütigen Brief das aufrichtigste Schuldbekenntnis. Ich endete mit den Worten: ›Wenn Ihre Seele so großmütig ist, wie ich gern glauben will, so wird mein Brief, der Ihnen meine ebenso tiefe wie aufrichtige Reue zeigt, Ihnen die weitestgehende Genugtuung gewähren müssen. Sollte aber Ihnen dies nicht genügen, so brauchen Sie mir nur zu sagen, was Sie beanspruchen. Ich bin zu allem bereit, wenn es nur nicht ein Schritt ist, der so aussieht, als fürchte ich einen Verrat. Es steht in Ihrem Belieben, mich ermorden zu lassen, aber ich werde von Madrid nur nach meinem eigenen Bedürfnis abreisen, und wenn ich hier nichts mehr zu tun habe.‹

Nachdem ich meinen Brief in einen einfachen Umschlag gesteckt hatte, ließ ich von Felipe, dessen Handschrift Manucci nicht kannte, die Adresse draufschreiben und ließ ihn in den Kasten der Königlichen Post beim Schloß Pardo,[9] wohin der König sich begeben hatte, stecken. Ich verbrachte den ganzen Tag auf meinem Zimmer mit Doña Ignacia, die nicht mehr in mich drang, um die Ursache meiner Niedergeschlagenheit zu erfahren, da sie sah, daß meine Stimmung sich gehoben hatte. Aber am nächsten Tag ging ich nicht aus, da ich auf eine Antwort hoffte; aber meine Hoffnung war vergebens. Am dritten Tage, einem Sonntag, ging ich aus, um dem Prinzen della Cattolica einen Besuch zu machen. Während ich vor der Türe wartete, kam der Pförtner höflich an meinen Wagen und sagte mir ins Ohr, Seine Exzellenz habe Gründe, mich zu bitten, ihn nicht mehr zu besuchen. Das hatte ich nicht erwartet; aber nach diesem Schlag war ich auf alles gefaßt. Ich begab mich zum Abbé Béliardi; ein Bedienter meldete mich an und brachte mir dann den Bescheid, der Herr sei ausgegangen.

Als ich zurück zu meinem Wagen ging, traf ich Don Domingo Varnier, der mir sagte, er habe mit mir zu sprechen.

»Wollen Sie sich zu mir in den Wagen setzen? Wir werden zusammen zur Messe fahren.«

Sobald er eingestiegen war, teilte er mir mit, der frühere venezianische Gesandte habe dem Herzog von Medina-Sidonia gesagt, er fühle sich verpflichtet, ihm mitzuteilen, daß ich ein gefährliches Subjekt sei. Der Herzog habe ihm geantwortet, sobald er dies bemerke, werde er Sie nicht mehr bei sich empfangen. Diese drei Dolchstöße ins Herz, die mich in weniger als einer halben Stunde trafen, schmetterten mich restlos nieder; ich sagte aber nichts und ging mit meinem Freund zur Messe. Als diese zu Ende war, wäre ich sicher erstickt, wenn ich nicht mein Herz erleichtert hätte, indem ich ihm mit allen Einzelheiten erzählte, warum der Gesandte so zornig war. Er riet mir aber, mit keinem Menschen darüber zu sprechen, denn das könne Manucci nur noch mehr verbittern, der ja mit gewissem Recht mein ärgster Feind geworden sei.

Ich fuhr nach Hause zurück und schrieb Manucci, er möchte seine gar zu gehässige Rache aufgeben, die mich in die Notwendigkeit versetzen würde, allen denen, die es als ihre Pflicht betrachten würden, mich zu beschimpfen, um dem Haß des Gesandten Genüge zu tun, den wahren Sachverhalt zu erklären. Ich schickte meinen Brief offen an den Gesandtschaftssekretär Signor Gasparo Soderini,[10] da ich sicher war, daß dieser ihn weiterbefördern würde. Hierauf aß ich mit meiner Geliebten zu Mittag und ging dann mit ihr zum Stierkampf, wo ich zufällig neben der Loge saß, worin Manucci und die beiden Gesandten sich befanden. Ich machte ihnen eine Verbeugung und sah sie hierauf gar nicht mehr an.

Als am nächsten Tage der Marchese Grimaldi mir eine Audienz verweigerte, sah ich, daß ich nichts mehr zu hoffen hatte.[11] Der Herzog von Losada empfing mich, denn er konnte den Gesandten wegen seiner Liebschaften mit Männern nicht leiden; aber er sagte mir, er sei bereits ersucht worden, mich nicht mehr zu empfangen, und fügte hinzu, bei einer derartigen erbitterten Verfolgung sei leicht vorauszusehen, daß ich vom Hofe nichts erhoffen könnte.

Eine derartige Wut war unglaublich. Manucci brüstete sich

mit der Macht, die er über den Gesandten ausübte, dessen Geliebter er war. Um sich zu rächen, hatte er sich über alle Grenzen des Anstands hinweggesetzt. Ich wollte wissen, ob er Don Manuel de Roda und den Marqués de Mora vergessen hätte; ich fand sie jedoch bereits benachrichtigt. So blieb nur noch Graf Aranda übrig. Im Augenblick, wo ich mich anschickte, ihn aufzusuchen, kam ein diensttuender Adjutant zu mir und teilte mir mit, Seine Exzellenz wolle mit mir sprechen. Bei dieser Mitteilung stellte ich mir das Schlimmste vor.

Zu der mir bezeichneten Stunde ging ich hin. Ich fand den undurchschaubaren Mann allein, und er empfing mich mit heiterer Miene. Dies machte mir Mut. Er ließ mich Platz nehmen, und da er mir solche Gnade bisher niemals hatte widerfahren lassen, so beruhigte ich mich.

»Was haben Sie Ihrem Gesandten getan?« fragte er mich.

»Ihm selber nichts; aber seinen süßen Freund habe ich aus schuldbarer Dummheit an seiner empfindlichsten Stelle verletzt. Ohne die geringste Absicht, ihm schaden zu wollen, beging ich eine Indiskretion und machte einem elenden Menschen eine vertrauliche Mitteilung, die dieser ihm für hundert Pistolen verkaufte. In seiner Wut hat Manucci den hohen Herrn gegen mich vorgeschickt – den Menschen, der ihn anbetet und der alles tun muß, was er will.«

»Sie haben ungeschickt gehandelt, aber was einmal geschehen ist, ist geschehen. Sie begreifen wohl, daß Sie von Ihrem Plan, dem Besiedlungsprojekt, nichts mehr erhoffen können; denn sobald es sich darum handeln würde, Sie anzustellen, würde der König sich bei Ihrem Gesandten nach Ihnen als Venezianer erkundigen.«

»Muß ich nun abreisen, Exzellenz?«

»Nein. Der Gesandte hat allerdings an mich die dringende Bitte gerichtet. Aber ich habe ihm geantwortet, dies stehe nicht in meiner Macht, solange Sie die Gesetze des Landes nicht übertreten. – Er sagte zu mir: ›Er hat durch Lügen und Verleumdungen die Ehre eines venezianischen Staatsbürgers verletzt, den zu schützen ich verpflichtet bin, und den ich genau kenne.‹ – ›Wenn er ein Verleumder ist‹, habe ich ihm geantwortet, ›müssen Sie ihn auf dem gewöhnlichen Wege belangen, und wenn er sich nicht rechtfertigen kann, wird man nach der ganzen Strenge des Gesetzes gegen ihn vorgehen.‹ – Zum Schluß hat der Gesandte mich gebeten, Ihnen zu befehlen, daß Sie nicht mit den Venezianern, die gegenwärtig in Madrid sind, über ihn oder über seinen Schützling sprechen, und mir scheint, dies könnten Sie mir versprechen, um ihn zu beruhigen. Im übrigen können Sie in Madrid bleiben und so wie jetzt weiterleben, solange es Ihnen paßt und ohne irgend etwas zu befürchten. Außerdem wird Mocenigo ja im Laufe der Woche abreisen.«[12]

Dies war mein ganzes Gespräch mit dem Grafen. Ich faßte augenblicklich den Entschluß, mich nur noch zu vergnügen und niemandem mehr meine Aufwartung zu machen. Freundschaft führte mich oft zu Varnier, weil ich ihn gern hatte, zu dem von mir hoch geachteten Herzog von Medina-Sidonia und zum Architekten Sabatini, der mich ebenso wie seine Frau stets sehr gut aufnahm. Doña Ignacia besaß mich ganz und gar und wünschte mir oft Glück, mich von alledem befreit zu sehen, was mir nach Fraitures Abreise Sorgen bereitet hatte. Der Gesandte hatte nicht die Erlaubnis erhalten, Venedig einen Besuch abzustatten, er fuhr durch Navarra nach Paris.[13] Nach seiner Abreise wollte ich sehen, ob sich Signor Querini mir gegenüber so zeigen würde wie sein Onkel;[14] ich lachte dem Pförtner ins Gesicht, der mir den unerfreulichen Bescheid überbrachte, er habe Befehl, mir den Eintritt in sein Haus zu versagen.

Sechs oder sieben Wochen nach der Abreise des Gesandten verließ ich ebenfalls Madrid. Ich mußte mich dazu entschließen, trotz meiner Liebe zu Doña Ignacia, die mich völlig glücklich machte und mein Glück teilte; denn abgesehen davon, daß ich nicht nach Lissabon gehen konnte, von wo ich keine Briefe mehr erhielt, hatte ich kein Geld mehr. Der Wagen, das Essen, die Stierkämpfe und die vielen kleinen, für das Leben so wichtigen Ausgaben hatten, ohne daß Doña Ignacia etwas davon ahnte, meine Börse erschöpft. Ich gedachte eine Uhr und eine Tabaksdose zu verkaufen, um nach Marseille zu reisen, wo ich bestimmt genug Geld auftreiben würde, um mich nach Konstantinopel einzuschiffen. Ich glaubte, dort mein Glück machen zu können, ohne Türke zu werden;[15] aber ich hatte mich geirrt. Ich kam in ein Alter, von dem die Glücksgöttin nichts mehr wissen will.

In meiner Verlegenheit verschaffte der gelehrte Abbate Pinzi,[16] Auditor des päpstlichen Nuntius,[17] mir die Bekanntschaft eines Genueser Buchhändlers, Corrado,[18] eines reichen und ehrenwerten Mannes, den Gott auf die Welt geschickt zu haben schien, damit man wegen seiner Tugend und Redlichkeit bei zehntausend Genuesen die Spitzbübereien verzeihen mußte. An diesen Mann wandte ich mich, um meine Repetieruhr und eine Tabaksdose, deren Goldwert fünfundzwanzig Louis betrug, zu verkaufen. Aber Don Corrado weigerte sich, diese Gegenstände zu kaufen; er lieh mir zwanzig Achterdublonen, ohne etwas anderes zu verlangen als mein Wort, daß ich ihm diese Summe wiedergeben würde, wenn ich dazu in der Lage wäre. Unglücklicherweise bin ich niemals mehr dazu imstande gewesen. Er hatte eine entzückende Tochter, die sein ganzes Vermögen erbte und die er mit dem Sohn des venezianischen Malers Tiepoletto[19] verheiratete, einen mäßig begabten, aber ehrenwerten Menschen.

Nichts ist für einen Mann süßer, als mit einer Frau zusammenzuleben, die er anbetet und von der er geliebt wird; aber es gibt auch nichts, das bitterer wäre als die Trennung, wenn die Liebe noch in voller Kraft steht: der Schmerz scheint viel größer zu sein als die erlebten Freuden. Die Freuden sind nicht mehr vorhanden; man leidet nur noch am Schmerz. Man ist so traurig, daß man sich am liebsten wünschen würde, niemals froh gewesen zu sein. Doña Ignacia und ich verbrachten die letzten Tage in einem Sinnestaumel, der von Traurigkeit vergiftet wurde; aber es schien, als würden uns unsere Tränen etwas beruhigen. Don Diego weinte nicht, wünschte uns nur Glück zu unseren seelischen Empfindungen. Felipe, den ich in Madrid zurückließ, gab mir bis Mitte des nächsten Jahres Nachrichten von Doña Ignacia. Sie wurde die Gattin eines reichen Schuhmachers; die Rücksicht auf den Nutzen besiegte den Widerwillen, den ihr Vater gegen eine nicht standesgemäße Heirat hatte.

Ich hatte dem Marqués de Mora und dem Oberst Rojas versprochen, sie in Zaragoza zu besuchen, und ich wollte mein Wort auch halten. Ich kam Anfang September an[20] und verbrachte dort vierzehn Tage, die mir Gelegenheit gaben, die Sitten der Aragonesen[21] zu beobachten. Arandas Gesetze hatten in dieser Stadt keine Kraft; denn bei Tage wie bei Nacht sah man auf den Straßen Männer mit großen Schlapphüten und den knöchellangen schwarzen Mänteln. Sie sahen wie maskiert aus, denn der Mantel verbarg auch das Gesicht bis zu den Augen, daß man es nicht mehr erkennen konnte. Unter dem Mantel trug der Maskierte den ›Espadin‹,[22] einen Degen, der um die Hälfte länger war als der, den die Adligen in Frankreich, Italien und Deutschland haben. Diese Maskierten wurden mit großer Ehrfurcht behandelt, obwohl es meistens nur Spitzbuben waren; es konnten aber auch große Herren sein.

Man muß in Zaragoza die ungeheure Frömmigkeit sehen, womit die ›Nuestra Señora del Pilar‹[23] verehrt wird. Ich habe Prozessionen gesehen, bei denen hölzerne Statuen von ungeheurer Größe mitgeführt wurden. In den Gesellschaften begegnete ich auch Mönchen. Man stellte mich einer erstaunlich dicken Dame vor, die man mir als eine Base des seligen Palafox[24] bezeichnete; ich war jedoch keineswegs von Ehrfurcht hingerissen, wie man ohne Zweifel erwartet hatte. Ferner hatte ich Gelegenheit, den Kanonikus Pignatelli[25] kennenzulernen, den Präsidenten der Inquisition, der jeden Morgen die Kupplerin einkerkern ließ, die ihm am Abend vorher eine Dirne für die Nacht besorgt hatte. Wenn er aufwachte, ließ er die Kupplerin so bestrafen, ging zur Beichte und las die Messe; dann setzte er sich zu Tisch und speiste zu Mittag, die Wollust ergriff ihn erneut, und er verlangte ein anderes Mädchen und erfreute sich ihrer; am nächsten Morgen fing das gleiche Spiel an, so wie am Tage vorher. So ging es jeden Tag. Er lebte im Streit zwischen Gott und dem Teufel. Dieser Kanonikus war nach dem Mittagessen ein sehr glücklicher und am nächsten Morgen ein ganz unglücklicher Mann.

Die Stierkämpfe waren in Zaragoza viel schöner als in Madrid; man hielt die Stiere nicht an Stricken fest, sondern ließ sie frei in der Arena herumlaufen, und das mörderische Blutvergießen war um vieles größer. Der Marqués de Mora und der Graf von Rojas gaben für mich sehr schöne Gelage. Dieser Marqués de Mora war der liebenswürdigste aller Spanier; er ist zwei Jahre darauf sehr jung gestorben.[26] Man stellte mir auch Kurtisanen vor; doch Doña Ignacias Bild war so tief in meinem Herzen, daß ich kein Interesse für andere Frauen aufbringen konnte.

Die große Kirche ›Nuestra Señora del Pilar‹ liegt an der

Stadtmauer, und die Aragonesen betrachten diesen Teil als uneinnehmbar; sie behaupten, im Falle einer Belagerung würde der Feind möglicherweise von allen anderen Seiten eindringen, aber nicht von dieser.

Auf dem Weg von Zaragoza nach Valencia, wo ich um diese Zeit, wie ich Doña Pelliccia versprochen hatte, einen Besuch machen wollte, sah ich auf einer Anhöhe die alte Stadt Sagunt liegen. ›Eminet excelso consurgens colle Sagunthos‹.[27] »Ich will da hinauf«, sagte ich zu einem Priester, der mit mir fuhr, und zu dem Fuhrmann, der am Abend in Valencia ankommen wollte und dem seine Maultiere lieber waren als alle Altertümer der Welt. Wie der Priester und der Maultiertreiber sich sträubten und wie sie redeten!

»Sie werden nur Ruinen sehen, Señor.«

»Gut; wenn sie recht alt sind, ziehe ich sie den schönsten modernen Bauten vor. Da hast du einen Taler; wir werden morgen nach Valencia fahren.«

Der Fuhrmann rief, ich sei ein ›hombre de bien‹, ein ehrenwerter Mann. Auf den Mauern sah ich die Zinnen, die zum größten Teil noch gut instand waren; und doch stammen sie aus der Zeit des zweiten Punischen Krieges. An zwei Toren bemerkte ich Inschriften, die für mich und für viele andere unverständlich sind, die aber La Condamine[28] oder Séguier,[29] der alte Freund des Marchese Maffei, sicherlich entziffert hätten. Dieses Denkmal eines Volkes, das lieber in den Flammen untergehen als den Römern die Treue brechen und sich Hannibal ergeben wollte, erregte meine volle Bewunderung und die Heiterkeit des unwissenden Priesters, der nicht eine einzige Messe hätte lesen wollen, um Besitzer dieses an Erinnerungen so reichen Ortes zu werden, dessen Name sogar untergegangen ist. Diesen hätte man doch wenigstens achten können, zumal da er schöner und leichter auszusprechen ist als der an seine Stelle getretene Name Murviedro,[30] wenngleich dieser ebenfalls auch dem Lateinischen entstammt,[31] mir aber nicht gefällt. Aber die Zeit ist ein unbändiges, wildes Ungeheuer, das alles vertilgen will. ›Mors etiam saxis nominibusque venit‹.[32] »Dieser Ort«, sagte der Priester zu mir, »hat stets Murviedro geheißen.«

»Das ist nicht möglich; denn der gesunde Menschenverstand sträubt sich dagegen, etwas alt zu nennen, was bei seiner Entstehung neu war. Das ist gerade, wie wenn Sie behaupten wollten, Neu-Kastilien sei nicht alt, weil man es ›neu‹ nenne.«

»Dennoch ist sicher, daß Alt-Kastilien älter sein muß als das neue.«

»Nein, das ist nicht der Fall. Neu-Kastilien wird nie alt sein, und Alt-Kastilien ist nicht so alt[33] wie Neu-Kastilien.«

Der arme Abbate schwieg; er schüttelte den Kopf und hielt mich für verrückt. Vergeblich bemühte ich mich, Hannibals Kopf und die Inschrift zu Ehren des Cäsar Claudius, des Nachfolgers des Gallienus,[34] aufzufinden; dagegen sah ich die Spuren des Amphitheaters.[35]

Am anderen Morgen sah ich mir den mit Mosaiksteinen belegten Weg an, den man zwanzig Jahre vorher entdeckt hatte.

Um neun Uhr morgens kam ich in Valencia an. Ich fand sehr schlechte Unterkunft, weil der Impresario der Oper Marescalchi aus Bologna alle guten Zimmer für die Schauspielerinnen und Schauspieler belegt hatte, die von Madrid eintreffen sollten. Bei ihm befand sich sein Bruder, ein Abbate, den ich für sein Alter ganz gelehrig fand. Wir machten einen Spaziergang, und er lachte, als ich ihm vorschlug, in ein Café zu gehen; denn es gab in der ganzen Stadt kein einziges Lokal, wo ein anständiger Mensch eintreten konnte, um sich auszuruhen, und etwas zu trinken bestellen konnte, damit er einen Grund finden konnte, dem Wirt vier oder fünf Pesos zu geben. Es gab nur ganz einfache Schenken, wo man Wein bekommen konnte. Das ist schrecklich, da die Lokale sehr schmutzig sind und die Gäste unfreundlich; der Wein ist untrinkbar, fast wie Gift, aber nicht nur für die Ausländer, sondern auch für die Spanier, die bei sich zu Hause den besten Wein haben, in den Lokalen aber nur Wasser trinken, und das mit Recht. Ich fand das allerdings unbegreiflich. In Spanien, wo es so gute Weine gibt, gerade an der Küste, wo ich mich befand, in der Nähe von Malaga und Alicante,[36] kann sich ein Ausländer nur mit großen Schwierigkeiten ein Glas leidlichen Wein beschaffen. Wie kommt das? Durch die Nachlässigkeit der Weinhändler, die ja überall Gauner sind, aber in Spanien als besonders gemein und dumm gelten, denn sie machen durch ihre Pantscherei den Wein untrinkbar. In den ersten drei Tagen meines Aufenthaltes in der berühmten Stadt, der Heimat des Papstes Alexander VI.,[37] den der Pater Pétau[38] ›non adeo sanctus‹[39] nennt, sah ich alles Sehenswerte, immer in Begleitung des gelehrten Abbate Marescalchi. Ich fand wieder einmal meine Wahrnehmung bestätigt, daß alles, was es auf der Erde Berühmtes und Schönes gibt, wenn wir nach den Beschreibungen und Abbildungen der Dichter und Künstler gehen, unendlich viel verliert, wenn wir es aus der Nähe betrachten.

Valencia liegt in herrlichem Klima ganz dicht am Mittelmeer, vom Guadalaviar[40] durchflossen, in einer heiteren Landschaft, die die köstlichsten Erzeugnisse der Natur in reicher Fruchtbarkeit hervorbringt; die Luft ist gesund und von herrlicher Milde; die Stadt befindet sich nur eine Stunde von dem berühmten ›amoenum stagnum‹,[41] worin es sehr delikate Fische gibt. In Valencia wohnt ein zahlreicher, sehr vornehmer und begüterter Adel; und die Frauen sind, wenn nicht die geistreichsten, so doch zum mindesten die schönsten von ganz Spanien; es hat einen Erzbischof und einen Klerus mit einer Pfründe von mindestens einer Million, und trotz alledem ist Valencia eine sehr unangenehme Stadt für einen Fremden; denn er kann dort keine der Bequemlichkeiten genießen, die er sonst überall für sein Geld findet. Unterkunft und Essen sind schlecht, zu trinken gibt es nichts, unterhalten kann man sich nicht, weil es keine Gesellschaft gibt, man kann nicht einmal mit jemandem richtig reden, denn obwohl Valencia eine Universität[42] hat, findet man dort keinen Menschen, den man verdientermaßen gebildet nennen könnte.

Die Bauwerke,[43] besonders die fünf großen Brücken über den Guadalaviar, die Kirchen, die öffentlichen Gebäude, das Zeughaus, die Börse, das Rathaus, die zwölf Tore und die zehntausend Brunnen konnten mich nicht dazu hinreißen, eine Stadt zu bewundern, deren Straßen nicht gepflastert sind und wo man nur außerhalb der Mauern spazierengehen kann. Dort draußen findet man dann allerdings alle seine Sinne befriedigt; denn die Umgebung von Valencia ist ein irdisches Paradies, besonders wenn man die Richtung zum Meer hin einschlägt.

Was ich dort bewunderte, war eine beträchtliche Anzahl von zweirädrigen Einspännern, die immer zum Spazierenfahren bereitstehen, selbst nach einer Stadt, die zwei oder drei Tagereisen entfernt liegt. Ein Reisender gelangt schnell und preiswert nach Malaga, Alicante, Cartagena, Tarragona[44] und auch, wenn er Lust hat, nach Barcelona, dorthin beträgt die Entfernung fünfzig Meilen.

Wäre ich bei guter Laune gewesen, so hätte ich eine Fahrt durch die Königreiche Murcia und Granada[45] gemacht, deren bauliche Schönheiten alles überbieten, was man in den italienischen Provinzen findet. Arme Spanier! Die Schönheit, die Fruchtbarkeit und der Reichtum eures Landes sind die Ursachen eurer Trägheit, wie die Minen von Peru und Potosi[46] schuld sind an eurer Armut, eurem Stolz und an allen Vorurteilen, die euch erniedrigen. Das mag unsinnig klingen, doch der Leser wird wissen, daß ich recht habe. Um Spanien zum blühendsten aller Königreiche auf Erden zu machen, müßte es erobert werden, wie durch einen Umsturz müßte an seinem Grundsystem gerüttelt, ja es müßte fast zerstört werden; dann würde es nach seiner Auferstehung ein Land für glückliche Menschen sein.

Ich fuhr zu der freundlichen, edlen und bescheidenen Pelliccia. Die erste Vorstellung sollte am zweiten Tage darauf stattfinden. Das war nicht schwierig; denn man spielte dieselben Opern, die man in den königlichen Residenzen, ich will sagen in Aranjuez, im Escorial und im Lustschloß ›La Granja‹[47] gegeben hatte, denn der Graf von Aranda hat niemals gewagt, seine freisinnige Kühnheit so weit zu treiben, um dem Theater in Madrid die öffentliche Aufführung einer italienischen Opera buffa zu erlauben. Solche Neuerung wäre zu groß gewesen, und die Inquisition hätte ihre wilden Augen zu weit aufgerissen. Die Bälle in den ›Caños del Peral‹ hatten die Inquisition nur erstaunt, und doch war man genötigt, sie zwei Jahre später wieder zu unterdrücken. Solange Spanien eine Inquisition hat, wird dieses Land niemals glücklich sein.[48]

Signora Pelliccia schickte sofort nach ihrer Ankunft an Don Diego Valencia den Empfehlungsbrief, den der Herzog von Arcos ihr drei Monate vorher gegeben hatte. Sie hatte den hohen Herrn seit jenen Tagen in Aranjuez nicht wieder gesehen. Wir saßen beim Essen, nämlich sie, ihr Mann, ihre Schwester, ein fähiger Violinspieler, den diese einige Zeit darauf heiratete, und ich, und waren eben vom Tisch aufgestanden, als man ihr Don

Diego Valencia meldete; dies war der Bankier, an den der Herzog sie empfohlen hatte.

»Señora«, sagte Don Diego zu ihr, ›ich bin entzückt von der Gnade, die der Herzog von Arcos mir zuteil werden läßt, indem er Sie an mich weist, und möchte Ihnen meine Dienste anbieten und Ihnen die Befehle mitteilen, die Seine Exzellenz mir gibt und die Ihnen vielleicht noch unbekannt sind.«

»Señor, ich hoffe, es wird nicht der Fall eintreten, daß ich genötigt wäre, Sie zu belästigen, aber ich weiß vollkommen die Gnade zu schätzen, die der Herzog mir erwiesen hat, und bin Ihnen sehr dankbar, daß Sie sich zu mir bemüht haben; ich werde die Ehre haben, Ihnen einen Dankesbesuch zu machen.«

»Das ist nicht notwendig, Señora, aber ich muß Ihnen sagen, daß ich Befehl habe, Ihnen jede gewünschte Summe bis zur Höhe von fünfundzwanzigtausend Dublonen auszuzahlen.«

»Fünfundzwanzigtausend Dublonen?«

»Nicht mehr, Señora. Haben Sie die Güte, den Brief Seiner Exzellenz zu lesen; denn es kommt mir vor, als wenn Sie den Inhalt nicht kennen.«

Er gab ihr den Brief, er war nur vier Zeilen lang:

›Don Diego, Sie werden der Doña Pelliccia auf ihr Ersuchen jede Summe bis zur Höhe von fünfundzwanzigtausend Dublonen für meine Rechnung auszahlen.

Der Herzog von Arcos‹

Sie reichte mir den Brief; wir lasen ihn alle und waren vor Erstaunen sprachlos. Doña Pelliccia gab den Brief dem Bankier zurück, der seine Verbeugung machte und sich entfernte. Die Geschichte ist beinahe unglaublich, und nur in Spanien kann man so etwas erleben, dort aber nicht selten. Ich habe bereits erzählt, wie der Herzog von Medinaceli sich gegen die Pichona benahm.[49]

Einige Denker wagen, solche göttlichen Handlungen zu verurteilen, während es höchstens erlaubt sein sollte, sie zu kritisieren. Sie halten sie für Laster und schreiben sie der Verschwendungssucht oder dem Hochmut zu. Ich räume ein, daß der Hochmut oft die Ursache dafür sein kann, doch in einem solchen Augenblick wird er vornehm, denn er kann nur im Einklang mit einer großen und hervorragend heldenhaften Seele, die ganz und gar das Gewöhnliche übertrifft, so handeln. Ich leugne aber, daß eine solche Handlung die Folge eines Lasters ist, das wir Verschwendungssucht nennen, denn ein Verschwender, wenn er es sich erlauben kann, ein solcher zu bleiben, wirft das Geld hinaus und verschleudert es, ganz gleich mit wem; nur manchmal, wenn er sich am Abgrund des Ruins sieht, wird er geizig. Der Spanier hat einen ehrgeizigen Charakter, und alles, was er tut, ist darauf gerichtet, von Kennern bewundert und höher als das von seinesgleichen gestellt zu werden. Diejenigen, die ihn prüfen und beurteilen, sollen ihn des Thrones für würdig erachten und annehmen, daß er Tugenden besitze, die der Mensch nur uneigennützig nutzen kann. Er hat solche Angst davor, als Verschwender zu gelten, daß selbst ein Medinaceli oder ein Arcos, die einen unermeßlichen Aufwand trieben, niemals so hohe Ausgaben machten, daß man sie für verrückt halten konnte, und sie verweigerten demjenigen, der sie um hundert Pistolen bat, diese immer, wenn sie keinen hinlänglichen Grund sahen, um sie ihm zu gewähren.[50] Als Don Diego fortgegangen war, drehte unsere ganze Unterhaltung sich um den Empfehlungsbrief des Herzogs. Die Pelliccia sagte, der Herzog habe ihr zeigen wollen, was für einen Mann sie um eine Empfehlung gebeten habe, und er habe ihr dabei die Ehre erwiesen, sie für unfähig zu halten, sein Vertrauen zu mißbrauchen.

»Jedenfalls ist so viel sicher, daß ich lieber vor Hunger sterben als von Don Diego eine einzige Pistole annehmen würde.«

»Der Herzog wird sich beleidigt fühlen«, sagte der Geiger; »ich wäre der Meinung, Sie sollten etwas annehmen.«

»Du mußt die ganze Summe annehmen oder gar nichts«, sagte der Gatte.

Ich war der gleichen Meinung wie die Pelliccia: gar nichts; denn wenn der Herzog die Absicht gehabt hätte, durch ein so großzügiges Geschenk ihr Glück zu machen, so hätte er sicher auch einen anderen Weg gefunden, ohne daß sie sich hätte vorwerfen können, seine Großmut ausgenutzt zu haben und ihm damit Anlaß zu der Ansicht gegeben, sie hätte ihn angeführt.

»Ich bin sicher«, fügte ich hinzu, »daß der Herzog sich verpflichtet fühlen wird, bestimmt Ihr Glück zu machen, weil Sie durch Ihr Zartgefühl sehr an Achtung gewinnen werden.«

Sie folgte meinem Rat, worüber der Bankier sehr aufgebracht

war. Doch die Stadt, die Öffentlichkeit, die sogleich von dieser ganzen Geschichte informiert wurde, glaubte nicht, was unwahrscheinlich schien. Diese liebenswerte Frau ließ alle Leute in ihrem Glauben und kehrte zwei Wochen später nach Madrid zurück, ohne von Don Diego nur einen Peso verlangt zu haben. Doch das wollte man weder in Madrid noch am Hofe wahrhaben. Der König glaubte das, was alle sagten, und dem, was ihm Don Almerico Pini,[51] der Seine Majestät mit den Madrider Neuigkeiten amüsierte, erzählte. Er glaubte, es sich schuldig zu sein, den Ruin des Herzogs von Arcos zu verhindern, und er befahl Signora Pelliccia abzureisen. Derselbe Befehl erging gleichzeitig an die Marcucci,[52] eine aus Lucca gebürtige Tänzerin, die ein anderer, sehr reicher spanischer Grande[53] liebte.

Die beiden Ausgewiesenen mußten sich fügen, und der spanische Grande, der die Tänzerin liebte, machte ihr gleich einen letzten Besuch, bei dem er ihr einen Wechsel auf Lyon über hunderttausend Francs einhändigte.[54]

Der Herzog von Arcos jedoch fühlte sich beleidigt und schlecht behandelt und fand den Befehl seines Königs sehr ungerecht; er kannte die Römerin gar nicht weiter, als daß er zuweilen an öffentlichen Orten mit ihr gesprochen hatte, und er hatte niemals etwas für sie ausgegeben. Als er nun sah, daß er wider Willen die ehrbare Frau unglücklich machte, wollte er dies nicht dulden. Er konnte sich dem königlichen Befehl nicht widersetzen, und er war zu stolz, um sich durch ein Gnadengesuch beim König für sie zu erniedrigen, indem er ihm die Wahrheit mitteilte, so faßte er den einzigen Entschluß, der seiner edlen Seele würdig war. Zum ersten Mal in seinem Leben begab er sich in die Wohnung der Signora Pelliccia und bat sie, ihm zu verzeihen, daß er die unfreiwillige Ursache ihres Mißgeschickes sei, und um das zu tun, was er als seine Pflicht ansah. Er übergab ihr hundert Achterdublonen für die Reise und einen versiegelten Brief an die Bank ›del Santo Spirito‹[55] in Rom; Signora Pelliccia fand es richtig, sich von einem Ehrenmann ein Geldgeschenk geben zu lassen, das ihr für sie passend schien, mit dem Brief, dessen Inhalt sie nicht kannte. Sie erfuhr ihn erst in Rom. Signor Belloni[56] zahlte ihr dafür achtzigtausend römische Scudi aus. Die Dame legte ihr Vermögen gut an und ließ sich in ihrer Heimat nieder, und seit neunundzwanzig Jahren führt sie in Rom ein Haus auf eine Weise, die deutlich zeigt, daß sie dieses Glückes würdig war.

Am Tage nach der Abreise der Pelliccia sagte der König im Pardo zum Herzog von Arcos, er solle nicht traurig sein, sondern die Dame vergessen, die er nur zu seinem Besten aus Spanien habe ausweisen lassen.

»Indem Eure Majestät ihr den Ausweisungsbefehl übersandt haben, haben Sie mich genötigt, das wahr zu machen, was bis dahin nur ein Gerücht war; denn ich kannte die Frau nur insofern, daß ich einmal in der Öffentlichkeit mit ihr gesprochen hatte, und ich hatte ihr niemals auch nur das kleinste Geschenk gemacht.«

»Du hast ihr also nicht fünfundzwanzigtausend Dublonen gegeben?«

»Ja, aber erst vorgestern. Eure Majestät sind der Herr; aber soviel ist gewiß: wäre sie nicht ausgewiesen worden, so wäre ich niemals zu ihr gegangen, und sie hätte mich nie etwas gekostet.«

Der König war so erstaunt, daß er kein Wort sagen konnte. Nun begriff er, daß ein König sich um das müßige Geschwätz von Madrid nicht kümmern darf.

Ich erfuhr von diesem Gespräch, so wie ich es erzähle, durch Señor Moñino,[57] der später unter dem Titel Graf von Floridablanca bekannt wurde und in diesem Augenblick in seiner Heimat Murcia als Verbannter lebt.

Nach Marescalchis Abreise traf ich meine Vorbereitungen, um nach Barcelona zu fahren. Kurz vor meiner Abreise sah ich beim Stierkampf außerhalb der Stadt eine Frau, die etwas unbeschreiblich Imposantes an sich hatte. Ich fragte einen Ordensritter von Alcántara,[58] der neben mir saß, wer die Dame sei.

»Es ist die berühmte Nina.«[59]

»Wieso berühmt?«

»Wenn Sie sie nicht dem Ruf nach kennen, ist ihre Geschichte zu lang, um sie hier zu erzählen.«

Eine oder zwei Minuten später entfernte sich ein gut gekleideter, aber ziemlich übel aussehender Mann von der imposanten Schönheit, die meine Blicke anzog, trat an den Ritter, der sich mit mir unterhalten hatte, heran und sagte ihm etwas ins Ohr. Der Ritter wandte sich mit höflicher Miene zu mir und sagte bescheiden: die Dame, nach deren Namen ich ihn gefragt habe, wünsche den meinen zu wissen.

Dummerweise von dieser Neugier geschmeichelt, antwortete ich dem Boten, wenn die Dame es erlaube, werde ich nach dem Stierkampf ihr persönlich meinen Namen sagen.

»Nach Ihrem Akzent scheinen Sie Italiener wie sie zu sein.«

»Ja, Señor. Ich bin aus Venedig.«

»Sie auch.«

Als der Bote fort war, war der Ritter weniger wortkarg und sagte mir, Nina sei eine Tänzerin, die der Generalkapitän (es gab keinen Vizekönig mehr) des Fürstentums Barcelona, Graf von Ricla,[60] seit einigen Wochen in Valencia aushält, bis er sie wieder nach Barcelona zurückkehren lassen könne, wo der Bischof[61] sie wegen des öffentlichen Ärgernisses nicht länger habe dulden wollen.

»Der Graf ist wahnsinnig in sie verliebt und gibt ihr täglich fünfzig Dublonen.«

»Aber sie gibt sie doch hoffentlich nicht aus?«

»Das kann sie nicht; aber sie macht jeden Tag tolle Streiche, die ihn viel Geld kosten.«

Ich war sehr neugierig, eine Frau von solchem Charakter kennenzulernen, und fürchtete durchaus nicht, daß diese Bekanntschaft mir irgendwelche Unannehmlichkeiten zuziehen könnte. Ich konnte daher kaum das Ende des Stierkampfes abwarten, um mit ihr zu sprechen. Auf der Treppe redete ich sie mit dem üblichen Gruß an, und sie erwiderte ihn mit großer Ungezwungenheit, indem sie ihre Hand, die trotz der Ringe und Armreifen wunderschön war, auf die meine legte. Beim Einsteigen in ihren mit sechs Maultieren bespannten Wagen sagte sie mir, sie würde entzückt sein, wenn ich ihr das Vergnügen machte, am nächsten Morgen mit ihr zu frühstücken. Ich entfernte mich mit den Worten, daß ich mich sehr geehrt fühle.

Ich ging natürlich hin. Ich fand sie in einem sehr großen Hause hundert Schritte vor der Stadt, das sie ganz gemietet hatte; es war gut, aber mit wenig Geschmack möbliert, und ein großer Garten umgab es.

Was mir besonders auffiel, waren eine Menge von Bedienten

in Livree und mehrere Kammerfrauen, die überall hin und her liefen. Als ich näher trat, hörte ich eine gebieterische Stimme laut schelten. Es war Nina, die einen Mann herunterputzte, der ganz erstaunt vor einem großen Tisch stand, worauf eine Menge Waren ausgebreitet lagen.

»Sie werden meinen Zorn entschuldigen«, sagte sie zu mir; »dieser spanische Dummkopf will behaupten, die Spitzen seien schön. Sehen Sie sich die Spitzen doch an und sagen Sie mir Ihre Meinung darüber.«

Ich erklärte ihr aber, ich verstände nichts davon.

»Señora«, sagte der Händler schließlich unwillig zu ihr, »wenn Sie die Spitzen nicht wollen, so lassen Sie sie liegen; aber wollen Sie die Stoffe?«

»Ja, ich behalte sie. Außerdem will ich Sie überzeugen, daß ich Ihre Spitzen nicht deshalb zurückweise, um Geld zu sparen!« Mit diesen Worten nahm sie eine Schere und zerschnitt die Spitzen.

»Das ist sehr schade«, sagte der Mann, der am Tage vorher mit mir gesprochen hatte. »Man wird in Valencia sagen, Sie seien wahnsinnig!«

»Halt den Mund, elender Zuh...!« rief sie, indem sie ihm eine Ohrfeige mit dem Handrücken versetzte.

Der Kerl ging hinaus, indem er sie eine H... nannte, worüber sie nur laut auflachte; hierauf wendete sie sich zum Spanier und befahl ihm, augenblicklich seine Rechnung zu machen. Der Händler ließ sich das nicht zweimal sagen; er hielt sich mit den Preisen für die Beleidigungen schadlos, mit denen sie ihn überhäuft hatte. Sie nahm die Rechnung, unterschrieb, ohne den Preis zu tadeln, und sagte: »Gehen Sie zu Don Diego Valencia; er wird Sie sofort bezahlen.«

Als wir allein waren, wurde die Schokolade gebracht, und sie ließ dem Mann, der sie eine H... genannt hatte, befehlen, augenblicklich zu kommen und mit uns zu frühstücken.

»Wundern Sie sich nicht«, sagte sie zu mir, »über die Art und Weise, wie ich mit diesem Subjekt umgehe. Er ist ein jämmerlicher Lump, den Ricla mir mitgeschickt hat, um zu spionieren. Ich behandle ihn absichtlich schlecht, damit er ihm alles schreibt.«

Ich glaubte zu träumen, oder die Frau mußte wahnsinnig

sein. In meinem ganzen Leben hatte ich weder gesehen noch geahnt, daß es eine Frau von solchem Charakter geben konnte. Der unglückselige Bologneser, der Sänger war und Molinari[62] hieß, kam und trank seine Schokolade, ohne ein Wort zu sagen. Dann ging er wieder hinaus. Hierauf erzählte Nina mir eine Stunde lang Geschichten aus Spanien, Italien und Portugal, wo sie einen Tänzer, namens Bergonzi, geheiratet hatte.

»Ich bin eine Tochter des berühmten Scharlatans Pelandi,[63] der in Venedig das ›Olio di Strazzon‹ verkaufte[64] und den Sie vielleicht gekannt haben.«

Ich hatte tatsächlich diesen Mann gekannt, genauso wie ihn ganz Venedig mit dem Verkaufsstand für seinen Balsam gekannt hatte. Nach dieser vertraulichen Mitteilung, aus der sie kein Geheimnis machte, bat sie mich, mit ihr zu soupieren. Das Souper sei ihre Lieblingsmahlzeit. Ich versprach es ihr und machte dann einen Spaziergang, um ungestört über diese seltsame Frau nachzudenken, die ein so großes Glück mit Füßen trat. Nach dem Vorgefallenen glaubte ich, daß sie wirklich fünfzig Dublonen pro Tag bekam.

Nina war eine überraschende Schönheit; aber da ich niemals geglaubt habe, daß Schönheit allein genügen könne, um einen Mann glücklich zu machen, so begriff ich nicht, wie ein Vizekönig von Katalonien bis zu einem solchen Grade verliebt sein konnte. Molinari konnte ich nach allem, was ich gesehen hatte, nur für einen niederträchtigen Schuft und für den verächtlichsten aller Männer halten. Ich ging zu ihrem Souper wie zu einem Schauspiel; denn so schön sie auch war, so hatte sie mir doch keine Gefühle eingeflößt.

Als es dunkel wurde, begab ich mich zu ihrem Haus. Wir hatten Anfang Oktober; in Valencia war es aber so warm wie bei uns im August. Nina ging im Garten mit ihrem Hanswurst spazieren. Beide waren praktisch im Hemd, denn sie hatte dazu nur einen Unterrock an, er nichts außer der Unterhose.

Sobald sie mich sah, kam sie auf mich zu und forderte mich auf, es mir ebenso bequem zu machen; ich unterließ dies jedoch, indem ich einige Gründe anführte, mit denen sie sich zufriedengeben mußte. Die Gegenwart des gemeinen Menschen war mir im höchsten Grade widerwärtig. Bis zum Souper unterhielt sie mich mit schlüpfrigen Gesprächen. Sie gab einige Bettgeschichten preis, deren Hauptperson sie gewesen war und die sie mit ihren zweiundzwanzig Jahren bisher erlebt hatte.

Ohne die Gegenwart des Burschen mit dem ekelhaften Gesicht und dem völligen Mangel an Geist hätten alle diese Geschichten ohne Zweifel ihre natürliche Wirkung auf mich geübt, wenn ich sie auch nicht liebte. So aber verspürte ich gar nichts.

Bei Tisch hatten wir alle großen Appetit; das Essen war schmackhaft, aus Fleisch und Fastenspeisen bestehend, der Wein war vorzüglich. Ich war sehr zufrieden und wäre gerne nach Hause gegangen; aber das lag nicht in ihrer Absicht. Der Wein hatte sie erhitzt, der Hanswurst war betrunken; sie wollte ihren Spaß haben.

Nachdem sie alle Bediensteten hinausgeschickt hatte, verlangte sie von Molinari, er solle sich ganz nackt ausziehen; hierauf begann sie mit ihm unzüchtige und abstoßende Spiele zu treiben, die ich nur mit dem größten Ekel beschreiben könnte. Der Bursche war jung, und obgleich er betrunken war, versetzten Ninas Manipulationen ihn bald in einen recht respektablen Zustand. Offenbar hatte die Dirne die Absicht, daß ich sie bei dieser Orgie in Gegenwart des Halunken bedienen sollte; sein Anblick nahm mir jedoch sogar die Fähigkeit, Nina zufriedenzustellen, die sich, ohne mich anzusehen, auch völlig ausgezogen hatte. Als sie bemerkte, daß ich untätig blieb, ließ sie sich von diesem Mann bedienen und sagte zu mir, wenn ich lachen wolle, solle ich zusehen, wie er es mache. Ich tat es mit Widerwillen und litt schreckliche Qualen, nicht aus dem Wunsch, an seiner Stelle zu sein, denn in mir war kein Verlangen, sondern aus maßloser Wut darüber, daß eine so vollkommene Frau sich von einem Mann begatten ließ, der seinen einzigen Vorzug mit dem Esel gemeinsam hatte.

Als sie ihn bis zur völligen Erschöpfung hatte arbeiten lassen, wusch sie sich in einer Schüssel, deren Inhalt er dann austrinken mußte, darauf brach das Schwein das ganze Essen aus.

Sie flüchtete unter lautem Lachen in das Nebenzimmer, ich folgte ihr, denn ich konnte den ekelhaften Gestank nicht mehr aushalten, er schlug mir auf den Magen. Als sie aufgehört hatte zu lachen, fragte sie mich, immer noch nackt neben mir sitzend, wie ich dieses Fest gefunden hätte.

Da meine Ehre und Eigenliebe eine Genugtuung verlangten, so sagte ich ihr, der Abscheu, den der Elende mir einflößte, sei so groß, daß er alle Wirkungen zerstöre, die ihre Reize auf mich wie auf jeden Mann, der Augen im Kopfe hätte, ausüben könnten.

»Ich halte das wohl für möglich, denn er ist sehr häßlich; aber jetzt ist er doch nicht da, und trotzdem tut sich bei Ihnen nichts. Man würde das nicht glauben, wenn man Sie sieht.«

»Man würde recht haben, meine liebe Nina, denn ich bin nicht minderwertiger als ein anderer. Aber im Moment geht es nicht. Die Angelegenheit hat mich zu sehr angeekelt. Bitte, lassen Sie mich heute, es ist vergeblich. Morgen vielleicht, wenn ich dieses Ungeheuer nicht mehr sehe, das nicht würdig ist, Sie zu genießen.«

»Sie irren sich, er genießt nicht; ich lasse ihn nur seine Arbeit tun. Wenn ich glauben könnte, er liebte mich, so würde ich eher sterben als ihn zu befriedigen; denn ich verabscheue ihn.«

»Wie? Sie lieben ihn nicht und bedienen sich seiner nur, um zu den Freuden der Liebe zu gelangen?«

»Wie ich mich eines ... bedienen würde.«[65]

Ich sah darin Ninas offenherziges Geständnis einer Natur in ihrer tiefsten Verderbnis.

Sie lud mich für den nächsten Abend zum Souper ein, indem sie mir sagte: »Ich will sehen, ob Sie die Wahrheit gesagt haben. Wir werden unter vier Augen sein, denn Molinari wird krank sein.«

»Er wird seinen Wein verdaut haben und sich sehr wohl befinden.«

»Ich sage Ihnen nochmals, er wird krank sein. Kommen Sie morgen und jeden weiteren Abend.«

»Ich reise übermorgen, ich habe schon einen Platz bestellt.«

»Mein Freund, Sie werden nicht abreisen. Sie werden erst in acht Tagen reisen, und zwar werden Sie nach mir fahren.«

»Das ist unmöglich.«

»Sie werden nicht reisen, sage ich Ihnen; denn Sie würden mir einen Schimpf antun, den ich nicht dulden würde.«

Ich ließ sie reden und ging nach Hause, fest entschlossen, sofort abzureisen. Obwohl es für mich in meinem Alter auf diesem

Gebiet nichts Neues mehr gab, war ich doch erstaunt über die Zügellosigkeit dieser Frau, über ihre freie Sprech- und Handlungsweise und vor allen Dingen über ihre Offenheit; denn sie hatte mir eingestanden, was eine Frau sonst niemals einem anderen gesteht:

›Ich bediene mich seiner, um mich zu befriedigen, weil ich sicher bin, daß er mich nicht liebt; wenn ich wüßte, daß er mich liebt, würde ich lieber sterben als ihn zu befriedigen, denn ich verabscheue ihn.‹

Das alles wußte ich bereits, aber keine Frau hatte es mir jemals so direkt gesagt.

Am nächsten Tage ging ich um sieben Uhr abends zu ihr. Sie empfing mich mit einer erheuchelten traurigen Miene, indem sie zu mir sagte: »Leider werden wir beim Abendessen allein sein, denn Molinari hat starke Kolik.«

»Sie haben mir gesagt, er werde krank sein; haben Sie ihn vergiftet?«

»Ich wäre dazu imstande; aber Gott soll mich davor behüten.«

»Sie haben mir aber versichert, er werde krank sein, jetzt ist er krank. Haben Sie ihm irgend etwas eingegeben?«

»Gar nichts. Wir wollen darüber nicht sprechen. Jetzt wollen wir spielen. Hierauf werden wir zu Abend speisen und bis morgen früh lustig sein, und morgen abend fangen wir wieder an.«

»Nein, denn ich werde um sieben Uhr abfahren.«

»Oh, Sie werden nicht abreisen, und Ihr Kutscher wird deshalb keine Händel mit Ihnen anfangen, denn er ist bezahlt. Hier ist die Quittung.«

Dies alles sagte sie in einem heiteren Ton verliebter Tyrannei, die mir nicht mißfallen konnte.

Da ich es mit der Abreise nicht eilig hatte, nahm ich die Sache von der guten Seite und sagte ihr nur: »Sie sind töricht; ich bin des Geschenks nicht würdig, das Sie mir damit gemacht haben. Über eines wundere ich mich jedoch: daß eine Frau mit Ihrer Veranlagung, die ein so schön eingerichtetes Haus hat, sich nichts daraus macht, Gesellschaft zu empfangen.«

»Alle Welt zittert vor mir. Sie fürchten den verliebten und eifersüchtigen Ricla, dem der Hundsfott vor Angst alles schreibt, was ich mache. Er schwört, das sei nicht wahr; aber ich weiß, daß er lügt. Es ist mir sogar sehr lieb, daß er es tut, und ich bedauere außerordentlich, daß er ihm bis jetzt nichts Wichtiges hat melden können.«

»Er wird ihm schreiben, daß ich heute mit Ihnen allein soupiert habe.«

»Um so besser. Haben Sie Furcht?«

»Nein, aber mir scheint, Sie müßten mir sagen, ob ich etwas zu befürchten habe.«

»Nichts; denn er kann sich nur an mich halten.«

»Aber ich möchte nicht die Ursache einer Zwistigkeit sein, die Ihnen zum Schaden gereichen würde.«

»Im Gegenteil; je mehr ich ihn reize, desto mehr wird er mich lieben, und die Aussöhnung wird ihn teuer zu stehen kommen.«

»Sie lieben ihn also nicht?«

»Doch! Aber nur, um ihn zugrunde zu richten. Leider ist er so reich, daß es mir nicht gelingen wird.«

Ich sah vor mir eine Frau, schön wie ein Engel, verdorben wie ein Teufel, eine abscheuliche Hure, die dazu geboren war, einen jeden zu strafen, der das Unglück haben würde, sich in sie zu verlieben. Ich hatte andere dieser Art gekannt, aber niemals ihresgleichen.

Ich dachte nach, wie ich diese Hexe ausnutzen konnte. Sie ließ Karten bringen und lud mich ein, mit ihr ›Primiera‹[66] zu spielen. Dies ist ein Glücksspiel, aber es enthält solche Komplikationen, daß nur der beste und vorsichtigste Spieler gewinnen kann.

In weniger als einer Viertelstunde bemerkte ich, daß ich besser spielte als sie. Sie hatte jedoch so viel Glück, daß ich mit achtzehn oder zwanzig Pistolen im Verlust war, als wir aufstanden, um uns zu Tisch zu setzen. Ich zahlte sie ihr sofort, und sie nahm das Geld und versprach mir Revanche.

Wir aßen gut zu Abend und begingen hierauf alle Tollheiten, die sie von mir verlangte und die ich noch leisten konnte; denn ich war nicht mehr in dem Alter, wo man Höchstleistungen vollbringt. Aber sie sagte dennoch, daß sie befriedigt sei, und ich konnte nach Hause gehen, als ich ihr begreiflich gemacht hatte, daß ich unbedingt ins Bett müsse, um zu schlafen.

Am anderen Tage ging ich früher zu ihr. Wir spielten, und sie verlor; ebenso an den folgenden fünf oder sechs Tagen, die sie noch in Valencia war, so daß ich von dieser Närrin etwa zweihundert Dublonen gewann, eine Summe, die mir in diesem Moment keine gleichgültige Sache war.

Der Spitzel war wieder von seiner Kolik genesen; am nächsten Tage und ebenfalls an den folgenden Tagen speiste er mit uns; aber seine Gegenwart belästigte mich nicht mehr, seitdem sie sich ihm nicht mehr vor meinen Augen preisgab. Sie hatte sich gerade das Gegenteil ausgedacht; sie gab sich mir hin und sagte ihm, er möchte nur dem Grafen Ricla alles schreiben; darauf verschwand er.

Der Graf schrieb ihr endlich in gutem Italienisch einen Brief, den sie mir zu lesen gab und worin er ihr mitteilte, sie könnte nach Barcelona ohne alle Furcht zurückkehren, denn der Bischof hätte vom Hofe Befehl empfangen, sie lediglich als eine Schauspielerin anzusehen, die sich in Barcelona nur auf der Durchreise aufhielte; sie könnte daher den ganzen Winter dort verbringen und sich darauf verlassen, daß man sie nicht belästigen würde, vorausgesetzt, daß sie kein Ärgernis erregte. Sie sagte mir, während meines Aufenthaltes in Barcelona könnte ich sie nur nachts besuchen, nachdem der Graf sie verlassen hätte, was er stets um zehn Uhr täte. Sie versicherte mir außerdem, es wäre für mich durchaus keine Gefahr dabei. Ich hätte mich vielleicht nicht in Barcelona aufgehalten, wenn Nina mir nicht gesagt hätte, falls ich etwa Geld nötig haben sollte, würde sie mir jede erforderliche Summe leihen. Sie verlangte, daß ich einen Tag vor ihr aus Valencia abreiste und in Tarragona haltmachte, um auf sie zu warten. Ich tat, was sie wünschte, und verbrachte in dieser Stadt, die voll von Denkmälern des Altertums ist, einen der angenehmsten Tage.

Ich ließ ein köstliches Abendessen zurechtmachen, um Nina so zu empfangen, wie sie es gerne hatte, und sorgte dafür, daß ihr Schlafzimmer an das meine stieß, um kein Ärgernis zu erregen, wenn ich mit ihr schlafen wollte.

Am Morgen reiste sie ab und bat mich, erst am Abend abzufahren, die Nacht hindurch zu reisen und am Morgen in Barcelona anzukommen, wo ich im Gasthof Santa Maria[67] absteigen sollte. Sie befahl mir, sie nicht früher zu besuchen, als bis sie mir Nachricht gegeben hätte. Ich befolgte ihren Willen und kam bei Tagesanbruch in Barcelona an.

Die Stadt liegt nur zwanzig Meilen von Tarragona entfernt. Der Wirt des Gasthofes Santa Maria gab mir sehr schöne Räume. Er war ein alter Schweizer, der mir insgeheim anvertraute, daß er von Nina Befehl erhalten habe, mich gut zu bedienen und achtungsvoll zu behandeln.

FÜNFTES KAPITEL

-<❊>-

MEIN UNKLUGES VERHALTEN · PASSANO
MEINE HAFT IM TURM · MEINE ABREISE AUS BARCELONA
DIE CASTEL-BAJAC IN MONTPELLIER · NÎMES
MEINE ANKUNFT IN AIX-EN-PROVENCE

OBGLEICH mein Wirt ein vernünftiger Mann zu sein schien, auf dessen Verschwiegenheit ich rechnen zu können glaubte, fand ich doch Ninas Empfehlung höchst unvorsichtig. Sie war die Geliebte des Generalkapitäns, der vielleicht ein geistreicher Mann war, aber als Spanier in Sachen der Galanterie nicht sehr nachsichtig sein würde. Nach ihrer eigenen Schilderung war er von hitzigem, mißtrauischem und eifersüchtigem Charakter. Aber es war nun einmal geschehen.

Ich ging zu Bett und schlief bis zwei Uhr; als ich aufgestanden war, wurde mir ein ausgezeichnetes Mittagessen aufgetragen, ich bekam einen Lohndiener, für den sich der Wirt verbürgte. Ich ließ den Wirt heraufkommen und fragte ihn, ob er mir den Bedienten auf Ninas Befehl besorgt habe. Er bejahte und sagte, ein Mietwagen halte zu meiner Verfügung vor der Tür; er habe diesen wochenweise gemietet.

»Ich wundere mich, daß Nina sich diese Mühe macht. Denn meine Ausgaben kann nur ich allein bestimmen.«

»Señor, alles ist bezahlt.«

»Alles bezahlt? Verlassen Sie sich nicht darauf, denn das werde ich nicht gestatten.«

»Sie können das mit ihr abmachen; inzwischen aber können

Sie sich darauf verlassen, daß ich kein Geld von Ihnen annehmen werde.«

Ich sah sofort alles mögliche Unheil voraus; da ich aber niemals unangenehmen Gedanken nachzuhängen liebte, so beschäftigte ich mich nicht genug mit diesem.

Ich hatte einen Empfehlungsbrief vom Marqués de Mora für Don Miguel de Cevaillos[1] und einen vom Oberst Rojas für Don Diego de la Secada.[2] Ich gab sie persönlich ab; und am nächsten Tage besuchte Don Diego mich und führte mich beim Grafen Peralada[3] ein. Am übernächsten Tage stellte Don Miguel mich dem Grafen von Ricla vor; dem Generalkapitän des Fürstentums Katalonien,[4] Ritter des San Gennaro-Ordens[5] und Liebhaber der schönen Hexe, die mich unbedingt aushalten wollte.

Der Graf von Peralada war ein sehr reicher junger Herr, hübsch von Gesicht, aber klein und körperlich unscheinbar, ein großer Wüstling, Freund schlechter Gesellschaft, Feind der Religion, der guten Sitten und der Polizei. Er war von heftigem Charakter und sehr stolz auf seine Geburt: er stammte in gerader Linie von jenem Grafen Peralada ab, der Philipp II. so gut gedient hatte, daß der König ihn zum Grafen ›von Gottes Gnaden‹ ernannte. Dies stand auf einem Dokument, das unter Glas in seinem Vorzimmer auf einem Tisch stand. Es war absichtlich dort, damit die Besucher während der Viertelstunde, die er sie warten ließ, es lesen könnten.

Der Graf empfing mich in jener freien und ungezwungenen Weise, die den großen Herrn verrät, der auf alle Zeichen von Ehrfurcht, die er wegen seiner hohen Geburt beanspruchen zu können glaubt, freiwillig verzichtet. Er dankte Don Diego dafür, daß er mich zu ihm geführt habe, und sprach mit mir viel über Oberst Rojas. Er fragte mich, ob ich die Engländerin kennengelernt habe, die der Oberst in Zaragoza aushalte, und als ich diese Frage bejahte, flüsterte er mir ins Ohr, er habe mit ihr geschlafen. Nachdem er mich in seinen Stall geführt hatte, wo er herrliche Pferde hatte, lud er mich für den nächsten Tag zum Mittagessen ein.

Ganz anders war der Empfang, den der Generalkapitän mir bereitete: er empfing mich stehend, damit er mir keinen Stuhl anzubieten brauchte. Als ich ihn in italienischer Sprache anredete, die ihm, wie ich wußte, vertraut war, antwortete er mir auf Spanisch und redete mich mit ›Usía‹[6] an, im Austausch für den Titel Exzellenz, den ich ihm selbstverständlich gab.

Er sprach mit mir viel über Madrid und beklagte sich, daß der venezianische Gesandte Mocenigo über Bordeaux nach Paris gereist sei, statt über Barcelona, wie er es ihm versprochen habe. Um den Gesandten zu entschuldigen, sagte ich, er habe auf der anderen Route fünfzig Meilen gespart; aber der Graf antwortete mir, es wäre besser gewesen, wenn er sein Wort gehalten hätte. Er fragte mich, ob ich mich in Barcelona lange aufzuhalten gedächte, und schien überrascht zu sein, als ich ihm sagte, ich würde mit seiner Erlaubnis so lange bleiben, wie es mir gefiele.

»Ich wünschte«, versetzte er, »daß es Ihnen hier gefiele; aber ich mache Sie darauf aufmerksam, daß die Vergnügungen, die mein Neffe Peralada Ihnen verschaffen kann, Sie in Barcelona in keinen guten Ruf bringen werden.«

Da der Graf Ricla diese Bemerkung in Gegenwart anderer Leute gemacht hatte, so glaubte ich sie Señor de Peralada bei Tisch an demselben Tage wiedererzählen zu können. Er war entzückt davon und erzählte mir in ruhmredigem Ton, er habe drei Reisen nach Madrid gemacht und jedesmal vom Hof den Befehl erhalten, nach Katalonien zurückzukehren. Ich glaubte den Rat des Grafen Ricla befolgen zu sollen und schlug alle Einladungen zu Vergnügungspartien mit Mädchen, sei es auf dem Lande, sei es in Peraladas Haus, höflich aus. Am fünften Tage überbrachte ein Offizier mir eine Einladung zum Mittagessen bei dem Generalkapitän. Diese Einladung freute mich sehr; denn ich befürchtete, er möchte von meinen Beziehungen zu Nina während meines Aufenthaltes in Valencia gehört haben und mir deswegen grollen. Bei Tisch war er liebenswürdig und richtete oft das Wort an mich, aber stets in ernstem Tone und unter Vermeidung jeder scherzhaften Wendung.

Ich befand mich seit acht Tagen in Barcelona und hatte zu meinem großen Erstaunen von Nina noch nichts gehört; endlich aber schrieb sie mir einen Brief, ich möchte zu Fuß und ohne Bedienten an demselben Abend um zehn Uhr bei ihr vorsprechen. Da ich in sie nicht verliebt war, so hätte ich sicherlich nicht hingehen sollen. Damit würde ich vorsichtig und vernünftig gehandelt haben und hätte zugleich dem Grafen Ricla einen Beweis meiner Achtung gegeben. Aber ich war weder vernünftig noch vorsichtig. In meinem an Unglück so reichen Leben hatte ich doch noch nicht genug Unglück gehabt, um vernünftig zu werden. Ich hatte in den acht Tagen Nina zwar im Theater[7] gesehen, sie aber nie gegrüßt.

Ich begab mich also zur bestimmten Stunde, im Überrock und nur mit meinem Degen bewaffnet, zu ihr. Ich fand sie mit ihrer Schwester zusammen, die fünfzehn oder sechzehn Jahre älter war als sie, der Frau eines Grotesktänzers, den man ›Schizza‹[8] nannte, da ihm fast die ganze Nase fehlte. Nina hatte mit dem Generalkapitän zu Abend gespeist, er hatte sich aber eine Viertelstunde vor zehn Uhr verabschiedet; diese Zeit hielt er unfehlbar ein. Sie sagte mir, sie freue sich sehr, daß ich mit ihm zu Mittag gespeist hätte, besonders, da sie mit ihm über mich gesprochen und mich gelobt habe, daß ich ihr acht oder zehn Tage lang in Valencia so gute Gesellschaft geleistet habe.

»Vortrefflich, meine Liebe; aber mir scheint, Sie sollten mich nicht zu so unschicklicher Zeit zu sich kommen lassen.«

»Das tue ich, um der Klatschsucht der Nachbarn keinen Stoff zu liefern.«

»Damit geben Sie ihnen im Gegenteil gerade Stoff zum Klatschen, und dadurch wird der Graf Verdacht schöpfen.«

»Er kann nichts davon erfahren.«

Um Mitternacht zog ich mich nach einer höchst anständigen Unterhaltung zurück. Ihre Schwester, die übrigens durchaus nicht zimperlich war, verließ uns keinen Augenblick, und Nina tat nichts, wodurch jene unsere vertrauten Beziehungen in Valencia hätte erraten können.

An den nächsten Tagen machte ich jeden Abend den gleichen Besuch, weil sie mich darum bat und es ihr Freude bereitete. Wir ließen die Rechte des Grafen unangetastet, und darum fürchtete ich nichts, wenn er sich hätte erkundigen wollen. Ich besuchte sie ohne Furcht. Trotzdem hätte ich nicht mehr hingehen sollen, denn es geschah etwas.

Ein Offizier von der Wallonischen Garde[9] redete mich eines Mittags an, als ich vor der Stadt allein spazierenging. Er sagte höflich: »Ich bitte Sie, zu entschuldigen, daß ich, obwohl Ihnen unbekannt, mir die Freiheit nehme, von etwas zu sprechen, was mich selber durchaus nichts angeht, für Sie jedoch von großem Interesse ist.«

»Sprechen Sie nur, Señor! Ich kann Ihnen nur dankbar sein für das, was Sie mir gütigst sagen wollen.«

»Schön. Sie sind ein Fremder, Sie kennen vielleicht weder die Verhältnisse noch die spanischen Sitten und wissen infolgedessen nicht, daß Sie sich einer großen Gefahr aussetzen, indem Sie jede Nacht zu Nina gehen, sobald der Graf sie verlassen hat.«

»Was kann ich dabei riskieren? Ich möchte darauf wetten, daß der Graf es weiß und daß er nichts Böses dabei findet.«

»Ich glaube ebenfalls, daß er es weiß und daß er vielleicht ihr gegenüber tut, als wenn er nichts weiß, weil er sie ebensosehr fürchtet, wie er sie liebt; aber wenn sie Ihnen sagt, der Graf nehme es nicht übel, so täuscht sie sich oder Sie; denn es ist nicht möglich, daß er sie liebt, ohne eifersüchtig zu sein. Folgen Sie meinem Rat und verzeihen Sie mir. Gehen Sie nicht mehr dorthin!«

»Ich danke Ihnen, aber ich werde Ihren Rat nicht befolgen, denn das wäre ein falsches Verhalten Nina gegenüber, die meine Gesellschaft liebt, mich sehr gut aufnimmt und weiß, daß ich sie gerne besuche. Ich werde so lange hingehen, bis sie es mir verbietet oder bis der Graf mir sagen läßt, daß meine Besuche bei seiner Geliebten ihm unangenehm sind.«

»Das würde der Graf niemals tun; er würde fürchten, sich dadurch zu erniedrigen.«

Der brave Offizier erzählte mir hierauf ausführlich alle Ungerechtigkeiten und Gewaltsamkeiten, die Graf Ricla begangen hatte, seitdem er sich in diese Frau verliebt hatte, die ihn alles tun ließ, was sie wollte. Leute wurden auf den einfachen Verdacht, sie zu lieben, aus dem Dienst entlassen, andere wurden in die Verbannung geschickt, noch andere unter nichtigen Gründen ins Gefängnis geworfen. Der Graf, der ein so hohes Amt bekleidete und der vor der Bekanntschaft mit dieser Messalina ein Muster an Gerechtigkeit und Tugend gewesen war – er war, seitdem er sich in sie verliebt hatte, ungerecht, gewalttätig, blindwütig geworden und gab allen Leuten ein Ärgernis.

Die Worte des Offiziers hätten mich beunruhigen sollen; aber es war nicht der Fall. Ich sagte ihm beim Abschied aus Höflichkeit, ich würde mich allmählich von ihr trennen; aber ich dachte nicht daran, zu tun, was ich sagte.

Als ich ihn fragte, wie er erfahren hätte, daß ich zu Nina ginge, antwortete er mir lachend, das sei das Tagesgespräch in allen Cafés der Stadt. An demselben Abend besuchte ich Nina, ohne ihr ein Wort von dieser Unterhaltung zu sagen. Das ist mir noch jetzt unbegreiflich, da ich nicht in sie verliebt oder neugierig war.

Am 14. November ging ich um die gewöhnliche Stunde zu ihr. Ich fand bei ihr einen Mann, der ihr Miniaturen zeigte. Ich sah ihn an und erkannte den niederträchtigen, schurkischen Genuesen Passano oder Pogomas.[10] Das Blut stieg mir zu Kopf, doch ich blieb ruhig. Ich nahm Nina bei der Hand, führte sie in ein Nebenzimmer und sagte ihr, sie möchte augenblicklich den Gauner fortschicken, den sie bei sich hätte; sonst würde ich gehen und niemals wiederkommen.

»Es ist ein Maler.«

»Ich weiß es, ich kenne ihn; ich werde Ihnen später alles sagen; aber schicken Sie ihn fort, oder ich gehe.«

Nina rief ihre Schwester und trug ihr auf, dem Maler zu befehlen, sofort ihr Haus zu verlassen und es nicht wieder zu betreten. Der Befehl wurde sofort ausgeführt, und die Schwester berichtete mir, er habe im Hinausgehen gesagt: ›Er wird es bereuen!‹ Eine Stunde lang erzählte ich ihnen einen Teil der Beschwerden, die ich gegen das Ungeheuer vorzubringen hatte.

Am nächsten Tage, dem 15. November, begab ich mich zur gewohnten Stunde zu Nina, und nachdem ich in Gegenwart von Schizzas Frau zwei Stunden in heiterer Unterhaltung verbracht hatte, ging ich mit dem Schlage zwölf Uhr hinaus.

Die Haustür befand sich unter dem Bogengang, der bis an das Ende der Straße führte. Kaum hatte ich zwanzig Schritte unter den Arkaden gemacht, als ich mich von zwei Männern angegriffen sah. Schnell sprang ich zurück, zog den Degen, rief »Hilfe!« und stieß meine Klinge dem nächsten in den Leib. Dann sprang ich aus dem Bogengang über die niedrige Mauer mitten auf die Straße und lief davon.

Dabei hörte ich einen Schuß aus einem Gewehr oder einer Pistole, ich lief schnell davon, fiel hin, sprang aber sofort wieder auf und lief weiter, ohne erst meinen Hut zu suchen. Ich erreichte, immer im Laufschritt und den blanken Degen in der Hand, nicht wissend, ob ich verletzt war, ganz außer Atem meinen Gasthof; dort gab ich dem Wirt meinen bis zur Hälfte blutigen Degen in die Hand. Ich erzählte dem guten alten Mann, was vorgefallen war, und sah, daß der Schuß mich nicht getroffen hatte; hierauf zog ich meinen Überrock aus und fand unterhalb der Achsel zwei Kugellöcher.

»Ich werde zu Bett gehen«, sagte ich zu meinem Wirt, »und lasse Ihnen auch meinen Überrock zurück. Morgen früh werde ich Sie bitten, mit mir als Zeuge vor den Richter zu gehen, um diesen Überfall anzuzeigen; denn wenn ein Mensch getötet sein sollte, so wird man einsehen, daß ich nur in Verteidigung meines Lebens so gehandelt habe.«

»Ich glaube, Sie werden besser tun, sofort abzureisen.«

»Sie glauben also, daß die Sache sich nicht so verhält, wie ich sie Ihnen erzählt habe?«

»Ich glaube alles. Aber reisen Sie ab! Denn ich sehe, von wem der Streich ausgeht, und Gott weiß, was Ihnen noch geschieht!«

»Mir wird schon nichts geschehen; wenn ich aber abreiste, würde man mich für schuldig halten! Nehmen Sie Degen und Mantel in Verwahrung! Man hat mich ermorden wollen. Die Mörder mögen sich nur in acht nehmen!«

Ich ging schlafen. Um sieben Uhr morgens wurde an meine Tür geklopft. Ich öffnete und sah vor mir meinen Wirt und einen Offizier, der mir befahl, ihm alle meine Papiere zu übergeben, mich anzukleiden und ihm zu folgen; wenn ich den geringsten Widerstand leistete, würde er bewaffnete Hilfe heraufkommen lassen.

Ich antwortete ihm: »In wessen Auftrag verlangen Sie von mir meine Papiere?«

»Im Auftrag der Regierung; sie werden Ihnen zurückgegeben werden, wenn nichts Verdächtiges dabei ist.«

»Und wohin werden Sie mich bringen?«

»Auf die Zitadelle ins Gefängnis.«

Ich öffnete meinen Koffer und nahm meine Hemden und meine Kleider heraus, die ich dem Wirt übergab. Der Offizier machte ein ganz erstauntes Gesicht, als er sah, daß der Koffer halb voll von Papieren war.

»Dies sind meine Papiere, andere habe ich nicht.«

Ich schloß den Koffer wieder zu und übergab ihm den Schlüssel. Er nahm ihn und sagte zu mir: »Ich rate Ihnen, in einen Mantelsack die Sachen zu legen, die Sie für die Nacht brauchen.«

Hierauf wandte er sich zum Wirt und befahl ihm, mir ein Bett zu schicken; dann sagte er, er wünschte zu wissen, ob ich Papiere in meinen Taschen hätte.

»Nur meine Pässe.«

»Gerade Ihre Pässe«, sagte er mit einem verkniffenen Lächeln, »wünsche ich zu erhalten.«

»Meine Pässe sind unantastbar, ich werde sie nur dem Generalkapitän übergeben, und Sie können sie mir nur zugleich mit meinem Leben entreißen. Haben Sie Respekt vor Ihrem König, hier ist sein Paß, hier der des Grafen Aranda und hier der des venezianischen Gesandten. In diesen Pässen wird Ihnen befohlen, mich zu respektieren. Sie bekommen sie nur, wenn Sie mich an Armen und Beinen fesseln lassen.«

»Mäßigen Sie sich, Señor! Wenn Sie sie mir geben, ist das so gut, als wenn Sie sie Seiner Exzellenz übergäben. Wenn Sie sich widersetzen, werde ich Ihnen nicht Arme und Beine fesseln lassen, aber ich werde Sie zum ›Palacio‹[11] führen, und dort werden Sie gezwungen sein, sie vor allen Leuten herauszugeben. Liefern Sie sie mir gutwillig aus, und ich werde Ihnen eine Quittung darüber ausstellen.«

Mein Wirt sagte mir, es wäre besser, wenn ich nachgäbe, und meine Pässe könnten mir nur günstig sein. Ich ließ mich überzeugen. Er gab mir eine Quittung darüber; ich legte diese in meine Brieftasche, die er mir aus Gefälligkeit ließ, und ging mit ihm hinaus. Sechs Büttel, die er unter seinem Befehl hatte, folgten uns nur von ferne. Indem ich mich an Madrid erinnerte, fühlte ich mich menschlich behandelt.

Bevor wir gingen, sagte der Offizier mir, ich könne bei meinem Wirt bestellen, was ich zu meinen Mahlzeiten zu erhalten wünsche, und ich bat diesen, mir Mittag- und Abendessen nach meiner Gewohnheit zu schicken. Dann borgte ich mir noch vom Wirt einen Mantel, denn meinen, der an zwei Stellen Kugellöcher hatte, wollte ich nicht anziehen. Unterwegs erzählte ich dem Anführer der Büttel, was mir um Mitternacht passiert war; er hörte mich mit Aufmerksamkeit an, ohne jedoch auch nur ein einziges Wort zu äußern.

In der Zitadelle übergab mein Begleiter mich dem wachhabenden Offizier, der mich in ein leeres Zimmer im ersten Stock brachte. Dieses Zimmer hatte Fenster, die nicht vergittert waren und auf einen Platz hinausgingen.

Kaum war ich einen Moment dort, so brachte ein anderer Soldat mir meinen Mantelsack und eine Viertelstunde später ein sehr gutes Bett mit einer purpurroten Decke aus Damast und noch zwei anderen Decken, denn am 16. November war es schon recht kalt. Als ich allein war, überließ ich mich meinen Gedanken.

Was bedeutet eine solche Gefangennahme? Kann sie mit meinem Abenteuer um Mitternacht zu tun haben? Nein. Man will aus völlig nichtigen Gründen, die mir unbekannt sind, meine Papiere prüfen und läßt mich so lange im Gefängnis sitzen, bis man sie geprüft hat; das hat seine Richtigkeit. Die Sache mit dem nächtlichen Überfall ist etwas anderes. Selbst wenn der von mir Verletzte tot sein sollte, habe ich doch, glaube ich, von dieser Seite nichts zu befürchten.

Andererseits zeigt mir der Rat, den mein Wirt mir gestern gab, daß ich alles zu fürchten habe, wenn die Meuchelmörder, die mich töten wollten, auf Befehl eines Mannes handelten, der nichts zu fürchten hat, weil ihm eine unbeschränkte Macht zu Gebote steht.

Er hatte recht, aber was zwang mich, es anzunehmen. Würde ich gut daran getan haben, dem Rat des Wirtes zu folgen und auf der Stelle abzureisen? Nein, denn nach dem Vorgefallenen hätte man mich verfolgen, mich wieder festnehmen und in ein viel schrecklicheres Gefängnis bringen können. Dieses hier war ganz leidlich. Zur Prüfung meiner Papiere sind nur drei oder vier Tage nötig; dann wird man sie mir zurückgeben und zugleich mit ihnen meine Freiheit. Meine Pässe können mir nur Achtung verschaffen.

Es ist nicht wahrscheinlich, daß der heute nacht gegen mich verübte Anschlag von einem tyrannischen Befehl des einzigen Mannes ausgeht, der in Barcelona einen solchen erteilen kann, denn sonst würde er mich auch jetzt nicht so mild behandeln. Ist der Befehl von ihm ausgegangen, so hat er auch sofort erfahren, daß die Ausführung mißlungen ist; dann war der Haftbefehl von heute morgen nicht die richtige Entscheidung, die er erteilt hatte. Täte ich gut daran, an Nina zu schreiben? Aber darf man hier überhaupt schreiben?

Mit hunderterlei solchen Gedanken beschäftigt, lag ich auf meinem Bett, denn einen Stuhl hatte ich nicht. Während ich so nachdachte, ohne zu einem Entschluß kommen zu können, hörte ich draußen Lärm. Ich öffnete mein Fenster und sah zu meiner größten Überraschung den Schurken Passano, den ein Korporal und zwei Soldaten in ein Zimmer führten, das sich zwanzig Schritte von meinem Fenster entfernt im Erdgeschoß befand. Als der Spitzbube in die Tür trat, blickte er auf, bemerkte mich und fing an zu lachen. Sein Anblick machte mich nachdenklich. Ich wußte nicht, was ich sagen sollte. Der Schurke hatte zu Ninas Schwester gesagt, ich würde es bereuen. Er wird irgendeine Verleumdung[12] gegen mich angezettelt haben, und man hatte ihn in Haft genommen, bis die Angelegenheit aufgeklärt war. Das war die einzige Erklärung, die es geben konnte.

Man brachte mir ein sehr gutes Mittagessen, aber ich hatte weder Tisch noch Stuhl. Der Soldat, der mich zu bewachen hatte, besorgte mir beides für eine Peseta, die ist genau hundert französische Sous wert. Der gleiche Soldat beschaffte mir Papier und Bleistifte, soviel ich wollte. Tinte und Feder zu benutzen, war ohne besondere Erlaubnis des Offiziers verboten. Ferner bekam ich noch Kerzen und Leuchter, und ich machte, um die Zeit totzuschlagen, geometrische Berechnungen. Ich ließ den Soldaten mit mir zu Abend essen, und er versprach mir, am nächsten Tage mich einem seiner Kameraden zu empfehlen, der mich treu bedienen würde. Die Wache wurde um elf Uhr abgelöst. Ich fand mein Gefängnis angenehm, aber kostspielig; aber in meiner Börse befanden sich fast dreihundert Dublonen. Ich beruhigte mich, indem ich mir vorstellte, daß in jedem Moment alles anders werden könnte.

Am Morgen des vierten Tages trat der wachhabende Offizier mit betrübtem Gesicht bei mir ein und sagte mir, es tue ihm sehr leid, mir eine recht unangenehme Nachricht ankündigen zu müssen.

Eine solche hatte ich an diesem Ort nicht erwartet. »Worum handelt es sich?«

»Ich habe Befehl, Sie in das Turmverlies[13] zu bringen.«

»Mich?«

»Sie.«

»Man hat also in mir einen großen Verbrecher entdeckt. Gehen wir, Señor!«

Zwei Soldaten mußten meine ganzen Sachen in den Turm tragen, und zwei andere sowie ein Korporal brachten mich dorthin; bis zum Turm waren es etwa hundert Schritte. Es goß in Strömen. Ich kam in ein rundes Gefängnis, eine Art von Höhle, die mit Steinen gepflastert war; durch vier oder sechs Mauerspalten von zwei Zoll Breite drang oben ausreichend Licht ein. Der Offizier sagte mir, ich könne befehlen, was ich zu essen wünsche, aber nur einmal am Tage; denn in der Nacht sei es verboten, das Gefängnis zu öffnen. Er sagte dafür ›Calabozo‹.[14]

»Wer wird mir Licht bringen?«

»Sie können ständig eine Öllampe brennen lassen, und diese muß Ihnen genügen, denn Bücher sind nicht erlaubt. Wenn man Ihnen Ihr Essen bringt, wird der wachhabende Offizier die Pasteten oder Hühnchen öffnen, um sich zu überzeugen, daß sie nichts Geschriebenes enthalten; denn hier ist es nicht erlaubt, Briefe zu empfangen oder welche zu schreiben.«

»Ist dieser Befehl eigens für mich gegeben worden?«

»Nein, Señor, es ist allgemeine Vorschrift. Sie werden ständig eine Schildwache bei sich haben, mit der Sie sich nach Ihrem Belieben unterhalten können.«

»Die Tür wird also offen sein?«

»O nein!«

»Und die Reinlichkeit?«

»Der Offizier, der Ihnen das Essen bringen läßt, wird einen Soldaten mitkommen lassen, der für eine Kleinigkeit Ihr Bett machen und alles entfernen wird, was Ihnen unangenehm sein kann.«

»Darf ich zu meiner Unterhaltung mit Bleistift architektonische Pläne zeichnen?«

»Soviel Sie wollen!«

»Wollen Sie also, bitte, befehlen, daß man mir Papier kaufen möge. Hier haben Sie Geld.«

»Das kann ich für Sie tun. Ich werde es dem wachhabenden Offizier sagen.«

Als der Offizier sah, daß ich alles besaß, was man in einer Kasernenstube haben kann, verließ er mich mit betrübter Miene, indem er mir Mut zusprach und mich zur Geduld ermahnte, als wenn es von mir abgehangen hätte, keine Geduld zu haben. Er verschloß selbst die dicke Tür; durch ein zehn Zoll im Quadrat großes Gitterfenster erblickte ich dahinter einen Soldaten, der Wache hielt.

Der Offizier, der mittags kam, brachte mir Papier, zerlegte ein Hühnchen und stocherte mit der Gabel in den Schüsseln herum, worin sich noch andere Gerichte befanden, um sich zu vergewissern, daß nicht etwa ein Brief auf dem Grunde läge.

Mein Essen war so reichlich, daß es für sechs genügt haben würde. Ich sagte ihm, er würde mir eine Ehre erweisen, wenn er mit mir speisen wollte, aber er antwortete mir, das sei streng verboten. Dieselbe Antwort gab er mir, als ich ihn fragte, ob ich Zeitungen lesen dürfte.

Meine Wachsoldaten waren sehr zufrieden, denn ich gab ihnen zu essen und bewirtete sie mit ausgezeichnetem Wein. Ich war sehr neugierig zu erfahren, ob ich das gute Essen auf meine eigenen Kosten erhielt oder ob alles von Nina bezahlt wurde; aber es war mir nicht möglich, meine Neugier zu befriedigen; denn der Kellner aus dem Gasthof konnte das Essen nur bis zur Wachstube bringen.

In diesem Loch, worin ich zweiundvierzig Tage verbrachte, schrieb ich mit Bleistift und ohne Bücher die ganze Widerlegung der ›Geschichte der Regierung von Venedig‹ von Amelot de la Houssaye;[15] die Stellen für die Zitate ließ ich frei, um sie einzufügen, wenn ich wieder in Freiheit wäre und das Werk selber vor Augen hätte, dessen Verfasser ich widerlegte. Eines Tages war ich sehr erstaunt, und mir war richtig zum Lachen zumute, als ich den Wachsoldaten bemerkte, der vor meiner Tür stand. Die Angelegenheit kam mir unwahrscheinlich vor. Nun die Geschichte.

Während ich in Warschau war, kam ein Italiener namens Tadini[16] zu mir. Er war an Tomatis[17] empfohlen und an mich. Dieser Tadini war angeblich Augenarzt. Eine Schauspielerin aus Dresden, die sich für ihn einsetzte, stellte ihn mir jedenfalls so vor. Tomatis lud ihn manchmal zum Essen ein; ich, der ich damals nicht reich war, konnte ihm weiter nichts geben als gute Worte und eine Tasse Kaffee, wenn er zum Frühstück zu mir kam. Tadini sprach überall von seinen Operationen und schimpfte auf einen anderen, seit zwanzig Jahren in Warschau ansässigen Augenarzt, weil dieser, wie er behauptete, nicht den Star zu stechen wüßte. Der andere dagegen nannte ihn einen Scharlatan, der nicht einmal wisse, wie das Auge gebaut sei. Tadini bat mich, zu seinen Gunsten mit einer Dame zu sprechen, die von dem anderen erfolglos operiert worden war, denn der Star war wiedergekommen. Diese Dame war auf dem operierten und wieder bedeckten Auge blind, aber mit dem anderen sah sie, und da die Geschichte heikel war, so sagte ich Tadini, ich wolle nichts damit zu tun haben.

»Ich habe schon mit der Dame gesprochen«, sagte der Italiener zu mir, »und habe ihr gesagt, daß Sie für mich bürgen können.«

»Daran haben Sie sehr unrecht getan, denn in solchen Dingen würde ich nicht einmal für den allergelehrtesten Menschen bürgen. Von Ihnen aber kenne ich überhaupt nichts. In Ihrem Beruf dürfen Sie keine Empfehlung benötigen; Sie müssen laut verkünden, ›operibus credite‹.[18] Das muß Ihr Wahlspruch sein.«

Ärgerlich durch meine Einwendungen, legte er mir eine Menge Zeugnisse vor, die ich vielleicht gelesen haben würde, wenn nicht das allererste, das er mir zeigte, von einer Person hergerührt hätte, die ›urbi et orbi‹[19] verkündete, daß Signor Tadini ihn von völliger Blindheit geheilt hätte. Ich lachte ihm ins Gesicht und bat ihn, mich ungeschoren zu lassen. Einige Tage darauf war ich mit ihm zum Essen bei der Dame mit dem grauen Star im linken Auge. Ich behandelte ihn freundlich und ließ ihn reden, jedoch mit der Absicht, die Dame rechtzeitig zu warnen, daß sie sich ihm nicht anvertrauen solle. Ich fand sie beinahe entschlossen, sich der Operation zu unterwerfen; da aber der Bursche mich als Bürgen angegeben hatte, so wünschte sie, daß ich bei einer Disputation zwischen ihm und dem anderen Augenarzt zugegen wäre. Dieser kam zum Nachtisch. Ich war mit dem größten Vergnügen bereit, die Gründe der beiden Professoren anzuhören. Der alte Professor war ein Deutscher, sprach aber gut französisch. Er griff jedoch Tadini in lateinischer Sprache an. Dieser fiel ihm sofort ins Wort, indem er sagte, die Dame müsse doch verstehen können, was sie sagten. Dieser Meinung schloß ich mich an. Offenbar aber verstand Tadini kein Wort Latein.

Der deutsche Augenarzt fing an, vernünftig zu sprechen. Er sagte: es sei allerdings wahr, daß das Stechen des grauen Stares dem Arzt und Patienten die Gewißheit gebe, daß der Star nicht wiederkommen werde; die Operation aber sei nicht allzu sicher und setze außerdem den Kranken der Gefahr aus, blind zu bleiben, indem er das unersetzbare Augenwasser verliere.

Tadini hätte dies leugnen sollen, denn der Deutsche hatte unrecht; statt dessen beging er die Dummheit, eine kleine Schachtel hervorzuziehen, worin er kleine Kugeln hatte, die Linsen glichen. Sie waren aus sehr schönem Kristall und glatt poliert.

»Was soll das bedeuten?« fragte der alte Professor.

»Ich verstehe die Kunst, diese Kristalle anstatt der Linsen unter die Hornhaut einzusetzen.«

Hierüber lachte der Deutsche so laut und so anhaltend, daß die Dame sich nicht enthalten konnte, ebenfalls zu lachen. Ich hätte gerne mitgelacht, aber ich schämte mich, als Förderer eines so dummen Ignoranten zu gelten, und verhielt mich schweigend. Tadini glaubte ohne Zweifel, ich wolle mit diesem Schweigen das Lachen des Deutschen mißbilligen, und hoffte das Gewitter beschwören zu können, indem er sich an mich wandte.

Ich antwortete ihm: »Da Sie meine Meinung kennenzulernen wünschen, so will ich sie Ihnen sagen: der Unterschied zwischen einem Zahn und der Augenlinse ist sehr groß, und Sie haben unrecht, wenn Sie glauben, man könne diese in das Auge zwischen Retina und Glaskörper einsetzen, wie Sie vielleicht einen falschen Zahn in das Zahnfleisch einsetzen.«

»Ich habe noch niemandem einen Zahn eingesetzt.«

Bei diesen Worten stand der freche Ignorant auf und ging hinaus. Wir lachten noch lange, und die Dame nahm sich fest vor, den unverschämten Menschen, der sehr gefährlich werden konnte, nicht mehr zu empfangen. Der Professor aber glaubte, den Betrüger nicht stillschweigend verachten zu können. Er ließ ihn vor das Kollegium der Fakultät zitieren, um in einer Prüfung seine Kenntnisse vom Bau des menschlichen Auges zu zeigen. Außerdem brachte er einen komischen Artikel in die Zeitungen, worin er sich über die Einsetzung einer Linse in das Auge zwischen Hornhaut und Retina lustig machte; dabei bezog er sich auf den Wunderkünstler, der gerade in Warschau wäre und diese Operation mit derselben Leichtigkeit vollzöge, wie ein Zahnarzt einen falschen Zahn einsetzte. Wütend und verzweifelt lauerte Tadini dem alten Professor irgendwo auf; er griff ihn mit gezücktem Degen an und zwang ihn, in ein Haus zu flüchten. Am selben Tag noch verließ er zu Fuß die Stadt, denn er kam in sein Zimmer, wo er wohnte, nicht mehr zurück.

Man stelle sich also meine Überraschung und meine Erheiterung vor, als ich eines Tages durch das vergitterte Türfenster meines ›Calabozo‹, worin ich vor Langeweile umkam, den Augenarzt Tadini sah, der in weißer Uniform mit aufgepflanztem Bajonett dastand. Ich weiß nicht, wer von uns beiden am meisten erstaunt war; ich, als ich den Augenarzt als Wache vor meiner Gefängnistür erblickte, oder er, als er mich als Gefangenen im Turm und unter seiner Aufsicht stehend sah. Jedenfalls fiel er aus allen Wolken, als er mich trotz der Dunkelheit endlich erkannte. Aber ihm war nicht nach Lachen zumute, während ich mich nicht enthalten konnte, während der ganzen zwei Stunden bis zu seiner Ablösung aus vollem Halse zu lachen. Nachdem ich ihm tüchtig zu essen und zu trinken gegeben hatte, schenkte ich ihm einen Taler und versprach ihm eine gleiche Bewirtung für jedes Mal, wenn er auf Posten sein würde. Er kam jedoch nur viermal wieder, denn die Soldaten rissen sich darum, tagsüber vor meinem Gefängnis Wache zu stehen. Tadini unterhielt mich, indem er mir alles Unglück erzählte, das ihm in den drei Jahren seit seinem Fortgange von Warschau widerfahren war. Nachdem er in Krakau, Wien, München, Straßburg, Paris und Toulouse gewesen war, war er nach Barcelona gekommen, wo die katalanischen Gesetze[20] auf seinen Beruf als Augenarzt keine Rücksicht genommen hatten. Da er keine Empfehlungen hatte und kein Universitätsdiplom besaß, das seine Ausbildung als Augenarzt bestätigte, so wollte man mit ihm ein Examen in lateinischer Sprache anstellen. Er weigerte sich jedoch, sich diesem zu unterziehen, indem er erklärte, die lateinische Sprache habe mit den Augenkrankheiten nichts zu schaffen. Man begnügte sich nicht, ihn in voller Freiheit an einen anderen Ort reisen zu lassen, sondern man hatte ihn zum Soldaten gemacht. Nachdem ich ihm Verschwiegenheit versprochen hatte, vertraute er mir an, er würde bei der nächsten Gelegenheit desertieren.

»Und was haben Sie mit Ihren Kristallinsen gemacht?«

»Auf diese habe ich seit Warschau verzichtet, obgleich ich sicher bin, daß sie Erfolg haben müssen.«

Er war seiner Sache ganz sicher, ohne jemals eine praktische Erfahrung damit gemacht zu haben; denn das ist aus Mangel der theoretischen Grundlagen ganz wichtig.

Ich habe nicht wieder von dem armen Mann sprechen hören.

Am 28. Dezember, dem Tag der ›Unschuldigen Kinder‹,[21] genau sechs Wochen nach meiner Verhaftung, kam der wachhabende Offizier und forderte mich auf, mich anzukleiden und ihm zu folgen.

»Werde ich entlassen?«

»Das kann ich nicht sagen. Es wartet auf Sie ein Beamter der Regierung; dem werde ich Sie in der Wachstube übergeben.«

Ich kleidete mich in aller Eile an, und nachdem ich alle Sachen, die ich dort hatte, in meine Tasche gepackt hatte, folgte ich ihm. Er übergab mich demselben Offizier, der mich verhaftet hatte. Dieser führte mich in den ›Palacio‹, wo ein Regierungsbeamter mir meinen Koffer zeigte, mir den Schlüssel gab und sagte, alle meine Papiere seien darin. Hierauf übergab er mir meine drei Pässe mit den Worten, sie seien in Ordnung.

»Das weiß ich und wußte ich.«

»Ich zweifle nicht daran, aber man hat starke Gründe gehabt, das Gegenteil zu glauben. Lesen Sie das!«

Er gab mir ein in Madrid am 23. Dezember ausgestelltes Papier mit einem Namen unterzeichnet, den ich vergessen habe, das die Gültigkeit aller drei Pässe bescheinigte. Nachdem ich es gelesen hatte, gab ich es ihm wieder zurück und bedankte mich. Er sagte weiter:

»Euer Gnaden sind, was die Pässe betrifft, vollkommen gerechtfertigt; indessen übermittle ich Ihnen hierdurch den Befehl, Barcelona in drei Tagen und das Fürstentum Katalonien in acht Tagen zu verlassen. Sie können natürlich nach Madrid fahren und bei Hofe Beschwerde einlegen, wenn Sie Anlaß zu Klagen zu haben glauben.«

»Señor, ich werde nach Frankreich reisen. Wollen Sie mir bitte den Befehl schriftlich geben, den Sie mir verkündet haben?«

»Das ist nicht nötig. Ich heiße Manuel Badillo[22] und bin Sekretär der Regierung. Man wird Sie nach dem Gasthof ›Santa

Maria‹ in dasselbe Zimmer bringen, worin man Sie verhaftet hat. Sie werden dort alles finden, was Sie zurückgelassen haben, auch das, was noch im Turm war. Sie sind frei. Leben Sie wohl, Señor. Morgen werde ich Ihnen den von Seiner Exzellenz und von mir unterschriebenen Paß schicken.«

Dem Offizier, der eine blaue Uniform trug, gab ich die Bescheinigung über meine Pässe wieder zurück, und wir begaben uns, von einem Bedienten gefolgt, der meinen Koffer trug, zum Gasthof ›Santa Maria‹. Unterwegs las ich die Theateranzeige für denselben Abend und sagte:

»Gut, ich werde die Oper sehen.«

Mein Wirt zeigte sich erfreut, als er mich wiedersah, und ließ mir schnell ein gutes Feuer anzünden; denn bei dem Nordwind war es außerordentlich kalt. Er versicherte mir, kein Mensch außer ihm habe mein Zimmer betreten, und übergab mir in Gegenwart des Offiziers meinen Degen, aber vom Blut gesäubert, meinen Überrock und außerdem, zu meinem großen Erstaunen, meinen Hut, den ich bei meinem Sturz auf der Flucht verloren hatte. Der Offizier ließ hierauf ebenfalls alles, was ich in dem Turm der Zitadelle zurückgelassen hatte, auf mein Zimmer bringen und fragte mich, ob ich bestätige, daß ich alle Sachen zurückerhalten hätte. Ich erwiderte, daß ich davon überzeugt sei.

»Señor, leben Sie wohl, ich wünsche Ihnen glückliche Reise, sei es nach Frankreich oder nach Madrid.«

Lieber Leser, das war die eigenartige Geschichte meiner Abenteuer in Barcelona; alles, was du gelesen hast, kann nicht wahrheitsgemäßer und genauer erzählt werden. Die Angelegenheit ist in allen Einzelheiten mehreren Personen bekannt, die noch in dieser Stadt leben und auch glaubwürdig sind. Jetzt folgt das Ende. Ich sagte meinem Wirt, ich würde bei ihm zu Mittag essen, und ging mit meinem Bedienten aus, den Nina mir beschafft hatte. Auf der Post fragte ich nach, ob Briefe für mich da seien, die man mir ›postlagernd‹ zugeschickt haben mußte. Ich bekam fünf oder sechs ganz unbeschädigt ausgehändigt, worüber ich mich sehr wunderte. Denn wie kann man begreifen, daß sich eine Behörde aus irgendwelchen Verdachtsgründen eines Menschen und seiner Papiere bemächtigt, zugleich aber das Geheimnis der Briefe achtet, die an ihn adressiert sind? Diese Briefe waren vor einiger Zeit aus Paris, Venedig, Warschau und Madrid gekommen, und ich hatte keinen Anlaß zum Verdacht, daß die Behörde einen einzigen beschlagnahmt hätte.

Nachdem ich in meinen Gasthof zurückgekehrt war, um in aller Bequemlichkeit meine Briefe zu lesen, ließ ich meinen Wirt kommen, um ein für mich sehr interessantes Gespräch zu führen. Zuerst fragte ich ihn nach meiner Rechnung.

»Señor, Sie sind mir nichts schuldig. Hier ist die Rechnung über Ihre Ausgaben bis zu Ihrer Verhaftung; wie Sie sehen, ist sie beglichen. Außerdem habe ich von derselben Seite den Befehl erhalten, Ihnen im Gefängnis und solange Sie überhaupt in Barcelona bleiben, alles zu liefern, was Sie wünschen könnten.«

»Haben Sie gewußt, wie lange Zeit ich im Turm bleiben sollte?«

»Nein, Señor; man hat mich am Ende jeder Woche bezahlt.«

»In wessen Auftrag?«

»Das wissen Sie.«

»Haben Sie irgendeinen Brief für mich empfangen?«

»Nichts.«

»Und was ist während meiner Haft aus dem Lohndiener geworden?«

»Nach Ihrer Verhaftung zahlte ich ihm seinen Lohn und entließ ihn; jetzt habe ich in bezug auf ihn keinerlei Befehl.«

»Ich wünsche, daß der Mann mich bis Perpignan begleitet.«

»Sie haben recht, und ich glaube, Sie tun gut daran, Spanien zu verlassen, denn Gerechtigkeit werden Sie in Madrid nicht finden.«

»Was hat man zu dem Überfall gesagt?«

»Oh, das ist sehr komisch! Man sagt, den Büchsenschuß, den man hörte, hätten Sie selber abgefeuert; ebenso hätten Sie selber Ihren Degen blutig gemacht; denn man behauptet, man habe weder einen Toten noch einen Verwundeten gefunden.«

»Das ist spaßhaft und ungewöhnlich. Und mein Hut?«

»Man hat ihn mir drei Tage später gebracht; ich habe gleich am Morgen, nachdem Sie verhaftet worden sind, alles, den Degen und den Überrock, zur Regierung gebracht, wie Sie es mir gesagt haben.«

»Welcher Wirrwarr! Aber wußte man, daß ich im Turm saß?«

»Die ganze Stadt wußte es, und man führte zwei gute Gründe dafür an, den einen öffentlich, den anderen im Vertrauen.«

»Und was sind das für Gründe?«

»Der öffentlich bekanntgegebene Grund: daß Ihre Pässe falsch wären; der Grund, den man sich ins Ohr flüsterte: daß Sie die Nächte mit Nina verbracht hätten. Ich habe zwar jedermann versichert, daß Sie niemals eine Nacht außer Haus verbracht haben, aber das war einerlei. Sie sind ja hingegangen. Aber es hat sich doch gezeigt, daß Sie gut daran getan haben, nicht die Flucht zu ergreifen, wie ich es Ihnen riet; denn jetzt stehen Sie vor aller Welt gerechtfertigt da.«

»Ich will heute abend in die Oper gehen, aber nicht ins Parkett. Ich bitte Sie, mir eine Loge zu besorgen.«

»Sie sollen sie erhalten. Aber, Señor, Sie werden nicht zu Nina gehen, nicht wahr?«

»Ich bin entschlossen, nicht mehr hinzugehen.«

Gegen Mittag kam ein junger Mann, ein Bankangestellter, und brachte mir einen Brief, der mir eine neue Überraschung bereitete. Beim Öffnen erblickte ich die Wechsel, die ich in Genua Signor Agostino Grimaldi della Pietra[23] gegeben hatte, dazu folgende Worte:

›Passano ersucht mich vergebens, diese Wechsel nach Barcelona zu schicken, um Sie verhaften zu lassen. Ich schicke sie, aber um sie Ihnen zu schenken und Sie dadurch zu überzeugen, daß ich nicht der Mann bin, die Leiden von Menschen zu vermehren, die ohnehin schon vom Schicksal verfolgt werden.

Genua, den 30. November 1768.‹

Das war der vierte Genuese,[24] der sich gegen mich wirklich hochherzig betrug. Mußte ich um dieser vier sehr ehrenwerten Männer willen dem Genuesen Passano verzeihen?

Auf keinen Fall. Ich dachte, es wäre besser, sie von dem unwürdigen Landsmann zu befreien; aber ich habe das vergeblich gewünscht. Einige Jahre später erfuhr ich, daß der Elende in größter Not in seiner Heimatstadt gestorben sei.

Der Brief von Signor Grimaldi machte mich neugierig zu erfahren, was aus Passano geworden sei. Ich wußte, daß er als Gefangener in der Kaserne geblieben war, als man mich in den Turm brachte, und es war für mich wichtig, seinen Aufenthaltsort zu wissen, um ihn entweder wenn möglich zu vernichten, wenn er etwa imstande sein sollte, mir zu schaden, oder um gegen einen solchen Meuchelmörder als Feind auf der Hut zu sein.

Ich teilte meinen Wunsch dem Wirt mit, und dieser beauftragte den Lohndiener, sich zu erkundigen. Vor meiner Abreise aus Barcelona konnte ich aber weiter nichts erfahren als folgendes:

Ascanio Pogomas, so nannte er sich, war gegen Ende November aus dem Gefängnis entlassen worden, und man hatte ihn auf eine Barke gebracht, die nach Toulon segelte.

Ich schrieb noch am selben Tage einen vier Seiten langen Brief an Signor Grimaldi, um ihm meine lebhafte Dankbarkeit auszudrücken. Wenigstens mit solchen Gefühlen der Dankbarkeit mußte ich die tausend Zechinen vergelten, die ich ihm durch die beiden Wechsel schuldig war, und ihm für seine wahrhaft großmütige Handlungsweise danken; denn wenn er auf die Ratschläge meines niederträchtigen Feindes gehört hätte, hätte er mich sehr unglücklich machen können. Noch eine Neuigkeit machte in Barcelona von sich reden.

Um zwei Uhr nachmittags wechselte man sämtliche Anschlagzettel aus, die für den Abend desselben Tages eine Oper ankündigten. Man gab eine Theaterpause bis zum zweiten Tage des neuen Jahres wegen Erkrankung zweier Hauptdarsteller bekannt. Dieser Befehl konnte nur direkt vom Vizekönig ausgehen; in der Öffentlichkeit wurde er immer so genannt, denn man sagte, Katalonien wäre ein Königreich[25] und kein Fürstentum. Ich äußerte nichts, glaubte jedoch, daß diese Theaterunterbrechung allein mir zuzuschreiben war. In meinem Inneren faßte ich einen Entschluß, dessen ich mich bei meinem Charakter nicht für fähig gehalten hätte; ich verzichtete darauf auszugehen. Das war eine Möglichkeit, den Grafen Ricla über seine Tyrannei erröten zu lassen, ihm seine Verirrungen und unbilligen Verfahrensweisen vorzuwerfen, die seiner unglückseligen Liebe zuzuschreiben waren, durch die er zum ungerechtesten der Männer wurde, obwohl er vordem als einer der gerechtesten galt. Petrarca sagt:

›Amor che fa gentile un cor vilano‹.[26]

Sie hat aus Ricla, der ehemals ein anständiger Mann war, das Gegenteil werden lassen.

Ich schrieb auch nicht an die verruchte Nina, deren schwarze Seele ich gleich am ersten Tage erkannte, als ich sie in Valencia kennengelernt hatte. Ich ließ zu, daß sie sich rühmen konnte, mich ausgehalten zu haben. Wahr ist jedoch, daß sie mich an den Rand des Abgrunds brachte und mich in eine elende Lage versetzte, die mich fast das Leben gekostet hätte. In vier Monaten wird der Leser mehr über diese dunkle Affäre erfahren.[27]

Wäre ich nicht ein bißchen abergläubisch gewesen, so wäre ich am selben Tage abgereist; aber ich wollte am letzten Tage des unglückseligen Jahres abreisen, das ich in Spanien verbracht hatte. Ich brachte also meine drei Tage damit zu, an alle meine Bekannten etwa dreißig Briefe zu schreiben. Don Miguel de Cevaillos, Don Diego de la Secada und der Graf von Peralada besuchten mich, ohne jedoch einander zu treffen. Dieser Señor de la Secada war ein Onkel der Gräfin A. B.,[28] die ich in Mailand gekannt hatte. Diese drei Persönlichkeiten erzählten mir einen sehr eigentümlichen Umstand, der ebenso sonderbar ist wie die anderen, aus denen sich meine Geschichte zusammensetzt.

Am 26. desselben Monats, also am Vorabend meiner Freilassung, fragte der Abbate Marchisio,[29] Gesandter des Herzogs von Modena, den Grafen Ricla in Gegenwart vieler Leute, ob er mir einen Besuch machen könne, um mir einen Brief zu übergeben, den er mir nur persönlich zustellen könne und den er sonst zu seinem großen Bedauern mit sich nach Madrid nehmen müsse, wohin er am nächsten Tage abreise. Zum großen Erstaunen aller Anwesenden antwortete der Graf nichts, und der Abbate reiste wirklich am Tag meiner Freilassung ab. Ich schrieb diesem Abbate, den ich nicht kannte, nach Madrid, erhielt aber keine Antwort; ich habe niemals erfahren können, was aus diesem so sorgfältig behandelten Brief, den er mir selbst aushändigen sollte, geworden ist. Alles in dieser Angelegenheit war undurchsichtig und unverständlich; daraus schließe ich, daß mir alles nur durch die Willkür des eifersüchtigen Ricla widerfuhr, den die verruchte Nina aus Spaß glauben ließ, ich sei ihr Liebhaber und sie mache mich mit ihrer Liebe glücklich. Meine nach Madrid geschickten Pässe konnten nur ein Vorwand sein, denn in acht oder zehn Tagen hätte man sie hin und zurück befördern können, vorausgesetzt, daß man an ihrer

Echtheit gezweifelt und mich verdächtigt hätte, sie selbst hergestellt zu haben.

Wenn Pogomas gewußt hätte, daß ich einen Paß vom spanischen König besaß, so hätte er allerdings verleumderisch behaupten können, daß dieser falsch wäre; denn um einen solchen ausgestellt zu bekommen, hätte ich vorher einen Paß vom venezianischen Gesandten vorlegen müssen, und dies konnte nicht möglich sein, weil ich bei den Staatsinquisitoren in Ungnade war. Ich hatte aber trotz seiner Spekulationen einen bekommen, und zwar so:

Als ich mich gegen Ende August entschlossen hatte, mich von meiner reizenden Doña Ignacia zu trennen und Madrid für immer zu verlassen, bat ich den Grafen Aranda um einen Paß. Er antwortete mir, nach der herkömmlichen Regel könne er mir einen solchen nur ausstellen, wenn ich ihm einen Paß vom venezianischen Gesandten bringe, der mir, so sagte er, einen solchen nicht verweigern könne. Sehr zufrieden mit diesem Bescheid, begab ich mich nach dem Gesandtschaftspalast. Da Signor Querini in San Ildefonso[30] war, sagte ich dem Pförtner, ich hätte mit dem Gesandtschaftssekretär Signor Olivieri[31] zu sprechen. Der Pförtner meldete mich an, aber der Narr tat sich wichtig und erlaubte sich, mich nicht empfangen zu wollen. Entrüstet schrieb ich ihm, ich sei nicht in den Palast von Signor Querini gekommen, um seinem Sekretär meine Aufwartung zu machen, sondern um einen Paß zu verlangen, den er mir nicht verweigern könne. Ich unterzeichnete mit meinem Namen und mit meinem höchst bescheidenen Titel als Doktor der Rechte und bat ihn, den Paß beim Pförtner zu hinterlegen, bei dem ich ihn am nächsten Tage abholen würde.

Am nächsten Tage fand ich mich ein, und der Pförtner sagte mir, er habe Auftrag, mir mitzuteilen, daß der Gesandte Befehl hinterlassen habe, mir keinen Paß zu geben.

Wütend schrieb ich sofort an den Marchese Grimaldi[32] in San Ildefonso und an den Herzog von Losada und bat sie, dem venezianischen Gesandten zu sagen, er möchte mir einen regelrechten Paß schicken, sonst würde ich die schmachvolle Ursache veröffentlichen, durch die sein Onkel und Vorgänger Mocenigo veranlaßt worden wäre, mich ungnädig zu behandeln.

Ich weiß nicht, ob der Herzog und der Marchese meine

Briefe dem Gesandten Querini zeigten, aber ich weiß, daß der Sekretär Olivieri mir den Paß schickte und Doña Ignacia ihn mir übergab. Ich las den Paß und erblickte meinen Namen ohne den geringsten Titel, was in Spanien sofort auffällt, denn nur einem Bediensteten verweigert man den ›Don‹, wie bei uns den ›Signor‹ und bei den Franzosen den ›Monsieur‹; man hatte sich auf ›Sieur‹ beschränkt. Glühend vor Wut über dieses Zeichen der Mißachtung, machte ich mich daran, Don Domingo Varnier, der damals am Hofe in Diensten stand, einen Brief zu schreiben, und fügte ihm mein Diplom als Protonotar bei, in dem ich als Ritter vom Goldenen Sporn und als Doktor der Rechte bezeichnet war. Darüber hinaus sandte ich ihm den beleidigenden Paß und bat ihn, meinen Brief und meine Beschwerden in die Hände des Marchese Grimaldi weiterzuleiten, sollte der Gesandte mich weiterhin verhöhnen. Drei Tage später schickte er mir mein Diplom zurück und teilte mir mit, daß es nicht nötig gewesen wäre, mit dem Minister zu sprechen, denn der Gesandte hatte sich gleich, als er meine Titel sah, die ihm vorher nicht bekannt waren, überzeugen lassen. Am Schluß seines Briefes ließ er mich wissen, daß der Gesandtschaftssekretär mir den Paß so, wie er mir zustand und wie ich ihn verlangte, zusenden würde, und es läge nun allein in meinem Ermessen, einen vom König über das Ministerium für Auswärtige Angelegenheiten zu erhalten. Am nächsten Tage hatte ich den Paß, so wie gewünscht, in meinen Händen; ich schickte ihn nach San Ildefonso an Don Varnier, der ihn mir mit einem von Marchese Grimaldo di Grimaldi unterzeichneten Paß des Königs zurücksandte. Und mit seiner Hilfe erhielt ich nun einen Paß des Grafen von Aranda, der durch die Erzählung dieser Geschichte erheitert wurde. Die Korrespondenz von Madrid an den Hof, wenn er sich an einen der drei ›sitios‹[33] aufhält, kostet nichts. Sie geht völlig zu Lasten des Königs. Der Unterhalt der Post oder die Bestimmungen für die Briefpost sind ebenfalls ganz anders, als ich sie sonst im übrigen Europa angetroffen habe. Jedermann kann Briefe in alle Länder der Erde schicken und sie in einen öffentlichen Postkasten stecken, ohne etwas zu bezahlen; die Briefe werden mit der größten Pünktlichkeit befördert. Doch um die Rückantworten von der Post zu erhalten, bezahlt man sehr viel. Eine Antwort aus Petersburg kostet einen Dukaten. Wenn derjenige, an den sie adressiert ist, aus Geiz oder weil er keinen Dukaten hat, diese nicht abholt, so wird dieser Mensch auch einen anderen Brief aus Cadiz nicht erhalten, der ihn nur zehn Pesos kosten würde. Wenn er ihn verlangt, so verweigert man ihm den Brief so lange, bis er auch die anderen Briefe, die an ihn adressiert sind, gegen Bezahlung entgegennimmt. Auch in Neapel wird so verfahren.[34]

Am letzten Tage des Jahres verließ ich Barcelona mit meinem Bedienten, der auf meinem Wagen hinten aufsaß. Mit dem Fuhrmann, einem Piemontesen, hatte ich einen Vertrag geschlossen, wonach ich in kleinen Tagereisen am dritten Tag des Jahres 1769 in Perpignan ankommen sollte, das liegt von Barcelona vierzig kleine Meilen[35] entfernt. Als ich am zweiten Tage in einem Wirtshaus an der Straße beim Mittagessen saß, trat der Fuhrmann mit meinem Bedienten in das Zimmer und fragte mich, ob ich vielleicht annehmen könnte, daß ich verfolgt würde.

»Das wäre wohl möglich; warum fragen Sie danach?«

»Ich sah gestern bei unserer Abfahrt aus Barcelona drei bewaffnete und übel aussehende Männer zu Fuß. Die letzte Nacht haben sie im Stall des Gasthofes geschlafen. Heute haben sie hier zu Mittag gegessen, und vor dreiviertel Stunden sind sie vorausgegangen. Die Leute sprachen mit keinem Menschen; sie sind mir verdächtig.«

»Was können wir tun, um nicht ermordet zu werden oder um uns von einem lästigen Verdacht zu befreien?«

»Wir können später fahren und bei einem mir bekannten Wirtshaus anhalten, das eine Meile diesseits der gewöhnlichen Station liegt, wohin die Leute gegangen sein werden, um uns zu erwarten. Sehen wir sie umkehren und in dem schlechten Wirtshaus, wo wir sind, übernachten, so wird kein Zweifel mehr sein, daß es sich um Meuchelmörder handelt, die hinter uns her sind.«

Dies schien mir richtig gedacht zu sein. Wir fuhren später als gewöhnlich ab, und ich ging fast den ganzen Weg zu Fuß. Um fünf Uhr machten wir halt. Es war ein sehr schlechter Gasthof, aber wir sahen wenigstens die drei verdächtigen Gestalten nicht.

Als ich um acht Uhr beim Abendessen saß, trat mein Bedienter ein und sagte mir, die drei Kerle seien im Stall und würden mit unserem Fuhrmann trinken. Meine Haare sträubten sich mir auf dem Kopf. Es war kein Zweifel mehr möglich. Im Gasthof hatte ich nichts zu befürchten, um so mehr aber an der Grenze, wo wir in der Dämmerung des nächsten Tages ankommen mußten. Ich ermahnte meinen Bedienten, sich nichts anmerken zu lassen, und befahl ihm, dem Fuhrmann Bescheid zu sagen, daß er mit mir sprechen möchte, sobald die Leute schliefen. Um zehn Uhr kam der Mann und sagte mir ohne alle Umschweife, die drei Kerle würden uns ermorden, sobald wir an der französischen Grenze wären.

»Sie haben mit Ihnen getrunken?«

»Ja, nachdem wir eine Flasche geleert hatten, die ich bezahlte, fragte einer von ihnen mich, warum ich nicht bis zur nächsten Station gefahren wäre, wo Sie doch bessere Unterkunft gefunden hätten. Ich antwortete ihm, es wäre Ihnen zu kalt gewesen und wir hätten uns verspätet gehabt. Ich hätte sie fragen können, warum sie nicht selber dort geblieben wären, wenn sie schon dort waren. Ich habe mich aber wohl gehütet und sie nur gefragt, ob die Straße bis Perpignan gut sei. Sie haben mir geantwortet, sie sei ausgezeichnet, und von den Pyrenäen sei nichts zu spüren.«

»Was tun sie jetzt?«

»Sie schlafen, in ihre Mäntel eingewickelt, neben meinen Maultieren im Stroh.«

»Was sollen wir tun?«

»Wir werden vor Tagesanbruch aufbrechen, jedoch selbstverständlich erst nach ihnen, und werden auf der gewöhnlichen Station zu Mittag essen. Aber nach dem Essen verlassen Sie sich nur auf mich: wir fahren nach ihnen ab, ich werde im Trab einen anderen Weg einschlagen, und um Mitternacht sind wir heil und gesund in Frankreich. Sie können sich auf meine Worte verlassen.«

Hätte ich eine Eskorte von vier bewaffneten Männern erhalten können, so würde ich den Rat des Fuhrmanns nicht befolgt haben. Aber in der Lage, in der ich mich befand, konnte ich nichts Besseres tun, als ihm folgen. Wir fanden die drei Halunken an dem von meinem Fuhrmann bezeichneten Ort. Ich sah sie scharf an. Sie sahen wie richtige Halsabschneider aus. Eine Viertelstunde darauf brachen sie auf. Eine halbe Stunde später fuhr mein braver Fuhrmann eine Viertelmeile zurück und nahm einen Bauern als Führer an, der hinten auf den Wagen stieg, um ihm Bescheid zu sagen, wenn er sich im Weg irren sollte. Wir schafften in sieben Stunden elf Meilen, und um zehn Uhr kamen wir zu einem guten Gasthof in einem großen französischen Dorf, wo wir nichts mehr zu befürchten hatten. Ich gab mich einem langen Schlummer hin und speiste am nächsten Tage ausgiebig dort zu Mittag; abends befand ich mich vor dem ›Gasthof zur Post‹ in Perpignan. Nun erst war ich ganz sicher, mein Leben gerettet zu haben; ich verdankte es meinem Fuhrmann.

Ich zerbrach mir den Kopf, um zu erraten, woher der Auftrag, mich umzubringen, stammen könnte. Bald wird der Leser sehen, wie ich dies zwanzig Tage später erfuhr. In Perpignan entließ ich meinen Bedienten, den ich reichlich belohnte. Hierauf schrieb ich meinem Bruder[36] nach Paris und teilte ihm mit, daß ich den Nachstellungen von drei Meuchelmördern glücklich entronnen sei. Ich bat ihn, mir nach Aix-en-Provence postlagernd zu antworten, wo ich in der Hoffnung, den Marquis d'Argens[37] zu treffen, vierzehn Tage zu verbringen gedachte.

Am nächsten Tage übernachtete ich in Narbonne; den Tag darauf fuhr ich bis Béziers. Von Narbonne bis Béziers sind es nur fünf Meilen; aber das gute Essen, das mir die liebenswürdigste aller Wirtinnen zu Mittag vorsetzte, veranlaßte mich, mit ihr und ihrer ganzen Familie zu Abend zu essen. Béziers ist eine Stadt, deren herrliche Lage auch in der schlechten Jahreszeit in die Augen fällt. Keine Stadt eignet sich so sehr als Zufluchtsort für einen Philosophen, der auf alle Eitelkeiten der Erde verzichtet hat, oder für einen wollüstigen Menschen, der alle Freuden der Sinne genießen möchte, ohne reich zu sein. Der Geist der Bewohner dieser Gegend ist sprichwörtlich; das weibliche Geschlecht ist sehr schön, und das Essen ist ausgezeichnet, egal ob es sich um Fleisch oder um Fastenspeisen handelt. Die Weine sind vorzüglich und von den oft so verwünschten Weinhändlern keineswegs verdünnt worden. Nachdem ich dann einen Tag in Pézenas pausiert hatte, kam ich am übernächsten Tage in Montpellier an und stieg im Gasthof ›Zum Weißen Pferd‹[38] ab, mit der Absicht, acht Tage in der Stadt zu verbringen.

Ich verabschiedete meinen Fuhrmann, gab ihm ein Trinkgeld von einer Achterdublone, das ihn erinnern sollte, immer anständig zu bleiben. Am Abend speiste ich an der Wirtshaustafel; die Gesellschaft war zahlreich, und ich bemerkte mit Vergnügen, daß ebenso viele Gerichte der Kochkunst serviert wurden, wie Esser vorhanden waren. Nirgendwo in Frankreich ißt man besser als in Montpellier.

Am nächsten Morgen ging ich zum Frühstück in ein Café und knüpfte mit dem Erstbesten der Gäste ein Gespräch an, und als er erfuhr, daß ich gern Professoren kennenlernen[39] wollte, erbot er sich, mich sofort zu einem der berühmtesten zu führen, der mich auch mit jener verbindlichen Höflichkeit empfing, die ein gelehrter Mann in Frankreich mit Recht für den schönsten Zierat in Apolls Krone[40] hält. Ein wahrhaft gelehrter Literat muß der Freund aller sein, die die Literatur lieben, und er ist es in Frankreich noch mehr als in Italien. In Deutschland ist der Gelehrte geheimtuerisch und zurückhaltend. Er glaubt sich zu sehr dazu verpflichtet, um nicht als anmaßend zu erscheinen, und dieses Vorurteil hindert ihn, sich die Freundschaft der Fremden zu erwerben, die ihn aufsuchen, um ihn in der Nähe zu bewundern und die Milch seiner Weisheit zu trinken.

In Montpellier war damals eine ausgezeichnete Schauspielertruppe, wie man mir sagte. Ich ging noch an demselben Abend ins Theater, und meine Seele weitete sich vor Glück, weil ich mich wieder in der wohltuenden Luft Frankreichs befand, nachdem ich in Spanien so viele Leiden ausgestanden hatte. Mir war, als sei ich eben wiedergeboren; ich fühlte mich verjüngt. Ich wünschte mir Glück dazu, daß ich in der Komödie[41] mehrere reizende Mädchen gesehen hatte; und doch hatte nicht eine Begehren in mir erregt. Ich hatte den lebhaften Wunsch, die Castel-Bajac[42] wiederzusehen, viel mehr, um mich zu freuen, als in der Hoffnung, unsere Liebschaft aufzufrischen, was mir unpassend erschien, falls sie sich mit ihrem Mann wieder versöhnt hätte; aber ich wußte nicht, wie ich es anfangen sollte, um sie zu entdecken.

Ich hatte an sie unter dem Namen Mademoiselle Blasin geschrieben; aber sie hatte meinen Brief nicht erhalten, weil sie sich diesen Namen willkürlich beigelegt hatte. Ihren richtigen Namen hatte sie mir nie verraten. Wenn ich mich mit näheren

Angaben der Umstände nach ihr erkundigte, befürchtete ich, Dinge zu offenbaren, die ihr mißfallen könnten.

Da ich wußte, daß ihr Mann Apotheker[43] sein sollte, so beschloß ich, mich mit allen Apothekern von Montpellier bekannt zu machen; so fand ich sie am dritten Tage. Ich unterhielt mich mit allen Apothekern über die verschiedene Anwendung der Arzneien in fremden Ländern, und wenn ich glaubte, daß der, mit dem ich gesprochen hatte, ihr Mann sein konnte, ging ich wieder, in der Hoffnung, daß er mit seiner Frau über den Fremden sprechen würde, den sie vielleicht gekannt hatte; ich dachte mir, daß sie dadurch neugierig werden würde. War der Apotheker im Laden nicht anwesend, so erfuhr ich sogleich vom Gehilfen alles über die Familie, und wenn das nicht zu meinen Nachforschungen zu passen schien, so ging ich eben zu einem anderen. Und so fand ich sie. Am dritten Tage erhielt ich von ihr selbst einen Brief, worin sie mir schrieb, sie habe mich mit ihrem Mann im Laden, den sie mir benannte, sprechen sehen. Sie bitte mich, zu der und der Stunde wiederzukommen und ihrem Mann auf seine Fragen nichts weiter zu sagen, als daß ich sie als Spitzenhändlerin unter dem Namen einer Mademoiselle Blasin in England, Spa, Leipzig und Wien gekannt und daß ich mich in Wien ihrer angenommen habe, um ihr den Schutz des Gesandten[44] zu verschaffen. Sie beendete ihren Brief mit den Worten: ›Ich zweifle nicht daran, daß mein Mann zum Schluß mich mit Vergnügen als seine Frau vorstellen wird.‹

Ich befolgte ihre Vorschrift. Nach dem Mittagessen ging ich in den Laden, und der gute Mann freute sich, als er mich wiedersah, und fragte mich, ob ich irgendwo eine junge Spitzenhändlerin namens Blasin aus Montpellier kennengelernt hätte.

»Ja, ich erinnere mich sehr wohl dieser hübschen, klugen und geschäftstüchtigen jungen Dame, aber ich weiß nicht, ob sie aus Montpellier war. Ich habe sie mehrere Male an verschiedenen Orten Europas gesehen, das letzte Mal in Wien, wo ich das Glück hatte, ihr nützlich zu sein. Ihr Benehmen verschaffte ihr die Zuneigung und Achtung aller Damen, mit denen sie in Berührung kam. Die Dame, bei der ich sie in England kennenlernte, war sogar nichts geringeres als eine Herzogin.«

»Würden Sie sie wiedererkennen, wenn Sie sie sähen?«

»Das will ich meinen. Eine so hübsche Frau! Ist sie in Montpellier? Wenn sie hier ist, fragen Sie sie nach mir. Mein Name lautet Soundso.«

»Monsieur, Sie können selber mit ihr sprechen, wenn Sie mir die Ehre erweisen wollen, mir zu folgen.«

Er ging voran und stellte mich vor.

»Wie, Mademoiselle, Sie hier? Ich bin entzückt, Sie wiederzusehen.«

»Monsieur, sie ist nicht mehr unverheiratet, sondern meine Frau, wenn Sie nichts dagegen haben, und ich bitte Sie, sich dadurch nicht abhalten zu lassen, sie zu umarmen.«

»Mit größter Freude. Sie sind also nach Montpellier gekommen, um sich zu verheiraten? Ich wünsche Ihnen allen beiden Glück und danke für den glücklichen Zufall. Sagen Sie mir, ob Sie von Wien nach Lyon eine gute Reise gehabt haben?«

Sie erzählte mir irgendeine Geschichte und fand in mir einen ebenso guten Schauspieler, wie sie es selber war.

Unser Vergnügen über dieses Wiedersehen war groß; aber die Freude, die der gute Apotheker empfand, als er sah, wie ehrfurchtsvoll ich sie behandelte, war unzweifelhaft noch viel größer.

Eine volle Stunde lang erzählten wir uns alles mögliche, blieben aber so natürlich, daß gar kein Eindruck entstehen konnte, daß wir mal ein Verhältnis miteinander gehabt hatten. Sie fragte mich, ob ich den Karneval in Montpellier zu verbringen gedächte, und nahm eine gekränkte Miene an, als ich ihr sagte, ich würde am nächsten Tage abreisen. Ihr Mann erklärte sofort, das sei nicht möglich. Sie selber sagte ebenfalls: »Oh, das werden Sie doch hoffentlich nicht tun! Sie müssen unbedingt meinem Mann die Ehre erweisen, ihm zwei Tage zu schenken, um übermorgen in unserer Familie zu speisen.«

Nachdem ich mich ziemlich lange hatte bitten lassen, gab ich nach. Ich widmete ihnen nicht nur zwei Tage, sondern vier. Ich ging mittags und abends zum Essen hin. Die Mutter des Apothekers war eine durch ihre Weisheit sowohl wie durch ihr Alter ehrwürdige Dame. Sie hatte wie ihr Sohn alles vergessen, was sie hätte hindern können, ihre Schwiegertochter mit mütterlicher Zärtlichkeit zu lieben. Bei unseren Unterhaltungen, die wir unter vier Augen hatten, versicherte diese selbst mir, daß sie glücklich sei, und ich hatte allen Anlaß, ihr das zu glauben.

Denn auf Erden ist es nicht möglich, glücklich zu sein, wenn man sich nicht auch so fühlt. Sie ging nur mit seiner Mutter aus und liebte ihren Mann zärtlich.

Ich verbrachte diese vier Tage in der lauteren Zufriedenheit einer aufrichtigen Freundschaft, ohne daß die Erinnerung an unsere früheren Liebesfreuden in uns den Wunsch erregte, sie zu erneuern. Wir brauchten unsere Gedanken nicht auszusprechen, um sie gegenseitig zu kennen. Am Tage, als ich mit ihr allein zu Mittag speiste, sagte sie mir, wenn ich fünfzig Louis brauchen sollte, so wüßte sie, wo sie sich diese Summe verschaffen könnte. Ich bat sie, mir dieses Geld für ein anderes Mal aufzuheben, wenn ich das Glück hätte, sie wiederzusehen. Ich verließ Montpellier mit der Gewißheit, daß mein Besuch die Achtung ihres Gatten und ihrer Schwiegermutter für sie nur noch vermehrt hätte, und ich freute mich, zu sehen, daß ich mich wirklich glücklich fühlen konnte, ohne eine Unredlichkeit zu begehen.

Einen Tag nach meinem Abschied von dieser Frau, die mir ihr Glück verdankte, übernachtete ich in Nîmes,[45] wo ich drei Tage in der Gesellschaft eines sehr gelehrten Naturforschers verbrachte, von Monsieur Séguier,[46] eines vertrauten Freundes des Marchese Maffei aus Verona. Er zeigte mir in den Wundern seiner Sammlung die Unendlichkeit der Natur.

Nîmes ist eine französische Stadt, die es verdient, die Aufmerksamkeit eines Fremden zu fesseln. Man findet für den Geist reichliche Nahrung in ihren großen Denkmälern[47] und in dem schönen Geschlecht noch reichlichere fürs Herz. Ich wurde zu einem Ball eingeladen, bei dem ich in meiner Eigenschaft als Fremder die erste Rolle spielte. Ein solches Vorrecht genießt der Fremde nur in Frankreich, während in Spanien und England die fremde Herkunft als Makel angesehen wird. Nachdem ich von Nîmes abgereist war, beschloß ich, den ganzen Karneval in Aix zu verbringen, das der Sitz eines Parlaments[48] ist und dessen Adel sich eines ausgezeichneten Rufes erfreute. Ich wünschte diese Gesellschaft kennenzulernen. Ich stieg, wenn ich mich nicht irre, im Gasthof ›Zu den drei Dauphins‹[49] ab, wo ich einen spanischen Kardinal fand, der sich zur Wahl eines Nachfolgers für den Papst Rezzonico[50] nach dem Konklave begab.

SECHSTES KAPITEL

-◄❀►-

DA mein Zimmer von dem Seiner Eminenz nur durch eine sehr leichte Scheidewand getrennt war, so hörte ich beim Abendessen den Kardinal seinem Kammerdiener und Reisebegleiter einen derben Verweis erteilen, daß er auf der Reise an den Mahlzeiten mittags und abends sparte, als wenn sein Herr der armseligste aller Spanier wäre.

»Eure Eminenz, ich spare durchaus nicht; aber es ist nicht möglich, mehr auszugeben, wenn ich nicht etwa die Wirte zwinge, für die Mahlzeiten, die sie geben, das Doppelte zu verlangen. Eure Eminenz finden ja selber, daß das Essen ausgezeichnet und reichlich ist; Wild, Fisch und Weine.«

»Das mag sein, aber wenn Sie ein bißchen Geist hätten, könnten Sie zum Beispiel durch reitende Boten Mahlzeiten bestellen, die ich unterwegs nicht einnehmen würde, weil ich dort nicht anhalte, und die Sie natürlich trotzdem zu bezahlen hätten; ferner könnten Sie für zwölf bestellen, während wir nur sechs sind; vor allen Dingen müssen stets drei Tafeln dasein: eine für uns, die zweite für meine Begleitung und die dritte für die Bedienten. Ich habe gesehen, daß Sie den Postillons hier nur zwanzig Sous Trinkgeld gegeben haben, über eine solche Knickerei muß ich ja erröten. Außer der feststehenden Summe für den Fuhrmann muß man mindestens noch einen Taler dazu geben, und wenn man Ihnen auf einen Louis herausgibt, müssen Sie das Geld auf dem Tische liegenlassen, statt es in Ihre Tasche zu stecken. Von Schäbigkeiten will ich nichts wissen. Man wird in Versailles und Madrid, vielleicht sogar in Rom, wo man alles weiß, sagen: der Kardinal de la Cerda[1] ist ein Bettler oder ein Geizhals. Ich bin es nicht und will nicht in solchem Rufe stehen. Ich verlange, daß Sie mich nicht mehr so entehren; sonst müssen Sie gehen.«

Das ist der Charakter eines großen spanischen Edelmanns; doch der Kardinal hatte im Grunde genommen recht. Ich sah ihn am nächsten Morgen abreisen. Was für eine Gestalt! Er war nicht nur klein, von schlechtem Wuchs und hatte schwarzbraune Haut, sondern sein Gesicht war so häßlich, und seine Züge waren so nichtssagend, daß ich sein echtes Bedürfnis gerechtfertigt sah, durch Verschwendung anerkannt zu werden und durch Aufmachung hervorzustechen, denn ohnedem hätte man ihn für einen Stallknecht gehalten. Ein Mensch mit einem unansehnlichen Äußeren muß, wenn er es kann und vernünftig genug ist, alles tun, um es vor den Augen derjenigen, die ihn prüfen, zu verbergen. Äußerer Zierat ist ein ausgezeichnetes Heilmittel gegen dieses schlechte Geschenk der Natur. Die Prunksucht ist das einzige Mittel der Häßlichen, um der Schönheit den Krieg zu erklären.[2]

Am nächsten Tage erkundigte ich mich nach dem Marquis d'Argens[3] und erfuhr, er sei auf dem Lande bei seinem Bruder, dem Parlaments-Präsidenten, Marquis d'Eguilles.[4] Ich begab mich dorthin. Der Marquis, der mehr durch die beständige Freundschaft des verstorbenen Friedrich II. als durch seine heutigentags von keinem Menschen mehr gelesenen Werke[5] berühmt geworden ist, war damals schon alt. Sehr ehrenhaft und sehr sinnlich, liebenswürdig und witzig, ein dem Genuß ergebener Mann, lebte der Marquis d'Argens mit der Schauspielerin Cochois[6] zusammen, die er geheiratet hatte und die es verstand, sich dieser Ehre würdig zu zeigen. Sie hielt sich als seine Frau für verpflichtet, die erste Dienerin ihres Mannes zu sein. Der Marquis selber besaß ein gründliches gelehrtes Wissen und eine große Kenntnis der griechischen und hebräischen Sprache; er war mit einem wunderbaren Gedächtnis begabt und infolgedessen vollgepfropft mit Gelehrsamkeit. Er empfing mich sehr gut, da er sich erinnerte, was sein Freund, der Lordmarschall,[7] ihm über mich geschrieben hatte. Er stellte mich seiner Frau und seinem recht reichen Bruder vor, dem Präsidenten d'Eguilles und verdienstvollen Parlamentsmitglied von Aix. Er war ein Freund der Literatur. Er führte einen streng sittlichen Lebenswandel, und dazu veranlaßte ihn noch mehr sein Charakter als sein religiöser Glaube. Das will viel sagen; denn er war aufrichtig fromm, obwohl er ein kluger Mann war.

Er war mit den Jesuiten sehr befreundet und war sogar selbst einer, und zwar einer von denen, die man als die ›kurzröckigen‹ Jesuiten[8] bezeichnete; er liebte seinen Bruder zärtlich und beklagte ihn; doch hoffte er immer noch, daß die Wirkung der Gnade ihn früher oder später in den Schoß der Kirche zurückführen würde. Sein Bruder ermutigte ihn zu diesen Hoffnungen und lachte zugleich darüber. Beide konnten es nicht vermeiden, den anderen mit Worten über die Religion zu ärgern.

Man stellte mich einer zahlreichen Gesellschaft vor, die aus Verwandten beiderlei Geschlechts bestand. Alle waren liebenswürdig und höflich, wie eben der Adel der Provence durchweg ist.

Man spielte Komödie auf einem kleinen Theater, aß und trank sehr gut und ging trotz der Jahreszeit spazieren. Aber in der Provence macht sich die Strenge des Winters nur fühlbar, wenn der Nordwind weht, was leider oft der Fall ist.

Eine Berlinerin,[9] die Witwe eines Neffen[10] des Marquis d'Argens, war nebst ihrem Bruder, der Gotzkowsky[11] hieß, anwesend. Der noch sehr junge Mann, ein lustiger Tollkopf, hatte seine Freude an allen Vergnügungen, die im Hause des Präsidenten stattfanden, kümmerte sich aber gar nicht um den Gottesdienst, der jeden Tag abgehalten wurde. Als geborener Ketzer dachte er höchst selten an die Kirche; während das ganze Haus der Messe beiwohnte, die der Jesuit, bei dem die ganze Familie beichtete, jeden Tag las, spielte er in seinem Zimmer Flöte; er spottete über alles. Mit seiner Schwester, der jungen Witwe, war es anders; sie war nicht nur katholisch geworden, sondern auch so fromm, daß das ganze Haus sie für eine Heilige ansah, obgleich sie erst zweiundzwanzig Jahre alt war. Das war das Werk des Jesuiten.

Ihr Bruder erzählte mir, ihr angebeteter Mann, der an der Schwindsucht gestorben sei, habe im Augenblick seines Todes zu ihr gesagt: er könne nicht hoffen, sie im Jenseits wiederzusehen, wenn sie nicht katholisch werde.

Diese Worte hatten sich in ihr Gedächtnis eingegraben. Sie hatte sich entschlossen, Berlin zu verlassen und bei den Verwandten ihres verstorbenen Mannes zu leben. Niemand hatte gewagt, sich ihrer Absicht zu widersetzen. Ihr neunzehnjähriger Bruder erklärte sich bereit, sie zu begleiten, und sobald sie in

Aix und Herrin ihrer selbst war und sich den Verwandten des Verstorbenen offenbart hatte, herrschte die größte Freude in der ganzen Familie; jeder war nett zu ihr, umsorgte sie, und man bestärkte sie, daß dies der einzige Weg sei, um ihren Mann mit Leib und Seele wiederzusehen. Der Jesuit vollendete diese Bekehrung, so hörte ich vom Marquis d'Argens; er mußte sie auch nicht belehren, da sie schon die Taufe erhalten und abgeschworen hatte. Diese angehende Heilige war häßlich.

Ihr junger Bruder wurde bald mein Freund. Er kam alle Tage nach Aix, um mich in alle Häuser einzuführen.

Wir waren jeden Tag mindestens dreißig Personen bei Tisch; das Essen war gut, ohne üppig zu sein. Es herrschte der Ton der guten Gesellschaft, die Scherze waren geschmackvoll und alle Bemerkungen anständig. Ausgeschlossen waren doppeldeutige Bemerkungen, die sich auf Liebschaften bezogen oder darauf hätten bezogen werden können. Wenn dem Marquis d'Argens eine derartige Bemerkung entschlüpfte, so schnitten die Damen jedesmal Gesichter, und der Beichtvater beeilte sich, ein anderes Gespräch zu beginnen. Dieser Beichtvater hatte nichts von der jesuitischen Weltgewandtheit an sich, denn er ging auf dem Lande wie ein einfacher Abbé gekleidet, und ich hätte nicht erraten, daß er Jesuit wäre. Der Marquis d'Argens hatte mich darauf aufmerksam gemacht; übrigens übte die Gegenwart des Mannes durchaus keine Wirkung auf meine natürliche Heiterkeit aus. Ich erzählte in sorgfältig gewählten Ausdrücken die Geschichte von dem Bilde der Heiligen Jungfrau, die das Jesuskind stillte und von den Spaniern nicht mehr angebetet wurde, als der unglückselige Pfarrer ihren schönen Busen mit einem häßlichen Tuch hatte bedecken lassen. Ich weiß nicht mehr, auf welche besondere Art ich diese Geschichte erzählte, aber alle Damen lachten darüber. Dieses Lachen mißfiel dem Jesuiten so sehr, daß er sich erlaubte, mir zu sagen, man dürfe Geschichten, die sich zweideutig auslegen ließen, nicht öffentlich erzählen. Ich dankte ihm mit einer Neigung des Kopfes, und um das Gespräch abzulenken, fragte der Marquis d'Argens mich, wie man auf italienisch eine große Fleischpastete nenne, die Madame d'Argens gerade eben verteilte und die von allen ausgezeichnet gefunden wurde.

»Wir nennen das eine Crostata,[12] doch weiß ich nicht, wie

man die göttlichen Leckereien bezeichnet, mit denen sie gefüllt ist.«

Das waren Fleischstückchen, Kalbsmilch, Champignons, Artischockenböden, Gänseleber und was weiß ich! Der Jesuit fand, ich machte mich über den ewigen Ruhm lustig, indem ich dieses Allerlei göttlich nannte. Über diese dumme Empfindlichkeit mußte ich unwillkürlich laut auflachen. Der Marquis d'Eguilles nahm meine Partei und sagte in gutem Französisch, das ist eine übliche Bezeichnung für solche Leckereien.

Nachdem er sich in dieser Weise erlaubt hatte, gegen den Beichtvater aufzutreten, hielt der verständige Mann es für besser, von etwas anderem zu sprechen. Unglücklicherweise trat er erst recht ins Fettnäpfchen, indem er mich fragte, welchen Kardinal man nach meiner Meinung zum Papst machen würde.

»Ich möchte darauf wetten, daß man den Pater Ganganelli[13] wählen wird, denn er ist im Konklave der einzige Kardinal, der zugleich Mönch ist.«

»Warum muß man denn durchaus einen Mönch zum Papst wählen?«

»Weil nur ein Mönch imstande ist, das zu tun, was Spanien von dem neuen Pontifex[14] verlangt.«

»Sie meinen die Aufhebung des Jesuitenordens?«

»Ganz recht.«

»Spanien verlangt sie vergebens.«

»Ich wünsche es; denn in den Jesuiten liebe ich meine Lehrer; aber ich hege große Befürchtungen, denn ich habe einen schrecklichen Brief gelesen. Abgesehen davon, wird Kardinal Ganganelli noch aus einem anderen Grund gewählt werden, über den Sie lachen werden, der aber nichtsdestoweniger ausschlaggebend ist.«

»Was ist das für ein Grund? Nennen Sie ihn uns; wir werden lachen.«

»Er ist der einzige Kardinal, der keine Perücke trägt. Solange das Papsttum besteht, hat auf Sankt Peters Stuhl niemals ein Papst mit einer Perücke gesessen.«

Da ich allen diesen Bemerkungen den Anstrich eines leichten Scherzes gab, so wurde viel darüber gelacht; hierauf aber veranlaßte man mich, ernsthaft über die Aufhebung des Ordens zu sprechen, und als ich alles sagte, was ich vom Abbate Pinzi[15] erfahren hatte, sah ich den Jesuiten erbleichen.

»Der Papst«, sagte er, »kann diesen Orden nicht aufheben.«

»Augenscheinlich, Monsieur, haben Sie nicht bei den Jesuiten studiert; denn sie haben den Satz aufgestellt: Der Papst kann alles ›et aliquid pluris‹.«[16]

Infolge dieser Worte glaubten alle, ich wüßte nicht, daß ich mit einem Jesuiten spräche, und da er nicht antwortete, so begannen wir von etwas anderem zu reden.

Nach dem Essen bat man mich, zur Aufführung des ›Polyeucte‹[17] dazubleiben; aber ich entschuldigte mich und fuhr mit dem jungen Gotzkowsky nach Aix zurück. Dieser erzählte mir die ganze Geschichte seiner Schwester und schilderte den Charakter der verschiedenen Personen, aus denen die tägliche Gesellschaft des Marquis d'Eguilles bestand. Ich sah, daß es mir unmöglich sein würde, mich ihnen anzupassen, und wenn ich nicht durch den jungen Berliner reizende Bekanntschaften gemacht hätte, so wäre ich nach Marseille gegangen. Mit Gesellschaften, Bällen, Soupers und Liebeleien mit sehr hübschen Mädchen verbrachte ich den Karneval[18] und einen Teil der Fastenzeit in Aix, immer mit Gotzkowsky zusammen, der jeden Tag in die Stadt kam, um mit mir unterhaltsame Abende zu verbringen.

Ich hatte Monsieur d'Argens, der ebenso gut griechisch sprach wie französisch, eine ›Ilias‹ von Homer zum Geschenk gemacht.[19] Ferner hatte ich seiner Adoptivtochter[20] eine lateinische Fassung des Romans ›Argenis‹[21] geschenkt, denn sie verstand die lateinische Sprache sehr gut. Meine Ilias-Ausgabe hatte den Kommentar von Porphyrios.[22] Es war ein seltenes Exemplar in reichem Einbande. Der Marquis kam nach Aix, um mir zu danken, und ich mußte, seiner Einladung folgend, noch einmal auf das Land hinausfahren zum Mittagessen.

Am Abend fuhr ich ohne Mantel in einem offenen Wagen bei sehr kaltem Nordwind nach Aix zurück. Ich kam ganz erstarrt an. Anstatt sogleich zu Bett zu gehen, begleitete ich Gotzkowsky zu einer Frau, die eine wunderschöne vierzehnjährige Tochter hatte. Das Mädchen forderte alle Liebhaber heraus, es zu entjungfern. Gotzkowsky hatte sich mehrfach bemüht, es war ihm jedoch nicht gelungen. Ich lachte ihn aus, denn ich wußte, daß das ein Trick war, und war fest entschlossen, die junge Spitzbübin aus dem Sattel zu heben, wie mir ähnliches bereits in England und in Metz gelungen war. Ich habe diese beiden Geschichten sicher zu ihrer Zeit erwähnt.[23]

Da das Mädchen uns zur Verfügung stand, so gingen wir voll Kraft ans Werk. Die junge Spitzbübin dachte nicht an Widerstand, sondern sagte, sie wünsche gar nichts Besseres, als durch irgend jemand von ihrer verdrießlichen Last befreit zu werden. Ich bemerkte sofort, daß die Schwierigkeit nur von ihrer schlechten Haltung herrührte; ich hätte sie vor allen Dingen durchprügeln sollen, wie ich es fünfundzwanzig Jahre früher in Venedig getan hatte, oder das Vorhaben aufgeben; aber törichterweise wollte ich durch Anwendung von Gewalt siegen, denn ich glaubte, ich könnte sie sozusagen vergewaltigen. Die Zeit der Heldentaten dieser Art war jedoch vorbei.

Nachdem ich zwei Stunden lang mich vergeblich bemüht hatte, ging ich in meinen Gasthof zurück, indem ich meinen Freund weiterarbeiten ließ.

Als ich mich zu Bett legte, verspürte ich sehr heftiges Stechen in der rechten Brust, und nachdem ich sechs Stunden geschlafen hatte, fühlte ich mich sehr unwohl. Es war eine Brustfellentzündung ausgebrochen. Ein alter Arzt, der die Behandlung übernahm, wollte mich nicht zur Ader lassen. Ich hatte einen heftigen Husten, und am nächsten Tage begann ich Blut zu spucken. Nach sechs oder sieben Tagen war die Krankheit so ernst, daß ich beichtete und die Letzte Ölung erhielt. Am zehnten Tage, nachdem ich drei Tage lang bewußtlos gewesen war, erklärte der alte Arzt, ein geschickter Mann, allen, die es wissen wollten, ich werde bestimmt mit dem Leben davonkommen; aber erst am achtzehnten Tage hörte ich auf, Blut zu spucken. Hierauf begann eine Rekonvaleszenz, die drei Wochen dauerte und die ich schwerer zu ertragen fand als meine Krankheit; denn ein Kranker, der leidet, hat keine Zeit, sich zu langweilen. Um sich zu langweilen, ohne etwas zu tun, braucht man Geist, den hat ein Kranker aber kaum. Während der ganzen Krankheit wurde ich Tag und Nacht von einer Frau gepflegt, die ich nicht kannte. Ich wußte nicht einmal, woher sie kam. Da ich mich aber mit unendlicher Sorgfalt und Aufmerksamkeit bedient sah, so wartete ich nur meine vollständige Heilung ab, um sie zu belohnen und wieder fortzuschicken. Diese Frau war nicht alt, sah aber auch nicht so aus, um mir den Wunsch einzuflößen, mich mit ihr zu unterhalten. Sie hatte während meiner Krankheit beständig in meinem Zimmer geschlafen.

Gleich nach dem Osterfest fühlte ich mich bereits wohl genug, um wieder ausgehen zu können, und ich wollte sie bezahlen und entlassen.

Ich verabschiedete mich von ihr, nachdem ich sie reichlich entlohnt hatte, und fragte sie, wer sie zu mir gebracht habe. Sie antwortete mir, der Arzt habe sie zu meiner Pflege angenommen. Dann entfernte sie sich. Als ich ein paar Tage später meinem alten Doktor dafür dankte, daß er mir eine so gute Krankenpflegerin besorgt habe, war er sehr erstaunt und versicherte mir, er kenne sie gar nicht!

Dies machte mich neugierig; ich fragte meine Wirtin, ob sie sie kenne, und sie verneinte ebenfalls. Kurz und gut, kein Mensch wollte die gute Frau kennen, und ich konnte trotz der größten Mühe nicht herausbringen, wie sie zu mir gekommen war. Ich hörte es erst bei meiner Abreise aus Aix; der Leser wird sich noch eine Viertelstunde gedulden müssen.

Als ich wieder gesund war, holte ich von der Post alle Briefe, die für mich dort lagen. Eine überraschende Neuigkeit erfuhr ich von meinem Bruder aus Paris in seiner Antwort auf meinen aus Perpignan an ihn gerichteten Brief. Er dankte mir für das Vergnügen, das ich ihm durch meinen Brief bereitete, indem ich durch diesen die ihm zugegangene schreckliche Nachricht widerlegt hätte, ich sei an der Grenze von Katalonien ermordet worden. ›Die Trauerbotschaft brachte mir einer deiner besten Freunde, der Graf Manucci von der venezianischen Gesandtschaft, und er versicherte mir, sie sei durchaus zuverlässig.‹

Der Brief war für mich ein Lichtstrahl. Der angeblich beste meiner Freunde hatte seine Rachsucht so weit getrieben, drei Meuchelmörder zu bezahlen, um mir das Leben zu nehmen. Damit stellte er sich jedoch bloß. Er mußte seiner Sache offenbar sehr sicher gewesen sein, da er meinen Tod als bereits eingetreten meldete. Indem er die Todesart bekanntgab, enthüllte er seinen verbrecherischen Anschlag. Als ich diesen Menschen zwei Jahre später in Rom traf und ihn von der Niedertracht seiner Handlungsweise überzeugen wollte, leugnete er alles und behauptete, er hätte die Nachricht ganz frisch von Barcelona erhalten; aber davon werden wir später sprechen, wenn es soweit ist.

Ich speiste täglich mittags und abends an der Wirtshaustafel, wo die Gesellschaft ausgezeichnet war. Eines Mittags sprach man von einem Pilger und einer Pilgerin, die soeben angekommen waren. Sie waren Italiener; sie kamen zu Fuß von Santiago de Compostela[24] und mußten Leute von hoher Geburt sein, denn sie hatten gleich nach ihrer Ankunft in der Stadt reichliche Almosen an die Armen ausgeteilt.

Man sagte, die Pilgerin solle reizend sein; sie sei ungefähr achtzehn Jahre alt und habe sich, sehr ermüdet, gleich nach ihrer Ankunft zu Bett gelegt. Sie wohnten in demselben Gasthof. Wir wurden alle neugierig, und ich mußte mich als Italiener an die Spitze der Gesellschaft stellen, um den beiden Personen einen Besuch zu machen, die offenbar entweder fanatisch fromm oder Betrüger waren.

Wir fanden die Pilgerin, die allem Anschein nach sehr matt war, in einem Lehnstuhl sitzend. Sie erregte unsere Teilnahme durch ihre große Jugend, durch ihre Schönheit, die durch einen Schimmer von Traurigkeit noch besonders gehoben wurde, und durch ein sechs Zoll langes Kruzifix aus gelbem Metall, das sie in den Händen hielt. Als wir eintraten, legte sie das Kruzifix fort und stand auf, um uns eine anmutige Verbeugung zu machen. Der Pilger, der auf sein Mäntelchen von schwarzer Wachsleinwand Muschelschalen[25] nähte, rührte sich nicht; indem er die Frau ansah, schien er uns zu sagen, wir müßten uns nur mit ihr beschäftigen. Er war anscheinend fünf oder sechs Jahre älter als sie, recht klein von Gestalt und ziemlich gut gewachsen. Auf seinem nicht unangenehmen Gesicht las man Kühnheit, Frechheit, Spottsucht und Betrügerei; er war gerade das Gegenteil von seiner Frau, die offenbar edel, bescheiden und sanft war und liebliche Schamhaftigkeit zeigte. Da die beiden nur so viel französisch sprachen, wie unumgänglich notwendig ist, um sich verständlich zu machen, so atmeten sie erleichtert auf, als ich sie italienisch anredete. Die Pilgerin sagte mir, sie sei Römerin; sie hätte es mir nicht zu sagen brauchen, denn ihre hübsche Aussprache verriet es mir. Den jungen Mann hielt ich für einen Sizilianer, aber er sagte mir, er stamme aus Neapel.

Sein in Rom ausgestellter Paß lautete auf den Namen Balsamo.[26] Sie trug die Namen Serafina Feliciani,[27] die sie seitdem immer beibehalten hat; ihn werden wir, wie der Leser sehen wird, zehn Jahre später unter dem Namen Cagliostro wiederfinden.[28]

Sie erzählte mir: »Wir sind auf dem Rückweg nach Rom, nachdem wir in Santiago de Compostela und in der Kirche ›Nuestra Señora del Pilar‹[29] unsere Andacht verrichtet haben. Wir sind den ganzen Weg zu Fuß gegangen und haben nur von Almosen gelebt und umsonst das Elend begehrt, damit ich gegenüber Gott, den ich in meinem Leben so oft beleidigt habe, mehr Verdienste habe und erwerbe. Vergebens bat ich, mir aus Barmherzigkeit nur einen Sou zu geben; man hat mir stets Silbermünzen und sogar Goldstücke gegeben, so daß wir nach unserer Ankunft in jeder Stadt das uns verbliebene Geld unter die Armen verteilen mußten, damit wir nicht die Sünde begingen, kein Vertrauen zur ewigen Vorsehung zu haben. Mein Mann ist kräftig und hat nicht viel gelitten; ich aber habe große Leiden ausgestanden, um einen so langen Weg zu Fuß zu machen, in schlechten Betten zu schlafen, und zwar stets angekleidet, um nicht von einer Hautkrankheit angesteckt zu werden, die man nicht leicht wieder los wird.«

Ich fand es ziemlich wahrscheinlich, daß sie den letzten Umstand nur anführte, um uns Lust zu machen, die Glätte ihrer Haut noch an anderen Stellen als an ihren Armen und Händen zu sehen, deren Weiße und tadellose Glätte sie uns einstweilen gratis sehen ließ. Ihr Gesicht hatte nur einen geringen Makel; es schien ein wenig katzenhaft[30] geschnitten zu sein, was den zärtlichen Ausdruck ihrer herrlichen blauen Augen zurücktreten ließ.

»Gedenken Sie sich hier einige Tage aufzuhalten?«

»Meine Ermüdung wird uns zwingen, drei Tage hier zu verbringen; von hier werden wir uns nach Rom begeben, und zwar über Turin, wo wir zum ›heiligen Schweißtuch‹[31] beten werden.«

»Sie wissen ohne Zweifel, daß es in Europa mehrere Schweißtücher gibt?«

»Man hat es uns gesagt, aber zugleich versichert, das Turiner Schweißtuch sei das echte: es ist das Tuch, das die heilige Veronika benutzte, um unserem Erlöser den Schweiß abzutrocknen, wodurch das göttliche Gesicht dem Tuche sein Antlitz eindrückte.«

Wir verabschiedeten uns sehr befriedigt von der hübschen Pilgerin, an deren Frömmigkeit wir jedoch wenig glaubten. Ich war noch zu schwach von meiner Krankheit her und hatte daher keine Absichten auf sie; aber alle, die mit mir bei ihr gewesen waren, hätten gern mit ihr zu Abend gespeist, um sie zu erobern. Am nächsten Tage kam der Pilger zu mir und fragte mich, ob ich hinaufkommen und mit ihnen frühstücken wolle oder ob es mir lieber wäre, wenn sie zu mir herunterkämen. Es wäre unhöflich gewesen, ihm zu antworten: keines von beiden; ich sagte ihm daher, sie würden mir ein Vergnügen bereiten, wenn sie herunterkämen.

Beim Frühstücken fragte ich den Pilger nach seinem Beruf; er antwortete mir, er mache Federzeichnungen in sogenannter Hell-Dunkel-Technik. Seine Kunst bestand darin, einen Kupferstich zu kopieren,[32] nicht aber einen neuen Stich zu entwerfen. Er versicherte mir jedoch, er verstehe seine Kunst ganz ausgezeichnet und könne einen Stich so getreu abzeichnen, daß die Kopie vom Original nicht zu unterscheiden sei.

»Ich mache Ihnen mein Kompliment dazu, das ist ein schönes Talent, mit dem Sie bestimmt, da Sie nicht reich sind, sehr gut Ihr Brot verdienen können, einerlei, wo Sie sich niederlassen werden.«

»Von allen Seiten wird mir dasselbe gesagt, aber es ist ein Irrtum, denn mit meinem Talent kann man Hungers sterben. Wenn ich in Rom oder Neapel diese Beschäftigung ausübe, verdiene ich höchstens einen halben Testone[33] täglich, und das ist nicht genug, um zu leben.«

Hierauf zeigte er mir Fächer, die er hergestellt hatte, und man konnte sich nichts Schöneres vorstellen; sie waren mit Federzeichnungen geschmückt, die wie eingraviert wirkten.

Um mich vollends zu überzeugen, zeigte er mir eine von ihm kopierte Rembrandt-Zeichnung,[34] die beinahe noch schöner war als das Original. Trotzdem schwor er mir, sein Talent verschaffe ihm nicht den Lebensunterhalt; ich glaubte ihm nicht; nach meiner Meinung war er einer von jenen faulenzenden Genies, die lieber ein vagabundierendes als ein arbeitsames Leben führen. Ich bot ihm für einen seiner Fächer einen Louis; er wies jedoch das Geld zurück, bat mich, den Fächer umsonst anzunehmen und für ihn bei Tisch eine Kollekte zu organisieren, denn er wünsche am übernächsten Tage weiterzureisen.

Ich nahm sein Geschenk an und versprach ihm, die Kollekte zu veranlassen. Ich brachte fünfzig oder sechzig Taler zusammen, die die Pilgerin sich holte, als wir noch bei Tisch saßen. Die junge Frau sah nicht liederlich, sondern durchaus tugendhaft aus. Als sie gebeten wurde, ihren Namen auf ein Lotteriebillett zu schreiben, entschuldigte sie sich mit der Bemerkung: Kinder, die man zu ehrbaren und tugendhaften Mädchen erziehen wolle, lasse man in Rom nicht schreiben lernen. Alle lachten über diese Entschuldigung, außer mir; sie tat mir leid, und ich wollte sie nicht gern erniedrigt sehen. Aber es schien mir nunmehr ganz sicher zu sein, daß sie vom Lande stammen mußte.

Am nächsten Tage kam die Pilgerin in mein Zimmer und bat mich, ihr einen Empfehlungsbrief für Avignon zu geben. Ich schrieb sofort zwei, den einen an den Bankier Audifret,[35] den andern an den Wirt des Gasthofes Saint-Omer.[36] Am Abend brachte sie mir den für Monsieur Audifret zurück, indem sie mir sagte, ihr Mann habe diesen für überflüssig erklärt. Zugleich bat sie mich, genau nachzusehen, ob es auch wirklich der Brief sei, den ich ihr gegeben habe. Ich sah die Schrift genau an und sagte, es sei ganz gewiß mein Brief. Hierauf antwortete sie mir lachend: »Sie irren sich, das ist nur eine Kopie.«

»Das ist nicht möglich!«

Sie rief ihren Mann herunter, der mit meinem Brief in der Hand kam und mich von der wunderbaren Fälschung überzeugte, die ja viel schwerer nachzumachen war als die Kopie einer Zeichnung. Bewundernd sagte ich, daß er aus seiner Begabung großen Vorteil ziehen könne, wenn er aber nicht vernünftig sei, könne sie ihn das Leben kosten.

Am nächsten Tage ging das Paar weiter. Ich werde später erzählen, wann und wie ich zehn Jahre später[37] diesen Menschen unter dem Namen eines Grafen Pellegrini wiedersah; seine Frau und unzertrennliche Begleiterin, die gute Serafina, war immer noch bei ihm. Im Augenblick, da ich dieses schreibe, befindet er sich im Gefängnis, das er wahrscheinlich nicht mehr verlassen wird, und seine Frau ist vielleicht glücklich, in einem Kloster zu leben. Man hat mir gesagt, er sei tot.[38]

Als ich meine Kräfte völlig wiedererlangt hatte, begab ich mich zum Marquis d'Argens beim Präsidenten d'Eguilles, um mich zu verabschieden. Nach dem Mittagessen verbrachte ich drei Stunden mit dem gelehrten alten Herrn, der mir hundert Geschichten aus dem Privatleben des preußischen Königs erzählte, die sich alle als Anekdoten veröffentlichen ließen, sobald ich Zeit und Lust hätte. Er war ein Herrscher mit großen Eigenschaften und großen Fehlern, wie fast alle bedeutenden Männer; doch die Gesamtheit und die Schwere seiner Fehler waren geringer.

Der ermordete König von Schweden[39] fand ein Vergnügen darin, Haß zu erregen und ihm zu trotzen, indem er seinen Neigungen nachging. Er war der geborene Despot und mußte ein Despot sein, um seine ihn beherrschende Leidenschaft zu befriedigen: nämlich von sich reden zu machen und als großer Mann zu gelten. Darum haben seine Feinde sich dem Tode geweiht, um ihm das Leben zu rauben. Der König hätte sein Ende voraussehen müssen, denn seine Gewalttaten hatten schon lange die von ihm Unterdrückten zur Verzweiflung getrieben.

Der Marquis d'Argens schenkte mir alle seine Werke.[40] Ich fragte ihn, ob ich mich wirklich rühmen könnte, alle zu besitzen, und er antwortete mir: »Ja, mit Ausnahme eines Teils meiner Lebensgeschichte, die ich in meiner Jugend geschrieben und damals zum Druck gegeben habe; nun bereue ich es, sie geschrieben zu haben.«

»Warum?«

»Weil ich die Begeisterung hatte, nur die Wahrheit sagen zu wollen, und mich damit unsterblich lächerlich gemacht habe. Sollten Sie jemals eine solche Lust verspüren, so weisen Sie sie als eine Versuchung von sich. Ich kann Ihnen versichern, Sie würden es bereuen; denn als Ehrenmann könnten Sie nur die Wahrheit schreiben und als wahrheitsliebender Berichterstatter wären Sie nicht nur verpflichtet, nichts zu verschweigen, sondern Sie dürften nicht einmal mit den von Ihnen begangenen Fehlern eine feige Nachsicht üben, und als echter Philosoph müßten Sie dann alle Ihre guten Taten richtig hervorheben. Sie wären genötigt, sich im Wechsel zu tadeln und zu loben. Wenn Sie etwas zu gestehen hätten, würde man es für bare Münze nehmen; wenn Sie aber wahrheitsgemäß etwas Gutes von sich sagen, würde man Ihnen nicht glauben. Außerdem würden Sie sich Feinde machen, wenn es notwendig wäre, Geheimnisse zu berichten, die die Menschen, die sie betreffen, unehrenhaft erscheinen lassen. Wenn Sie die Namen verschweigen, würde man sie erraten; das ist das gleiche. Glauben Sie mir, lieber Freund, wenn es einem Menschen nicht erlaubt ist, von sich selber zu sprechen, so ist es ihm noch viel weniger erlaubt, über sich zu schreiben. Man gestattet es höchstens einem Menschen, den eine Verleumdung zwingt, sich zu verteidigen. Hören Sie auf mich, begehen Sie nie den Fehler und schreiben Ihre Lebenserinnerungen nieder.«

Durch seine weisen Reden überzeugt, versprach ich ihm, niemals eine solche Torheit zu begehen; trotzdem tue ich seit sieben Jahren[41] nichts anderes, und es ist für mich allmählich eine Notwendigkeit geworden, die Sache zu Ende zu bringen, obwohl ich bereits bereue, sie angefangen zu haben. Aber ich schreibe in der Hoffnung, daß meine Geschichte niemals veröffentlicht wird; ich bin sicher, daß ich während meiner letzten Krankheit endlich so vernünftig sein werde, alle meine Hefte in meiner Gegenwart verbrennen zu lassen. Sollte dies nicht der Fall sein können, so rechne ich auf die Nachsicht meiner Leser, und diese werden sie mir nicht vorenthalten, wenn sie erfahren, daß die Niederschrift meiner Erinnerungen für mich das einzige Heilmittel war, um nicht wahnsinnig zu werden oder vor Ärger zu sterben über die Unannehmlichkeiten, die mir die Halunken im Schloß des Grafen von Waldstein in Dux bereitet haben.[42] Indem ich täglich zehn oder zwölf Stunden schrieb, habe ich verhindert, daß mich der düstere Verdruß umbrachte oder mir die Vernunft raubte. Wir werden darüber zur gegebenen Zeit sprechen.[43]

Am Tage nach dem Fronleichnamsfest[44] reiste ich von Aix ab und begab mich nach Marseille. Ich habe jedoch noch ein paar Worte über die Prozession zu sagen, die man an diesem Festtag in allen katholischen Städten abhält, in Aix-en-Provence aber mit eigentümlichen Gebräuchen, daß ein Fremder, der sich darüber nicht wundert, ganz abgestumpft sein muß. Es ist bekannt, daß dieser Prozession des höchsten Wesens, das man mit Leib und Seele in der vom Bischof getragenen Hostie darbietet, sämtliche religiösen und weltlichen Körperschaften folgen. Das ist so überall, hierüber will ich nichts sagen. Was aber berichtet und aufgeschrieben werden muß, das sind die Maskeraden, Blödheiten und Späße, die man sich erlaubt und zeigt. Man sieht den Teufel, den Tod, die Todsünden, auf possenhafte Art gekleidet sich einander prügeln, sehr wütend darüber, daß sie an diesem Tage dem Schöpfer ihre Huldigung zeigen müssen. Das Volk lärmt, schreit, pfeift und verspottet diese Gestalten, das Geräusch der Lieder, das die Menge ausstößt, der Schabernack, den sie mit ihnen treibt, das alles bildet ein Schauspiel, das mehr an die Saturnalien[45] und an die Auswüchse des Heidentums, von denen wir sonst lesen, erinnert. Die ganze Landbevölkerung von fünf bis sechs Meilen im Umkreis kommt an diesem Tage nach Aix, um Gott zu ehren. Es ist sein Fest. Gott wandelt im ganzen Jahr nur einmal auf Erden; an diesem Tage muß man ihn fröhlich stimmen, ihn zum Lachen bringen. Man glaubt das allen Ernstes, und wenn einer sich erlauben sollte, etwas dagegen zu sagen, so würde er als gottlos gelten, denn der Bischof marschiert an der Spitze der Prozession. Monsieur de Saint-Marc,[46] ein bedeutender Mann des Parlaments, sagte in ernstem Tone zu mir, dieses Fest wäre eine ausgezeichnete Sache, denn dadurch kämen an einem einzigen Tage mindestens hunderttausend Francs in die Stadt. Da ich diese Wahrheit sofort begriff, sagte ich nichts dagegen.

Während meines Aufenthaltes in Aix verging kein Tag, daß ich nicht an Henriette[47] dachte. Da ich ihren richtigen Namen kannte, so hatte ich nicht vergessen, was sie mir durch Marcolina hatte sagen lassen;[48] ich erwartete, sie in Aix in irgendeiner Gesellschaft zu treffen, und ich würde dann die Rolle so gespielt haben, wie sie es gewünscht hätte. Mehrmals hatte ich ihren Namen nennen gehört, aber ich hatte mir niemals eine Frage erlaubt, da ich sorgfältig vermeiden wollte, daß man vermuten könnte, die Dame sei mir bekannt. Ich hatte stets geglaubt, sie sei auf dem Lande, und da ich beschlossen hatte, ihr einen Besuch zu machen, war ich nur deswegen nach meiner schweren Krankheit noch sechs Wochen in Aix geblieben, um vollständig gesund bei ihr anzukommen. Als ich nun von Aix abreiste, hatte ich in meiner Tasche einen Brief, wodurch ich mich bei ihr anmeldete. Ich beabsichtigte vor dem Tor des Schlosses zu halten, ihr den Brief hineinzuschicken und den Wagen nicht zu verlassen, wenn sie mich nicht dazu auffordern würde.

Ich hatte dem Postillon Bescheid gesagt; ihr Schloß lag anderthalb Meilen vor der ›Croix d'or‹.[49] Wir kamen an das Landgut. Es war elf Uhr. Ich gab einem Mann, der fragte, was ich wolle, den Brief, und er sagte mir, er werde nicht verfehlen, ihn ihr zu schicken.

»Ist Madame denn nicht hier?«

»Nein, Monsieur, sie ist in Aix.«

»Seit wann?«

»Seit sechs Monaten.«

»Wo wohnt sie?«

»In ihrem Hause; sie wird erst in drei Wochen hier hinauskommen, um nach ihrer Gewohnheit den Sommer hier zu verbringen.«

»Würden Sie so freundlich sein, mich einen Brief schreiben zu lassen?«

»Bitte, steigen Sie nur aus! Ich werde Sie in die Zimmer von Madame führen. Dort werden Sie alles finden, was Sie brauchen.«

Ich stieg aus, trat ins Haus und sah zu meiner größten Überraschung meine Krankenpflegerin vor mir.

»Sie wohnen hier?«

»Jawohl, Monsieur.«

»Seit wann?«

»Seit zehn Jahren.«

»Wie kam es denn, daß Sie mich während meiner Krankheit pflegten?«

»Das werde ich Ihnen wahrheitsgemäß sagen, wenn Sie mit mir hinaufgehen.«

Ihre Erzählung lautete folgendermaßen:

»Madame ließ mich holen und befahl mir, zu Ihnen in den Gasthof zu gehen und Sie so zu pflegen, wie wenn sie selber krank gewesen wäre, und Ihnen zu sagen, ich sei auf Anordnung des Arztes bei Ihnen, falls Sie etwa irgendeine Frage an mich stellen sollten.«

»Der Arzt hat mir gesagt, er kenne Sie nicht.«

»Vielleicht hat er Ihnen die Wahrheit gesagt; wahrscheinlicher aber ist es, daß er von Madame den Auftrag erhalten hatte, Ihnen so zu antworten. Mehr weiß ich übrigens nicht; aber ich bin überrascht, daß Sie Madame nicht in Aix gesehen haben.«

»Sie muß wohl niemanden bei sich empfangen.«

»Allerdings, aber sie geht überallhin.«

»Das ist sehr verwunderlich. Ich muß sie gesehen haben und kann nicht begreifen, daß ich sie nicht erkannt habe. Sie sind seit zehn Jahren bei ihr. Ist sie verändert? Hat sie irgendeine Krankheit gehabt, durch die ihr Gesicht sich verunstaltet hat? Ist sie gealtert?«

»Durchaus nicht. Sie ist stattlicher geworden, aber ich versichere Ihnen, man würde sie für eine Frau von dreißig Jahren halten.«

»Ich werde ihr schreiben.«

Die Frau ging hinaus. Ich fühlte mich ratlos über diese seltsame Geschichte und fragte mich: soll ich augenblicklich nach Aix umkehren? Wer kann sie gehindert haben, mich zu empfangen? Wenn sie mich nicht empfängt, werde ich sofort wieder abreisen. Aber Henriette liebt mich noch. Sie hat mich während meiner Krankheit pflegen lassen, und das würde sie nicht getan haben, wenn ich ihr gleichgültig geworden wäre. Sie wird verletzt sein, daß ich sie nicht wiedererkannt habe. Sie weiß, daß ich von Aix abgereist bin, und kann nicht daran zweifeln, daß ich in diesem Augenblick hier bin, sie nimmt als weiteres an, mich bei sich zu sehen. Soll ich zu ihr fahren? Oder soll ich ihr schreiben?

Zu dem letzteren entschloß ich mich endlich. Ich schrieb ihr, ich würde in Marseille postlagernd auf ihre Antwort warten. Ich gab meiner Pflegerin den Brief und das nötige Geld, um ihn sofort durch einen Eilboten zu befördern, und stieg wieder in meinen Wagen. Zum Mittagessen war ich in Marseille, wo ich in einem schlechten Gasthof abstieg, da ich nicht erkannt werden wollte. Kaum war ich ausgestiegen, so sah ich zu meiner Freude Signora Schizza, Ninas Schwester. Sie war mit ihrem Mann vor drei oder vier Tagen aus Barcelona gekommen, und sie wollten gerade nach Livorno weiterfahren. Sie hatte schon gegessen, und ihr Mann war gerade nicht da. Ich hatte große Neugier, manches zu erfahren, und bat sie daher, in mein Zimmer zu kommen, bis man mir mein Essen brächte.

»Was macht Ihre Schwester? Ist sie immer noch in Barcelona?«

»Ja; aber sie wird nicht mehr lange dort bleiben, denn der Bischof will sie weder in der Stadt noch in seiner Diözese dulden, und der Bischof ist mächtiger als Graf Ricla. Sie ist von Valencia zurückgekehrt, weil Graf Ricla geltend machte, man könne es einer Frau nicht verwehren, durch Katalonien nach Italien zurückzureisen. Man bleibt aber nicht neun oder zehn Monate in einer Stadt, wenn man nur auf der Durchreise ist. Innerhalb eines Monats wird sie sicherlich abreisen, aber daraus macht sie sich nicht viel; denn sie ist sicher, daß der Graf sie überall, wohin sie auch reisen wird, großzügig aushalten wird, und es wird ihr vielleicht gelingen, ihn zugrunde zu richten. Einstweilen freut sie sich, daß sie seinen guten Ruf vernichtet hat.«

»Ich weiß ja, wie sie zu denken pflegt; aber schließlich kann sie doch nicht die Feindin eines Mannes sein, durch den sie bis jetzt reich geworden sein muß.«

»Davon kann nicht die Rede sein. Sie hat nichts als ihre Diamanten. Aber können Sie annehmen, daß dieses Scheusal Dankbarkeit kennt? Glauben Sie, sie denke wie ein Mensch? Sie ist ein richtiges Scheusal; das weiß niemand so gut wie ich; sie ist es, weil sie es sein muß. Sie hat nur darum den Grafen gezwungen, hundert Ungerechtigkeiten zu begehen, weil ganz Spanien von ihr sprechen und weil alle Welt wissen soll, daß sie Herrin über seinen Leib, seine Güter, seine Seele und seinen Willen ist. Je haarsträubender eine Ungerechtigkeit ist, zu der sie ihn veranlaßt, desto sicherer ist sie, daß man von ihr sprechen wird, und weiter will sie nichts. Ihre Verpflichtungen gegen mich, Monsieur, sind unzählig; denn sie verdankt mir alles, sogar das Leben; aber anstatt mir Gutes zu tun, indem sie meinem Mann einen besseren Posten mit einer Gehaltserhöhung verschaffte, was sie nur ein Wort gekostet hätte, hat sie ihn verabschieden lassen.«

»Ich wundere mich, daß sie sich bei solcher Gesinnung gegen mich so edelmütig benommen hat.«

»Ja, ich weiß alles; aber wenn Sie ebenfalls alles wüßten, würden Sie ihr für das, was sie für Sie getan hat, nicht dankbar sein.«

»Nun, sprechen Sie!«

»Sie hat Ihre Rechnung im Gasthof und die Verpflegung im Gefängnisturm nur deshalb bezahlt, damit das Publikum zur Schande des Grafen glauben sollte, Sie wären ihr Liebhaber. Ganz Barcelona weiß, daß man Sie vor ihrer Tür hat ermorden wollen und daß der Attentäter, den Sie verwundet haben, gestorben ist.«

»Aber sie hat doch nicht den Überfall befehlen können, noch davon Kenntnis haben können, denn das wäre nicht natürlich!«

»Das weiß ich wohl, aber an Nina ist eben nichts Natürliches. Ich kann Ihnen bezeugen, was ich selber mit angesehen habe. Während der Stunde, die der Graf bei ihr verbrachte, sprach sie unaufhörlich von Ihnen, von Ihrem Geist, Ihrem Auftreten, und die Vergleiche, die sie mit den Spaniern anstellte, setzten diese herunter. Ungeduldig geworden, forderte der Graf sie auf, von etwas anderem zu sprechen; aber vergeblich. Als er sich schließlich entfernte, stieß er einen Fluch gegen Sie aus. Zwei Tage vor dem Attentat auf Sie verließ er sie mit der Erklärung, daß er ihr einen Dienst erweisen werde, auf den sie nicht gefaßt sei. Als wir dann den Gewehrschuß gleich nach Ihrem Fortgehen hörten, sagte sie ohne die geringste Gemütsbewegung, dieser Schuß sei ohne Zweifel die Höflichkeit, die ihr der unglückliche Edelmann in Aussicht gestellt habe. Ich sagte ihr, vielleicht habe man Sie getötet. ›Um so schlimmer für den Grafen!‹ sagte sie zu mir; ›denn er wird ebenfalls an die Reihe kommen und seinen Mörder finden.‹ Dann lachte sie bei dem Gedanken, welches Aufsehen die Nachricht am nächsten Tage in Barcelona verursachen würde. Am anderen Morgen um acht Uhr bemerkte ich aber, daß sie recht erfreut war, als Ihr Bedienter ihr meldete, man habe Sie verhaftet und auf die Zitadelle gebracht.«

»Wie? Mein Bedienter? Ich habe niemals gewußt, daß er Beziehungen zu ihr hatte.«

»Sie sollten das auch nicht wissen. Übrigens kann ich Ihnen versichern, daß er ein Mann war, der Sie mochte.«

»Davon bin ich überzeugt gewesen. Fahren Sie fort.«

»Nina schrieb Ihrem Wirt ein Briefchen. Sie zeigte es mir nicht; aber ohne Zweifel hat sie ihm darin befohlen, Ihnen alles zu besorgen, was Sie wünschen würden. Der Bediente sagte uns, er habe den blutbefleckten Degen und das Loch in Ihrem Mantel gesehen. Sie freute sich darüber, aber nicht etwa, weil sie Sie liebte; glauben Sie das nur nicht! Sie freute sich, weil Sie dem Attentat entgangen waren und sich daher rächen könnten. Wir hätten nur zu gern gewußt, welchen Vorwand der Graf benutzte, um Sie verhaften zu lassen.

An diesem Abend kam der Graf nicht, aber am nächsten Tage erschien er um acht Uhr, und das niederträchtige Weib empfing ihn lachend mit zufriedenem Gesicht. Sie sagte ihm, sie wisse, daß er Sie ins Gefängnis gesteckt habe; daran habe er wohlgetan, denn er könne sich dazu doch nur entschlossen haben, um Ihr Leben gegen neue Nachstellungen Ihrer Feinde zu sichern. Er antwortete kurz angebunden, Ihre Verhaftung habe mit dem Vorfall der letzten Nacht nichts zu tun. Sie seien nur für einige Tage festgenommen, denn man prüfe Ihre Papiere und werde Sie wieder freilassen, wenn man daran nichts finde, was eine strengere Haft rechtfertigen könnte. Nina fragte ihn, wer der Mann wäre, den Sie verwundet hätten.

Er antwortete: ›Die Polizei stellt Nachforschungen an, denn man hat weder einen Verwundeten noch die geringsten vergossenen Blutspuren gefunden. Man hat nur Casanovas Hut entdeckt, und diesen hat man ihm geschickt.‹ – Hierauf blieben sie bis Mitternacht miteinander allein. Drei Tage darauf erfuhr alle Welt, daß Sie in den Turm gesperrt worden seien.

Am Abend fragte Nina den Grafen nach dem Grunde dieser Maßregel; er antwortete, man hätte Verdacht, daß Ihre drei Pässe falsch seien, denn der vom venezianischen Gesandten in San Ildefonso ausgestellte müsse es sein. Da man wisse, daß Sie in Ihrer Heimat in Ungnade seien, so sei es nicht wahrscheinlich, daß der Gesandte Ihnen einen Paß gegeben habe; wenn aber der venezianische falsch sei, hätten Sie weder den des Königs noch den vom Grafen Aranda erhalten können. Denn man gibt Ausländern keinen Paß, wenn sie nicht einen vom Gesandten ihrer Heimat vorweisen können. Sie meinte dann, daß diese Annahme Sie in diese mißliche Lage gebracht hätte und daß Sie erst wieder freigelassen würden, wenn Ihre Pässe, vom Hof bestätigt, wo sie ausgestellt worden seien, zurückkämen. Das war es.

Als wir erfuhren, daß der Maler Pogomas verhaftet worden war, waren wir überzeugt, daß er Sie bei der Regierung als Fälscher angezeigt hätte, um sich dafür zu rächen, daß Sie ihn aus unserem Hause hatten werfen lassen. Der Maler blieb weiter in der Zitadelle inhaftiert, und wir befanden uns in dem Glauben, daß man ihn als Bürgen für seine Anschuldigung brauchte. Wir gelangten zu dem Schluß, daß man Sie freilassen werde, als wir hörten, daß Pogomas aus dem Gefängnisse entlassen, aber zu Schiff nach Genua gebracht worden war. Das hieß doch, daß Ihre Pässe vom Hof als gültig anerkannt worden waren; als wir aber sahen, daß man Sie immer noch in Haft behielt, da wußte Nina nicht mehr, was sie darüber denken sollte; denn der Graf antwortete nicht mehr auf ihre Fragen nach Ihrem Befinden. Falsch, wie sie ist, hatte sie den Entschluß gefaßt, diese Geheimnistuerei zu loben, ebenfalls seine Gründe, die er haben mochte, über alles, was Sie anging, aber zu schweigen. Da erfuhren wir endlich, daß Sie in Freiheit gesetzt und vollkommen gerechtfertigt seien.

Nina zweifelte nicht, Sie im Parkett zu sehen, und daß sie in ihrer Loge vor dem Publikum triumphieren würde, das sie als die ansehen mußte, die es erreicht hatte, den Generalkapitän zu zwingen, Sie freizulassen. Sie gedachte, sich in ihrer Loge in voller Pracht zu zeigen, und sie war sehr erstaunt, als sie hörte, daß die Theatervorstellungen für drei Tage ausfallen würden. Am Abend erfuhr sie vom Grafen, man habe Ihnen Ihre Pässe und Papiere wiedergegeben und Ihnen den Ausweisungsbefehl erteilt; sie lobte die Vorsicht ihres verrückten Liebhabers. Sie dachte sich wohl, daß Sie nicht wagen würden, sie zu besuchen, denn sie glaubte, Sie hätten gewiß geheime Befehle empfangen, keinerlei Beziehungen zu ihr zu unterhalten; da erfuhr sie, daß Sie abgereist seien, ohne ihr auch nur ein ganz kleines Briefchen zu schreiben. Sie sagte, wenn Sie den Mut gehabt hätten, sie einzuladen, wäre sie mit Ihnen abgereist. Zu ihrer Überraschung hörte sie jedoch acht Tage darauf von Ihrem Bedienten, daß Sie wie durch ein Wunder den Meuchelmördern entronnen seien. Am Abend machte sie dem Grafen lachend ein Kompliment darüber, er schwor aber, er wisse nichts davon. Danken Sie Gott, daß Sie aus Spanien lebend heraus gekommen sind, nachdem Sie Nina, dieses Scheusal, in Valencia kennengelernt hatten, das Sie schließlich noch das Leben gekostet hätte; auch ich bin durch ihre Schuld unglücklich, und Gott strafe mich gerecht dafür, daß ich es ihr gegeben habe.«

»Wieso gegeben habe?«

»Ja, damit Sie es wissen, Nina ist meine Tochter.«

»Ist es möglich? Alle Welt hält sie für Ihre Schwester.«

»Sie ist auch meine Schwester, denn sie ist die Tochter meines Vaters.«

»Was höre ich, Ihr Vater hat Sie geliebt?«

»Ja, ich war damals sechzehn Jahre alt, als ich schwanger wurde von ihm. Sie ist aus einem Verbrechen entsprossen, und der gerechte Gott bestraft mich gerade durch sie. Mein Vater ist ihrer Rache durch seinen Tod entgangen; sicher werde ich sie umbringen, ehe sie mich umbringt. Ich hätte sie in der Wiege erdrosseln sollen.«

Außer mir vor Entsetzen, hörte ich schweigend diese furchtbare Erzählung an, deren Wahrheit nicht anzuzweifeln war.

Auf meine Frage, ob Nina wisse, daß sie ihre Tochter sei, sagte sie mir, daß ihr Vater es ihr selber erzählt habe, als sie elf Jahre alt gewesen sei; der gleiche liebe Vater hätte ihr auch die Jungfernschaft genommen, und er würde sie sicherlich auch zur Mutter gemacht haben, wenn er nicht in demselben Jahre gestorben wäre.

Als ich von dieser zweiten Untat des Scharlatans Pelandi hörte, mußte ich lachen. Der Mann hatte eben das Pech, sich in seine Töchter und Enkelinnen zu verlieben. Meiner Ansicht nach gab es von der Natur aus keinen Grund zum Entsetzen, denn das Entsetzen, das man dabei empfindet, entsteht durch die Erziehung und die Gewohnheit. Ich fragte sie dann, wie sich Graf Ricla in Nina verliebte.

»Hören Sie! Die Geschichte ist nicht lang, aber einmalig. Sie hatte ihren Mann Bergonzi in Lissabon verlassen; als sie vor zwei Jahren von Portugal nach Barcelona kam, wurde sie nur wegen ihres schönen Wuchses als Ballettfigurantin angenommen; denn Talent hat sie ja nicht. Das einzige, was sie gut macht, ist ein Drehsprung, der ›Rivoltata‹.[50] Bei diesem Sprung bekam sie immer Applaus aus dem Parkett, denn man konnte ihre Hosen bis zum Gürtel sehen. Nun muß man wissen, daß in Spanien ein Theatergesetz besteht, daß jede Tänzerin, die auf der Bühne dem Publikum ihre Unterhosen zeigt, zu einem Taler Strafe verurteilt wird. Nina wußte davon nichts und machte ihre ›Rivoltata‹, als sie den Beifall hörte, machte sie es gleich noch einmal; aber nach dem Ballett sagte der Inspizient ihr, er würde zur Strafe für ihre schamlosen Sprünge zwei Taler von ihrem Monatsgehalt zurückbehalten. Nina fluchte und wetterte, konnte aber gegen das Gesetz nichts machen. Wissen Sie, was sie am übernächsten Tage tat, um sich zu rächen? Sie trat ohne Hosen auf und machte die ›Rivoltata‹ gleich gut. Dies erregte im Parkett eine so stürmische Heiterkeit, wie man sie in Barcelona noch niemals erlebt hatte.

Graf Ricla, der von seiner Bühnenloge aus alles noch besser gesehen hatte als die anderen und sich von Entsetzen und zugleich von Bewunderung ergriffen fühlte, ließ den Inspizienten rufen und sagte ihm, er müsse diese freche Gesetzesbrecherin auf ganz andere Weise als durch Geldbuße exemplarisch bestrafen. ›Einstweilen schicken Sie sie mal sofort zu mir!‹

Gleich darauf stand Nina in der Loge des Vizekönigs und fragte ihn mit unverschämter Miene, was er von ihr wünsche.

›Sie sind eine schamlose Person und haben es vor dem Publikum und vor den Gesetzen an Achtung fehlen lassen, Sie verdienen eine strenge Bestrafung.‹

›Was habe ich getan?‹

›Sie haben den gleichen Sprung gemacht wie vorgestern.‹

›Allerdings; aber ich habe Ihre katalonischen Gesetze nicht verletzt; kein Mensch kann behaupten, daß er meine Hosen gesehen hat; denn um sicher zu sein, daß man sie nicht sehen würde, habe ich keine angezogen. Konnte ich mehr für Ihr verdammtes Gesetz tun, das mich bereits zwei Taler kostete? Antworten Sie mir!‹

Der Vizekönig und alle die ernsten würdigen Herren, die zugegen waren, mußten sich auf die Lippen beißen, um nicht zu lachen, denn wie Sie wissen, schadet das Lachen der Würde. Das Teufelsweib Nina hatte im Grunde recht, und wenn es zu einem Wortwechsel über diese Gesetzesverletzung gekommen wäre, wenn man von Beweisen der Schuld Ninas gesprochen hätte, hätte man alles ins Lächerliche gezogen. Deshalb hielt sich der Vizekönig zurück und sagte zu ihr nur, wenn sie in Zukunft noch einmal ohne Hosen tanze, werde sie einen Monat bei Wasser und Brot im Gefängnis sitzen. Nina war gehorsam.

Acht Tage darauf gab man ein neues Ballett meines Mannes. Es wurde mit solchem Beifall aufgenommen, daß das Publikum stürmisch die Wiederholung verlangte. Der Graf befahl, den Wunsch des Publikums zu erfüllen, und den Tänzern und Tänzerinnen wurde in ihren Logen gesagt, daß sie noch einmal aufzutreten hätten.

Nina, die sich inzwischen fast gänzlich entkleidet hatte, sagte meinem Mann, er möchte sich verhalten, wie er wollte, sie würde nicht tanzen. Da sie nun eine unentbehrliche Persönlichkeit darstellte, so konnte das Ballett ohne sie nicht aufgeführt werden. Ihr waren seine Gründe gleichgültig; sie wollte eben nicht. Mein Mann berichtete dem Inspizienten, warum er den Wunsch des Publikums nicht erfüllen könne. Der Inspizient begab sich zu Nina in die Garderobe und schaffte es auch nicht, sie zu überreden, er drohte ihr und wurde dann recht wütend; Nina warf ihn darauf an den Schultern mit solcher Kraft zur Tür hinaus, daß der kleine Mann fast gestürzt wäre. Seine Exzellenz hörte in der Loge die ganze Geschichte, und zwei Soldaten brachten Nina sofort zum Gouverneur, so wie sie war, nicht gerade im Hemd, aber trotzdem nur halb angezogen, und das zu seinem Unglück, denn wenn er sie bestrafen sollte, hätte er sie nicht in diesem Aufzug sehen dürfen. Sie wissen ja, wie schön die Spitzbübin ist. Der Gouverneur sagte ihr mit unsicherer Stimme, was er ihr zu sagen hatte; Nina antwortete ihm kühn, es stehe in seiner Macht, sie töten zu lassen, aber nicht, sie gegen ihren Willen zum Tanzen zu veranlassen.

›Ich bin außer mir‹, rief sie, ›sollen doch Spanien, das Parkett und die ganze Erde untergehen; ich will nicht tanzen, ich bin im Recht, Sie können mich nicht zwingen, in meinem Vertrag steht nichts davon, daß ich zweimal im gleichen Ballett an einem Abend tanzen muß. Ihr anmaßendes Benehmen und Ihre Kränkungen, die Sie mir in Ihrem abscheulichen Despotismus zufügen, veranlassen mich, Ihnen sofort zu erklären, daß ich Ihnen nicht mehr die Ehre erweisen werde, in diesem Theater zu tanzen, heute, morgen und niemals mehr. Ich will keinen Peso haben; ich will, daß Sie mich nach Hause lassen, vergessen Sie nicht, ich bin eine freie Venezianerin. Sollten Sie mich jedoch weiteren Mißhelligkeiten aussetzen, werde ich alles standhaft dulden, und wenn Sie mich nicht töten lassen, werde ich Rache üben und in Italien von Ihrem Verhalten gegen anständige Frauen berichten!‹

Erstaunt sagte der Gouverneur, Nina sei verrückt. Er ließ meinen Mann kommen und befahl ihm, das Ballett ohne sie aufführen zu lassen und in Zukunft nicht auf sie zu rechnen, denn sie stehe nicht mehr in seinem Dienst. Dann sagte er zu Nina, sie möchte gehen, und befahl den Soldaten, sie freizulassen. Sie ging in ihre Garderobe zurück, und als sie sich angezogen hatte, kam sie zu uns, denn sie wohnte bei uns. Das Ballett wurde wiederholt, so gut es eben ging; aber Gouverneur Graf Ricla hatte sich heftig in die Unverschämte verliebt. Sie hatte vor, einen kostbaren Ring zu verkaufen, um schnellstens nach Italien zu reisen.

Am folgenden Tage kam der jämmerliche Sänger Molinari[51] zu Nina und sagte ihr, Seine Exzellenz wünsche sich zu überzeugen, ob sie wahnsinnig sei oder es gewesen sei, als sie mit ihm gesprochen habe wie noch niemand in seinem Leben; am nächsten Tage wolle er sie in einem kleinen Landhause sehen.

Das war just, was Nina wollte, und sie antwortete Molinari: ›Sagen Sie Seiner Exzellenz, ich werde der Einladung Folge leisten und er werde mich sanft und verständig finden.‹ So fand die vom Kuppler Molinari vorbereitete Zusammenkunft statt und führte zu allem weiteren. Damit sie sich das Wohlwollen des Edelmannes erhält und ihn ständig zügeln kann, läßt sie ihm ab und zu schlechte Behandlung angedeihen, damit sie ihm sein Glück verdoppelt, wenn sie ihn zärtlich umgarnt. Er kann sie nicht aufgeben.«

Das alles hörte ich von der blutschänderischen Schizza, die um diese Zeit etwa vierzig Jahre alt sein mußte. Zwei Jahre später wird der Leser Nina in Bologna wiedertreffen.[52] Davon werden wir dann sprechen.

Am nächsten Tage erhielt ich, wie ich erwartet hatte, die Antwort meiner Henriette. Sie schrieb mir:

›Nichts, mein lieber Freund, ist romantischer als die Geschichte unserer Begegnung in meinem Landhause vor sechs Jahren und jetzt wieder von neuem, zweiundzwanzig Jahre[53] nach jenem Tage, da wir uns in Genf trennten. Wir sind alle beide älter geworden. Obgleich ich Sie noch liebe, ist es mir doch angenehm, daß Sie mich nicht wiedererkannt haben. Nicht daß ich häßlich geworden wäre, aber ich bin fülliger geworden, und dadurch haben sich meine Gesichtszüge verändert. Ich bin

Witwe, lebe glücklich und besitze ein genügendes Vermögen, um Ihnen sagen zu können, daß Sie sich an Henriettes Börse wenden mögen, wenn Sie etwa bei den Bankiers kein Geld bekommen sollten. Kommen Sie nicht nach Aix zurück, um das Wiedersehen mit mir zu feiern, denn Ihre Rückkehr könnte Anlaß zu Gerede geben; wenn Sie aber nach einiger Zeit herkommen, so werden wir uns sehen können, jedoch nicht wie alte Bekannte. Ich fühle mich glücklich bei dem Gedanken, daß ich vielleicht zur Verlängerung Ihres Lebens beigetragen habe, indem ich Ihnen eine Frau schickte, deren gutes Herz und Treue ich kannte. Ich freue mich, daß sie Ihnen alles erzählt hat. Wenn Ihnen ein Briefwechsel mit mir recht ist, so werde ich gern mein Bestes tun, um ihn zu unterhalten. Ich bin sehr neugierig zu erfahren, was Sie seit Ihrer Flucht aus den Bleikammern gemacht haben, und da Sie jetzt einen so schönen Beweis von Verschwiegenheit abgelegt haben, so versprecht ich Ihnen, alles zu erzählen, was unser Zusammentreffen in Cesena[54] und meine Rückkehr in die Heimat veranlaßte. Unsere Bekanntschaft ist ein Geheimnis für alle Welt. Nur Monsieur d'Antoine[55] kennt einen Teil davon. Ich bin Ihnen dankbar, daß Sie sich bei keinem Menschen nach meiner Existenz erkundigt haben, obwohl Marcolina[56] Ihnen gewiß alles gesagt hat, was ich ihr für Sie auftrug. Schreiben Sie mir, was aus diesem entzückenden Mädchen geworden ist. Leben Sie wohl!‹

Dieser Brief war für mich ausschlaggebend. Henriette war weise geworden, die Stärke des Temperaments war bei uns beiden weniger geworden. Sie war glücklich, ich nicht. Wäre ich zu ihr nach Aix zurückgekehrt, hätte man Vermutungen angestellt, von denen niemand wissen durfte; und was sollte ich dort? Ihr zur Last fallen.

Ich antwortete ihr, indem ich den angebotenen Briefwechsel annahm und ihr in großen Umrissen meine wechselvollen Schicksale erzählte. Sie ihrerseits erzählte mir im Detail in dreißig oder vierzig Briefen[57] ihre ganze Lebensgeschichte. Wenn sie vor mir stirbt, werde ich diese Briefe meinen Erinnerungen beigeben; aber heutigentags lebt sie noch, und sie ist glücklich, wenngleich alt.

Am nächsten Tage besuchte ich Madame Audibert, und wir fuhren zusammen zu Madame N. N.,[58] die bereits Mutter von drei Kindern war. Sie wurde von ihrem Gatten angebetet. Ich brachte ihr gute Nachrichten von Marcolina, die ich aus Venedig erhalten hatte. Aber davon werde ich im Jahre 1774 erzählen, wenn ich mich wieder in meiner Heimatstadt aufhalte. Dann berichtete ich ihr Croces Abenteuer und Charlottes Tod,[59] der ihr sehr zu Herzen ging. Sie gab mir dafür die allerneuesten Nachrichten von Rosalie,[60] die durch ihren Mann sehr reich geworden war. Ich konnte nicht mehr hoffen, diese reizende Frau wiederzusehen, denn in Genua würde ein Zusammentreffen mit Signor Agostino Grimaldi mir kein Vergnügen gewesen[61] sein.

Meine liebe frühere Nichte betrübte mich, ohne es zu wollen; sie sagte mir, sie finde mich gealtert. Obgleich ein Mann sich aus dem Altwerden nichts zu machen braucht, so mißfällt doch ein solches Kompliment, wenn man noch nicht auf die Liebe verzichtet hat. Sie gab mir zu Ehren ein schönes Diner, und ihr Gatte machte mir Angebote, die ich aus falscher Scham nicht annahm. Ich besaß noch fünfzig Louis, und da ich nach Turin gehen wollte, so wußte ich, daß ich dort Guthaben besaß. Ich traf in Marseille den Herzog von Villars,[62] den Tronchin künstlich am Leben erhielt; dieser Edelmann war Gouverneur der Provence; er lud mich zum Abendessen ein, und ich fand zu meiner Überraschung bei ihm den Marquis d'Aragon,[63] der eine Bank hielt. Ich spielte mit kleinen Einsätzen und verlor. Der Marquis lud mich zum Mittagessen bei seiner Frau, der alten Engländerin, ein, die ihm vierzigtausend Guineen zugebracht hatte, während weitere zwanzigtausend nach ihrem Tode einem Sohne zufallen sollten, den sie in London hatte. Von diesem Neapolitaner, der Glück hatte, schämte ich mich nicht, noch fünfzig Louis zu borgen.

Ich reiste ganz allein von Marseille in einem Wagen nach Antibes ab; von dort ging es nach Nizza weiter, wo ich einen Abbate traf, mit dem ich den Colle di Tenda,[64] den höchsten Paß der Alpen, überquerte, um nach Turin zu gelangen. Auf diesem Wege hatte ich das Vergnügen, das Piemont zu sehen, ein Land von großer Schönheit.

In Turin empfingen der Cavaliere Raiberti[65] und Graf de la Pérouse[66] mich auf das freundlichste. Beide fanden mich gealtert, doch das bezog sich nur auf meine jetzt vierundvierzig Jahre. Ich schloß enge Bekanntschaft mit dem englischen Gesandten X,[67] einem liebenswürdigen, in der Literatur gebildeten, reichen und geschmackvollen Mann, der eine ausgezeichnete Tafel führte und den alle Welt liebte, unter anderen auch eine Tänzerin aus Parma namens Campioni,[68] eine Frau von entzückender Schönheit.

Ich teilte meinen Freunden mit, daß ich die Absicht hätte, nach der Schweiz zu gehen und dort auf meine Kosten in italienischer Sprache eine Widerlegung der ›Geschichte der venezianischen Regierung‹ von Amelot de la Houssaye drucken zu lassen. Alle beeilten sich, mir Subskribenten zu verschaffen, die mir eine gewisse Anzahl von Exemplaren vorausbezahlten. Der Freigebigste von allen war der Graf de la Pérouse, der mir fünfundzwanzig piemontesische Goldpistolen für fünfzig Exemplare gab. Acht Tage darauf verließ ich Turin mit zweitausend piemontesischen Liren für vorausbezahlte Exemplare in meiner Börse. Dieses Geld setzte mich in den Stand, das ganze Werk drucken zu lassen, das ich in der Zitadelle von Barcelona entworfen hatte. Ich mußte es jedoch noch einmal neu schreiben, weil ich damals den zu widerlegenden Autor und die ›Geschichte von Venedig‹ des Prokurators Nani[69] nicht vor Augen gehabt hatte. Nachdem ich mir diese Werke verschafft hatte, begab ich mich in der Absicht, mein Buch dort drucken zu lassen, nach Lugano, wo eine gute Buchdruckerei und keine Zensur war. Ich wußte außerdem, daß der Buchdruckereibesitzer ein wissenschaftlich gebildeter Mann war, sowie, daß man in Lugano gut aß und gute Gesellschaft fand. Ich war dort dicht bei Mailand, in nächster Nähe von Varese, wo der Herzog von Modena die Saison verbrachte, nicht weit von Chur,[70] von Como, von Chiavenna und dem Lago Maggiore mit den berühmten Borromeischen Inseln. Lugano war ein Ort, wo ich leicht Unterhaltung finden konnte. Ich ging in den Gasthof,[71] der als der beste galt, und der Wirt, ein gewisser Taglioretti, gab mir das beste Zimmer seines Hauses.

Gleich am nächsten Morgen suchte ich den Doktor Agnelli[72] auf; er war zugleich Buchdrucker, Priester, Theologe und ein rechtschaffener Mann. Ich machte mit ihm einen Vertrag in einer Form, wonach er sich verpflichtete, mir wöchentlich vier Bogen mit zweihundert Abzügen von jedem zu liefern. Ich meinerseits verpflichtete mich, jede Woche das Fertige zu bezahlen. Er behielt sich das Recht der Zensur vor, sprach aber die Hoffnung aus, daß seine Meinung stets mit der meinen übereinstimmen werde. Ich übergab ihm sofort Vorwort und Einleitung, womit er für eine volle Woche genug zu tun haben mußte, und suchte ein Papier und großes Quartformat aus.

Als ich in den Gasthof zurückgekehrt war, um zu Mittag zu essen, meldete man mir den Bargello,[73] der mich sprechen wollte. Dieser Bargello war das Oberhaupt der Sbirren. Obgleich Lugano zu den dreizehn Kantonen der Schweizerischen Eidgenossenschaft gehört, wird die Polizeigewalt dort wie in den italienischen Städten gehandhabt. Ich war neugierig, was ein solcher unheilverkündender Mann von mir wünschen könnte, und da ich außerdem verpflichtet war, ihn anzuhören, so ließ ich ihn eintreten. Nachdem er mir eine Verbeugung gemacht hatte, sagte der Bargello, mit dem Hut in der Hand, er sei gekommen, um mir seine Dienste anzubieten und mir zu versichern, daß ich mich, wenngleich fremd, in Lugano sehr wohl befinden werde und daß ich weder für meine Person etwas zu befürchten habe, falls ich etwa Feinde draußen habe, noch für meine persönliche Freiheit, falls ich Verdrießlichkeiten mit der venezianischen Regierung haben sollte.

»Ich danke Ihnen, ich bin vollkommen überzeugt, daß Sie mir die Wahrheit sagen, da ich mich ja in der Schweiz befinde.«

»Ich nehme mir die Freiheit, Ihnen zu sagen, Signore, daß Ausländer, die hierherkommen und der Unverletzlichkeit der ihnen gewährten Zuflucht sicher sein wollen, gewöhnlich eine Kleinigkeit vorauszahlen, sei es wöchentlich oder monatlich oder auf ein Jahr.«

»Und wenn sie nicht zahlen wollen?«

»Dann sind sie nicht so sicher.«

»Ich verstehe, aber ich will Ihnen etwas sagen: ich habe nichts zu befürchten und halte mich daher für unverletzlich, ohne daß ich mir die Mühe mache, etwas zu bezahlen.«

»Sie werden mir verzeihen, aber ich weiß, daß Sie im Unfrieden mit der venezianischen Regierung leben.«

»Sie täuschen sich, mein guter Freund.«

»O nein, hierin täusche ich mich ganz gewiß nicht.«

»Wenn Sie Ihrer Sache sicher zu sein glauben, so bringen Sie mir irgend jemanden, der um zweihundert Zechinen wetten will, daß ich irgend etwas von Venedig zu befürchten habe. Ich werde dagegen wetten und die Summe in einer Stunde hinterlegen.«

Der Bargello wurde ganz verlegen, und der Wirt, der zugegen war, sagte ihm, er könnte sich doch vielleicht irren. Er grüßte mich und entfernte sich sehr enttäuscht.

Mein Wirt freute sich, dieses Gespräch mit angehört zu haben, und sagte mir: »Da Sie die Absicht haben, drei oder vier Monate in Lugano zu verweilen, so tun Sie gut, wenn Sie dem Kapitän oder Amtmann einen Besuch machen. Er ist gewissermaßen Gouverneur, und alle Macht liegt in seiner Hand. Er ist ein ehrenwerter und sehr liebenswürdiger Schweizer Edelmann, und seine Frau ist voller Geist und eine strahlende Schönheit.«

»Unter diesen Umständen verlassen Sie sich darauf, gleich morgen werde ich den Herrn aufsuchen.«

Am nächsten Tage ließ ich mich gegen Mittag bei ihm melden; ich wurde sofort vorgelassen und sah vor mir Monsieur de...[74] und seine reizende Gemahlin mit einem hübschen Knaben von fünf oder sechs Jahren. Wir blieben voller Überraschung unbeweglich stehen und sahen uns an.

SIEBENTES KAPITEL

-◄❉►-

MARAZZANI WIRD BESTRAFT · MEINE ABREISE VON LUGANO
TURIN · MONSIEUR DUBOIS IN PARMA · LIVORNO
ORLOW FÄHRT MIT SEINER FLOTTE AB · ·PISA · STRATICO · SIENA
DIE MARCHESA CHIGI · MEINE ABREISE VON SIENA
MIT EINER ENGLÄNDERIN

D IESE glücklichen, unvorhergesehenen, unerwarteten, unvermuteten Zufälligkeiten und so zauberhaften Begegnungen waren die schönsten Augenblicke meines Lebens. Monsieur de R. brach zuerst das Schweigen und umarmte mich herzlich. Schnell entschuldigten wir uns gegenseitig, wozu wir uns als alte Bekannte[1] verpflichtet glaubten, wir hätten zwar sonst der Pflicht Genüge getan, ich, weil ich seinen Namen nicht wissen konnte, er, weil er angenommen hatte, daß es noch andere Italiener mit meinem Namen geben konnte. Ich mußte gleich zum Essen dableiben, das war selbstverständlich; und so war unsere alte Bekanntschaft wieder erneuert, und alles wurde erzählt, was wir uns zu sagen hatten. Seine Republik hatte ihm dieses sehr einträgliche Amt gegeben, das zu seinem großen Bedauern nur zwei Jahre währte. Er sagte mir, er sei entzückt, daß er gerade während meines Aufenthaltes da sei, um mir nützlich sein zu können, und bat mich, in jeder Beziehung über ihn zu verfügen. Besseres konnte ich mir nicht wünschen. Er vernahm mit lebhafter Freude, daß ich in Lugano war, um ein Werk,[2] dessen Autor ich war, drucken zu lassen, und mich daher genötigt sah, mich drei oder vier Monate lang dort aufzuhalten, aber er war betrübt, als ich ihm sagte, ich könne seine Einladung zu Tisch höchstens einmal wöchentlich annehmen, da ich das Werk erst in Umrissen entworfen habe und in der Nacht schreiben müsse, was am Tag gedruckt werde, wenn ich nicht mit den Korrekturen zu tun hätte.

Madame de R. konnte sich von ihrer Überraschung gar nicht erholen. Es war neun Jahre her, daß ich sie in Solothurn zurückgelassen hatte, und sie war damals so schön gewesen, daß ich nicht hatte annehmen können, einige Jahre mehr würden ihre Schönheit noch vermehren. Und doch war dies der Fall: sie war schöner geworden. Ich beglückwünschte sie dazu, und sie wußte, daß ich ihr nicht nur Schmeicheleien sagte. Sie zeigte mir immer wieder ihren einzigen Sprößling. Sie hatte ihn vier Jahre nach meiner Abreise zur Welt gebracht[3] und liebte ihn mehr als das Licht ihrer Augen. Es sah auch ganz danach aus, als wenn der Knabe etwas verzogen wäre, ich habe jedoch vor kurzer Zeit gehört, daß dieses Kind jetzt ein sehr liebenswürdiger Mann ist. Im Laufe einer Viertelstunde erzählte Madame de R. mir alles, was sie seit meiner Abreise von Solothurn erlebt hatte und was mich interessieren konnte. Sie sagte mir, Lebel habe sich in Besançon niedergelassen und lebe dort mit seiner Frau[4] in sehr angenehmen Verhältnissen. Was die Erzählung meiner Abenteuer der letzten neun Jahre anging, so reichten schon Andeutungen, um Madame de R. klarzumachen, daß ich sie während meines langen Aufenthalts in Lugano mit Leichtigkeit einige Tage damit fesseln könnte.

Während unserer Unterhaltung sagte mir die liebenswerte Frau ein wahres Wort: sie finde mich nicht mehr so jugendfrisch aussehend wie in Solothurn. Dies veranlaßte mich, Pläne zu verwerfen, die ich mir sonst vielleicht ausgedacht haben würde, um mit ihr ein neues Liebesverhältnis anzuknüpfen. ›Um so besser‹, dachte ich bei mir auf dem Weg zu meinem Gasthof, ›werde ich eben ihr Freund bleiben und mich würdig erweisen, auch der ihres ehrenwerten Gatten zu sein.‹ Übrigens erlaubte auch das Werk, das ich drucken lassen wollte, mir keinerlei Zerstreuung, und eine Liebschaft würde den größten Teil meiner Zeit in Anspruch genommen haben. Gleich am nächsten Tage begann ich zu arbeiten und schrieb mit Ausnahme einer Stunde, die ich einem Besuche widmen mußte, den Monsieur de R. mir machte, den ganzen Tag hindurch. Am übernächsten Tage erhielt ich den ersten Korrekturbogen, las ihn und war ziemlich zufrieden.

Ich verbrachte den ganzen ersten Monat, emsig arbeitend, in meinem Zimmer. Nur an den Feiertagen ging ich aus, um die Messe zu hören, um bei Madame de R. zu speisen und mit ihr und ihrem Söhnchen einen Spaziergang zu machen. Der Drukker hatte vierzehn Stunden am Tage zu tun, und am Ende dieses ersten Monats war mein erster Band fertig, und das ganze Manuskript für den zweiten lag bereit. In den letzten Tagen des Oktobers lieferte der Drucker mir das vollständige dreibändige Werk ab, und in weniger als einem Jahre verkaufte ich die ganze Auflage.

Mit dem Druck dieses Werkes beabsichtigte ich weniger, mir Geld zu verschaffen, als die Gnade der Inquisitoren von Venedig zu erlangen; denn nachdem ich ganz Europa durchstreift hatte, wurde das Bedürfnis, meine Heimat wiederzusehen, so heftig, daß mir zumute war, als wenn ich woanders überhaupt nicht mehr leben konnte.

Amelot de la Houssaye hatte die Geschichte der venezianischen Regierung als wahrer Feind der Venezianer geschrieben; seine Geschichte war eine Satire, die neben gelehrten Bemerkungen auch viele Verleumdungen enthielt. Amelots Werk befand sich seit siebzig Jahren in jedermanns Händen, und kein

Mensch hatte sich die Mühe gemacht, es zu widerlegen. Hätte ein Venezianer Amelots Lügen bloßstellen und ein Buch darüber drucken lassen wollen, so würde er in den venezianischen Staaten nicht die Erlaubnis dazu erhalten haben, denn die Regierung der Republik gestattet grundsätzlich nicht, daß man sich mit ihr beschäftigt, weder in kritischer noch in lobender Art. So hatte bis dahin kein einziger Schriftsteller den satirischen Geschichtsschreiber zu widerlegen gewagt, da er statt einer verdienten Belohnung nur eine schimpfliche Bestrafung hätte erwarten können. Ich glaubte nun, daß wegen meiner Ausnahmestellung diese Aufgabe mir vorbehalten sei. Da ich Grund genug hatte, mich über eine Regierung zu beklagen, deren Mitglieder die despotische Gewalt gegen mich billigten, so war ich gegen den Verdacht der Parteilichkeit geschützt. Da ich andererseits sicher war, vor ganz Europa Amelots Lügen und Fehler zu enthüllen, so hoffte ich auf eine Belohnung, die nach meiner Meinung gar nicht ausbleiben konnte, da sie ja nur in einem Akt der Gerechtigkeit bestehen sollte. Nach einer despotischen Anordnung, die mich schon vierzehn Jahre in der Verbannung leben ließ, hatte ich Anspruch auf Rückkehr in meine Heimat, und ich glaubte, die Staatsinquisitoren würden sich freuen, diese Gelegenheit benutzen zu können, um ihre Ungerechtigkeit unter dem Deckmantel der Gnade wiedergutzumachen, indem sie mir zur Belohnung meiner Vaterlandsliebe meine Begnadigung bewilligten.

Meine Leser werden sehen, daß ich richtig geraten hatte; aber man ließ mich noch fünf Jahre warten.

Da Signor Bragadin tot war, so hatte ich in Venedig nur noch meine beiden guten alten Freunde Dandolo und Barbaro; durch sie fand ich in Venedig, jedoch ganz im geheimen, etwa fünfzig Subskribenten.

Während meines ganzen Aufenthaltes in Lugano verkehrte ich nur im Hause von Monsieur de R., wo ich mehrere Male den weisen und gelehrten Abbate Riva[5] traf, an den ich von seinem berühmten Verwandten, Signor Angelo Querini,[6] empfohlen worden war.

Dieser Abbate stand bei seinen Landsleuten wegen seiner Klugheit in so hohem Ruf, daß sie ihn fast bei allen Streitigkeiten, die sonst zur Klage geführt hätten, zum Schiedsrichter erwählten. Er wurde daher von allen Rechtsverdrehern gründlich gehaßt und als ihr größter Feind betrachtet. Auf den Haß war er aber sehr stolz. Sein Neffe, Graf Giovanni Battista,[7] war nicht nur ein Freund der Musen wie des Bacchus und der Venus, er war auch mein einziger Freund, obwohl ich ihm beim Weintrinken nicht standhalten konnte. Er lieh mir alle jungen Mädchen, die er in die Liebe eingeweiht hatte, und sie hatten ihn darum nur um so lieber, denn ich machte ihnen Geldgeschenke. Ich unternahm mit ihm und zwei sehr hübschen Schwestern eine Reise zu den Borromeischen Inseln im Lago Maggiore.

Ich wußte, daß Graf Federico Borromeo,[8] der mich in Turin mit seiner Freundschaft beehrt hatte, anwesend war, und war sicher, daß er mich gut empfangen würde, wenn ich mit meinem Freund und den beiden hübschen Mädchen kam. Die eine von den beiden sollte für die Frau meines Freundes Riva gelten und die andere war auch kein schlechter Fang. Beim Grafen Borromeo hatten beide das gleiche Bett zum Schlafen. Graf Borromeo war zwar ruiniert, lebte aber auf seinen Inseln wie ein Fürst.

Es ist unmöglich, diese glückseligen Inseln zu schildern; man muß sie sehen. Es ist das herrlichste Klima, ein ewiger Frühling; man kennt dort buchstäblich weder Hitze noch Kälte. Der Graf bewirtete uns mit köstlichen Mahlzeiten und ließ die beiden Schönen nach Fischen angeln. Obwohl er häßlich, alt, gebrechlich und ruiniert war, besaß er doch noch die große Kunst zu gefallen. Als wir vier Tage nach unserer Abreise nach Lugano zurückkehrten, wollte ich auf einem ziemlich engen Wege einem Wagen ausweichen; mein Pferd glitt über den Wegrand und stürzte zehn Schritt tief hinab. Ich stieß mit dem Kopf gegen einen großen Stein und glaubte, der Schädel sei gebrochen. Ein ausgiebiger Aderlaß, gleich nachdem ich in Lugano angekommen war, nahm mir diese Sorge. Dies war das letzte Mal, daß ich ein Pferd bestieg.[9]

Während meines Aufenthaltes in Lugano kamen die Kontrolleure der dreizehn Kantone[10] auf ihrer Rundreise auch dorthin. Die Luganesen gaben ihnen den Namen Gesandte, Monsieur de R. aber nannte sie einfach die Schultheißen. Sie wohnten alle bei Taglioretti wie ich. Ich speiste mit ihnen während der ganzen acht Tage ihres Aufenthaltes. Der Abgeordnete aus

Bern[11] gab mir Nachricht über meinen armen Freund M.F.[12] und dessen Familie, darüber freute ich mich. Seine reizende Tochter Sarah[13] hatte Monsieur de V.[14] geheiratet und war glücklich.

Bald nach der Abreise dieser Besucher sah ich eines schönen Morgens den unglückseligen Marazzani[15] in mein Zimmer treten. Sobald ich ihn erkannte, sprang ich ihm an den Kragen, schleppte ihn trotz seines Geschreis und Sträubens hinaus und gab ihm, ohne daß er Zeit gehabt hätte, sich seines Stockes oder Degens zu bedienen, so viele Ohrfeigen und Faustschläge, daß der Wirt und die Bedienten, die auf den Lärm herbeieilten, die größte Mühe hatten, uns zu trennen.

»Lassen Sie den Spitzbuben nicht entwischen«, sagte ich zum Wirt, »und holen Sie den Bargello, damit er ihn ins Gefängnis bringt.«

Ich ging wieder in mein Zimmer, ließ ihn brüllen, und während ich mich in aller Eile ankleidete, um Monsieur de R. aufzusuchen, trat der Bargello ein und fragte mich, warum er den Menschen ins Gefängnis bringen sollte.

»Das werden Sie bei Monsieur de R. erfahren, wo ich Sie erwarten werde.«

Warum war ich so zornig? Der Leser erinnert sich vielleicht, daß ich den Elenden im ›Buen Retiro‹ zurückgelassen hatte, als der Alkalde Messa mich aus jener Hölle befreite, um mich nach meiner Wohnung zurückzubringen. Ich hatte später erfahren, daß er nach Afrika in eine Festung geschickt worden war, um dort dem König von Spanien wie ein Galeerensträfling mit dem Sold eines einfachen Soldaten zu dienen. Da ich nichts gegen ihn hatte, so bedauerte ich ihn; da ich ihn jedoch auch nicht näher kannte und nichts tun konnte, um sein Schicksal zu mildern, so hatte ich nicht mehr an ihn gedacht. Er hatte nichts verbrochen. Sein Vergehen war, daß er ohne Genehmigung, ohne Geld und Stellung in Madrid war, wo die Polizei damals sehr hart mit allen Landstreichern umging.

Als ich acht Monate später nach Barcelona kam, fand ich unter den Tänzerinnen der Oper die Venezianerin Bellucci,[16] die ich als junges Mädchen einmal geliebt hatte. Ich hatte ihren Mann in Riga getroffen, wo er heute noch ist. Ich hatte Lust, ihr eine Nachricht von ihm zukommen zu lassen, und wenn sie wollte, unsere alte Liebe neu zu beginnen. Am nächsten Tage besuchte ich sie. Sie stieß einen Freudenschrei aus, als sie mich wiedersah, und nachdem sie meine Umarmung glutvoll erwidert hatte, sagte sie mir, sie sei glücklich, mich von dem schrecklichen Unglück erlöst zu sehen, das die Grausamkeit über mich gebracht habe.

»Was für ein schreckliches Unglück meinen Sie, meine Liebe?«

»Ich spreche von der Festung und von der Zwangsarbeit, zu der man Sie verurteilt hat; sie fordert doch meistens von allen das Leben, die nicht an derartiges gewöhnt sind.«

»Ich bin Gott sei Dank niemals in einer Festung zur Zwangsarbeit verurteilt worden. Von wem haben Sie denn diese mich so beleidigende Geschichte gehört?«

»Ein Graf Marazzani, der hier vor drei Wochen war und das gleiche Pech hatte, war, wie er mir sagte, glücklicher gewesen als Sie und hatte entfliehen können.«

»Der Mensch ist ein niederträchtiger Schuft, der Sie belogen hat, meine Liebe; aber wenn ich ihn jemals treffe, soll er mir seine Verleumdung teuer bezahlen.«

Seit jenem Augenblick konnte ich an diesen Kerl nicht ohne ein lebhaftes Verlangen denken, ihn aufzuspüren und für diese üblen Lügen zu bestrafen. In Lugano führte ihn der Zufall wieder mit mir zusammen. Was ich in der ersten Aufwallung getan hatte, als ich über ihn herfiel, kam mir zu wenig vor. Ich hatte ihn nur geprügelt und sicher ebenso viele Schläge bekommen, wie ich ausgeteilt hatte. Jedenfalls war er im Gefängnis, und ich wollte doch sehen, was Monsieur de R. tun könnte, um mir durch Bestrafung des Elenden eine kleine Genugtuung zu verschaffen.

Als Monsieur de R. den Sachverhalt erfuhr, sagte er mir, er könne Marazzani weder im Gefängnis behalten noch aus der Stadt ausweisen, wenn ich nicht eine Eingabe machte, worin ich Schutz meines Lebens gegen diesen Mann verlangte, von dem ich mit gutem Grund annehmen müßte, daß er ein Meuchelmörder und eigens nach Lugano gekommen wäre, um einen Anschlag auf mein Leben zu machen. »Zur Begründung Ihrer Anklage können Sie die berechtigten Beschwerden anführen, die Sie gegen ihn haben, und können seinem unangemeldeten

Erscheinen in Ihrem Zimmer die übelste Deutung geben. Reichen Sie Ihre Schrift ein; wir werden dann sehen, was er darauf antwortet. Ich werde ihm seinen Paß abverlangen, werde die Geschichte in die Länge ziehen und werde Befehl geben, daß man ihn hart behandle; aber schließlich werde ich doch nichts weiter machen können, als daß ich ihn aus der Stadt ausweise, und wenn er eine gute Bürgschaft stellt, kann ich selbst das nicht tun.«

Weiter konnte ich natürlich von dem braven Mann nichts verlangen. Ich reichte meinen Antrag ein und ging am nächsten Morgen zu Monsieur de R., um mir das Vergnügen zu bereiten, den Burschen gefesselt vorgeführt zu sehen.

Marazzani schwor, er habe durchaus keine böse Absicht gehabt, indem er bei mir eingedrungen sei. Das mit der Festung und der Zwangsarbeit, was er in Barcelona gesagt habe, sei nur eine Wiederholung dessen, was man ihm selber erzählt habe, und es freue ihn sehr, daß man ihm falsch berichtet habe. Der Gouverneur meinte darauf, daß ein Gerücht keine Entschuldigung für einen Menschen sein könne, der durch eine Verleumdung der Ehre eines Mitmenschen Schaden zugefügt habe. Übrigens könne er mir die geforderte Genugtuung nicht verweigern. »Auch ist der Verdacht von Monsieur, daß Sie ihn haben ermorden wollen, hinreichend dadurch gerechtfertigt, daß Sie sich im Gasthof unter einem falschen Namen vorgestellt haben; denn der Kläger behauptet, Sie seien kein Graf Marazzani. Er erbietet sich, zur Untersuchung des Tatbestandes Kaution zu stellen, und wenn Monsieur Ihnen Unrecht tut, wird diese Kaution zu Ihrer Entschädigung verwandt werden. Einstweilen bleiben Sie im Gefängnis, bis ich von Piacenza die Nachricht erhalte, daß Sie der sind, für den Sie sich ausgeben. Wenn Sie wirklich der sind, wird Monsieur Casanova Ihnen jede gewünschte Genugtuung geben, sind Sie es nicht, das verspreche ich Ihnen, werden Sie zur Strafe nur aus Lugano und dem Kanton ausgewiesen.«

Der Spitzbube wurde ins Gefängnis zurückgeführt, und da er keinen Groschen besaß, so brauchte dem Bargello durchaus keine Strenge besonders befohlen zu werden. Monsieur de R. schrieb nach Parma an den Konsul der dreizehn Kantone, um die erforderliche Aufklärung zu erhalten. Der freche Gauner wußte, daß die Antwort nicht zu seinen Gunsten ausfallen würde, und schrieb mir daher einen ganz demütigen Brief, worin er gestand, daß er in der Tat nur ein armer Bürger aus Bobbio[17] sei und daß er, obwohl er wirklich Marazzani heiße, doch mit den Marazzanis von Piacenza nichts zu tun habe. Zum Schluß flehte er mich an, ich möchte ihn wieder in Freiheit setzen lassen.

Ich zeigte Monsieur de R. diesen Brief; er ließ den Menschen sofort in Freiheit setzen, indem er ihm Befehl gab, Lugano binnen vierundzwanzig Stunden zu verlassen. Er hatte nur vier Tage im Gefängnis zugebracht. Ich war mit dieser Genugtuung zufrieden und gab ihm etwas Geld und einen Empfehlungsbrief[18] nach Augsburg an Baron von Sellentin,[19] der sich dort als Werber von Rekruten für den König von Preußen aufhielt. Ich werde auf diesen Menschen zu gegebener Zeit noch zurückkommen.

Der Chevalier de Brézé[20] kam nach Lugano, um auf dem Viehmarkt[21] Pferde zu kaufen, und verbrachte vierzehn Tage dort. Er verkehrte mit mir häufig im Hause von Madame de R., denn ihre Reize hatten einen tiefen Eindruck auf ihn gemacht. Drei oder vier Tage nach ihm verließ auch ich Lugano, um den Winter in Turin zu verbringen, wo ich mit dem englischen Gesandten und meinen anderen Freunden Vergnügungen aller Art erwarten durfte. Zu dieser Zeit erhielt ich vom Fürsten Lubomirski,[22] der nach dem Tode des Großmarschalls Bielinski[23] diese hohe Anstellung erhalten hatte, eine Anweisung auf hundert Dukaten. Er hatte sie mir als Preis für fünfzig Exemplare meines Werkes geschickt.

In Turin fand ich postlagernd einen Brief des adligen Venezianers Signor Girolamo Zulian[24] vor, desselben, der mich mit Erlaubnis der Staatsinquisitoren an den Gesandten Mocenigo in Madrid empfohlen hatte. Dieses Schreiben enthielt einen Brief an den Residenten der Republik in Turin, Signor Berlendis.[25] Er freute sich sehr über den Empfang aus meinen Händen und dankte mir, daß ich durch diesen Brief ihn der unangenehmen Notwendigkeit enthoben hätte, mich besonders bei ihm zu begrüßen.

Dieser Berlendis war ein reicher Mann, ein ausschweifend ergebener Freund des schönen Geschlechts, er führte ein großes

Haus; dies genügte, um in Venedig von ihm sagen zu lassen, er mache der Republik als Resident Ehre; denn um die Republik als Gesandter an fremden Höfen zu vertreten, brauchte man keinen Geist zu haben. Es wäre genauer, wenn ich sagte, wer Geist hätte und ihn zur Schau trüge, würde bald beim Senat in Ungnade fallen, der stets nur das tut, was das ›Colleggio‹[26] will. Unter ›Colleggio‹ versteht man in Venedig den Rat der Staatsminister. Berlendis lief keine Gefahr zu mißfallen, denn von Geist war bei ihm keine Rede.

Überzeugt, daß mir das nützlich sein könnte, schenkte ich ihm zwei Exemplare meines Werkes und veranlaßte ihn, eines amtlich an die Staatsinquisitoren zu senden. Die Antwort, die er erhielt und mir zeigte, erschien mir erstaunlich.[27] Der Sekretär dieses so gefürchteten Tribunals schrieb ihm, er habe sehr wohl daran getan, dieses Werk den Inquisitoren zu senden, denn der Titel allein zeige zur Genüge die freche Vermessenheit des Verfassers. Man werde das Werk prüfen; unterdessen solle er mich genau beobachten und vor allen Dingen mir keinen Gunstbeweis geben, der bei dem Hofe die Meinung hervorrufen könnte, ich würde von ihm als Venezianer begünstigt. Der Sekretär schrieb in der Art des Tribunals. Das bestand zu der Zeit nicht mehr aus den gleichen Inquisitoren, die mir in Madrid den Zutritt zum Gesandten Mocenigo verschafft hatten. Ich sagte Signor Berlendis, ich würde ihn ab und zu einmal morgens zum Kaffee unter Vorsicht besuchen. Ein Abbate Andrais[28] aus Korsika, der Hauslehrer seines Sohnes, interessierte mich sehr; er war gelehrt, ein guter Schriftsteller in Prosa und Versen, er hat sich später nach England zurückgezogen, wo er sich seiner vollen Freiheit erfreuen kann.

Ich lebte in Turin auf die angenehmste Weise und sehr sorglos in Gesellschaft von Epikuräern: diese waren der alte Cavaliere Raiberti, der Graf de la Pérouse, ein reizender Abbate de Roubion,[29] ein wollüstiger Graf Rica[30] und der englische Gesandte. Dazu beschäftigte ich mich ein bißchen mit Literatur, aber ich hatte keine Liebschaften. Häufige Soupers mit sehr hübschen Mädchen löschten unsere Begierden, bevor sie richtig Gewalt hatten, uns verliebt zu machen. Während dieser Zeit starb die Geliebte des Grafen de la Pérouse, eine Modistin, nachdem sie statt der Eucharistie[31] das Porträt ihres Geliebten geschluckt hatte. Ich machte auf diesen Vorfall zwei Sonette,[32] mit denen ich zufrieden war und noch jetzt bin.

Ich hatte einen literarischen Streit mit Baretti,[33] der in London starb und dessen Wahlspruch hätte sein müssen: ›Ille Biconcis sermonibus et sale nigro‹.[34] Er war ein Mann, der in reinem Italienisch schrieb und der nur durch die beißenden Einfälle interessant war, mit denen er alles, was er schrieb, spickte, ohne dabei Gelehrsamkeit zu zeigen und das Wissen für eine gute Kritik zu haben. Er beherrschte die englische Sprache, verleidete sie einem jedoch durch den Versuch, sie mit den Schönheiten der italienischen Sprache zu verbinden.[35]

Zu jener Zeit[36] befand sich die russische Flotte unter dem Oberbefehl des Grafen Alexis Orlow[37] in Livorno; sie bedrohte Konstantinopel und wäre vielleicht dorthin gelangt, wenn ein Engländer sie befehligt hätte. Ich glaubte, daß ich ihm vielleicht nützlich sein und zugleich mein Glück machen könnte.

Nachdem ich vom englischen Gesandten Sir XXX[38] einen Empfehlungsbrief erhalten hatte, durch den er mich eindringlich dem Konsul seiner Nation in Livorno[39] ankündigte, verließ ich Turin mit sehr wenig Geld in der Tasche und ohne einen Kreditbrief für einen Bankier. Der Engländer Aston[40] empfahl mich einem Landsmann, der in Livorno ein Geschäft hatte, aber seine Empfehlung ging nicht so weit, Geld für mich zu verlangen. Ein anderer Brief des Abbate Andrais enthielt meine Empfehlung an den in Livorno ansässigen Korsen Rivarola,[41] ein kluger Mann und zugleich Freund von Paoli.[42] Der Engländer Aston hatte damals eine eigentümliche Affäre auf dem Halse: in Venedig hatte er sich in eine sehr schöne Frau verliebt, ich erinnere mich nicht, ob sie eine Griechin oder Neapolitanerin war. Der Gatte, ein gewisser Sclopis,[43] Turiner von Geburt, legte der Liebschaft des Engländers, der sehr viel Geld ausgab, kein Hindernis in den Weg, aber er verstand es, seiner Frau und ihrem Liebhaber gerade dann unbequem zu werden, wenn er sich nach Treu und Glauben hätte fernhalten sollen. Ein solcher Gatte ist noch unangenehmer als ein eifersüchtiger, und dummerweise kann der Liebhaber mit ihm nicht klarkommen, weil er der Gatte ist. In dieser üblen Situation, die ein ehrbarer, verliebter und freigebiger Engländer nicht lange aushalten kann, kam Aston im Einverständnis mit seiner Schönen zu dem Entschluß, offen mit dem Gatten zu sprechen. Er fragte ihn geradeheraus: »Brauchen Sie tausend Guineen? Diese stehen Ihnen zu Diensten, aber unter der Bedingung, daß Sie mir erlauben, drei Jahre mit der Signora zu reisen, ohne daß Sie uns begleiten.« Signor Sclopis nahm den Vorschlag an und unterschrieb den Vertrag. Nach Ablauf der drei Jahre schrieb Sclopis von Turin aus an seine Frau nach Venedig, sie solle zu ihm zurückkommen, und an Aston, er solle sie nicht daran hindern. Seine Frau antwortete, sie wolle nicht mehr mit ihm leben; Aston gab ihm zu verstehen, er könne nicht gezwungen werden, die Frau aus seinem Hause zu jagen. Da er jedoch voraussah, daß der Gatte sich an die Behörden wenden würde, so schrieb er an Sir XXX, der sogleich mit dem damaligen Außenminister, Cavaliere Raiberti, sprach. Zur gleichen Zeit verfehlte Sclopis es nicht, sich ebenfalls an ihn zu wenden; er verlangte, er solle an den Turiner Residenten in Venedig, Commendatore Camerana,[44] schreiben, damit dieser die Rückkehr seiner Frau von Amts wegen bei der venezianische Regierung beantrage. Er überredete Berlendis, in seinem Schreiben die Forderungen von Sclopis als gerechtfertigt zu erklären, so daß man seinen Antrag bewilligen und seine Frau auch gegen ihren Willen zum Verlassen Venedigs zwingen müsse. Es wäre so gekommen, wenn der Commendatore Camerana es auch gefordert hätte; aber der Cavaliere Raiberti, der die Ehre höher stellte als christliche Zweifel den Gesetzen gegenüber, die das Sakrament der Ehe betreffen, unterließ es nicht nur, an Camerana zu schreiben, sondern richtete sich nach der Meinung von XXX und seiner eigenen, die sich von der des venezianischen Residenten Berlendis völlig unterschied, und nahm Sir Aston, der sich in dieser Sache gerade in Turin aufhielt und Signora Sclopis vorübergehend dem englischen Residenten in Venedig[45] überlassen hatte, sehr gut auf. Sclopis schämte sich, öffentlich zu klagen, denn sein Vertrag bedeckte ihn mit Schimpf und Schande. Berlendis aber machte sich lächerlich, als er in der Öffentlichkeit äußerte, daß Sclopis im Recht und es unwürdig sei, daß man ihm nicht dazu verhelfe; denn er sei der Gatte, und ohne rechtmäßige Ehescheidung könne man Sclopis nicht daran hindern, mit seiner Frau wieder zusammensein zu wollen, besonders da die drei Jahre, während der er seine Frau aus Schwachheit freigegeben hätte, vorbei seien.

»Was würden Sie dazu meinen«, sagte ich zu Berlendis am Abend vor meiner Abreise, »wenn Sclopis, den Sie beschützen, Sir Aston hätte wissen lassen, er würde ihn nicht mehr belästigen, wenn er ihm weitere tausend Guineen für eine erneute Verpachtung auf drei Jahre zukommen ließe?«

»An eine solche Unverschämtheit glaube ich nicht.«

»Sie haben unrecht! Man weiß davon, und es kann möglich sein, daß Sie sich lächerlich machen oder einem entehrenden Verdacht aussetzen. Doch trösten Sie sich, man wird es nicht glauben, denn Sie gelten als ein reicher und rechtschaffener Mann. Ich rate Ihnen, geben Sie die angeblich gerechte Sache des Signor Sclopis auf; er ist nicht würdig, die Vorrechte eines Sakraments zu genießen, das er verkaufen will.«

Berlendis wurde bei meinen Worten feuerrot. ›Erubuit: Salva res est.‹[46] Ich reiste ab, und zwei Jahre später[47] traf ich in Bologna Sir Aston mit der Sclopis, deren Schönheit ich bewunderte. Sie hatte einen kleinen reizenden Aston auf ihren Knien. Ich brachte ihr Nachrichten von ihrer Schwester;[48] doch werde ich zu gegebener Zeit darüber berichten.[49]

Ich reiste von Turin nach Parma mit einem Venezianer, der wie ich aus Gründen, die nur den Staatsinquisitoren bekannt waren, fern von der Heimat herumirrte, da er dort nicht bleiben durfte. Er war Schauspieler geworden, um sein Brot zu verdienen, und ging nach Parma mit zwei Schauspielerinnen, von denen die eine für die Liebe zu haben war. Sobald er hörte, wer ich sei, wurden wir intime Freunde, und er hätte mich gern zu allen Vergnügungen zugezogen, die die Gesellschaft unterwegs bieten konnte, wenn ich in der Laune gewesen wäre, mich zu amüsieren. Ich ging mit trügerischen Ideen nach Livorno, und ich glaubte, mich dem Grafen Alexis Orlow bei der Eroberung Konstantinopels, zu der er, wie man sagte, auszog, nützlich machen zu können. Ich bildete mir ein, das Schicksal hätte bestimmt, daß er ohne mich niemals die Dardanellen passieren würde; ebenso wie das Orakel es wollte, daß Troja ohne den Beistand des Achilles nie hätte eingenommen werden können.[50] Ich faßte eine große Zuneigung für den jungen Mann, der Angelo Bentivoglio[51] hieß. Die Staatsinquisitoren verziehen ihm niemals ein Verbrechen, das die Philosophie nur als ein sehr kleines ansehen kann. Ich komme in vier Jahren auf diesen Venezianer zu sprechen, wenn ich wieder in Venedig bin.

Ich kam in Parma gegen Mittag an und verabschiedete mich von Bentivoglio und seiner Begleitung. Der Hof war in Colorno;[52] da ich aber bei diesem Hof nichts zu tun hatte und schon am nächsten Tage nach Bologna weiterreisen wollte, so erbat ich mir eine Einladung zum Mittagessen bei dem buckligen Dubois-Chatellerault,[53] dem Münzdirektor des Herzogs. Er war ein geistreicher und sehr talentvoller Mann, obgleich eitel. Der Leser erinnert sich vielleicht, daß ich ihn vor zweiundzwanzig Jahren gekannt hatte, zu jener glücklichen Zeit, als ich in Henriette verliebt war. Ich war ihm später nur zweimal ganz kurz wieder begegnet. Er empfing mich mit lauten Ausrufen der Freude wie einen alten Bekannten und dankte mir herzlich für die Höflichkeit, die ich ihm erwiesen, indem ich die wenigen Stunden meines Aufenthaltes in Parma mit ihm verbringen wollte. Ich sagte ihm, ich ginge nach Livorno zum Grafen Orlow, der mich erwartete; ich würde Tag und Nacht reisen, denn er müßte in diesem Augenblick bereits abreisebereit sein.

»Er muß in der Tat im Begriff sein, in See zu stechen«, antwortete Signor Dubois mir; »hier habe ich Briefe aus Livorno, in denen es mir gerade gemeldet wird.«

Ich antwortete ihm mit einem bestimmten Lächeln, er würde nicht ohne mich aufbrechen, und Signor Dubois machte mir eine Verbeugung voll weltgewandter Bewunderung. Er wollte über dieses Unternehmen reden, das zu jener Zeit das Tagesgespräch in ganz Europa war; mein zurückhaltender Ton veranlaßte ihn jedoch, ein anderes Thema zu beginnen. Er zeigte mir seine herrlichen Stiche, wirkliche Meisterwerke, und beim Mittagessen, woran seine Haushälterin teilnahm, sprachen wir viel von Henriette, deren Namen erfahren zu haben er behauptete. Obgleich er mit großer Ehrerbietung von ihr sprach, nahm ich mich doch in acht, damit er aus meinen Worten keine Schlüsse ziehen konnte. Den ganzen Nachmittag unterhielt er sich mit mir über sich selbst und beklagte sich über alle Herrscher Europas mit Ausnahme des Königs von Preußen, der ihn zum Baron gemacht hatte, obwohl er ihn nicht kannte und niemals auch nur das geringste, sei es direkt oder indirekt, mit ihm zu tun gehabt hatte.

Am meisten schimpfte er auf den Herzog von Parma,[54] der ihn durchaus nicht aus seinem Dienst entlassen wollte, obgleich er nicht die Mittel besaß, eine Münze einzurichten, und daher seine Talente brachliegen ließ. Er wäre auch niemals hierhergekommen, wenn er geahnt hätte, daß er wie ein Domherr in einem Stift, der nur seine Pfründe zu genießen und nichts anderes zu tun hätte, leben müßte. Er beklagte sich bitter über den Hof Ludwigs XV., wo er nicht mal ein Glas Wasser, worum er gebeten, bekommen hätte. Mit dem Glas Wasser meinte er das schwarze Ordensband vom heiligen Michael,[55] das man verdienstvollen Personen gegeben hatte, die es nicht mehr als er verdienten. Dann beschwerte er sich über die Republik Venedig, die ihm seine Dienste nicht genug bezahlt hatte. In Venedig hatte er sich ein Jahr aufgehalten,[56] um eine Prägepresse im Gebäude der Münze der Republik einzurichten, und er hatte damit dem Staat große Dienste geleistet. Venedig konnte jetzt wie die anderen europäischen Staaten gerändelte Münzen prägen; als Gegengeschenk übergab man Dubois so gut wie nichts. Er hatte achtmal soviel ausgegeben, wie er eingenommen hatte. Ich fand auch, daß seine Beschwerde berechtigt war; dann bat ich ihn, mir fünfzig Zechinen von einem Bankier geben zu lassen, die ich auf einer bestimmten Bank in Livorno zurückzahlen würde. Er antwortete mir in freundschaftlichem Ton, es sei unnötig, wegen eines solchen Bettels zu einem Bankier zu gehen; er werde mir die fünfzig Zechinen selber geben. Ich nahm sie an und versprach ihm, das Geld schnellstens zurückzuzahlen. Unglücklicherweise bin ich niemals in der Lage gewesen, dies zu tun, und ich bilde mir nicht ein, imstande zu sein, ihm jemals die kleine Summe noch bezahlen zu können. Übrigens weiß ich nicht, ob er noch lebt; aber selbst wenn er so alt werden sollte wie Nestor,[57] mache ich mir durchaus keine Hoffnungen; denn ich werde jeden Tag ärmer und sehe, daß ich am Ende meiner Laufbahn stehe.

Am nächsten Tage kam ich in Bologna an und den Tag darauf in Florenz, wo ich den neunzehnjährigen Cavaliere Morosini,[58] den Neffen des Prokurators, traf. Er reiste mit dem Grafen Stratico,[59] Professor der Mathematik an der Universität Padua, der ihn als Haushofmeister begleitete. Er gab mir einen Brief an seinen Bruder,[60] den Dominikanermönch und Professor der Literatur an der Universität Pisa.[61] Ich hielt mich in dieser Stadt nur zwei Stunden auf, um die Bekanntschaft dieses Mönches zu machen, der durch seinen Geist ebenso berühmt war wie durch sein Wissen. Ich fand ihn noch besser als seinen Ruf, und da er mich sehr gut aufnahm, so versprach ich ihm, ein anderes Mal eigens zu dem Zweck, seine interessante Gesellschaft zu genießen, wieder nach Pisa zu kommen.

Ich verweilte eine Stunde in den Bädern,[62] wo ich die Bekanntschaft des verhinderten Prätendenten[63] auf den großbritannischen Thron machte, und begab mich dann nach Livorno, wo ich den Grafen Orlow nur darum noch vorfand, weil schlechtes Wetter ihn gehindert hatte, in See zu stechen.

Der englische Konsul,[64] bei dem er wohnte, stellte mich sofort dem russischen Admiral vor, der sich über das Wiedersehen zu freuen schien, denn in Petersburg hatten wir uns ziemlich gut gekannt; er zeigte sich immer wohlwollender, als der Konsul ihm den Brief vom englischen Gesandten aus Turin zum Lesen gab. Er sagte mir hastig, er sei entzückt, mich bei sich auf seinem eigenen Schiff zu haben, und er forderte mich auf, sofort mein Gepäck an Bord bringen zu lassen, weil er beim ersten günstigen Wind in See stechen würde. Er verließ mich, um einige Geschäfte zu erledigen, und ich blieb mit dem englischen Konsul allein, der mich fragte, in welcher Eigenschaft ich mit dem Admiral nach Konstantinopel fahren würde.

»Das möchte ich allerdings auch wissen, bevor ich meine wenigen Sachen auf sein Schiff bringen lasse. Ich muß unbedingt mit ihm sprechen, oder er mit mir. Wer hätte geglaubt, daß ein Russe den Franzosen so ähnlich sein kann?«

»Sie können erst morgen früh mit ihm sprechen.«

Am nächsten Morgen begab ich mich zum Grafen Orlow[65] und ließ ihm ein paar Zeilen überbringen, wodurch ich ihn bat, mir eine Viertelstunde für eine Unterhaltung zu gewähren, bevor ich meinen Koffer auf sein Schiff bringen ließe. Ein Adjutant meldete mir, der Admiral sei im Bett mit Schreiben beschäftigt und lasse mich bitten zu warten.

»Sehr gern.«

Dann erschien Dall'Oglio,[66] diplomatischer Vertreter des

Königs von Polen in Venedig, ein alter Bekannter von Orlow, der mich von Berlin her und sogar durch alte Beziehungen schon von meiner Geburt an kannte.

»Was machen Sie hier?« fragte er mich.

»Ich warte auf eine Besprechung mit dem Admiral.«

»Er ist sehr beschäftigt.«

Nachdem Dall'Oglio mir diese Neuigkeit gesagt hatte, trat er ein. Das war eine Unverschämtheit; konnte er mir deutlicher sagen, daß für ihn Orlow nicht beschäftigt sei? Einen Augenblick darauf kam der Marchese Marucci[67] mit seinem St. Anna-Orden[68] und seinem aufgeblasenen Wesen. Er machte mir ein Kompliment über mein Erscheinen in Livorno und sagte mir darauf, er lese mein Werk der Widerlegung Amelots, worin er sich nicht erwähnt zu finden erwarte.[69]

Er hatte recht; denn der Gegenstand des Werkes und er hatten nichts miteinander gemein; aber er war nicht der Mann, um auf der Welt nur das zu sehen, was er erwartete. Er ließ mir keine Zeit, ihm dies zu sagen, denn er trat beim Admiral ein. Er hatte das nur so gesagt, um mir zu zeigen, daß er sich gegen seinen Willen nicht in meinem Werk so gefunden hatte, wie er es gern gehabt hätte, und ich merkte das genau. Mir war das einerlei: ›nescit vox missa reverti‹.[70] Ich ärgerte mich, daß die Herren sofort vorgelassen wurden, während man mich im Vorzimmer warten ließ, und mein Plan begann mir zu mißfallen. Fünf Stunden darauf kam der Admiral mit einem großen Gefolge zum Vorschein. Er sagte mir mit liebenswürdiger Miene, wir wollten bei Tisch oder nach dem Essen miteinander sprechen.

»Nach dem Essen«, antwortete ich ihm.

Um zwei Uhr kam er wieder und setzte sich zu Tisch. Wer sich zuerst hinsetzte, konnte mit essen. Zu diesen gehörte glücklicherweise ich.

Orlow sagte fortwährend: »Essen Sie doch, meine Herrschaften!« Er selber aber aß nichts, sondern las nur seine Briefe, die er einem Sekretär übergab, nachdem er mit Bleistift Notizen darauf gemacht hatte. Ich sagte während der ganzen Mahlzeit kein Wort. Als nach dem Essen der Kaffee stehend getrunken wurde, sah der Graf mich plötzlich an, ergriff meine Hand und führte mich in eine Fensternische. Dort sagte er mir, ich möchte mich beeilen, mein Gepäck an Bord zu schicken, denn wenn der Wind sich hielte, würde er noch vor dem nächsten Morgen absegeln.

»Ja, aber erlauben Sie mir die Frage, in welcher Eigenschaft Sie mich mitnehmen und welcher Art mein Amt sein wird.«

»Ein Amt kann ich Ihnen nicht geben. Aber vielleicht kommt das noch. Fahren Sie nur immer als mein Freund mit mir.«

»Ihr Freund zu sein ist sehr ehrenwert, und als solcher würde ich sicherlich ohne Zögern mein Leben für Sie aufs Spiel setzen, aber man würde mir das nach dem Feldzug nicht anrechnen, ja nicht einmal während des Feldzugs selbst. Denn nur Sie allein würden in Ihrer Güte mir Zeichen von Vertrauen und Achtung geben; sonst würde kein Mensch sich um mich kümmern. Man würde mich als eine Art Unterhalter ansehen, und ich würde vielleicht den ersten töten, der mir Zeichen von Mißachtung zu geben wagte. Ich brauche ein Amt, das mir die Pflicht auferlegt, Ihnen zu dienen und Ihre Uniform zu tragen. Ich kann Ihnen zu allem möglichen nützlich sein. Ich kenne das Land, wohin Sie fahren, spreche die Sprache, bin gesund, und es fehlt mir nicht an Mut. Ich will Ihre kostbare Freundschaft nicht umsonst haben, sondern ziehe die Ehre vor, sie mir zu verdienen.«

»Mein lieber Freund, ein bestimmtes Amt habe ich Ihnen nicht zu geben.«

»Dann wünsche ich Ihnen gute Fahrt. Ich gehe nach Rom. Ich wünsche, daß es Ihnen niemals leid tun möge, mich nicht mitgenommen zu haben; denn ohne mich werden Sie niemals die Dardanellen[71] passieren.«

»Ist das eine Weissagung?«

»Das ist ein Orakel.«

»Wir werden sehen, mein lieber Kalchas.«[72]

Hiermit endete das Gespräch, das ich mit diesem tapferen Mann hatte, der wirklich nicht die Dardanellen passierte. Würde er sie passiert haben, wenn er mich an Bord gehabt hätte? Das kann kein Mensch sagen.

Am nächsten Tage gab ich meine Briefe bei Signor Rivarola und bei dem englischen Kaufmann ab. Die Flotte war in See gestochen.[73] Den Tag darauf begab ich mich nach Pisa,[74] wo ich acht Tage sehr angenehm mit dem Pater Stratico verbrachte. Er wurde zwei oder drei Jahre später Bischof[75] durch einen kühnen Streich, der ihn hätte verderben können. Er wagte es, eine Leichenrede auf den Pater Ricci,[76] den letzten Jesuitengeneral, zu verfassen. Diese Leichenrede war nicht ironisch gemeint, sondern als Lob auf die Verdienste des Verstorbenen anzusehen, sie versetzte den Papst Ganganelli[77] in die Notwendigkeit, entweder den Redner zu bestrafen und sich dadurch vielen Menschen verhaßt zu machen oder ihn für seinen Mut auf eine heroische Weise zu belohnen. Dieses letztere schien Seine Heiligkeit vorzuziehen. Als ich Stratico drei oder vier Jahre später als Bischof wiedersah, wiederholte er mir im Vertrauen, als ziemlich guter Kenner des menschlichen Herzens habe er die verwegene Leichenrede nur verfaßt, daß Seine Heiligkeit ihn durch eine aufsehenerregende Belohnung dafür bestrafen werde.

Dieser Mönch ließ mich in Pisa die Reize seiner entzückenden Gesellschaft mitgenießen. Er hatte zwei oder drei junge Damen von Stand ausgewählt, die Geist mit Schönheit vereinten, und lehrte sie improvisierte Lieder zur Gitarre singen. Er hatte ihre Begabung wie die der damals berühmten Corilla[78] gefördert, die sechs Jahre später bei Nachtzeit auf dem Kapitol als Dichterin gekrönt[79] wurde. Man hatte denselben Ort gewählt, wo unsere größten italienischen Dichter den Lorbeerkranz empfingen, und dies war ein großer Skandal; denn das Verdienst der Corilla war allerdings einzig in seiner Art, da jedoch ihre Kunst nur in auffallendem Flitter bestand, so war sie dessen nicht würdig. Man machte auf die gekrönte Corilla bissige Satiren, und deren Verfasser hatten noch mehr unrecht als jene, die durch ihre Krönung das Kapitol entweihten; denn die Schmähgedichte, mit denen die Neider diese berühmte Frau überhäuften, bezogen sich alle darauf, daß die Tugend der Keuschheit nicht zu den Ehren gehöre, die man ihr habe zuerkennen können. Das beweist die Dummheit der gegen sie aufgebrachten Dichter. Alle Dichterinnen seit den Zeiten Homers, von den Sibyllen[80] bis hin in unsere Zeit, haben der Venus geopfert. Sonst wäre ihr Name in Vergessenheit geraten, denn sie konnten nur berühmt werden durch die Gedichte ihrer Liebhaber, die ihnen Unsterblichkeit verliehen.[81] Kein Mensch würde Corilla kennen, wenn sie es nicht verstanden hätte, Liebhaber zu finden, und niemals wäre sie in Rom gekrönt worden, wenn sie nicht jenen Prinzen Gonzaga Solferino[82] begeistert hätte, der später die hübsche Rangoni[83] heiratete, die Tochter des römischen Konsuls, die ich in Marseille kennenlernte. Über der Tür des Tempels,[84] in dem diese Frau gekrönt wurde, brachte man am Tage vor der Nacht, in der die erhabene Zeremonie stattfinden sollte, folgende Verse an:

>Arce in Tarpeja, Cajo regnante, sedentem
Nunquam vidit equum, Roma videbit equam.
Corillam patres obscura nocte coronant.
Quid mirum? Tenebris nox tegit omne nefas.<[85]

Man sollte sie bei Tageslicht oder überhaupt nicht krönen; doch man wählte die Nacht, und man tat schlecht daran. Am Tage nach der Krönung waren folgende Verse überall in der Stadt angebracht:

>Corillam patres turba plaudente coronant
Altricem memores germinis esse lupam.
Proh scelus! impuri redierunt saecla Neronis
Indulget scortis laurea serta Pius.<[86]

Diese Tatsache ist ein unauslöschlicher Makel auf dem Pontifikat jenes Papstes, der noch heute regiert,[87] denn es ist gewiß, daß in Zukunft kein Dichter mehr eine Ehrung erstreben wird, die Rom bis zum heutigen Tag, weit davon entfernt, sie reichlich zu vergeben, nur höchst selten Genies zukommen lassen hatte, die über der menschlichen Natur zu stehen schienen. Am Vatikan schlug man dieses Distichon[88] an:

>Sacra fronde vilis frontem meretricula cingit;
Quis vatum tua nunc praemia Phoebe velit?<[89]

Ein junger Abbate legte die folgenden vier Verse auf einem großen Blatt Papier in jenem Moment in die Hände Corillas, als sie, am ganzen Körper zitternd, in den Tempel des Apoll eintrat, wo sie von zahlreichen Kardinälen, Senatoren und Beamten Roms erwartet wurde. Sie nahm das Papier entgegen, da sie in dem Glauben war, es wäre ein Lobspruch, und da der Vierzeiler lateinisch verfaßt war, las ihn Prinz Gonzaga, der jedoch auf das vorletzte Wort nicht gefaßt war, mit lauter Stimme vor:

>Quis pallor tenet ora? Tuos tremor occupat artus?
Ad Tarpeja times tecta movere pedes?
Femina pone metum: sint pronae Heliconis alumnae
Si nec Apollo tibi praesto, Priapus erit.<[90]

Man suchte mit den Augen nach dem unverschämten Abbate, doch er war verschwunden. Am übernächsten Tage nach der Krönung verließen Corilla und alle ihre Liebhaber Rom, da sie sich schämten, daß es ihnen gelungen war, einen solchen Unfug feierlich zu begehen. Der Abbate Pizzi,[91] Hüter des heiligen Gehölzes der ›Arcadia‹[92] und der eigentliche Urheber der Verherrlichung der Dichterin, wurde von allen Seiten mit Pamphleten und bissigen Artikeln überschüttet und wagte sich für einige Monate nicht aus seinem Haus. Doch kehren wir nach dieser langen Abschweifung zu Pater Stratico zurück, der mir in Pisa acht glückliche Tage bereitete.[93]

Der Mönch, der nicht schön war, aber in höchstem Maße die Kunst besaß, sich beliebt zu machen, wußte mich zu überreden, acht Tage in Siena zu verbringen. Er versprach, mir alle Genüsse des Herzens wie des Geistes zu verschaffen, indem er mir zwei Empfehlungsbriefe mitgebe, einen für die Marchesa Chigi,[94] den anderen für den Abbate Ciaccheri.[95] Da ich nichts Besseres zu tun hatte, so nahm ich an und begab mich auf geradem Wege nach Siena, ohne Florenz zu berühren.[96]

Am nächsten Tage übergab ich dem Abbate Ciaccheri den Brief von Pater Stratico; er versprach mir alle Vergnügen, die von ihm abhingen, und hielt Wort. Er führte mich selbst zur Marchesa Chigi, die sofort den angenehmsten Eindruck auf mich machte. Sie überflog den Brief des Abbate Stratico, ihres teuren Lieblings, wie sie ihn nannte, sobald sie seine Handschrift erkannte.

Die Marchesa war noch schön, obgleich sie bereits über die Jugend hinaus war. Trotzdem konnte sie sicher sein, daß sie gefallen würde. Wenn ihr die Jugend fehlte, so ersetzte sie diese durch das zuvorkommendste Benehmen, die natürlichste Anmut, ein liebenswürdiges, ungezwungenes Wesen, einen aufgeklärten, angenehmen Geist, der im Gespräch zum Ausdruck kam, dann durch den besonderen Reiz ihrer schönen Heimatsprache, wodurch ihre angeborene Redegewandtheit gewann, und besonders durch das völlige Fehlen jeder Geziertheit und Einbildung. Nun habe ich dem Leser gleich im voraus verraten, was ich erst am nächsten Tage bemerkte, denn den ersten Tag brauchte ich dazu, sie zu studieren.

»Setzen wir uns«, sagte sie zu mir. »Sie werden hier acht Tage verbringen, wie mein lieber Stratico mir schreibt. Das ist wenig für uns, aber vielleicht viel für Sie. Ich hoffe, unser Freund hat nicht zu übertrieben günstig von uns gesprochen.«

»Er hat mir nichts weiter gesagt, Signora, als daß ich hier acht Tage verbringen soll und daß alle Reize des Geistes und des Herzens mich umgeben würden. Ich habe es nicht geglaubt und bin hierher gekommen, um zu sehen, ob er die Wahrheit gesprochen hat, aber mit dem festen Vorsatz, mein Wort zu halten. Ich habe also, wie Sie sehen, mich nicht vorher beeinflussen lassen.«

»Daran haben Sie recht getan, aber Stratico hätte Sie ohne Mitleid mindestens zu einem Monat verurteilen müssen.«

»Warum ohne Mitleid? Welche Gefahr hätte mir drohen können?«

»Daß Sie sich zu Tode langweilen oder in Siena ein Stück Ihres Herzens ließen.«

»Dies kann auch in acht Tagen geschehen; aber ich trotze diesen beiden Gefahren, denn Stratico hat mich gegen die erste geschützt, indem er auf Sie, und gegen die zweite, indem er auf mich vertraute. Sie werden meine Huldigung empfangen, und damit sie ganz rein sei, wird sie durchaus geistiger Art sein. Mein Herz wird Siena so frei verlassen, wie es jetzt ist, denn da es nicht auf eine Erwiderung hoffen kann, so würde eine Niederlage mich unglücklich machen.«

»Ist es möglich, daß Sie zur Zahl derer ohne jede Hoffnung gehören?«

»Ja, und zu meinem großen Glück, denn diesem Verzicht auf Hoffnung verdanke ich meine Ruhe.«

»Welches Unglück, wenn Sie sich täuschten!«

»Das Unglück wäre nicht so groß, Signora, wie Sie es sich vorstellen. Apollo sorgt stets für einen bewundernswerten Ausweg und leistet sichere Abhilfe. Er läßt mir zwar nur die Freiheit, den Augenblick zu genießen, aber da dies eine Gunst des Gottes ist, so genieße ich sie, sosehr ich nur kann. ›Carpe diem‹[97] ist mein Wahlspruch.«

»Es war der Wahlspruch des sinnenfrohen Horaz; aber ich billige ihn nur, weil er bequem ist. Der Genuß, auf den man lange gewartet hat oder wonach man verstohlen geseufzt hat, ist vorzuziehen, denn er ist unendlich heftiger.«

»Das ist wahr, aber man kann nicht darauf zählen, und das

betrübt den Philosophen, der zugleich ein guter Rechner ist. Möge Gott Sie davor behüten, Signora, diese grausame Wahrheit durch eigene Erfahrung kennenzulernen. Das Glück, das man genießt, ist stets vorzuziehen. Das Glück, das man begehrt, beschränkt sich oft auf die Freude des Begehrens. Es ist eine Einbildung der Seele, deren Nichtigkeit ich in meinem Leben nur zu oft kennengelernt habe; aber wenn Sie noch nicht erfahren haben, daß Horaz recht hat, so wünsche ich Ihnen Glück dazu.«

Die liebenswürdige Marchesa lächelte freundlich und ersparte sich dadurch, ja oder nein zu sagen.

Ciaccheri, der bis dahin noch nicht den Mund aufgetan hatte, sagte uns, kein größeres Glück könnte uns widerfahren, als daß wir niemals einer Meinung wären. Die Marchesa gab das zu, indem sie Ciaccheri für seinen feinen Gedanken mit einem Lächeln belohnte. Ich aber widersprach und sagte:

»Wenn ich dies zugebe, verzichte ich auf das Glück, das nach Ihrer Meinung davon abhängt, niemals mit Ihnen einer Meinung zu sein. Lieber will ich Ihnen widersprechen, Signora, als auf die Hoffnung verzichten, Ihnen zu gefallen. Der Abbate Ciaccheri ist ein böser Geist, der den Apfel der Zwietracht zwischen uns beide geworfen hat; aber wenn wir fortfahren, wie wir begonnen haben, so lasse ich mich dauernd in Siena nieder.«

Sehr zufrieden, mir eine gute Probe ihres Geistes gegeben zu haben, sprach die Marchesa nunmehr von Regen und Sonnenschein, von Pisa, von Stratico, von Livorno, von Rom und von den angenehmen Seiten des Reisens. Sie fragte mich, ob ich einigen hübschen Damen in den großen Gesellschaften vorgeführt zu werden wünsche, und erbot sich, mich überall einzuführen. Ich bat sie allen Ernstes, sich doch nicht die Mühe zu machen, und sagte: »Ich will sagen können, Signora, daß während der acht Tage meines Aufenthalts in Siena Sie die einzige gewesen sind, der ich den Hof gemacht habe, und daß nur der Abbate Ciaccheri mir die Baudenkmäler der Stadt gezeigt und mich mit den hiesigen Literaten bekannt gemacht habe.«

Geschmeichelt von dieser Erklärung, lud die Marchesa mich und den Abbate ein, am nächsten Tage in ihrem reizenden Landhause zu Mittag zu speisen, das dicht vor der Stadt lag und Vico[98] genannt wurde.

Je älter ich wurde, desto mehr zog mich der Geist bei Frauen an: Geist war das beste Reizmittel für meine abgestumpften Sinne. Bei Männern von entgegengesetztem Temperament wie dem meinigen tritt das Gegenteil ein. Wenn ein sinnlicher Mann altert, will er nur noch sinnliche Genüsse, nur noch Frauen, die im Dienste der Venus erfahren sind, und keine philosophischen Gespräche. Nachdem wir die Marchesa verlassen hatten, sagte ich zu Ciaccheri, wenn ich in Siena bliebe, wäre sie die einzige Frau, die ich besuchen würde; möchte es dann kommen, wie es Gott gefiele. Der Abbate mußte mir zugeben, daß ich recht hatte. Er zeigte mir in diesen acht Tagen alle interessanten Dinge der Stadt und führte mich zu allen Literaten von einiger Bedeutung, die mir dann meinen Besuch erwiderten. Gleich am selben Abend brachte er mich in ein Haus, wo man in zwangloser Weise zusammenkam. Man wurde nicht vorgestellt; man redete, lachte, sang, machte Musik und trug schöne Verse vor. Eine junge, aber recht häßliche Dame, las eigene Gedichte vor. Ihre jüngere, aber sehr hübsche Schwester,[99] würdigte die Schönheit der Gedichte, für sich selbst konnte sie nur mit ihrer reizenden Figur glänzen und dadurch den anderen reichlich Motive für neue Gedichte geben. Die beiden hatten zwei Brüder, einer spielte Cembalo, der andere war Maler. In dieses Haus hatte mich Ciaccheri also für einen Abend mit noch einem anderen jungen Abbate, einem Professor, der Pistoi[100] hieß, geführt. Es gab dort weder Eltern noch Bediente. Die jüngere Schwester war zwar vollendet schön, die ältere jedoch häßlich, aber sie hatte keinen Buckel, hinkte und schielte nicht, war auch nicht schmutzig, sie war eben nur häßlich, und so was stößt ab. Trotzdem hatte die Häßliche Mut und unterhielt sich voller Bescheidenheit und Freundlichkeit mit mir über Poesie. Sie bat mich, ihr ein paar von meinen eigenen Versen herzusagen, und versprach mir dafür eine von ihren Dichtungen. Ich deklamierte das erste beste, was mir ins Gedächtnis kam, und sie antwortete mir in der gleichen Art, indem sie ein Gedicht von vollendeter Schönheit vortrug. Ich machte ihr mein Kompliment darüber, obgleich ich glaubte, daß sie nicht die Verfasserin wäre. Ciaccheri, der ihr Lehrer gewesen war, erriet meine Gedanken und schlug vor, Gedichte zu gegebenen Endreimen zu machen.[101] Die hübsche Schwester erhielt den Auftrag, die Reime zu sagen, und alle vier machten sich an die Arbeit. Die Häßliche war vor den anderen fertig und legte die Feder hin. Die Endreime sollten ein Sonett ergeben. Ihr Sonett aus achtsilbigen Versen[102] war das weitaus beste. Ich war erstaunt darüber und hatte Zweifel, aber ich schrieb aus dem Stegreif ein Gedicht ihr zu Ehren nieder und überreichte es ihr. Sofort erwiderte sie mir darauf in einem Lobgedicht mit denselben Reimen. Ich war sehr überrascht und fragte sie nach ihrem Namen. Ich freute mich zu hören, wie sie als Schäferin in der ›Accademia degli Arcadi‹ hieß,[103] und auf den Namen Maria Fortuna getauft sei.

»Wie, das sind Sie?«

Ich hatte die Stanzen gelesen, die sie zu Metastasios[104] Ruhm veröffentlicht hatte. Als ich dies sagte, holte sie die Antwort, die der unsterbliche Dichter mit eigener Hand für sie niedergeschrieben hatte. Von Bewunderung hingerissen, hatte ich nur noch für sie Worte, und alle ihre Häßlichkeit schwand.

Hatte ich am Morgen eine köstliche Unterhaltung mit der Marchesa gehabt, so war ich am Abend buchstäblich außer mir vor Entzücken über die mit Maria Fortuna. Als ich mit dem Abbate zum Gasthof zurückkehrte, bedankte ich mich tausendmal für die Freude, zu der er mir verholfen hatte. Er hatte zufällig in dem Mädchen die unerhörte dichterische Begabung erkannt und sie dann drei Jahre gefördert. Als ich ihn dann fragte, ob sie auch nach Corillas Art improvisiere, sagte er mir, sie habe dies gewünscht, er habe es jedoch nicht gestatten wollen, weil er glaubte, daß dies ihr schönes Talent verderben würde.

Beim Abendessen, das wir zusammen einnahmen, überzeugte er mich völlig, daß solche Stegreifgedichte seiner Schülerin nur schaden könnten. Wenn der Geist des Dichters über den ersten besten Gegenstand in Versen sprechen soll, ohne Zeit zur Überlegung zu haben, so kann er nur zufällig den besten Ausdruck finden; denn wenn er sich auf das Thema konzentrieren muß, über das er dichten soll, so muß er fast immer die Vernunft dem Reim opfern, denn obwohl er seine Muttersprache genau beherrscht, ist er ein Sklave des Reims. So kommt es, daß er den ersten Reim nimmt, der ihm einfällt, weil ihm die Zeit fehlt, für sein Thema einen treffenderen zu finden, so geschieht es, daß er das nicht mitteilen kann, was er mitteilen will, und so das mitteilt, was er gar nicht mitteilen wollte und auch nie mitgeteilt hätte, wenn er es mit der Feder in der Hand geschrieben hätte. Das Stegreifgedicht stand bei den Griechen nur darum in einigem Ansehen, weil die griechische Dichtkunst, genau wie die lateinische, gegen die Reime war; sie kamen dafür in der Prosa vor.[105] Trotzdem waren unsere großen lateinischen Dichter nur selten bereit, in Reimen zu sprechen; sie wußten, daß trotz all ihres Genies ihre Verse matt sein würden und daß sie unmittelbar darauf über sie würden erröten müssen. Horaz verbrachte oft eine schlaflose Nacht, um in einem kräftigen Vers gerade das zu sagen, was er wollte; hatte er diesen Vers gefunden, so schrieb er ihn an die Wand und schlief ruhig und befriedigt ein. Die Verse, die ihn keine Mühe kosteten, sind rhythmische Prosa, deren er sich in mehreren seiner Episteln meisterhaft bedient. Wir stellen also fest, daß die Römer und die Griechen in jedem Wort die Quantität des Vokals in der ersten Silbe kannten, auch bei solchen mit zwei Silben, aber wir können damit nichts anfangen. Natürlich ist uns bekannt, daß das Wort ›sine‹[106] aus zwei kurzen Silben besteht, wir wissen aber nicht warum, denn man könnte es nicht anders aussprechen, auch wenn die beiden Silben dieses Wortes lang wären.

Abbate Ciaccheri, ein gelehrter und liebenswürdiger Dichter, hatte diese Gedanken geäußert, ich habe sie nur aufgeschrieben. Er gestand mir, er sei in seine Schülerin trotz ihrer Häßlichkeit verliebt, und er habe, als er sie zuerst in der Dichtkunst unterrichtet habe, niemals gedacht, daß ihm dergleichen widerfahren könnte.

»Das kann ich ohne Mühe glauben«, sagte ich, »denn ›sublata lucerna‹[107]…«

»Nichts von ›sublata lucerna‹!« versetzte der Abbate lachend; »in ihr Gesicht bin ich verliebt, denn dieses ist untrennbar von ihr.«

Ich glaube, ein Toskaner kann leichter als ein anderer Italiener in schöner poetischer Sprache schreiben; denn seine schöne Sprache ist ihm angeboren. In Siena ist die Sprache kunstvoller, wortreicher, anmutiger und zugleich kräftiger als die von Florenz, obgleich diese den ersten Rang einzunehmen verlangt, den sie auch durch ihre Reinheit verdient. Diesen unermeßlichen Vorzug und ihren Reichtum verdankt sie ihrer Akademie.[108] Dieser Reichtum gewährt uns die Möglichkeit, einen Gegenstand mit viel größerer Beredsamkeit als die Franzosen zu behandeln; denn wir haben eine Menge von Synonymen zu unserer Auswahl, während man davon in der Sprache Voltaires kaum ein Dutzend findet. Der alte Spötter lachte mit Recht über seine Landsleute, welche behaupteten, die französische Sprache sei durchaus nicht arm, denn sie besitze alle Wörter, die notwendig seien.

Wer nur das Notwendige hat, ist arm, und die Hartnäckigkeit, womit die Académie française Fremdwörter zurückweist, zeigt, daß sich zur Armut der Stolz gesellt. Wir Italiener dagegen nehmen aus allen Sprachen die Wörter, die uns gefallen. Wir sehen mit Freude unseren Reichtum wachsen, wir bestehlen sogar die Armen: das ist die Art des Reichen.[109]

Die Marchesa Chigi gab uns ein ausgezeichnetes Abendessen in ihrem hübschen Haus, das der Architekt Palladio gebaut hatte.[110] Ciaccheri hatte mich gebeten, mit ihm nicht über das Vergnügen zu sprechen, das mir der bei der Dichterin Maria Fortuna verlebte Abend bereitet hätte. Bei Tisch sagte sie mir jedoch, sie sei überzeugt, daß er mich zu ihr geführt habe. Er besaß nicht den Mut, dies zu leugnen, und auch ich verbarg ihr nicht, daß es für mich eine große Freude gewesen sei und daß ich seine Schülerin für sehr begabt hielt.

»Stratico«, sagte die Marchesa zu mir, »ist ebenso wie Sie ein Bewunderer der Maria Fortuna. Ich habe einiges von ihr gelesen und lasse ihrem Talent Gerechtigkeit widerfahren; aber es ist schade, daß man nur heimlich in dieses Haus gehen kann.«

»Warum denn?« fragte ich ein wenig erstaunt.

»Wie, Abbate? Sie haben ihm nicht gesagt, was dies für ein Haus ist?«

»Ich habe das nicht für notwendig gehalten, denn ihr Vater und ihre Mutter lassen sich niemals sehen.«

»Ich glaube es wohl, aber einerlei.«

»Aber wer sind denn ihr Vater und ihre Mutter?« fragte ich, »es ist doch ganz gewiß nicht der Henker?«

»Schlimmer als das: es ist der Bargello;[111] Sie sehen wohl ein, daß ein Fremder unmöglich zu uns kommen und gleichzeitig in diesem Hause verkehren kann, wo er keine gute Gesellschaft finden wird. Das ist nicht nur Voreingenommenheit, so anständig der Bargello auch sein mag, er muß doch an seine Tätigkeit denken, und zwischen ehrbaren Häusern und dem seinen kann es keine Verbindung geben.«

Ich sah den guten Ciaccheri ein wenig bestürzt bei dieser durchaus plausiblen Erklärung und hielt es für angebracht, der Marchesa zu sagen, ich würde erst am Abend vor meiner Abreise noch einmal hingehen, um von der liebenswürdigen Familie Abschied zu nehmen, bei der man nie auf den Gedanken kommen würde, daß der Vater eine solche Tätigkeit hätte.

»Eines Tages«, sagte die Marchesa, »zeigte man mir auf der Promenade die Schwester der Dichterin; das ist ein hübsches Mädchen, und es ist sehr schade, daß diese Person trotz ihres makellosen Verhaltens und ihrer wirklich vollkommenen Schönheit sich nur in einer anderen Stadt mit einem Mann vom Stande ihres Vaters verheiraten kann.«

»Ich kannte«, sagte ich nun meinerseits, »einen gewissen Coltellini,[112] den Sohn oder Bruder des Bargello von Florenz. Er muß noch jetzt als Hofdichter im Dienste der Zarin von Rußland stehen. Ich will an ihn schreiben und ihm diese Heirat vorschlagen.«

Die Marchesa billigte meinen Plan. Coltellini, den ich in Wien bei Calzabigi[113] getroffen hatte, war ein junger Mann von seltener Begabung. Man hat mir erzählt, daß der Dichter gestorben ist.

In ganz Italien gibt es nichts Verhaßteres als einen Bargello; nur in Moskau verkehrt sogar der schafsköpfige Adel in seinem Hause und tut seiner ausgezeichneten Tafel alle Ehre an. Dies muß überraschen; ein Bargello muß von Berufs wegen Spion, Lügner, Betrüger, Gauner und Feind der Menschheit sein; denn wer verachtet wird, haßt den, der ihn verachtet. Nach diesen Gesprächen blieb ich folglich die ganzen acht Tage in Siena mit der Marchesa Chigi und mit Ciaccheri zusammen und wurde mit allen Professoren bekannt gemacht. Von dem Anatom Tabarrani[114] bekam ich sein Werk, und ich machte ihm meins zum Geschenk. Man zeigte mir in Siena einen Grafen Piccolomini,[115] einen geistvollen, gelehrten und sehr liebenswürdigen Mann, der die sonderbare Laune hatte, sechs Monate im Jahr zu Hause zu bleiben, ohne jemals auszugehen, ohne einen Besuch zu empfangen, ohne mit irgendeinem Menschen, nicht mal mit seinen Bediensteten, zu sprechen, stets nur mit Lesen und

Schreiben beschäftigt. Während der anderen sechs Monate hielt er sich dafür nach besten Kräften schadlos, ging auf alle Gesellschaften und erzählte von früh bis spät. Er war Ritter des Sankt-Stefans-Ordens,[116] und vielleicht lebt er noch.

Die Marchesa versprach mir, im Sommer nach Rom zu kommen. Sie hatte dort einen sehr guten Freund, Signor Bianconi,[117] der den Beruf des Arztes aufgegeben hatte, um Geschäftsträger des sächsischen Hofes zu werden. Sie kam auch nach Rom, aber ich sah sie dort nicht. Am Abend vor meiner Abreise kam der Fuhrmann, der mich ganz allein nach Rom bringen sollte und über den leeren Platz in meinem Wagen ohne meine Einwilligung nicht verfügen konnte, und fragte mich, ob ich einen Reisegefährten zulassen und dadurch drei Zechinen sparen wollte.

»Ich will niemanden.«

»Sie haben unrecht, denn es ist eine hübsche junge Dame, die eben angekommen ist, und Sie bringen mich um den Gewinn einer Zechine.«

»Allein?«

»Nein, sie reist mit einem Begleiter, der ein Pferd hat und den Weg nach Rom im Sattel zurücklegen will.«

»Und wie ist dieses Mädchen hier angekommen?«

»Zu Pferde; aber sie kann das Reiten nicht mehr vertragen. Sie ist vollständig erschöpft und hat sich sofort zu Bett gelegt. Ihr Begleiter hat mir vier Zechinen geboten, um die Signora nach Rom zu befördern. Da ich ein armer Teufel bin, so können Sie mich dieses Geld wohl verdienen lassen.«

»Der Kavalier wird ohne Zweifel im Schritt hinter dem Wagen herreiten?«

»Ach, das kann er machen, wie er will, das kann weder Ihnen noch mir etwas ausmachen.«

»Sie sagen, sie sei jung und hübsch?«

»Man hat es mir gesagt, aber ich habe sie noch nicht gesehen.«

»Was für eine Art Mensch ist ihr Begleiter?«

»Ein hübscher junger Mann, der fast kein Wort Italienisch spricht.«

»Hat er das Pferd verkauft, worauf die junge Dame ritt?«

»Nein, es war ein Mietpferd, und der Eigentümer, ein Bauer, ist schon wieder weggeritten.«

»Gibt es Gepäck?«

»Sie haben nur einen Koffer, den er hinten auf den Wagen schnallen wird, um sein Pferd zu entlasten.«

»Das alles ist sehr eigentümlich. Ich will mich zu nichts entschließen, bevor ich den Mann gesehen habe.«

»Ich werde ihm sagen, er solle mit Ihnen sprechen.«

Einen Augenblick darauf sah ich einen jungen gewandten Franzosen in Uniform mit keckem Blick und recht gutem Benehmen, er wiederholte alles, was der Fuhrmann mir erzählt hatte. Zum Schluß sagte er mir, er sei überzeugt, daß ich mich nicht weigern werde, mit seiner Frau zusammen zu reisen.

»Mit Ihrer Frau, Monsieur?«

»Ach, Gott sei gelobt, Sie sprechen meine Sprache. Ja, mit meiner Frau, einer Engländerin, die Ihnen ganz gewiß nicht lästig fallen wird.«

»Schön. Ich möchte aber meine Abreise nicht verzögern. Wird sie um fünf Uhr bereit sein können?«

»Verlassen Sie sich darauf!«

Am anderen Morgen fand ich sie zur angegebenen Stunde im Wagen. Ich machte ihr eine kurze Verbeugung, setzte mich neben sie, und wir fuhren ab.

ACHTES KAPITEL

-<❀>-

MISS BETTY · DER GRAF DE L'ETOILE · SIR B. M.
WIRD ZUR VERNUNFT GEBRACHT

Es war das vierte Abenteuer dieser Art, das mir in meinem Leben begegnete. Es ist an sich auf Reisen nicht ungewöhnlich, wenn man allein unterwegs ist und einen Wagen mietet. Verglichen mit den drei anderen, kam es mir diesmal bald wie ein Roman vor. Ich war fünfundvierzig Jahre alt und besaß ungefähr zweihundert Zechinen; ich liebte noch immer das schöne Geschlecht, obgleich mit viel weniger Feuer; ich

hatte mehr Erfahrung und weniger Mut zu kecken Unter-
nehmungen; denn da ich mehr wie ein Papa als wie ein Liebhaber aussah, so billigte ich mir selber nur noch wenige Rechte
zu und erhob geringe Ansprüche. Die junge Person, die an meiner Seite saß, war ganz nett, sehr sauber nach englischer Art
gekleidet, blond und sehr schlank; der Tülleinsatz am Aus-
schnitt ließ ihre kleinen Brüste durchschimmern. Ihre kindliche
Schüchternheit entstand aus der Angst, mich zu behelligen; sie
hatte edle und reizvolle Gesichtszüge und benahm sich zurückhaltend, beinahe jüngferlich.

»Ich hoffe, Madame, Sie sprechen französisch?«

»Ich spreche auch ein bißchen italienisch, Monsieur.«

»Ich schätze mich glücklich, daß das Schicksal mich dazu
ausersehen hat, Sie nach Rom zu bringen.«

»Vielleicht bin ich noch glücklicher als Sie.«

»Wie man mir gesagt hat, sind Sie zu Pferde angekommen.«

»Allerdings; aber das war eine Torheit, die ich nicht wieder
begehen werde.«

»Mir scheint, Ihr Gemahl hätte sein Pferd verkaufen und
einen zweisitzigen Wagen, wie diesen hier, nehmen sollen.«

»Es gehört ihm nicht, Monsieur, er hat es in Livorno gemietet
und muß es in Rom an einer ihm bezeichneten Adresse abliefern.
Von Rom werden wir nach Neapel zusammen im Wagen fahren.«

»Sie reisen gern?«

»Sehr gern, aber es muß weit bequemer sein.«

Bei diesen Worten wurde die schöne Blondine, deren blasses
Gesicht keinen Tropfen Blut in den Adern zu haben schien,
ganz rot. In der Annahme, daß ich ihre reine Seele beleidigt
hätte, entschuldigte ich mich und schwieg. Länger als eine
Stunde war ich in Gedanken mit ihr beschäftigt, denn sie begann mich lebhaft zu interessieren; doch da ich mich kannte,
hielt ich mich zurück. Mir wurde bewußt, daß meine Absichten
nicht ganz tugendhaft waren, und trotz der zweideutigen Situation wartete ich ab, denn ich wollte Klarheit haben bis
Buonconvento,[1] wo wir nach Mitteilung des Fuhrmanns zu Mittag essen sollten und wo der Gatte der Dame uns bereits erwarten müßte.

Wir kamen um zehn Uhr an. Die Fuhrleute fahren in Italien

stets nur im Schritt; man geht schneller zu Fuß, denn sie machen nur drei Meilen in der Stunde.[2] Man langweilt sich zu Tode, und wenn es heiß ist, muß man um die Mitte des Tages fünf bis sechs Stunden haltmachen, um nicht krank zu werden. Mein Fuhrmann sagte mir, er wolle nicht weiter fahren als bis San Quirico,[3] wo der Gasthof sehr gut sei; er breche daher erst um vier Uhr wieder auf. Wir hatten also sechs Stunden vor uns, um uns auszuruhen und in einem Zimmer nach Norden hinaus vor der Hitze Schutz zu finden.

Madame war erstaunt, ihren Gatten nicht zu sehen, und suchte ihn mit den Augen. Ich bemerkte es und fragte den Wirt, wo er sei. Dieser antwortete, er habe sein Pferd mit Hafer versorgen lassen und selbst eine Taube gegessen und etwas getrunken. Er habe ihn beauftragt, uns zu sagen, er werde uns in San Quirico erwarten, wo er ein gutes Abendessen bestellen werde. Ich fand das etwas sonderbar, sagte aber nichts. Das ist so französische Art. Die Engländerin tadelte sein unhöfliches Verhalten und bat mich, seine Leichtfertigkeit zu entschuldigen, zumal er mich ja erst seit dem letzten Abend kenne und so täte, als seien wir alte Freunde.

»Ihr Gemahl gibt mir dadurch einen Beweis seines Vertrauens, und ich kann ihm daher nichts übelnehmen, Madame, das ist eben richtig französisch.«

»Da haben Sie recht, englisch ist es nicht.«

Der Wirt fragte mich, ob der Fuhrmann das Essen für mich bezahle.[4] Als ich dies verneinte, bat die junge Dame den Wirt, sich zu erkundigen, ob der Fuhrmann den Auftrag habe, die Rechnung für sie zu bezahlen.

Der Fuhrmann kam mit dem Wirt herein. Um die Dame zu überzeugen, daß er durchaus nicht verpflichtet sei, sie zu verpflegen, zeigte er ihr ein Papier, das sie mir zu lesen gab. Die Unterschrift lautete, wie ich sah, Graf de l'Etoile,[5] der sich verpflichtete, dem Fuhrmann vier Zechinen zu bezahlen, zwei beim Abfahren in Siena und zwei beim Ankommen in Rom, wenn seine Gemahlin in fünf Tagen dort sei. Von einer Verpflichtung des Fuhrmanns, sie mit Essen zu versorgen, las ich nichts. Das reichte aus. Der Wirt wußte nun, was los war, und beide gingen hinaus. Als sie wieder mit mir allein war, bat die nette Dame mich, ich möchte dem Wirt sagen, daß er das

Mittagessen nur für mich allein kochen sollte, denn sie hätte am Vorabend zuviel gegessen und müsse die Mahlzeit auslassen.

Ich erriet im selben Augenblick, welches Gefühl sie so handeln ließ, wie sie sich schämen mußte, daß ihr angeblicher Gemahl sie so schlecht behandelte, ich bot ihr mit allem Nachdruck, wie es nur bei echter Zuneigung möglich ist, meine Hilfe an.

»Madame, ich errate, daß Sie kein Geld bei sich haben, und ich bitte Sie, deshalb nicht die Mahlzeit auszuschlagen. Der Graf, Ihr Gemahl, kann mir das Geld wiedergeben, wenn er es durchaus will. Wenn ich dem Wirt sagte, er solle das Mittagessen nur für mich zubereiten, so würde ich den Grafen entehren, vielleicht auch Sie und in erster Linie mich. Das werden Sie begreifen.«

»Monsieur, ich fühle, Sie haben recht. Wir müssen für zwei auftragen lassen, aber ich werde nicht essen, denn ich fühle mich krank und bitte Sie, mir zu gestatten, daß ich mich aufs Bett lege.«

»Es tut mir außerordentlich leid, und ich bitte Sie, sich durchaus keinen Zwang anzutun. Dieses Zimmer ist ausgezeichnet; ich werde den Tisch im anderen decken lassen. Legen Sie sich in aller Bequemlichkeit zu Bett; schlafen Sie, wenn es Ihnen möglich ist; ich werde erst in drei Stunden das Essen auftragen lassen. Ich hoffe, Sie werden sich dann besser fühlen. Vergeben Sie auch Ihrem Gemahl diese kleine Unbesonnenheit.«

Ohne ihr Zeit zu einer Antwort zu lassen, ging ich hinaus, schloß die Tür und bestellte ein Mittagessen, was ich in drei Stunden essen wollte. Der Wirt war gescheit; ich erklärte ihm, wie man einen Plumpudding[6] zubereitet und Rindsfilet in Scheiben auf einem Rost brät. Darauf legte ich mich aufs Bett. Diese Engländerin, deren Figur ich erst nach dem Aussteigen aus dem Wagen gesehen hatte, war eine vollendete Schönheit. Ihr Benehmen war vollkommen. Ihre Sorgen und ihr Schamgefühl hatten sie für mich eingenommen. Ich war entschlossen, mich nötigenfalls mit ihrem Verführer zu schlagen, den ich nicht mehr für ihren Gatten hielt. Ich legte mir die Sache abergläubisch so zurecht: ich war in die Entführung einer Verführten verwickelt, und ihr guter Geist hatte sie unter meinen Schutz gestellt, um sie vor irgendwelchen Gefahren zu beschirmen, die ich selber nicht kannte, um sie zu retten, für sie zu sorgen und sie vielleicht der Schande zu entreißen, in die Grobheit und Habsucht sie in ihrer Lage stürzen konnten. Mit solchen Vorstellungen schmeichelte ich meiner eben entstehenden Leidenschaft. Ich lachte über den Namen eines Grafen de l'Etoile nur. Wenn ich daran dachte, daß möglicherweise der Abenteurer das arme junge Mädchen verlassen hatte, um sie für immer in meine Hände zu geben, so fand ich diesen Streich doch recht ernst. Allerdings fühlte ich mich geneigt, sie niemals zu verlassen.

Ich hatte mich auf ein Bett gelegt, und mit solchen romantischen Vorstellungen schlief ich ein.

Die Wirtin kam leise herein, weckte mich und sagte, es habe drei Uhr geschlagen.

»Warten Sie einen Augenblick, bevor Sie das Essen bringen; ich werde nachsehen, ob die Dame schon wach ist.«

Ich öffnete leise die Tür und sah meine Engländerin eingeschlafen; als ich aber beim Schließen der Tür ein kleines Geräusch verursachte, wurde sie wach und fragte mich, ob ich schon gegessen hätte.

»Ich werde überhaupt nicht zu Mittag essen, wenn Sie mir nicht die Ehre antun, mit mir zu speisen. Sie haben fünf Stunden geruht, und ich hoffe, Sie befinden sich besser.«

»Da Sie es wünschen, Monsieur, so werde ich kommen«, sagte sie mit lieblicher Miene. »Schön! Das macht mich glücklich; ich werde das Essen auftragen lassen.«

Sie aß wenig, aber mit gutem Appetit, und war angenehm überrascht über die beiden englischen Gerichte; der Plumpudding war mit guter Butter zubereitet.

Als die Wirtin hereinkam, fragte sie sie, ob der Koch ein Engländer sei, und als sie erfuhr, daß ihre beiden Nationalgerichte von mir herstammten, war sie ganz gerührt vor Dankbarkeit. Mit heiterer Miene wünschte sie mir Glück zu meinem ausgezeichneten Appetit. Ich veranlaßte sie, von den ausgezeichneten Weinen, einem Montepulciano und einem Montefiascone,[7] die der Wirt uns brachte, zu trinken. Ich war berauscht, sie aber nicht, denn sie trank nur kleine Schlückchen, wenn ich ein Glas leerte. Sie sagte mir in italienischer Sprache, die sie in sechs Monaten in Florenz gelernt hatte, daß sie in London geboren sei und in der Schule Französisch gelernt habe. Ich glaubte vor Freude zu vergehen, als sie auf meine Frage, ob sie die Cornelys[8] kenne, mir antwortete, sie habe ihre Tochter Sophie[9] in derselben Schule kennengelernt, in der auch sie erzogen worden sei, die Mutter aber nicht.

»Sagen Sie mir, ob Sophie recht groß geworden ist?«

»Nein, sie ist klein, aber außerordentlich hübsch und sehr talentvoll.«

»Sie muß jetzt siebzehn Jahre alt sein.«[10]

»Ganz genau; wir stehen im gleichen Alter.«

Bei diesen Worten hielt sie inne, wurde rot und schlug die Augen nieder.

»Fühlen Sie sich unwohl?«

»Nein, durchaus nicht. Ich wage Ihnen nur nicht zu sagen, daß Sophie Ihnen vollkommen ähnlich sieht.«

»Warum sollten Sie das nicht wagen? Man hat es mir mehrere Male gesagt. Ohne Zweifel ist es ein Zufall. Aber es ist schon lange her, seitdem Sie sie gesehen haben?«

»Zum letzten Male sah ich sie vor achtzehn Monaten; damals sollte sie an den Soho Square zu ihrer Mutter zurückkehren – wie man sagte, um sich zu verheiraten; aber ich erinnere mich nicht, mit wem.«

»Sie haben mir, Madame, eine sehr interessante Mitteilung gemacht.«

Als der Wirt mir die Rechnung brachte, sah ich darauf drei Paoli,[11] die der Kavalier für sich und sein Pferd ausgegeben hatte; der Wirt bemerkte: »Monsieur sagte mir, Sie würden bezahlen.«

Die schöne Engländerin errötete.

Ich bezahlte, und wir fuhren ab.

Im Grunde machte es mir große Freude, das junge Mädchen erröten zu sehen; denn dies bewies mir, daß sie mit dem Benehmen ihres angeblichen Gatten nichts zu tun hatte. Ich empfand ein brennendes Verlangen, zu erfahren, welches Abenteuer sie aus London fortgeführt hatte, wie sie die Frau eines Franzosen werden konnte, wie sie ohne Wagen aus Livorno abgereist war und was sie in Rom wollte. Aber ich befürchtete, ihr durch Fragen lästig zu fallen, denn wenn sie gewollt hätte, hätte sie mir ja von sich aus alles knapp erzählen können, als sie mir sagte, daß sie sich von Miss Cornelys vor achtzehn Monaten getrennt hatte. Da wir drei Stunden zusammen im Wagen vor uns hatten, ehe wir San Quirico erreichten, so brachte ich das Gespräch auf meine Tochter Sophie. Sie erzählte mir, daß sie mit Sophie ein Jahr in derselben Pension zugebracht hatte.

»War Miss Nancy Stein noch dort?« fragte ich sie.

Der Leser wird sich erinnern, daß dies das junge Mädchen war, das bei mir gespeist hatte, daß ich sie reizend fand, obgleich sie erst zehn oder elf Jahre alt war, daß ich sie mit Küssen überschüttet hatte und daß ihr Vater meiner Tochter einen Ring geschenkt hatte.[12]

Als sie den Namen Nancy hörte, seufzte meine junge Engländerin und sagte mir: »Sie war dort, als ich eintrat, aber sie verließ die Pension sieben oder acht Monate darauf.«

»War sie immer noch so schön?«

»Eine vollkommene Schönheit; aber ach, Schönheit ist oft ein verhängnisvolles Geschenk der Natur, da sie Männer dazu treibt, das unschuldige Wesen, das sie besitzt, ins Unglück zu stürzen. In den acht Monaten war Nancy meine vertraute Freundin geworden; wir liebten uns zärtlich. Vielleicht aber stimmten wir nur deshalb so vortrefflich überein, weil das gleiche Geschick uns erwartete, weil wir in eine ganz ähnliche Falle gehen sollten. Nancy, die zärtliche, allzu aufrichtige Nancy, ist heute vielleicht noch unglücklicher als ich.«

»Noch unglücklicher? Was sagen Sie da!«

»Ach!«

»Können Sie sich über Ihr Geschick beklagen? Können Sie mit dem schönen Empfehlungsbrief, den die Natur Ihnen gegeben hat, unglücklich sein?«

»Ach, Monsieur, ich bitte Sie, sprechen wir von etwas anderem.«

Die tiefste Erregung malte sich in ihren Augen. Ich bedauerte sie von Herzen und brachte das Gespräch, da ich mich immer mehr für sie interessierte, wieder auf Nancy: »Möchten Sie mir wohl sagen, warum Sie Nancy für unglücklich halten?«

»Sie hat sich in einen jungen Mann verliebt und ist mit ihm geflohen, da sie sich keine Hoffnung machen durfte, die Einwilligung von ihrem Vater zu erhalten. Seit ihrer Flucht hat man nichts mehr von ihr gehört, und so hat, wie Sie sehen, meine

Freundschaft allen Anlaß, zu befürchten, daß sie sehr unglücklich ist.«

»Sie haben recht. Ich fühle, daß ich mich auch für sie aufopfern würde, wenn ich sie im Unglück fände.«

»Wo haben Sie sie kennengelernt?«

»In meinem Hause; sie war gerade zwölf Jahre alt. Sie kam mit ihrem Vater auf meine Einladung hin, ich wollte mit ihr Austern essen.«

»Jetzt fällt es mir wieder ein; er hat Miss Cornelys einen hübschen Ring geschenkt. Oh, Monsieur, das sind Sie? Wenn Sie wüßten, wie oft ich sie mit Sophie über Sie habe sprechen hören. Nancy liebte Sie ebenso innig wie ihren Vater und beglückwünschte Sophie zu der Freundschaft, die Sie für sie empfänden. Ich habe sie erzählen hören, Sie wären nach Rußland gegangen und hätten in Polen ein Duell mit einem General gehabt. Ist das wahr? Ach, warum kann ich nicht meiner teuren Sophie alle diese Neuigkeiten melden! Darauf kann ich jetzt leider nicht hoffen!«

»Es ist alles wahr, Madame. Aber warum sollten Sie denn nicht auf so eine kleine Freude hoffen und nach England schreiben, an wen Sie wollen? Ich empfinde die lebhafteste Teilnahme für Sie; haben Sie Vertrauen zu mir, und ich verspreche Ihnen, Ihre Nachrichten an jede gewünschte Adresse zu übermitteln.«

»Ich bin Ihnen unendlich dankbar.«

Hierauf schwieg sie, und ich überließ sie ungestört ihren Gedanken. Um sieben Uhr kamen wir in San Quirico an, wo der Graf de l'Etoile seine Frau sehr lustig und sehr verliebt am Wagen empfing. Er bedeckte sie vor allen Leuten mit hundert Küssen, so daß man ohne Zweifel glaubte, er sei ihr Mann und ich ihr Vater. Als Alternative dazu hätte man nur annehmen können, daß sie eine Dirne sei und ich demzufolge ihr Zuh... Ganz fröhlich und zufrieden erwiderte die Engländerin bei solchem Empfang des Grafen seine Liebkosungen. Ohne ihm den leisesten Vorwurf zu machen, ging sie mit ihm ins Haus; augenscheinlich erinnerte sie sich gar nicht mehr, daß ich auch noch da war, und an die Gefälligkeiten, die sie von mir empfangen hatte. Ich entschuldigte das mit Liebe und Jugend und mit etwas Leichtfertigkeit; ich war ein wenig verärgert, dachte aber weiter nicht darüber nach und trat ebenfalls mit meiner Reisetasche ein. Der Wirt trug sofort das Essen auf, denn der Fuhrmann wollte um drei Uhr morgens abfahren, um vor der starken Hitze in Radicófani[13] anzukommen, und wir hatten sechs Stunden zu fahren.

Wir gingen zu Tisch, das Abendessen war ausgezeichnet. Das hatte ich erwartet, denn der Graf, der sechs Stunden vor uns angekommen war, hatte es bestellt, und der Wirt hatte genügend Zeit gehabt, um es vorzubereiten. Meine Engländerin schien in den Grafen de l'Etoile noch mehr verliebt zu sein als dieser in sie; offenbar erwähnte sie mich gar nicht, darüber war ich ein wenig betroffen und erstaunt. Erst als der Braten an die Reihe kam, lobte sie die Rinderfiletscheiben vom Mittag. Die Späße und machmal recht ausgelassenen Streiche des jungen Narren lassen sich nicht beschreiben; seine Schöne lachte darüber aus vollem Halse, und manchmal mußte ich mitlachen. Da kam mir der Gedanke, daß er bei solcher Veranlagung ein junger Offizier von Adel, reich und unabhängig, sein könnte, einer, der alles nach solcher Art behandelt und für den nichts wichtig ist. Ich hatte ähnliche Leute in Paris getroffen, sie sind auf die Dauer unerträglich, für kurze Zeit jedoch unterhaltend; sie sind oberflächlich, leichtfertig, zuweilen gefährlich, tragen ihre Ehre in der Tasche, um sie plötzlich herauszuziehen und sich damit ihrer Laune gemäß wichtig zu tun. Ich war nicht recht mit mir selber zufrieden; denn mir schien, der Franzose behandele mich zu rücksichtslos, halte mich für einen Dummkopf und beleidige mich, indem er mir vielleicht noch eine Ehre zu erweisen glaube. Wenn die Engländerin wirklich seine Frau war, so wurde ich offenbar von oben herab behandelt, und ich hatte durchaus keine Lust, diese Rolle zu spielen. Ich konnte mir nicht verhehlen, daß jeder, der uns beobachtete, mich für eine untergeordnete Person halten mußte.

Als eine Frau hereinkam, um reine Bettücher aufzulegen, befahl ich ihr, mir ein anderes Zimmer anzuweisen. Der Graf forderte mich höflich auf, in demselben Zimmer zu schlafen, ohne daß Madame etwas sagte; ich machte mir nichts daraus und bestand ebenso höflich darauf, ihn und seine Gattin allein zu lassen. Ich ließ meine Reisetasche in ein Nebenzimmer bringen und schob sogar den Riegel vor. Ich fand es eigenartig, daß keiner meiner Reisegefährten eine Tasche hatte. Ich dachte mir, sie hätten ihr Gepäck auf einem anderen Wege nach Rom vorausgeschickt und das Köfferchen, das hinten auf meinem Wagen angeschnallt war, enthielte nur das durchaus Notwendige; da sie jedoch auch dieses nicht auf ihr Zimmer bringen ließen, so nahm ich an, sie glaubten auf alles verzichten zu können. Ich ging ganz ruhig zu Bett; für meine Reisebegleiterin interessierte ich mich jetzt viel weniger als während der ganzen Fahrt. Diese Veränderung gefiel mir.

In aller Frühe weckte man mich und brachte mir Licht. Ich zog mich eilig an, und als ich hörte, daß meine Nachbarn im anderen Zimmer sich ebenfalls ankleideten, öffnete ich meine Tür ein wenig und wünschte ihnen, ohne einzutreten, guten Morgen. Eine Viertelstunde später hörte ich einen Wortwechsel auf dem Hof. Ich öffnete mein Fenster und sah, daß der Franzose und der Fuhrmann miteinander kauderwelschten, die Sache schien ernst zu sein. Obwohl es noch nicht hell war, sah ich deutlich, daß der Fuhrmann das Pferd des Franzosen am Zügel festhielt und dieser es ihm aus der Hand reißen wollte. Ich erriet den Anlaß des Streites, denn ich kannte ja den Vertrag; der Fuhrmann verlangte mit Recht sein Geld. Ich nahm an, daß der Franzose nicht einen Soldo hatte; voraussehend, daß sie heraufkommen und sich an mich wenden würden, bereitete ich mich vor, unbarmherzig meine Pflicht zu tun. Der Franzose trat als erster ein und sagte: »Dieser Lump versteht mich nicht; da er jedoch vielleicht recht hat, so bitte ich Sie, ihm zwei Zechinen zu geben, die ich Ihnen in Rom wiedererstatten werde. Der Zufall fügt es, daß ich kein Bargeld habe. Er hat nichts zu befürchten, denn er hat meinen Koffer in Händen; aber er behauptet, er brauche bares Geld. Tun Sie mir den Gefallen, Monsieur; in Rom werden Sie ja erfahren, wer ich bin.«

Ohne sich die Mühe zu machen, meine Antwort abzuwarten, läuft er die Treppe hinunter. Der Fuhrmann bleibt. Ich stecke den Kopf zum Fenster hinaus und sehe – kaum zu glauben – ihn in seidenen Strümpfen sich auf das Pferd schwingen und davonsprengen. Madame stand völlig sprachlos vor mir, und der Fuhrmann schien erstarrt zu sein.

Ich setzte mich auf mein Bett und trocknete mir die Hände ab. Plötzlich, nachdem ich mir die ganze Geschichte überlegt hatte, mußte ich laut lachen, was mir jedes Weiterdenken unmöglich machte. Ich fand die Angelegenheit so unterhaltend, neu und lustig, daß ich damit nicht zurecht kam.

»Lachen Sie, Madame, ich bitte Sie inständig! Von allem Gefühl abgesehen – Ihre Traurigkeit ist wirklich nicht am Platz; lachen Sie, sage ich Ihnen, oder ich stehe nicht mehr auf.«

»Ich gebe zu, es ist lächerlich, aber ich habe nicht den Geist, darüber zu lachen.«

»Nun versuchen Sie es doch wenigstens.«

Hierauf zog ich zwei Zechinen aus meiner Börse, gab sie dem Fuhrmann und sagte ihm, es würde nichts schaden, wenn wir eine Viertelstunde später ankämen; ich wollte erst Kaffee trinken. Das traurige Gesicht der Engländerin tat mir leid: »Ich begreife«, sagte ich zu ihr, »den Grund Ihres Kummers, und ich will ihn zum Anlaß nehmen, Ihnen mein Lob auszusprechen. Aber bitte überwinden Sie ihn während der Reise. Ich verspreche Ihnen, alles auf mich zu nehmen. Ich bitte Sie nur um eine einzige Gefälligkeit; wenn Sie mir diese verweigern, werde ich ebenso traurig sein wie Sie, und das wird nicht unterhaltend sein.«

»Was kann ich Ihnen zu Gefallen tun?«

»Sagen Sie mir auf Ihr Ehrenwort als Engländerin, ob dieser sonderbare Mensch Ihr Gatte oder nur Ihr Liebhaber ist.«

»Gut. Ich werde Ihnen rückhaltlos die reine Wahrheit sagen. Er wird erst in Rom mein Gatte werden, aber ganz bestimmt.«

»Ich atme auf. Er wird es niemals werden, und um so besser für Sie. Ich bin überzeugt, er hat Sie verführt. Sie sind in ihn verliebt; aber ich hoffe, daß Sie zur Besinnung kommen werden.«

»Das ist unmöglich; er müßte mich denn betrügen.«

»Er hat Sie bereits betrogen. Ich bin überzeugt, daß er Ihnen gesagt hat, er sei reich, von Stand und werde Sie glücklich machen. Dies ist alles falsch.«

»Aber wie können Sie das wissen?«

»Ebenso wie ich viele andere Sachen weiß, die nur die Erfahrung den Menschen lehrt. Er ist ein Narr ohne Benehmen und frech, ein Tollkopf, der Sie vielleicht heiraten wird, aber nur um Ihr Herr zu werden und um aus Ihnen Nutzen zu seinem Vorteil zu ziehen.«

»Er liebt mich, das muß ich doch wissen.«

»Was Sie so sicher zu wissen glauben, ist keine Liebe, mein liebes Kind, es ist nur eine Laune und Ausschweifung. Wie Sie wissen, kennt er mich nicht, trotzdem überläßt er Sie mir. Glauben Sie, ein wirklich Liebender könnte seine Geliebte so im Stich lassen?«

»Er ist nicht eifersüchtig. Wie Sie wissen, sind es die Franzosen überhaupt nicht.«

»Bei einem Ehrenmann spielt es keine Rolle, ob er aus Frankreich, England, Italien oder aus welchem Land auch immer stammt. Wenn er Sie liebte, hätte er Sie wohl kaum ohne einen Soldo in der Gewalt eines Unbekannten gelassen, der unter der Drohung, Sie auf der Straße stehenzulassen, von Ihnen Gefälligkeiten hätte verlangen können, die Ihnen widerstrebt hätten? Was würden Sie jetzt machen, wenn ich ein roher Mensch wäre? Sie verstehen doch. Sprechen Sie, Sie laufen keine Gefahr.«

»Ich würde mich verteidigen.«

»Schön; aber dann würde ich Sie hier im Gasthof sitzenlassen, und was würden Sie dann anfangen? Obgleich Sie hübsch und gefühlvoll sind, so gibt es doch Männer, die für Sie nur etwas tun würden, wenn Sie ihnen Ihre Gefühle zum Opfer brächten, wenn Sie aber Ihre Gefühle respektiert sehen möchten, würden sie Ihnen keinen Scudo geben. Der Mann, den Sie zu Ihrem Unglück lieben, kennt mich nicht und setzt Sie dem Elend oder der Schande aus. Beruhigen Sie sich, Ihnen wird nichts geschehen; denn ich bin gerade der Mann, den Sie brauchen; aber Sie müssen das als eine Art Wunder ansehen. Sagen Sie mir, finden Sie immer noch, daß dieser Mann Sie liebt? Er ist ein Ungeheuer. Ich bin in Verzweiflung, Ihre Tränen fließen zu sehen und durch meine Rede Ihre Trauer verschuldet zu haben. Aber das war notwendig, und ich bereue nicht, grausam gewesen zu sein, denn ich werde so gegen Sie handeln, daß ich gerechtfertigt dastehe. Ich wage es, Ihnen zu sagen, daß Sie mir außerordentlich gefallen und daß ich mich hauptsächlich wegen des heftigen Begehrens, das Sie mir einflößen, für Sie interessiere; aber seien Sie überzeugt, ich werde nicht einen einzigen Kuß verlangen, und ich werde Sie auch in Rom nicht verlassen. Bevor wir jedoch in Rom ankommen, werde ich Ihnen beweisen, daß der Graf Sie nicht nur gar nicht liebt, sondern auch, daß er ein abgefeimter Gauner ist.«

»Sie werden mir dies beweisen?«

»Ja, darauf gebe ich Ihnen mein Ehrenwort. Aber trocknen Sie Ihre Tränen und lassen Sie uns versuchen, den Tag so wie gestern zu verbringen. Sie glauben gar nicht, wie glücklich ich mich schätze, daß der Zufall Sie unter meinen Schutz gestellt hat. Ich will Sie von meiner Freundschaft überzeugen, und wenn daraus keine Liebe folgt, so werde ich es mit Geduld ertragen.«

Der Wirt kam mit der Rechnung für das ganze Souper. Ich hatte dies erwartet und bezahlte, ohne einen Blick auf die arme Verliebte zu werfen; denn ich machte mir beinahe einen Vorwurf daraus, ihr zuviel gesagt zu haben. Eine zu starke Dosis Arznei konnte ihr eher schaden, anstatt sie zu heilen. Ich brannte vor Verlangen, ihre Geschichte zu erfahren, und hoffte, sie dahin bringen zu können, daß sie sie mir vor unserer Ankunft in Rom erzählte. Wir fuhren ab, ohne ein Wort miteinander zu sprechen, bis zum Gasthof La Scala,[14] wo wir ausstiegen.

Ich fand es besser, zwei Postpferde zu nehmen; denn von La Scala bis nach Radicófani dauerte es mit den Pferden des Fuhrmanns vier Stunden, mit den Postpferden brauchte man nur zwei. Dem Fuhrmann gab ich Befehl, uns dort zu erwarten, und bestellte Postpferde für zehn Uhr. Jetzt war es erst sechs Uhr, ich wartete lieber die vier Stunden, als gleich abzufahren, denn ich hätte sonst den Wüstling, der das arme Mädchen betrogen hatte, auf der Fahrt eingeholt. Mein Befehl war dem Fuhrmann recht, denn dadurch sah er sich von der schweren Aufgabe befreit, den Wagen über den Berg zu fahren, und ersparte seiner Börse die Unkosten für ein drittes Pferd.[15]

»Wäre es nicht besser, wenn Sie die Post sofort nähmen?« unterbrach die Engländerin mein Schweigen, »denn von zehn Uhr bis Mittag wird die Hitze übermäßig stark sein.«

»Allerdings; aber der Graf de l'Etoile, den wir unfehlbar in Radicófani treffen würden, würde mich nicht gern sehen.«

»Warum denn nicht? Im Gegenteil.«

Ein Gefühl des Mitleids hielt mich ab, ihr zu antworten; denn hätte ich ihr den Grund genannt, so würde sie sicher geweint haben. Ich sah, daß die Liebe sie regelrecht krank machte und sie verblendete; so war sie nicht fähig, ihren Verführer als Schurken zu erkennen, weil sie nicht die Kraft hatte, ihren Instinkt für falsch zu erklären. Durch sanfte Beredsamkeit konnte ich sie nicht heilen; ich mußte sie ohne Schonung von der Wahrheit überzeugen. So wie bei einem Zahn, den ich ihr nur mit einer Zange herausziehen konnte, ohne mich durch ihren Schmerz erweichen zu lassen und ohne auf ihr Weinen Rücksicht zu nehmen, das dabei nicht ausbleiben würde. War es aber ein tugendhaftes Gefühl, das mich zu solcher Handlungsweise antrieb? Auferlegte ich mir aus Liebe für die schöne Unschuldige, die ich vor mir sah und deren Kummer mir zu Herzen ging, diese Aufgabe? Gewiß kam alles in Betracht; daß ich sie, wäre sie häßlich und geschmacklos gewesen, vielleicht dem Hunger überlassen hätte. Im Grunde arbeitete ich also nur für mich selber. Also, fahre dahin, Tugend! Ich wollte einem anderen das Mädchen, das ja ein köstlicher Bissen war, entreißen, um ihn selber zu verzehren. Allerdings gestand ich mir das nicht vor mir selber ein, und wenn es mir bewußt wurde, so verdrängte ich es. Ich spielte im guten Glauben eine falsche Rolle, die ich nur zufriedenstellend spielen konnte, wenn ich mir vornahm, sie nicht nur zu spielen.

Als der Fuhrmann fort war, lud ich die Engländerin ein, mit mir einen Spaziergang zu machen. Die Landschaft ist dort so schön, daß man sich nichts Zauberhafteres denken konnte. Betty, so hieß sie, wollte mich aber überzeugen, daß die englische Landschaft noch schöner wäre, wenn es dort Weinreben geben würde; um sie auf andere Gedanken zu bringen, tat ich so, als teilte ich ihre Ansichten und war von ihnen entzückt. Sie sprach das Italienisch in florentinischer Mundart, mit Eigentümlichkeiten und Fehlern in der Aussprache; dazu kam noch ihr englischer Akzent, es klang alles sehr vergnüglich meinem Ohr. Ich sehnte mich beim Anblick ihrer unruhigen Lippen danach, sie zu küssen, wagte es aber nicht; denn darauf kommt alles an. Die Liebe, die Beifall zeigen möchte, kennt nur diese Ausdrucksweise.

Wir waren zwei Stunden spazierengegangen, als wir alle Kirchenglocken stark läuten hörten und die Menschen eilig zur Kirche gehen sahen; Betty sagte mir, sie sei noch nie in einer katholischen Messe gewesen, und ich verschaffte ihr voller Freude dieses Vergnügen. Es war ein Feiertag. Sie wohnte dem Hochamt mit der größten Bescheidenheit bei und machte alles, was sie die Leute machen sah, so daß kein Mensch auf den Gedanken gekommen wäre, sie könnte Anglikanerin[16] sein. Als wir hinausgingen, sagte sie mir, unser Gottesdienst sei mehr dazu geschaffen als der anglikanische, Bestand zu haben und für die Religion Anhänger zu finden; auch war sie überrascht, daß die englischen Bäuerinnen nicht mit denen zu vergleichen seien, die sie eben gesehen hatte, durch ihre prachtvolle Kleidung. Sie fragte mich nach der Zeit, und ich sagte gedankenlos zu ihr, ich wundere mich, daß sie keine Uhr habe. Sie antwortete mir errötend, der Graf habe sie ihr abverlangt, um sie dem Wirt, von dem er das Pferd gemietet habe, als Pfand zu lassen.

Ich bereute meine ungewollte Indiskretion; denn ihre Röte verriet bedrückende Scham, und ich bedauerte, diese veranlaßt zu haben. Die arme Betty wußte, daß sie schuldig war, und sie verstand nicht zu lügen.

Um zehn Uhr fuhren wir mit drei Pferden ab, und da ein leichter frischer Wind die Hitze milderte, so kamen wir ganz zufrieden mittags in Radicófani an.

Der Wirt, der zugleich Postmeister war, fragte mich, ob ich die drei Pferde bezahlen werde, die der Franzose ihm schuldig sei, der hier auch abgestiegen war, gegessen und getrunken, aber an Bezahlung nicht gedacht hatte. Ich sagte ihm, daß ich alles bezahlen würde, und ich sah, wie dies ihn beruhigte; aber das war noch nicht alles.

»Dieser Mann«, erzählte er, »hat mit dem blanken Degen drei von meinen Postkutschern geschlagen. Der eine von ihnen, den er im Gesicht verwundet hat, ist ihm nachgeritten, und es wird ihm sicherlich teuer zu stehen kommen. Er hat sie geschlagen, weil sie ihn nicht abreiten lassen wollten, bevor er die Rechnung bei mir und den Hafer im Stall, den sein Pferd gefressen hat, bezahlt hätte.«

»Sie haben unrecht getan, ihm Gewalt antun zu wollen, denn er sieht nicht wie ein Spitzbube aus, und Sie hätten ihm ohne weiteres glauben müssen, daß ich Sie bei meiner Ankunft bezahlen würde.«

»Sie irren sich; ich war durchaus nicht verpflichtet, ihm zu glauben; denn ich bin schon hundertmal auf diese Art in meinem Leben betrogen worden. Wenn Sie speisen wollen, so ist Ihr Tisch gedeckt. Wenn Ihr Fuhrmann eine Viertelstunde eher gekommen wäre, hätte es keinen Ärger gegeben.«

Ich sah Betty in Verzweiflung. Ihr Gesicht verriet alle ihre Gedanken, aber sie schwieg, und ich achtete sie deshalb. Anstatt ihr daher Vorhaltungen wegen dieser Streiterei zu machen, suchte ich sie durch scherzhafte Reden zu erheitern und forderte sie auf, tüchtig zu essen und den ausgezeichneten Muskatwein zu trinken, von dem der Wirt uns eine große Flasche gebracht hatte und der ihr ihre gute Laune zurückbringen sollte. Da ich sah, daß sie sich vergeblich bemühte, ihre Unruhe zu bezwingen, so rief ich den Fuhrmann und sagte ihm, ich wolle sofort nach dem Essen wieder abfahren.

»Wir fahren nur bis Centino«,[17] antwortete der Fuhrmann; »wir können dort in zwei Stunden sein. Warten wir, bis es kühler wird.«

»Nein, das geht nicht, der Gatte von Madame braucht vielleicht Hilfe. Der verwundete Postillion hat ihn verfolgt, und Gott weiß, was alles noch kommen kann.«

»Gut. Wir werden fahren.«

Betty sah mich mit einem Gesicht an, worin sich die lebhafteste Dankbarkeit spiegelte, und um mir diese zu beweisen, tat sie, als wenn sie großen Appetit hätte. Sie hatte bereits bemerkt, daß dies ein Mittel war, mir ihre Dankbarkeit zu zeigen. Während wir aßen, ließ ich einen von den geschlagenen Postillionen heraufkommen und mir von ihm die Geschichte erzählen. Der Bursche, der ein Aufschneider war, gestand, Hiebe mit der flachen Klinge erhalten zu haben, aber er rühmte sich, den Franzosen mit einem Steinwurf getroffen zu haben, den er jedenfalls gespürt haben müsse. Ich gab ihm einen Paolo und versprach ihm einen Scudo, wenn er nach Centino reiten und gegen seinen Kameraden aussagen würde; er nahm mich beim Wort und begann sofort, zugunsten des Grafen zu reden, worüber Betty herzlich lachte. Er sagte, die Wunde im Gesicht sei nur ein Kratzer, über die er sich nicht beklagen dürfe, denn er hätte sich nicht so anstellen dürfen. Um uns zu überzeugen, versicherte er uns, der Franzose habe nur drei oder vier Steinwürfe erhalten. Für Betty war dies gar kein Trost, aber ich sah, daß die Geschichte eine komische Wendung nahm und daß nichts dabei herauskommen würde. Der Postillion, nunmehr Fürsprecher des Grafen de l'Etoile, ritt sofort ab, und wir folgten ihm eine halbe Stunde später.

Bis Centino war Betty ziemlich ruhig, aber sie wurde sehr traurig, als sie bei der Ankunft dort vernahm, daß der Graf nach Acquapendente[18] geritten sei; der blutig geschlagene Postillion habe denselben Weg eingeschlagen; auch unser Postillion, unser Fürsprecher, sei ihnen gefolgt. Vergeblich sagte ich ihr, sie habe nichts zu befürchten; der Graf sei klug genug und werde sich zu verteidigen wissen, besonders da die Steinwürfe, die ihn getroffen hatten, zeigten, daß er sich nur zur Wehr gesetzt hatte. Betty antwortete mir nicht, sie war niedergeschlagen. Vielleicht befürchtete sie, daß ich für die Kosten und Mühen, die ich durch sie gehabt hatte, ein bißchen entschädigt werden wollte, wenn sie die Nacht mit mir verbringen mußte. Ich überlegte und hatte richtig geraten.

»Wünschen Sie, Betty, daß wir sofort nach Acquapendente weiterfahren?«

Als sie diesen Vorschlag hörte, strahlte ihr Gesicht; sie öffnete mir ihre Arme, und ich küßte sie.

O Natur! Was kommt es für mich darauf an, welcher Quelle der süße Kuß entstammt, den ich soeben bekommen hatte. Ich erhob mich, rief den Fuhrmann, der seine Pferde schon wieder in den Stall gebracht hatte, und sagte ihm, ich wolle sofort nach Acquapendente weiterfahren. Der Kerl antwortete mir grob, er würde nicht fahren, aber ich könnte ja die Post nehmen.

»Schön. Bestelle schnell zwei Pferde.«

Ich glaube, in diesem Augenblick hätte Betty, die sich für einen einfachen Kuß so gut belohnt sah, mir alles gewährt; denn sie wußte nicht, wie sie mir ihre Dankbarkeit ausdrücken sollte, und ließ sich in meine Arme sinken. Ich lächelte, freute mich über ihre Fröhlichkeit und sagte ihr, ich könne keinen anderen Willen haben als den ihren. Ich bedeckte ihren Mund und ihre Augen mit Küssen, und sie schien mir wegen meiner Zurückhaltung dankbar zu sein. Als die Pferde angespannt waren, bezahlte ich dem Wirt das Abendessen, das er für uns zurechtgemacht zu haben behauptete, und wir fuhren ab. Der Fuhrmann sagte uns, daß er auch um acht Uhr in Acquapendente sein würde, damit wir am nächsten Morgen ganz früh losfahren könnten, um zum Mittagessen Montefiascone[19] zu erreichen.

Wir brauchten nur drei viertel Stunden bis Acquapendente,

wo wir den tollen Menschen ganz fröhlich und zufrieden vorfanden. Er schloß die unglückliche Betty in seine Arme, und sie war trunken vor Glück, daß sie ihn heil und gesund wiedersah. Er sagte uns triumphierend, er habe sämtliche Spitzbuben von Radicófani verprügelt und dafür nur ein paar unbedeutende Steinwürfe empfangen, vor denen er seinen Kopf geschickt geschützt habe.

»Wo ist denn der Postillion mit der Verletzung?« fragte ich ihn.

»Er trinkt mit seinen Kameraden auf meine Gesundheit. Sie haben mich alle beide um Verzeihung gebeten.«

»Als Dank für einen Scudo«, rief Betty.

»Einen Scudo? Das war dumm, ihnen den zu geben. Beim nächsten Mal werden sie sich wieder verprügeln lassen.«

Vor dem Abendessen zeigte er uns alle blauen Flecken an seinen Schenkeln und an einer Seite der Brust; der Schelm war ein hübscher Junge.

Bettys vergötternde Miene ärgerte mich allerdings; doch ertrug ich es mit großer Geduld, da sie mir bereits ein anderes Zeichen der Dankbarkeit gegeben hatte. Beim Essen trieb er wieder dieselben tollen Späße wie am Abend vorher. Er wollte durchaus, daß ich nicht in einem anderen Zimmer schlafen sollte; doch ich blieb standhaft. Ich fühlte genau, daß meine Gegenwart Betty sehr belästigt haben würde, die noch nicht so ohne Hemmungen war, wie er es gern gesehen hätte.

Am nächsten Morgen sagte der Graf de l'Etoile zu mir, er werde uns ein gutes Abendessen in Viterbo bestellen, und ich solle ihm dafür eine Zechine leihen, damit er sein Mittagessen in Montefiascone bezahlen könne. Mit diesen Worten zeigte er mir lässig einen Wechsel von dreitausend Scudi, den er in seiner Brieftasche hatte. Ich meinte nur, ich sei überzeugt, wolle ihn aber nicht lesen.

Betty war inzwischen in ein ganz freundschaftliches Verhältnis zu mir gekommen, nachdem sie gesehen hatte, daß ich sie zwar zum Weinen gebracht hatte, sie aber auf meinen Beistand rechnen konnte. Sie unterhielt sich mehr mit mir und gestattete mir, offen Fragen an sie zu richten, und sie scheute sich nicht, mir falsche Schlußfolgerungen vorzuwerfen. Als wir in Montefiascone waren, sagte sie mir: »Wie Sie sehen, befindet mein

Freund sich nicht durch Zufall oder Leichtsinn in Geldverlegenheit; denn er hat einen Wechsel auf einen hohen Betrag.«

»Ich halte ihn für falsch.«

»Ah, das ist aber boshaft von Ihnen!«

»Ich schließe das aus seinem Benehmen. Vor zwanzig Jahren hätte ich ebenso wie Sie den Wechsel für echt gehalten, aber jetzt ist das etwas anderes. Wenn dieser Wechsel auf Rom lautet, warum hat er ihn dann nicht in Siena, in Florenz oder in Livorno diskontiert?«

»Vielleicht hat er keine Zeit dazu gehabt; er hatte es so eilig. Ach, wenn Sie alles wüßten!«

»Ich will, liebe Betty, weiter nichts wissen, als was Sie mir freiwillig erzählen werden. Unterdessen aber erkläre ich Ihnen, daß alles, was ich Ihnen gesagt habe, nicht auf Verdacht und Vermutung beruht, sondern auf Feststellungen, die aus allem von mir Gesehenen hervorgehen.«

»Sie verharren also bei dem Gedanken, daß er mich nicht liebt?«

»Er liebt Sie nur auf eine Art, die Ihren Haß verdient.«

»Wieso?«

»Würden Sie nicht einen Mann hassen, der Sie nur liebt, um mit Ihren Reizen Handel zu treiben?«

»Ich bin betrübt, daß Sie dies glauben.«

»Ich kann Ihnen dies schon heute abend in Viterbo beweisen, wenn Sie es wünschen.«

»Bitte beweisen Sie es mir, aber ganz deutlich. Es wird mich auf das tiefste schmerzen, aber ich werde Ihnen dankbar sein.«

»Und wenn ich Sie davon überzeugt habe, können Sie dann aufhören, ihn zu lieben?«

»Ganz gewiß, ich habe mich nur in ihn verliebt, weil ich ihn für einen rechtschaffenen Menschen hielt.«

»Sie irren sich. Sie werden ihn selbst dann noch lieben, wenn ich Ihnen bewiesen habe, daß er ein Schurke ist; denn dieser Mann hat Sie ganz vernarrt gemacht. Er hat Ihnen den Verstand geraubt. Sonst würde Ihnen die Sache ebenso klar sein wie mir.«

»Was Sie da sagen, ist ungeheuerlich, kann aber vielleicht wahr sein; aber weisen Sie mir klar und deutlich nach, daß er mich nicht liebt, und überlassen Sie es mir, Sie zu überzeugen, daß ich imstande sein werde, ihn zu verachten.«

»Sie werden es heute abend sehen; aber sagen Sie mir zuvor noch, ob Sie ihn schon seit langer Zeit kennen.«

»Ungefähr seit einem Monat; aber wir sind erst seit fünf Tagen beisammen.«

»Haben Sie ihm vorher irgendwelche Gunst gewährt?«

»Nicht einen einzigen Kuß. Er war jede Nacht unter meinem Fenster, und auch am Tage sah ich ihn bei jedem Hinaussehen auf der Straße. Habe ich da annehmen können, daß ein junger Mann, der so beständig ist, Liebe heuchelt?«

»Daß er Sie liebt, meine liebe Freundin, gebe ich zu; es geschieht aber auf seine Art, wie ich es Ihnen schon gesagt habe. Er will auf Ihre Kosten sein Glück machen, vielleicht ganz unbewußt, denn vielleicht denkt er wirklich, daß Sie nicht unglücklich wärcn, wenn Sie sich der Prostitution hingeben würden.«

»Aber wie können Sie denn eigentlich einen Menschen in Verdacht haben, den Sie nicht kennen?«

»Wollte Gott, ich kennte ihn nicht! Ich bin gewiß, da er nicht zu Ihnen gehen konnte, so hat er Sie überredet, zu ihm zu kommen und mit ihm zu entfliehen.«

»Das ist wahr. Er hat an mich geschrieben, und ich werde Ihnen seinen Brief zeigen, worin er mir versichert, daß er mich in Rom heiraten wird.«

»Und wer bürgt Ihnen für seine Beständigkeit?«

»Seine Zärtlichkeit.«

»Haben Sie zu befürchten, daß Sie verfolgt werden?«

»Nein.«

»Hat er Sie einem Vater, einem Liebhaber, einem Bruder entführt?«

»Einem Liebhaber, der erst in acht oder zehn Tagen nach Livorno zurückkehren wird, weil er Geschäfte halber nach London gereist ist, er hatte mich unter die Obhut einer vertrauenswürdigen Frau gestellt, die mir zwar keine Befehle geben konnte, aber auch niemals ihre Einwilligung gegeben hätte, daß ein neuer Verehrer mich besuchte.«

»Ich weiß genug, liebe Betty, und beklage Sie tief. Sagen Sie mir, ob Sie den Engländer lieben, der nach Livorno zurückkommen wird, und ob er würdig ist, Sie zu besitzen.«

»Ach, ich habe einzig und allein ihn geliebt, bis ich nach seiner Abreise in Boboli[20] diesen Franzosen sah, der mich zu meinem Glück oder Unglück dem anderen untreu machte. Jener betete mich auch an und wird in Verzweiflung sein, wenn er mich nicht mehr vorfindet.«

»Ist er reich?«

»Nicht sehr reich, aber wohlhabend. Er ist Geschäftsmann.«

»Ist er jung?«

»Nein, er ist ein Mann von Ihrem Alter; er ist freundlich und rechtschaffen. Er wartet nur auf den Tod seiner Frau, um mich zu heiraten. Seine Frau hat die Schwindsucht, vielleicht ist sie jetzt schon tot.«

»Ich bedauere ihn. Haben Sie ihm ein Kind geschenkt?«

»Nein. Aber ich sehe, daß Gott mich nicht für ihn bestimmt hatte; denn Monsieur de l'Etoile hat mich unwiderstehlich erobert; ich hatte einfach keine Wahl.«

»Das glauben alle, die aus Liebe einen falschen Schritt tun.«

»Jetzt wissen Sie alles, und ich bin recht froh, daß ich Ihnen nichts verheimlicht habe; denn gestern habe ich zweimal erkannt, daß Sie mein wahrer Freund sind.«

»Daß ich das bin, werden Sie in Zukunft noch besser einsehen als jetzt, meine liebe Freundin. Sie bedürfen meiner sehr, und ich verspreche Ihnen, Sie nicht zu verlassen. Ich liebe Sie; das habe ich Ihnen schon gesagt und wiederhole es gern; trotzdem werden Sie mich nur um die Rolle eines Freundes bewerben sehen, solange Sie diesen Franzosen lieben.«

»Gut, ich vertraue auf Ihr Wort und verspreche Ihnen dafür, Ihnen nichts zu verbergen.«

»Sagen Sie mir, warum Sie kein Gepäck haben?«

»Ich bin zu Pferde geflohen, aber mein Koffer, der voll Kleider und Hemden ist, wird zugleich mit dem des Grafen zwei oder drei Tage nach uns in Rom eintreffen. Ich habe ihn am Tage vor meiner Flucht aus meiner Wohnung herausschaffen lassen, und ich kenne den Mann, der ihn in Empfang nahm: er war vom Grafen geschickt worden.«

»Lebewohl Ihrem Koffer.«

»Ach, lieber Freund, Sie sehen überall lauter Unglück.«

»Es genügt, meine liebe Betty, wenn meine Voraussicht nicht die Macht hat, Unglück hervorzurufen; ich werde mich glücklich schätzen, wenn ich mich täusche. Obgleich Sie zu Pferde bis Siena gekommen sind, hätten Sie doch, wie mir scheint, einen Umhang und eine Reisetasche mit einigen Hemden mitnehmen müssen.«

»Das alles befindet sich in dem kleinen Koffer, den ich heute abend mit auf das Zimmer nehmen werde.«

Wir hatten gut gegessen und schliefen dann bis vier Uhr; um sieben Uhr kamen wir in Viterbo an und fanden dort den Grafen in sehr lustiger Stimmung. Da ich Betty hier überzeugen sollte, daß sie nicht so geliebt wurde, wie sie glaubte, begann ich, um zum Ziel zu gelangen, Betty entzückend zu finden. Ich übertrieb das Glück, das ich gehabt hatte, indem ich mit ihr zusammengetroffen war, beneidete ihn um sein Glück, daß er einen solchen Schatz besaß, und ich rühmte seine Seelenstärke, die er dadurch zeigte, daß er ihr den Umgang mit einem anderen Mann erlaubte, ohne zu befürchten, daß sie es an ehelicher Treue fehlen ließ. Der Windbeutel begann die Lobreden noch zu überbieten; er sagte, die Eifersucht sei seinem Charakter so fern, daß er gar nicht begreifen könne, wie ein Mann, der seine Frau aufrichtig liebt, auf sie eifersüchtig sein und wie er sie beständig lieben könne, ohne zu sehen, daß sie anderen Männern Begierden einflöße. Über dieses Thema verbreitete er sich ausführlich, und ich hütete mich wohl, ihm auch nur im geringsten in seinem Redefluß zu widersprechen. Ich war zufrieden, den Burschen auf diesen Gegenstand gebracht zu haben, und behielt mir den zweiten Teil meines Beweises bis nach dem Abendessen vor, denn ich wollte die Angelegenheit im richtigen Moment zum Höhepunkt treiben.

Während des Essens ließ ich ihn tüchtig trinken und suchte das Gespräch auf Dinge zu bringen, die ihn ermuntern sollten, mit seiner schäbigen Gesinnung zu protzen; ich vergaß nicht, ganz besonders seine Seelenstärke zu loben, die er brauchte, um über alle Vorurteile erhaben zu sein. Als beim Nachtisch das Gespräch wieder auf die Liebe kam, wie vollkommen sie sein müsse, um das wahre Glück zweier Liebender zu stiften, sagte er, zwei Liebende, die wirklich glücklich sein wollten, müßten vor allen Dingen die gegenseitige Freizügigkeit bis aufs äußerste treiben. »So muß zum Beispiel Betty, die mich liebt, mir den Genuß von Fanny verschaffen, wenn sie ahnen kann, daß mich auch nur eine einfache Laune zu dieser zieht, und ich, wie ich

Betty liebe, muß ihr den Genuß verschaffen, mit Ihnen zu schlafen, wenn ich entdecke, daß sie Sie liebt.«

Betty hörte die törichten Behauptungen ihres Abgottes mit großem Erstaunen an, sagte aber kein Wort.

»Ich gestehe, mein lieber Graf«, antwortete ich ihm, »Ihr System ist großartig und scheint mir einzig in seiner Art zu sein, um die allgemeine Glückseligkeit auf Erden zu begründen; aber es ist ein Trugbild. Alles, was Sie an Schönem und Großartigem gesagt haben, ist theoretisch ganz prachtvoll, praktisch aber unsinnig und nicht auszuführen. Ich glaube, daß Ihr Mut groß ist, aber ich halte Sie nicht für tapfer genug, um ruhig die Gewißheit zu erdulden, daß ein anderer die Reize Ihrer Geliebten genießt. Ich wette um diese fünfundzwanzig Zechinen hier, daß Sie Ihrer Frau nicht erlauben werden, mit mir zu schlafen.«

»Erlauben Sie mir, über Ihre Zweifel zu lachen: Ich wette fünfzig, daß ich sogar die Kraft habe, dabei Zuschauer zu sein. Jedenfalls nehme ich die Wette an. Betty, meine liebe Betty, laß uns diesen Ungläubigen bestrafen: ich bitte dich, geh mit ihm schlafen.«

»Du scherzt wohl?«

»Nein, ich bitte dich darum. Ich werde dich nur um so mehr lieben.«

»Ich glaube, du bist verrückt. Ich werde nur mit dir schlafen.«

Nun nahm der Graf sie in seine Arme, liebkoste sie auf das zärtlichste und bat sie, unter Anführung von höchst spitzfindigen Gründen, ihm doch diesen Beweis von Liebe zu geben, nicht so sehr wegen der fünfundzwanzig Zechinen, als um mich, den Italiener, zu lehren, wie weit bei einem Franzosen wie ihm der Heldenmut gehen kann. Um sie zu überzeugen, redete er eine halbe Stunde mit ihr, gab ihr in meiner Gegenwart Liebkosungen, die sie der Schicklichkeit halber, weil sie unpassend waren, abwies; darauf sagte Betty, ohne ihr sanftes Widerstreben aufzugeben, er habe die Wette bereits gewonnen. (Das konnte wahr sein.) Endlich bat sie ihn mit zärtlichen Küssen, er möchte doch damit aufhören, sie zu einer Handlung zu überreden, die sie niemals tun werde, selbst nicht, wenn man ihr mit dem Tode drohen würde. Jetzt verlor der Grobian aber die Geduld, stieß sie zurück, wurde wütend und beschimpfte sie als ein dummes Luder. Länger als eine Viertelstunde warf er ihr die gemeinsten

Scheußlichkeiten an den Kopf und rief zum Schluß, ihr Widerstand sei nur Heuchelei und er sei fest überzeugt, sie habe mir in den drei Tagen alles gewährt, was eine Hure wie sie mir gewähren könne.

Betty zitterte bei diesen Worten, ich griff nach meinem Degen, um ihn dem Schuft durch den Leib zu rennen; aber er floh ins Nebenzimmer und schob den Riegel vor die Tür. Ich war in Verzweiflung, die Ursache des kläglichen Zustands zu sein, worin die reizende Unschuldige sich befand, und setzte mich neben sie, um sie nach Möglichkeit zu beruhigen.

Unaufhörlich zitterte sie und saß mit zugepreßter Kehle da; das Kinn bewegte sich, und ihre Augen traten starr aus den Höhlen hervor, ohne Tränen zu vergießen, die ihr Herz beruhigt hätten. Im Gasthof schlief alles; ich konnte keine Hilfe herbeirufen und hatte zu ihrer Erleichterung nur Wasser, mit dem ich ihre Schläfen anfeuchtete, und tröstende Worte, die ich angemessen fand. Sie sah mich an und schwieg, seufzte ab und zu tief und konnte aber nicht weinen, was ihr sicher gut getan hätte. Nachdem sie eine Stunde lang ganz trostlos gewesen war, fielen ihr die Augen zu, und sie schlief ein, ohne daß sie sich, trotz meiner Bitten, auf das Bett gelegt hatte. Länger als zwei Stunden blieb ich neben ihr sitzen, bewachte ihren Schlaf. Ich hoffte, daß sie beim Aufwachen keinen Fieberanfall, Zuckungen oder sonst eine Krankheit bekommen würde, da ich bei ihrem Zustand dies befürchten mußte; denn dann hätte sie gezwungenermaßen in diesem Gasthof bleiben müssen.

Bei Tagesanbruch hörte ich ihren Herzensbrecher abreisen. Das war mir sehr angenehm. Betty erwachte aus ihrem Schlaf, als jemand an die Türe klopfte und uns zurief, wir möchten uns ankleiden; die Leute glaubten, wir lägen im Bett.

»Sind Sie imstande weiterzureisen, meine liebe Betty?«

»Ich befinde mich ganz wohl, lieber Freund, aber ich bitte Sie, mir einen Tee machen zu lassen, wenn das möglich ist.«

Sie gab mir ausreichend davon aus einer Elfenbeindose, die sie in ihrer Tasche bei sich hatte. Ich ging, um den Tee selber zuzubereiten, was recht lange dauerte. Als ich wieder zurück war, fand ich sie am offenen Fenster im anderen Zimmer, um den Sonnenaufgang zu betrachten und frische Morgenluft einzuatmen. Sie schien ruhig zu sein, und ich faßte Hoffnung, sie geheilt zu haben. Sie trank drei oder vier Tassen Tee, und ihr Gesicht gewann wieder die Frische, die sie durch die entsetzliche Nacht verloren hatte. Als sie in dem Zimmer, wo wir zu Abend gegessen hatten, Schritte hörte, fragte sie mich, ob ich meine Börse, die auf dem Tisch liegengeblieben wäre, wieder an mich genommen hätte. Ich hatte sie vergessen, als ich dem Tollkopf die Wette über fünfundzwanzig Zechinen vorschlug. Ich fand ein Papier, das ich sofort aufmachte. Es war ein Wechsel über dreitausend Scudi. Der Betrüger hatte ihn aus seiner Tasche gezogen, um die Wette anzunehmen, und hatte ihn vergessen. Der Wechsel war in Bordeaux auf einen in Paris ansässigen Weinhändler gezogen und lautete auf die Order eines Mannes, der ihn auf der Rückseite an die Order des Grafen de l'Etoile giriert[21] hatte. Es war ein Wechsel auf Sicht und bereits sechs Monate alt. Das war höchst geschmacklos.

Ich brachte Betty diesen Wechsel, aber sie sagte mir, sie verstehe nichts davon und bitte mich um Gottes willen, nicht mehr über diesen Mann mit ihr zu sprechen. Und sie setzte hinzu: »Seien Sie menschlich und verlassen Sie eine Unglückliche nicht, die bisher nur mit rechtschaffenen Menschen zu tun hatte.«

Ich versicherte ihr erneut auf mein Ehrenwort, daß ich für sie sorgen würde, und wir fuhren ab.

Die arme Betty war traurig und niedergeschlagen und schlief vor Erschöpfung bald ein; ich folgte ihrem Beispiel. Wir erwachten beide sehr erstaunt, als der Fuhrmann uns zurief, wir seien in Monterosi.[22] Er war sechs Stunden lang gefahren und hatte achtzehn Meilen zurückgelegt, ohne daß wir ein einziges Mal aufgewacht wären.

Wir konnten uns bis vier Uhr ausruhen, und das war uns sehr angenehm; denn wir mußten darüber nachdenken, welchen Entschluß wir fassen sollten.

Vor allen Dingen erkundigte ich mich, ob der Elende durchgekommen wäre. Ich erfuhr, er habe eine Mahlzeit eingenommen und auch bezahlt, und er habe gesagt, er werde in der ›Posta della Storta‹[23] übernachten. Ich erzählte alles Betty, die ausgeruht und frisch aussah, worüber ich mich sehr freute.

Wir speisten mit ziemlich gutem Appetit, und Betty sagte nach dem Essen zu mir, wir müßten noch mal über den Elenden reden, der sie an den Rand des Abgrunds gebracht hätte.

»Seien Sie mir ein Vater! Raten Sie mir nicht, sondern befehlen Sie mir, was ich tun soll, und verlassen Sie sich auf meinen Gehorsam. Sie haben vieles, vielleicht fast alles richtig erraten, außer daß ich den Elenden noch lieben könnte, nachdem ich seinen widerwärtigen Charakter entdeckt habe. Ich kann Sie vergewissern, daß ich ihn jetzt verabscheue.«

»Können Sie auf Verzeihung bei Ihrem ehemaligen Liebhaber rechnen?«

»Ich glaube ja.«

»Dann müssen Sie nach Livorno zurückkehren. Finden Sie diesen Rat klug, sagen Sie es mir, gefällt er Ihnen und trauen Sie sich die Kraft zu, ihn zu befolgen? Aber wenn Sie ihn annehmen, so müssen Sie ihn sofort ausführen. Natürlich denke ich nicht daran, ein junges, hübsches, anständiges Mädchen wie Sie allein oder in der Gesellschaft von Leuten zu lassen, für die ich nicht bürgen könnte wie für mich selber. Nein, meine arme Betty, ich liebe Sie zärtlich und bin Ihnen als Beweis für die Liebe, die Sie mir eingeflößt haben, schuldig, daß ich Sie selbst nach Livorno begleite. Wenn das Ihnen die Überzeugung gibt, daß ich Sie liebe und Ihrer Achtung würdig bin, so bin ich glücklich und verlange keinen anderen Dank. Ich werde mit Ihnen wie ein Vater mit seiner Tochter leben, wenn es Ihnen widerstrebt, mir ein lebhafteres Gefühl zu zeigen, das nicht von Herzen kommen würde. Verlassen Sie sich zuverlässig auf mein Versprechen. Ich halte mich für verpflichtet, Ihnen zu beweisen, daß es auf dieser Welt nicht nur unehrenhafte Männer gibt, wie der junge Strolch, der Sie verführt hat, sondern auch ehrenhafte.«

Eine gute Viertelstunde lang saß Betty in tiefem Schweigen da, nachdem ich meine kurze Ansprache beendet hatte. Sie hatte die Ellbogen auf den Tisch gestützt, den Kopf auf ihre Hände gelegt und sah mich starr an. Sie sah weder traurig noch erstaunt aus. Es war mir lieb, daß sie sich ihre Antwort reiflich überlegte, damit sie zu einem endgültigen Entschluß käme. Endlich sagte sie: »Glauben Sie nicht, mein lieber Freund, mein Schweigen sei ein Zeichen der Unentschlossenheit. Wenn dies der Fall wäre, so würde ich mich selber verachten; nein, bestimmt nicht. Ich habe genug Verstand, um die Weisheit Ihrer Ratschläge zu schätzen und um die edle Quelle zu erkennen, aus der sie entspringt. Ich nehme Ihren Rat an und erkenne es als eine große Gnade der ewigen Vorsehung, daß ich das Glück gehabt habe, einem Mann von Ihrem Charakter in die Hände gefallen zu sein und Ihre Teilnahme in so hohem Maße erregt zu haben, daß Sie für mich alles tun, was ein Vater für eine geliebte Tochter tun könnte. Wir wollen also nach Livorno zurückkehren und sofort aufbrechen. Was mich noch zögern läßt, ist die Ungewißheit, wie ich mich vergewissern kann, daß Sir B. M.[24] mir verzeihen wird. Ich zweifle nicht an seiner Verzeihung, aber es ist schwierig, an ihn heranzukommen; denn er ist zwar sanft, zärtlich und verliebt, aber auch empfindlich, wenn es um die Ehre geht, dann läßt er sich leicht von der ersten Aufwallung seines Gefühls, das sich gekränkt fühlt, hinreißen. Dieser erste verhängnisvolle Augenblick muß vermieden werden; denn er würde mich vielleicht töten, und dann auch sich selber. Darüber denken Sie bitte unterwegs nach und teilen mir Ihre Ansichten mit. Er ist sehr klug und wird sich von einer Lüge nicht täuschen lassen. Ich glaube, man muß ihm alles schriftlich gestehen, ohne ihm auch nur das geringste zu verbergen; denn wenn man irgend etwas beschönigen wollte, so würde ihn dies aufregen, und wenn er mutmaßen könnte, daß man ihn betrügen wolle, so würde er in Wut geraten. Wenn Sie meinen, daß Sie ihm schreiben wollen, so dürfen Sie ihm ja nicht sagen, daß ich seine Verzeihung verdiene; er muß selber beurteilen, ob ich ihrer würdig bin oder nicht. Er wird meine Reue aus dem Brief ersehen, den ich ihm englisch schreiben werde; es wird ein Brief voller Tränen sein, und er wird darin meine Gemütsverfassung finden; aber er darf nicht wissen, wo ich mich befinde, bevor er nicht geschrieben hat, daß er mir vergibt; alsdann wird weiter nichts mehr zu befürchten sein. Edel und ehrenhaft, wie er ist, wird er sein Wort halten und noch fünfzig Jahre mit mir leben, ohne mir jemals meinen Fehltritt vorzuwerfen. Er hat ein edelmütiges Herz. Wie unglücklich fühle ich mich, daß ich ihn so hintergehen konnte!«

»Ich möchte Sie gerne fragen, ob Sie ihn schon andere Male hintergangen haben.«

»Niemals, lieber Freund, aber ich weiß alles aus seinem Leben. Seine erste Frau hat ihm großen Kummer bereitet. Er hat sich ihretwegen zweimal auf den Antillen duelliert; er diente damals dort. Nachdem er sich zum zweiten Male verheiratet hatte, zwangen dringende Gründe ihn, sich von ihr zu trennen. Ich lernte ihn vor zwei Jahren in unserer Pension kennen, wohin er mit Nancys Freund kam. Als ich dann das Unglück hatte, meinen Vater zu verlieren, und als dessen Gläubiger sich seines ganzen Vermögens bemächtigten, mußte ich die Pension verlassen, weil ich das Kostgeld nicht bezahlen konnte. Nancy, Sophie und alle anderen Mädchen waren hierüber untröstlich, denn ich war allgemein beliebt. Da übernahm Sir B. M. es, für meinen Unterhalt zu sorgen, und setzte mir eine kleine Rente aus, die mich für mein ganzes Leben gegen Armut schützte. Die Dankbarkeit bewirkte, daß ich mich in ihn verliebte, und ich bat ihn, mich mitzunehmen, als ich erfuhr, daß er England auf längere Zeit verlassen würde. Meine Bitte setzte ihn in Erstaunen, und als echter Ehrenmann sagte er mir, er liebe mich zu sehr, als daß er sich einbilden könne, nur die Gefühle eines Vaters für mich zu haben, wenn er mich mitnähme. Es schien ihm unmöglich zu sein, daß ich ihn wie einen Mann lieben könnte. Wie sie begreifen werden, beseitigte diese Erklärung alle Schwierigkeiten. Ich antwortete ihm: ›Einerlei, auf welche Art Sie mich lieben, ich werde glücklich sein, wenn ich etwas zu Ihrem Glücke beitragen kann.‹ Er gab mir hierauf ein schriftliches Versprechen, mich zu heiraten, sobald er es gesetzlich dürfe. Ich habe ihm niemals den geringsten Anlaß zu Klagen gegeben.«

»Ich bin fest überzeugt, er wird Ihnen verzeihen, entzückende Betty. Aber trocknen Sie Ihre Tränen und lassen Sie uns abfahren. Ich habe Freunde in Livorno, und kein Mensch wird erfahren, daß wir miteinander bekannt gewesen sind. Ich werde Sie sicheren und unverdächtigen Händen anvertrauen, es wird Ihnen an nichts fehlen, und ich werde Sie auch nie besuchen. Livorno werde ich nicht früher verlassen, als bis Sie wieder bei Sir B. M. sind, den ich bereits gern habe. Sollte Sir B. M. unerbittlich sein und Ihnen nicht verzeihen wollen, so verspreche ich Ihnen, Sie niemals zu verlassen, und Sie, wenn Sie es wünschen, nach England zu bringen.«

»Aber wie können Sie meinetwegen Ihre Geschäfte vernachlässigen?«

»Ich will nicht lügen, um mir ein besonderes Ansehen zu geben, liebe Betty. Wissen Sie, mich treibt nichts nach Rom, es ist nur die Lust, die vielen schönen Sachen wiederzusehen, die dort sind. Das ist aber unwichtig. Mir liegt aber sehr daran, Ihr Verderben zu verhindern.«

»Wie werde ich Ihnen das danken können?«

Ich ließ den Fuhrmann kommen und sagte ihm, ich müsse durchaus nach Viterbo zurückfahren, wo ich meine Börse auf dem Bett vergessen hätte.

»Schicken Sie doch einen Postillion.«

»Kann ich mich denn auf den verlassen? Wenn er meine Börse verliert, bin ich ein zugrunde gerichteter Mensch.«

»Nehmen Sie doch Postpferde, ich werde hier auf Sie warten; aber Sie müssen mir Lohn für den Tag geben.«

»Ja, hier ist eine Zechine. Hole schnell Postpferde. Dann komm uns langsam mit deinen Pferden nach, da wir morgen ganz früh weiterfahren wollen.«

Die Zechine tat ihre Wirkung; die Pferde wurden sofort angespannt, und wir kamen um sieben Uhr in Viterbo an, wo ich mit gespielter Aufregung fragte, ob man meine Börse gefunden hätte. Die Magd versicherte, es habe kein Mensch außer ihr das Zimmer betreten. Ich bestellte mit ruhiger Miene ein Abendessen und sagte zu Betty, daß ich nach meiner Meinung so handeln mußte, damit der Fuhrmann, ohne Schwierigkeiten zu machen, nach Siena zurückfahren werde; denn er hätte ja erklären können, Betty sei ihm von ihrem Gatten in Obhut gegeben worden. Er war mit seinen Pferden um zehn Uhr da und brachte ihr sofort, als sie ihn darum bat, ihren kleinen Koffer herauf; mit leichter Mühe sprengte ich das Schloß, das sich am Ende einer Kette befand, und Betty nahm ihren Umhang, einen Beutel mit vier Hemden, Strümpfen, Taschentüchern und Nachthauben heraus. Alles andere war Eigentum des Schurken. Ich war natürlich zu neugierig, um nicht zu untersuchen, was er besaß. Es war vielleicht alles, was er hatte.

Wir sahen alte Hosen, alte Strümpfe, fünf oder sechs zerlumpte Hemden, einen Beutel mit Kämmen und Schminke, dann achtzehn oder zwanzig Hefte, lauter Komödien oder komische Opern; außerdem ein Päckchen Briefe, die augenscheinlich sehr interessant sein mußten; Betty machte daher den Vorschlag, wir sollten sie zusammen lesen.

Das erste, was uns an diesen Briefen auffiel, waren die Adressen; an Monsieur l'Etoile, einen sehr berühmten Schauspieler in Marseille, Montpellier, Toulouse, Bayonne und mehreren anderen Städten in Südfrankreich. Betty tat mir leid. Sie sah sich von einem gemeinen Schauspieler betrogen und schämte sich darüber so sehr, daß sie nicht einmal lachen konnte.

»Wir wollen diese Briefe morgen lesen, meine liebe Betty.«
Das Mädchen atmete auf.

Betty bat mich, sie einen Augenblick allein zu lassen, damit sie sich zu Bett legen und das Hemd wechseln könnte.

»Bitte, tun Sie das, mein Engel, und wenn Sie es wünschen, werde ich mein Bett in einem Nebenzimmer zurechtmachen lassen.«

»Nein, mein Freund! Ich muß ja Ihre Gesellschaft lieben, denn Sie haben mich von Ihrer Freundschaft überzeugt. Was wäre ohne Sie aus mir geworden?«

Ich trat erst ein, als sie bereits im Bett lag. Als ich mich ihr näherte, sie küßte, mich auf ihr Bett setzte und sie nicht erschreckt sah, glaubte ich, sie würde mir verzeihen, wenn ich ihren Reizen Gerechtigkeit widerfahren ließe und versuchen würde, das Verlangen, das sie in mir weckten, zu befriedigen. Betty zeigte sich willig, vielleicht aus Furcht, ungerecht zu erscheinen, vielleicht weil sie ebenso fühlte wie ich. Bei dieser Entdeckung fragte ich sie, ob sie mein Glück vollkommen machen würde, indem sie mir erlaubte, mich auszuziehen.

»Werden Sie mich danach auch noch lieben?«

Eine bezaubernde Antwort, wenn sie vom Herzen kommt, geht sie aber nur vom Verstand aus, so durchschaut man ihre Unwahrheit. Sie hinderte mich so wenig an meinem vollkommenen Glück, daß ich annehmen durfte, ich machte sie ebenfalls glücklich. Seit Doña Ignacia hatte ich immer nur unvollkommene Freuden genossen, denn ich sah sie nie geteilt; doch Betty gab mir einen Beweis ihrer Liebe, der mich nicht im ungewissen ließ. Sie widersetzte sich zärtlich, als sie merkte, daß ich sie schonen wollte. Wir waren gerade eingeschlafen, als es an unsere Tür klopfte.[25]

Ich kleidete mich an, um den Fuhrmann zu empfangen, der annahm, daß er uns nach Rom bringen müsse, obwohl wir ja nach Siena wollten, und so sagte ich zu ihm: »Höre, ich muß unbedingt meine Börse wiederhaben und hoffe, sie in Acquapendente zu finden.«

»Bei Gott, ich verstehe. Bezahlen Sie mich, als wenn wir bis Rom gefahren wären; und wenn Sie mir dann noch täglich eine Zechine geben, so bringe ich Sie, wenn Sie wollen, bis nach England.«

»Ich sehe, du bist vernünftig, mein lieber Junge, ich werde dir die sechs Zechinen gegen eine Quittung geben. Dann bekommst du noch eine heute abend, wenn wir in Acquapendente sind, und so weiter jeden Abend eine.«

Schreibutensilien lagen bereit, und alles war schnell abgemacht. Da ich erklärte, ich hätte dort Geschäfte, machten wir um sieben Uhr in Montefiascone halt. Es war der Brief, den ich an Sir B. M. zu schreiben hatte, um ihn zu überzeugen, daß er Betty vergeben mußte, wenn ich ihm die ganze elende Geschichte erzählt hatte. Betty begann, ihm alles auf englisch zu schreiben. Ich hatte bereits bei mir beschlossen, Betty zum Korsen Rivarola[26] zu bringen; diesen hatte ich als einen geistvollen Mann schätzengelernt, und er hatte eine schöne und sehr verständige Frau. Betty zeigte eine Zufriedenheit und Zuversicht, die mich entzückten. Sie sagte mir, sie sei nun ohne Sorgen, und lachte, indem sie sich vorstellte, was für ein Gesicht der Betrüger machen würde, wenn er umsonst in Rom auf uns warten würde. Sie hoffte, wir würden dem Fuhrmann begegnen, der ihren großen Koffer hätte, und könnten ihn dann leicht herausbekommen.

»Ihr Verführer kann uns nachsetzen.«

»Er wird es nicht wagen.«

»Das glaube ich ebenfalls; für alle Fälle aber werde ich ihm einen Empfang bereiten, der ihm Angst einjagen wird, denn es wäre der Ehre zuviel, ihn den Degen ziehen zu lassen.«

Ich hatte sehr gute Pistolen und konnte den Verräter so empfangen, wie er es verdiente. Bevor ich meinen Brief an Sir B. M. zu schreiben begann, erinnerte Betty mich noch einmal daran, daß ich ihm nichts verschweigen sollte.

»Auch nicht die Belohnung, die du meiner innigen Freundschaft gewährt hast?«

»Oh! Diese muß ein Geheimnis zwischen uns bleiben, das man ihm nicht sagen kann.«

In kaum drei Stunden waren wir mit unseren Briefen fertig. Betty war mit meinem Brief sehr zufrieden, und der ihre, den sie mir übersetzte, war ein Meisterwerk; ich war überzeugt, daß sie damit ihren Zweck vollkommen erreichen würde.

Ich gedachte, sofort nach der Ankunft in Siena die Post zu nehmen, um sie schleunigst vor der Ankunft ihres Geliebten in Sicherheit zu bringen.

Was mich in Verlegenheit setzte, war nur der Wechsel des Narren; denn mochte er echt oder falsch sein, so mußte ich jedenfalls versuchen, ihm denselben zuzustellen, und ich wußte nicht, wie ich das machen sollte. Sofort nach dem Essen fuhren wir wieder ab, trotz der Hitze, und waren in Acquapendente mit Einbruch der Nacht, die wir in den köstlichen Wonnen der Liebe verbrachten, die voller Unschuld ist, wenn sie aus reinem Herzen kommt und nicht Mittel zum Zweck wird.

Als ich am Morgen aufstand, sah ich vor dem Gasthof einen Wagen aus Livorno, der gerade nach Rom abfahren wollte. Betty vermutete, daß auf ihm ihr Koffer und der des Schauspielers l'Étoile sein mußten. Wir gingen hinunter, und sie erkannte ihn sofort. Sie bat sehr geschickt, viel besser als ich es gekonnt hätte, den Fuhrmann um die Herausgabe des Koffers, aber er ließ sich nicht erweichen, und da die Gründe, die er anführte, richtig waren, so mußten wir uns damit zufriedengeben. Das einzige, was er uns bewilligen konnte, war die Zusicherung, daß der Koffer mit Hilfe eines Notars der Stadt einen Monat lang beim Zoll von Rom unter Verschluß bleiben sollte, um ihre Ansprüche geltend machen zu können, damit man ihn nicht jemandem ausliefern konnte, der ihn etwa abholen wollte. Ein Notar wurde gerufen, um die Beschlagnahme durch den Magistrat der Stadt zu beglaubigen, und der Fuhrmann mußte sie gegen eine Quittung hinnehmen. Dieser Fuhrmann versicherte uns, er hätte keinen zweiten Koffer von dem gleichen Auftraggeber empfangen. Wir gewannen daher die Überzeugung, daß unser Komödiant nur ein Landstreicher war und daß nur das, was wir gesehen hatten, seine ganze Habe ausmachte. Nach der glücklichen Erledigung dieser Angelegenheit wurde Betty ganz reizend. Sie glaubte, alle Fehler wiedergutmachen zu können, die sie in ihrer Verirrung begangen hatte. Ich wünschte ihr Glück, daß sie die Leidenschaft, die sie den Verstand hätte kosten können, so schnell überwunden hatte. Sie schauderte, wenn sie an den Schurken dachte. Trotzdem glaubte sie, sie wäre nicht so schnell wieder zu sich gekommen und hätte nicht die Überzeugung gewonnen, daß er sie nicht liebte, wenn der Elende ihr nicht zum Schluß gesagt hätte, sie sei eine Scheinheilige und er sei überzeugt, sie habe mir bereits alles gewährt, was eine Dirne mir nicht abschlagen könne.

»In diesem Moment erkannte ich seine ganze schurkische Gemeinheit«, sagte sie. »Ich sah ihn schon von Ihrem Degen durchbohrt niedersinken. Ich hätte Ihnen geholfen, ihn zu durchbohren, wenn es nötig geworden wäre. Er hat gut daran getan, die Flucht zu ergreifen; aber es ist auch besser so, wie es gekommen ist, denn sonst wären wir jetzt in einer schlimmen Lage. Ich bin überzeugt, er wird es niemals wagen, sich vor Ihnen oder vor mir sehen zu lassen.«

Wir kamen gegen zehn Uhr in Radicófani an und setzten uns an einen Tisch, um den für Sir B. M. bestimmten Briefen, die an seine Vernunft appellierten, noch eine Nachschrift hinzuzufügen.

Wir saßen am selben Tisch, Betty gegenüber der geschlossenen Tür und ich so dicht bei der Tür, daß ein Eintretender mich nur hätte sehen können, wenn er sich umgedreht hätte.

Betty war sehr anständig und vollkommen gekleidet; ich aber hatte wegen der erstickenden Hitze meinen Rock ausgezogen; obgleich ich aber in Hemdsärmeln war, hätte ich mich doch zu dieser Jahreszeit in diesem Aufzuge vor der achtbarsten Frau sehen lassen können.

Plötzlich hörte ich schnelle Schritte auf dem Gang. Unsere Tür wurde gewaltsam aufgestoßen, ein wütender Mensch drang in unser Zimmer und rief bei Bettys Anblick: »Ah! Da bist du!«

Ich ließ ihm keine Zeit, sich umzudrehen und mich zu erblicken, sondern sprang auf ihn zu und umschlang ihn von hinten an den Schultern; hätte ich ihm die Zeit gelassen, sich umzudrehen, so würde er mich mit der Pistole, die er in der rechten Hand hielt, erschossen haben. Als ich auf ihn zusprang, hatte ich unwillkürlich die Tür geschlossen, und in dem Augenblick, als er versuchte, sich wieder zu befreien, und mir zurief: »Laß mich los, Verräter!«, hatte Betty sich vor ihm auf die Knie geworfen und ihm gesagt: »Du irrst dich – er ist mein Retter!«

Sir B. M. aber schien taub und ohne Vernunft; er schrie nur immerzu: »Laß mich los, Verräter!«

Er versuchte sich zu befreien, da er dabei die Pistole in der Hand hatte, so wäre ich lieber gestorben, als ihn loszulassen. Während er sich bemühte, mit aller Kraft aus meinen Armen freizukommen, fiel er auf den Boden, und ich auf ihn. Von draußen wurde gegen die Tür geklopft, da wir aber davor gefallen waren, konnte man nicht hereinkommen. Betty hatte die Beherztheit und riß ihm die Pistole aus der Hand; und da ich bemerkte, daß er in der anderen Hand keine Waffe hatte, ließ ich ihn los, indem ich zu ihm sagte: »Sie irren sich.«

Betty rief immer wieder: »Er ist mein Retter, beruhige dich doch! Höre mich an!«

»Wieso dein Retter?«

Betty nahm den Brief vom Tisch und gab ihn ihm zum Lesen. Ohne aufzustehen, las der Engländer meinen Brief; während er las, öffnete ich zuversichtlich die Tür und sagte dem Wirt, er möchte das Mittagessen für drei anrichten und alle Leute fortschicken.

NEUNTES KAPITEL

-<❋>-

ROM · DER VERRÄTERISCHE SCHAUSPIELER WIRD BESTRAFT
LORD BALTIMORE · NEAPEL · SARAH GOUDAR · BETTYS ABREISE
AGATA · DIE CALLIMENA · MEDINI · ALBERGONI · MISS CHUDLEIGH,
HERZOGIN VON KINGSTON · DER PRINZ VON FRANCAVILLA
DIE SCHWIMMER UND SCHWIMMERINNEN

ALS ich mit dem Engländer hinfiel, hatte ich mir an einem Tischfuß den Ringfinger der linken Hand verletzt, und das Blut strömte hervor, als wenn ich zur Ader gelassen worden wäre. Betty half mir, ein Taschentuch um die Wunde zu binden und es zu befestigen, während Sir B. M. meinen Brief mit der größten Aufmerksamkeit las. Bettys Vertrauen auf die Selbstbesinnung ihres Liebhabers gefiel mir sehr. Ich nahm meine

Reisetasche und meinen Rock und ging in das Nebenzimmer, um das Hemd zu wechseln und mich anzuziehen. Ich war glücklich, daß die Angelegenheit allem Anschein nach einen guten Ausgang nahm und ich für Betty nichts mehr zu befürchten hatte. Ich bedauerte unter diesen Umständen nicht, daß meine Liebe, deren Süße ich nur kurz gekostet hatte, ein so schnelles Ende nahm. Die Gewißheit, ihr das entschwundene Glück wiedergegeben zu haben, war für mich die Entschädigung für den Trennungsschmerz, den ich noch zu ertragen hatte.

Ich war bereits seit einer halben Stunde angezogen und hörte sie nachdrücklich mit ihrem Liebhaber sprechen, der ihr ab und zu antwortete. Sie redeten englisch miteinander, und ich konnte sie nicht verstehen; jedoch war die Unterhaltung ruhig. Ich glaubte, sie nicht stören zu dürfen. Nach einem längeren Schweigen klopfte der Engländer leise an meine Tür, trat mit traurigem und demütigem Gesicht ein, streckte mir die Hand entgegen und sagte voller Würde: »Ich bin vollkommen überzeugt, daß Sie nicht nur meine Betty gerettet, sondern sie auch von ihrer Torheit geheilt haben. Ich konnte ja nicht ahnen, daß der Mann, den ich bei meiner Freundin fand, ihr Retter war und daß der Wagen, den ich vor der Tür sah und mit welchem, wie man mir sagte, ein junges Mädchen und ein Mann angekommen waren, von Rom herkam; hätte man mir diesen letzteren Umstand mitgeteilt, so wäre ich nicht einmal heraufgekommen. Ich trat ein, sah Betty und verlor allen Zweifel; es war gut, daß Sie mich sofort von hinten packten; denn ich würde Sie getötet haben, sobald ich Sie gesehen hätte. Gott sei Dank saßen Sie nicht an Bettys Platz. Seien Sie mein Freund und entschuldigen Sie den Mißgriff.«

Ich umarmte ihn herzlich und sagte, ich fände sein Benehmen vollkommen natürlich und hätte es an seiner Stelle auch nicht anders gemacht.

Wir gingen wieder in das andere Zimmer, wo wir Betty an das Bett gelehnt stehen sahen. Sie weinte unaufhörlich. Länger als eine Viertelstunde sprachen wir nicht miteinander, und Sir B. M. las noch mal ganz aufmerksam meinen langen Brief. Da das Blut immer noch von meiner Hand lief, ließ ich mir einen Wundarzt holen. Er fand, daß ich mir eine Ader verletzt hatte, und mußte mir eine Kompresse und einen Verband anlegen; aus zwei Taschentüchern machte er mir noch eine Schlinge.

Da Betty immer noch weinte, glaubte ich Sir B. M. sagen zu müssen, sie verdiene durchaus seine Verzeihung.

»Wie, Signore? Glauben Sie, ich habe ihr nicht bereits vergeben? Ich wäre ja ein ganz gemeiner Mensch, wenn ich nicht anerkennen wollte, daß sie das verdient. Meine arme Betty hat ihren Irrtum eingesehen, nachdem Sie ihr die Wahrheit nachgewiesen hatten, und ich bin überzeugt, sie weint nur vor Kummer darüber und kann es sich nicht verzeihen, daß sie sich durch ein Vergehen hat bloßstellen lassen. Sie können sie nach drei oder vier Tagen nicht so gut kennen, wie ich sie kenne.«

Nach diesen Worten warf sie sich dem gütigen Mann an die Brust, drückte ihn an sich und gab sich vollkommen ihrer Reue hin. Nie habe ich einen ähnlichen Tränenausbruch miterlebt. Sir B. M. konnte seine Tränen auch nicht mehr zurückhalten, und auch ich konnte nicht anders und ließ den meinen freien Lauf; trotzdem gelang es mir, unter den Tränen von Zeit zu Zeit ein wenig zu lächeln, wenn ich an den glücklichen Ausgang dieser Tragödie dachte. Sir B. M. gefiel mir, als er meinte, daß unsere Tränen ihre Ursache in der Tugend hätten und deshalb dem Lachen verwandt sein müßten. Als er das Blut auf seinem Rock aus Pekingseide bemerkte, gab er ihn lachend zum Waschen. Wir gingen zu Tisch, und er konnte seine Geliebte durch Zärtlichkeiten beruhigen; sie aß gut und trank zu seiner Zufriedenheit so viel Muskatwein, wie er wollte.

Da wir keine Eile mehr hatten, sagte Sir B. M. uns, wir würden ebensogut bis zum nächsten Tag in Radicófani bleiben können, denn er war fünfzehn Poststrecken[1] im Galopp geritten und konnte sich vor Müdigkeit kaum noch auf den Beinen halten. Er erzählte uns: »Gestern abend kam ich in Livorno an. Als ich Betty nicht in ihrer Wohnung fand, erkundigte ich mich und erfuhr, wer ihren Koffer zum Gasthof ›La Croce di Malta‹[2] gebracht hatte und daß dieser dann nach Rom abgegangen war. Der gleiche Mann hat mir noch erzählt, daß der Offizier den Gastwirt Roland[3] an der Piazza di Spagna in Rom als Empfänger des Koffers bezeichnete und daß er ein Pferd gemietet und dem Vermieter dafür eine Uhr als Pfand gelassen habe. Ich ging hin, erkannte Bettys Uhr und wußte nun, daß Betty entweder mit dem Offizier zu Pferd fortgeritten war oder daß sie mit dem Wagen fuhr, worauf sich ihr Koffer befand. Ich zögerte keinen Augenblick, sie zu verfolgen. Ich war sicher, daß ich sie unterwegs einholen würde. Ich versah mich mit zuverlässigen Pistolen; nicht um mich derselben gegen meine Liebste zu bedienen, denn die erste Regung meines Herzens war, sie zu beklagen, und die zweite war die feste Absicht, dem Schurken eine Kugel durch den Kopf zu schießen, und bei diesem Entschluß soll es auch bleiben, bis ich mich gerächt habe. Wir werden morgen nach Rom weiterreisen.«

Bei diesen Worten der Erzählung ihres Liebhabers strahlte Betty vor Freude, und ich war entzückt davon. Das Rachegefühl gab ihr Auftrieb.

Sie rief: »Wir werden ihn bei Roland finden.«

Sir B. M. sah mich befriedigt an und schloß Betty in seine Arme, als wenn er mich hätte auffordern wollen, die englische Seelengröße zu bewundern, die in ihrer natürlichen Kraft allerdings die Schwäche, die sie zufällig befällt, bei weitem übertrifft.

»Ich verstehe Sie«, rief ich, »aber Sie werden nicht ohne mich reisen. Umarmen wir uns, und versprechen Sie, es mir zu überlassen, daß ich Ihnen Genugtuung verschaffe. Sonst fahre ich sofort ab, komme vor Ihnen in Rom an und rette den Schurken, der versucht hat, Betty ins Unglück zu stürzen. Hätten Sie ihn eingeholt und getötet, bevor er Rom erreichte, so wäre ihm ganz recht geschehen. In Rom aber wäre es etwas anderes, und wenn Sie nun glauben, daß Sie, nachdem Sie Betty wiedergefunden haben, ihm dort eine Kugel durch den Kopf schießen können, so würden Sie es bereuen. Sie kennen Rom und die dortige Rechtsprechung der Kirche nicht. Also, Sir B. M., geben Sie mir die Hand und Ihr Ehrenwort, daß Sie nichts ohne meine Zustimmung tun, oder ich verlasse Sie augenblicklich.«

Sir B. M. war ein Mann von meiner Größe, nur etwas schlanker und vier oder fünf Jahre jünger als ich, und der Leser kennt wohl schon seinen Charakter, ohne daß ich ihn zu beschreiben brauche.

Meine Worte waren ein wenig zu energisch und mußten ihn

in Erstaunen setzen; er fühlte jedoch bald, was mich so sprechen ließ, und konnte mir seine Hand nicht verweigern. Als er mich als Bruder erkannte,[4] bekam er seine gute Laune zurück. Wir umarmten uns in allem Ernst. »Ja, mein Herz«, sagte nun auch Betty, »überlassen wir unsere Rache dem Freunde, den der Himmel uns gesandt hat!«

»Ich bin damit einverstanden in der Annahme, daß wir zusammenbleiben und stets einig sein werden.«

Nach diesen Worten begab er sich zur Ruhe, ich ließ ihn mit Betty allein. Ich ging hinunter, um dem Fuhrmann den Lohn für den Tag zu bezahlen und ihm zu sagen, daß wir am nächsten Tage nach Rom reisen würden.

»Nach Rom! Sie haben also Ihre Brieftasche wiedergefunden? Es wäre besser gewesen, Signore, Sie hätten sie gar nicht erst gesucht!«

Der gute Mann glaubte wie alle anderen Leute in Radicófani, die mich mit dem Arm in der Schlinge sahen, ich hätte mich duelliert.

Da Sir B. M. zu Bett gegangen war, so verbrachte ich den ganzen Tag mit Betty, die im Bewußtsein ihres Glücks, daß sie wieder mit ihm versöhnt war, zur Skavin ihrer Gefühle geworden war. Sie sagte mir, wir dürften uns des zwischen uns Vorgefallenen nur erinnern, um unser ganzes Leben lang gute Freunde ohne die geringsten verliebten Tändeleien zu bleiben, und ich stimmte ihr ohne großen Kummer zu. Da sie sich für den ihr zugefügten Schimpf an dem Schauspieler rächen wollte, gab ich mir alle Mühe, ihr begreiflich zu machen, daß sie ihren Liebhaber überzeugen müßte, in einer Stadt wie Rom jeden Gedanken an Gewalt aufzugeben, denn solche könnte ihm gar zu teuer zu stehen kommen.

»Ich verspreche Ihnen, den Burschen ohne Mühe und Aufsehen ins Gefängnis setzen zu lassen, gleich an dem Tag, nachdem wir angekommen sind; sonst könnte Ihr guter Ruf in Mitleidenschaft gezogen werden.«

Nachdem Sir B. M. bis sieben Uhr geschlafen hatte, war er viel weniger zornig auf den Verführer seiner Betty und nahm meinen Plan unter der Bedingung an, daß er sich das Vergnügen machen dürfte, ihn einmal zu besuchen, denn ihm läge daran, den Burschen kennenzulernen. Nachdem wir diese Abmachung getroffen und ein ausgezeichnetes Abendessen zu uns genommen hatten, legte ich mich nicht ohne Bedauern in einem anderen Zimmer zu Bett.

Am nächsten Tage fuhren wir gleich im Morgengrauen los; Betty saß auf den Knien von Sir B. M. Aber der Engländer konnte die langsame und eintönige Fahrt mit dem Wagen nur bis Acquapendente aushalten. So beschlossen wir, die Post zu nehmen und bis Rom einen Carozzino[5] mit vier Plätzen zu mieten, auf dem ich dann sofort meinen Koffer festmachen ließ. Wir brauchten zwölf Stunden für den Weg, für den wir in dem anderen Wagen drei Tage benötigt hätten. Wir kamen im Morgengrauen des nächsten Tages in Rom an; beim Zoll[6] übergab ich dem Amtsvorsteher die von dem Notar aufgenommene Urkunde, um Bettys Koffer herauszubekommen. Er sorgte dafür, daß ihr der Koffer in den Gasthof geschickt wurde, nachdem die notwendigen Formalitäten erledigt waren; das war bereits am folgenden Tage. Zwei Beamte kontrollierten höflich meinen Koffer, und darauf brachte uns der Postillion in den Gasthof, der gegenüber der Kirche San Carlo[7] lag. Meinen Koffer ließ ich in ein eigenes Zimmer bringen, und darauf bat ich Sir B. M., unbesorgt abzuwarten. Ich sagte ihm, daß ich schon am Vormittag die Geschichte in Ordnung bringen würde, so daß wir sehr zufrieden zusammen zu Mittag speisen könnten. Er meinte lachend, daß er schlafen werde.

Ich begab mich zum Bargello,[8] der in Rom eine wichtige Persönlichkeit ist und seine Obliegenheiten stets sehr schnell erledigt, wenn eine Angelegenheit ihm zur Genüge klargemacht wird und wenn die Antragsteller keine Kosten scheuen. Er ist denn auch reich und lebt mit einem gewissen Prunk; er hat rasch Zutritt zum Kardinalvikar,[9] zum Gouverneur von Rom[10] und sogar zum Heiligen Vater. Er bewilligte mir sofort eine geheime Unterredung. Ich erzählte ihm die ganze Geschichte, ohne auch nur die kleinste Einzelheit auszulassen, und sagte zum Schluß: »Man verlangt weiter nichts, als daß der Spitzbube gefangengesetzt wird und daß er seine Freiheit nur wiedererhält, um aus Rom ausgewiesen zu werden. Dieses Verlangen ist sehr berechtigt, und Sie begreifen sofort, daß man dies alles leicht auf gesetzlichem Wege erreichen würde; da wir es jedoch eilig haben, so muß ich Sie bitten, alles auf sich zu nehmen, und damit Sie

Ihre Erkundigungen recht schnell einziehen können, so biete ich Ihnen fünfzig Scudi an, die wir an Gerichtskosten sparen werden.«

Der Bargello verlangte zunächst den falschen Wechsel über die dreitausend Scudi und die in dem Köfferchen des Abenteurers enthaltenen Sachen und Briefe.

Da ich den Wechsel bei mir hatte, so gab ich ihm diesen gegen Quittung und bat ihn, den Koffer im Gasthof um ein Uhr abholen zu lassen.

Er sagte mir: »Sobald es mir gelungen ist, ihn in Gegenwart eines zweiten Zeugen zum Geständnis einiger der von Ihnen angeführten Vergehen zu bringen, wird die Sache im Laufe des Tages erledigt sein. Ich weiß bereits, daß der Mensch bei Roland wohnt und daß er beim Zoll war, um den Koffer der Engländerin herauszubekommen.«

Er lachte, daß ich erstaunt war, weil ihm das alles bekannt war. Er meinte, daß es ausreichen würde, ihn nach Civitavecchia (auf die Galeeren)[11] zu schicken, wenn man statt fünfzig Scudi hundert ausgeben wolle. Ich antwortete ihm, daß sich das vielleicht einrichten ließe.

Der Bargello war sehr erfreut, als er vernahm, daß das Pferd dem Mann nicht gehörte; er sagte mir, wenn ich gegen neun Uhr wieder vorsprechen wollte, könnte er mir ganz gewiß etwas Neues mitteilen. Ich versprach ihm, mit dem Engländer zu kommen, und es war ihm recht.

Ich hatte in Rom sehr viel zu tun, vor allen Dingen den Kardinal de Bernis[12] aufzusuchen; ich verschob jedoch alles andere auf später, um mich nur mit dieser Angelegenheit zu beschäftigen. In unserem Gasthof fand ich einen Lohndiener, den Sir B. M. zu unserer Bedienung angenommen hatte. Er sagte mir, der Engländer sei nach dem Frühstück zu Bett gegangen. Es war gerade acht Uhr. Da wir einen Wagen brauchten, ließ ich den Wirt kommen und war sehr überrascht, als ich Roland selbst vor mir sah. Ich hatte gedacht, daß der Schauspieler bei ihm wohnen würde.

»Wie? Ich glaubte, Sie hätten Ihren Gasthof noch an der Piazza di Spagna?«

»Ich habe den Gasthof meiner ältesten Tochter[13] überlassen; sie hat einen Franzosen geheiratet, der dort gute Geschäfte macht. Ich habe diesen Palazzo genommen, worin ich herrliche Zimmer habe.«

»Hat Ihre Tochter augenblicklich fremde Gäste?«

»Sie hat in diesem Augenblick nur einen einzigen Franzosen, einen gewissen Grafen de l'Etoile, der sein Gepäck erwartet und ein gutes Pferd besitzt, das ich ihm abzukaufen gedenke.«

»Ich rate Ihnen, mit dem Kauf des Pferdes bis morgen zu warten und unter keinen Umständen zu sagen, von wem Sie diesen Rat haben.«

»Warum soll ich warten?«

»Für den Augenblick kann ich Ihnen nicht mehr sagen.«

Dieser Roland war der Vater der Teresa, die ich neun Jahre früher geliebt hatte und die mein Bruder Giovanni ein Jahr nach meiner Abreise, im Jahre 1762, heiratete.[14] Der Leser wird sich gewiß erinnern. Er sagte mir, mein Bruder sei in Rom mit dem Fürsten Beloselski,[15] dem russischen Gesandten am Dresdner Hof.

»Ich glaubte, mein Bruder könne nicht nach Rom kommen?«[16]

»Er ist hier mit einem Geleitbrief, den die Kurfürstenwitwe von Sachsen[17] vom Heiligen Vater durch ihren Gesandten erbeten hat. Er will, daß sein unglücklicher Prozeß noch einmal verhandelt wird, und er hat unrecht; denn wenn er ihn auch hundertmal wiederaufnehmen ließe, so würde er stets dieselbe Verurteilung erleiden. Kein Mensch sieht ihn, jedermann weicht ihm aus; selbst Mengs will ihn nicht sehen.«

»Mengs[18] ist hier? Ich glaubte, er sei in Madrid?«

»Er hat einen Urlaub auf ein Jahr erhalten; aber seine Familie ist in Madrid geblieben.«

»Ich brauche einen Mietwagen für den ganzen Tag, solange die Ausländer bei mir bleiben werden.«

»Ich werde Ihnen einen besorgen.«

Nachdem ich alle diese verdrießlichen Nachrichten erhalten hatte – denn ich wünschte weder meinen Bruder noch Mengs zu sehen –, legte ich mich zu Bett und bat, mich zum Mittagessen zu wecken. Um ein Uhr riß man mich aus meinem Schlaf, weil jemand da wäre, der einen Brief zu meinen eigenen Händen zu bestellen hätte. Es war einer von den Leuten des Bargello, der die Sachen des Schauspielers l'Etoile abholen sollte. Ich übergab ihm den Koffer.

Beim Mittagessen berichtete ich Sir B. M. alles, was ich getan hatte, und wir kamen überein, daß er mich um neun Uhr zum Bargello begleiten sollte. Am Nachmittag besuchten wir im Wagen einige Parks,[19] und nachdem wir Betty nach dem Gasthof gebracht hatten, begaben wir uns zum Bargello, der uns sagte, unser Mann sei bereits in sicherem Gewahrsam, und wenn uns etwas daran läge, so werde er zu den Galeeren verurteilt werden.

»Bevor ich einen Entschluß fasse«, sagte Sir B. M. zu ihm, »möchte ich mit ihm sprechen.«

»Das können Sie morgen tun. Er hat ohne Widerrede alles gestanden, und zwar lachend, denn er stellt die Sache als einen Eulenspiegelstreich dar und behauptet, ihm könne deshalb nichts geschehen, denn die junge Dame sei freiwillig mit ihm abgereist. Ich habe ihm den Wechsel zurückgegeben; er nahm ihn mit der größten Gleichgültigkeit in Empfang. Er sagte mir, er spiele allerdings Theater aus Leidenschaft, sei nichtsdestoweniger aber von Stand; das Pferd könne er nach seinem Belieben verkaufen; denn die von ihm als Pfand hinterlassene Uhr sei mehr wert als das Tier.«

Ich hatte vergessen, dem Bargello zu sagen, daß die versetzte Uhr Betty gehörte.

Nachdem wir diesem ehrenwerten Diener der schnellen Gerechtigkeit Roms fünfzig Scudi bezahlt hatten, gingen wir zu Betty zum Abendessen. Sie hatte gerade ihren Koffer wiederbekommen.

Sie freute sich, als sie hörte, daß der Spitzbube im Gefängnis war, aber sie verspürte durchaus keine Lust, ihn dort zu besuchen. Am nächsten Tage nach dem Essen suchten wir ihn auf. Der Bargello hatte uns einen Advokaten empfohlen, der für uns ein Schriftstück ausfertigte, in dem er von dem Häftling die Bezahlung der Reisekosten und seiner Verhaftung sowie eine Geldentschädigung für die von ihm getäuschte Person, falls er nicht etwa binnen sechs Wochen durch eine Bescheinigung des französischen Gesandten[20] seinen gräflichen Stand nachweise, verlangte. Diese Zeit würde er im Gefängnis verbringen müssen.

Wir fanden l'Etoile mit diesem Schriftstück in der Hand, das man ihm ins Französische übersetzt hatte. Sobald er mich erblickte, sagte der Bursche mir lachend, ich sei ihm für die verlorene Wette fünfundzwanzig Zechinen schuldig; denn er habe Betty mit mir schlafen lassen. Der Engländer, dem wir den Sachverhalt mitgeteilt hatten, sagte ihm: »Sie lügen; aber ich weiß, daß Sie mit ihr geschlafen haben.«

»Sind Sie Bettys Liebhaber?« fragte der Schauspieler ihn, als er den englischen Akzent hörte.

»Ja; und wenn ich Sie unterwegs eingeholt hätte, hätte ich Sie umgebracht, denn Sie haben sie betrogen und sind ja nur ein lumpiger Komödiant.«

»Ich habe dreitausend Scudi.«

»Ich hinterlege sechstausend als Bürgschaft, wenn der Wechsel nicht falsch ist. Bis dies festgestellt ist, bleiben Sie eingesperrt, und wenn er falsch ist, wie ich glaube, so werden Sie auf den Galeeren dafür büßen.«

»Ich nehme den Vorschlag an.«

»Ich werde mit dem Advokaten darüber sprechen.«

Wir begaben uns zu dem Advokaten, denn dem Engländer, von der Falschheit des Wechsels überzeugt, lag daran, den Verführer von Betty auf den Galeeren zu sehen. Es kam jedoch kein Abkommen zustande, denn der Schauspieler wollte wohl den Wechsel herausgeben, aber er verlangte, daß bis zum Eintreffen der Antwort der Engländer ihm täglich einen Scudo aussetzen solle, damit er im Gefängnis davon leben könne.

Da er nun einmal da war, so wollte Sir B. M. sich Rom ansehen; er mußte sich daher Anzüge und Hemden anfertigen lassen. Betty dagegen hatte alles, was sie brauchte. Ich war immer mit ihnen zusammen und ließ sie nie allein. Ich wollte ihre Abreise abwarten, um weitere Pläne zu schmieden. Zwischen Betty und mir war nichts mehr, ich liebte sie zwar noch und genoß die Klugheit und Aufrichtigkeit des Engländers, denn er war ein sehr liebenswürdiger Mensch. Er wollte zwei oder drei Wochen in Rom zubringen und dann nach Livorno zurückkehren. Als aber fünf oder sechs Tage nach uns Lord Baltimore[21] eintraf, ein alter Freund von ihm, überredete ihn dieser, vierzehn Tage in Neapel zu verbringen. Der Lord, der eine hübsche Französin und zwei Bediente bei sich hatte, übernahm es, alle Vorkehrungen zur Reise zu treffen, und bestand darauf, daß ich mitkäme;

denn ich hatte den Vorzug gehabt, ihn in London kennenzulernen, wie der Leser sich erinnern wird. Mit Freude benutzte ich die Gelegenheit, Neapel und meine alten Bekannten wiederzusehen, und fuhr mit der Reisegesellschaft ab. Nach zwei Tagen kamen wir dort an[22] und stiegen im ›Albergo delle Crocelle‹[23] an der Chiaia ab. Das erste, was ich dort erfuhr, war der Tod des Herzogs von Matalone[24] und die Wiedervermählung seiner Witwe mit dem Fürsten von Caramanica.[25]

Da durch diesen Tod die Bekanntschaften, die ich durch den Herzog gemacht hatte, nutzlos für mich wurden, so dachte ich nur noch daran, mich mit meinen Reisegefährten zu unterhalten und niemand zu besuchen, als wenn ich noch niemals in Neapel gewesen wäre. Lord Baltimore war bereits mehrere Male dort gewesen, aber seine Geliebte kannte es noch gar nicht und wollte gerne alles sehen, ebenso Betty und Sir B.M. Wir fuhren gemeinsam überallhin und brauchten keinen Führer, denn der Lord und ich wußten viel besser Bescheid.

Gleich am Tage nach unserer Ankunft sah ich zu meiner Überraschung den allzu bekannten Cavaliere Goudar,[26] mit dem ich in London verkehrt hatte, dem Lord Baltimore einen Besuch abstatten.

Der berühmte Freigeist und seine Frau hatten in Neapel ein Haus am Posilipp;[27] diese Frau aber war keine andere als die schöne Irin Sarah, die frühere Kellnerin in einer Londoner Bierschenke.[28] Da Goudar wußte, daß ich sie kannte, so hielt er es für notwendig, mich zu ihren Gunsten einzunehmen, indem er uns alle für den übernächsten Tag zum Mittagessen einlud.

Sarah Goudar war nicht im geringsten verlegen, als sie mich sah, denn er hatte vorher mit ihr gesprochen; ich aber war zutiefst verwundert. Sie war mit der größten Eleganz gekleidet, die eine französische oder italienische Dame zeigen kann, benahm sich ausgezeichnet, empfing uns gewandt und ungezwungen, sprach italienisch mit der ganzen Beredsamkeit einer Neapolitanerin und war von einer bezaubernden Schönheit; ich war darüber sehr erstaunt, da sie noch so in meiner Vorstellung war, wie ich sie in London verlassen hatte. Sie sah es und lachte herzlich; mir kam es so vor, als hätte sie sich als Prinzessin verkleidet, während sie dagegen wollte, daß ich ihr Auftreten in London für eine Verkleidung hielt. Innerhalb einer Viertelstunde sahen wir bei Signora Goudar fünf oder sechs Damen der besten Gesellschaft der Stadt und des Hofes, zehn oder zwölf Herzöge, Prinzen, Marchesen und etliche Fremde aus allen möglichen Nationen. Bevor wir uns an den Tisch setzten, der für mehr als dreißig Personen gedeckt war, nahm Signora Goudar am Cembalo Platz und sang eine Arie mit einer Nachtigallenstimme und mit einer Sicherheit, die die Gesellschaft, die sie bereits kannte, nicht überraschte, die aber mich und meine Reisegefährten in Staunen versetzte, denn ihre Begabung war erstaunlich. Dies alles hatte Goudar bewirkt. Es war der Erfolg der Erziehung, die er ihr sechs oder sieben Jahre lang hatte geben lassen. Um ein unbestreitbares Recht auf sie zu haben, hatte er sie geheiratet. Hierauf hatte er sie von London nach Paris gebracht, wo er sie Ludwig XV. als Geliebte überlassen wollte, aber die Dubarry[29] kam ihm raffiniert zuvor. Dann war er mit ihr nach Wien, Venedig, Florenz und Rom gefahren, aber nirgends hatte er das Glück gefunden, wie er es beanspruchte, und so hatte er sich in Neapel niedergelassen. Hier hatte die schöne Sarah, um bei der großen Gesellschaft Anerkennung zu finden, auf seine Veranlassung ihrem anglikanischen Ketzerglauben abgeschworen; unter dem Schutz der Königin[30] hatte er eine Katholikin aus ihr gemacht. Das Scherzhafte daran war, daß die Irin Sarah schon katholisch war. Diese Bekehrung war nur ein Spiel.

Ich fand es eigentümlich, widersprüchlich und empörend, daß die Damen und Herren des höchsten Adels zu ihr gingen, daß aber Signora Goudar nirgendwohin gehen konnte, da sie nicht eingeladen wurde. Goudar teilte mir das alles noch vor dem Mittagessen mit, er vertraute mir auch sofort an, daß er vom Glücksspiel lebte. Von Pharao und Biribi[31] kam sein Einkommen; es mußte ihm viel einbringen, denn bei ihm war alles prächtig.

Er lud mich ein, mich bei diesem Geschäft zu beteiligen, und ich lehnte dies nicht ab, da ich sicher war, an dem Gewinn teilzunehmen, den ich der Gesellschaft, mit deren Gesetzen und Regeln ich mich auskannte, verschaffen konnte, indem ich mich klug benahm. Meine Börse näherte sich zusehends der Erschöpfung, und ich hatte keine anderen Mittel, um auch weiterhin so leben zu können, wie ich es bisher getan hatte. Nachdem ich diesen Entschluß gefaßt hatte, entschuldigte ich mich bei

Betty, daß ich nicht mit ihnen nach Rom zurückkehren könnte. Sir B. M. bestand darauf, mir alles zu ersetzen, was ich für sie ausgegeben hätte. Ich war nicht in der Lage, den Großmütigen zu spielen, und nahm daher sein Anerbieten an.

Zwei Monate nach ihrer Abreise erfuhr ich in Rom von dem Bargello, daß der Schauspieler l'Etoile auf Fürsprache des Kardinals de Bernis aus dem Gefängnis befreit worden war und Rom verlassen hatte. Im folgenden Jahr hörte ich in Florenz, daß Sir B. M. nicht mehr in Livorno war. Er war mit seiner lieben Betty nach England zurückgekehrt; dort wird er sie ohne Zweifel nach dem Tod seiner Frau geheiratet haben.

Der berühmte Lord Baltimore, Herr von Boston,[32] verließ Neapel einige Tage nach ihnen, um nach seiner Gewohnheit erneut in Italien umherzureisen. Drei oder vier Jahre später kam er um, weil er im August der Luft der römischen Campagna Widerstand leisten wollte, deren Pestausdünstungen in der heißen Jahreszeit alle Reisenden töten, die unbekümmert dort die Nacht zubringen und schlafen. Es reicht aus, eine Nacht in Piperno[33] oder in dessen Nähe zu sein, um nicht mehr aufzuwachen. Wer den Weg von Rom nach Neapel oder von Neapel nach Rom nimmt, fährt ohne Aufenthalt durch, er schläft dort auch nicht, wenn ihm sein Leben lieb ist. Lord Baltimore bezahlte seine englische Ungläubigkeit mit dem Leben.[34]

Ich blieb nach wie vor in Neapel im ›Albergo delle Crocelle‹, weil dort alle reichen Fremden abstiegen; so konnte ich leicht Bekanntschaft mit ihnen anknüpfen und ihnen das Glück verschaffen, bei der schönen Goudar ihr Geld zu verlieren. Allerdings ärgerte mich das, aber ich mußte mich der Macht der Umstände fügen.

Fünf oder sechs Tage nach Bettys Abreise begegnete ich zufällig auf der Chiaia dem Abbate Gama;[35] ich fand ihn sehr gealtert, aber fröhlich, und es ging ihm gut. Nachdem wir uns eine halbe Stunde über unsere beiderseitigen Abenteuer unterhalten hatten, sagte er mir, die Streitigkeiten zwischen dem Heiligen Stuhl und dem Hof von Rom[36] seien durch des Papstes Ganganelli tapfere Haltung beigelegt; er werde daher in wenigen Tagen nach Rom zurückkehren. Vor seiner Abreise wolle er mich aber einer Person vorstellen, die ich mit Freuden wiedersehen werde.

Ich dachte an Donna Leonilda oder deren Mutter, Donna Lucrezia;[37] wie überrascht war ich aber, als ich Agata[38] sah, die Tänzerin, die ich in Turin geliebt hatte, nachdem ich mich von der Corticelli[39] losgesagt hatte! Der Abbate hatte ihr nichts vorher gesagt, obwohl er das ruhig hätte tun können, da er mich erst am nächsten Tage zu ihr brachte. Nach dem großen Staunen auf beiden Seiten bei solch einem Wiedersehen und nach den vielen Worten, die man voller Freude in diesen schönen Augenblicken sagt, erzählten wir uns in aller Ruhe unsere Schicksalsschläge. Agatas Geschichte hätte kurz sein können, aber sie war lang, meine, die lang hätte sein müssen, dauerte nur eine Viertelstunde.

Sie hatte in Neapel nur ein Jahr lang getanzt. Ein Advokat hatte sich in sie verliebt und sie geheiratet, und sie zeigte mir ihre vier Kinder, die sie ihm geschenkt hatte. Der Gatte kam zum Abendessen, und da sie ihm viel von mir erzählt hatte, so fiel er mir um den Hals, sobald sie ihm meinen Namen nannte. Er war ein geistvoller Mann, wie die meisten kleinen Advokaten von Neapel. Er beteuerte mir, daß es sein größter Wunsch gewesen sei, mich kennenzulernen. Nach dem Essen spazierten wir im Mondschein zum Hafen; da der Abbate Gama sich verabschiedet hatte, blieb ich noch bis Mitternacht bei ihnen. Ich mußte ihnen versprechen, am nächsten Tage mit ihnen zu Mittag zu speisen.

Obgleich Agata in der Blüte ihrer Jahre stand, entzündete sie doch nicht wieder das alte Feuer; so war nun einmal mein Charakter, außerdem war ich zehn Jahre älter. Ich freute mich meiner Kühle; denn es wäre mir unlieb gewesen, durch die Liebe gezwungen zu sein, den Frieden einer glücklichen Ehe zu stören.

Da ich mich ziemlich nahe beim Posilipp befand und an Goudars Bank sehr interessiert war, so begab ich mich von Agata zu Goudar, bei dem ich zehn oder zwölf Spieler um den grünen Tisch versammelt fand. Die Stunde war günstig, aber der Anblick des Bankhalters überraschte mich sehr: es war der Graf Medini.[40]

Erst vor drei oder vier Tagen hatte man diesen Medini wegen seines unehrlichen Spiels aus dem Hause des französischen Gesandten Choiseul[41] gejagt. Ich hatte mich ebenfalls von früher her über ihn zu beklagen, und der Leser erinnert sich vielleicht noch, daß wir uns mit dem Degen duelliert hatten. Er hatte sich Zutritt zu der Sippschaft um Goudar verschafft. Ich warf einen Blick auf das Geld der Bank und sah, daß sie in den letzten Zügen lag; denn sie mußte ungefähr sechshundert Unzen[42] enthalten, und er hatte kaum noch hundert vor sich liegen. Ich war mit einem Drittel beteiligt. Ich prüfte das Gesicht des Spielers, der diese Verwüstung angerichtet hatte, und erriet sofort alles. Man sah den Gauner zum ersten Mal bei Goudar. Als die Runde zu Ende war, kam Goudar zu mir und sagte, der Spieler sei ein reicher Franzose, den Medini vorgestellt habe, und ich solle mich nicht ärgern, daß er an diesem Tage gewinne, denn er könne ein anderes Mal viel mehr verlieren.

»Ich frage nicht, wer der Spieler ist«, antwortete ich; »denn dies kann mir gleichgültig sein, da ich in aller Form erklärt habe, ich wolle mich nicht an der Bank beteiligen, wenn Medini gebe.«

»Ich habe Medini diesen Grund vorgehalten und wollte die Bank um ein Drittel verkleinern, aber er spielte den Beleidigten und sagte mir, im Falle des Verlustes werde er Ihnen Ihren Anteil zurückerstatten, aber die Bank müsse unangetastet bleiben.«

»Gut. Aber wenn er mir nicht morgen früh mein Geld wiedergibt, geschieht irgendein Unglück. Auf alle Fälle ist es Ihre Sache, mich zu entschädigen, denn ich habe mit aller Bestimmtheit erklärt, daß ich auf jede Beteiligung verzichte, wenn Medini die Bank halte.«

»Gewiß können Sie Ihre zweihundert Unzen von mir verlangen; aber ich denke, Sie werden Vernunft annehmen; denn es wäre grausam, wenn ich zwei Drittel verlieren sollte.«

Ich glaubte Goudar nicht; denn ich wußte, daß er ein noch größerer Gauner war als Medini. Ich wartete daher mit Ungeduld das Ende des Spiels ab, um die Sache ins reine zu bringen. Eine Stunde nach Mitternacht war alles zu Ende. Der glückliche Spieler entfernte sich goldbeladen, und Medini sagte mit einer ganz unangebrachten Heiterkeit, dieser Gewinn würde dem Sieger teuer zu stehen kommen.

»Wollen Sie mir wohl meine zweihundert Unzen wiedergeben?« sagte ich zu ihm. »Goudar hat Ihnen doch jedenfalls gesagt, daß ich nicht am Spiel beteiligt sei?«

»Ich gestehe, daß ich Ihnen diese Summe schulde, wenn Sie

durchaus nicht beteiligt sein wollen; aber ich bitte Sie, ihm zu sagen, warum Sie nicht die Bank mithalten wollen, wenn ich gebe?«

»Weil ich kein Vertrauen zu Ihrem Glück habe.«

»Sie begreifen wohl, daß der von Ihnen angeführte Grund an den Haaren herbeigezogen ist und daß ich ihn sehr übel auslegen könnte?«

»Ich gedenke Sie durchaus nicht daran zu hindern, ihn nach Ihrem Belieben auszulegen; aber es steht mir frei, Ihnen nicht zuzuhören. Ich will zweihundert Unzen haben und überlasse Ihnen alle künftigen Siege über diesen Herrn. Sie brauchen sich nur mit Signor Goudar auseinanderzusetzen, und Sie, Signor Goudar, werden mir morgen mittag diese zweihundert Unzen übergeben.«

»Ich werde sie Ihnen erst übergeben können, wenn Graf Medini sie mir gegeben hat; denn ich habe kein Geld.«

»Ich bin sicher, Signore, morgen mittag werden Sie es haben. Leben Sie wohl!«

Ohne auf seine Erklärungen zu hören, die nur schlecht sein konnten, ging ich nach Hause. Ich fand die Gaunerei augenscheinlich und war entschlossen, mich von der Spielhölle loszusagen, sobald ich, auf gütlichem Wege oder mit Gewalt, mein Geld zurückerlangt hätte. Am anderen Morgen um neun Uhr erhielt ich von Medini einen Brief, worin er mich bat, ich möchte bei ihm vorsprechen, um die Angelegenheit zu erledigen. Ich ließ ihm antworten, er möchte sich mit Goudar auseinandersetzen und mich entschuldigen, wenn ich nicht zu ihm ginge. Eine Stunde später trat er in mein Zimmer und bot seine ganze Beredsamkeit auf, damit ich von ihm einen in acht Tagen zahlbaren Wechsel über zweihundert Unzen annähme. Ich schlug das rundweg ab und wiederholte, ich wolle nur mit Goudar zu tun haben und verlange von diesem mein Geld bis Mittag; ich wäre zu allem entschlossen, wenn er es mir nicht wiedergäbe, denn er hätte es von mir zu treuen Händen bekommen. Medini wurde laut und rief, mein Widerstand sei eine Beleidigung für ihn. Ich ergriff eine Pistole und befahl ihm augenblicklich hinauszugehen. Er tat das erbleichend und ohne ein einziges Wort des Widerspruchs.

Mittags ging ich zu Goudar, ohne Degen, aber mit guten

Pistolen in der Tasche. Ich fand bei ihm Medini, der mir sofort den Vorwurf machte, ich hätte ihn in meiner Wohnung ermorden wollen. Ich antwortete ihm nicht, blieb jedoch immer auf meiner Hut und sagte Goudar, er solle mir meine zweihundert Unzen wiedergeben. Goudar verlangte sie von Medini.

Und nun wäre der Streit losgegangen, wenn ich diesen nicht dadurch verhindert hätte, daß ich die Treppe hinuntereilte, nachdem ich Goudar gesagt hatte, ich würde gegen ihn einen blutigen Krieg führen, der ihn in größte Schwierigkeiten bringen würde.

Als ich auf der Schwelle der Haustür war, sah ich die schöne Sarah, die mich von ihrem Fenster aus bat, die Hintertreppe hinaufzugehen und mit ihr unter vier Augen zu sprechen. Als ich sie bat, mich zu entschuldigen, sagte sie, sie werde hinunterkommen. Einen Augenblick darauf war sie bei mir und sagte: »Sie haben recht, mein lieber Freund, wenn Sie Ihr Geld verlangen; aber mein Mann hat augenblicklich kein Geld, und darum müssen Sie drei Tage warten. Ich bürge Ihnen für die Bezahlung.«

»Es tut mir leid, aber nur das Geld kann mich beruhigen, und Sie werden mich nicht wieder in Ihrem Hause sehen.« Kaum hatte ich dies gesagt, so zog sie von ihrem Finger einen Ring, den ich kannte und der mindestens das Doppelte wert war. Sie bat mich, diesen Ring als Pfand anzunehmen. Ich nahm ihn, prüfte ihn, steckte ihn ein, machte ihr meine Verbeugung und ging. Ohne Zweifel war sie sehr erstaunt, denn sie war in einem Negligé, worin sie sicher noch nie eine Abweisung erhalten hatte.

Sehr zufrieden mit meinem Sieg, ging ich zu dem Advokaten, Agatas Mann, bei dem ich zu Mittag essen sollte. Ich erzählte ihm die Geschichte mit allen Einzelheiten und bat ihn, jemanden ausfindig zu machen, der mir zweihundert Unzen für den Ring als Pfand gab und mir eine Quittung ausschrieb, auf die der Überbringer von zweihundert Unzen den Ring zurückbekommen würde. Der Mann ging an seine Arbeit und erfüllte alles rechtens nach dem Gesetz; er gab mir sofort zweihundert Unzen und schickte in meinem Namen die Quittung an Signor Goudar und teilte ihm mit, daß der Ring bei ihm hinterlegt sei und zurückgegeben würde, wenn die Summe bezahlt sei.

Nachdem diese Sache in Ordnung gebracht war, fand ich

meine gute Laune wieder. Ich ging in Agatas Zimmer und traf dort eine angenehme Gesellschaft von Damen und Herren, unter ihnen auch den Abbate Gama.

Vor dem Essen nahm Agata mich mit in ihr Kabinett, öffnete einen Juwelenkasten und zeigte mir die herrlichen Ohrgehänge und alle anderen Schmucksachen, die ich ihr geschenkt hatte, als ich reich und in sie verliebt war. Dazu sagte sie: »Ich bin jetzt reich und verdanke Ihnen meinen ganzen Besitz, mein lieber Freund; Sie würden mich daher glücklich machen, indem Sie alles wieder nehmen, was Sie mir geschenkt haben; was ich Ihnen sage, ist heute morgen zwischen meinem Mann und mir verabredet worden.«

Um mir alle Bedenken zu nehmen, zeigte sie mir hierauf alle Diamanten, die ihr Gemahl ihr geschenkt hatte. Sie hatten früher seiner ersten Frau gehört und besaßen einen höheren Wert als meine Geschenke. Voller Bewunderung für solche Großmut und ein so edles und zartfühlendes Benehmen konnte ich keine Worte finden, um ihr meine Gefühle auszudrücken, aber mein Schweigen zeigte ihr deutlich genug, wie gerührt ich war und wie sehr ich ihr Verhalten zu schätzen wußte.

In diesem Augenblick trat ihr Gatte ein. Agata schloß das Schmuckkästchen, und er sagte mit freundlichem Gesicht, ich dürfe nicht zögern, den Vorschlag seiner Frau anzunehmen. Mit diesen Worten umarmte er mich. Wir begaben uns wieder zur Gesellschaft, die aus zehn oder zwölf Leuten bestand; aber der einzige, der meine Aufmerksamkeit fesselte, war ein sehr junger Mann, der offenbar in Agata verliebt war. Er hieß Don Pasquale Latilla.[43] Er besaß alles, was ein Mann braucht, um beliebt zu sein und sein Glück zu machen: Klugheit und gute, anziehende Manieren. Wir machten uns bei Tisch näher miteinander bekannt. Unter den Angehörigen des schönen Geschlechts entzückte mich vor allen ein junges Mädchen von ausgefallener Schönheit. Sie war erst vierzehn Jahre alt, aber wie eine Achtzehnjährige entwickelt. Agata sagte mir, sie studiere Musik, um auf dem Theater ihren Lebensunterhalt zu erwerben, denn sie sei arm.

»Arm und so schön?«

»Ja, denn sie will sich keinen Tändeleien hingeben, und wenn ein Mann sie haben wollte, müßte er für alles aufkommen, da

sie nichts besitzt; in Neapel aber sind Männer solcher Art sehr
selten.«

»Es ist unmöglich, daß sie keinen Liebhaber hat, denn sie ist
eine auffallende Erscheinung.«

»Wenn es der Fall ist, so weiß wenigstens kein Mensch etwas
davon. Sie können ihre Bekanntschaft machen und sie besuchen;
dann werden Sie es nach drei oder vier Gesprächen erfahren.«

»Wie heißt sie?«

»Callimena.[44] Sie wohnt am Platz beim Castel dell' Ovo.[45] Die
Dame, die in diesem Augenblick mit ihr spricht, ist ihre Tante,
und ich errate, daß sie von dir sprechen.«

Wir setzten uns zu Tisch. Das Essen war ausgezeichnet, es
gab Wildbret, Fische, andere Meerestiere und köstliche Weine.
Agata strahlte vor Freude, daß sie mich von ihrem Glück überzeugen konnte. Der alte Gama war ganz stolz darauf, daß er
mich eingeführt hatte; Don Pasquale Latilla konnte nicht eifersüchtig sein auf die Aufmerksamkeiten, die sein Abgott für mich
hatte, denn ich war ein Fremder und konnte Anspruch darauf
erheben; und Agatas Mann glänzte durch seinen Geist, der frei
war von den gewöhnlichen Vorurteilen. Während man mich so
von allen Seiten mit Aufmerksamkeiten überhäufte, war ich unverzeihlich zerstreut und beschäftigte mich beständig mit Callimena. Ich starb vor Lust, sie geistreich zu finden, und richtete
daher oft das Wort an sie; sie antwortete mir höflich, aber immer so kurz, daß ich ein für Schäkereien empfängliches Gespräch nicht anknüpfen konnte. Sie hatte so klare schwarze
Augen, daß es ihr unmöglich war, den Mann, den sie anblickte,
nicht in sich verliebt zu machen oder mit ihnen noch mehr auszudrücken, als sie schon wider Willen sagten. Deshalb blickte
sie den Mann nie an, der ihre Blicke gerne auf sich gezogen
hätte.

Ich fragte sie, ob Callimena ihr Familienname oder ihr
Künstlername sei.

»Es ist mein Taufname.«

»Der Name ist griechisch, und Sie wissen ohne Zweifel, was
er bedeutet.«

»Nein.«

»Er bedeutet, ›wahnsinnige Schönheit‹ oder ›strahlender
Mond‹.«[46]

»Ich freue mich zu hören, daß ich mit meinem Namen nichts gemein habe.«

»Haben Sie Brüder und Schwestern?«

»Ich habe nur eine verheiratete Schwester, die Sie vielleicht kennen.«

»Wie heißt sie, und wo ist sie verheiratet?«

»Ihr Mann ist Piemontese, aber sie lebt von ihm getrennt.«

»Sollte es etwa Signora Sclopitz sein, die mit Sir Aston[47] reist?«

»Ganz recht.«

»Ich werde Ihnen angenehme Nachrichten über sie geben.«

Nach Tisch fragte ich Agata, in welcher Eigenschaft das reizende Geschöpf bei ihr zu Mittag äße.

»Mein Mann ist ihr Pate und tut für sie, was er kann. Er bezahlt den Lehrer, bei dem sie Gesangsunterricht hat.«

»Wie alt ist sie genau?«

»Vierzehn Jahre.«

»Das ist erstaunlich! Welch eine Schönheit!«

»Aber ihre Schwester ist noch schöner.«

»Ich kenne sie nur dem Namen nach.«

In diesem Augenblick meldete man Signor Goudar, der mit dem Advokaten eine Unterredung zu haben wünschte. Der Advokat empfing ihn in einem Nebenzimmer, und als er eine Viertelstunde darauf wiederkam, sagte er mir, er habe die zweihundert Unzen empfangen und dafür den Ring herausgegeben. So war also die Geschichte erledigt. Ich war sehr froh darüber. Allerdings war ich mit Goudar auf ewig entzweit, aber daraus machte ich mir sehr wenig.

Es wurden Gesellschaftsspiele gemacht, und Agata brachte mich mit Callimena zusammen, die mich durch ihre Ruhe entzückte. Ihr Charakter war ebenso ungekünstelt wie ihre Schönheit. Ich sagte ihr alles, was ich von ihrer Schwester wußte, und versprach ihr, mich in Turin zu erkundigen, wo sie sich augenblicklich aufhielte. Ich sagte ihr ferner, daß ich sie liebe, und fragte sie, ob sie mir erlaubte, sie zu besuchen. Ich war von ihrer Antwort sehr befriedigt.

Am anderen Morgen hatte ich nichts Eiligeres zu tun, als ihr zur Frühstückszeit guten Tag zu sagen. Ich fand sie mit ihrem Lehrer am Cembalo. Ihr Talent war mittelmäßig, aber die Liebe ließ es mich hervorragend finden.

Als der Musiklehrer fort war, blieb ich mit ihr allein. Sie entschuldigte sich für ihre bescheidene Hauskleidung und für die dürftigen Möbel. Sie bedauerte, daß es ihr unmöglich sei, mir ein Mittagessen anzubieten.

»Dies alles trägt nur dazu bei, Sie in meinen Augen noch schöner erscheinen zu lassen; ich fühle mich unglücklich, daß ich nicht reich genug bin, um Ihnen zu Ihrem Glück zu verhelfen.«

Während sie anhörte, was ich zum Lobe der Schönheit ihres Gesichtes sagte, erlaubte sie mir, ihre Augen, ihren Mund und ihre rosigen Wangen mit einer Flut von Küssen zu bedecken; als ich aber weitergehen wollte und mit kühner Hand ihren Busen, der nur halb zu sehen war, meinen Augen zu enthüllen versuchte, hielt sie mich zurück, indem sie mir gleichzeitig einen Kuß gab, als wenn sie mich nach ihrem Sträuben besänftigen wollte. Ich machte eine Anstrengung, mich zu beherrschen, und es gelang mir, den Kuß auch zu genießen.

»Reizende Callimena, sagen Sie mir aufrichtig etwas, was ich zu gerne wissen möchte. Haben Sie einen Geliebten?«

»Ich habe keinen.«

»Haben Sie einen gehabt?«

»Niemals.«

»Nicht einmal vorübergehend, so aus Laune?«

»O nein, nie!«

»Wie? Bei Ihrer Erscheinung, Ihren Augen und einem Gesicht, das mir die Empfindsamkeit Ihres Herzens auszudrücken scheint, wie kann ich da glauben, daß es in Neapel keinen Mann gäbe, der es verstanden hätte, Ihnen Begehren einzuflößen?«

»Niemand; denn niemals hat einer dies versucht. Niemand hat mir bis jetzt so eine Liebeserklärung gemacht, wie Sie es gerade getan haben. Das können Sie mir glauben. Es ist die reine Wahrheit.«

»Ich glaube Ihnen, und ich sehe, daß ich meine Abreise beschleunigen muß, um nicht der unglücklichste aller Menschen zu werden.«

»Wieso denn?«

»Indem ich Sie liebe, ohne daß ich hoffen kann, Sie zu besitzen.«

»Lieben Sie mich und bleiben Sie! Warum sollten Sie es

nicht dahin bringen, daß ich Sie liebe? Mäßigen Sie nur Ihre Erregung; denn Sie werden begreifen, daß ich mich nicht in Sie verlieben kann, wenn ich sehe, daß Sie sich nicht beherrschen können.«

»Wie jetzt zum Beispiel?«

»Ja. Wenn ich Sie ruhig sehe, werde ich denken, Sie mäßigen sich mir zuliebe, und Liebe entspringt oft aus Dankbarkeit.«

Sie sagte mir damit auf feine Weise, daß sie mich noch nicht liebte, daß es aber wohl allmählich dahin kommen könnte, und ich begriff, daß der von ihr angedeutete Weg der beste war, um ihr Herz zu gewinnen. Ich befand mich in dem Alter, wo ein Mann sich entschließt, geduldig vorzugehen. Nachdem ich ihre schönen Augen geküßt hatte, fragte ich sie beim Abschied, ob sie Geld nötig hätte. Über diese Frage errötete sie; gleich darauf aber sagte sie mir, ich möchte ihre Tante, die im Nebenzimmer wäre, danach fragen.

Ich ging allein hinein und war ein wenig verlegen, als ich zwei sehr bescheidene Kapuziner bei ihr fand, die sie mit einem einfachen und scherzhaften Geplauder unterhielten, während sie nähte; dicht bei ihnen waren drei junge Mädchen ebenfalls damit beschäftigt, Wäsche zu nähen. Die Tante wollte aufstehen, um mich zu begrüßen; ich hielt sie davon ab, erkundigte mich, wie es ihr gehe, und machte ihr lächelnd ein Kompliment über ihre Gesellschaft. Sie lächelte ebenfalls, die Kapuziner aber blieben wie angewurzelt auf ihren Plätzen, ohne mich eines Blickes zu würdigen. Ich nahm einen Stuhl und setzte mich ihr ganz dicht gegenüber.

Die Tante war ungefähr fünfzig Jahre alt; sie war für ihr Alter noch gut erhalten, und ihre ehrwürdigen Züge zeigten deutlich die Spuren einer Schönheit, die mit der Jugend gewichen war. Am vorigen Tag beim Mittagessen hatte ich sie kaum wahrgenommen.

Obwohl ich frei von Vorurteilen bin, war die Gegenwart der beiden bärtigen Männer, die in ihren dicken Kutten schwitzten und infolgedessen ekelhafte Gerüche ausströmten, mir im höchsten Grade unangenehm. Es kam mir als eine Beleidigung vor, daß sie so hartnäckig blieben. Ich wußte wohl, daß sie Männer waren wie ich und dieselben Neigungen haben mußten; aber ich fand ihre Frechheit unverzeihlich, denn sie erlaubten sich offenbar einen Eingriff in meine Vorrechte, was mich berechtigte, sie schlecht zu behandeln. Ich konnte sie nicht demütigen, ohne die Dame zu beleidigen, und das wußten die beiden Heuchler; sie wußten auch, daß ich mich nicht ohne Schaden darüber hinwegsetzen konnte. Niemand weiß solche Berechnungen besser auszunutzen als die Priester.

Da ich ganz Europa kennengelernt habe, kann ich sagen, daß mir nur in Frankreich eine Ordensgeistlichkeit begegnet ist, die sich in den Schranken ihres Standes bewegt. Nie habe ich dort Mönche bei geselligen Zusammenkünften gesehen, nie speiste ich in guten Häusern mit Priestern oder Bischöfen, die so dreist waren, Fleisch an den Tagen zu essen, an denen es die Kirche verbietet; und auf öffentlichen Promenaden oder in Theatern traf ich nie Mönche oder Abbés anders als in weltlicher Kleidung. In Italien und sogar in Spanien sowie in einigen Städten Deutschlands treten Priester, Mönche und Weltgeistliche ungezwungen an allen Orten auf, obwohl es scheint, daß es nur denen erlaubt ist, dorthin zu gehen, die wegen ihres Standes sicher sind, bei niemandem Anstoß zu erregen.[48]

Nach einer Viertelstunde konnte ich das Warten nicht mehr aushalten und sagte der guten Tante, ich hätte ihr etwas unter vier Augen mitzuteilen; ich glaubte, nun würden die beiden Unverschämten verschwinden; aber ich hatte mich geirrt. Die Tante stand auf und führte mich in das andere Zimmer, um zu erfahren, was ich von ihr wollte.

Auf meine Frage, ob sie Geld brauche, antwortete sie mir, daß sie wegen zwanzig neapolitanischer Dukaten[49] in Verlegenheit sei, die nötig seien, um die Miete für das Haus zu bezahlen. Das sind achtzig französische Francs. Sie war ganz verwundert und von Dankbarkeit durchdrungen, als ich ihr diesen Betrag sogleich in die Hand drückte. Ich ging in den ›Albergo delle Crocelle‹ zurück, ohne ihr Zeit zu lassen, mir ihren Dank auszusprechen.

An diesem Tage hatte ich ein eigentümliches Erlebnis, das würdig ist, niedergeschrieben zu werden.

Als ich allein auf meinem Zimmer speiste, meldete man mir einen venezianischen Einsiedler, der mich zu kennen behauptete und mit mir zu sprechen wünschte.

Ich ließ ihn eintreten und sah ein Gesicht, das mir nicht unbekannt war, auf das ich mich aber nicht besinnen konnte. Der Mann war von meiner Größe, aber hager und abgezehrt, ungefähr sechzig Jahre alt; aus seinen erschlafften Zügen sprachen Hunger und Elend; er hatte einen langen Bart und einen kahlen Kopf. Er trug eine eselsgraue Kutte, die bis zu seinen Fersen reichte, und um den Leib einen Strick, woran sich ein Rosenkranz und ein schmutziges Taschentuch befanden. Über seinen Rücken hing eine Kapuze herab; in der linken Hand hielt er einen walzenförmigen Korb und in der rechten einen Stock. Dieser Mensch sah nicht aus wie ein Diener Gottes, ein reuiger Sünder, ein demütiger Almosenempfänger, sondern wie ein Verzweifelter, der mich womöglich in meinem Zimmer ermorden wollte.

»Wer sind Sie? Es kommt mir vor, als wenn ich Sie irgendwo einmal gesehen habe, aber ich versuche vergeblich, mich an Sie zu erinnern.«

»Ich werde Ihnen sagen, wer ich bin, und Sie werden überrascht sein, wenn Sie meine Leiden vernehmen; zuvor aber lassen Sie mir etwas zu essen und zu trinken geben, denn ich sterbe vor Hunger; seit vorgestern habe ich nur eine schlechte Suppe in der Pilgerherberge gegessen.«

»Gern. Lassen Sie sich unten etwas zu essen geben, und kommen Sie dann wieder; denn während des Essens könnten Sie ja doch nicht mit mir sprechen.«

Mein Lohndiener ging mit ihm hinunter, um ihm etwas zu essen geben zu lassen; als er wieder heraufkam, befahl ich ihm, mich nicht mit dem Mann allein zu lassen, denn dieser flößte mir wirklich Angst ein.

Trotzdem war ich ungeduldig, seinen Namen zu hören, denn ich war überzeugt, daß ich ihn kennen mußte.

Nach einer dreiviertel Stunde kam er wieder; er sah aus wie ein Kranker, dem ein Fieberanfall das Gesicht gerötet hat.

»Setzen Sie sich und sprechen Sie frei heraus, mein Diener ist auf dem Balkon und kann nichts davon hören, was Sie mir vielleicht anvertrauen wollen.«

»Ich bin Albergoni.«[50]

Ich erinnerte mich sofort an ihn. Dieser Albergoni war ein Edelmann aus Padua, mit dem ich fünfundzwanzig Jahre früher sehr vertraut gewesen war, als ich die Gunst von Signor Braga-din[51] gewonnen und meinen Beruf als Geiger an den Nagel ge-hängt hatte.

Der adlige Paduaner hatte damals wenig Vermögen, aber viel Geist, Charakter und Weltgewandtheit, er trotzte den Aus-schweifungen der Venus und des Bacchus durch gute Leibes-beschaffenheit und Widerstandsfähigkeit, hatte freie Sitten und eine lockere Zunge, mit der er sich über die Regierung und die Religion lustig machte, er war mutig und voller Spielleiden-schaft, wobei die Betrügereien nicht klug durchdacht waren, und er zeigte die widernatürliche Neigung, die einmal das Feuer des Himmels auf die fünf Städte[52] herausforderte. Außer-dem war dieser jetzt abstoßend häßliche Mann bis zum Alter von fünfundzwanzig Jahren schön gewesen; aber das ist ja nicht weiter verwunderlich. Denn der Schritt von der Schönheit zur Häßlichkeit ist gering, geringer als der von der Häßlichkeit zur Schönheit. Beim ersten geht die Natur nach unten, beim zweiten nach oben. Seit fünfundzwanzig Jahren hatte ich Albergoni nicht gesehen und seit fünfzehn Jahren von ihm nichts mehr ge-hört. Jetzt sah ich ihn als schrecklich gekleideten Eremiten. Er erzählte mir folgendes:

»Eine Gesellschaft von zehn oder zwölf jungen Leuten, zu denen ich gehörte, hatte ein Kasino auf der Zuecca,[53] wo wir köstliche Stunden verbrachten, ohne einem Menschen etwas Böses anzutun. Irgend jemand bildete sich ein, unsere Gesell-schaften seien dem unerlaubten Verkehr, der gegen die Gesetze verstößt, gewidmet. Man machte uns in aller Heimlichkeit den Prozeß, das Kasino wurde geschlossen, und gegen die Mitmieter wurden Haftbefehle erlassen. Alle flohen, außer mir und einem gewissen Branzardi[54]; wir wurden verhaftet. Branzardi wurde nach zwei Jahren verurteilt, enthauptet und dann verbrannt; ich erhielt zehn Jahre Kerker. Im Jahre 1765 wurde ich in Frei-heit gesetzt und zog mich nach Padua zurück, wo ich ruhig le-ben zu können hoffte; aber man quälte mich unaufhörlich, man klagte mich abermals desselben Verbrechens an. Ich glaubte, das Urteil nicht abwarten zu müssen, und begab mich nach Rom; zwei Jahre darauf verurteilte der Rat der Zehn[55] mich in Abwesenheit zu lebenslänglicher Verbannung. Man kann eine solche Strafe geduldig ertragen, wenn man seinen Lebensunterhalt hat; das Notwendigste hätte ich auch gehabt, aber mein Schwager hat sich meines Vermögens bemächtigt und war dabei, sich zu seinem Vorteil zu bereichern und aus meinem Unglück Gewinn zu ziehen. Ein romischer Prokurator ist beauftragt worden, mir täglich zwei Paoli auszuzahlen unter der Bedingung, daß ich in rechtsgültiger Form auf alle Ansprüche irgendwelcher anderer Art verzichte. Ich habe diese unbillige Bedingung mit den zwei Paoli abgelehnt und Rom verlassen, um hier Eremit zu werden. Seit zwei Jahren treibe ich dieses traurige Gewerbe; aber ich kann es nicht länger aushalten, das Elend tötet mich. Denn nur ein Unglücklicher, der es nie erfahren hat, kann dem Elend die Stirn bieten wollen.«

»Kehren Sie nach Rom zurück; ich glaube, mit zwei Paoli täglich werden Sie dort leben können.«

»Ich bin entschlossen, lieber zu sterben, als in solche Schmach einzuwilligen.«

Ich bedauerte ihn, gab ihm eine Zechine, sagte ihm, daß er die ganze Zeit über, die ich in Neapel weilen würde, in meinem Gasthof essen könne, und glaubte, ihn zufrieden weggehen zu sehen; doch am übernächsten Tage erfuhr ich die Neuigkeit, die in ganz Neapel die Runde machte. Mein Lohndiener erzählte mir, als er in mein Zimmer kam, daß der Einsiedler, der zwei Tage auf meine Rechnung gegessen hatte, völlig nackt an der Tür eines Gasthofes in der Via Toledo[56] aufgebahrt sei. Der Gastwirt fand ihn tot vor; er hatte sich in dem Zimmer, in dem er schlief, erhängt, und als man die Behörde darüber informierte, ordnete diese an, ihn der Öffentlichkeit zu zeigen, um zu erfahren, um wen es sich handle. Ich zog mich schnell an, um mir dieses Schauspiel anzusehen. Ich sah diesen Unglücklichen, der sich erdrosselt hatte und der die Zuschauer erschauern ließ. Sein Kopf war bleifarben schwarz und sein Hodensack derart aufgebläht, daß es schien, er hätte einen sehr großen Bruch. Ich ging zum Gastwirt, der mir erzählte, daß der Mann zwei Tage lang sehr gut gespeist und noch besser getrunken, dabei alles im voraus bezahlt hätte, wie es bei allen Bettlern üblich wäre. Er führte mich in das Zimmer, in dem er sich umgebracht hatte, konnte jedoch nicht sagen, wann es geschehen war, da er die Tür offengelassen hatte. Der Gastwirt hatte seinen Korb und alle seine Lumpen der Behörde übergeben und wartete nun darauf, daß man den Leichnam abholen und auf dem Schindanger verscharren würde. Ich sah auf dem Boden ein beschriebenes Blatt Papier, hob es auf und las meinen Namen am Anfang einer Reihe von acht bis zehn weiteren, darunter auch den des Grafen Medini. Er gab uns den schönen Titel seiner Wohltäter und vertraute uns dann an, daß ihm das Leben zur Last geworden sei und er deshalb glaubte, sich davon befreien zu müssen, und dazu unserer Zustimmung sicher sei. Um uns zu vergelten, was wir ihm Gutes getan hatten, nannte er uns fünf Zahlen. Ich gab dem Gastwirt dieses Papier, und er nahm es wie einen Schatz entgegen. Der Tod dieses elenden Narren brachte der Lotterie Neapels viel Geld ein. Alle Lotterieliebhaber setzten auf diese fünf Zahlen, doch nicht eine von ihnen kam heraus. Die Erfahrung hatte jedoch noch nie die Kraft, den Aberglauben zu überwinden. Fünf Zahlen, die von einem Mann aufgeschrieben wurden, der sich eine Viertelstunde später erhängt hatte, mußten unbedingt bei der nächsten Ziehung Erfolg haben.

Ich trat in ein Café, um zu frühstücken, und hörte einen Schwätzer seine Ansichten über die Gründe eines Selbstmörders zum besten geben, der, wenn er sich dazu entschlossen hat zu sterben, den Tod durch Erhängen wählt; er war der Meinung, daß es ein köstlicher Tod sein müsse, und der bündigste Beweis, den er dafür anführte, war, daß alle Gehängten im letzten Augenblick eine Erektion des Gliedes hätten und Samen verspritzen würden.[57]

Als ich das Café verließ, hatte ich das Glück, einen Dieb auf frischer Tat zu erwischen, als er mir gerade ungefähr das zwanzigste Taschentuch im Laufe eines Monats stehlen wollte. Überall, besonders aber in Neapel, gibt es eine ganze Menge kleiner Schlingel, die nur von diesem Gewerbe leben und deren Geschicklichkeit erstaunlich ist.

Als der Bursche sich erwischt sah, bat er mich, keinen Lärm zu machen; er werde mir alle Taschentücher wiedergeben, die er mir gestohlen habe, im ganzen sieben oder acht.

»Du hast mir mehr als zwanzig weggenommen.«

»Nicht ich, sondern einer meiner Kameraden. Kommen Sie mit mir, vielleicht finden Sie sie alle wieder; der Mann, der sie hat, wird sie Ihnen sehr günstig überlassen.«

»Ist es weit?«

»Am Platz beim Schloß.[58] Aber lassen Sie mich los, man beobachtet uns.«

Der Spitzbube führte mich in einen elenden Gasthof zehn Schritt entfernt vom Haus der Callimena, er ließ mich eine Minute danach in ein Zimmer eintreten, in dem ein ganz gerissener Mann mich fragte, ob ich wirklich gebrauchte Sachen kaufen wollte. Als er erfuhr, daß ich Taschentücher wünschte, öffnete er einen türähnlichen großen Schrank und zeigte mir mindestens zweihundert, unter denen ich zehn oder zwölf von meinen fand, die ich für ein Zehntel des Preises, den sie wert waren, zurückkaufte. In den nächsten Tagen kaufte ich ohne alle Gewissensbedenken mehrere andere von ihm, obwohl ich bestimmt wußte, daß sie gestohlen waren.

Dieser ehrenwerte neapolitanische Händler hielt mich offenbar für unfähig, ihn zu verraten; denn zwei oder drei Tage vor meiner Abreise aus Neapel sagte er mir im Vertrauen: wenn ich ihm für zehn- oder zwölftausend Dukaten Waren abkaufen würde, könnte ich in Rom oder anderswo dreißigtausend daran verdienen.

»Was sind das für Waren?«

»Uhren, Tabaksdosen, Ringe, die ich hier nicht zu verkaufen wage, denn sie sind durchweg gestohlen.«

»Und Sie fürchten nicht, entdeckt zu werden?«

»Ich habe nicht viel zu befürchten; auch vertraue ich mich nicht aller Welt an.«

Ich dankte ihm, weigerte mich aber, seine Kleinodien zu sehen; denn ich fürchtete, der Versuchung nicht widerstehen zu können, für zehn zu kaufen, was fünfzig wert war. Dies hätte mich einem Wagnis aussetzen können, falls ich einmal den Eigentümer des Gegenstandes, den ich gekauft hatte, treffen sollte.

In meinen Gasthof zurückgekehrt, fand ich dort neu angekommene Fremde, die mir bekannt waren. Bertoldi[59] war von Dresden mit zwei jungen Sachsen angekommen, deren Erzieher er war. Die jungen Herren waren schön, reich und sahen ganz danach aus, als wenn sie das Vergnügen liebten.

Bertoldi war seit fünfundzwanzig Jahren ein Bekannter von mir. Er hatte in der italienischen Komödie des vorigen Königs von Polen[60] an dessen Hof den Arlecchino gespielt. Nach dem

Tode des Herrschers war Bertoldi zum Berater für die ›Opera buffa‹ ernannt worden. Die Kurfürstenwitwe,[61] die eine große Musikkennerin war, liebte diese Oper sehr. Die drei wohnten neben mir, und wir schlossen sofort Freundschaft.

Die anderen Fremden, die zu gleicher Zeit mit großem Gefolge angekommen waren, waren Miss Chudleigh,[62] die inzwischen Herzogin von Kingston geworden war, ein Lord und ein Sir, deren Namen ich vergessen habe. Die Dame erkannte mich sofort und war ohne Zögern damit einverstanden, als ich ihr den Hof machen wollte. Eine Stunde darauf machte Sir Hamilton[63] ihr einen Besuch, und ich war entzückt, seine Bekanntschaft zu machen. Wir speisten alle zusammen. Sir Hamilton war ein genialer Mann; trotzdem hat er sich unlängst mit einem jungen Mädchen verheiratet, das Talent besaß, ihn verliebt zu machen. Dieses Mißgeschick stößt oft Männern zu, die es ihr ganzes Leben fertiggebracht haben, es zu umgehen; aber im Alter werden Herz und Verstand schwach. Sich zu verheiraten ist immer eine Dummheit; aber wenn ein Mann sie zu einer Zeit begeht, wo seine körperlichen Kräfte abnehmen, so wird sie tödlich; denn die Frau, die er heiratet, kann nur Gefälligkeiten für ihn haben, die er mit seinem Leben bezahlen muß, das er bestimmt dadurch verkürzt; und wenn zufällig die Frau in ihn verliebt ist, so ist es noch schlimmer für ihn, denn er stirbt sicher in zwei oder drei Jahren. Vor sieben Jahren in Wien war ich dicht daran, diese Dummheit zu begehen, ›a qua me servavit Apollo‹.[64]

Nach unserem Mittagessen stellte ich der Herzogin von Kingston die beiden Sachsen vor, die ihr Nachrichten von ihrer sehr guten Freundin, der Kurfürstenwitwe von Sachsen, gaben; hierauf gingen wir zusammen in die Komödie. Zufällig befand Signora Goudar sich in der Loge neben der unsrigen, und Sir Hamilton amüsierte die Herzogin, indem er ihr die Geschichte der schönen Irin erzählte; sie war jedoch nicht neugierig, deren Bekanntschaft zu machen.

Nach dem Abendessen spielte die Herzogin eine Partie Quinze[65] mit den beiden Engländern und den beiden Sachsen. Die Einsätze waren klein, der Verlust mittelmäßig, und die beiden Sachsen waren siegreich. Ich hatte nicht mitgespielt, beschloß jedoch, mich ein anderes Mal am Spiel zu beteiligen. Am nächsten Tage speisten wir alle beim Prinzen von Francavilla,[66] der uns ein herrliches Mahl gab. Gegen Abend führte er uns zu einem ihm gehörenden kleinen Badebecken[67] am Strand und zeigte uns ein Naturwunder. Ein Priester[68] warf sich nackt in das Wasser und schwamm, ohne irgendwelche Bewegung zu machen, ruhte er von Zeit zu Zeit aus und ging nicht unter. Es war nichts Künstliches dabei, denn es ist unzweifelhaft, daß er diese Fähigkeit der Einrichtung seines inneren Organismus verdankte.

Hierauf gab der Prinz Mylady ein sehr angenehmes Schauspiel: er ließ vor ihr reizende Jünglinge ganz nackt im Wasser schwimmen; es waren die Lustknaben des liebenswürdigen Prinzen, der in der Liebe das männliche Geschlecht dem weiblichen vorzog. Die Engländer fragten ihn, ob er ihnen dasselbe Schauspiel mit Mädchen geben würde, und er versprach es ihnen für den nächsten Tag in einem Teich im Garten seines Hauses, das er in der Nähe von Portici[69] hatte.

ZEHNTES KAPITEL

◄✽►

MEINE LIEBSCHAFT MIT CALLIMENA
MEINE REISE NACH SORRENT · MEDINI · GOUDAR
MISS CHUDLEIGH · DER MARCHESE DELLA PETINA · GAETANO
DER SOHN DER CORNELYS · ANEKDOTE ÜBER SARAH GOUDAR
DIE VOM KÖNIG GEPRELLTEN FLORENTINER · GLÜCKLICHE REISE
NACH SALERNO UND RÜCKKEHR NACH NEAPEL · ICH VERLASSE
DIE STADT UND KEHRE NACH ROM ZURÜCK

DER Prinz von Francavilla war ein prachtliebender, geistvoller, reicher Epikureer, der den Wahlspruch bevorzugte ›Fovet et favet‹.[1] Er stand in Spanien in Gunst; der König hatte jedoch geglaubt, ihn in Neapel lassen zu müssen, weil er fürchtete, daß er mit seinen widernatürlichen Neigungen den Prinzen von Asturien und seine Brüder[2] anstecken könnte. Am nächsten Nachmittag zeigte er uns bei seinem kleinen Palazzo seinem Versprechen gemäß den Teich, in dem zehn oder zwölf junge Bauernmädchen vor uns bis zum Abend herumschwammen.

Miss Chudleigh und zwei andere Damen fanden diese Unterhaltung langweilig, aber das Schauspiel des vorigen Tages hatten sie köstlich gefunden. Die Gesellschaft der Engländer und der beiden Sachsen hinderte mich nicht, zweimal täglich meine liebe Callimena zu besuchen, die mich schmachten ließ und die ich deshalb um so mehr liebte. Agata, die ich alle Tage sah, war die Vertraute meiner Flamme; sie hätte gern ein Mittel gefunden, um mich ans Ziel meines Verlangens zu bringen, aber ihre Würde erlaubte ihr nicht, offen vorzugehen. Sie versprach mir, sie zu einem beabsichtigten Ausflug nach Sorrent[3] einzuladen, in der Hoffnung, daß es mir während der Nacht, die wir in der reizenden Gegend zubringen würden, gelingen könnte, bei ihr Fortschritte zu machen.

Bevor diese Partie mit Agata zustande kam, verabredete Sir Hamilton denselben Ausflug mit der Herzogin von Kingston, und da es sich um ein Picknick handelte, so nahm ich ebenfalls daran teil; ferner beteiligten sich die beiden Sachsen und ein reizender Abbate Giliani,[4] mit dem ich später in Rom eng bekannt wurde. Um vier Uhr morgens fuhren wir in einer Feluke mit zwölf Ruderern von Neapel ab, und um neun Uhr kamen wir in Sorrent an. Wir waren fünfzehn, alle in heiterster Stimmung und hingerissen von den Freuden, die dieses irdische Paradies uns bot. Sir Hamilton führte uns in einen Garten, der dem Herzog von Serracapriola[5] gehörte; zufällig war dieser dort mit seiner Gemahlin, einer Piemontesin, die damals schön wie ein Stern und in ihren Gatten verliebt war.

Der Herzog war seit zwei Monaten auf dieses Landgut verbannt, weil er sich in einem zu glänzenden Aufwand auf einer öffentlichen Promenade gezeigt hatte. Der Minister Tanucci[6] hatte beim König durchgesetzt, daß der Herzog bestraft werde, weil er die Gesetze gegen den Luxus verletzt und dadurch ein verderbliches Beispiel gegeben habe. Der König, der noch nicht gelernt hatte, dem Willen seines Ministers zu widerstehen, hatte das Paar verbannt, aber er hatte ihnen das angenehmste Gefängnis seines Königreichs angewiesen. Leider mißfällt jedes Paradies, wenn man gezwungen ist, es zu bewohnen. Der Herzog und seine schöne Frau starben vor Langeweile. Als sie Sir

Hamilton mit der zahlreichen Gesellschaft sahen, atmeten sie auf, und ihre schlechte Laune verflog. Ein Abbate Bettoni,[7] den ich vor neun Jahren bei dem verstorbenen Herzog von Matalone kennengelernt hatte, besuchte die beiden und war sehr erfreut, mich bei ihnen zu finden. Dieser Abbate war ein Edelmann aus Brescia, der Sorrent zu seinem dauernden Wohnsitz erwählt hatte. Er hatte dreitausend Scudi Rente und lebte an diesem Ort im Überflusse aller Gaben des Bacchus, der Ceres und der Venus.[8] Er brauchte es nur zu begehren, so erhielt er es, und er konnte nicht mehr verlangen, als was die verschwenderische Natur ihm in Sorrent darbot. Mit seinem mittelmäßigen, aber ausreichenden Einkommen, seinem fehlenden Ehrgeiz und seiner vollkommenen Gesundheit war er zufrieden und lachte über die Philosophen, die meinen, ein Mensch könne das nie sein. Es berührte mich peinlich, in seiner Gesellschaft den Grafen Medini zu sehen, der mein Feind sein mußte nach dem Auftritt bei Goudar; wir begrüßten uns denn auch sehr kalt. Beim Picknick waren wir zweiundzwanzig oder vierundzwanzig Personen und erhielten eine ausgezeichnete Mahlzeit, ohne dazu einen Koch zu brauchen, dessen Kunst es ja nur ist, das schmackhaft zu machen, was es ohne seine Kunst nicht wäre. Alles in Sorrent ist hervorragend: Kräuter, Milchspeisen, Geflügel, Kalbfleisch, sogar das Mehl, es gibt dem Brot und den Pasteten einen würzigen Geschmack, den man sonst nirgendwo findet. Den Nachmittag über streiften wir durch die Dörfer, deren Alleen schöner sind als die prachtvollsten Wege in allen Gärten Europas und Asiens.

Wir fanden beim Abbate Bettoni Gefrorenes von Zitronen, Kaffee und Schokolade und den köstlichsten Rahmkäse, den man sich vorstellen kann. Bekanntlich ist dieser in Neapel ausgezeichnet, aber der Abbate war ganz besonders gut damit eingedeckt. In seinen Diensten hatte er fünf oder sechs junge Bauernmädchen, die so hübsch und sauber gekleidet waren, daß sie durchaus nicht den Eindruck gewöhnlicher Mägde machten. Ich war von ihrer Schönheit überrascht. Als ich ihn fragte, ob dies sein Serail sei, antwortete er mir, das könne wohl sein; aber die Eifersucht sei ausgeschlossen, und es liege nur an mir, mich davon zu überzeugen, indem ich ein paar Tage bei ihm zubringe.

Ich bewunderte diesen glücklichen Sterblichen, aber ich beklagte ihn zugleich; denn er war mindestens zwölf Jahre älter[9] als ich; sein Glück konnte nicht von langer Dauer sein.

Gegen Abend kehrten wir zu Serracapriola zurück, bei dem wir ein Abendessen vorfanden, das aus Meerestieren von zehn oder zwölf verschiedenen Arten bestand.

Die Luft in Sorrent macht seinen Einwohnern ständig Appetit. Nach dem Essen wünschte die englische Herzogin, daß eine Pharaobank aufgelegt werde. Abbate Bettoni, der Medini als berufsmäßigen Spieler kannte, schlug ihm vor, die Bank zu halten. Medini entschuldigte sich jedoch damit, daß er nicht genug Geld bei sich habe. Der Wunsch der Herzogin mußte jedoch erfüllt werden, und so erbot ich mich, die Bank zu übernehmen. Man brachte Karten, und ich schüttete meine Börse aus, die nicht mehr als vierhundert Unzen[10] enthielt, obgleich dies mein ganzes Vermögen war.

Jeder zog sein Geld hervor und erhielt ein Päckchen Karten.[11] Einer von den Sachsen wollte Spielmarken haben; ich bat ihn aber, auf das Spielen auf Ehrenwort zu verzichten.

Sein Freund half ihm mit fünfzig Dukaten aus.

Medini fragte mich, ob er ihn an meiner Bank beteiligen wolle; ich antwortete, dies sei mir nicht möglich, da ich mein Geld nicht zählen wolle. Ich zog bis nach Mitternacht ab und hatte nur noch dreißig oder vierzig Unzen vor mir liegen, als ich aufhörte. Die beiden Herzoginnen und fast alle Anwesenden hatten gewonnen, mit Ausnahme eines Sir Rosebery,[12] der kein Gold bei sich hatte und lachend nur mit Banknoten der Bank von London setzte, die ich in meine Tasche steckte, ohne sie zu zählen. Alle Anwesenden waren zufrieden und bedankten sich für meine Gefälligkeit. Medini hatte nicht am Spiel teilgenommen. Als ich in meinem Zimmer war, hatte ich nichts Eiligeres zu tun, als meine Banknoten zu untersuchen; es waren vierhundertundfünfzig Pfund Sterling, ungefähr das Doppelte von dem, was ich verloren hatte. Sehr zufrieden mit meinem Tagewerk, legte ich mich mit dem Vorsatz zu Bett, von meinem Gewinn nichts verlauten zu lassen.

Da die Herzogin von Kingston gesagt hatte, daß wir um neun Uhr abfahren würden, so bat Signora Serracapriola uns, erst noch Kaffee zu trinken, bevor wir an Bord gingen.

Nach dem Frühstück kamen Bettoni und Medini, und der

letztere fragte Sir Hamilton, ob er nicht etwa störe, wenn er mit uns nach Neapel zurückfahre. Der Engländer sagte, es wäre ihm eine Ehre. Um zwei Uhr waren wir wieder in unserem Gasthof, wo ich, als ich gerade mein Zimmer betreten wollte, zu meiner Überraschung eine junge Dame vorfand, die mit traurigem Gesicht auf mich zutrat und fragte, ob ich sie wiedererkenne. Sie hatte sich sehr verändert, daß sie mir diese Frage zu Recht stellte. Ich erkannte sie aber. Es war die älteste von den fünf Hannoveranerinnen,[13] die ich in London geliebt hatte – jene, die mit dem Marchese della Petina[14] geflohen war. Ich nehme an, daß sich der Leser an die ganze Geschichte noch erinnert. Ich war ebenso neugierig wie überrascht und ließ sie eintreten, indem ich zugleich mein Mittagessen bestellte.

»Wenn Sie allein speisen, werde ich gerne mit Ihnen essen.«

»Sehr angenehm.«

Ich bestellte das Essen für zwei Personen.

Ihre Geschichte war nicht lang. Sie befand sich in Neapel mit dem Marchese, den seine Mutter nicht hatte sehen wollen. Der Unglückliche hatte sich mit ihr in ein elendes Haus zurückgezogen und alles verkauft, was sie besaß; zwei oder drei Monate später hatte man ihn wegen sieben oder acht unterschiedlicher Fälschungen ins Gefängnis ›La Vicaria‹[15] gesetzt. Seit sieben Jahren unterhielt sie ihn im Gefängnis. Sie war am Ende ihrer Kräfte und hatte vom Marchese selbst gehört, daß ich in Neapel war, und wollte mich nur bitten, ihr zu helfen, nicht etwa indem ich ihr Geld gäbe, wie der Marchese es wünschte, sondern indem ich die Herzogin von Kingston veranlaßte, sie in ihren Dienst zu nehmen, damit sie wieder nach Deutschland zurückkehren könnte.

»Sind Sie die Frau des Marchese?«

»Nein.«

»Wie haben Sie ihn sieben Jahre lang unterhalten können?«

»Ach, ich hatte Liebhaber. Denken Sie sich hundert Geschichten aus, und sie werden alle wahr sein. Können Sie mir eine Unterredung mit der Herzogin verschaffen?«

»Ich werde mit ihr sprechen; aber ich mache Sie darauf aufmerksam, daß ich nur die Wahrheit sagen werde.«

»Vortrefflich! Ich auch. Ich kenne Ihren Charakter.«

»Kommen Sie morgen wieder.«

Gegen sechs Uhr besuchte ich Sir Hamilton, um mich zu erkundigen, wie ich die am Tage vorher gewonnenen englischen Banknoten umwechseln könnte. Er löste sie mir selber zum gültigen Kurs ein.

Vor dem Abendessen sprach ich mit Miss Chudleigh zugunsten der Hannoveranerin. Mylady sagte, sie erinnere sich an die fünf Mädchen, und sie müsse sie auch kennen, da sie mit ihrer Schwester bei ihr gewesen sei, um sie um Hilfe zu bitten. Aber sie wolle erst mit ihr sprechen, bevor sie sich entscheide. Ich brachte sie also am nächsten Tage zu ihr und ließ sie dann miteinander allein. Das Ergebnis der Unterhaltung war, daß Miss Chudleigh sie an Stelle einer römischen Zofe, die sie entließ, in ihre Dienste nahm und sie acht Tage später nach Rom mitfahren ließ; im Winter reiste sie dann mit ihr nach England zurück. Ich habe nie wieder etwas von ihr gehört.

Zwei oder drei Tage nach ihrer Abreise aus Neapel konnte ich Petinas Bitten nicht länger zurückweisen, die er in einem geschickt geschriebenen Brief an mich darlegte, und besuchte ihn im Gefängnis der ›Vicaria‹. Ich fand bei ihm einen jungen Mann, den ich an den Gesichtszügen als seinen Bruder erkannte, obwohl der Jüngling sehr hübsch und er selber sehr häßlich war; aber zwischen Schönheit und Häßlichkeit ist oft nur ein fast unmerklicher Übergang.

Dieser Besuch, der eher meiner Neugier als der Anteilnahme zuzuschreiben war, war keineswegs unterhaltsam. Ich mußte eine sehr lange und höchst langweilige Geschichte über all sein Unglück und all seine Verfehlungen über mich ergehen lassen, derentwegen er nun im Gefängnis saß. Er könne es wohl erst nach dem Tode seiner Mutter, die er als seine grausamste Feindin bezeichnete und die erst fünfzig Jahre alt war, verlassen. Er glaubte, sich bei mir beschweren zu müssen, weil ich mich dafür eingesetzt hatte, jene Hannoveranerin aus Neapel abreisen zu lassen, ohne die er vor Hunger gestorben wäre, denn er hatte nur zwei Carlini[16] täglich, die nicht ausreichend waren, um seinen Hunger zu stillen. Sein Bruder war nur wegen seines guten Herzens seit zwei Jahren bei ihm im Gefängnis. Er war von seinem Bruder überredet worden, Banknoten in Umlauf zu bringen, die gefälscht waren; sie wurden als solche erkannt, und man erfuhr, daß sie von ihm stammten, und man sperrte ihn ins Gefängnis. Hätte die Mutter nicht gezahlt, so wäre er erhängt worden; doch auf ihr Verlangen behielt man ihn im Gefängnis, wo er, wie sein Bruder, nur zwei Carlini täglich zur Verfügung hatte.

Mich erstaunte am Ende dieser Erzählung, daß er mir einen Vorschlag machte, ohne dabei zu bedenken, mich damit zu beleidigen. Er versicherte mir, die Unterschriften der Minister Tanucci und di Marco[17] fälschen zu können, und wollte mich dadurch überzeugen, daß ich mit den Papieren, die ich von ihm erhalten würde, nach Palermo reisen und dort ganze drei Tage verweilen sollte, um hunderttausend Dukaten zu erhalten. Er wollte volles Vertrauen zu mir haben, mir die notwendigen Papiere und Hinweise geben und war sicher, daß ich ihm bei meiner Rückkehr nach Neapel zwanzigtausend Dukaten übergeben würde, mit denen er seine Schulden bezahlen und gegen den Willen seiner Mutter das Gefängnis verlassen würde.

Ich hätte unrecht gehabt, ihm seine Zutraulichkeit übelzunehmen und mit diesem Unglücklichen über seinen beleidigenden Vorschlag zu streiten, den er ihn mir nur machte, weil er in mir einen Dieb vermutete; denn da er selbst ein Gauner und Fälscher war, verfuhr er mit mir wie mit seinesgleichen. Er glaubte sogar, mir damit eine Ehre zu erweisen und mir ein Zeichen höchster Wertschätzung zu geben. Also dankte ich ihm und sagte, daß ich keine Zeit hätte, nach Palermo zu reisen, da ich nach Rom fahren müsse. Schließlich bat er mich um eine Unterstützung, doch ich sah keinen ausreichenden Grund, ihm einen einzigen Carlino zu geben. Bevor ich ging, sagte ich ihm, er solle seine Haltung ändern oder sich darauf gefaßt machen, gehängt zu werden. Mein Ratschlag erheiterte ihn nur, doch sein jüngerer Bruder war davon betroffen; ich sah ihn blaß werden und einen Augenblick später heftig erröten.[18]

Als ich fortging, fand ich unten an der Treppe des Gefängnisses einen Beamten, der mir sagte, ein Gefangener wünsche mit mir zu sprechen.

»Wer ist es?«

»Er behauptet, Ihr Verwandter zu sein; er heißt Gaetano.«

Mein Verwandter und Gaetano! Ich glaubte, es könnte mein Bruder,[19] der Abbate, sein, der durch außerordentliche Vorfälle in Neapel im Gefängnis sitzen könnte. Ich stieg mit dem Beamten nach dem zweiten Stockwerk hinauf und fand achtzehn oder zwanzig Unglückliche, die auf der Erde saßen und im Chor unzüchtige Lieder sangen. In den Gefängnissen und auf den Galeeren ist Lustigkeit das einzige Mittel gegen Elend und Verzweiflung; der Selbsterhaltungstrieb läßt die Menschen zu dieser Erleichterung greifen. Einer von den Unglücklichen kam auf mich zu und nannte mich seinen Gevatter. Da er Miene machte, mich zu umarmen, so wich ich zurück; er nannte seinen Namen, und ich erkannte in ihm jenen Gaetano, der mit mir als Trauzeuge vor zwölf Jahren in Paris die hübsche Frau geheiratet hatte, die ich später wieder aus seinen Klauen befreit hatte. Der Leser wird sich der Geschichte vielleicht noch erinnern.[20]

»Ich bedauere, Sie hier zu sehen; aber worin kann ich Ihnen nützlich sein?«

»Indem Sie mir etwa hundert Taler bezahlen, die Sie mir für mehrere an Sie verkaufte Waren von Paris her noch schuldig sind.«

Da diese Behauptung eine Lüge war, so drehte ich ihm den Rücken zu und sagte nur, er wäre im Gefängnis wohl verrückt geworden. Als ich wieder herunter kam, fragte ich den Pförtner, warum er im Gefängnis wäre, und hörte, er sei dem Galgen nur durch einen Formfehler im Prozeß entgangen; infolgedessen sei er zu lebenslanger Haft verurteilt.

Ich dachte schon nicht mehr an den Elenden, als ich am Nachmittag den Besuch eines Advokaten erhielt, der in Gaetanos Auftrag hundert Taler von mir verlangte. Zur Unterstützung der Ansprüche zeigte er mir ein dickes Geschäftsbuch, worin auf verschiedenen Seiten unter zehn oder zwölf verschiedenen Daten mein Name stand für Waren, die ich in Paris von ihm gekauft und nicht bezahlt hätte.

»Signore«, sagte ich zum Advokaten, »ich bin ihm nichts schuldig, und daß er meinen Namen notiert hat, hat nicht den geringsten Wert.«

»Sie irren sich, Signore, das beweist sehr viel, und die Justiz dieses Landes ist den Ansprüchen armer gefangener Gläubiger sehr günstig gesinnt. Ich bin deren Anwalt, und ich erkläre Ihnen, daß ich Sie morgen vor Gericht laden lasse, wenn Sie nicht heute bezahlen oder sich mit mir in einem Vergleich einigen.«

Ich bezähmte meine Entrüstung, bat ihn um seinen Namen, den er mir sofort aufschrieb, und versicherte ihm, ich würde die Sache vor Ablauf von vierundzwanzig Stunden ordnen. Ich begab mich zu Agata, und ihr Mann fing an zu lachen, als ich ihm alles erzählte, was der Advokat mir gesagt hatte. Er ließ mich eine Vollmacht unterzeichnen, und von diesem Augenblick an übernahm er alles, indem er als mein Anwalt für meine Person eintrat; dem Spitzbuben von Winkeladvokat ließ er mitteilen, daß er nur noch mit ihm zu tun habe. Damit war die Geschichte zu Ende. Die Sippschaft der Winkeladvokaten ist in Neapel recht gefährlich, denn die Gaunereien sind zahllos, mit denen sie die Gesetze verdrehen, besonders auf Kosten der Ausländer.

Da Sir Rosebery in Neapel geblieben war, wurde ich mit allen neuankommenden Engländern bekannt. Sie stiegen alle im ›Albergo delle Crocelle‹ ab; wir machten oft Ausflüge mit den beiden Sachsen; ich unterhielt mich sehr gut dabei. Trotzdem wäre ich nach der ›Fiera‹[21] abgereist, wenn mich nicht meine Liebe zu Callimena zurückgehalten hätte. Ich sah sie alle Tage und machte ihr Geschenke, aber sie bewilligte mir nur kleine Gunstbezeigungen.

Die ›Fiera‹ neigte sich ihrem Ende zu, und Agata veranstaltete den Ausflug nach Sorrent, wie sie es mir versprochen hatte; sie suchte dafür drei Feiertage aus, damit auch ihr Gatte mitkommen konnte, ohne seine Geschäfte vernachlässigen zu müssen. Sie bat ihren Mann, eine Frau einzuladen, die er vor ihrer Heirat geliebt hatte; dieser forderte seinerseits Don Pasquale Latilla[22] auf, und damit jeder seinen Anteil hätte, lud man meine liebe Callimena ein.

Wir waren also drei Männer und drei Frauen, die wir liebten, und die Kosten des Ausfluges sollten in drei gleiche Teile geteilt werden. Der Advokat, Agatas Mann, behielt sich die Oberleitung des Ganzen vor. Am Tage vor diesem Ausflug erschien zu meiner großen Überraschung Joseph, der Sohn der Cornelys,[23] bei mir und war sehr erfreut, daß er mich in Italien getroffen hatte.

»Wie kommen Sie denn nach Neapel, und mit wem sind Sie hier?«

»Ich bin ganz allein hier. Ich hatte Lust, mir ganz Italien anzusehen, und meine Mutter hat mir diesen Wunsch erfüllt.

Ich sah Turin, Mailand, Genua, Venedig, Bologna, Florenz und Rom, und jetzt bin ich in Neapel. Wenn ich hier alle Sehenswürdigkeiten kenne, werde ich wieder nach Rom fahren, von dort nach Loreto reisen und dann Parma, Modena, Ferrara und Mantua besuchen, von dort will ich in die Schweiz, nach Deutschland, in die Niederlande und nach Ostende. Dort will ich mich dann einschiffen, um nach Hause zurückzukehren.«

»In wieviel Zeit gedenken Sie diese schöne Reise zu vollenden?«

»In sechs Monaten.«

»Und wenn Sie nach London zurückkommen, werden Sie imstande sein, über alle Sehenswürdigkeiten dieser schönen Teile Europas zu berichten.«

»Ich hoffe, Mama zu überzeugen, daß das Geld, das diese Reise sie kostet, nicht nutzlos ausgegeben ist.«

»Wieviel glauben Sie, daß die Reise Ihre Mutter kosten wird?«

»Die hundert Guineen, die sie mir gegeben hat, und nicht mehr.«

»Wie? Sie sollten sechs Monate leben, diese große Reise machen und nur hundert Guineen ausgeben? Das ist unglaublich!«

»Wenn man sich die Mühe machen will zu sparen, kann man sogar noch weniger ausgeben.«

»Das mag sein. Und an wen sind Sie denn empfohlen gewesen in all diesen Ländern, die Sie jetzt so gründlich kennen?«

»An keinen Menschen. Ich habe einen englischen Paß und lasse die Leute glauben, daß ich Engländer sei.«

»Sie haben keine Furcht vor schlechter Gesellschaft?«

»Ich setze mich solcher Gefahr nicht aus. Ich schließe keine Bekanntschaften. Wenn man das Wort an mich richtet, gebe ich nur einsilbige Antworten; in den Gasthöfen vereinbare ich stets vorher den Preis für Essen und Wohnung. Da ich nur mit der Postkutsche reise, habe ich immer feste Preise zu zahlen.«

»Vortrefflich. Hier in Neapel werden Sie etwas sparen; denn ich werde alle Kosten für Sie übernehmen und Ihnen einen ausgezeichneten Führer geben, den Sie unbedingt benötigen werden.«

»Sie werden mir verzeihen, wenn ich es nicht annehme; denn ich habe meiner Mutter versprochen, von keinem Menschen etwas anzunehmen.«

»Mir scheint, ich muß eine Ausnahme bilden.«

»Nein. Ich habe in Venedig Verwandte;[24] ich habe sie besucht, aber ich habe nicht einmal ein Mittagessen von ihnen angenommen, weil ich meiner Mutter diesen Schwur getan hatte. Was ich verspreche, halte ich.«

Da ich seinen Fanatismus in dieser Hinsicht kannte, so drang ich nicht weiter in ihn. Joseph war dreiundzwanzig Jahre alt. Er war sehr klein, und da er zugleich auch sehr hübsch war, so hätte man ihn leicht für ein Mädchen halten können, wenn er nicht seinen Bart auf den Wangen hätte wachsen lassen.

Obgleich diese Reise offenbar eine Überspanntheit war, mußte ich doch unwillkürlich etwas daran bewundern. Als ich mich nach den Verhältnissen seiner Mutter und nach der Lage meiner Tochter erkundigte, gab er mir Auskunft, ohne etwas zu beschönigen.

Ich erfuhr, daß die Cornelys tiefer denn je in Schulden steckte. Ihre Gläubiger ließen sie jedes Jahr fünf- oder sechsmal einsperren; sie bekam aber immer ihre Freiheit wieder, indem sie neue Kaution stellte oder Vereinbarungen mit ihren Gläubigern traf, die sie aus dem Gefängnis herauslassen mußten, damit sie ihre Bälle und Feste geben konnte; denn dies war das einzige Mittel, etwas Geld zur Befriedigung der Gläubiger zu beschaffen.

Meine Tochter, damals siebzehn Jahre alt, war hübsch, talentvoll und erfreute sich der Protektion und der Wertschätzung durch die ersten Damen von London. Sie gab Konzerte und wohnte noch bei ihrer Mutter, die sie täglich wegen Kleinigkeiten ausschalt und das arme Mädchen oft in Tränen ausbrechen ließ.

Ich fragte ihn, mit wem man Sophie habe verheiraten wollen, als man sie aus der Pension genommen habe, in die ich sie gegeben hatte. Er antwortete mir, er wisse nicht, daß dergleichen überhaupt jemals beabsichtigt worden sei.

»Haben Sie eine Beschäftigung?«

»Nein. Meine Mutter will mich von Jahr zu Jahr mit einem Schiff voller Waren auf meine eigene Rechnung nach Indien schicken. Sie sagt, ich werde dadurch den Grundstock zu einem großen Vermögen legen. Aber dazu wird es niemals kommen, denn um eine Ware zu kaufen, braucht man Geld, und meine Mutter hat nur Schulden.«

Trotz seines Schwurs überredete ich ihn endlich, sich von meinem Bedienten begleiten zu lassen, der ihm in acht Tagen alle Merkwürdigkeiten Neapels zeigte. Es war mir unmöglich, ihn zu bewegen, noch acht oder zehn Tage länger zu bleiben. Er reiste nach Rom und schrieb mir von dort aus, er habe in seinem Zimmer sechs Hemden in einem Schubfach der Kommode und seinen Überrock vergessen und bitte mich, ihm diese mitzubringen; seine Adresse gab er jedoch nicht an. Er war ein Windhund, aber mit drei oder vier Grundsätzen sehr gewöhnlicher Art versehen, durchzog er halb Europa, ohne daß ihm ein Unglück zustieß.

Ich empfing einen unerwarteten Besuch von Goudar. Er wußte, in welcher Art Gesellschaft ich verkehrte, und bat mich, ihn und seine Frau zu einem Mittagessen mit den Sachsen und Engländern einzuladen. Er wußte, daß ich mit ihnen Ausflüge machte, ohne zu spielen, und sagte: »Es ist ein wahrer Jammer, diese Leute nicht spielen zu lassen; denn sie sind eigens dazu gemacht, um zu verlieren.«

Ich bewunderte seine Meinung und versprach, ihm diesen Gefallen zu tun, unter der ausdrücklichen Bedingung jedoch, daß nicht bei mir gespielt würde, denn ich wollte mich keinen Unannehmlichkeiten aussetzen. Er war damit vollkommen zufrieden, denn er war sicher, daß seine Frau sie in seine Wohnung locken würde, wo man, wie er mir sagte, ohne jede Besorgnis spielen könnte. Da wir am nächsten Tage nach Sorrent fahren sollten, so setzte ich das Mittagessen auf den Tag nach meiner Rückreise fest.

Dieser Ausflug nach Sorrent war für mich der letzte Tag wirklichen Glückes in meinem Leben. Der Advokat führte uns in ein Haus, wo wir mit aller wünschenswerten Bequemlichkeit untergebracht waren. Wir hatten vier Zimmer: eines für Agata und ihren Mann, das zweite für Callimena und die frühere Freundin des Advokaten, eine sehr liebenswürdige, obwohl schon etwas ältliche Dame, das dritte für Don Pasquale Latilla und das vierte für mich. Wir besuchten den Herzog von Serracapriola und den Abbate Bettoni, nahmen jedoch bei ihnen weder Mittag- noch Abendessen ein. Nach dem Abendessen gingen wir früh zu Bett, und am Morgen waren wir mit Sonnenaufgang auf den Beinen und gingen spazieren, wohin ein jeder Lust hatte: der Advokat mit seiner alten Freundin, Agata mit Don Pasquale und ich mit Callimena. Mittags waren wir alle wieder beisammen, um ein köstliches Mittagessen einzunehmen; hierauf überließen wir den Advokaten seinem Mittagsschlaf. Don Pasquale machte einen Spaziergang mit Agata und der Freundin ihres Mannes, und ich verlor mich mit Callimena in den dichten Alleen, in die kein Strahl der glühenden Sonne eindringen konnte. Dort gab Callimena sich meiner feurigen Leidenschaft hin, nachdem sie zwei Tage lang gegen sich selber gekämpft hatte. Am dritten Tage um fünf Uhr morgens, während der ersten Strahlen der aufgehenden Sonne, saßen wir dicht beieinander im Gras und gaben unserem Verlangen nach. Callimena opferte weder dem Eigennutz noch der Dankbarkeit, denn ich hatte ihr nur Kleinigkeiten geschenkt, sondern der Liebe, daran konnte ich nicht zweifeln. Sie gab sich mir hin und bereute, daß sie so lange gezögert hatte, mich glücklich zu machen. Bis zum Mittag opferten wir dreimal an verschiedenen Stellen; ebenso nach dem Essen liefen wir umher und hielten an, sobald der kleinste Funke der Leidenschaft zu spüren war und wir das Verlangen hatten, ihn zu löschen.

Am vierten Tage kehrten wir in drei Wagen nach Neapel zurück, da der Wind sehr stark war. Callimena überredete mich, ihrer Tante zu sagen, was zwischen uns vorgefallen war, damit wir in voller Freiheit einige Nächte gemeinsam verbringen könnten. Ich fand den Vorschlag nach meinem Geschmack, denn ich war überzeugt, daß ich mit der Tante leicht fertig werden würde. Nachdem ich ihr ihre Nichte übergeben hatte, nahm ich sie beiseite, vertraute ihr unter vier Augen alles an und machte ihr vernünftige Vorschläge.

»Callimena«, sagte ich zu ihr, »die ich, wie Sie wissen, zärtlich liebe, hat alle meine Wünsche erfüllt; doch fühle ich mich nicht gänzlich glücklich, denn ich sehe mich außerstande, für ihr künftiges Glück zu sorgen. Dennoch kann ich mit Ihrer Hilfe etwas für sie tun, ihr alle kleinen notwendigen Sachen, an denen es ihr, wie es mir scheint, mangelt, anfertigen lassen und Ihnen

Geld für die Bezahlung eines Lehrers geben, der sie vollkommen die Kunst lehrt, der sie sich widmet, bis sie befähigt ist, im Theater aufzutreten. Es ist nun an Ihnen, meine liebe Tante, mir zu sagen, ob Sie kleine Schulden haben, die ich begleichen werde, um Sie der Sorgen zu entheben. Und lassen Sie ihr alle Wäsche, die sie braucht, machen, dazu die entsprechenden Kleider, damit sie in den Gesellschaften, in denen sie verkehrt, den anderen in nichts nachsteht.«

Diese Frau, die einen sehr guten Charakter besaß, war von meiner Freimütigkeit entzückt und sagte mir, sie würde all das, was Callimena nötig habe, bei meinem nächsten Besuch schriftlich übergeben. Ich teilte ihr mit, ich würde, da ich in wenigen Tagen nach Rom zurückkehren müßte, jeden Abend mit Callimena speisen, und da ich keine Schwierigkeiten hatte, mir dieses Vergnügen zubilligen zu lassen, gingen wir in das Zimmer ihrer Nichte, die über unsere Vereinbarungen hoch erfreut war. Noch vom selben Tage an aß ich mit ihr zu Abend und schlief mit ihr. Schließlich gewann ich vollends ihre Zuneigung, als ich ungefähr sechshundert neapolitanische Dukaten für ihre Bequemlichkeit ausgab.

Es schien mir, als hätte ich mein Glück sehr billig erkauft. Agata, der ich alles anvertraute, war hocherfreut, es mir verschafft zu haben.[25]

Zwei oder drei Tage später gab ich ein Mittagessen, wozu ich die Engländer, die beiden Sachsen, ihren Erzieher Bertoldi und Signora Goudar, die mit Medini kam, einlud. Das gefiel mir gar nicht, denn nach dem Streich, den er mir gespielt hatte, hatte ich nichts mehr mit ihm im Sinn; aber ich hielt mich im Augenblick zurück und wartete auf die Ankunft ihres Gatten, um ihm die Meinung zu sagen. Wir hatten ja abgemacht, daß seine Frau nur mit ihm allein zu mir kommen sollte. Der Erzgauner gebrauchte Ausflüchte und suchte mich zu überzeugen, daß Medini an der Sprengung der Bank unschuldig gewesen sei; aber er verschwendete seine Beredsamkeit vergeblich.

Unser Mittagessen war köstlich und heiter. Die schöne Irin glänzte, denn sie besaß alles, um zu gefallen: Jugend, Schönheit, Anmut, Geist, Frohsinn, Talent und dazu ein sehr gutes Auftreten. Der Russe Buturlin,[26] ein großer Verehrer des schönen Geschlechts, besuchte mich nach dem Essen in dem Zimmer, in dem wir alle saßen, denn er wohnte nebenan. Er war durch die süße Stimme der schönen Goudar angelockt worden, die ein neapolitanisches Lied zur Gitarre sang. Dieser reiche Adlige verliebte sich sofort in sie. Zehn Monate nach meiner Abreise besaß er ihre Gunst für fünfhundert Pfund Sterling, die Goudar brauchte, weil er den Befehl erhalten hatte, Neapel mit seiner Frau binnen dreimal vierundzwanzig Stunden zu verlassen.[27]

Diesen Blitzstrahl erhielt er von der Königin, die entdeckt hatte, daß der König auf Procida[28] eine Unterhaltung mit der Goudar gehabt hatte. Sie überraschte ihren königlichen Gemahl, wie er aus vollem Halse über einen Brief lachte, den er ihr nicht zeigen wollte.

Die Neugier der Königin war geweckt; sie bestand darauf, den Brief zu erhalten, und als der König schließlich nachgab, las sie folgende Worte:

›Ti aspetterò domani nel medesimo luogo ed all'ora stessa con l'impazienza medesima che ha una vacca, che desidera l'avvicinamento del toro.‹[29]

Die Königin stellte sich lachend, ließ aber kraft ihrer eigenen Machtvollkommenheit dem Gatten der Kuh mitteilen, daß sie ihm drei Tage Zeit lasse, um anderswohin zu ziehen. Ohne dieses Ereignis wäre Signor Buturlin nicht so billig davongekommen.

Nach meinem Diner lud Goudar die ganze Gesellschaft ein, am nächsten Abend in seinem Hause am Posilipp zu speisen. Das Mahl war prachtvoll; als aber Graf Medini sich an einen großen Tisch setzte und die Karten ergriff und hinter einem Goldhaufen, etwa fünfhundert Unzen, zum Pharao geben wollte, fand sich niemand ein, um mitzuspielen. Signora Goudar forderte vergebens auf, Karten zu nehmen. Die Engländer und die Sachsen sagten ihr, sie seien bereit zu setzen, wenn sie selber die Bank halten oder mich an ihrer Stelle geben lassen wolle; denn sie fürchteten, wie sie sagten, die allzu glückliche Hand des Grafen Medini. Hierauf erkühnte Goudar sich, mir den Vorschlag zu machen, die Bank zu übernehmen und mich mit einem Viertel daran zu beteiligen. Er mußte aber hören, daß ich hart blieb. Ich sagte ihm, daß ich es nur tun würde, wenn ich selber die Hälfte an Bargeld in die Bank legen und ihn mit der anderen Hälfte beteiligen würde.

Goudar sprach mit Medini; dieser fürchtete die Gelegenheit zu verlieren, irgendeinen großen Raubzug machen zu können; er stand auf, steckte seinen Anteil der Bank in die Tasche und ließ das Geld von Goudar liegen. Ich hatte nur zweihundert Unzen in der Börse. Ich nahm weitere zweihundert Unzen von Goudar, setzte mich auf Medinis Platz, und in weniger als zwei Stunden war meine Bank gesprengt. Ich verabschiedete mich und ging, ohne mich darüber zu ärgern, zu meiner lieben Callimena, der es nicht schwer wurde, mich in ihren Armen zu trösten.

Da ich mich also vollkommen ohne Geld sah, so entschloß ich tags darauf mich, das Gewissen des Advokaten zu erleichtern, der im Verein mit seiner Frau Agata ständig in mich drang, die Ohrgehänge und die anderen Schmucksachen wieder zu nehmen, die ich ihr in Turin und Alessandria[30] geschenkt hatte. Ich sagte Agata, ich würde mich niemals auf einen derartigen Vorschlag eingelassen haben, wenn das Glück mich nicht so arg mißhandelt hätte. Als sie meinen Entschluß ihrem Gatten mitgeteilt hatte, kam er mit ausgebreiteten Armen aus seinem Arbeitszimmer heraus und dankte mir, als wenn ich sein Glück gemacht hätte.

Ich sagte ihm, ich wünschte den Wert des Schmuckes in barem Geld zu erhalten, und er übernahm es, mir dieses bis zum nächsten Tage zu beschaffen. So sah ich mich von neuem im Besitz von ungefähr fünfzehntausend Dukaten, das ist der Gegenwert von fünfzehntausend französischen Francs.

Hierauf traf ich mit diesem Geld sofort meine Vorbereitungen, um nach Rom zu reisen, wo ich acht Monate zuzubringen gedachte; vor meiner Abreise lud der Advokat mich ein, in einem hübschen Landhaus, das er in Portici hatte, zu Mittag zu essen.

Welche Gedanken bewegten mich, als ich mich in demselben Hause sah, wo ich vor siebenundzwanzig Jahren ein kleines Vermögen erworben hatte, indem ich den wackeren Händler mit der falschen Vermehrung des Quecksilbers[31] anführte.

Der König[32] war jetzt mit seinem ganzen Hof in Portici. Neugier lockte uns an, und wir waren Zeugen eines sehr eigentümlichen Schauspiels, das zwar höchst lächerlich war, uns aber durchaus nicht zum Lachen brachte.

Der König, der damals erst neunzehn Jahre alt war, belustigte sich mit der Königin in einem großen Saal mit allen möglichen Possenstreichen. Er bekam Lust, sich prellen zu lassen, und zwar mit Hilfe einer Decke, die an jeder der vier Ecken von starken Armen angezogen und dann in die Höhe geworfen wurde. Aber nachdem der König seine Höflinge belustigt hatte, wollte er seinerseits auf Kosten derer lachen, die er erheitert hatte. Zunächst schlug er dieses Spiel der Königin vor, die aber lachend abwehrte. Er bestand nicht weiter darauf, ebensowenig wie bei den Hofdamen; bei diesen letzteren hatte er, glaube ich, Angst, daß sie den Vorschlag annähmen. Die alten Höflinge drückten sich voller Angst. Ich bedauerte dies sehr, denn es hätte mir das größte Vergnügen gemacht, etliche von ihnen alle Beine in die Luft strecken zu sehen, besonders den Prinzen von San Nicandro,[33] der den König sehr schlecht, nämlich zu neapolitanisch, erzogen hatte und ihn mit seinen eigenen Vorurteilen vollgestopft hatte. Der König ließ nicht locker, und es blieb ihm nichts anderes übrig, als das schöne Spiel den anwesenden jungen Kavalieren vorzuschlagen, die vielleicht sogar von Herzen nach dieser eigentümlichen Gunstbezeigung ihres eigenwilligen Monarchen begierig waren.

Ich befürchtete diese Auszeichnung nicht, denn ich war unbekannt und nicht vornehm genug, um sie zu verdienen.

So wurden drei oder vier junge Leute geprellt, die alle mehr oder weniger ihren Mut leuchten ließen, während die Königin sich die Seiten hielt und ihre Hofdamen und die anderen Herrschaften nach neapolitanischer Art aus vollem Halse lachten; denn in Neapel lacht man nicht verstohlen in sich hinein wie am spanischen Hof oder wie am französischen und anderen Höfen, wo man das Niesen unterdrückt und wo jeder gesittete Mensch, den man beim Gähnen erwischt, ruiniert ist. Plötzlich erblickte der König zwei junge Kavaliere aus Florenz, Brüder oder Vettern, die vor kurzer Zeit in Neapel angekommen waren. Sie waren mit ihrem Erzieher da, und sie hatten alle drei herzlich gelacht, als sie das Prellspiel des Königs und der ausgewählten Höflinge sahen.

Der Monarch trat sehr freundlich an die beiden bemitleidenswerten Toskaner heran und schlug ihnen vor, sich prellen zu lassen; sie waren beide bucklig, klein und häßlich. Ihre Gesichter zeigten Erstaunen, als der König ihnen vorschlug, ihre Röcke abzulegen und allen Anwesenden das Schauspiel zu bieten. Alle hörten in tiefstem Schweigen dem König zu, der sie wiederholt aufforderte, sich zu entkleiden. Er sagte ihnen, daß es ihnen übel anstände, noch länger Widerstand zu leisten, denn wenn es ihnen widerstrebte, sich von der Gesellschaft auslachen zu lassen, so müßten sie diesen Gedanken aufgeben; denn da er selber es zuerst getan hätte, so dürften sie sich deshalb nicht für erniedrigt halten. Der Erzieher begriff, daß der König keine Weigerung gelten lassen wollte; er sagte ihnen, sie könnten sich der Einladung Seiner Majestät nicht entziehen, und die beiden kleinen verwachsenen Gestalten legten ihre Röcke ab. Beim Anblick ihrer Körper unterbrach ein lautes Gelächter das Schweigen. Sie zeigten sich den Blicken der Menge mit einem Buckel vorn und hinten und auf langen dürren Beinen, die von ihrer Größe drei Viertel betrugen; sie reizten alle Zuschauer, sogar den würdigen Erzieher, der sich Mühe gab, ihnen Mut zu machen, und sich für den älteren Bucklingen schämte, der weinen mußte, zu anhaltendem Lachen. Der König erklärte dem Armen, daß für ihn keine Gefahr bestände, er faßte ihn an der Hand, brachte ihn mitten auf die Decke und ergriff, um ihn besonders zu ehren, selber einen Zipfel.

Man mußte einfach lachen, wenn man diesen schlecht gewachsenen Körper dreimal zehn oder zwölf Fuß[34] hoch in der Luft zappeln sah. Nachdem der Bemitleidenswerte alles überstanden hatte, zog er seinen Rock wieder an, und der andere Bucklige nahm mit besserer Haltung seinen Platz ein. Der Erzieher, der vom König ebenso geehrt werden sollte, war weggelaufen, worüber der Monarch schallend lachte.

So hatten wir umsonst ein Schauspiel, das Gold wert war.

Don Pasquale Latilla, den der König glücklicherweise nicht bemerkt hatte, erzählte uns bei Tisch fünfzig hübsche Anekdoten von dem guten König; alle diese Geschichten sprachen für einen ausgezeichneten Charakter und eine unwiderstehliche Neigung zur Fröhlichkeit auf Kosten des lästigen Ernstes und der Würde, Dinge, die man mit einem Königtum in Verbindung bringt. Er versicherte uns, daß jeder, der mit dem König zu tun hätte, ihn lieben müßte; denn dieser wolle lieber als Freund behandelt werden, als den Ausdruck der Ehrerbietung und der Furcht auf den Gesichtern in seiner Umgebung zu sehen.

Niemals war er tiefer betrübt als dann, wenn sein Minister Tanucci ihn zu notwendigen strengen Maßregeln veranlaßte, und niemals war er fröhlicher als dann, wenn er Gnade üben konnte, so war er mit dem glücklichen Herrscher gleichzusetzen, den der Dichter so treffend in dem Distichon beschreibt:

>Qui piger ad poenas princeps ad praemia velox
Quique dolet quoties cogitur esse ferox.<[35]

Er hatte keinen Schimmer von wissenschaftlicher Bildung oder Gelehrtheit, noch konnte er sich für irgendeine Art von Literatur begeistern, aber er hatte einen gesunden Menschenverstand und legte größten Wert auf wissenschaftlich gebildete Menschen sowie überhaupt auf solche, die sich durch ihr Können oder ihre Tugenden auszeichneten. Er verehrte den Minister di Marco, er schätzte das Andenken an Don Lelio Caraffa[36] aus dem Geschlecht der Herzöge von Matalone und hatte für einen Neffen des berühmten Gelehrten Genovesi,[37] in Anbetracht der Verdienste seines Onkels, anständig gesorgt.

Das Glücksspiel war verboten. Eines Tages überraschte er die Offiziere seiner Garde bei einer Partie Pharao. Die Leute bekamen einen Schreck, als sie den König sahen, und wollten ihre Karten und ihr Geld verbergen. »Machen Sie keine Umstände!« sagte der König. »Nehmen Sie sich nur in acht, daß Tanucci nichts von Ihrer Unbesonnenheit erfährt; ich für meine Person verspreche Ihnen, ihm nichts zu sagen.«

Kaum vierzig Jahre alt, ergriff dieser König jede Gelegenheit, sich in ganz Italien und in einem guten Teil von Deutschland beliebt zu machen, indem er überall seinen guten Charakter und seine Tugenden an den Tag legte. Sein Vater liebte ihn zärtlich bis zu dem Tage, wo die Staatsraison ihn nötigte, den Wünschen seiner Minister zu folgen und sich den Befehlen, die sein Vater ihm geben wollte, zu widersetzen. Ferdinando wußte, daß er nicht nur ein Sohn des Königs von Spanien, sondern nicht weniger auch König Beider Sizilien[38] war. Er hatte dem Einfluß Tanuccis, den dieser in der Regierung hatte, zur Genüge nachgegeben.

Einige Monate nach der Aufhebung des Jesuitenordens schrieb er seinem Vater einen Brief, dessen Anfang sehr spaßhaft lautete:[39] ›Unter den Dingen, die ich nicht verstehe, finde ich besonders vier erstaunlich. Erstens: Daß man bei den gemaßregelten Jesuiten, die doch so reich sein sollten, keinen Soldo findet; zweitens: daß alle Schreiber meines Königreiches reich sind, obwohl sie nach dem Gesetz keinen Lohn empfangen dürfen; drittens: daß alle jungen Frauen, die einen jungen Mann haben, früher oder später einmal schwanger werden, daß aber die meine es niemals wird;[40] viertens: daß jedermann am Ende seiner Laufbahn stirbt, nur Tanucci nicht, der, wie ich glaube, bis an die Jahrhundertwende leben wird.‹[41]

Der König von Spanien zeigte im Escorial diesen Brief allen anwesenden Ministern, um ihnen zu beweisen, daß sein Sohn, der König von Neapel, Geist hätte; er täuschte sich nicht, denn ein Mann, der so ungekünstelt schreibt, hat Geist.

Ein oder zwei Tage später kam der neunzehnjährige Cavaliere Morosini[42] nach Neapel. Er war der Neffe des Prokurators und der einzige Erbe des erlauchten Hauses; ihn begleitete sein Erzieher, Graf Stratico, Professor der Mathematik an der Universität Padua – derselbe, der mir einen Empfehlungsbrief an seinen Bruder, den Mönch und Professor in Pisa, gegeben hatte. Er stieg im ›Albergo delle Crocelle‹ ab, und wir freuten uns beide, uns wiederzusehen. Der junge Venezianer reiste, um seine Bildung zu vollenden und Italien zu sehen. Er hatte drei Jahre an der Turiner Akademie[43] verbracht, und er reiste mit einem Erzieher, unter dessen Anleitung er alle Vorzüge sich hätte aneignen können, um in seiner Heimat die höchsten Stellen zu bekleiden und sich von der Menge des venezianischen Adels, der die Republik beherrschte, vorteilhaft zu unterscheiden. Unglücklicherweise aber fehlte dem jungen Herrn, der ein hübscher Junge, reich und geistvoll war, der Wille, etwas zu lernen. Er liebte gierig die Frauen und ausschweifende Vergnügungen; und er gähnte, wenn er sich in guter Gesellschaft befand. Er war ein Feind vom Studieren und dachte nur immer an neue Lustbarkeiten. Das Geld, das er erhielt, warf er zum Fenster hinaus, mehr um sich an seinem Onkel für dessen verlangte Sparsamkeit zu rächen, als aus angeborener Freigebigkeit. Er beklagte sich, daß man ihn immer noch unter Vormundschaft halten wolle, obgleich er doch großjährig sei. Er hatte sich ausgerechnet, daß er monatlich achthundert Zechinen ausgeben konnte, und ärgerte sich, daß man ihn nur zweihundert verschwenden ließ. Infolgedessen gab er sich alle mögliche Mühe, um Schulden zu machen; er hieß den Grafen Stratico sich zum Teufel scheren, wenn dieser ihm in aller Milde seine tollen Ausgaben vorwarf und ihm begreiflich zu machen suchte, daß er in Venedig nach seiner Rückkehr besonders prächtig auftreten könnte, wenn er jetzt ein wenig sparte. Dort hatte sein Onkel ihm eine ausgezeichnete Heiratspartie mit einem sehr hübschen Mädchen,[44] der Erbin des Hauses Grimani ai Servi, vermittelt.

Er hatte eine Eigenschaft, mit der er seinem Erzieher keine Sorgen bereitete, er konnte Spiele nicht leiden, weder Gesellschaftsspiele noch Glücksspiele; deshalb hatte ich auch keine Bedenken, ihn Signora Goudar vorzustellen, als er hörte, daß ich sie kannte, und er mich bat, ihm diesen Gefallen zu tun.

Seitdem man meine Bank gesprengt hatte, war ich wohl noch zu Goudar gegangen, hatte aber vom Spiel nichts mehr wissen wollen. Medini war mein Todfeind geworden; er ging, wenn er mich kommen sah; aber ich tat, als wenn ich es nicht bemerkte. An dem Tage, als ich Morosini und seinen Erzieher vorstellte, war Medini anwesend; er warf sofort seinen Blick auf den jungen Mann und machte sich mit ihm bekannt; als er ihn aber unerschütterlich in seinem Entschluß, nicht zu spielen, fand, wuchs sein Haß doppelt gegen mich, weil er überzeugt war, daß ich ihn vor ihm gewarnt hatte und daß der junge Herr nur deshalb nicht spielen wollte.

Morosini verliebte sich in die Reize der schönen Goudar und dachte nur daran, sie durch Liebe zu gewinnen. Er hätte sie gehaßt, wenn er geahnt hätte, daß es für ihn nur einen Weg geben würde, sie zu erobern, nämlich den, ihr eine Geldsumme anzubieten.

Er hatte mir mehrere Male gesagt: »Wenn ich eine Frau, die ich liebe, bezahlen müßte, um ihre Gunst zu erlangen, so würde ich mich für so erniedrigt halten, daß ich ohne Zweifel sofort von der Liebe genesen würde, die sie mir eingeflößt hätte.«

Er behauptete nämlich, und zwar mit Recht, daß er als Mann ebensoviele Vorzüge habe wie die Goudar als Frau.

Morosini hatte noch eine andere Eigenheit, er wollte sich von einer Frau, in die er sich verliebt hatte, nicht an der Nase herumführen lassen und ihr Geschenke machen müssen, bevor sie ihm ihre Gunst gegeben hatte. Die Grundsätze der Goudar waren den seinen genau entgegengesetzt. Sie verlangte, daß ihr Liebhaber vorher großzügig war. Sein Erzieher Stratico war hocherfreut, daß der junge Mann durch diese Bekanntschaft beschäftigt war, das war daran wesentlich; denn er kannte keinen anderen Zeitvertreib, als auf ein Pferd zu steigen und nicht wie ein Kavalier einen Spazierritt zu machen, sondern zehn oder zwölf Poststrecken an einem Tag zu galoppieren und die Pferde dabei zuschanden zu reiten, die dann von ihm bezahlt wurden. Sein Erzieher erwartete voller Sorge täglich die Nachricht von irgendeinem Unglück.

Ich hatte mich bereits zur Abreise entschlossen, als Don Pasquale Latilla mich mit dem Abbate Galiani[45] besuchte, den ich in Paris gekannt hatte. Man erinnert sich vielleicht, daß ich den Bruder dieses Abbate[46] in Sant'Agata kennengelernt, daß ich bei ihm gewohnt hatte, als ich Donna Lucrezia Castelli[47] besucht hatte. Ich sagte ihm, daß ich die Absicht hätte, ihm einen Besuch zu machen, und fragte ihn, ob Donna Lucrezia noch bei seinem Bruder sei.

»Sie wohnt in Salerno bei der Marchesa della C.,[48] ihrer Tochter.«

Ich war entzückt über diese Nachricht, denn ohne den Besuch des Abbate würde ich nur beim Marchese Galiani erfahren haben, was aus meiner alten Freundin geworden war. Ich hätte niemals eine der größten Freuden gehabt, die meiner Seele jemals in meinem Leben widerfuhr.

Ich fragte ihn, ob er die Marchesa della C. kenne.

»Ich kenne nur den Marchese, er ist alt und sehr reich.«

Mehr wollte ich nicht wissen.

Ein oder zwei Tage darauf gab der Cavaliere Morosini ein Mittagessen für Signora Goudar. Die Gäste waren außer ihrem Gatten und mir zwei andere junge Spieler, die er bei ihr kennengelernt hatte, und Medini, der immer noch den Cavaliere auf irgendeine Weise zu betrügen hoffte. Gegen Ende der Mahlzeit war Medini bei einem Gespräch anderer Meinung als ich. Da er sich etwas säuerlich ausdrückte, so machte ich ihn darauf aufmerksam, daß ein höflicher Mensch seine Ausdrucksweise zu wählen verstehen müsse.

»Das kann sein; aber von Ihnen wünsche ich keine Höflichkeit zu lernen.«

Ich tat mir Gewalt an und antwortete nicht; aber ich war es müde, die Stichelreden zu ertragen, die der Mensch sich von Zeit zu Zeit erlaubte. Er hatte vielleicht Ursache, mir zu grollen; da er jedoch im Grunde unrecht hatte, so hätte er seinen Haß verbergen müssen. Ich dachte, er schriebe vielleicht meine kluge Zurückhaltung der Furcht zu und würde daher von Tag zu Tag unverschämter werden. Ich beschloß daher, ihm zum zweiten Mal eine Lehre zu erteilen. Der Leser erinnert sich, bei welcher Gelegenheit wir ein Duell miteinander hatten.[49]

Er stand auf dem Balkon, genoß die frische Meeresluft und trank seinen Kaffee. Mit der Tasse in der Hand trat ich auf ihn zu, und da uns niemand hören konnte, so sagte ich ihm, ich wäre es müde, seine üble Laune zu ertragen, wenn wir uns zufällig in großer Gesellschaft träfen.

»Sie würden mich noch viel rücksichtsloser finden, wenn wir uns unter vier Augen ohne Zeugen treffen könnten.«

»Unter vier Augen«, antwortete ich ihm mit einem spöttischen Lächeln, »wäre es mir leicht, Sie zurechtzuweisen.«

»Ich bin sehr neugierig, diese Leichtigkeit zu sehen, und sofort bereit, mit Ihnen ein Treffen zu vereinbaren.«

»Folgen Sie mir, sobald Sie mich hinausgehen sehen. Vor allen Dingen aber kein Wort!«

»Ich werde es nicht verfehlen.«

Ich begab mich wieder zur Gesellschaft; eine Viertelstunde später aber ging ich aus dem Gasthof und entfernte mich mit langsamen Schritten am Posilipp entlang. Bald sah ich ihn mir von ferne folgen, und da ich wußte, daß er streitbar war, so bezweifelte ich seine Bereitschaft zum Kampf nicht mehr. Wir hatten beide unseren Degen an der Seite. Am Ende des Strandweges wandte ich mich nach rechts, und sobald ich mich auf freiem Felde an einem Ort sah, wo wir unseren Streit, von den Bäumen geschützt, austragen konnten, blieb ich stehen. Als Medini mich eingeholt hatte, glaubte ich, mit ihm sprechen zu können; ich bildete mir sogar ein, daß ihm eine Aussprache nicht unangenehm sein würde; aber der brutale Mensch lief doppelt so schnell wie ein Rasender mit gezücktem Degen in der Rechten und dem Hut in der Linken auf mich zu.

Ich sah, daß ich in Gefahr war, dachte aber nicht daran zurückzugehen, ich zog schnell blank und empfing ihn mit einem rechten Ausfall, als er, statt an Deckung zu denken, auf mich losging. Unsere beiden Klingen hatten bis zur Hälfte die Rockärmel des Gegners durchdrungen. Wir zogen beide die Degen zurück; seiner hatte nur meinen Ärmel an zwei Stellen durchbohrt, ich dagegen hatte ihn am Vorderarm und an der Haut über dem Ellbogengelenk verletzt. Ich griff wieder an, und er trat zurück. Da ich bemerkte, daß seine Parade keine Kraft mehr hatte, so sagte ich ihm, ich würde ihn schonen, wenn seine Wunde ihn etwa hindern sollte, sich zu verteidigen. Da er nicht antwortete, so drückte ich seine Klinge herunter und schlug hart auf das Ende, so daß sein Degen zur Erde fiel. Sofort setzte ich den Fuß darauf. Schäumend vor Wut, sagte er mir, diesmal hätte ich die Oberhand behalten, denn seine kleine Wunde nehme ihm die nötige Kraft, den Degen zu halten, aber er hoffte, ich würde ihm Revanche geben. Ich versprach, sie ihm in Rom zu geben. Da ich sah, daß er viel Blut verlor, steckte ich ihm selbst den Degen in die Scheide und verließ ihn dann, indem ich ihm riet, zu Goudar zu gehen, dessen Haus nur zweihundert Schritte entfernt lag, und sich dort gleich verbinden zu lassen.

Ich selber ging in den ›Albergo delle Crocelle‹ zurück, als wenn gar nichts gewesen wäre. Ich fand den Cavaliere Morosini, der der schönen Sarah den Hof machte, während Goudar mit Stratico und den beiden anderen eine Quadrille[50] spielte. Eine Stunde darauf verließ ich die Gesellschaft, ohne von Medini gesprochen zu haben. Ich ging zu meiner lieben Callimena, um zum letzten Mal mit ihr zu essen und zu schlafen. Ich sah sie erst sechs Jahre später, strahlend von Schönheit und Talent, in Venedig im Theater San Benedetto[51] wieder.

Bei Tagesanbruch begab ich mich wieder in meinen Gasthof und fuhr dann, ohne mich von einem Menschen zu verabschieden, um acht Uhr mit meinem ganzen Gepäck in einer Postkutsche ab. In Salerno kam ich nachmittags um zwei Uhr an; sobald ich meinen Koffer in einem guten Zimmer untergebracht hatte, schrieb ich an Donna Lucrezia Castelli beim Marchese della C. Ich fragte sie, ob ich ihr einen Besuch machen könnte, um Salerno sofort darauf zu verlassen, und bat sie, mir ihre Antwort zukommen zu lassen, während ich zu Mittag essen würde.

Eine halbe Stunde später, ich saß gerade bei Tisch, sah ich Donna Lucrezia selber erscheinen. Sie kam mit freudestrahlendem Gesicht in mein Zimmer, warf sich in meine Arme und nannte sich glücklich, daß sie mich noch einmal in ihrer Heimat wiedersah. Diese reizende Frau war genauso alt wie ich, aber man hätte sie für gut zehn Jahre jünger gehalten als mich. Nachdem ich ihr gesagt hatte, daß ich ihren Aufenthaltsort vom Abbate Galiani erfahren hatte, fragte ich sie nach unserer Tochter.

»Sie erwartet dich, ebenso wie ihr Gatte, ein ehrwürdiger alter Herr, der vor Verlangen brennt, dich kennenzulernen.«

»Woher weiß er denn von mir?«

»Leonilda hat in den fünf Jahren, seitdem sie seine Frau ist, tausendmal von dir gesprochen. Er weiß sogar, daß du ihr fünftausend Dukaten geschenkt hast. Er erwartet dich, und wir werden zusammen zu Abend speisen.«

»Laß uns sofort hingehen, meine liebe Freundin; denn ich sterbe vor Verlangen, meine Leonilda zu sehen und den guten Gatten, den Gott ihr beschert hat. Hat sie Kinder?«

»Nein, und das ist ein Unglück für sie, denn nach dem Tode ihres Mannes wird das ganze Vermögen an seine Verwandten fallen. Trotzdem wird Leonilda stets reich sein; denn sie bekommt ein Vermögen von hunderttausend Dukaten.«

»Du hast dich niemals verheiraten wollen?«

»Nein.«

»Du bist so schön wie vor sechsundzwanzig Jahren, meine liebenswürdige frühe Liebe; ohne den Abbate Galiani wäre ich von Neapel abgereist, ohne dich zu sehen.«

Nachdem ich mein Gepäck im Zimmer eingeschlossen hatte, nahm ich schnell meinen Hut, und wir begaben uns zum Marchese della C. Donna Leonilda war mindestens noch um drei Zoll gewachsen und eine vollendete Schönheit. Sie war jetzt fünfundzwanzig Jahre alt. Die Anwesenheit ihres Gatten legte ihr keinen Zwang auf; sie empfing mich mit offenen Armen und befreite mich aus einer Verlegenheit, da ich mich sonst wegen der herrschenden Vorurteile nicht ohne Zwang hätte bewegen können.

Sie war meine Tochter, aber die Natur hatte Gefühle eines Liebhabers in mir nicht unterdrückt, obwohl ich ihr nicht einmal die einfachen väterlichen Gefühle zeigen durfte. Nach zwei zärtlichen Küssen, die nach einem Augenblick vorbei waren, stellte sie mich ihrem Gatten vor, der von einer bösen Gicht befallen war und nicht aus seinem Lehnstuhl aufstehen konnte, an den er gebunden war. Er begrüßte mich würdevoll und herzlich, und breitete, mit der Kappe in der Hand, beide Arme aus. Ich gab ihm auf jede Wange einen Kuß und staunte, als er mir für einen dritten Kuß seinen Mund darbot. Ich gab ihm auch diesen mit einem Zeichen, und wir erkannten uns als Brüder.[52] Der Marchese hatte dies erwartet, ich aber nicht; denn ein Edelmann von siebzig Jahren, der sich rühmen konnte, das Licht der Aufklärung erblickt zu haben, war vor dreißig Jahren etwas sehr Seltenes im sizilianischen Königreich. Als ich neben ihm saß, umarmten wir uns noch einmal, um uns als Mitglieder des erlauchten Bundes zu begrüßen; die beiden anwesenden Damen waren ganz verblüfft und konnten sich das Wiedererkennen nicht erklären. Donna Leonilda glaubte, daß mich ihr Gatte schon seit langer Zeit kannte, sie sagte es ihm hocherfreut bei einem Kuß, aber der alte Herr bog sich vor Vergnügen. Donna Lucrezia erriet die Wahrheit; ihre Tochter verstand nichts, sie verschob die Befriedigung ihrer Neugier auf später.

Der Marchese della C. war ein Edelmann, der ganz Europa bereist hatte. Er hatte gut gelebt und ans Heiraten nicht eher gedacht als bei dem Tode seines Vaters, der neunzig Jahre alt geworden war. Da er ein jährliches Einkommen von dreißigtausend Dukaten im Wert von hundertzwanzigtausend Francs hatte, also in einem Lande, wo alles billig ist, sehr vermögend war, so bildete er sich ein, er könnte trotz seines vorgerückten Alters noch Kinder haben. Er sah Donna Leonilda im Theater von Neapel und machte sie nach wenigen Tagen zu seiner Frau, indem er ihr in einem Heiratsvertrag ein Witwengeld von hunderttausend Dukaten aussetzte. Donna Lucrezia, die den Herzog von Matalone durch Tod verloren hatte, zog mit ihrer Tochter nach Salerno. Der Marchese della C. konnte, obgleich er mit großer Pracht lebte, nur mit Mühe die Hälfte seiner Einkünfte ausgeben. Er ließ alle seine Verwandten in seinem großen Palazzo wohnen; es waren drei Familien, die jede ihre Haushaltung für sich hatten. Obgleich alle diese Verwandten bequem leben konnten, warteten sie mit Ungeduld auf den Tod des Marchese, um sich seine Reichtümer zu teilen. Dies betrübte ihn tief, der sie nicht liebte. Er hatte sich nur in der Hoffnung verheiratet, einen Erben zu erhalten, und er wagte einen solchen nicht mehr zu erwarten. Darum aber liebte er seine Frau nicht weniger, die ihn durch ihre geistigen Reize glücklich machte.

Der Marchese und seine Frau waren Freigeister, aber davon wußte kein Mensch etwas; denn in Salerno war kein Verständnis dafür vorhanden. Der brave Mann lebte daher mit seiner Frau und Schwiegermutter allem Anschein nach als ein guter Christ, indem er sich äußerlich allen Vorurteilen seiner Landsleute fügte. Ich erfuhr dies alles drei Stunden später von Donna Leonilda selber, als wir in ihrem schönen Garten spazierengingen. Der Marchese hatte uns dorthin geschickt, nachdem dieser drei Stunden lang mit mir über interessante Dinge geplaudert hatte, die aber für seine Frau und seine Schwiegermutter kein Interesse haben konnten. Trotzdem verließen sie uns nicht einen Augenblick, denn sie waren entzückt, daß der würdige alte Herr sich freute, einmal mit jemandem sprechen zu können, der dachte wie er.

Gegen sechs Uhr bat der Marchese Donna Lucrezia, mich in den Garten zu führen und mich bis zum Abend zu unterhalten. Er forderte seine Frau auf, bei ihm zu bleiben, da er etwas mit ihr zu besprechen hätte. Wir befanden uns mitten im August, und die Hitze war übermäßig. Aber ein sanfter Luftzug milderte sie im Zimmer des Erdgeschosses, worin wir uns befanden. Da ich durch das geöffnete Fenster sah, daß die Blätter der Bäume sich nicht bewegten, so mußte die Luft vollkommen ruhig sein, und ich konnte mich nicht enthalten, dem Marchese zu sagen, ich sei erstaunt, in seinem Zimmer mitten in der Sonnenglut wahrhaftig den Frühling zu finden.

»Donna Lucrezia«, antwortete er mir, »wird Sie an die Stelle führen, wo Sie eine Erklärung für die Kühle, die wir so genießen, finden werden.«

Wir gingen durch eine Flucht von fünf oder sechs Gemächern und kamen nach etwa fünfzig Schritten in eine Kammer, in deren Ecke sich eine quadratische Öffnung von vier Fuß befand. Aus diesem dunklen Fenster kam ein frischer, sogar heftiger Wind hervor, der bei zu langem Verweilen vor diesem Fenster der Gesundheit Schaden zufügen konnte. Die Öffnung befand sich über dem oberen Ende einer Steintreppe von mehr als hundert Stufen, und diese Treppe führte zu einer Grotte, worin eine Quelle mit eiskaltem Wasser entsprang. Donna Lucrezia sagte mir, ich würde mich einer großen Gefahr aussetzen, wenn ich in diese Grotte hinunterstiege, ohne mich, wie im strengen Winter, sehr warm anzuziehen.

»Ich bin niemals so waghalsig gewesen, um mich Gefahren dieser Art auszusetzen.«

Lord Baltimore würde sich darüber lustig gemacht haben. Ich sagte meiner lieben Freundin, daß ich mir sehr gut vorstellen könnte, wie die Sache sich verhielte, und daß ich durchaus nicht neugierig wäre, mich zu überzeugen, ob ich mich nicht täuschte. Donna Lucrezia führte mich folglich in den Garten. Dieser Garten war von dem zum gemeinsamen Gebrauch der drei verwandten Familien bestimmten größeren getrennt. Es war alles vorhanden, was man sich nur wünschen konnte. Man fand herrliche Blumen, die die Luft mit Wohlgeruch erfüllten, Springbrunnen, Gartenhäuschen, die ganz mit Muscheln bezogen waren und sehr weiche, mit Daunen gepolsterte Ruhelager enthielten.

Ein großes, mehr als zehn Klafter[53] tiefes Wasserbecken war mit den seltensten Fischen von bestimmt zwanzig verschiedenen Arten und in allen Farben bewohnt, die man schnell umherschwimmen sah; da sie nur der Augenweide dienten und die Freßlust der Feinschmecker, die sie für ihre Tafel hätten fangen können, nicht befürchten mußten, so waren sie zahm geworden und näherten sich den Händen der Besucher, die die Oberfläche ihres Elements berührten. Die dicht bewachsenen Alleen dieses hübschen Paradieses waren von Weinreben gebildet, an denen die dicken Trauben ebenso zahlreich waren wie die Blätter, die sie voneinander trennten; andere mit Früchten beladene Bäume bildeten zur Rechten und zur Linken den Säulengang, der die Reben stützte.

Ich sagte meiner lieben Lucrezia, die sich an meiner Überraschung weidete: ich sei durchaus nicht erstaunt, daß dieser Garten mehr Eindruck auf mich mache als die Weinberge von Tivoli und Frascati; denn je weiträumiger etwas sei, desto mehr verwirre es die Augen, anstatt die Seele zu entzücken.

Während einer halben Stunde berichtete sie mir: »Meine Tochter ist vollkommen glücklich; der Marchese ist ein ausgezeichneter Mensch, der sich, abgesehen von seinen Gichtanfällen, einer vortrefflichen Gesundheit erfreut. Sein größter Schmerz ist, daß er keinen Nachfolger hat; aber er weiß diesen Kummer zu verbergen. Seine Philosophie wird auf eine harte Probe gestellt; denn unter seinen zehn oder zwölf Neffen hat er keinen einzigen gefunden, der es verdiente, wegen seiner körperlichen oder geistigen Eigenschaften von ihm ausgezeichnet zu werden. Sie sind alle häßlich, schwerfällig und von langweiligen Lehrern und unwissenden Priestern wie Bauernlümmel erzogen worden.«

»Aber ist denn unsere Tochter wirklich glücklich?«

»Sehr glücklich, obgleich sie in dem von ihr geliebten Gatten nicht den Liebhaber findet, den sie in ihrem Alter brauchte.«

»Ihr Mann scheint mir wenig zur Eifersucht veranlagt zu sein.«

»Eifersüchtig ist er gar nicht, und ich bin überzeugt, wenn Leonilda einen ihr Gefallen findenden Mann unter den Adligen der Stadt gefunden hätte, so würde der Marchese diesen aufs freundschaftlichste behandeln. Auch bin ich überzeugt, daß er im Grunde nicht böse wäre, wenn er sie schwanger sähe.«

»Kann er tatsächlich die Gewißheit haben, daß er nicht der Vater sein kann, wenn sie ihm ein Kind schenkt?«

»Nein; denn wenn er sich wohl fühlt, geht er zu ihr ins Bett und könnte sich auch, wie meine Tochter mir erzählt hat, einbilden, etwas geleistet zu haben, was er in Wirklichkeit nicht geleistet hat. Indessen ist anscheinend keine Aussicht mehr vorhanden, daß seine Zärtlichkeit günstige Folgen haben kann. In den ersten sechs Monaten ihrer Ehe hatte meine Tochter einigen Grund zur Hoffnung; seitdem sind aber die Gichtanfälle so zahlreich und so stark geworden, daß seine Kräfte nachlassen und sie befürchten muß, eine übermäßige eheliche Zärtlichkeit könne die verhängnisvollsten Folgen haben. Es bereitet ihr daher den größten Kummer, wenn dem Marchese zuweilen die Lust ankommt und er mit ihr schlafen will.«

In meiner Bewunderung für die unvergänglichen Reize meiner alten Freundin begann ich ihr die Gefühle auszusprechen, die sie von neuem in meinem verliebten Herzen weckte; doch da erschien in der Allee, in der wir spazierengingen, die Marchesa mit einem Pagen, der ihr die Schleppe trug, und einem jungen Mädchen, der Kammerzofe, die links hinter ihr ging. Ich begrüßte sie mit der größten Ehrerbietung, und sie beantwortete diese mit der Haltung vornehmster Höflichkeit.

»Ich komme«, sagte sie zu mir, »um eine Angelegenheit zu besprechen, die für mich von der größten Wichtigkeit ist; denn wenn ich mit meinen Bemühungen scheitern sollte, werde ich alles Vertrauen verlieren, das ich bei meinem Gatten besitze.«

»Wer ist denn der Unterhändler, bei dem Sie, schöne Marchesa, fürchten können, sich ohne Erfolg zu bemühen?«

»Sie selber sind es.«

»Wenn ich es bin«, sagte ich lachend, »so ist Ihre Sache bereits gewonnen, denn ich folge Ihren Wünschen blindlings, bevor ich noch weiß, worum es sich handelt. Ich behalte mir nur einen einzigen Punkt vor.«

»Um so schlimmer; denn dieser Punkt könnte der einzige von Bedeutung sein, der sich auf meinen Wunsch bezieht. Nennen Sie ihn mir, bitte, bevor ich spreche.«

»Ich wollte nach Rom abreisen, da sagte Abbate Galiani mir, Donna Lucrezia sei hier bei Ihnen. Ich habe meine Maßregel getroffen, damit ein Umweg von sechzig Meilen nicht meine Geschäfte stört.«

»Kann denn eine kleine Verzögerung irgendwelchen nachteiligen Einfluß auf Ihr Leben und Ihre Ehre haben? Sind Sie denn nicht Ihr eigener Herr? Von wem hängen Sie ab? Sie sehen, da bin ich schon dabei und habe Ihnen meinen Wunsch voreilig verraten.«

»Warten Sie! Rufen Sie bitte die Heiterkeit auf Ihr schönes Gesicht zurück. Ihre Befehle, sogar Ihre Wünsche können weder dem Glück meines Lebens noch meiner Ehre schaden. Ich war bis jetzt mein eigener Herr, aber von diesem Augenblick ab bin ich es nicht mehr, denn ich stelle mich ganz und gar Ihnen zur Verfügung.«

»Vortrefflich. So werden Sie einige Tage mit uns auf einem Landgut verbringen, das nur anderthalb Stunden von hier liegt. Mein Gatte wird sich hintragen lassen. Sie erlauben mir, jemand in Ihren Gasthof zu schicken und Ihr Gepäck holen zu lassen?«

»Hier ist mein Zimmerschlüssel, Signora. Glücklich der Mann, dem Sie erlauben, Ihnen zu gehorchen.«

Leonilda gab den Schlüssel dem Pagen, der ein sehr hübscher Junge war, und befahl ihm, dafür zu sorgen, daß alles mitgenommen würde und nichts verlorenginge.

Ihre Kammerzofe oder Gesellschaftsdame war eine reizende Blondine. Ich machte zu Leonilda über sie eine Bemerkung in französischer Sprache, ohne zu wissen, daß sie Französisch verstand; aber sie lächelte und sagte ihrer Herrin, ich hätte sie früher gekannt, aber dann vergessen.

»Vor neun Jahren haben Sie mich gesehen und mehrere Male mit mir gesprochen und mich sogar geärgert.«

»Aber wo denn, bitte?«

»Bei der Herzogin von Matalone, der jetzigen Fürstin von Caramanica.«

»Das kann wohl sein, vor neun Jahren haben Sie sicher ganz anders ausgesehen, und ich glaube mich jetzt auf Sie zu besinnen; aber es tut mir leid, Signorina, mich nicht erinnern zu können, daß ich Sie geärgert habe.«

Die Marchesa und ihre Mutter lachten ganz herzlich und amüsierten sich über unsere Streiterei. Sie drangen in uns, zu sagen, wie ich sie geärgert hätte; sie sagte aber nur und wurde dabei rot, ich hätte sie gefoppt. Ich glaubte mich zu erinnern, daß ich ihr einige Küsse geraubt hatte, und überließ es den Damen, sich zu denken, was sie wollten. Als Kenner des menschlichen Herzens fand ich, daß Signorina Anastasia[54] – so hieß sie – mir sehr weit entgegenkam, indem sie mir diesen Vorwurf machte, daß sie aber zugleich sehr ungeschickt war; denn wenn sie mir wirklich noch böse war, so mußte sie schweigen.

»Mir scheint«, sagte ich zu ihr, »Sie waren damals viel kleiner und auch sehr mager.«

»Ich war erst zwölf Jahre alt. Sie haben sich ebenfalls sehr verändert, denn ich glaube, daß Ihre Augen damals schwärzer und Ihre Haut heller war.«

»Sie meinen nicht so dunkel. Ich bin alt geworden, Signorina.«

Mein Verlangen war auf die Mutter und die Tochter gerichtet. Wir sprachen von dem verstorbenen Herzog von Matalone, und Anastasia verließ uns. Wir setzten uns in eine Grotte, und da wir allein waren, so überließen wir uns dem Vergnügen, uns mit den zärtlichen Namen Papa und Tochter anzureden. Diese Namen erlaubten uns Freiheiten, die zwar unvollkommen, aber nichtsdestoweniger eigentlich unerlaubt waren. Die Marchesa glaubte, mein Feuer besänftigen zu müssen, und meinte, daß sie damals, als wir uns trotz der Blutsverwandtschaft[55] unseren Sinnen hingegeben hatten, frei gewesen war und daß sie jetzt einen Ehemann hätte. Als Donna Lucrezia mich in höchster Erregung ihre Tochter in den Armen halten und Leonilda ebenfalls entflammt und sich gegen meine Liebkosungen nicht sträuben sah, bat sie uns, vernünftig zu sein und uns vor dem Genuß der doppelten Sünde in acht zu nehmen; hierauf entfernte sie sich nach der anderen Seite der Allee. Ihre Worte im Verein mit ihrem uns so bequemen Fortgehen bewirkten das Gegenteil von dem, was sie gesagt hatte; denn obwohl wir entschlossen waren, die angebliche Sünde nicht zu begehen, waren wir einander so nahe, daß wir durch eine fast unwillkürliche Bewegung sie vollkommen begingen. Wenn wir mit Vorbedacht und Erlaubnis der Vernunft so gehandelt hätten, hätten wir es nicht besser machen können. Unbeweglich blieben wir liegen und sahen einander an, ohne die Stellung zu ändern. Ernst und stumm überließen wir uns unseren Gedanken und waren erstaunt, uns weder schuldig zu finden noch Reue zu verspüren. Wir brachten unsere Kleider in Ordnung; meine Tochter saß wieder neben mir und nannte mich ihren Gatten, während ich sie liebe Frau nannte. Wir besiegelten durch süße Küsse das, was wir getan hatten. Wäre damals ein Engel gekommen und hätte uns gescholten, scheußlich gegen die Natur verstoßen zu haben, wir hätten nur gelacht. Wir waren in unsere sehr dezente Zärtlichkeit so versunken, daß Donna Lucrezia hoch erfreut war, als sie uns so ruhig fand.

Leonilda und ich brauchten uns nicht zu verabreden, daß wir schweigen mußten. Donna Lucrezia war eine verständige Frau, aber die ganzen Umstände mußten uns hindern, ihr etwas anzuvertrauen, was sie nicht zu wissen brauchte. Wir waren überzeugt, daß sie uns nur darum allein gelassen hatte, um nicht Zeuge dessen zu sein, was wir nach ihrer bestimmten Annahme tun würden. Sie meinte sogleich, sie nehme an, daß wir uns Tändeleien hingegeben hätten, und sie lachte, als wir es nicht abstritten. Dann sprachen wir von der wundervollen Nacht, die wir alle drei im gleichen Bett verbracht hatten. Donna Lucrezia freute sich über meine Ehrlichkeit, als ich ihr sagte, daß meine Hand unsere Tochter fast so wie damals vorgefunden habe, als sie vor neun Jahren mit uns geschlafen hatte. Wir verließen dann die Allee und gingen mit Anastasia zum Palazzo zurück.

Der Marchese empfing seine Frau mit großer Freude und wünschte ihr Glück zum Erfolg ihrer Verhandlungen. Mir versicherte er, auf dem Landgut werde ich viel besser wohnen als in dem Zimmer, in das man meine Koffer gebracht hätte.

»Sie werden doch nicht böse sein, liebe Schwiegermutter, daß unser Freund in dem Zimmer neben dem Ihren untergebracht ist?«

»Nein, mein lieber Schwiegersohn, aber wir werden vernünftig sein, denn unsere schöne Zeit ist vorbei.«

Ich war erstaunt, da er ja von meinen Heiratsabsichten damals wußte und glaubte, daß meine Liebe zu Donna Leonilda vorbei sei, daß ich ihr nun die Mutter vorziehen würde. Man deckte für fünf Personen an einem großen Tisch, und als aufgetragen war, sah ich einen alten Geistlichen eintreten, der sich mit zu Tisch setzte, ohne einen von uns anzusehen. Niemand sprach ein Wort mit ihm. Der hübsche Diener, den man Page nannte, trat hinter den Stuhl der Marchesa, und zehn bis zwölf Lakaien liefen hin und her, um uns zu bedienen. Da ich mittags nur eine Suppe gegessen hatte, so aß ich wie ein Vielfraß. Der Marchese besaß einen ausgezeichneten französischen Koch; und so gab es zum Souper Makkaroni und danach nur Vorgerichte. Der Marchese lachte laut vor Vergnügen, als er mich essen sah; zu seinem Bedauern war seine Frau eine schlechte Esserin, ihre Mutter ebenso. Von köstlichen Weinen in fröhliche Stimmung versetzt, vergnügten wir uns beim Dessert mit heiteren Gesprächen, und da wir französisch sprachen, das der Priester nicht verstand, so entfernte er sich, nachdem er das ›agimus‹[56] gebetet hatte. Der Marchese sagte mir, dieser Geistliche bekleide in seinem Hause seit fünfzehn Jahren die Stelle des Beichtvaters, aber er habe noch niemals einem von der Familie die Beichte abgenommen. Er meinte zu mir, ich müßte mich in Gegenwart dieses ungebildeten Mannes bei allzu freien Äußerungen in acht nehmen, aber auf französisch könnte ich alles sagen, was ich wollte. Ich war in so lustiger Stimmung, daß ich die Gesellschaft bis eine Stunde nach Mitternacht bei Tische hielt. Bevor wir auseinandergingen, sagte der Marchese uns, wir würden nach dem Mittagessen abfahren, und er würde eine Stunde nach uns ankommen. Er versicherte seiner Frau, er befinde sich sehr wohl und hoffe, sie zu überzeugen, daß ich ihn um zehn Jahre verjüngt habe. Leonilda umarmte ihn zärtlich und bat ihn, sich doch ja mit seiner Gesundheit in acht zu nehmen.

»Ja, ja!« antwortete der Marchese; »aber erwarte meinen Besuch!«

»Ich wünsche Ihnen eine gute Nacht und in neun Monaten einen hübschen Knaben.« Mit diesen Worten entfernte ich mich mit Donna Lucrezia.

»Stellen Sie den Wechsel aus!« rief er; »morgen früh werde ich ihn akzeptieren.«

»Ich verspreche dir«, sagte Donna Leonilda, »mein möglichstes zu tun, damit du nicht bankrott machst.«

Donna Lucrezia führte mich in mein Zimmer, übergab mich dort einem großen Lakaien und wünschte mir eine gute Nacht.

Ich schlief acht Stunden in einem ausgezeichneten Bett; als ich mich angekleidet hatte, führte Donna Lucrezia mich zum Frühstück zu der Marchesa, die bereits bei der Toilette war.

»Kann ich es wagen, den Wechsel auf neun Monate aufzustellen?« fragte ich.

»Es wäre wohl möglich, daß er eingelöst würde.«

»Im Ernst?«

»Ja, allen Ernstes. Und Ihnen wird der Marchese das Glück verdanken, wonach er sich am meisten sehnt. Er hat es mir selbst gesagt, als er mich vor einer Stunde verließ.«

Schade, daß ich ihr nicht auf der Stelle hundert Küsse geben konnte! Sie war frisch wie eine Rose, aber wir mußten uns zurückhalten. Sie war von lauter hübschen Mädchen umgeben, die bei ihr im Dienst standen. Ich machte Anastasia den Hof, und Leonilda tat, als wenn sie mich ermutigte. Ich verstand ihre Absicht und spielte den leidenschaftlich Verliebten und konnte leicht merken, daß es mich wenig Mühe kosten würde, erhört zu werden. Infolgedessen hielt ich mich in Grenzen, um nicht beim Wort genommen zu werden.

Zum Frühstück begaben wir uns zum Marchese, der bereits

auf uns wartete und mich mit Beteuerungen seiner Freude empfing. Die Gesundheit dieses liebenswürdigen Mannes wäre ausgezeichnet gewesen, wenn er nicht die Gicht gehabt hätte; sie
machte ihn unfähig zu gehen. Er konnte weder aufrecht stehen,
noch die leiseste Berührung der Füße vertragen, sie verursachte
ihm unerträglich schneidende Schmerzen. Nach dem Frühstück
hörten wir die Messe, und ich sah bei dieser Gelegenheit mehr
als zwanzig männliche und weibliche Dienstboten; hierauf leistete ich dem Marchese allein bis zum Mittagessen Gesellschaft.
Er schätzte es hoch ein, daß ich seine Gesellschaft der seiner
Frau und seiner Schwiegermutter vorzog. Er war überzeugt, daß
ich immer noch in Donna Lucrezia verliebt war. Nach dem
Mittagessen fuhren wir nach seinem Landgut, ich mit der Mutter und der Tochter in einem Wagen, er in einer geschlossenen
Sänfte, die von zwei Maultieren, eins vorn und eins hinten, getragen wurde. In anderthalb Stunden waren wir auf dem Landgut, das zwischen Picenza und Battipaglia[57] lag. Das Herrenhaus
war groß und schön und seine Lage herrlich. Da die Zofen der
Marchesa noch nicht angekommen waren, führte sie mich durch
die Gärten, wo sie sich von neuem meiner neuerwachten Zärtlichkeit überließ. Wir verabredeten, daß ich in ihre Gemächer
immer nur kommen sollte, um Anastasia den Hof zu machen;
denn wir mußten es vermeiden, auch nur den geringsten Verdacht von unserer zärtlichen Leidenschaft zu erregen. Meine
Neigung für Anastasia mußte sogar den Marchese belustigen,
dem sie natürlich davon erzählen würde. Donna Lucrezia fand
diesen Plan sehr gut, denn sie wünschte nicht, daß der Marchese sich einbilden sollte, ich wäre nur ihretwegen in Salerno
geblieben. Mein Zimmer lag neben dem ihren; aber ich konnte
nur durch das Zimmer Anastasias zu ihr gelangen, und in dem
schlief sie mit einer anderen Zofe, die noch hübscher war als sie.
   Eine Stunde darauf kam der Marchese mit allen Bedienten
an, auch mit meinem, der sich um mein ganzes Gepäck kümmerte. In einem bequemen Tragstuhl sitzend, war er so freundlich, mir die schönsten Wege seines Gartens zu zeigen, bis seine
Frau und seine Schwiegermutter im Schloß alles eingerichtet
hatten. Nach dem Abendessen fühlte er sich sehr ermüdet und
ging zu Bett, indem er mich mit den Damen allein ließ. Ich begleitete die Marchesa in ihr Zimmer; als ich sie verlassen wollte,

sagte sie mir, ich könnte durch das Zimmer der Zofe in meins gehen. Zugleich befahl sie Anastasia, mich zu führen. Die Höflichkeit verpflichtete mich, mich wegen eines solchen Glückes erfreut zu zeigen, und ich sagte zu der Schönen: »Ich hoffe, Sie werden mich nicht kränken und nicht so mißtrauisch gegen mich sein, daß Sie sich einschließen, obgleich ich Ihr Nachbar bin.«

»Ich habe gegen keinen Menschen Mißtrauen, aber ich werde trotzdem mein Zimmer abschließen, weil das meine Pflicht ist. Dieses Zimmer gehört zu den Räumen meiner Herrin, meine Kameradin aber könnte es sehr übel auslegen, wenn ich gegen meine Gewohnheit die Tür offenließe.«

»Diese Gründe sind sehr lobenswert, und ich muß Ihnen beipflichten; aber, schöne Anastasia, wollen Sie sich nicht einen Augenblick zu mir setzen, damit ich mich erinnere, wie ich Sie vor neun Jahren habe ärgern können.«

»Nein, ich will mich dessen nicht mehr erinnern, und ich bitte Sie, mir zu gestatten, daß ich gehe.«

»Daran kann ich Sie nicht hindern«, sagte ich, indem ich sie an mich zog und umarmte, was sie sich notgedrungen gefallen ließ. Sobald sie fort war, trat mein Bedienter ein; ich sagte ihm, daß ich allein zurechtkommen würde. Er verstand mich und kam in den nächsten Nächten auch nicht mehr. Am anderen Morgen erzählte die Marchesa mir lachend die ganze Unterhaltung, die ich mit Anastasia gehabt hatte. Diese hatte ihr nicht die kleinste Einzelheit verschwiegen. Leonilda sagte: »Ich habe sie gelobt, daß sie ihre Tür nicht offenlassen wollte, ihr aber gesagt, sie könne Ihnen ruhig in Ihrem Zimmer alle Dienste anbieten, die Sie vielleicht benötigen.« Leonilda verfehlte nicht, ihren Gatten mit dieser kleinen Geschichte zu ergötzen; der Marchese glaubte allen Ernstes, ich sei in Anastasia verliebt, und neckte mich damit nach dem Essen. Am Abend ließ er sie mit uns soupieren, und so mußte ich denn mit größtmöglichem Anstand dem Mädchen gegenüber die Rolle des Liebhabers spielen. Anastasia fühlte sich sehr geschmeichelt, daß ich ihr den Vorzug vor ihrer reizenden Herrin gab und daß diese die Güte hatte, meine Leidenschaft positiv zu bewerten und ihr weiterhin Nahrung zu geben. Dem Marchese machte diese Liebeständelei viel Spaß, denn indem er mir Gelegenheit gab, diese Komödie zu spielen, glaubte er seinen Pflichten als Hausherr nachzukommen und mich zu veranlassen, meinen Aufenthalt in seinem Hause noch um einige Tage zu verlängern.

Am Abend begleitete Anastasia mich mit einer Kerze in mein Zimmer, und da sie sah, daß ich keinen Bedienten hatte, bestand sie darauf, mir beim Auskleiden zu helfen. Sie fühlte sich geschmeichelt, daß ich es nicht wagte, mich in ihrer Gegenwart zu Bett zu legen, und saß länger als eine halbe Stunde bei mir. Da ich nicht in sie verliebt war, kostete es mich keine Mühe, den schüchternen Liebhaber zu spielen. Als sie mir gute Nacht wünschte, bemerkte sie mit Vergnügen, daß meine Küsse nicht so feurig waren wie am Tage vorher. Am anderen Morgen sagte die Marchesa zu mir: »Wenn das, was Anastasia mir gesagt hat, wahr ist, so muß ihre Gegenwart Ihnen wohl lästig sein; denn ich weiß, wenn Sie sie liebten, so würden Sie nicht schüchtern sein.«

»Sie ist mir in keiner Weise unbequem; denn ihr Anblick ist hübsch und reizvoll; aber ich wundere mich, wie du dir einbilden kannst, daß ich sie lieben kann; wir haben doch abgemacht, es sollte nur ein Spiel sein, um den Marchese zu unterhalten und der Neugierde der Bedienten vorzubeugen.«

»Anastasia glaubt, daß du sie anbetest, und es ist mir nicht unangenehm, wenn du ihr etwas Geschmack an der Koketterie beibringst.«

»Wenn ich sie dahin bringen kann, daß sie die Tür offenläßt, werde ich leicht in dein Zimmer kommen können, ohne daß sie davon das geringste merkt; denn wenn ich ihr Bett verlasse, ohne etwas von Bedeutung getan zu haben, wird sie nicht auf den Gedanken kommen können, daß ich in dein Zimmer gehe, anstatt in das meine zurückzukehren.«

»Sei nur vorsichtig in allen deinen Plänen!«

»Sei unbesorgt; ich werde den Plan schon heute abend einfädeln.«

Der Marchese und Donna Lucrezia glaubten, daß ich mich wie ein verschwiegener Mann benehme; aber sie zweifelten nicht einen Augenblick daran, daß die junge Anastasia jede Nacht mit mir schliefe, und sie freuten sich sehr darüber. Den ganzen Tag verbrachte ich mit dem Marchese, den ich dadurch glücklich machte, wie er sagte. Ich brachte ihm durchaus kein Opfer, denn ich liebte seine Gesinnung und seine Bildung. Beim dritten Abendessen war ich zu Anastasia noch verliebter als sonst, und sie war sehr erstaunt, als sie mich auf meinem Zimmer kühl fand; aber sie ließ sich nichts anmerken, sondern sagte: »Es freut mich, daß Sie ein bißchen ruhiger geworden sind.«

»Ich denke mir, Sie glauben in Gefahr zu sein, wenn Sie mit mir allein sind.«

»Durchaus nicht; ich glaube nur, Sie sind jetzt viel vernünftiger, als Sie vor neun Jahren waren.«

»Was für Torheiten habe ich denn damals gemacht?«

»Keine Torheiten; aber Sie haben meine Jugend zu wenig respektiert.«

»Ich habe Ihnen damals unbedeutende kleine Liebkosungen erwiesen, und das tut mir leid; denn diese sind schuld, daß Sie heute glauben, Sie müßten auf der Hut sein und sich in Ihrem Zimmer einschließen.«

»Ich tue das nicht aus Mißtrauen gegen Sie, sondern aus den Gründen, die Sie bereits gehört und auch anerkannt haben. Übrigens könnte ich ja auch sagen, daß Sie aus einem gewissen Mißtrauen sich nicht zu Bett legen, solange ich bei Ihnen bin.«

»Großer Gott! Da halten Sie mich doch für sehr eingebildet! Ich werde sogleich zu Bett gehen, aber Sie dürfen sich erst entfernen, nachdem Sie mich umarmt haben.«

»Gern.«

Ich legte mich zu Bett, und Anastasia verbrachte eine halbe Stunde an meiner Seite. Es kostete mich große Mühe, mich zurückzuhalten, aber ich befürchtete, sie würde der Marchesa alles erzählen.

Als sie mich verließ, gab Anastasia mir einen so süßen Kuß, daß ich mich nicht länger beherrschen konnte; ihre eigene Hand, von der meinen geführt, zeigte ihr meine Liebe, und ich kann nicht sagen, ob sie über meine Zurückhaltung erfreut oder verärgert war, als sie von mir wegging.

Am nächsten Tage war ich sehr neugierig, in welcher Weise sie davon der Marchesa erzählen würde, und es war mir nicht unlieb, als ich erfuhr, daß sie ihr die Berührung verheimlicht hatte; denn nun wußte ich, daß sie die Tür offenlassen würde, und so versprach ich denn meiner lieben Leonilda, zwei Stunden mit ihr zuzubringen. Als ich mich am Abend wieder mit

Anastasia unterhielt, forderte ich sie heraus, mir das gleiche Vertrauen zu zeigen, das ich am Abend vorher ihr gegenüber gehabt hätte. Sie antwortete mir, das würde sie ohne Bedenken tun, unter der Bedingung, daß ich meine Kerze ausbliese und niemals meine Hand nach ihr ausstreckte. Ich versprach ihr dies und war gewiß, daß ich mein Wort halten würde, denn ich durfte mich nicht der Gefahr aussetzen, bei meiner lieben Marchesa eine schlechte Figur zu spielen. Ich machte meine Kerze aus, sobald sie gegangen war, und sah, wie sie sich auskleidete, in ihrem Hemd niederkniete und ihr Gebet sprach, sich dann zu Bett legte und ihre Kerze auslöschte.

Jetzt zog ich mich in aller Eile aus, ging barfuß in ihr Zimmer und setzte mich neben sie; sie hielt sofort meine beiden Hände fest. Ich machte gar keine Anstrengungen, sie zu befreien, und sie hielt das für aufrichtige Liebe und Einhalten meines gegebenen Wortes. Von allen Körperteilen hatten nur unsere Münder freie Bewegung, und so tauschten sie eine halbe Stunde lang stumme Küsse, immer in Angst, daß die Kameradin etwas hören könnte. Deshalb sprachen wir auch kein einziges Wort. Diese halbe Stunde erschien mir über alle Maßen lang und auch mühsam, was man sich sicher schwer vorstellen kann. Während ich annehmen mußte, daß sie für Anastasia unterhaltsam gewesen war; denn sie konnte sich einbilden, daß sie mit mir machen konnte, was sie wollte. Als ich sie verließ, ging ich in mein Zimmer. Als ich annehmen konnte, daß sie eingeschlafen wäre, ging ich durch ihr Zimmer und gelangte in das von Leonilda, die mich erwartete, mein Kommen jedoch erst bemerkte, als sie meinen Mund auf ihren Lippen fühlte. Nachdem ich ihr die lebhaftesten Beweise meiner Zärtlichkeit gegeben hatte, erzählte ich ihr, ohne etwas auszulassen, alles, was ich mit Anastasia getan hatte, um zu erreichen, daß sie die Tür offenließ, und dann noch das, was ich in der halben Stunde an ihrem Bett gemacht hatte. Ich verließ meine liebe Leonilda, nachdem wir zwei köstliche Stunden verbracht hatten, und war sicher, daß es nicht die letzten sein würden. Ich kam ohne das kleinste Geräusch in mein Zimmer zurück, so daß niemand aufwachte. Ich stand erst mittags auf, und der Marchese und Donna Lucrezia neckten mich damit beim Mittagessen. Beim Abendessen scherzten sie darüber mit Anastasia, die ihre Rolle sehr gut zu spielen wußte. Sie sagte mir, als wir allein waren, sie würde ihre Tür nicht mehr abschließen, aber es wäre nicht gut, daß ich sie aufsuchte, denn dies wäre gefährlich; es wäre besser, wenn wir in meinem Zimmer plauderten, wo wir die Kerze nicht auszulöschen brauchten. Damit sie sicher wäre, daß sie mich nicht störe, bat sie mich, zu Bett zu gehen. Ich konnte nicht nein sagen, aber ich hoffte bestimmt, daß nichts vorfallen würde, was mich hindern könnte, die Marchesa noch zwei Stunden aufzusuchen, nachdem Anastasia eine Stunde in dichter Nähe mit mir verbracht hätte. Ich hatte mich aber verrechnet, und ich war selber schuld daran.

Ich lag im Bett und hielt Anastasia in meinen Armen. Während sie mich küßte, sagte ich ihr so nebenbei, sie würde doch wohl nicht genug Vertrauen zu mir haben, um sich zu entkleiden und sich an meine Seite zu legen. Sie antwortete mir mit der Frage, ob ich auch vernünftig sein würde. Hätte ich mit nein geantwortet, so wäre ich ein Dummkopf gewesen. Ich sagte ihr also notgedrungen ja und beschloß augenblicklich, das hübsche Mädchen glücklich zu machen denn es hatte in der vorhergehenden Nacht genug gegen sich selber gekämpft. Sie zog ihr Kleid und ihre Röcke aus und kam bereitwillig, und ohne mich beim Wort nehmen zu wollen, zu mir in meine Arme. Der Appetit kommt, wie man sagt, beim Essen. Ihre Glut machte mich verliebt, sie wurde ganz leidenschaftlich, und da sie mir alle ihre Reize zur Schau stellte, huldigte ich ihr ununterbrochen, bis ich vor Ermattung einschlief. Anastasia verließ mich, ohne daß ich etwas davon merkte; als ich erwachte, fand ich diesen Zwischenfall eigenartig; er wurde ohne mein Zutun das Hindernis für meinen weiteren Umgang mit der Marchesa. Ich sah mich also gezwungen, ihr alles lachend zu berichten. Ich war, ohne es eigentlich gewollt zu haben, Anastasias Beute geworden. Denn ich konnte sie doch nicht wegschicken, nachdem ich eine halbe Stunde mit ihr getändelt hatte; außerdem hätte sie dann ihre Tür geschlossen. Und selbst wenn sie es nicht getan hätte: was wäre für die Marchesa übriggeblieben, nachdem ich mich bei Anastasia verausgabt hatte?

Als ich Leonilda das Abenteuer erzählte, lachte sie laut auf. Sie sah wie ich ein, daß nichts mehr für sie übrigblieb. Wir fanden uns damit ab, und während der fünf oder sechs Tage, die wir noch beisammen blieben, liebte ich Leonilda nur noch zwei- oder dreimal verstohlen in einem Gartenhäuschen.

Ich mußte Anastasia jede Nacht in meinem Bett empfangen, und sie sah gewiß in mir einen Verräter, als ich mich auf ihren Vorschlag hin weigerte, sie mit mir nach Rom zu nehmen. Sie sagte mir, daß sie dort einen sehr reichen Onkel habe, der für sie sorgen werde, wenn ich sie nicht mehr lieben sollte. Sie meinte, wenn ich sie lieben würde, könnte ich ihren Vorschlag nicht ablehnen. Sie hatte ja recht, aber meine Liebe für sie war nicht groß genug, um sie mitzunehmen, außerdem betrug mein ganzes Vermögen nur tausend Zechinen.

Der Marchese della C. bereitete mir am Tage vor meiner Reise eine eigentümliche Überraschung, als ich mit ihm allein war. Dieser großherzige Mann bedankte sich für die schönen Stunden, die ich ihm bereitet hatte, und dann sagte er mir ohne lange Vorrede, er habe aus dem Mund des Herzogs von Mata-lone erfahren, warum ich seine Frau nicht geheiratet habe, und er habe es stets bewundert, daß ich beim Abschied aus Neapel ihr die fünftausend Dukaten geschenkt habe, obwohl ich nicht reich gewesen sei.

»Diese fünftausend Dukaten«, fuhr er fort, »nebst fünf- oder sechstausend, die sie der Freigebigkeit des Herzogs verdankt, bildeten Leonildas Mitgift; ich habe für sie hunderttausend Dukaten hinzugefügt, so daß ihre Zukunft gesichert ist, selbst wenn ich ohne Nachkommen sterben sollte. Nun habe ich eine Bitte an Sie, nämlich mit der Rückgabe dieser fünftausend Dukaten einverstanden zu sein, die Sie Leonilda geschenkt ha-ben. Sie selber wünscht Ihnen diesen Beweis ihrer Zuneigung und Achtung zu liefern. Ich habe ihren edlen Wunsch bewun-dert, aber ich will nicht, daß sie sich um diesen Betrag beraubt. Sie werden ihn jetzt von mir bekommen. Sie hat es nicht ge-wagt, Ihnen dieses selbst zu sagen, und Sie dürfen ihr dieses Zartgefühl nicht übelnehmen; sie dachte, daß Sie glauben könnten, sie wollte sich durch die Rückgabe des Betrages von ihrem Dank Ihnen gegenüber loskaufen.«

»Ich würde allerdings von Leonilda diese Summe nicht an-genommen haben, damit hätte sie recht gehabt; aber von Ihnen nehme ich sie als ein Zeichen Ihrer Freundschaft. Diese Hand-lungsweise enthüllt die schönste aller Ihrer Tugenden, und wenn ich mich weigern wollte, lieber Marchese, so wäre dies übel angebrachter Stolz; denn ich bin nicht reich. Ich wünsche nur, daß Ihre Gattin und deren Mutter zugegen sind, wenn Sie mir dieses Geschenk machen.«

»Das soll nach Tisch abgemacht werden.«

Neapel war für mich alle vier Male, die ich dort war, der Tempel des Glücks. Wenn ich jetzt hinginge, würde ich dort verhungern. Das Glück mißachtet das Alter. Beim letzten Aufenthalt dort ließ es mich zwei reiche und glückliche Frauen treffen, die mir wiedergaben, was ich ihnen einmal geschenkt hatte, so als hätte ich es ihnen nur geliehen. Leonilda und ihre Mutter weinten Freudentränen, als der Marchese mir die fünftausend Dukaten in Banknoten übergab und eine gleiche Summe seiner Schwiegermutter schenkte, um ihr dafür zu danken, daß sie ihm die Bekanntschaft mit mir verschafft hätte. Der Marchese war so diskret, den Hauptgrund zu verschweigen. Donna Lucrezia wußte nicht, daß der Herzog von Matalone ihm gesagt hatte, Leonilda sei meine Tochter.

Dankbarkeit setzte meine Heiterkeit für den Rest des Tages herab, und Anastasia verbrachte an meiner Seite eine ziemlich trübsinnige Nacht. Sie warf mir vor, daß ich sie nicht lieben würde, ich antwortete ihr ausweichend. Am anderen Morgen um acht Uhr nahm ich Abschied. Unsere Worte konnten die innigen Gefühle, die wir hatten, nicht ausdrücken. Ich versprach mit größtem Vergnügen dem Marchese, ihm von Rom aus zu schreiben, und kam um elf Uhr in Neapel an. Agata, die ich sofort aufsuchte, war sehr erstaunt über mein Erscheinen und sagte mir, sie hätte geglaubt, daß ich in Rom wäre. Ihr Gatte nahm mich mit der freimütigsten Freundschaft auf, obgleich er an jenem Tage von Blähungen gequält wurde. Ich sagte ihm, ich würde mit ihm speisen, aber sofort nach Tisch abreisen, und bat ihn, mir für die fünftausend neapolitanischen Dukaten in Banknoten, die ich ihm übergab, einen Wechsel auf Rom zu besorgen. Er versprach mir, daß in drei Stunden alles erledigt sein werde, Agata beeilte sich, Callimena zum Essen kommen zu lassen.

Das gute Mädchen war außer sich vor Freude, als sie mich in Neapel wiedersah; denn sie hatte geglaubt, ich wäre seit vierzehn Tagen in Rom, und sie erzählte mir recht ausführlich von ihrer Liebschaft mit dem jungen Cavaliere Morosini, die nach zehn Tagen schon beendet war; sie beklagte sich nur über seine Unbeständigkeit. Er hatte sie wegen einer Tänzerin im Stich gelassen. Das Geheimnis meiner zweiwöchigen Abwesenheit war das Gesprächsthema bei Tisch, ich ließ jedoch die Neugier unbefriedigt. Um drei Uhr verließ ich die drei, nachdem wir uns aufs zärtlichste umarmt hatten. Ich hielt erst in Monte Cassino[58] an, das ich noch niemals gesehen hatte. Es war eine glückliche Idee von mir gewesen, denn ich fand dort den Prinzen Xaver von Sachsen,[59] der unter dem Namen eines Grafen von der Lausitz mit der Signora Spinucci[60] reiste. Diese Dame stammte aus der Stadt Fermo, und der Prinz hatte sie in morganatischer Ehe geheiratet. Er befand sich seit drei Tagen in Monte Cassino, um die Erlaubnis des Papstes[61] für Signora Spinucci abzuwarten; denn in der Benediktinerordensregel war es Frauen ausdrücklich verboten, das Kloster zu betreten, und da Signora Spinucci dies Verbot für sich nicht anerkennen wollte, so blieb dem Prinzen nichts anderes übrig, als einen Eilboten zu Signor Bianconi[62] nach Rom zu schicken, um diese Erlaubnis zu erhalten. Nachdem ich in Monte Cassino alle Sehenswürdigkeiten genau betrachtet und dann auch ausgiebig geschlafen hatte, fuhr ich ohne Aufenthalt bis Rom.

Es war schon Mitte September, und es hatte noch nicht geregnet, deshalb war die Luft noch schlecht. Ich stieg auf der Piazza di Spagna bei Rolands Tochter ab; deren Schwester Teresa war die Frau meines Bruders, der gerade mit dem Prinzen Beloselski in Rom war.

ANHANG

›*Casanovas Briefwechsel*‹: Giac. Casanovas Briefwechsel. Gesammelt und erläutert von Aldo Ravà und Gustav Gugitz. Bd. XV der Erinnerungen. München und Leipzig 1913

Casanova, ›Confutazione‹: Giacomo Casanova: Confutazione delle storia del Governo Veneto d'Amelot de la Houssaie. 2 Tle. Amsterdam 1769; Tl. 3: Supplimento all'opera intitolàta Confutazione... Amsterdam 1769

Casanova, ›Il Duello‹: Giacomo Casanova: Il Duello. Episodio Autobiografico con prefazione di Giuseppe Pollio. Genova 1914

Childs, ›Biography‹, dt. ›Biographie‹: J. Rives Childs: Casanova. A Biography. Based on New Documents. London 1961; dt. u. d. T.: Casanova. Die große Biografie. München 1977; zitierte Ausgabe: Frankfurt am Main–Wien–Zürich 1978

Dux: Handschriften und Dokumente mit Archivisierungs-Signaturen des Casanova-Archivs in Dux (Duchcov) in der ČSSR (nur Fotokopien). Seit 1920/22 befinden sich die Originale in Mnichovo Hradiště. Zitierung nach dem Katalog von Bernhard Marr (1910/1915).

›*Frauenbriefe*‹: Frauenbriefe an Casanova. Zum ersten Male aus dem Duxer Archiv herausgegeben von Aldo Ravà und Gustav Gugitz. Bd. XIV der Erinnerungen. München und Leipzig 1912

Grellet, ›Casanova en Suisse‹: Pierre Grellet: Les aventures de Casanova en Suisse. Lausanne 1919

Gugitz, ›Lebensroman‹: Gustav Gugitz: Giacomo Casanova und sein Lebensroman. Wien–Prag–Leipzig 1921

Samaran, ›Jacques Casanova‹: Charles Samaran: Jacques Casanova. Vénetien. Une vie d'aventurier au XVIIIᵉ siècle. Paris 1914 [Neuauflage 1931]

S. di Giacomo, ›Historia della mia fuga...‹: Historia della mia Fuga dalle Prigioni della Republica di Venezia dette ›li Piombi‹ scritta a Dux in Boemia l'anno 1787 da Giacomo Casanova di Seingalt. Traduzione e prefazione di Salv. di Giacomo. Milano 1911

Verweise zwischen den Anmerkungen erfolgen innerhalb eines Kapitels nur durch Hinweis auf die betreffende Anm.-Nr., sonst durch Angabe des Bandes (römische Ziffern I–XII), des Kap. und der Anm.-Nr.

ANMERKUNGEN

1 *Doña Ignacia:* Über die Tochter des adligen Flickschusters ist nichts Näheres bekannt (vgl. X, Kap. 12).

2 *Pichona:* Maria Teresa Palomino, genannt ›La Pichona‹ (1728 bis 1795), spanische Schauspielerin (vgl. X, Kap. 12, Anm. 78).

3 *Fandango:* Leidenschaftlicher spanischer Paartanz im ³/₈-Takt, durch Gitarrenmusik und Kastagnetten begleitet, den Casanova durch Unterricht bei einem spanischen Tanzlehrer gelernt hatte (vgl. X, Kap. 12).

4 *auf den kleinen Platz:* Casanova schreibt zwar ›la plaquella‹, meint aber zweifellos die spanische Bezeichnung ›plazuela‹ (vgl. Casanova, ›Histoire de ma vie‹, Édition intégrale, Wiesbaden/Paris 1962, t. VI, vol. 11, p. 329, note 4).

5 *Calle del Desengaño:* Diese Straße in der Nähe der ›Puerta del Sol‹ existiert noch heute.

6 *Don Francisco de Ramos:* Offensichtlich fiktiver Name, denn Casanova hat im Manuskript einen mit Q beginnenden Namen durch diesen ersetzt (vgl. Casanova, ›Histoire de ma vie‹, Édition intégrale, s. Anm. 4, t. VI, vol. 11, p. 329, note 6).

7 *Dublonen:* Die einfache Dublone, auch spanische Pistole genannt, war eine spanische Goldmünze im Wert von 4 Pesos und wurde im 17. Jh. ihrem Gewicht nach in ganz Europa übernommen (vgl. Heinz Fengler/Gerhard Gierow/Willy Unger, ›transpress Lexikon Numismatik‹, Berlin 1976, S. 75, 86, 286).

8 *Münzamt:* Die Münze (›Real Casa de la Moneda‹) befand sich seit dem 17. Jh. in der Calle de Segovia, später in einem Eckgebäude des Paseo de Recoletos und der Calle de Goya (vgl. Casanova, ›Histoire de ma vie‹, Édition intégrale, s. Anm. 4, t. VI, vol. 11, p. 329, note 8).

9 *Herzog von Medinaceli:* Luis Antonio Fernandez de Córdoba, (zwischen 1715 u. 1723–1768), 11. Herzog von Medinaceli, (Medina Celi) war Oberstallmeister der spanischen Könige Fernando VI. und Carlos III.

10 *Goldpiaster:* Im französischen Original schreibt Casanova ›pezzos duros‹, die italienisierte Fassung von ›peso duro‹ (vgl. Casanova, ›Histoire de ma vie‹, Édition intégrale, s. Anm. 4, t. VI, vol. 11, p. 329, note 9). Die spanische Silbermünze Peso duro hatte einen Wert von

acht Reales, vier Pesos entsprachen einer Dublone (vgl. X, Kap. 12, Anm. 86).

11 *starb … der Herzog von Medinaceli:* Der Herzog starb im Januar 1768 (vgl. A. Morel-Fatio, ›Études sur l'Espagne‹, Paris 1888, 2ᵉ série, S. 41, 43).

12 *Sohn:* Der einzige Sohn aus der ersten Ehe mit Teresa de Moncada war Pedro de Alcántara Fernandez de Córdoba, 12. Herzog von Medinaceli (um 1732–1790); aus dessen Ehe mit Maria Javiera de Gonzaga stammte der Sohn Luis Maria Fernandez de Córdoba, 13. Herzog von Medinaceli (gest. 1806), wie sein Großvater Oberstallmeister des spanischen Königs, von Casanova als Verschwender charakterisiert (vgl. Casanova, ›Histoire de ma vie‹, Édition intégrale, s. Anm. 4, t. VI, vol. 11, p. 329, note 11).

13 *Autor:* Welchen Schriftsteller Casanova meint, ist ungeklärt.

14 *Hüte:* Es war ein Privileg der spanischen Granden, auch bei Anwesenheit des Königs nicht den Hut (span., sombrero) abnehmen zu müssen (vgl. Casanova, ›Histoire de ma vie‹. Édition intégrale, s. Anm. 4, t. VI, vol. 11, p. 330, note 12).

15 *spanische Adelstitel trug:* Der Abschnitt von ›Sein Tod hatte‹ bis ›spanische Adelstitel trug‹ wurde neu übersetzt.

16 *Graf Marazzani:* Antonio-Luigi Marazzani, angeblich Graf (um 1740–nach 1784), war ursprünglich Priester, dann Abenteurer; mit ihm hatte Casanova auch in Lugano einen Konflikt (vgl. Kap. 7); später trat er in preußische Kriegsdienste und scheint sich als Truppenwerber betätigt zu haben. Marazzani kam im November 1779 nach Venedig, und Casanova, der damals als Spitzel der Staatsinquisition in seiner Heimatstadt wieder festen Fuß zu fassen suchte, denunzierte ihn im Januar 1780 (vgl. S. di Giacomo, ›Historia della mia fuga…‹, Milano 1911, S. LXV). Casanova berichtet der venezianischen Staatsinquisition: ›Antonio Marazzani war Hauptmann im Dienst des Königs von Preußen [Friedrich II.] und befindet sich jetzt hier in Venedig […] es geht hervor, daß der vorerwähnte Marazzani (der sich den Titel Graf beilegt) von Leutnant Keller beauftragt wird, ihm junge Leute nach Lindau zu schicken unter dem Vorwande, daß sie bei ihm Diener werden sollen. In Wirklichkeit sollen diese Leute Rekruten werden. Dieser Marazzani ist derselbe, der sich vor zwei Monaten mir anvertraute, um E. E. [Eurer Exzellenz] Dienste zu leisten, indem er gewisse Schmuggelware entdeckte, die mit einem holländischen Schiff angekommen wäre. Vor etlichen Tagen nahm er einen französischen Seemann zu sich. Ich habe Grund, seine geheimen Pläne für verdächtig zu halten, denn ich weiß bestimmt, daß es ihm elend geht, daß er keine Kleider und kein Geld hat und daß er von keiner Seite her auf

rechtmäßige Weise irgendwelche Mittel zu erwarten hat. Er hat sich selber in die Häuser deutscher Kaufleute eingeführt. Einer von diesen namens Mittel nahm ihn mit in ein Kasino im Bäckerhof in San Zulian, wo er die adlige Signora Eugenia Prinli kannte; diese Dame führte ihn in ihr eigenes Kasino in die Calle dei Fuseri, und ich weiß, daß er dort gestern nacht mit einer Gesellschaft von zehn oder zwölf Personen gespeist hat. Dieser Marazzani ist von Geburt Untertan des Königs von Sardinien und augenblicklich außer Diensten; er ist anscheinend vierzig Jahre alt, groß, mager, von olivenbrauner Hautfarbe; er trägt Uniform, und ihm fehlt das rechte Auge.‹ Die Folge dieses Berichts war, daß Marazzani laut ›Annotazione‹ vom 9. Januar 1780 als ›persona sospetta‹ (verdächtige Person) für immer aus dem venezianischen Staat ausgewiesen wurde. Die Protokolle der Kaiserlichen Kabinettskanzlei im Wiener Staatsarchiv vom Jahre 1784 (Band 30, S. 303) vermerken, daß Graf Marazzani, nachdem er die preußischen Dienste quittiert hatte, nach Italien reiste.

17 *seiner Majestät:* Der Bourbone Carlos III. (1716–1788) war seit 1735 König von Neapel und seit 1759 König von Spanien.

18 *Merkur:* Lateinischer Name (Mercurius) des griechischen Gottes Hermes, Beschützer der Herden, Gott des Handels, Schutzherr der Wanderer, der schnelle, junge Götterbote, zugleich der schlaue Gott der Diebe, Betrüger und Zuhälter u. a., einer der ältesten und vielseitigsten Götter in der antiken Mythologie.

19 ›*Nolo nimis facilem, difficilemque nimis‹:* lat., Ich will weder die gar zu Gefällige noch die gar zu Unzugängliche (nach Martial, ›Epigramme‹, I, 57, V. 2).

20 *Flickschuster:* Im französischen Original ›zapatero de viecco‹, orthographisch korrekt: ›viejo‹ (vgl. Casanova, ›Histoire de ma vie‹, Édition intégrale, s. Anm. 4, t. VI, vol. 11, p. 330, note 14).

21 *Don nennen zu müssen, ... weil er Hidalgo war:* Jeder Hidalgo (vgl. X, Kap. 12, Anm. 84) hatte als Vertreter des niederen spanischen Adels Anspruch auf die Anrede ›Don‹.

22 *Prinzessin von Asturien:* Asturien ist eine Provinz im nordwestlichen Spanien. Den Titel Prinz oder Prinzessin von Asturien trug der jeweilige spanische Erbprinz bzw. dessen Gemahlin. Hier ist Maria-Luisa-Teresa (1751–1819), Tochter des regierenden Herzogs Filippo von Parma gemeint; sie heiratete 1765 den Sohn von Carlos III., der 1788 als Carlos IV. König von Spanien wurde.

23 *Ratafia:* Sehr süßer Fruchtlikör (vgl. III, Kap. 8, Anm. 28).

24 *Achterdublone:* Die ›Doblon de a ocho‹ war eine alte spanische Goldmünze mit einem Wert von 8 Escudos oder 16 Piastern.

25 ›*Nuestra Señora de la Soledad‹:* Damals existierten zwei Kirchen dieses

Namens in Madrid; wahrscheinlich besuchte Doña Ignacia die in der Calle de Fuencarral, die es noch heute gibt (vgl. X, Kap. 12, Anm. 82).

26 *Spiletta:* Vorname; über diese spanische Kurtisane ist nichts Näheres bekannt.

27 *Charlotte:* Charlotte de Lamotte, die Casanova in Spa als Geliebte des Abenteurers Croce (Crosin) kennengelernt hatte und die 1767 in Paris im Kindbett gestorben war (vgl. X, Kap. 11).

28 *Verpflichtungen der Nation gegen den Grafen Aranda:* Graf Aranda (vgl. X, Kap. 11, Anm. 48) hatte als Präsident des Königlichen Höchsten Rates von Kastilien das Theaterwesen Madrids reformiert und seit 1766 Maskenbälle und andere Vergnügungen zugelassen.

29 ›*Padres de la Compañia*‹: Gemeint sind die Angehörigen des Jesuitenordens, der ›Gesellschaft Jesu‹, die der Graf Aranda 1767 aus Spanien vertreiben ließ (vgl. X, Kap. 12, Anm. 47).

30 ›*Sombreros gachos*‹: Die langen Mäntel (capas largas) und breitkrempigen Hüte (sombreros gachos) waren im März 1766 bereits vom Vorgänger des Grafen Aranda, Squillace, verboten worden (vgl. X, Kap. 12, Anm. 28 u. 48).

31 ›*Canos del Peral*‹: Theater in Madrid (vgl. X, Kap. 12, Anm. 71).

32 *Wein aus der Mancha:* Die Mancha ist eine alte spanische Provinz in Neu-Kastilien, südlich von Madrids, aus der auch Don Quijote stammte; sie ist berühmt für ihre Weine, besonders der von Valdepeñas ist schwer und auch sehr teuer.

33 *heilige Marina:* Die Mönch-Jungfrau lebte im 5. Jh. im Kloster Kenobin bei Tripolis (Syrien). Nach der Überlieferung soll sie von ihrem Vater, der Mönch geworden war, mit ins Kloster gebracht worden sein, wuchs dort auf und wurde unerkannt Mönch namens Marinus. Eine Verleumdung, die sie als Vater eines unehelichen Kindes bezeichnete, ertrug sie stillschweigend und nahm alle Konsequenzen auf sich. Erst nach ihrem Tode wurde ihr Geschlecht bekannt; ihr Fest wird am 17. Juli begangen.

34 ›*sublata lucerna nullum discrimen inter feminas*‹: lat., bei gelöschter Lampe sind alle Frauen gleich (etwas verändert nach: Erasmus von Rotterdam, ›Adagiorum Collectanea‹, Chil. III, Centur. IV, Prov. LXXVII).

35 *fünf Zoll größer war als sie:* Casanova gibt mehrfach in den Memoiren seine Größe mit etwa 1,87 m an.

36 *etwas bemerkt hatte:* Die Textstelle von ›Durch mein Lob‹ bis ›etwas bemerkt hatte‹ wurde neu übersetzt.

37 *Don Jaime ... in ganz Spanien:* Im französischen Original in spanischer Sprache geschrieben ›el mas onesto de todos los ombres de España‹ (›onesto‹ und ›ombre‹ in italienisierter Schreibung). ›Jaime‹

ist die spanische Fassung von ›Giacomo‹ (vgl. Casanova, ›Histoire de ma vie‹. Édition intégrale, s. Anm.4, t.VI, vol.11, p.15).

38 *Mengs:* Anton Raphael Mengs (1728–1779), mit dem Casanova seit 1761 befreundet war (vgl. VII, Kap.8, Anm.43), war seit 1762 Hofmaler des spanischen Königs Carlos III.

39 *Alkalde:* Die Bezeichnung stammt aus dem Arabischen (›al Kadi‹), sie bedeutet im Spanischen: Polizeikommissar des Stadtteils, Richter, Bürgermeister. Graf Aranda hatte zur strengeren Einhaltung der Ordnung Madrid in 64 Stadtviertel aufgeteilt; der Alkalde wurde von den Bewohnern jeweils gewählt. Er hatte für die Einhaltung der Gesetze zu sorgen (vgl. Fr. Rousseau, ›Règne de Charles III‹, 2 vol., Paris 1907, I, p.192). Den Titel des Alkalden gibt es bis heute.

40 *zur Zwangsarbeit ... bestimmten Verbrecher:* Im französischen Original ›les présides‹ nach dem spanischen ›presidio‹: hier Gefängnis, Zwangsarbeit von Sträflingen. Damals wurden die Häftlinge vor allem nach Nordafrika deportiert, nach Ceuta, Penon de Velez de la Gomera, Alhucemas, Melilla (vgl. Casanova, ›Histoire de ma vie‹, Édition intégrale, s. Anm.4, t.VI, vol.11, p.331, note 25).

41 *Chevalier Mengs:* Mengs war 1758 vom Papst Clemens XIII. der Orden vom Goldenen Sporn und damit der Titel Cavaliere (Chevalier, Ritter) verliehen worden (vgl. VII, Kap.8, Anm.61).

42 *ins Gefängnis gesteckt hatte:* In der Handschrift sind die folgenden zwei Sätze, in denen Casanova Zweifel an der Unschuld seines Pagen äußert, von ihm gestrichen worden (vgl. Casanova, ›Histoire de ma vie‹, Édition intégrale, s.Anm.4, t.VI, vol.11, p.331, note 26).

43 *Chevalier de Casanova:* Obwohl auch Casanova das Recht durch den ihm ebenfalls vom Papst verliehenen Orden vom Goldenen Sporn hatte, den Titel Chevalier zu tragen, nannte er sich in Spanien nicht ›de Seingalt‹.

44 *›Buen Retiro‹:* Dieses Schloß, im Süden Madrids gelegen, war bis zum Neubau des ›Palacio Real‹ (1738/64) Residenz der spanischen Könige. Der alte Bau stammte aus dem 17.Jh.; heute sind davon nur noch Reste in dem 143 ha großen El-Retiro-Park mit seinen zahlreichen Gartenarchitekturen und -plastiken erhalten.

45 *Philipp V. ... mit der Königin:* Philipp V. (1683–1746) war der erste Bourbone auf dem spanischen Thron (seit 1701); er galt als despotischer Frömmler, in seinen letzten Lebensjahren war er menschenscheu und gemütskrank. In erster Ehe war er seit 1701 mit Prinzessin Maria Luisa Gabriela von Savoyen (1688–1714), seit 25.Dezember 1714 mit Prinzessin Elisabetta (Isabela) Farnese (1692 bis 1766) von Parma vermählt; die letztere ist hier gemeint.

46 *Gesandte von Parma:* Marazzani stammte nach Casanovas Angabe

aus Piacenza, das zum Herzogtum Parma gehörte; das Herzogtum hatte jedoch keinen ständigen Gesandten am Hof in Madrid (vgl. ›Repertorium der diplomatischen Vertreter aller Länder‹, Graz/ Köln 1965, III, S.300).

47 *venezianische Gesandte:* Der Cavaliere Alvise Sebastiano Mocenigo (1725–1780), Prokurator von San Marco, war von Juni 1762 bis 3.Juli 1768 Gesandter der Republik Venedig in Madrid (vgl. X, Kap.12, Anm.51; auch: ›Repertorium…‹, s.Anm.46, III, S.466).

48 *Landrichter:* Im französischen Original ›corregidor‹: Landrichter, Stadtrichter, Amtmann, Bürgermeister einer Stadt usw. (vgl. Casanova, ›Histoire de ma vie‹, Édition intégrale, s.Anm.4, t.VI., vol.11, p.332, note 32).

49 *Manucci:* Antonio Niccolò Manuzzi, angeblich Graf, italienischer Abenteurer in Madrid (vgl. X, Kap.12, Anm.58). Er war der ›Freund‹ des homosexuellen venezianischen Gesandten Mocenigo (vgl. Anm.47), bei dem er auch wohnte.

50 *Signora Zorzi mich dem Signor Condulmer:* Maria Teresa Zorzi, geb. Dolfin, seit 1748 Gattin des venezianischen Patriziers Marcantonio Zorzi (vgl. IV, Kap.8, Anm.23), hatte nach Casanovas Bericht (vgl. IV, Kap.8) ihm ihre Gunst zugewendet, obwohl sie der Patrizier Antonio Condulmer sehr umworben hatte; die daraus resultierende Abneigung ihm gegenüber nennt Casanova als einen der Gründe, als ihn der 1755 zum Staatsinquisitor avancierte Condulmer verhaften und unter die Bleidächer bringen ließ (vgl. IV, Kap.8, Anm.29).

51 *Señor Manuel de Roda:* Manuel, Marqués de Roda y Arrieta (um 1707–nach 1776). spanischer Justizminister (seit 1765); in der ›Confutazione‹ (I, S.173) bemerkt Casanova: ›… sehr schätzenswert ist D.(on) Emanuele de Roda‹.

52 *Herzog von Losada:* José Fernandez de Miranda, Herzog von Losada, Haushofmeister und Freund des spanischen Königs Carlos III. (vgl. X, Kap.11, Anm.51).

53 *Fürstin:* Izabela Helene Anna Lubomirska, geb. Czartoryska (vgl. X, Kap.10, Anm.44).

54 *Untertan der Republik Venedig:* Von seiner Naturalisierung als Franzose distanzierte sich Casanova auch durch solche den Tatsachen widersprechende Formulierungen (vgl. IX, Kap.7, Anm.41, 51 und 52) nach der Französischen Revolution 1789 bei der Niederschrift der Memoiren.

55 *Prinz della Cattolica:* Giuseppe Agostino Bonanno Filingeri e del Bosco, Prinz von Roccofiorita und della Cattolica (gest. 1779), seit 1748 spanischer Grande, war 1761/70 außerordentlicher Gesandter des Königreiches Neapel in Madrid (vgl. V, Kap.2, Anm.55).

56 *Marqués de Mora:* José Maria Pignatelli, Marqués de Mora (gest. 1774), spanischer Offizier (vgl. X, Kap. 11, Anm. 53).

57 *Seiner Katholischen Majestät:* Der Titel war den spanischen Königen 1497 von Papst Alexander VI. verliehen worden.

58 *Puerta de Alcalá:* An der ›Puerta de Alcalá‹, einem der fünfzehn alten Stadttore von Madrid, hatte sich die Wache zwar besonders für Casanovas mitgeführte Bücher interessiert, behielt sie auch zunächst ein, sandte sie ihm aber ein paar Tage später in das Quartier, das er in der Calle de la Cruz gefunden hatte; an seinen Waffen hatte man keinen Anstoß genommen (vgl. X, Kap. 12).

59 *›Bei Gott‹:* Im französischen Original spanisch: ›valgame Dios‹ (vgl. Casanova, ›Histoire de ma vie‹, Édition intégrale, s. Anm. 4, t. VI, vol. 11, p. 29).

60 *Graf Rojas:* Casanova schreibt ›Royas‹, später ›Roxas‹, gemeint ist offensichtlich der spanische Name Rojas, der in jener Zeit mehrfach vertreten ist, so daß eine Identifizierung des Offiziers nicht möglich ist (vgl. Casanova, ›Histoire de ma vie‹, Édition intégrale, s. Anm. 4, t. VI, vol. 11, p. 31, 37, 107, 127).

61 *ein Unrecht gegen ihn begangen habe:* vgl. Kap. 4.

62 *›Das ist leider recht gut möglich‹:* Über seine Verhaftung berichtet Casanova selbst in einem Brief an Marco Dandolo (vgl. ›Casanovas Briefwechsel‹, S. 73 ff.): ›Kaum in dieser Stadt im Dezember des letzten Jahres angekommen, habe ich, als ich auf den Ball ging, unter den Masken, indem ich auf den Maskenball mehr aus Grundsatz als aus Neigung ging, eine Maske erkannt, die eine Bekanntschaft mit mir anknüpfen wollte, indem sie sich als Italiener entdeckte. [–] Kommen wir auf das Ereignis! Ein Italiener namens Marazzani aus Mailand, den ich nie irgendwo gesehen habe, schloß auf dem Maskenball Bekanntschaft mit mir und besuchte mich am nächsten Morgen in meinem Zimmer, das in dem Hotel garni des französischen Cafés in der Kreuzstraße [Calle de la Cruz] ist. Nach diesem ersten Besuch machte mir dieser Mann deren mehrere, und eines schönen Morgens, nachdem er sehr meine Taschenpistolen gelobt hatte, die sich auf meinem Tisch befanden, bat er um die Erlaubnis, eine davon zu nehmen, um sie jemanden sehen zu lassen. Ich willigte ein. Am nächsten Morgen sagte mir dieser Mann, daß er meine Pistole einem Neugierigen überlassen hätte, und wenn ich ihm die andere geben wollte, würde er mir vierzig Taler dafür zukommen lassen. Ich willigte nicht ein und sagte ihm, mir die andere [wieder] zu überbringen. Er versprach es mir, aber am nächsten Tag hat man ihn bei Anbruch des Morgens aus seinem Bett geholt, und man steckte ihn in das Gefängnis Retiro. Nachdem ich diese Neuigkeit erfahren habe, habe ich an meine Pistole gedacht; ich habe gewußt,

wo sie war, man hatte sie einem meiner Freunde überbracht, und nachdem man mir gesagt hatte, daß diese Waffen verboten waren, habe ich mich ihrer entledigt. [–] Indessen setzte es sich dieser Italiener im Gefängnis in den Kopf, wegen der Pistole hineingesteckt worden zu sein, und gelangweilt, ohne meine Gesellschaft darin zu sein, belastete er mich derart in seinen Aussagen und sprach so viel von anderen schönen Feuerwaffen, die ich in meinem Zimmer hätte, daß der Herr Alkalde Messa sich entschloß, mir einen Besuch zu machen, ohne sich ankündigen zu lassen. Ich habe davon Wind bekommen und geglaubt, ein italienisches Trabucco [Karabiner] und eine kurze Taschenpistole, die mir blieb, von mir entfernen zu müssen. Das tat ich. Ich habe diese Waffen zu dem Herrn Ritter Menghs [!] getragen, indem ich ihn bat, sie mir aufzubewahren, und mit dieser Vorsichtsmaßregel ruhig geworden – Integer vitae, sclerisque purus [Wer im Wandel rein und frei von Schuld ist, nach Horaz, ›Oden‹, I, 22. V. 1] –, verbrachte ich meine Zeit im Busen des Friedens ohne die geringste Unruhe. [–] Am Freitag der vergangenen Woche, mein Herr, kam mein Diener zu Herrn Menghs, wo ich das Abendmahl einnahm, und sagte mir, daß drei in ihre Kapuzen gehüllte Männer, die ein schlechtes Vorzeichen schienen, mich in meiner Wohnung suchen gewesen waren und sich, da sie mich nicht gefunden hatten, erkundigt hatten, um welche Stunde ich zurückkehrte. Bei dieser Nachricht zwang mich Herr Menghs, bei ihm zu schlafen, um jede Falle zu vermeiden, sei es nun ein Anschlag von Räubern oder eine Überraschung der Justiz, indem er mir riet, mich am nächsten Tag dem Grafen von Aranda vorzustellen. Ich folgte seinem Rat und habe meinen Diener nach Hause geschickt. Am nächsten Tag um neun Uhr morgens ist ein Hauptmann des Regiments Sofie [?] zu Herrn Menghs gekommen, indem er sich als Abgesandter des Grafen von Aranda ausgab und von ihm die Feuerwaffen verlangte, welche ich zu ihm getragen hatte, und auch meine Person, von welcher er wüßte, daß sie sich in seinem Hause befände. Herr Menghs ließ seine Maultiere an seinen Wagen anspannen und übergab mich nebst meinen Waffen mit meiner vollen Einwilligung dem Offizier. [–] Der Offizier führte mich in den Retiro und erwies mir die Gunst, mich nicht in das Gefängnis zu liefern [...]‹

Auch der amerikanische Casanova-Forscher Childs verweist auf eine von der Schilderung in den Memoiren abweichende Version, und zwar hinsichtlich der Gründe für die Verhaftung (›Biography‹, p. 233, dt. ›Biographie‹, S. 238): ›Nach dem Busoni-Text der Memoiren war seine Verhaftung weniger auf illegalen Waffenbesitz zurückzuführen als vielmehr auf den Versuch, unter höchst dramatischen Umständen den Leichnam eines Liebhabers loszuwerden, den eine Spanierin im Hause gegenüber ermordet hatte. Die Geschichte inspirierte Zola, ‚Pour une Nuit d'Amour' zu schreiben, doch konnte niemals bewiesen werden, ob das Geschehen tatsächlich stattgefunden hat.‹

63 *Signor Dandolo:* Marco Dandolo (1704–1779), venezianischer Patrizier; einer seiner Gönner, der zeitlebens Casanova unterstützte und sich für dessen Rehabilitierung einsetzte.

64 *der drei Inquisitoren:* Im französischen Original wurde gestrichen: ›Qui m'avaient fait enfermer sous les plombs‹ (vgl. Casanova, ›Histoire de ma vie‹. Édition intégrale, s. Anm. 4, t. VI, vol. 11, p. 332, note 37). Wahrscheinlich ist Antonio da Mula, geb. am 10. Februar 1714 (vgl. ›Protogiornale‹ 1761, S. 193), gest. nach 1782, gemeint, der 1755 Staatsinquisitor war.

65 *Girolamo Zulian:* Girolamo Zulian, auch Giulian, geb. am 29. März 1730, venezianischer Patrizier, Mitglied des Großen Rates, 1774 einer der Staatsinquisitoren, 1783/85 Gesandter Venedigs in Rom, wo er als Protektor den italienischen Bildhauer Antonio Canova bekannt machte und ihm 1781 eine Pension der Republik Venedig für drei Jahre verschafft hatte (vgl. C. v. Chłedowski, ›Das Italien des Rokoko‹, München 1915, S. 387 ff., 395). 1785/88 war Zulian Gesandter in Konstantinopel (vgl. Pompeo Molmenti, ›Carteggi Casanoviani‹ II, Palermo 1919, S. 94, 264). Er gehörte zu den letzten bedeutenden Staatsmännern Venedigs; am 31. Dezember 1792 wurde er zum ›Savio del consiglio‹ ernannt. Er starb 1795. Von ihm sind in Dux vier Briefe aus den Jahren 1768, 1769 und 1770 an Casanova (U 10, g 1–5) erhalten. An ihn hat Casanova einen langen Brief gerichtet, in dem er über seine Affäre mit Mocenigo und Manuzzi berichtet (vgl. ›Pages Casanoviennes. Correspondance inédite de Jacques Casanova (1767–1772)‹, Paris 1925, S. 26 ff.).

66 *Signor da Mula:* Antonio da Mula (vgl. Anm. 64). Es existiert ein Brief vom 16. April 1768 (gedruckt in: ›Pages Casanoviennes‹, Paris 1925, IV, p. 39), den Zulian an Casanova schrieb und in welchem er erklärt, daß der Botschafter [Mocenigo] ihm geschrieben habe, er werde mit großem Vergnügen Casanova die angemessene Aufmerksamkeit zukommen lassen. Zulian setzt noch hinzu, er sei froh darüber, daß Casanova jetzt mit dem Benehmen des Botschafters zufrieden sein werde (Childs, ›Biography‹, p. 231, dt. ›Biographie‹, S. 236).

67 *Aranjuez:* Das königliche Schloß befand sich damals in dem Dorf Aranjuez, etwa 60 km südlich von Madrid am Ufer des Tajo gelegen. Es war im 16. Jh. von dem berühmten Architekten Juan de Herrera (um 1530–1597) erbaut worden. König Carlos III. ver-

brachte die Monate April und Mai in Aranjuez (vgl. Giuseppe Gorani, ›Memorie. Corti e Paesi‹, 1764–1766, Milano 1938, p.92; Morel-Fatio, ›Études sur l'Espagne‹, 2e série, Paris 1906, p.64).

ZWEITES KAPITEL
(S. 44–74)

1 *Fürstin Lubomirska:* Casanova hatte dem Herzog von Losada, der Haushofmeister des spanischen Königs war, ein Empfehlungsschreiben der polnischen Fürstin Lubomirska überreicht (vgl. Kap. 1, Anm. 53).

2 *Inquisition:* vgl. X, Kap. 12, Anm. 29.

3 *Abbé Béliardi:* Der italienische Weltgeistliche Abbate Agostino Bigliardi (1723–1803) aus Senigaglia hatte zunächst sein Glück in Rom gesucht und dort die Bekanntschaft des spanischen Kardinals Portocarrero gemacht; 1754 ging er nach Madrid und trat 1757 in französische Dienste; seither nannte er sich Béliardi. Der französische Außenminister Choiseul teilte ihn dem Gesandten in Spanien, dem Marquis d'Ossun, als ›agent général de commerce et de la marine‹ zu, wegen Intrigen wurde er jedoch 1770 abberufen. Er war später ein Freund der Dubarry und galt als gelehrter Nationalökonom. Nach dem Tod seines Gönners, des Herzogs von Choiseul, kehrte er nach Senigaglia als Konsul Frankreichs zurück (vgl. A. Morel-Fatio, ›Études sur l'Espagne‹, Paris 1906, 2e série, p. 133; Fr. Rousseau, ›Règne de Charles III‹, Paris 1907, I, p. 16 s., II, p. 28 s., 43 s.; ›Recueil des Instructions données aux ambassadeurs de France‹, Paris 1880 ss.: ›Espagne‹, vol. 3, p. 344).

4 *Don Rodrigo de Campomanes:* Don Pedro Rodriguez, Graf von Campomanes (1723–1803), stammte aus Asturien; er bekleidete hohe Staatsämter, 1755 war er Berater der Post, 1762 ›Fiscal del Consejo de Castilla‹ und 1783 Gouverneur des Königlichen Rates von Kastilien (vgl. X, Kap. 12, Anm. 49). 1765 wurde er Präsident der Historischen Akademie in Madrid; er gründete die ökonomische Gesellschaft ›Los Amigos del País‹ (Die Freunde der Heimat) und ist Autor verschiedener ökonomischer und politischer Schriften. Casanova hebt besonders den ›Tratado de la regalía de amortizacion‹ (Madrid 1765) hervor. Er war auch an dem ›Kolonisierungsprojekt‹ an der Sierra Morena maßgeblich beteiligt (vgl. J. Weiss, ›Die deutsche Kolonie an der Sierra Morena‹, Köln 1907, Register); Casanova richtete am 27. Mai 1768 einen längeren Brief an ihn (vgl. ›Briefwechsel‹, S. 78 ff., auch Casanova, ›Gesammelte Briefe‹, Ausgewählt, eingeleitet und mit Anmerkungen versehen von Enrico Straub, Frankfurt a. M. [1978], II, S. 66 ff.), in dem er seine eigenen

Pläne darlegte (s. Anm. 62). Rodriguez war ein Freund des Grafen Aranda und ein Feind der Jesuiten, wurde jedoch nicht durch die Inquisition drei Jahre eingekerkert, wie Casanova erzählt. Denn selbst nach dem Regierungsantritt von König Carlos IV. im Jahre 1788 war sein Ansehen unerschüttert; erst 1791 zog er sich aus dem öffentlichen Leben zurück.

5 *Don Pablo Olavides:* Pablo-Antonio-José Olavides, eigtl. Alavide, Graf von Pilos, geb. 25. Januar 1725 in Lima, der Hauptstadt von Peru; dort eignete er sich französische Bildung an, geriet aber in Konflikte mit der Geistlichkeit, die ihn einsperren ließ. 1755 heiratete er eine reiche Dame (Isabela de los Rios) und errichtete mit anderen in Madrid ein weitverzweigtes Handelsgeschäft. Seine häufigen Reisen nach Paris veranlaßten ihn, auch in Madrid französische Kultur zu vermitteln, woran besonders der Adel Gefallen fand; mit Voltaire und Rousseau pflegte er Korrespondenz. 1760 besuchte er Italien, unterstützte als reicher Mann mit seinem Einfluß und seinen Mitteln 1766 den Grafen Aranda, half die Jesuiten vertreiben, erhielt die wichtige Stelle des Generalintendanten von Andalusien. Bis 1775 war er Superintendant der deutschen Siedlungen in der Sierra Morena, doch das Experiment, den öden Boden zu kultivieren, mißlang (vgl. J. Weiss, ›Die deutsche Kolonie an der Sierra Morena‹, Köln 1907, S. 88 ff.). Inzwischen bekamen die spanischen Klerikalen wieder die Oberhand, und nach der Amtsentsetzung Arandas holte man den Peruaner, der sich meist auf seinem Landsitz La Carolina aufhielt, nach Madrid und übergab ihn der Inquisition (1776), die mit ihm abrechnete: man verbannte ihn in ein Kloster, verurteilte ihn zu Rutenhieben und zog seine Güter ein. 1778 gelang ihm die Flucht nach Frankreich, wo er als Graf von Pilos fortfuhr, mit den Liberalen zu verkehren. Er war auch Autor des dickleibigen Buches ›El Evangilo en Triumfo‹. Erst 1797, nach Ausbruch der Französischen Revolution, kehrte er nach Spanien zurück, wo er 1803 starb (vgl. F. W. Barthold, ›Die geschichtlichen Persönlichkeiten in Jacob Casanovas Memoiren‹, Berlin 1846, II, S. 283 ff.).

6 *drei Schielern:* Im französischen Original ›strabons‹, offensichtlich ein Italianismus Casanovas, abgeleitet von ›strabo‹, ital., ›Schieler‹ (vgl. Casanova, ›Histoire de ma vie‹, Édition intégrale, Wiesbaden/Paris 1962, t. VI, vol. 11, p. 333, note 4).

7 *Besitz der toten Hand:* Im Original ›les mains mortes‹, das waren Güter, die von ihrem Besitzer nicht verkauft oder über die nicht testamentarisch verfügt werden durfte; daher auch der lat. Begriff ›manus mortu‹, also der ›toten Hand‹. Zahlreiche religiöse Orden waren Nutznießer solcher Besitztümer (vgl. Casanova, ›Histoire de ma vie‹, Édition intégrale, s. Anm. 6, t. VI, vol. 11, p. 333, note 5).

8 *Frater Paolo Sarpi:* Fra Paolo Sarpi, genannt Paolo Veneto (1552 bis 1623), war Berater (Staatskonsultor) der Republik Venedig in ihrem Streit mit Papst Paul V., der Venedig 1606 mit dem Interdikt, das heißt der Kirchenstrafe, belegte und der damit allen Gläubigen die Heilsmittel zu entziehen androhte; die Regierung war dennoch, durch Sarpi unterstützt, in der Lage, die Gottesdienste aufrechtzuerhalten. 1607 hob der Papst die Kirchenstrafe auf, ohne etwas erreicht zu haben (vgl. G. Capasso, ›Sarpi e l'interdetto‹, Firenze 1880). Sarpi, der seit 1579 venezianischer Ordensprovinzial, ab 1585 für mehrere Jahre Generalprokurator in Rom war, wurde wegen seiner kritischen Anschauungen über die Kurie wiederholt als Bischofskandidat abgelehnt, von der Inquisition verdächtigt, am 5. Oktober 1607 sogar durch meuchlerische Dolchstiche lebensgefährlich verletzt. Glühender Haß gegen Rom beseelte seine Schriften. Vor allem drei Pamphlete widmen sich dem von Casanova genannten Thema. Sie wurden in der zweiten Hälfte des 18. Jh. als Kampfschriften von den Gegnern des päpstlichen Absolutismus wieder als aktuell empfunden.

9 *riesige Geldbuße:* Von einer Gefängnishaft des Grafen von Campomanes ist nichts überliefert (vgl. Anm. 4). 1791 zog er sich (immerhin 68 Jahre alt) aus dem politischen Leben zurück und lebte seinen Neigungen auf seinem Landsitz Floridablanca.

10 *noch härter behandelt:* vgl. Anm. 5.

11 *als Gesandter in Paris:* Der Graf von Aranda war Gesandter Spaniens am Hof in Versailles von 1773 bis 1786. 1787 erhielt er seinen Abschied (vgl. A. Morel-Fatio, ›Études sur l'Espagne‹, Paris 1906, 2ᵉ série, p. 142 ss.).

12 *Carlos III., der im Wahnsinn starb:* König Carlos III. starb am 13. Dezember 1788 in Madrid, jedoch nicht im Wahnsinn, doch neigte er zur Melancholie. Nachdem bereits 1760 seine Gattin Maria-Amalia-Walburga, geb. Prinzessin von Sachsen, gestorben war, trafen ihn kurz aufeinander folgende Todesfälle von Familienangehörigen schwer, so starb seine Schwiegertochter Maria Ana Vitória (15. 12. 1768–5. 11. 1788), Infantin von Portugal, und deren Kinder, Maria Carlotta (4. 11. 1787–6. 11. 1787) und ein ungetaufter Sohn (5./ 6. 11. 1788), ihr Gatte Don Gabriel, Infant von Spanien, folgte ihr noch (23. 11. 1788) vor dem Vater. Casanova gab auch in seiner ›Confutazione‹ (I, S. 172 ff.) eine Charakteristik von Carlos III.

13 *Exzesse der Jesuiten in Portugal, Westindien und Frankreich:* Hier u. a. Anspielung auf das Attentat gegen den portugiesischen König José I. im Jahre 1758; die Jesuiten wurden als Anstifter beschuldigt und aufgrund des Edikts vom 3. September 1759 aus Portugal vertrieben (vgl. IX, Kap. 9, Anm. 4). Der französische Jesuitensuperior Lava-

lette auf der westindischen Insel Martinique spekulierte mit dem
Vermögen des Jesuitenordens, erlitt bei diesen waghalsigen Ge-
schäften große Verluste, die 1759 zum Bankrott führten; zwar
wurde er 1762 aus dem Jesuitenorden ausgestoßen, doch die durch
ihn verursachten Wirren an der Börse in Frankreich trugen dazu
bei, daß der Orden 1764 in Frankreich verboten wurde (vgl. X,
Kap. 2, Anm. 8).

14 *Beichtvater des Königs Ferdinand VI.:* Das war der Jesuit Francisco de
Ravago (1685–1763), bekannt durch seine politischen Einmischun-
gen und beteiligt am Vergleich zwischen Spanien und Portugal; er
war auch Großinquisitor in Spanien.

15 *Verderben des Marqués Ensenada:* Zenón Somodevilla y Bengoecha,
Marqués de la Ensenada (1702–1781), wurde 1737 Sekretär des Ra-
tes der Admiralität, danach königlicher Geheimsekretär und Inten-
dant der spanischen Marine, 1741 Kriegssekretär des Infanten Don
Felipe, 1743 Staatssekretär der Finanzen, des Kriegswesens, der
Marine und für Westindien, fiel 1750 auf Betreiben des königlichen
Beichtvaters Ravago (vgl. Anm. 14) in Ungnade und wurde nach
Granada verbannt; unter Fernando VI. verlor er jedoch im Jahre
1754 wegen seiner profranzösischen Haltung durch die aktive
Einflußnahme des englischen Generals Richard Wall alle seine
Ämter; erst der Nachfolger Carlos III. ermöglichte ihm 1760 die
Rückkehr nach Madrid, verbannte ihn jedoch erneut 1766 (vgl.
Casanova, ›Histoire de ma vie‹, Édition intégrale, Wiesbaden/Paris
1962, t. VI, vol. 11, p. 335, note 12, et vol. 12, p. 431).

16 *Theatinos:* Unter dem Namen Theatiner war der älteste Regular-
klerikerorden (clerici regulares Theatini) im 17. Jh. von Italien nach
Frankreich gekommen. Der Orden war von Gaetano da Tiene, dem
1671 heiliggesprochenen Cajetan, und dem Bischof von Chieti Giovanni Pietro Caraffa, dem nachmaligen Papst Paul IV., sowie zwei
anderen Priestern als Kongregation der regulären Kleriker mit Ge-
lübden der absoluten Armut in Rom gegründet und am 24. Juni
1524 päpstlich bestätigt worden (Ordensregel nach der Augusti-
nerregel ›Ordo Clericorum Regularium vulgo Theatinorum‹.
1524).

17 *Gaetanos:* Der spanische Name Gaetanos (Cayetanos) geht auf den
Begründer des Ordens, den heiligen Cajetan (vgl. Anm. 16) zurück.

18 *›pia mendacia‹:* lat., fromme Lüge (nach Ovid, ›Metamorphosen‹, IX,
V. 711).

19 *neuen Beichtvater:* Carlos III. übernahm nicht den Beichtvater seines
Vorgängers. Bis 1760 war sein Beichtvater Fray José Casado, genannt Bolanos. Als Casado sein Amt wegen Krankheit und Alter

nicht mehr wahrnehmen konnte, wählte der König selbst als Nachfolger den Franziskaner Fray Joaquin Eleta, der im gleichen Jahr wie der Monarch (1788) starb.

20 *mit seinen Beichtvätern zu schwatzen:* Die Textstelle von ›Die Exzesse der Jesuiten‹ bis ›mit seinen Beichtvätern zu schwatzen‹ wurde neu übersetzt.

21 *Sierra Morena:* Gebirgslandschaft in Südspanien, die sich nördlich des Guadalquivir von Osten nach Westen erstreckt. Das Projekt, dieses Gebiet stärker zu besiedeln, existierte schon seit 1749, wurde aber unter Ensenada (vgl. Anm. 15) aufgegeben. Der bayerische Offizier Johann Caspar Thürriegel, ein Abenteurer, erbot sich dann 1766 in einer ausführlichen Studie, für die ›Kolonisierung‹ der Sierra Morena im Ausland zu werben; im Februar 1767 wurde sein Plan vom Rat von Kastilien gebilligt. Ungefähr 12 000 Menschen wurden heimlich aus Schwaben, der Pfalz, den Niederlanden, Lothringen, der Schweiz, Österreich usw. nach Spanien gebracht, Hauptort der ›Kolonie‹ war Carolina, dem spanischen König Carlos III. zu Ehren so genannt.

22 *die Schweizer:* Es waren jedoch nicht nur Schweizer, sondern auch viele Süddeutsche und Österreicher unter den Siedlern (vgl. J. Weiss, ›Die deutsche Kolonie an der Sierra Morena‹, Köln 1907, S. 14, passim). Zwar waren die Katholiken in der Mehrzahl, doch auch viele Protestanten wanderten damals nach Spanien ein. Olavides erhielt am 10. Juni 1767 die ›Superintendencia de las nuevas poblaciones proyectadas en Sierra Morena‹, d. h. die Oberaufsicht über die neuen Bevölkerungspläne in der Sierra Morena (vgl. auch ›Les Suisses d'Espagne‹ in: Pierre Grellet, ›Les aventures de Casanova en Suisse‹, Lausanne 1919, S. 181 ff.).

23 *Bischofs, zu dessen Diözese die Morena gehörte:* Wahrscheinlich der Bischof von Córdoba.

24 *Heimweh:* Casanova schreibt ›Heimvèh‹.

25 *›Nostalgie‹:* Das Wort ›nostalgie‹ wurde erst im 18. Jh. von Medizinern geprägt; es wurde jedoch aus den beiden griechischen Wörtern für ›Heimkehr‹ (νοστος) und ›Schmerz‹ (ἄλγος) gebildet.

26 *Gewohnheiten und Gesetze:* Anspielung auf den sogenannten Kiltgang, der dem bayerischen Fensterln entspricht (vgl. VI, Kap. 5, Anm. 11); eine damit verbundene Probenacht vor der Ehe war für die sittenstrenge spanische Kirche natürlich unvorstellbar.

27 *philosophischen Standpunkt:* Der Begriff des ›Philosophischen‹ wurde im Zeitalter der Aufklärung auf jeden vernünftig denkenden Autor angewandt, mehr und mehr auch als Synonym für Freidenker; als solchen sah sich Casanova, indem er religiöse Anschauungen ironisch-distanziert gegenüber den strengen Glaubensdogmen der

katholischen Kirche vertrat und spöttelnd-freisinnig interpretierte, jedoch weit entfernt davon war, Atheist zu sein.

28 *portugiesische Dame:* Gemeint ist Casanovas portugiesische Geliebte, die aus London nach Lissabon zurückgekehrt war (vgl. IX, Kap. 8 u. 9, besonders Kap. 8, Anm. 28).

29 *Doña Sabattino:* Gattin des italienischen Architekten Francesco Sabattino (1722–1797), der 1760 nach Spanien gerufen worden war (vgl. X, Kap. 12, Anm. 66).

30 *Salon:* Im französischen Original verwendet Casanova den spanischen Begriff ›tertulia‹, der Abendgesellschaft, Kränzchen, literarischer Salon bedeutet.

31 *Herzog von Medina Sidonia:* Pedro de Alcántara Perez de Guzman el Bueno, Herzog von Medina Sidonia (gest. 1777 oder nach anderer Quelle am 6. Januar 1779), Großstallmeister des Prinzen von Asturien seit 1765, wurde 1768 Großstallmeister des Königs Carlos III. Beaumarchais lobte an ihm seinen Enthusiasmus über das Leben in Paris, sein geschmackvolles Urteil über die Literatur, und der französische Außenminister Choiseul zeichnete ihn unter anderem auch durch den Ehrennamen eines ›Botschafters von Frankreich‹ aus (vgl. A. Morel-Fatio, ›Études sur l'Espagne‹, Paris 1906, 2e série, p. 44 s.).

32 *Don Domingo Varnier:* Von dem königlichen Kammerdiener Don Domingo Varnier existieren in Dux zwei Briefe vom 23. August und 3. September 1768 (U 4, 79 u. 145). Varnier setzte es durch, wie er darin angibt, daß Casanova von dem venezianischen Gesandten Mocenigo einen Paß erhielt, worauf der Kammerdiener ihm nach dieser Vorlage einen spanischen, von Graf Aranda unterzeichneten, am 3. September zuschickte, mit dem Casanova dann kurz darauf aus Madrid abreiste. Nicht nur auf dem spanischen Paß war das Prädikat ›Don‹ weggelassen worden, wie Casanova sich dann (Kap. 5) empörte, sondern auch auf dem venezianischen scheint der Titel ›Cavaliere‹ – der Casanova als Ritter vom Goldenen Sporn zustand – gefehlt zu haben. Varnier war das peinlich, doch – wie der Korrespondenz zu entnehmen ist – hatte sich die spanische Regierung nur sehr penibel an die venezianische Vorlage gehalten (Text der Briefe Varniers vgl. ›Casanova Gleanings‹ [Nizza] II, 1959). Im 18. Jh. benötigten die Reisenden nicht nur einen Paß ihres Heimatlandes, sondern auch einen Paß jenes fremden Landes, das sie bereisten. So war Casanova, als er Rußland verließ, ein russischer Paß ausgestellt worden (vgl. X, Kap. 5, Anm. 39), bei seiner Abreise aus Paris nach Spanien erhielt er einen französischen Paß (vgl. X, Kap. 12, Anm. 6).

33 *venezianische Gesandte:* Ostern 1768 fiel auf den 3. April. Aus einer

Depesche vom 12. April 1768 geht hervor, daß der spanische Hof noch in Aranjuez weilte und Mocenigo ihm dorthin folgen wollte. Die Depeschen Mocenigos aus Aranjuez sind vom 19. April bis 21. Juni 1768 datiert.

34 *Malers Amigoni:* Der italienische Maler und Radierer Jacopo Amigoni, geb. 1675 in Venedig, gest. 1752 in Madrid, malte zuerst in Flandern, München, London und Paris; 1747 wurde er nach Madrid gerufen. Seine Witwe, vermutlich eine Landsmännin Casanovas, starb vor 1768.

35 *zweiunddreißigfach gefaltetes Tuch:* Im französischen Original steht tatsächlich ›un drap à trente-deux doubles‹, das aber wohl als mehrfach gefaltetes Tuch verstanden sein will (vgl. Casanova, ›Histoire de ma vie‹, Édition intégrale, s. Anm. 6, t. VI, vol. 11, p. 336, note 22).

36 *Andersgläubigen:* Mengs war 1749 vom Protestantismus zum katholischen Glauben konvertiert, er beachtete deshalb besonders streng die religiösen Pflichten. Protestant zu sein bedeutete damals in Spanien nicht nur ›andersgläubig‹, sondern ein ›Irrgläubiger‹ zu sein. Nach Chr. A. Fischer (›Gemälde von Madrid‹, Berlin 1802, S. 383 ff. u. 394 f.) war es Gewohnheit der Pfarrer, eine Liste der Mitglieder ihrer Gemeinde mit dem Verlangen nach Angabe ihres Glaubensbekenntnisses anzulegen. Nach Fischer war es sehr leicht, sich diese Liste zu beschaffen, die Kurtisanen verkauften sie für einen Piaster, für zwei Piaster während der Fastenzeit. – Zwei Jahre später traf Casanova Mengs in Rom wieder (vgl. XII, Kap. 1); bei dieser Gelegenheit versuchte er seine Haltung, jetzt in einem Land mit größeren religiösen Freiheiten, zu erklären, denn man habe ihn in Madrid verdächtigt, Protestant zu sein, was ihn veranlaßte, sich von seinem Gast Casanova zu distanzieren, gegen den so hochnotpeinliche Vorwürfe erhoben wurden (vgl. Childs, ›Biography‹, p. 234, dt. ›Biographie‹, S. 239).

37 *große spanische Meilen:* In Spanien existierten im 18. Jh. vier verschiedene Längenmaße der Meile. Casanova meint wahrscheinlich die 1760 eingeführte ›legua nueva‹, die etwa 6,69 km entsprach.

38 *Residenz:* Im französischen Original steht das spanische ›al sitio‹, was im allgemeinen Landhaus bedeutete; ›los sitios reales‹ war die königliche Residenz. Es diente damals König Carlos III. im April und Mai als Residenz; den Februar und März verbrachte er in ›El Pardo‹; im Juni kehrte er nach Madrid zurück, von wo er nach San Ildefonso, dem Lustschloß in der Sierra Guadarrama, abreiste und dort bis Ende Juli weilte; im Oktober hielt er sich in der königlichen Klosterresidenz ›El Escorial‹ an den Abhängen der Sierra Guadarrama auf und kam im November wieder nach Madrid (vgl. Fr. Rousseau, ›Règne de Charles III‹, Paris 1907, 2 vol., passim).

39 ›*Turpius ejicitur, quam non admittitur hospes‹:* lat., Es ist schimpflicher, einen Gast hinauszuwerfen, als ihn nicht zu empfangen (nach Ovid, ›Tristia‹, V, 6, V. 13).

40 *in das Café zu meiner Wohnung:* Casanova wohnte im ›Café Français‹ in der Calle de la Cruz (vgl. X, Kap. 12, Anm. 38), bevor er vor der drohenden Verhaftung zu Mengs flüchtete.

41 *der berühmteste Diener:* Mengs verwechselte offensichtlich das italienische Verb ›inclinare‹ (beugen, verneigen) mit dem Lateinischen ›inclitus‹ (berühmt).

42 *Turms von Babylon:* Casanova bezieht sich wohl vor allem auf den Bericht über den ›Turmbau zu Babel‹ (im 1. Buch Mose, 11,4). Herodot, der die erste griechische Stadtbeschreibung über Babylon gab, berichtet davon, daß die Priesterin des Gottes Marduk (Bel) an der Spitze des Turmes die Nacht verbringe. Archäologische Funde erhärten, daß es sich bei dem biblischen Turm von Babel um den in zwei Stockwerken stufenartig ansteigenden ›Tempelturm‹ (Ziqqurrat) Etemenanki in Babylon handelt, der 689 bei der Zerstörung der Stadt durch Sanherib beseitigt, im 6. Jh. v. u. Z. unter Nebukadnezar II. erneuert wurde. In der Antike galt er als eines der 7 Weltwunder; nach der Überlieferung hatte er eine Seitenlänge von 92 m und 5 Stufen bis zum Dach, war mit blauen Ziegeln verkleidet und erreichte eine Höhe von etwa 90 m (vgl. H. Freydank/W. F. Reineke/M. Schetelich/Th. Thilo, ›Der Alte Orient in Stichworten‹, Leipzig 1978, S. 133 u. 488 f.).

43 *sagte, waren haarsträubend:* Die Textstelle von ›Nachdem ich ihn‹ bis ›sagte, waren haarsträubend‹ wurde neu übersetzt.

44 *ältesten Sohn:* Mengs hatte nach den römischen Kirchenregistern wenigstens 14 Kinder. Der älteste Sohn, Domenico Raffaello, geb. 1750, starb als Kind; ein anderer Sohn, Giovanni Antonio, geb. 1754, starb um 1759/60. Wahrscheinlich handelt es sich um Alberico Mengs (1758–1808), der 1789 Kaiserlicher Agent in Rom war (vgl. Fr. Noack, ›Das Deutschtum in Rom seit dem Ausgang des Mittelalters‹, Stuttgart/Berlin/Leipzig 1927, II, S. 393).

45 *sein Vater:* Ismael Israel Mengs (1688–1764) war auch Maler.

46 *Titel Chevalier:* Mengs trug ebenso wie Casanova als Ritter des Ordens vom Goldenen Sporn diesen Titel zu Recht (vgl. Kap. 1, Anm. 41).

47 *Antonio da Correggio und des Raffael:* Antonio Allegri da Correggio (1494–1534) und Raffael, eigtl. Raffaello Santi (1483–1520), berühmte Maler der italienischen Renaissance.

48 *eine Magdalena gemalt:* Ein Gemälde der heiligen Magdalena von Mengs existiert im Madrider Prado-Museum, ein anderes in der Dresdner Galerie.

49 *Petrarca:* Der italienische Renaissance-Dichter Francesco Petrarca (1304–1374) schrieb vor allem formvollendete Sonette, die unter dem Titel ›Le Rime‹, auch ›Il Canzioniere‹, gesammelt sind.

50 *fast fünfzig Jahren starb:* Mengs starb einundfünfzigjährig 1779, denn er wurde 1728 geboren.

51 *einer der Anbeter:* Casanova meint wohl die Biographie des spanischen Gelehrten José Nicolás de Azara (1730–1804), Diplomat Spaniens in Rom und ein großer Bewunderer des Malers, die dem 1780 in Madrid erschienenen Werk ›Obras de don Antonio Rafael Mengs, primer pintor de Camara del Rey. Además de una noticia de la vida y obras del artista‹ beigegeben war. Eine italienische Übersetzung im Quartformat erschien 1780 in Parma.

52 *noch einmal in Rom begegnen:* vgl. XII, Kap. 1.

53 *Naumachie:* In Toledo gibt es noch heute die Ruinen eines antiken Amphitheaters, in dessen Bassin oder im überfluteten Amphitheater Gladiatorenkämpfe in Form einer Seeschlacht (Naumachie: griech., Seekampf) nach römischem Vorbild stattgefunden haben (vgl. ›Lexikon der Antike‹, hg. von Johannes Irmscher in Zusammenarbeit mit Renate Johne, ²neubearb. Leipzig 1977, S. 377). Gorani (in: ›Memorie‹, Milano 1938, p. 119) sah 1764 in Toledo die Aquädukte, spricht aber nicht von einer ›Naumachie‹. Im 18. Jh. waren die Spuren des ausgedehnten Amphitheaters zahlreicher als heute (vgl. Don José Amador de los Rios, ›Toledo pintoresca, o Descripción de sus más célebres monumentas‹, Madrid 1845, p. 325; Don Sisto Ramón Parro, ›Toledo en la mano, o Descripción historico-artistica de la magnífica catedral y los demás célebres monumentos‹, Toledo 1857, I, p. 581).

54 *Cicerone:* Italienische Bezeichnung für Fremdenführer, die wegen ihrer Beredsamkeit von dem großen römischen Redner Cicero hergeleitet wurde.

55 *Alcazar:* Der an höchster Stelle der Stadt Toledo gelegene Alcazar (Burg und Palast), neben dem von Sevilla der bedeutendste spanische, leitet seinen Namen von dem arabischen Wort al-qasr (Burg, Schloß) her. Er war schon 576 bis 711 Fürstenresidenz unter den Westgoten, seit 714 von Mauren besetzt, 1085 von Alfonso VI. von Kastilien erobert, seitdem bis ins 17. Jh. Königsresidenz. Anstelle eines arabischen Schlosses ab 1537 unter Carlos I. durch Dombaumeister Alonso de Covarrubias Neubau (vgl. ›Lexikon der Kunst‹, Leipzig 1978, V, S. 169).

56 *wegen der Reichtümer:* Die berühmte Kathedrale von Toledo, eine nach französischen Plänen von 1227 bis 1493 errichtete, in ihren Ausmaßen gewaltige Pfeilerbasilika (130 m lang, 60 m hoch, Turm 107 m hoch) enthält nicht nur 40 prachtvoll geschmückte Gräber,

Kapellen, Portale, reiche Maßwerkfenster, sondern auch zahlreiche Gemälde, unter anderem von El Greco (vgl. ›Lexikon der Kunst‹, s. Anm. 55, ebd.). Toledo ist bis heute Sitz des Erzbischofs (Primas) von Spanien, zu Casanovas Zeit war es Don Luis III. Fernandez de Córdoba, der durch seine Wohltätigkeit berühmt war.

57 *Tabernakel:* Altarschrein zur Aufbewahrung der geweihten Hostie.

58 *dreißig Silberlinge:* Diese Anekdote von den dreißig Silberlingen des Judas berichtet Casanova bereits in seiner ›Confutazione‹ (I, S. 117).

59 *naturgeschichtliche Kabinett:* Es ist nicht mehr festzustellen, welches Kabinett Casanova gesehen hat. Das berühmte naturhistorische Kabinett des Erzbischofs wurde von dem durch seine große Gelehrsamkeit berühmten Don Francisco III. Antonio Lorenzana erst nach 1772 angelegt. In Dux (U 12, 47) befindet sich übrigens ein Zettel mit Notizen in spanischer Sprache über die Sehenswürdigkeiten von Toledo, den ihm vielleicht der erwähnte Cicerone ausgehändigt hat.

60 *Basilisken:* In der Bibel genannte Fabeltiere (Psalm 91, 13), die als Symbole des Todes galten. In der frühchristlichen und mittelalterlichen Kunst wurde der Basilisk zunächst schlangenartig, später als Hahn mit Schlangenschwanz dargestellt (vgl. H. Sachs/E. Badstübner/H. Neumann, ›Christliche Ikonographie in Stichworten‹, Leipzig 1973, S. 46). Bei den antiken Schriftstellern galt der Blick des Basilisken, der als geflügelte Schlange geschildert wird, als tödlich.

61 *Marchese Grimaldi:* Don Pablo Jerónimo, Marchese di Grimaldi Palavicini y Spinola (1720–1786), stammte aus einer genuesischen Patrizierfamilie, trat schon früh in den spanischen diplomatischen Dienst, weilte 1746 unter dem Namen Josef Ghilliai in Wien als geheimer spanischer Emissär, wo J. J. Khevenhüller-Metsch (›Aus der Zeit Maria Theresias. 1745–1749‹, Wien 1908, S. 102) eine Charakteristik von ihm gibt; als gewandter Diplomat brachte er den berühmten Familienvertrag, der 1761 zwischen Spanien und Frankreich geschlossen wurde, zustande. 1763/77 war er spanischer Minister des Auswärtigen, danach bis 1783 Gesandter in Rom (vgl. Belgrano, ›Aneddoti e rittrati Casanoviani‹, Turin 1889, S. 49 f.). Grimaldi ist auch derselbe, der dem heißblütigen Caron de Beaumarchais beistand, als dieser im Jahre 1764 nach Madrid kam, um sich an dem Kronarchivar Don Clavigo zu rächen; Goethe hatte den Stoff für seine Tragödie ›Clavigo‹ (1774) den in ganz Europa berühmten ‹Mémoires› (1773/74) von Beaumarchais entnommen.

62 *meinen Plan:* Gemeint ist ein Brief vom 27. Mai 1768 aus Madrid an Pedro Rodriguez de Campomanes, dessen Abschrift in italienischer Sprache erhalten ist (Dux U 9, 52; Faksimile der ersten Seite vgl.

›Geschichte meines Lebens‹, hg. von Erich Loos, Berlin (West) 1967, Bd. XI, S. 80 gegenüber). Casanova schreibt darin unter anderem: ›Da die Kolonien in der Sierra Morena weder einem militärischen noch einem handelspolitischen Zweck dienen, sei mir gestattet, sie nicht Kolonien zu nennen, sondern einfach Ansiedlungen, durch die ein weites und fruchtbares, jedoch bisher vernachlässigtes Gebiet kultiviert werden soll. Um dieses Ziel zu erreichen, wird es genügen, mit der Bodenbestellung zu beginnen, dann wird Spanien in wenigen Jahren aus sich heraus Menschen hervorbringen, ohne schweres Geld für Fremde zahlen zu müssen. [–] Die Landwirtschaft ist die Göttin, die solche Wunder bewirkt; denn daß die Menschen den Boden bearbeiten, ist etwas Selbstverständliches, daß der kultivierte Boden aber Menschen anzieht und sozusagen von sich aus auf wunderbare Weise Bevölkerung hervorbringt, die vom Himmel geschenkt scheint, das sind Dinge, die die Erfahrung gelehrt hat und die wir in unserem Jahrhundert in Spanien verwirklicht sehen werden […] Das Mittel, das ich besonders im Auge habe, um dieses himmlische Werk mit aller erdenklichen menschlichen Unterstützung in die Wege zu leiten, ist die Landwirtschaft […] Durch meine Studien und Erfahrungen bin ich zu einem Fachmann der Bodenbeschaffenheit geworden, und ich fühle mich in der Lage, sie zu verbessern, die Mängel zu beheben und die Erde je nach dem gewünschten Erzeugnis mehr oder weniger salzhaltig und mehr oder weniger fett zu machen […] Nachdem man allen verschiedenen Arten von Ackerbau genügend Stütze und Fundament gegeben hat, empfiehlt es sich, Manufakturen zu fördern und anzuregen; auch soll man auf zwanglose Weise verhindern, daß keine jener Laster dort Wurzel fassen, die zu Müßiggang, Zügellosigkeit, Ausschweifung, Krankheit und Liederlichkeit führen können; soweit es in den Anfängen geht, soll man verhindern, daß jemand sich über die anderen erhebt, vielmehr muß mit aller verfügbaren Kraft die Gleichheit aufrechterhalten werden. [–] Zweckmäßig ist es, Manufakturen zu gründen, und ich denke an bestimmte, die unbedingt nötig sind, in Spanien aber noch fehlen; doch wiederhole ich die Notwendigkeit, streng jeden Müßiggang zu verfolgen und weder Bettler noch irgendwelche Einfuhren zu gestatten. Nicht jedwelches Vergnügen braucht geächtet zu werden; vielmehr empfiehlt es sich, der Bevölkerung einige zuzugestehen, die jedoch vom Gesetzgeber gebilligt sein müssen. [–] Wenn man dann der Industrie den nötigen Ansporn gegeben hat und die neue Bevölkerung glücklich gedeihen sieht, wird es gut sein, durch gewisse Maßnahmen anzustreben, daß unter den Kolonisten auch über das Notwendige hinausgehende Bedürfnisse geweckt werden, um auf diese

Weise die Arten der Beschäftigung zu vervielfältigen, und dabei
sollte man immer im Auge behalten, daß nur Betätigung den Menschen glücklich macht. Ein Land, das nach solchen Grundsätzen
aufgebaut ist, wird sich in wenigen Jahren so entwickeln, daß es
ganz natürlich alle jene sich dort niederzulassen anzieht, die in anderen Provinzen kein befriedigendes Auskommen haben. [–] Die
erste Maßnahme, die zu diesem Ziel führt [...], ist also einzig und
allein der Ackerbau; um zu beweisen, daß seine Stärkung eine Provinz bevölkert, genügt es, sich vorzustellen, wie seine Vernachlässi-
gung ein Gebiet entvölkert. Ich habe vielerlei Ansichten über die
Erziehung, über das durch die Ehelosigkeit angerichtete Unheil
und über verschiedene friedliche Methoden, dieses wenn nicht
schon zu verhindern, so doch wenigstens einzudämmen, indem man
die Ehe sehr begünstigt und unterstützt, obschon mit großer Be-
hutsamkeit angesichts der Achtung, die man der Bibelstelle schul-
det, die sie ablehnt [Paulus, ›Erster Brief an die Korinther‹, VII,
38: ‚Demnach, welcher verheiratet, der tut wohl, welcher aber
nicht verheiratet, der tut besser‘, deutsch von Martin Luther].
Unsere allerheiligste Religion verbietet uns als einzige und wahre
Deuterin der Natur, an Polygamie zu denken, läßt aber dessenun-
geachtet unseren Bestrebungen Spielraum, die Vermehrung durch
häufige Hausstandsgründungen zu begünstigen und dann verschiedene Gebräuche einzuführen, um sie über das normale Maß
fruchtbar zu gestalten. [–] Meiner Ansicht nach sind die Fremden,
die sich bereits in der Sierra Morena niedergelassen haben, mehr als
ausreichend, um das von Seiner Katholischen Majestät vorgenom-
mene Ziel zu erreichen, und mit dem Segen Gottes kann bei Anwendung der angedeuteten Mittel diese Bevölkerung in kurzer Zeit
das Glück Spaniens werden [...]‹ (deutsch von Heinz von Sauter,
in: Casanova, ›Gesammelte Briefe‹, ausgewählt ... von Enrico
Straub, Frankfurt a. M. 1978, II, S. 67–70).

63 *mit Ausnahme des Königs:* Im Manuskript hat Casanova folgende Bemerkung an den Rand geschrieben: ›Le roi d'Espagne avait la phy-
siognomie de mouton, et le mouton est l'animal qui n'a aucune idée
d'harmonie orale. Qu'on écoute la voix de cent moutons en trou-
peau, et on entendra cent demi-tons différents‹ (Der König von
Spanien hat das Gesicht eines Schafes, und das Schaf ist ein Tier,
das für irgendeine Vorstellung von Wohlklang kein Verständnis hat.
Man höre sich nur die Stimmen einer hundertköpfigen Schafherde
an, und man wird darin hundert unterschiedliche Halbtöne vernehmen; vgl. Casanova, ›Histoire de ma vie‹, Édition intégrale,
s. Anm. 6, t. VI, vol. 11, p. 53). Das Profil eines Schafs zeigt deutlich
eine Münze mit dem Bildnis von Carlos III., die bei J. Weiss, ›Die

deutsche Kolonie an der Sierra Morena‹ (Köln 1907, S.92) ab-
gebildet ist.

64 *meine Oper:* Weder der Titel der Oper noch der Name des Komponisten ist überliefert; auch im Duxer Nachlaß fand sich keine Kopie
des Librettos.

65 *Pelliccia:* Clementina Pelliccia, italienische Sängerin aus Rom, sang
1768/69 an den Hoftheatern S. Ildefonso und Aranjuez; Casanova
traf sie nach 1770 in Rom wieder (vgl. XII, Kap. 7). Ihre jüngere
Schwester war Maria Teresa Pelliccia, die noch 1777 in Madrid
auftrat (vgl. ›Elenco de' signori virtuosi di canto e di danza‹, Milano
1776, S. 24; ›Indice de' Spettacoli per il Carnevale dell A. 1777‹,
S. 18). Don Luis Carmena y Millán erwähnt beide Sängerinnen in
seinem Buch ›Crónica de la ópera italiana en Madrid‹ (Madrid
1878, S. 16 f.).

66 *Marescalchi:* Luigi Marescalchi (um 1740–um 1790), italienischer
Opernkomponist und Impresario von Opern und Balletten aus Bologna; richtete 1770 eine Musikalienhandlung in Venedig ein, die
er 1785 in Neapel weiterführte.

67 *Gouverneur von Valencia:* Das war bis 1766 Graf von Aranda (spanisch ›capitan general‹). Valencia besaß als erste Stadt Spaniens ein
Theater (vgl. José Bernat y Daran, ›Apéndice sobre los teatros ca-
talán y valenciano‹ in: Narciso Díaz de Escovar/Francisco de Lasso
de la Vega, ›Historia del Teatro Español‹, Barcelona 1924, vol. II,
p. 335).

68 *Herzog von Arcos:* Don Antonio Ponce de Léon y Spínola, Herzog von
Baños, (seit 1763) Herzog von Arcos (1726–1780), war sehr reich
und galt als generös; in seiner Jugendzeit hatte er die Feldzüge in
Italien mitgemacht, wurde zum Kapitän der spanischen Kompanie
der Garde du corps und später zum Generalkapitän ernannt. Carlos III., der mit seiner königlichen Huld sehr kargte, hegte für ihn
enge freundschaftliche Gefühle (vgl. A. Morel-Fatio, ›Études sur
l'Espagne‹, Paris 1906, 2ᵉ série, p. 47).

69 *Don Diego Valencia:* Er war Bankier in Valencia.

70 *Prinzen von Asturien:* Gemeint ist der spätere spanische König Carlos IV. (1748–1819), der 1765 Maria-Luisa-Teresa (1751–1819) von
Parma geheiratet hatte (vgl. Kap. 1, Anm. 22); die Prinzessin war
für ihre Galanterien bekannt.

71 *seinem Bruder:* Don Luis Antonio Jaime, genannt Don Luis, Graf von
Clinchón, Guadrilla y Villaviciosa (1727–1785), war seit 1734 Erzbischof von Toledo und seit 1741 von Sevilla, 1735 wurde er Kardinal; 1754 verzichtete er auf alle geistlichen Würden und heiratete
1776 Gräfin Ana Maria Teresa Vallabriga y Rozas (geb. 1758), die
er zur Herzogin von Clinchón machte. Jedoch nicht dieser Lieblings-

bruder des Königs, sondern Carlos III. selbst soll mit den von Mengs gemalten Bildern der Heiligen Jungfrau und anderer Heiliger gereist sein (vgl. Fr. Rousseau, ›Règne de Charles III‹, Paris 1907, II, p. 374 ss.).

72 *todmüde zurück:* Carlos III. frönte tatsächlich täglich – mit Ausnahme von höchsten christlichen Festtagen – seiner Jagdleidenschaft, der er bis in die Nacht bei Fackelschein nachging (vgl. Gorani, ›Memorie. Corti e Paesi, 1764–1766‹, Milano 1938, p. 92; Fr. Rousseau, ›Règne de Charles III‹, s. Anm. 71, I, p. 12, note).

73 *Carrera de San Jerónimo:* In der heute noch existierenden Straße, zwischen der ›Puerta del Sol‹ und dem Prado gelegen, gab es im 18. Jh. eine kleine Kirche bei dem Franziskanerkloster ›Espiritu Santo‹; beide wurden 1823 abgerissen (vgl. Casanova, ›Histoire de ma vie‹, Édition intégrale, s. Anm. 6, t. VI, vol. 11, p. 338, note 43).

74 *›beata ubera ...patris filium‹:* lat., die seligen Brüste, die den Sohn des ewigen Vaters genährt haben (frei nach dem Evangelium des Lukas, XI, 27).

75 *Abbate Pico:* Alessandro Pico war ein Vetter des letzten Herzogs von Mirandola, Francesco Maria, der 1708 von dort durch die Österreicher vertrieben worden war und sich nach Spanien zurückzog; der Abbate Pico folgte ihm, er lebte bis zu seinem Tod am 28. Januar 1788 (vgl. ›Wiener. Zeitung‹ 1788, S. 472) in Madrid. Er war heimlich zweimal verheiratet und hatte mehrere Kinder. Der Abbate Pico war ein Freund und Ratgeber Grimaldis (vgl. Anm. 61), der ihn sehr schätzte; er war Rat im Finanzdepartement (Concejo de Hacienda) und Almosenier von Carlos III. Ohne Priester zu sein, trug er das geistliche Gewand. Ganz Madrid nannte ihn den ›Abbé Pico‹ oder kurz ›el abate‹. Unter dem Ministerium Grimaldi gehörte er der sogenannten italienischen Partei an (vgl. A. Morel-Fatio, ›Études sur l'Espagne‹, Paris 1906, 2e série, p. 75 s.).

76 *einen Besuch abzustatten:* Die Textstelle von ›Ich fuhr noch‹ bis ›einen Besuch abzustatten‹ wurde neu übersetzt.

77 *Signor Barbarigo:* Gemeint ist Piero (Pietro) Barbarigo, geb. am 28. Januar 1717 in Venedig, ein einflußreicher Geistlicher, der den Spitznamen ›Lo Zoppo‹ (›der Hinkende‹) führte; er war 1769/70 einer der drei Staatsinquisitoren von Venedig (vgl. Lorenzo Da Ponte, ›Memoiren des Mozart-Librettisten, galanten Liebhabers und Abenteurers‹, hg. von Günter Albrecht, Berlin 1970, S. 439).

78 *Evangelist Lukas:* Nach einer legendarischen Überlieferung aus dem 6. Jh. soll der Evangelist Lukas auch Maler von Marien- und Christusbildern gewesen sein. 726 berichtet Andreas von Kreta erstmals über angeblich von Lukas gemalte Ikonen der Gottesmutter in Jerusalem und Rom. Lukas gilt nach der ›Legenda aurea‹

(13.Jh.) als Schutzpatron der Maler, ja der Künstler überhaupt. Mehrere Marien- und Christus-Bilder werden auf ihn zurückgeführt. Sie haben alle als vorherrschende Farbe Braun. Casanova kannte seit seiner Jugend das berühmte, Lukas zugeschriebene Bild ›Madonna Nikopoia‹ (siegbewirkende) in San Marco seiner Heimatstadt Venedig. Vielleicht bezieht sich darauf seine Bemerkung, Lukas habe nur in drei Farben gemalt (vgl. ›Lexikon der Kunst‹, Leipzig 1975, III, S. 66, 157 ff.; Sachs/Badstübner/Neumann, ›Christliche Ikonographie in Stichworten‹, Leipzig 1973, S. 241 f., 246 ff.).

79 *vor diesem Altar:* Im französischen Original steht zwar ›hôtel‹, aber offensichtlich ein Schreibfehler, denn Casanova meint sicher ›autel‹ (vgl. Casanova, ›Histoire de ma vie‹, Édition intégrale, s. Anm. 6, t. VI, vol. 11, p. 59, et p. 339, note 45).

80 *Origenes,* griechischer Kirchenschriftsteller, geb. um 185 Alexandreia, gest. 253/54 Tyros; durch seine Synthese von christlichem Glauben, hellenistischer Bildung, neuplatonischer Philosophie und durch seine Begründung einer systematischen Theologie hat er alle theologischen Richtungen der Folgezeit angeregt (vgl. ›Lexikon der Antike‹, ²neubearb. Leipzig 1977, S. 399). Origenes widmete sich einem strengen asketischen Leben mit Fasten, Wachen und in größter Armut. Auch im ›Kirchlichen Handlexikon‹ (hg. von Michael Buchberger, Freiburg i. Br. 1912, II, Sp. 1236) wird berichtet: ›Übereifer trieb ihn damals zu dem später bereuten Entschluß der Selbstentmannung.‹

81 *›qui se castravit propter regnum coelorum‹:* lat., der sich des Himmelreiches wegen selbst verschnitten hat; diese Formulierung entspricht der Fassung im Evangelium Matthäi (XIX, 12) ›... und sind etliche verschnitten, die von Menschen verschnitten sind; und sind etliche verschnitten, die sich selbst verschnitten haben um des Himmelreichs willen...‹

82 *noch das andere tun:* Die Textstelle von ›Ganz und gar nicht‹ bis ›das andere tun‹ wurde neu übersetzt.

83 *de Ségur:* Wahrscheinlich ein Angehöriger der alten Adelsfamilie der Ségur aus der Landschaft Poitou. Vielleicht handelt es sich um Philippe-Henri, Marquis de Ségur (1724–1801), der im Österreichischen Erbfolgekrieg kämpfte, von dem aber nicht bekannt ist, ob er sich um 1768 in Madrid aufhielt; er war Gouverneur der Franche-Comté seit 1764, Marschall von Frankreich und französischer Kriegsminister (1781/87). Möglicherweise erzählt auch Casanova eine Begebenheit aus dem Leben von dessen Vater Henri-François, genannt ›der schöne Ségur‹ (1689–1751), der sich in seiner Jugend in Spanien aufhielt (vgl. Casanova, ›Histoire de ma vie‹, Édition intégrale, s. Anm. 6, t. VI, vol. 12, p. 429).

84 ›*Aliena spectans doctus evasi mala*‹: lat., Angesichts des Mißgeschicks
   anderer wurde ich klug (antike Lebensweisheit, die sich in ähnlichen Formulierungen bei mehreren griechischen und lateinischen
   Autoren findet, z.B. schreibt Publius Syrus in seinen ›Sententiae‹
   (150): ›Ex vitio alius sapiens emendat suum‹; Tibull im überliefer-
   ten ›Corpus Tibullianum‹ (3, 6, 43): ›Felix quicumque dolore al-
   terius disces posse cavere tuum‹; und Columban (69): ›Felix, alte-
   rius cuisunt documenta flagella...‹ (vgl. Casanova, ›Histoire de ma
   vie‹, Édition intégrale, s. Anm. 6, t. VI, vol. 11, p. 60, note).

85 *Großinquisitor:* Don Manuel Quintano y Bonifaz (gest. 1775), Erzbischof von Farsalie, war 1761/75 Großinquisitor von Spanien (›ca-
   beza de la Inquisición española‹). Ihm stand ein Inquisitionsrat zur
   Seite, dessen Mitglieder er im Einverständnis mit dem König ernannte. Die Inquisition hielt sich in Spanien bis 1834.

86 *Besiedlung:* Casanova verwendet im französischen Original den spanischen Ausdruck ›población‹, der sowohl ›Bevölkerung, Stadt, Ort‹
   als auch ›Ansiedlung‹ bedeutet (vgl. Casanova, ›Histoire de ma
   vie‹, Édition intégrale, s. Anm. 6, t. VI, vol. 11, p. 62, et p. 339, note
   48).

87 *Gregorio Squillace:* Leopoldo de Gregorio, Marchese di Squillace (gest.
   1785), seit 1759 spanischer Finanzminister, seit 1763 Kriegsminister, wurde nach dem Madrider Volksaufstand im März 1766
   vom König als Minister entlassen (vgl. X, Kap. 12, Anm. 28). Seine
   Frau stammte aus Katalonien. Sie war noch ein Kind, als sie den
   viel älteren Marchese heiratete. Den König kannte sie seit ihrer Jugend. Anläßlich des Volksaufstandes waren zahlreiche Streitschrif-
   ten gegen den als Ehegatten seinem König gefälligen Minister erschienen. 1766/72 weilte er in Sizilien, 1772 wurde er zum spanischen Gesandten in Venedig ernannt.

88 *verstorbenen Königin:* Maria-Amalia-Walburga, Prinzessin von Sachsen, seit 1739 mit Carlo Bourbone, als Carlos III. seit 1759 König
   von Spanien, verheiratet, war 1760 gestorben. Der Witwer heiratete
   nicht wieder.

89 *Adelaïde von Frankreich:* Marie-Adelaïde (1732–1800), Tochter von
   König Ludwig XV. von Frankreich; wie alle königlichen Töchter
   trug sie den Titel ›Madame de France‹; sie starb unvermählt.

90 *Ehe zur linken Hand:* Einem Infanten von Spanien war es verboten,
   unebenbürtig zu heiraten. Don Luis Antonio Jaime konnte 1776 nur
   mit ausdrücklicher Genehmigung seines königlichen Bruders Carlos III. die Gräfin Maria Ana Teresa Vallabrigida y Rozas heiraten,
   mit der er drei Kinder hatte.

91 *Königin von Portugal:* Maria I. Francisca Isabela von Portugal (1734
   bis 1816), auch Prinzessin von Brasilien, wurde tatsächlich nach

dem Tod ihres ältesten Sohnes Don José (gest. 11.9.1788) und ihrer Tochter Doña Maria Ana Vitória, Gattin von Don Gabriel, Infant von Spanien, 1788 geisteskrank. Zum Tode von Carlos III. vgl. Anm. 12.

92 *König von England:* George III. von England (1738–1820), seit 1760 König; erste Anzeichen von Geisteskrankheit stellte man seit 1788 fest, hielt sie aber geheim. Erst 1810 wurde seine Krankheit als unheilbar erklärt, und sein Sohn Friedrich August, Prince of Wales, übernahm 1811 die Regentschaft; als König Georg IV. folgte er 1820 seinem Vater.

93 *Provinz Biskaya:* Nordspanische Provinz (span. Vizcaya) am Golf von Biskaya, aus der bis ins 19. Jh. fast ausschließlich die Dienstmädchen nach Madrid kamen; sie hatten den Ruf, besonders sauber und tüchtig zu sein.

94 *Calle de Alcalá:* Sie ist heute eine breite und belebte Hauptverkehrsstraße Madrids mit Ministerien, Banken und Hotels, die sich ostwärts von der Puerta del Sol über die Plaza del Alcalá mit dem allerdings erst 1778 errichteten Triumphbogen ›Puerta‹ gleichen Namens am El-Retiro-Park erstreckt.

95 *Fontainebleau von Paris:* Während die Entfernung von Paris nach Fontainebleau 55 km beträgt, sind es von Madrid nach Aranjuez 47 km.

96 *Bilbao:* Hauptstadt der Provinz Biskaya in der Nähe der nordspanischen Küste.

97 *Felipe:* Spanische Form des Vornamens Philipp.

98 *Criadillas:* Ursprünglich ein spanisches Gericht aus Tierhoden, aber auch Bezeichnung für verschiedene andere Gerichte, z. B. Brötchen, eine Spezialität aus Kartoffeln, ein bestimmter marinierter Fisch oder Trüffel.

Drittes Kapitel
(S. 75–103)

1 *Ignatius von Loyola:* span. Iñigo López de Loyola (1491–1556) stammte aus baskischen Kleinadel, führte zuerst als Offizier ein freies weltliches Leben, bis ihn 1521 bei der Verteidigung von Pamplona eine Kanonenkugel schwer verwundete; er schlug nun die geistliche Laufbahn ein, begann nach einer Pilgerreise ins Heilige Land (1523) als 33 jähriger mit Studien in Barcelona, Alcalá, Salamanca und Paris (1524/35). 1538 gründete er in Rom die ›Compañia de Jesus‹, den Jesuitenorden, zu dessen Generaloberen er 1541 gewählt wurde. Er wurde und wird in Spanien sehr verehrt (Heiligsprechung 1622).

2 *Pesos:* Casanova schreibt ›pezzo duro‹, span. ›peso duro‹, auch

Piaster genannt, die seit 1497 in Spanien geprägte Silbermünze im Wert von 8 Reales oder 2 Pesetten. Seit 1759 wurde unter Carlos III. der Peso als ›piastra pillar‹, auch ›piastra fuerte‹ mit dem Brustbild des Königs auf der Vorderseite geprägt (vgl. Fengler/Gierow/Unger, ›transpress Lexikon Numismatik‹, Berlin 1976, S. 279).

3 *Schlapphut:* Das zeitgenössische ›Geographisch-historisch-statistische Lexicon‹ (Nürnberg 1784, II, S. 633) vermerkt: ›Sombrero caldo, niederhängender oder niedergeklappter Hut, welcher tief in den Kopf gedrückt, wenn noch ein Mantel dazu um den untern Theil des Gesichts geschlagen wird, eine Person ganz unkenntlich macht. Dergleichen wurden sonst in Spanien häufig getragen und begünstigten manche Handlung, bei der man sich nicht wollte kennen lassen. Als im Jahre 1766 der Hof zu Madrid die Hüte verbieten ließ, so gab solches, nebst einigen wichtigen Gründen, Anlaß zu einem Aufruhr. Seit diesem ist das Verbot geschärft und zu Madrid darf niemand dergleichen Hut, als nur der Henker, tragen. Doch wird bei Ankündigung eines Stiergefechts ausdrücklich erlaubt, in der Hitze den Hut niederzuschlagen.‹

4 ›*Si me cogen me horqueran …*‹: span., Wenn sie mich fangen, hängen sie mich, aber sie werden mich nicht fangen.

5 *Kirche ›del Buen Suceso‹:* Die Kirche ›Nuestra Señora del Buen Suceso‹ ist eine große Pfarrkirche an der Calle de la Princesa und der Calle de Quintana.

6 *Kirche ›Nuestra Señora de Atocha‹:* Die aus dem 16. Jh. unter Kaiser Karl V. als Dominikanerkirche erbaute Basilika ›Iglesia Nuestra Señora de Atocha‹ am ›Paseo de Atocha‹ neben einer Teppich-Fabrik.

7 *Don Jaime:* Im französischen Original wird die spanische Form von Casanovas Vornamen Giacomo verwendet (vgl. Casanova, ›Histoire de ma vie‹, Édition intégrale, Wiesbaden/Paris 1962, t. VI, vol. 11, p. 74).

8 *Herzogin von Villadarias:* Herzoginnen dieses Namens sind nicht feststellbar; wahrscheinlich meint Casanova die Gattin von Juan Bautista, Marqués von Villadarias (gest. 1773), seit 1748 spanischer Generalleutnant, den der König 1760 zum Granden ernannt hatte, oder auch die Gemahlin von seinem Nachfolger, dem Brigadegeneral Don Francisco el Castillo (gest. 1798), Marqués von Villadarias (vgl. A. Morel-Fatio, ›Études sur l'Espagne‹, Paris 1906, 2ᵉ série, p. 111, note 4).

9 *Herzogin von Benavente:* Doña Maria Josefa Alfonsa Pimentel, Gräfin von Benavente (1752–1784), erbte 1777 die Güter des Herzogs von Béjar; 1771 hatte sie Pedro de Alcántara Tellez Giron, Marqués

Peñafiel, den späteren 9. Herzog von Osuna, geheiratet (vgl. A. Morel-Fatio, ›Études sur l'Espagne‹, Paris 1906, 2ᵉ série, p. 122, note 1). Sie war eine der großen spanischen Damen der Epoche, besaß einen berühmten literarischen Salon in ›Manzana 272‹, Nr. 2 (heute Calle de Cedaceros, Nr. 1) und protegierte mehrere Dichter (vgl. Casanova, ›Histoire de ma vie‹, Édition intégrale, s. Anm. 7, t. VI, vol. 11, p. 341, note 6).

10 ›*Balbazes*‹: Wahrscheinlich ein Erinnerungsfehler Casanovas, denn in Madrid gibt und gab es keine Straße, Promenade, keinen Park dieses Namens.

11 *Homer ... geschildert:* Bei Homer finden sich wohl Streitgespräche zwischen Zeus (röm. Jupiter) und Hera (röm. Juno), nicht aber der Disput, auf den Casanova anspielt. Dieses Gespräch sowie das Urteil des Teiresias, den Homer allerdings in der ›Odyssee‹ (10. Gesang, 492 f.) erwähnt, wurde in der fälschlich dem griechischen Gelehrten Apollodor zugeschriebenen mythologischen Sammlung aus dem 2. Jh. u. Z. ›Bibliothéké‹ (III, 67) überliefert (vgl. ›Lexikon der Antike‹, Leipzig ²neubearb. 1977, S. 44).

12 *Teiresias:* Berühmter mythischer Seher in Theben (vgl. Anm. 11). Als er zweimal von je einem Paar Schlangen eine getötet hatte, wurde er in eine Frau, dann wieder in einen Mann verwandelt. Deshalb als Schiedsrichter in der Streitfrage zwischen Zeus und Hera aufgerufen, ob Mann oder Frau in der Liebe größeren Genuß fänden, entschied sich Teiresias für die Frau gegen Hera. Daraufhin blendete diese ihn, Zeus verlieh ihm dafür die Sehergabe und die Gunst, auch nach dem Tode in der Unterwelt seinen Verstand zu behalten (vgl. ›Lexikon der Antike‹, s. Anm. 11, S. 559).

13 *Licht der Welt erblickt:* Auch später hat sich Casanova mit dem Verhältnis von weiblicher Psyche und Gebärmutter leidenschaftlich beschäftigt und sogar mit einer eigenen Streitschrift (›Lana Caprina‹, Venezia 1772) in einen Disput an der Universität Bologna eingegriffen (vgl. XII, Kap. 6).

14 *heilige Therese:* Gemeint ist Teresa de Jesús aus Avila (1515–1582), die mit Unterstützung von Juan de la Cruz den Karmeliterinnenorden reformierte; wurde 1622 heiliggesprochen. Ihre auch zeit- und kulturgeschichtlich aufschlußreichen Schriften und geistlichen Gesänge (canciones) sind auch dichterische Meisterleistungen der spanischen Mystik.

15 *heilige Maria von Agreda:* Die Äbtissin des Franziskanerinnenklosters in Agreda beschrieb ihre Visionen über das Leben der Gottesmutter Maria in dem Werk ›La mistica ciudad de Dios‹ (1670, Die mystische Gottesstadt), das Casanova während seiner Haft unter den Bleidächern von Venedig (vgl. IV, Kap. 12) stark beeindruckt und zum

Widerspruch gereizt hatte. Die Autorin wurde jedoch nicht heiliggesprochen, der 1673 eingeleitete Seligsprechungsprozeß nicht abgeschlossen.

16 *Messalinas:* Messalina Valeria, die dritte Frau des Kaisers Claudius,
war berüchtigt wegen ihres ausschweifenden Lebenswandels, wegen
ihrer Herrschsucht und ihrer Intrigen, ihrer Grausamkeit und Hab-
gier. Wegen ihrer Beteiligung an einer gegen den Kaiser gerichteten
Verschwörung wurde sie 48 u. Z. hingerichtet.

17 *heiligen Antonius von Padua* (1195–1231), portugiesischer Franziskanermönch, der vor allem in Südfrankreich und Oberitalien
wirkte, wurde in Padua beigesetzt, 1232 heiliggesprochen.

18 *heiligen Luigi Gonzaga:* Der italienische Jesuit Luigi Gonzaga (1568
bis 1591) wurde wegen seiner Sittenstrenge 1726 heiliggesprochen
(St. Aloysius).

19 *heiligen Ignatius:* Ignatius von Loyola (vgl. Anm. 1).

20 ›*semper sibi consona*‹: lat., stets sich selbst getreue. – Diese Interpreta-
tion stützt sich auf die Ethik des Aristoteles (VII, 2), daß Ziel und
Zweck allen menschlichen Handelns die Glückseligkeit (eudai-
monia) sei, die nur durch tugendhaftes, das heißt vernünftiges Handeln zu verwirklichen wäre: denn die Natur ist beständig (vgl.
Casanova, ›Histoire de ma vie‹, Édition intégrale, s. Anm. 7, t. VI,
vol. 11, p. 79, note; ›Lexikon der Antike‹, Leipzig ²neubearb. 1977,
S. 57).

21 *nicht mehr ich selbst:* Die Textstelle von ›Es scheint mit lächerlich‹ bis
›nicht mehr ich selbst‹ wurde neu übersetzt. – Die Schlußbemer-
kung Casanovas zielt auf sein unerquickliches, sich immer mehr
verschärfendes Verhältnis zu den Schloßbewohnern in Dux, als er
diesen Teil der Memoiren schrieb.

22 *alten Tafelrunde:* Anspielung auf die berühmte Tafelrunde um den
bretonischen König Artus oder Arthur, die dem Ideal höfischer,
wirklichkeitsferner Liebe huldigte. Der keltische Stoff wurde zuerst
durch Geoffrey of Monmouth in der ›Historia regum Britanniae‹
(1132/35) lateinisch überliefert, wurde dann 1150 durch den Nor-
mannen Wace im ›Roman de Brut‹ ins Altfranzösische übersetzt
und diente zuerst dem französischen Dichter Chrétien de Troyes als
Quelle für seine höfischen Epen, die wiederum wichtige Impulse für
die deutschen epischen Gedichte eines Hartmann von Aue, Gott-
fried von Straßburg, Wolfram von Eschenbach, Konrad Fleck oder
Ulrich von Türheim vermittelten (Helden der Tafelrunde waren
Iwein, Erec, Lanzelot, Cligès, Parzival und andere). Der Stoff
wurde in der Renaissance sogar von Boccaccio (›De casibus virorum
illustrium‹, 1355/74) aufgegriffen und bis in die Gegenwart adap-
tiert, im 19. Jh. vor allem durch Tennysons ›Idylls of the King‹

(1859/88), ein Zyklus von elf großen Gedichten über den glanzvollen Aufstieg der Tafelrunde und die allmähliche Desillusionierung durch das Umsichgreifen der Sünde. In Spanien war der Stoff wohl durch Übersetzungen der französischen Vorlagen verbreitet, aber nicht selbständig weiterentwickelt worden (vgl. Elisabeth Frenzel, ›Stoffe der Weltliteratur‹, Stuttgart 1962, S. 56 ff.; Sir Thomas Malory, ›Die Geschichten von König Artus und den Rittern seiner Tafelrunde‹, Leipzig 1974, 2 Bde.).

23 *Stierkampf:* Casanova schreibt im französischen Original ›à los toros‹ und meint damit span. ›corrida de toros‹, den Stierkampf (vgl. Casanova, ›Histoire de ma vie‹, Édition intégrale, s. Anm. 7, t. VI, vol. 11, p. 85).

24 *Puerta de Alcalá:* Die große Arena für Stierkämpfe wurde 1749 unter König Fernando VI. vor der ›Puerta de Alcalá‹ errichtet und später noch vergrößert. Anfang des 19. Jh. konnte sie 12 000 Personen aufnehmen. Es gab Logen mit Plätzen im Schatten (›los palcos à la sombre‹) und Bänke in der Sonne (›tendidos al sol‹). Jährlich zwölf Kämpfe fanden zwischen März und April bis Oktober statt, die bis zu einem Tag dauerten. Die heutige Arena stammt aus dem Jahr 1874 (vgl. Casanova, ›Histoire de ma vie‹, Édition intégrale, s. Anm. 7, t. VI, vol. 11, p. 342, note 12).

25 *Picador:* Berittener Stierkämpfer, der den Stier mit seiner Lanze angreift. Casanovas vereinfachende Schilderung entspricht nicht dem strengen Ritus des spanischen Stierkampfes; ihm kam es als Aufklärer darauf an, die barbarischen Seiten der ›corrida de toros‹ (vgl. Anm. 23) anzuprangern.

26 *Pistolen:* Bezeichnung für die spanische Goldmünze Duplone oder doppelter Escudo, der 6,06 g Gold enthielt (vgl. Fengler/Gierow/Unger, ›transpress Lexikon Numismatik‹, Berlin 1976, S. 286, 86, 75).

27 *außer am Karfreitag:* Die Textstelle von ›Ein Stier kam‹ bis ›außer am Karfreitag‹ wurde neu übersetzt.

28 ›*Prado San Jerónimo*‹: Casanova lernte diese Prachtstraße, die erst unter König Carlos III. und Graf Aranda ausgebaut und bepflanzt wurde, als ganz neue Anlage kennen. Heute entspricht ihr der südliche Teil des ›Paseo del Prado‹, der am Botanischen Garten entlangführt (vgl. Casanova, ›Histoire de ma vie‹. Édition intégrale, s. Anm. 7, t. VI, vol. 11, p. 342, note 14).

29 *Lyoner Stickerei:* Die Stickereien aus Lyon galten im 17. und 18. Jh. als besonders kostbar; berühmt war vor allem bis ins 19. Jh. die Bortenwirkerei.

30 ›*Amigo, Don Jaime*‹: Im französischen Original spanisch: Mein Freund, Don Giovanni.

31 ›*de vuestra nobleza*‹: span., von Ihrem Adel. Auch diese Formulierung
spanisch im französischen Kontext. Der adelsstolze Hidalgo (vgl. X,
Kap. 12, Anm. 84) Don Diego hätte als ebenbürtigen Schwiegersohn
Casanova nur mit entsprechendem Adelsnachweis akzeptiert.

VIERTES KAPITEL
(S. 103–131)

1 *Kardinals dieses Namens:* Wahrscheinlich Joaquín Fernando Porto-
carrero, Graf von Palma (1681–1760). Der spanische Grande war
1722/28 Ballei (Vorsteher) einer Provinz des Malteserordens, Patriarch von Antiochia in Syrien, seit 1743 Kardinal, spanischer Gesandter in Rom (1748), Bischof von Sabina in Italien, Vizekönig
von Sizilien, Feldmarschall-Leutnant Spaniens und königlicher
Kammerherr. Über die Abenteurerin ist nichts weiter bekannt. Am
8. Juni 1768 erwähnt jedoch Bodissoni in einem Brief aus Warschau
an Casanova nach Madrid im Zusammenhang mit dem des Abbé
Gourel (vgl. X, Kap. 8, Anm. 38) den Namen einer Madame de
Porto-Carrero (Dux U 10, m, II, 7).

2 *Baron de Fraiture:* In Lüttich gab es tatsächlich eine Familie de Fraiture; 1766 wird ein Wilhelm Maria Baron von Coudenhove, Sei-
gneur de Fraiture, als Diakon des Fürsterzbischofs erwähnt (vgl. Casanova, ›Histoire de ma vie‹, Édition intégrale, Wiesbaden/Paris
1962, t. VI, vol. 12, p. 343 s.).

3 *des Fürstentums:* Der Bischof von Lüttich war Fürst des Heiligen Römischen Reiches Deutscher Nation; nach dem Frieden von Luné-
ville (1801) kam das Bistum an Frankreich, erst seit 1831 wurde es
endgültig Teil des Königreichs Belgien.

4 *für einen Griechen gehalten:* Bezeichnung für Falschspieler beim Kartenspiel im 18. Jh. (vgl. II, Kap. 2, Anm. 15).

5 *Signor Querini:* Der venezianische Patrizier Zuane Querini (1733
bis nach 1771), bereits am 27. November 1766 zum Nachfolger Mocenigos ernannt, kam am 28. Juni 1768 in Madrid an und hatte am
3. Juli bei König Carlos III. als Gesandter seiner Republik seine
erste Audienz, am gleichen Tag machte sein Onkel Alvise Sebastiano Mocenigo seinen Abschiedsbesuch und reiste am 26. Juli nach
Paris ab (vgl. Casanovas Brief an Girolamo Zulian vom 30. Juli
1768, in: ›Pages Casanoviennes. Correspondance inédite de J. Casanova [1767–1772]‹, Paris 1925, p. 26 ss.).

6 *Freundschaft auf griechische Art:* Umschreibung für Knabenliebe. An-
spielung auf die homosexuelle Neigung Mocenigos (vgl. X, Kap. 12,
Anm. 51). Im französischen Original folgen längere Ausführungen
Casanovas, die er durchgestrichen und unleserlich gemacht hat

(vgl. Casanova, ›Histoire de ma vie‹, Édition intégrale, s. Anm. 2, t. VI, vol. 11, p. 343, note 5).

7 *Escorial:* Name des 50 km nordwestlich von Madrid gelegenen Klosters ›San Lorenzo del Escorial el Real de la Victoria‹ am Fuße des Gebirges der Sierra Guadarrama. Der riesige Bau in Granit mit einer Grundfläche von 206 m mal 161 m sollte nach der Weisung von Philipp II. zugleich Kloster, Kirche und Gruftstätte der Könige sein. Die Kirche wurde durch Michelangelos Entwurf für den Petersdom in Rom inspiriert. Erbaut wurde die Klosterresidenz 1563/86 durch Juan Bautista de Toledo und Juan de Herrera (vgl. ›Lexikon der Kunst‹, Leipzig 1968, I, S. 639 f.).

8 *bei den Gesandten:* Nach dem diplomatischen Protokoll von Venedig durfte der abgelöste Gesandte erst abreisen, wenn er den neuen bei Hofe vorgestellt hatte; die Audienz bei König Carlos III. fand am 3. Juli 1768 statt (vgl. Anm. 5). – Die Calle ancha de San Bernardo existiert noch heute (vgl. X, Kap. 12, Anm. 63) im Norden Madrids.

9 *Schloß Pardo:* ›El Pardo‹ war ein königliches Lustschloß von Carlos III., damals 12 km nördlich von Madrid gelegen, heute zum Stadtgebiet gehörend, das 1543 erbaut und 1704 und 1772 umgestaltet wurde.

10 *Gasparo Soderini:* Venezianischer Gesandtschaftssekretär in Madrid 1767/68 (vgl. X, Kap. 12, Anm. 56).

11 *nichts mehr zu hoffen hatte:* Der Brief Casanovas vom 30. Juli 1768 (vgl. ›Pages Casanoviennes. Correspondance inédite de J. Casanova [1767 bis 1772]‹, Paris 1925, p. 26 ss.) an Girolamo Zulian bestätigt die Schilderung in den Memoiren, enthält allerdings einige abweichende Details. Demnach wäre Casanova am 2. Juli zum Palais Mocenigos gegangen, dort eigenmächtig eingedrungen und in Streit mit dem venezianischen Gesandten geraten. Casanova suchte Manuzzi als Vermittler zu gewinnen, doch er erklärte ihm, daß Mocenigo nichts von ihm wissen wolle. Nur am Tage der Abreise des Gesandten dürfe Casanova ihm eine glückliche Reise wünschen. Casanova schrieb nun an den Gesandten, doch Manuzzi sagte ihm, daß Mocenigo den Brief nicht einmal öffnen würde. Schließlich stellte auch Manuzzi seine Besuche ein; auch an ihn gerichtete Briefe fanden keine Resonanz. Der neue Gesandte Querini ließ Casanova ebenfalls bedeuten, daß er für ihn nicht zu sprechen sei (a. a. O., S. 34 f., 38). Als Casanova dann mit Manuzzi zusammenstieß, mußte er erkennen, daß er sich seinen Landsmann zum Feind gemacht hatte, weil er dessen ›niedere Herkunft‹ ausgeplaudert hatte. Seinerseits sorgte nun Manuzzi mit Hilfe seines Gönners, des Gesandten Mocenigo, für gesellschaftlichen Boykott Casanovas, dem die adligen Häuser verschlossen blieben. Auch behauptet er, daß

Casanova durch ihn ein Pamphlet über eine angesehene Person zum Druck bringen lassen wollte. Casanova suchte in seiner Verzweiflung nach einer seiner Mentalität entsprechenden ›Wiedergutmachung‹: Am 25.Juli warf er sich den beiden Gesandten bei einem öffentlichen Spaziergang zu Füßen und bat sie flehentlich um Verzeihung; doch diese kehrten ihm nur wortlos den Rücken. Am nächsten Tag machte ihm Graf Aranda wegen dieses Vorgehens, über das sich die Diplomaten bei ihm beklagt hatten, Vorhaltungen und verbot Casanova, je wieder bei den Gesandten um Empfang nachzusuchen oder sich ihnen zu nähern. Da entschloß sich Casanova, aus Spanien abzureisen, in der Annahme, daß Mocenigo von Manuzzi irregeführt wurde.

12 *abreisen:* Nach venezianischen Depeschen verließ Mocenigo Madrid am 26.Juli 1768; im Brief an G.Zulian (vgl. Anm. 11) nennt Casanova wohl irrtümlich den 29.Juli als Abreisetag.

13 *nach Paris:* Der durch seine Homosexualität skandalumwitterte Gesandte Mocenigo mußte sich den strengen Anweisungen der venezianischen Regierung fügen; später wurde er von 1773 bis 1780 auf die Festung Brescia verbannt.

14 *wie sein Onkel:* Zuane Querini war der Sohn von Mocenigos Schwester Elena. – Über die Abweisung Casanovas durch den neuen Gesandten siehe dessen Brief an G.Zulian (vgl. Anm. 11).

15 *ohne Türke zu werden:* Anspielung auf Graf Claude-Alexandre de Bonneval (1675–1747), der nach 1730 zum Islam unter dem Namen Ahmed Pascha übergetreten und türkischer Gouverneur geworden war (vgl. I, Kap. 10, Anm. 38).

16 *Abbate Pinzi:* Giuseppe Antonio Pinzi (1713–1769), Weltgeistlicher und Antiquar, Professor der Eloquenz am Seminar in Ravenna, Sekretär des päpstlichen Nuntius Lucigni in Köln (1759) und Madrid (1767/68). – Der dem Apostolischen Nuntius beigegebene päpstliche Diplomat führte den Titel Auditor.

17 *des päpstlichen Nuntius:* Monsignore Cesare Alberico Lucigni aus Mailand war 1767/68 päpstlicher Nuntius in Madrid.

18 *Corrado:* Über den aus Genua stammenden Buchhändler ist nichts Näheres bekannt. – Im 18.Jh. standen die Genuesen in dem Ruf, häufig Betrügereien zu begehen.

19 *Malers Tiepoletto:* Giovanni Battista Tiepolo, genannt Tiepoletto (1693–1770), Hauptmeister des venezianischen Spätbarock, schuf für viele Kirchen und Paläste Venedigs dekorative Malereien und Altargemälde; 1762 war er nach Madrid übergesiedelt, um große Fresken für das königliche Schloß zu malen. Sein Sohn Giovanni Domenico Tiepolo (1727–1804) war Schüler und Mitarbeiter seines Vaters, er radierte nach Gemälden seines Vaters und eigenen Ent-

würfen und schuf in sehr persönlichem Stil Genredarstellungen und Gauklerszenen (vgl. Robert Darmstaedter, ›Reclams Kunstlexikon‹, Stuttgart erw. 1978, S. 705; ›Lexikon der Kunst‹, Leipzig 1978, V, S. 134f.). Goethe äußerte sich weit positiver als Casanova über die Kunst des Sohnes in der Villa Valmarana: ›Der hohe Stil gelang ihm nicht wie der natürliche, und in diesem letzten sind köstliche Sachen da…‹ (›Italienische Reise‹, 24. September 1786, in: Goethe [Berliner Ausgabe], Berlin 1961, Bd. 14, S. 74).

20 *kam Anfang September an:* Casanova dürfte Madrid kurz nach dem 3. September 1768 verlassen haben, nachdem ihm Varnier den Paß zugeschickt hatte (vgl. Kap. 2, Anm. 32). Am 28. September 1768 schreibt ein gewisser Barry de Albans (Dux U 4, 138) an Casanova nach Zaragoza, der ihm am 24. September von dort seine Ankunft mitteilte.

21 *Aragonesen:* Die im nordöstlichen Spanien gelegene historische Landschaft Aragonien führt ihren Namen nach dem Aragón, einem Nebenfluß des Ebro. Hauptstadt ist das zentral gelegene Zaragoza. Das Königreich Aragonien wurde 1479 beim Regierungsantritt Fernandos des Katholischen Teil des Königreichs Spanien.

22 *›Espadin‹:* el espadín, spanische Bezeichnung für einen kleineren Degen, der im 18. Jh. in Spanien in Mode kam.

23 *›Nuestra Señora del Pilar‹:* Der Ursprung des berühmten Heiligtums, des Gnadenbildes der Muttergottes auf einer Marmorsäule (›pilar‹), in einer eigenen Kapelle im Hauptschiff der gleichnamigen Kathedrale, die 1681 erbaut wurde, wird der Legende nach auf den Apostel Jakobus den Älteren zurückgeführt. Die Statue der wundertätigen Madonna machte Zaragoza zu einem Wallfahrtsort wie das italienische Loreto.

24 *Palafox:* Der berühmte Juan Palafox y Mendoza (1609–1659), 1639 Bischof in Puebla de los Angeles (Mexiko), war 1640 bis 1642 Vizekönig von Mexiko; 1653 wurde er Bischof von Osma in Spanien. Bekannt wurde er durch seine Anprangerung der Jesuiten, denen er fortwährende Eingriffe in die Rechtsprechung und unrechtmäßige Anhäufung von Reichtümern vorwarf. Die seit 1726 eingeleitete und von König Carlos III. forciert betriebene Heiligsprechung durch den Papst wurde von der Kurie 1777 endgültig abgebrochen.

25 *Kanonikus Pignatelli:* Don Ramón de Pignatelli y Moncayo (1734 bis 1793), Onkel des Marqués de Mora, war Kanonikus, Ingenieur und Schriftsteller; 1762/84 war er Rektor der Universität von Zaragoza. Er galt als größter Mann Spaniens, da er mehr als sechs Fuß (um 2 m) maß. Ehrgeizig strebte er danach, Grimaldis Nachfolger als Minister des Äußeren zu werden. Seine Ausschweifungen

waren berüchtigt. In Zaragoza ließ er ein Hospital für gesunde Bettler errichten, die dort Wolle spinnen mußten (vgl. ›Reise des Figaro durch Spanien‹, Frankfurt und Leipzig 1785, S. 10).

26 *sehr jung gestorben:* José Maria Pignatelli, Marqués de Mora, starb erst 1774.

27 ›*Eminet excelso consurgens colle Sagunthos*‹: lat., Auf einem hohen Hügel ragt Sagunt empor (wahrscheinlich frei zitiert nach Silius Italicus' Epos ›Punica‹, I, V. 271 f., in dem er den 2. Punischen Krieg bis zum Siege Scipios bei Zama gestaltete; vgl. auch Polybios ›Weltgeschichte‹, III, 17).
Die Stadt Sagunt war eine iberische Siedlung auf einem steilen Hügel in der Nähe des Meeres nördlich von Valencia. Sagunt verband sich trotz des 226 v. u. Z. geschlossenen Vertrages, der den Ebro als Grenze zwischen den Machtbereichen Roms und Karthagos festgelegt hatte, 219 v. u. Z. mit Rom und wurde deshalb 218 v. u. Z. von Hannibal nach achtmonatiger Belagerung erobert und zerstört. Die Römer eroberten es später zurück und bauten es seit 214 v. u. Z. als römische Kolonie Saguntum wieder auf. Zahlreiche Ruinen, darunter das Amphitheater, sind erhalten (vgl. ›Lexikon der Antike‹, Leipzig ²erw. 1977, S. 491).

28 *La Condamine:* Charles-Marie de la Condamine (1701–1774), bekannter französischer Mathematiker und Gelehrter, Mitglied der Académie Française; er machte viele Reisen, wurde unter anderem 1736 nach Peru geschickt, um die Gestalt der Erde zu bestimmen.

29 *Séguier:* Jean-François Séguier (1703–1772), französischer Archäologe und Naturhistoriker, war der Freund des italienischen Schriftstellers Scipione Francesco Marchese Maffei (vgl. III. Kap. 8, Anm. 5), dem er nach Italien folgte; nach dessen Tod (1755) kehrte er nach Frankreich zurück.

30 *Murviedro:* Noch im Mittelalter blühte die Stadt Sagunt, verfiel dann aber und erhielt den Namen Murviedro (nicht Morvedro, wie Casanova schreibt). 1803 war es eine Kleinstadt mit 6000 Einwohnern. Seit dem Jahre 1868 heißt sie in Anlehnung an den alten Namen spanisch Sagunto.

31 *dem Lateinischen entstammt:* Der Name ›Murviedro‹ geht auf die lateinischen Wörter ›muri veteres‹ (alte Mauern) zurück.

32 ›*Mors etiam saxis nominibusque venit*‹: lat., Der Tod kommt auch zu Steinen und Namen (nach Ausonius ›Epigramme‹, 35, V. 10).

33 *nicht so alt:* Kastilien, span. Castilla (Land der Burgen), stand seit dem 8. Jh. unter der Herrschaft der Könige von Asturien und Léon, die das Land durch einheimische Grafen verwalten ließen; sie wurden im 10. Jh. nahezu selbständig und vererbten es an die Könige von Navarra. Alfonso VI. entriß 1080 große Teile des Königreichs

Toledo den Arabern, das er ›Castilla la Nueva‹ nannte. Er verlegte seine Residenz von Burgos nach Toledo (1085). Danach erst nannte man die früheren Provinzen ›Castilla la Vieja‹ (vgl. Casanova, ›Histoire de ma vie‹, Édition intégrale, s. Anm. 2, t. VI, vol. 11, p. 344, note 18).

34 *Cäsar Claudius, des Nachfolgers des Gallienus:* Gemeint sind die beiden durch die Soldaten ausgerufenen römischen Kaiser: Marcus Aurelius Claudius Augustus (219–270), seit 268 Kaiser, der wegen seines Sieges über die Goten bei Naissus/Mösien den Beinamen ›Gothicus‹ führte und in Spanien sofort anerkannt wurde; und: Publius Licinius Egnatius Gallienus (218–268), seit 253 als Kaiser Mitregent von Valerianus, seit 259 Alleinherrscher. Er übernahm 254/59 den Schutz des Römischen Reiches gegen Einfälle der Franken, Alemannen, Markomannen, Goten u. a., die er jedoch nur teilweise verhindern konnte. Berühmt wurde sein Sieg 259 über die bis Mailand vorgedrungenen Alemannen (vgl. ›Lexikon der Antike‹, Leipzig ²erw. 1977, S. 119, 590f., 181).

35 *Spuren des Amphitheaters:* Das römische Amphitheater von Saguntos war bis ins 18. Jh. gut erhalten; da die Bevölkerung es jedoch als Steinbruch für ihre Hausbauten benutzte, ernannte Graf Aranda zu seinem Schutz einen ›Comisario Conservador‹ (vgl. Chr. A. Fischer, ›Gemälde von Valencia‹, Leipzig 1803, I, S. 42 f.). Im 19. Jh. wurden Reste der Ruinen für den Neubau verwendet, ein neues Amphitheater entstand an anderer Stelle unter dem Schutz des Staates (vgl. Casanova, ›Histoire de ma vie‹, Édition intégrale, s. Anm. 2, t. VI, vol. 11, p. 345, note 20).

36 *Malaga und Alicante:* Die bis heute berühmten Süßweine; der aus Alicante stammende Fondillowein ist von dunkelroter Farbe und hat einen hohen Alkoholgehalt. Nach Malaga (südwestlich von Valencia) und Alicante (südlich davon an der Mittelmeerküste im südlichsten Teil der historischen Landschaft Valencia) ist Casanova während seiner Reise durch Spanien freilich nicht gekommen.

37 *Papstes Alexanders VI.:* Rodrigo Lanzol (1431–1503) stammte aus Jativa bei Valencia, wurde durch seinen Onkel Calixt III. adoptiert und dadurch in die Familie Borgia aufgenommen; 1457 Bischof von Valencia, Porto und Cartagena, seit 1492 Papst. Er hat nicht nur dem Namen der Borgia durch sein umstrittenes sittenloses Verhalten, sondern auch durch die Förderung der Künste den berühmt-berüchtigten Beiklang verschafft. Er soll durch Gift, das er für einen anderen zubereiten ließ, gestorben sein.

38 *Pater Pétau:* Denis Pétau (1583–1652), seit 1605 französischer Jesuit, Professor der Rhetorik in Reims und La Flèche und der Theologie in Paris; vielseitiger theologischer Schriftsteller und Chronist, seine

unter dem Namen Dionysius Petavius S.J. veröffentlichten Werke
›De doctrina temporum‹ (1627), ›Tabulae chronologiae‹ (1628),
›Rationarum temporum‹ (1630) und sein Hauptwerk ›Theologico-
rum dogmatum‹ (1643/50) waren sehr verbreitet und bekannt.

39 ›*non adeo sanctus*‹: lat., nicht allzu heilig.

40 *Guadalaviar:* Valencia liegt etwa 3 km von der Mittelmeerküste entfernt; am Fluß Guadalaviar (Rio Turia) befindet sich in einer Bie-
gung die Altstadt.

41 ›*amoenum stagnum*‹: lat., lieblichen See (frei nach Vergil, ›Aeneis‹,
VIII, V. 31 oder Horaz, ›Epistulae‹, X, S. 16). Gemeint ist die wegen ihres Fischreichtums berühmte Lagune ›Albufera‹, die südlich
von Valencia liegt.

42 *Valencia eine Universität:* Diese Universität wurde 1500 als ›Estudios
Superiores de Gramática y Artes‹ in Valencia gegründet. Im 18.Jh.
gab es 24 Universitäten in Spanien, die älteste war die von Salamanca (gegr. 1230).

43 *Bauwerke:* Die fünf großen Brücken existieren noch heute, außer
dem Puente Nuevo oder Puente San José stammen sie alle aus dem
15. und 16.Jh. Die Kathedrale ›La Seo‹, ein mächtiger dreischiffiger
Bau (1262–1482 erbaut) mit schönen Portalen, gotischem Glocken-
turm und wertvollen Gemälden im Innern, ist die architekto-
nisch prachtvollste der Kirchen. Die ›Lonja de la Seda‹ (erbaut
1483/98, Seidenbörse) ist eines der schönsten spanischen Gebäude
im gotischen Stil. Das Rathaus war ein altes Gebäude in der Nähe
des Palais der ›Disputación de la Enseñanza‹, bekannt seit etwa
1725. Von den zwölf alten Stadttoren sind nach der Zerstörung der
alten Stadtmauer (1862) nur noch zwei erhalten, die ›Puerta de
Serranos‹ (erbaut 1393/98) und die ›Puerta de Cuarte‹ mit zinnen-
gekrönten Türmen (erbaut 1444/90). Die Straßen von Valencia
wurden erst um die Mitte des 19.Jh. gepflastert. Fischer (in: ›Gemälde von Valencia‹, Leipzig 1803, I, S. 17) berichtet, daß die
Wege aus Kies bestanden (vgl. Casanova, ›Histoire de ma vie‹, Édition intégrale, s. Anm. 2, t. VI, vol. 11, p. 345, note 23).

44 *Malaga, Alicante, Cartagena, Tarragona:* Da Casanova diese Orte
nicht besucht hat, sind seine Vorstellungen über die Entfernungen
durch Hörensagen sehr vage. Tatsächlich betragen sie von Valencia
nach Malaga etwa 700 km, nach Alicante etwa 180 km, nach Cartagena in der Provinz Murcia etwa das Doppelte und nach Tarragona etwa 260 km. Casanova schreibt Tarascone, meint vielleicht
Tarragona, das er später (vgl. Ende Kap. 4) bei seiner Abreise aus
Spanien über Barcelona passiert (allerdings schreibt er dort ›Tara-
gone‹) oder das landeinwärts gelegene ›Tarazona de la Mancha‹,
etwa in der gleichen Entfernung wie Alicante.

45 *Murcia und Granada:* Echte ›Königreiche‹ von Murcia und Granada
   gab es im 18. Jh. nicht mehr, sondern nur das seit 1479 existierende
   Königreich Spanien. Das Königreich Murcia wurde bereits 1263
   von Alfonso X. der Maurenherrschaft entrissen und das kleine
   Königreich Granada im östlichen Andalusien als letztes im Jahre
   1492. Es waren also Provinzen des Königreichs Spanien. Aber im
   allgemeinen Sprachgebrauch war die Bezeichnung ›royaume‹ (Königreich) bei französisch schreibenden Reisenden durchaus üblich.
   Auch Gorani schreibt (in: ›Memorie. Corti e Paesi, 1764–1766‹,
   Milano 1938, p. 105): ›... la division de l'Espagne en royaumes et
   provinces‹ (die Aufteilung Spaniens in Königreiche und Provinzen).

46 *Minen von Peru und Potosi:* Anspielung auf den Niedergang des spanischen Kolonialreiches. Im Vizekönigreich Peru, zu dem bis 1739
   Chile, Paraguay, Buenos Aires und Terra Firma gehörten, hatte
   1742/45 ein Aufstand unter Juan Santes und 1752/56 ein Aufstand der
   Guaraníindianer in den Jesuitenmissionen die spanische Herrschaft
   gefährdet, doch wurden sie niedergeschlagen. Seit dem 16. Jh. war
   Peru durch die berühmten Silberminen in Potosi (heute Bolivien)
   die reichste Kolonie Spaniens.

47 *›La Granja‹:* Dieses königliche Lustschloß, 1721/23 unter Philipp V.
   erbaut, befindet sich in der Sierra Guadarrama, etwa 75 km nördlich von Madrid.

48 *niemals glücklich sein:* Erst 1834 wurde die Inquisition in Spanien
   endgültig abgeschafft (vgl. X, Kap. 12, Anm. 29).

49 *gegen die Pichona benahm:* vgl. Kap. 1.

50 *um sie ihm zu gewähren:* Die Textstelle von ›Einige Denker wagen‹ bis
   ›um sie ihm zu gewähren‹ wurde neu übersetzt.

51 *Almerico Pini:* Don Almerico (Casanova schreibt Alberico) Pini
   stammte aus Parma; er war Kammerdiener von König Carlos III.
   bis zu dessen Tod (1788).

52 *Marcucci:* Die italienische Tänzerin Geltrude (Maria) Marcucci, genannt ›La Galguilla‹ stammte aus einer Familie von Tänzern in
   Lucca. 1763/64 tanzte sie im Theater ›San Moisé‹ in Venedig (vgl.
   L. Frati, in: ›Nuova Antologia‹, 1. August 1922, S. 250). Sie trat
   1769/70 in Aranjuez und im Winter in Madrid mit drei Brüdern
   auf. Sie war die Geliebte von Don Carlos Gutierrez de Los Rios (vgl.
   Anm. 53), der über sie am 31. Mai 1769 schreibt: ›Ich protegiere die
   Marcucci, auch die Windhündin (La Galguilla) genannt ... ich
   habe ihr ein Kleid und andere Kleinigkeiten gegeben, aber nichts
   deutet darauf hin, daß sie nahe daran ist, sich zu ergeben. Auch
   werde ich genötigt sein, sie sitzenzulassen, wenn ihre Aufführung
   sich nicht bessert.‹ Doch scheint sie sich weiter spröde verhalten zu
   haben, denn obwohl er für sie allmählich 200 Dublonen ausgegeben

hatte, schreibt er später: ›Ich fasse mich nicht vor soviel Tugend, besonders nach den Beziehungen, die sie in Mallorca mit einem Marquis [Antonio] Dameto [y Dameto], einem lombardischen Offizier, gehabt hat, den du kennst. Ich wünschte, daß Du geschickt zu erfahren suchtest, wieweit die Gunstbezeigungen der Schönen gegangen sind, das würde mir sehr viel Licht aufstecken.‹ Doch dürfte sie nicht mehr allzulange unzugänglich gewesen sein, denn Anfang 1771 schreibt Don Carlos Gutierrez de Los Rios wieder: ›Ich verbringe die Augenblicke meiner Muße, wie ich kann; aber mein Land mißfällt mir, und ich beklage die Abwesenheit der kleinen Marcucci, die mir treu ist, wie man es nicht glauben würde, trotz einer langen Abwesenheit von sechs Monaten.‹ Die Verbannung scheint also nur zeitweise gewesen zu sein. 1772 zog sie sich mit ihren beiden Kindern nach Bologna zurück, wo sie Casanova besucht (vgl. XII, Kap. 7). Vier Jahre später wird sie noch als ›Geltrude Marcucci di Lucca‹ als Tänzerin im ›Elenco de'signori virtuosi di canto e di danza‹ (Milano 1776, S. 56) angeführt (vgl. über die Marcucci ausführlich: A. Morel-Fatio, ›Études sur l'Espagne‹, Paris 1906, 2ᵉ série, s. Register; René Bouvier, ›Farinelli, le chanteur des rois‹, Paris 1943, p. 268 s.).

53 *reicher spanischer Grande:* Don Carlos Gutierrez de Los Rios, Graf von Fernan Nuñez (1742–1792).

54 *hunderttausend Francs einhändigte:* Die Textstelle von ›Ich bin sicher‹ bis ›hunderttausend Francs einhändigte‹ wurde neu übersetzt.

55 *Bank* ›*del Santo Spirito*‹: Berühmte römische Bank, die noch heute existiert.

56 *Signor Belloni:* Francesco Belloni leitete seit 1761 das Bankhaus gleichen Namens in Rom.

57 *Señor Moñino:* Der Diplomat José Moñino (1728–1808), seit 1773 Graf von Floridablanca, war 1772 Gesandter Spaniens beim Heiligen Stuhl in Rom, dann seit 1776 Minister für Auswärtige Angelegenheiten; da er die Großen des Landes nicht schonte, stürzten sie ihn nach der Thronbesteigung von Carlos IV. Er wurde 1792 nach Pamplona in der Provinz Navarra (nicht Murcia) verbannt, 1808 zurückgerufen, starb aber in demselben Jahr in Sevilla.

58 *Ordensritter von Alcántara:* Der geistliche Ritterorden von Alcántara wurde 1156 zum Kampf gegen die Mauren gegründet, er hatte seinen Sitz in dem berühmten Kloster San Benito. Seit 1542 hatten die Ritter das Privileg zu heiraten. Im 19. Jh. wurde er in einen militärischen Verdienstorden für Adlige umgewandelt.

59 *berühmte Nina:* die italienische Tänzerin Nina Bergonzi (gest. nach 1782).

60 *Graf von Ricla:* Ambrosio Funes de Villalpando, Graf von Ricla (gest.

1780) war seit 1767 Generalkapitän von Katalonien, seit 1772 spanischer Kriegsminister und ab 1777 wieder Generalkapitän (vgl. A. Morel-Fatio, ›Études sur l'Espagne‹, Paris 1906, 2ᵉ série, s. Register; ›Wiener. Diarium‹ 1777, Nr. 93); er war ein Verwandter des Grafen Aranda. Die Beziehungen Nina Bergonzis zum Grafen von Ricla sind authentisch. Darauf spielt Don Carlos Gutierrez de Los Rios, Graf von Fernan Nuñez, in seinem Brief vom 1. April 1769 an (vgl. Morel-Fatio, a. a. O., S. 62). Ein gewisser Rustan schreibt am 30. September 1769 (Dux U 4, 147) an Casanova über die Affäre des Grafen Ricla. In den ›Lettres écrits de Barcelone... Par M. Ch***, citoyen-français‹ (Paris 1792, S. 171 ff.) berichtet der Autor [P. N. Chantreau], daß er vor mehr als zwanzig Jahren in Barcelona eine Gruppe von Masken angetroffen habe, die ein Abenteuer parodierten, das soeben dem Grafen Ricla, damals Generalkapitän von Katalonien, widerfahren sei. ›Gegen die Gebräuche seines Landes und die vorgeblich guten Sitten, die dort herrschen‹, fährt der Verfasser fort, ›hatte er es gewagt, öffentlich eine sehr hübsche italienische Sängerin auszuhalten. Der Bischof von Barcelona, ein Frömmler, wie es alle iberischen Bischofsmützen sind, hatte daran ein Ärgernis genommen und ihm ganz streng befohlen, diese Kurtisane wegzuschicken. Der Graf, der in Paris gelebt und sich daran gewöhnt hatte, Mädchen auszuhalten, ohne daß die Bischöfe dagegen etwas einzuwenden hatten, kümmerte sich weder um den derben Verweis noch um die Meinung seines Seelenhirten. Dieser schrieb darüber dem Beichtvater des Königs, der der Großinquisitor war, und als Antwort auf den Brief wurde die Sängerin um Mitternacht aus den Armen Seiner Exzellenz des Generalkapitäns gerissen und auf fremden Boden entführt, bevor sie noch Zeit hatte, sich zu fassen. Diese inquisitorische Entführung war es, die die Masken mit einer Wahrheit, einer Kühnheit darstellten, die nicht ihrem Klima entstammte; die Priester, Augenzeugen dieser Farce, lachten mit Tränen in den Augen, anstatt darüber beleidigt zu sein, weil die Masken den Schritt des Inquisitors zu billigen und die heilige Hermandad [span., ›Bruderschaft‹, spöttisch für Polizei] zu preisen schienen.‹ Dasselbe findet sich auch in ›Memoiren eines Emigranten, der kein Emigrant war, auf seiner Reise nach Spanien im Jahre 1791‹ (Riga 1793, S. 110 ff.). In Dux (U 16, b 46) ist ein Sonett Casanovas auf die Nina erhalten geblieben. Auch Briefe Casanovas an Graf Ricla (vgl. Kap. 5, Anm. 12) sind überliefert.

61 *Bischof:* Bischof von Barcelona war von 1766 bis 1775 José Climent, ein bekannter theologischer Schriftsteller und Kanzelredner (vgl. Gams, ›Series Episcoporum‹, Regensburg 1870/73).

62 *Molinari:* Von den zeitgenössischen Sängern Molinari, die aus Bo-

logna stammten, waren zwei bekannt: Francesco und Cesare (vgl. ›Elenco de'signori virtuosi di canto e di danza‹, Milano 1776, S. 21). Von Cesare wird berichtet, daß er ein ›sehr übler Sänger‹ war.

63 *Pelandi:* Vielleicht ist er mit dem Scharlatan Tommaso (Thomas) Peladino identisch, der um 1748 in Deutschland sein Unwesen trieb und über den die Haude-Spenersche Zeitung (Berlin 1748, Nr. 30) schrieb: ›Wir wissen von sicherer Hand, daß sich in einigen uns sehr naheliegenden Gegenden der Ruf ausgebreitet hat, als ob in Berlin ein Italiäner, Namens Thomas Peladino, gewesen sey, welcher allhier einige alle Kräfte der Natur übersteigende Arten von Wunderwerken verrichtet habe. Man streuete zum Exempel von diesem Italiäner aus, daß er einem Thiere, einem Kalbe etc., den Kopf abhaue, daß er dem Thiere alles Blut abzapfe und daß er ihm hernach den Kopf geschickt wieder ansetze, auch ihm seine sämtlichen vorigen Lebens-Kräfte wieder verschaffe, daß er einen Menschen in ein Pferd, in einen Hund verwandele und was dergleichen Träume mehr sind. Man hat uns sogar glaubwürdig berichtet, daß vernünftige Kluge und um die Wissenschaft höchst verdiente Männer bloß deswegen, weil sie solche abentheuerliche Erzählungen in Zweifel gezogen haben, von unbesonnenen Menschen mit dem schimpflichen Titel der Freigeister und der Gottesleugner sind belegt worden. Wir halten also davor, daß es unsere Schuldigkeit erfordere, hierdurch öffentlich zu erklären, daß nach der einmüthigen Versicherung aller derjenigen, welche das Spielwerk des Signor Peladino gesehen, sie nicht das geringste von den oben erwähnten Sachen bemerkt haben, sondern daß seine ganze Kunst in den Schranken des gewöhnlichen Hocuspocus bleibt...‹ – Eine andere Quelle erwähnt den Venezianer Giuseppe Pelandi als ›un spirituoso Arlecchino‹ (ein witziger Arlecchino), der um 1760 im Theater San Cassiano den Venezianern Vergnügen bereitete und noch 1792 in Triest Vorstellungen gab (vgl. Bartoli, ›Notizie istoriche de'comici italiani‹, Padova 1782, II, S. 81 f.; ›Osservatore Triestiero‹ 1792, Appendice zu Nr. LIII).

64 *Pelandi, der in Venedig das ›Olio di Strazzon‹ verkaufte:* Im 18. Jh. wurden die Wundermittel von den Quacksalbern auf dem Marktplatz in Venedig verkauft. Über das Heilöl von Pelandi ist nichts bekannt.

65 *mich eines ... bedienen würde:* Im französischen Original ›gaudm...‹: ›gaudemiche‹ oder ›godemiche‹, künstliche Nachbildung des männlichen Gliedes, dessen sich Frauen zur Selbstbefriedigung bedienten.

66 *›Primiera‹:* Altes italienisches Kartenspiel, gespielt wird mit vier Karten und vier Farben.

67 *Gasthof ›Santa Maria‹:* Bis ins 19. Jh. existierte in der Calle de los Ases in der Nähe der Plaza del Palacio das Restaurant ›Fonda Santa Maria‹ (vgl. ›Manual Historico-Topografico … o sea Guía de Barcelona…‹ von Manuel Saurí/José Matas, Barcelona 1849, p. 235).

FÜNFTES KAPITEL

(S. 131–160)

1 *Don Miguel de Cevaillos:* Miguel de Cevaillos, auch Zevaillos, vielleicht ein Verwandter von Don Pedro Ceballos, der bis 1767 Gouverneur von Buenos Aires, danach Generalleutnant und königlicher Staatssekretär war. Die ›Gazette de Cologne‹ (1766, Nr. 95) meldet aus Madrid vom 11. November, daß der königlichen Akademie ›verschiedene Abhandlungen und eine Dissertation über die erste Regierungszeit der gotischen Könige in Spanien, geschrieben von Don Michel de Caballos‹ zur Prüfung eingereicht worden seien.

2 *Don Diego de la Secada:* Bekannt ist ein Theaterdirektor Don Domenico della Secada, der 1768 in Barcelona nachweisbar ist (vgl. Casanova ›Histoire de ma vie‹, Édition intégrale, Wiesbaden/Paris 1962, t. VI, vol. 12, p. 366).

3 *Grafen Peralada:* Don Fernando de Boxadors, Graf von Peralada, galt als ›mauvais sujet‹ (übler Kerl) und das zu Recht. Er war der Sohn von Don Bernardo de Boxadors y Sureda, der 1755 als Gesandter Spaniens bei dem großen Erdbeben in Lissabon ums Leben gekommen war. Von ihm erbte Don Fernando die Grafschaft Peralada und damit den Titel eines spanischen Granden. Er war jedoch durch sein zügelloses und skandalöses Leben in aller Munde. Und der Außenminister Grimaldi forderte deshalb, als er 1768 nach Paris gegangen und dort sein Treiben fortgesetzt hatte, vom spanischen Gesandten dessen Rückkehr nach Spanien. Zehn Jahre später war er Mitglied einer vom Hochadel als ›skandalös‹ bezeichneten Gesellschaft von Libertins, die sich ›la Bella Union‹ nannte. Schließlich heiratete er Teresa de Palafox, verwitwete Marquesa de Mondejar; er starb am 29. Januar 1801 in Venedig (vgl. Morel-Fatio, ›Études sur l'Espagne‹, Paris 1906, 2ᵉ série, S. 86 ff.). Passano (vgl. Anm. 10) schwärzte Casanova auch bei Peralada an (vgl. ›Casanovas Briefwechsel‹, S. 87).

4 *des Fürstentums Katalonien:* Katalonien galt im 18. Jh. als Fürstentum, das von einem ›capitan general‹ verwaltet wurde.

5 *Ritter des San Gennaro-Ordens:* Der San Gennaro-Orden, so benannt nach dem Schutzheiligen der Stadt Neapel (vgl. III, Kap. 7, Anm. 31), war 1738 von Don Carlos anläßlich seiner Vermählung

mit Maria-Amalia-Walburga Prinzessin von Sachsen als höchster Orden des Königreichs Neapel gestiftet worden. Als Carlo IV. Borbone war Don Carlos von 1735 bis 1759 König von Neapel, als Carlos III. seit 1759 König von Spanien.

6 ›Usía‹: spanischer Höflichkeitsausdruck (in Casanovas unzulänglicher Orthographie), für ›Useñoria‹ (›Vuestra Señoria‹): ›Eure Herrlichkeit‹.

7 im Theater: Barcelona besaß nur ein einziges Theater, das 1560 erbaute ›Teatro Principal‹ oder wegen seiner Lage beim Hospital auch ›Teatro de la Santa Cruz‹ genannt. 1787 wurde es durch Brand zerstört, ein Jahr später in Stein wieder aufgebaut; es existiert noch heute (vgl. Casanova, ›Histoire de ma vie‹, Édition intégrale, s. Anm. 2, t. VI, vol. 11, p. 348, note 5).

8 ›Schizza‹: Giovanni B. Gragioli, genannt ›Lo sghizza‹ oder ›Schizza‹ (wahrscheinlich abgeleitet vom italienischen ›schizzare‹, soviel wie ›Springer‹), Tänzer aus Rom. 1762 tanzte er während der Fiera dell Arcensione im Theater S. Angelo und im Herbst 1764 im Theater S. Cassion in Venedig (vgl. ›Nuovo Archivio Veneto‹, 1892, t. IV, S. 416, 430). 1771 sollte er in Neapel tanzen, wurde aber von der Direktion nicht engagiert (vgl. B. Croce, ›I Teatri di Napoli‹, Napoli 1891, S. 701). Dafür trat er in diesem Jahr in Cremona auf (vgl. ›Indice de' Spettacoli teatrali per il Carnevale dell' Anno 1771‹, Milano, S. 8). 1773 ist er während des Karnevals im Theater S. Benedetto in Venedig (vgl. ›Nuovo Archivio Veneto‹, 1893, t. VI, S. 504). 1775 weilte er als Gast in Cremona (vgl. ›Indice de' Spettaoli teatrali per il Carnevale dell' Anno 1775‹, S. 13). 1776 und 1777 tanzte er in München (vgl. ›Theaterkalender auf das Jahr 1777‹, Gotha, S. 250; ›... auf das Jahr 1778‹, S. 241). Im Herbst 1779 trat er im Theater S. Samuele in Venedig auf, und im Herbst 1784 wie im Herbst 1785 betätigte er sich in Venedig als ›Impresario del ball‹ (vgl. ›Nuovo Archivio Veneto‹, 1894, t. VII, S. 225; 1895, t. X, S. 193, 199).

9 Wallonischen Garde: Unter Carlos III. bestand die königliche Leibgarde aus zwei Infanterieregimentern, das eine aus Spaniern, das andere aus Ausländern, vorwiegend Wallonen. Die Garnison befand sich in Madrid, außerdem hielten sich des öfteren Teile der Garde im Lande auf (vgl. Casanova, ›Histoire de ma vie‹. Édition intégrale, s. Anm. 2, t. VI, vol. 11, p. 349, note 8).

10 Passano oder Pogomas: Der Offizier, Schauspieler, Theaterdirektor und Abenteurer Giacomo Passano nannte sich als Anagramm auch Ascanio Pogomas; Casanova hatte mit ihm mehrere unerfreuliche Zusammenstöße und nannte ihn den ›bösen Geist‹ seines Lebens (vgl. VII, Kap. 7, vor allem IX, Kap. 1–4).

11 *Palacio:* Der ›Real Palacio‹ in Barcelona, ursprünglich 1444 als Tuchmarkt (›Hala dels Draps‹) erbaut, wurde 1652 von König Philipp IV. für die Krone beschlagnahmt und zur Residenz der Vizekönige und später als ›Palacio de la Generalidad de Cataluña‹ (so auch noch sein heutiger Name) genutzt; das Gebäude liegt an der Plaza del Palacio (vgl. Casanova, ›Histoire de ma vie‹, Édition intégrale, s. Anm. 2, t. VI, vol. 11, p. 349, note 9; ›Lexikon der Kunst‹, Leipzig 1978, I, S. 205).

12 *Verleumdung:* Am 20. November 1768 schreibt Casanova an Graf Ricla (›Casanovas Briefwechsel‹, S. 85 ff., dort falsch datiert mit 1769): ›Gnädigster Herr! Die schrecklichen Verleumdungen, mit welchen ein Ungeheuer in dieser Stadt nicht aufhört, mich anzuschwärzen, haben mich zur Gerechtigkeit Ihrer Exzellenz Zuflucht nehmen lassen. Er geht wie ein Toller zu allen Kaufleuten, gegen mich los[zu]ziehen, indem er sagt, daß ich ein Fälscher bin, und Abscheulichkeiten behauptet, die, obschon sie falsch sind, mich untröstlich machen und töten. [–] Ich habe ihn gestern auf der Straße gesehen, diesen Mann, der vor sechs Jahren mein Diener war, und ich habe meine gerechte Wut bezähmt, weil es nicht meine Sache ist, mir Gerechtigkeit zu verschaffen, sondern daß ich zuerst Zuflucht zu dem nehme, der davon der richtige Vertreter ist und darüber die Entscheidung hat. Ich habe das Recht, es zu beanspruchen. [–] Ich fordere, gnädigster Herr, daß es bewiesen wird, daß ich je einen Kaufmann mit falschen Unterschriften betrogen habe, und wenn man mich fehlerhaft findet, möge man mich der Wut der bösen Zungen ausliefern, ich bin es zufrieden, aber wenn die Erbärmlichkeiten, die dieser Mensch von mir sagt, falsch sind, werfe ich mich zu Ihren Füßen und flehe Ihre Exzellenz an, die Verleumdung zu bestrafen. [–] Der Kaufmann Bono von Lyon [vgl. Anm. 29], von dem dieses Ungeheuer sagt, daß ich ihn betrogen habe, hat das verflossene Jahr tausend Francs für einen Wechsel an meine Ordre bezahlt, und nun gehe ich nach Lyon, wo ich seine Börse geöffnet finden werde. Er hat ihn auf Sicht bezahlt, und ich war damals in Paris. Wenn man in Genua, Livorno, Rom, Neapel, Turin, Genf, Wien, in Polen, Rußland und in ganz Deutschland und Spanien gegenwärtig einen Kaufmann findet, der mich anklagen kann, ihn mit einem falschen Wechsel betrogen zu haben, so will ich auf dem Hochgericht sterben. [–] Ich bin diese Nacht nicht in das Haus gegangen, welches Ihre Exzellenz gestern mit Ihrer Gegenwart beehrt hat, weil dieser Mensch mich der ganzen Welt als den Allerverworfensten geschildert hat. Ich habe mich geschämt, mich zu zeigen. [–] Ich bin nun, allergnädigster Herr, das Märchen dieser Stadt, und was mich vollends untröstlich macht, ist,

daß Geschäfte mich verpflichten, sofort abzureisen. [–] Ich bin mit der tiefsten Ehrfurcht [...]‹

13 *Turmverlies:* Der Turm, ›Torre de San Joan‹ oder ›Torre de Santa Clara‹, auch ›Torre de la Cudadela‹ genannt, war wahrscheinlich ein Überrest des 1715 abgerissenen Klosters der heiligen Clara, an dessen Stelle auf Befehl Philipps V. eine Zitadelle errichtet wurde; später wurde die Zitadelle Militärgefängnis und 1814 abgerissen (vgl. Casanova, ›Geschichte meines Lebens‹, hg. von Erich Loos, Berlin [West] 1967, XI, S. 384, Anm. 11). Der Turm wurde 1868 nach der Machtübernahme der Republikaner abgetragen (vgl. Dr. Guède, ›Jacques Casanova‹, Paris 1912, S. 67). Im ›Précis de ma vie‹ (Dux U 21, 1) schrieb Casanova: ›Gegen Ende des Jahres 1768 wurde ich in das tiefste Verlies im Turm der Zitadelle von Barcelona eingesperrt. Man ließ mich allerdings nach sechs Wochen frei, verbannte mich aber aus Spanien. Mein Verbrechen bestand in den nächtlichen Besuchen bei der Geliebten des Vizekönigs.‹

14 *›Calabozo‹:* span., Kerker.

15 *Widerlegung ... von Amelot de la Houssaye:* Gemeint ist das Werk Casanovas mit dem Titel ›Confutazione della Storia del Governo Veneto d'Amelot de la Houssaie‹, das 1769 mit dem fingierten Druckort Amsterdam in Lugano erschien. – Abraham Nicolas de Amelot de la Houssaye (1634–1706) war 1769/71 französischer Gesandtschaftssekretär in Venedig und griff als politischer Schriftsteller in dem Werk ›Histoire du Gouvernement de Venise‹ in acht Bänden (Paris 1676, Neudrucke Amsterdam 1677 und Lyon 1768) die venezianische Regierung heftig an, so daß er auf deren Verlangen sogar eine Zeitlang in die Bastille gesperrt wurde. Casanova wollte durch seine Gegenschrift die Begnadigung durch die venezianische Staatsinquisition erlangen (vgl. Kap. 7). Die Vorgeschichte dieses Werkes reicht aber schon weiter zurück. In der ›Confutazione‹ (III, S. 7) selbst, spricht er davon, daß er das Buch von Amelot in Warschau las (vgl. X, Kap. 7, Anm. 40). Bereits am 18. August 1767 erwähnt Casanova in seinem Brief aus Augsburg das Projekt (vgl. ›Casanova und Graf Lamberg‹, hg. von Gustav Gugitz, Wien/Leipzig/Olten 1935, S. 22). Schließlich berichtet Casanova in seinem Brief vom 30. Juli 1768 aus Madrid an Girolamo Zulian (vgl. ›Pages Casanoviennes. Correspondance inédite de J. Casanova‹ [1767–1772], Paris 1925, p. 28), daß er mit dem Gesandten Querini über die ›Confutazione‹ gesprochen habe; er wollte sie ihm zu Füßen legen und nicht ohne seinen gewichtigen Rat drucken lassen. Tatsächlich scheint Casanova im Turm von Barcelona nur ein schmales Pamphlet niedergeschrieben, das voluminöse Werk aber erst in Lugano (vgl. Kap. 6 u. 7) ausgearbeitet zu haben.

16 *Tadini:* Über diesen als Augenarzt auftretenden Scharlatan ist nichts Näheres bekannt; bei seinem Aufenthalt in Warschau (vgl. X) erwähnt Casanova ihn nicht.

17 *Tomatis:* Graf Carlo Tomatis (1739–1798) war 1765 ›Directeur du Plaisir‹ bei König Stanislaus II. August Poniatowski, später Theaterdirektor in Warschau (vgl. X, Kap. 7, Anm. 43).

18 ›*operibus credite*‹*:* lat., glaubt meinen Werken (wohl frei nach dem Evangelium des Johannes, XIV, 10).

19 ›*urbi et orbi*‹*:* lat., soviel wie ›überall‹. Formel, die besagt, daß ein feierlicher päpstlicher Segen durch seinen Vollzug in Rom ›für diese Stadt und den (ganzen) Erdkreis‹ gelten soll.

20 *katalanischen Gesetze:* Im allgemeinen galt in Spanien das römische Recht, reichte die römische Gesetzgebung jedoch nicht aus, berief man sich auf sogenannte ›leges de partida‹ (vgl. Gorani, ›Memorie. Corti e Paesi 1764–1766‹, Milano 1938, p. 95). Eine solche vollständige Sammlung dieser Gesetze gab 1759 der Jurist J. Berní Catalá aus Valencia in sechs Bänden unter dem Titel ›Apuntamientos sobra las legas de Partida‹ heraus. Vom Namen des Herausgebers hat Casanova offensichtlich die Bezeichnung abgeleitet (vgl. Casanova, ›Histoire de ma vie‹, Édition intégrale, s. Anm. 2, t. VI, vol. 11, p. 350, note 14).

21 *Tag der ›Unschuldigen Kinder‹:* Die katholische Kirche feiert den 28. Dezember zur Erinnerung an den Bethlehemitischen Kindermord, das heißt die (im ›Evangelium Matthei‹ 2, 13 ff. berichtete) von Herodes angeordnete Ermordung der Kinder unter zwei Jahren in Bethlehem, um damit den ›neugebornen König der Juden‹ zu beseitigen.

22 *Manuel Badillo:* Vielleicht ein Verwandter des seit 1716 am Hof dienenden Beamten (Offiziers) Don Manuel de Vadillo y Velasco.

23 *Agostino Grimaldi della Pietra:* Giovanni Agostino Grimaldi, Marchese della Pietra (1734–1784), genuesischer Patrizier und Gönner Casanovas (vgl. IX, Kap. 1, Anm. 10; im Kap. 1, XI, erzählt Casanova auch von dem Wechsel).

24 *vierte Genuese:* Welche Genuesen, außer Grimaldi, Casanova meint, ist unklar.

25 *Königreich:* Die Erinnerung auf ein Königreich geht auf das 12. Jh. zurück, als Raimund Bérenger, Graf von Barcelona (Katalonien), Petronella, die Erbin von Aragonien, heiratete und König von Aragonien wurde (vgl. Casanova ›Histoire de ma vie‹, Édition intégrale, s. Anm. 2, t. VI, vol. 11, p. 350, note 15).

26 ›*Amor che fa gentile un cor vilano*‹*:* ital., Liebe läßt ein grobes Herz liebenswürdig werden. – Der Vers stammt allerdings nicht von Petrarca.

27 *dunkle Affäre erfahren:* Die Textstelle von ›Noch eine Neuigkeit‹ bis
   ›dunkle Affäre erfahren‹ wurde neu übersetzt.

28 *Gräfin A.B.:* Gräfin Teresa Attendolo-Bolognini, geb. Gräfin Zuazo
   y Ovalla Zamorra (um 1738–1826), war eine Spanierin (vgl. VIII,
   Kap. 5, Anm. 25). – Im französischen Original hat Casanova den
   Namen Bolognini gestrichen und durch A.B. ersetzt (vgl. Casanova,
   ›Histoire de ma vie‹, Édition intégrale, s. Anm. 2, t. VI, vol. 11,
   p. 350, note 16).

29 *Abbate Marchisio:* Giuseppe Filippo Marchisio, Abbate und Diplomat
   des Herzogs von Modena 1769/71 in Madrid, vorher war er 1762/68
   Gesandter Modenas in Rom (vgl. Frédéric Masson, ›Le Cardinal de
   Bernis‹, Paris 1884, p. 143, note 1). Danach war Marchisio 1771/73
   Gesandter in Wien. Der Graf von Fernan Nuñez schrieb über seinen
   dortigen Aufenthalt 1773, daß er ein großer Herr zu sein scheint,
   ein Freund seinen Freunden, aller Welt zu Diensten, offen und anständig, ein Kapitel für sich sei sein Hang zu spotten (vgl. A. Morel-
   Fatio, ›Études sur l'Espagne‹, Paris 1906, 2ᵉ serie, p. 105). Kaiserin
   Maria Theresia sah in ihm einen Intriganten, beschuldigte ihn,
   ›schlechte Gesellschaften‹ zu besuchen, und verlangte noch im Jahr
   1773 seine Abberufung (vgl. A. v. Arneth, ‹Briefe Maria Theresias an
   ihre Kinder‹, Wien 1881, I, S. 148, 238). Danach war er wieder bis
   1784 Diplomat in Rom. Der Anteil Marchisios an Casanovas Haftentlassung scheint größer gewesen zu sein, als er in den Memoiren
   berichtet. Davon legt Bonos Brief vom 10. Januar 1769 (Dux U 10,
   13,1) aus Lyon Zeugnis ab, mit dem er auf Casanovas brieflichen
   Hilferuf aus Barcelona am 26. November 1768, zehn Tage nach seiner Verhaftung (vgl. Anm. 12) reagiert:»Sie sind im Irrtum, jemandem anderen als Passano das Unglück zuzuschreiben, das Ihnen in
   Barcelona zugestoßen ist; ich habe mehr als genügende Beweise dafür. Sobald ich von Ihrer Verhaftung vernommen habe, habe ich
   auf Ihren Brief vom 26. November reagiert; ich habe einem Kaufmann geschrieben, ihm einen vor dem Notar aufgenommenen Akt
   geschickt, der sämtliche Anklagen Ihres Feindes widerlegen sollte.
   Ich versuchte sogar, ihn zu beruhigen, und machte ihm ernsthafte
   Vorwürfe. Das war noch nicht alles: Ich ersuchte Monsieur Mar-
   quisio, bevollmächtigten Minister Seiner Durchlaucht des Herzogs
   von Modena, der sich hier vorübergehend aufhielt und den Weg
   über Barcelona nahm, um nach Madrid zu reisen, sich beim
   Generalkapitän für Sie zu verwenden, um Ihre Freilassung zu er-
   wirken. Gleich nach seiner Ankunft hat er mir geschrieben, daß man
   Ihnen Ihre Freiheit wieder bewilligt hat. Der mit zwei Wechseln,
   der eine auf Madrid und der andere auf Marseille von Ihnen akzeptiert, versehene Kaufmann hat mir geschrieben, und ich habe

ihm geantwortet, daß ich nichts tun könnte, solange Sie nicht in
Freiheit und imstande, sich hierher zu begeben, wären.« Durch die
Recherchen von F. L. Mars und Graf du Parc wurde auch die Ab-
schrift der notariell beglaubigten Bestätigung, die Bono in seinem
Brief erwähnt, in den Notariatsakten des Departements Rhône gefunden und veröffentlicht (vgl. ›Casanova Gleanings‹ [Nizza] VII,
1964). Das Dokument lautet in deutscher Übersetzung: ›Heute, am
Vormittag des 9. Dezember 1768, im Büro des Bonteloupt, in der
Rue de Lafont in der Gemeinde St. Pierre und St. Saturnin, in Anwesenheit der Anwälte des Königs, Notare in Lyon, erschien der
Unterzeichnete Sieur Joseph Bono, Bankier in Lyon, wohnhaft in
der genannten Rue Lafont, Gemeinde St. Pierre und St. Saturnin,
der, um die Wahrheit zu bezeugen, nach Glauben und Gewissen
feststellt, bestätigt und beglaubigt, Sieur Casanova de St. Gall zu
kennen, gegen welchen er keinerlei Forderungen erhebt, obwohl er
ihm manchmal Geld geliehen hat, welches der besagte Sieur Casanova de St. Gall völlig zurückgezahlt hat, so daß gegenwärtig keine
Ansprüche gegen ihn bestehen. Der genannte Sieur Bono setzt hinzu, niemals gehört zu haben, daß der besagte Casanova de St. Gall
jemals irgendwo falsche Wechsel in Umlauf gebracht oder daß er,
direkt oder indirekt, einer anderen Person nach dem Leben getrach-
tet habe, was der genannte Sieur Bono als aufrichtig und wahr an
Eides Statt vor den unterzeichneten Notaren versichert und an-
bietet, vor jedem zuständigen Richter zu wiederholen, der diese Ur-
kunden anfordert, welche die besagten Notare ausgestellt haben,
um dem genannten Sieur zu dienen und beizustehen und dieser der
Herausgabe des Dokumentes zustimmt, wenn es rechtens ist.
Pourra. Joseph Bono. Bonteloupt. Geprüft zu Lyon, 10. Dezember
1768, dreizehn Sols erhalten Morin‹ (deutsch von Deli Walter, in:
Childs, dt. ›Biographie‹, S. 243).

30 *San Ildefonso:* Gemeint ist das königliche Schloß ›La Granja‹ bei San
Ildefonso, südlich von Segovia.

31 *Signor Olivieri:* Giuseppe Francesco Olivieri trat im Jahre 1764 als
Notar in die Kanzlei des Dogen von Venedig ein, 1768 wurde er als
Nachfolger von Gasparo Soderini (vgl. Kap. 4, Anm. 10) Gesandt-
schaftssekretär in Madrid, 1782 traf ihn P. Zaguri in Paris und be-
zeichnete ihn als ›coglione‹ (Dummkopf) in einem Brief an Casanova
(vgl. Pompeo Molmenti, ›Carteggi Casanoviani‹, Palermo 1916, I,
S. 19). 1786 wurde er zum Notario ordinario ernannt, ordnete das
Archiv des Rates der Zehn in Venedig neu und gab davon einen
Katalog heraus (vgl. Armand Baschet, ›Les Archives de Venise‹,
Paris 1870, p. 544, 545), später war er venezianischer Vizekanzler.

32 *Marchese Grimaldi:* Pablo-Jerónimo, Marchese di Grimaldi, Pala-

vicini y Spinola (1720–1786) aus Genua, war seit 1763 spanischer Minister für auswärtige Angelegenheiten (vgl. Kap. 2, Anm. 61).

33 *sitios:* (span.) Sitze. Casanova meint offensichtlich die drei königlichen Residenzen Aranjuez, La Granja bei San Ildefonso und El Pardo bei Madrid.

34 *in Neapel wird so verfahren:* Die Textstelle von ›Ich las den Paß‹ bis ›in Neapel wird so verfahren‹ wurde neu übersetzt.

35 *vierzig kleine Meilen:* Auf der Straße beträgt die Entfernung heute 147 km.

36 *meinem Bruder:* Francesco Casanova (vgl. X, Kap. 11, Anm. 36).

37 *Marquis d'Argens:* Jean-Baptiste de Boyer, Marquis d'Argens (1704 bis 1771), Kammerherr des preußischen Königs Friedrich II. und 1744/69 Direktor der Akademie der Wissenschaften in Berlin.

38 *Gasthof ›Zum Weißen Pferd‹:* Der Gasthof ›Au Cheval Blanc‹ in Montpellier bestand seit 1435 und ging erst um 1910 ein; er befand sich Faubourg de la Saunerie. Tobias Smollet lernte ihn 1763 kennen und bezeichnete ihn als ›miserables Loch‹ und James Boswell (1765) lobte die ›freundliche Bewirtung‹ in dem Gasthof (vgl. Casanova, ›Histoire de ma vie‹, Édition intégrale, s. Anm. 2, t. VI, vol. 11, p. 350, note 20).

39 *Professoren kennenlernen:* Montpellier besaß seit 1289 eine der berühmtesten Universitäten Europas, insbesondere die medizinische Fakultät genoß einen guten Ruf.

40 *Apolls Krone:* Hier nimmt Casanova Bezug auf Apollo, den griechisch-römischen Gott der Dichtkunst und im weiteren Sinne der Wissenschaften; Krone ist im übertragenen Sinne zu verstehen, denn Apoll war der Lorbeer heilig.

41 *Komödie:* Das Theater von Montpellier, das Casanova besuchte, war 1755 eröffnet worden, brannte aber 1785 nieder.

42 *die Castel-Bajac:* Vgl. insbesondere X, Kap.

43 *ihr Mann Apotheker:* Er hieß La Tour (Latour). So nannte Franz Leopold Schrötter in seinem Brief vom 5. Februar 1767 die Abenteurerin (vgl. X, Kap. 9, Anm. 47).

44 *Schutz des Gesandten:* Französischer Geschäftsträger in Wien war 1766/67 Laurent Bérenger (vgl. X, Kap. 9, Anm. 48).

45 *Nîmes:* Von dort schreibt Casanova am 7. Februar 1769 an Odiffret, einen Bankier in Avignon, einen Brief (vgl. ›Casanovas Briefwechsel‹, S. 90).

46 *Monsieur Séguier:* Jean-François Séguier (1703–1772), französischer Archäologe und Naturhistoriker (vgl. Kap. 4, Anm. 29), der mit dem im 18. Jh. berühmten italienischen Schriftsteller Marchese Scipione Francesco Maffei (1675–1755) befreundet war.

47 *großen Denkmälern:* Casanova spielt wohl auf die Ruinen des antiken

Nemausus an, das unter Kaiser Hadrian und seinen Nachfolgern im 2.Jh. als Hauptstadt der Provinz Gallia Narbonensis seine Glanzzeit erlebte. Erhalten sind vor allem die Stadtmauer mit dem Augustus-Tor, der gut erhaltene Tempel (›Maison carrée‹) aus augusteischer Zeit, das noch heute benutzte Amphitheater, das Nymphaeum und der ›Pont du Gard‹ (Aquädukt), Foren, Thermen, Gartenanlagen und über 1200 Inschriften (vgl. ›Lexikon der Kunst‹, Leipzig 1975, III, S.572).

48 *Sitz eines Parlaments:* Im vorrevolutionären Frankreich waren die Parlamente nur Gerichtshöfe. Neben dem Parlament in Paris gab es zwölf Provinzial-Parlamente, darunter eins in Aix-en-Provence (vgl. VII, Kap.3, Anm.44).

49 *›Zu den drei Dauphins‹:* Der Gasthof ist nicht überliefert. Doch gab es im 18.Jh. eine Rue des quatre dauphins, nach einem Brunnen mit vier Delphinen benannt (heute: Rue du quatre septembre); vielleicht existierte ein Gasthof in dieser Straße (vgl. Casanova, ›Histoire de ma vie‹, Édition intégrale, s.Anm.2, t.VI, vol.11, p.351, note 25). Gottlieb Friedrich Knebel schreibt über Aix (›Die vornehmsten europäischen Reisen‹, Hamburg 1757, S.712): ›Die Wirtshäuser der Stadt sind schlecht.‹

50 *Nachfolgers für den Papst Rezzonico:* Papst Clemens XIII. (Carlo Rezzonico) war am 2.Februar 1769 gestorben. Die beiden spanischen Kardinäle, die am Konklave zur Wahl seines Nachfolgers teilnahmen, reisten auf dem Landweg nach Rom. Es waren der Erzbischof von Sevilla, Solis, und der Patriarch de la Cerda. Sie trafen Mitte April 1769 in Rom ein. Im nächsten Kapitel nennt Casanova den Kardinal de la Cerda (vgl. Casanova, ›Histoire de ma vie‹, Édition intégrale, s.Anm.2, t.VI, vol.11, p.351, note 26).

Sechstes Kapitel
(S. 161–190)

1 *Kardinal de la Cerda:* Bonaventura Spinola de Córdoba de la Cerda, geb. am 23.März 1724, seit 1761 Patriarch beider Indien und Kardinal, starb am 8.Mai 1777 in Madrid (vgl. ›Wiener. Diarium‹, 1777, Nr.47). Das ›Wiener. Diarium‹ 1769 veröffentlichte die Nachricht aus Rom vom 11.März, daß die beiden Kardinäle Solis und Spinola schon auf der Reise zur Papstwahl (am 19.Mai 1769) seien. Und eine Nachricht aus Bologna vom 18.April besagt, daß ein Kurier aus Spanien den beiden zum Konklave reisenden Kardinälen von Perpignan aus vorangeeilt sei. Am 25.April kam Spinola in Rom an (vgl. ›Wiener. Diarium‹, 1769, Nachricht aus Rom vom 27.April).

2 *Krieg zu erklären:* Die Textstelle von ›Das ist der Charakter‹ bis ›Krieg zu erklären‹ wurde neu übersetzt.

3 *Marquis d'Argens:* Vgl. Kap. 5, Anm. 37.

4 *Marquis d'Eguilles:* Alexandre-Jean-Baptiste, Marquis d'Eguilles, hing mit großer Liebe an seinem Bruder, dem Marquis d'Argens, den er auch in Berlin besuchte (vgl. Thiébault, ›Friedrich der Große und sein Hof‹, Stuttgart 1901, II, S. 284, 299). Er war seinerzeit beauftragt worden, Kronprätendent Karl Eduard Hilfe nach Schottland zu bringen, und wurde nach der Niederlage bei Culloden in Inverness interniert. Er starb, nachdem er später Parlamentspräsident in Aix geworden war, im Jahre 1783. Sein Schloß ›Mon Repos‹, das er 1763 bauen ließ, befand sich in Eguilles, etwa 8 km nordwestlich von Aix.

5 *Werke:* Der Marquis d'Argens schrieb mehrere Romane und fingierte Memoiren, so die dem als türkischer Pascha verstorbenen Grafen Bonneval (vgl. I, Kap. 10, Anm. 38) zugeschriebenen. In den ›Mémoires et lettres de Mr. le Marquis d'A.‹ (1735) schildert er seine eigenen Liebesaffären und Abenteuer. Sein Hauptwerk ist jedoch die ›Histoire de l'esprit‹ (Berlin 1765/68, 14 Bde.). In London veröffentlichte er 1737 neben ›La philosophie du bon sens‹ und in Haag und Paris Briefsammlungen (›Lettres juives‹, 1736, ›Lettres cabalistiques‹ 1737, ›Lettres chinoises‹, 1739). In ›Critique du siècle‹ (1756) erwies er sich als erfahrener Kunstkenner. Eine Gesamtausgabe seiner Werke (›Œuvres‹) erschien 1768 in Berlin in 24 Bänden. Kulturgeschichtlich aufschlußreich ist die ›Correspondance entre Frédéric II et le marquis d'Argens‹ (Königsberg und Paris 1798, deutsch Königsberg 1798).

6 *Schauspielerin Cochois:* Barbe Cochois (vor 1722–nach 1771), französische Schauspielerin an der Komödie in Berlin (1742), heiratete 1749 den Marquis d'Argens (vgl. X, Kap. 4, Anm. 45).

7 *Lordmarschall:* George Keith (1693–1778), Earl Marshal of Scotland (seit 1712), lebte lange Zeit am Hof Friedrichs II. und war preußischer Gesandter in Paris (vgl. X, Kap. 2, Anm. 50).

8 *›kurzröckigen‹ Jesuiten:* In Frankreich wurden als ›Jésuites de la robe courte‹ solche Novizen des Jesuitenordens, also ungeweihte Ordensbrüder, bezeichnet, die das Recht hatten, weltliche Kleider zu tragen (daher der Name); damit sicherte sich der Orden vor allem seinen Einfluß unter später hochgestellten Persönlichkeiten.

9 *Berlinerin:* Gräfin de Canorgue, geb. Gotzkowsky, Tochter des Berliner Bankiers und Kunsthändlers Johann Ernst Gotzkowsky (1710 bis 1775; vgl. Jürgen Wilke, ›Ein Blick für gute Geschäfte. Johann Ernst Gotzkowsky, Kaufmann und Spekulant‹, in: ‹Berliner Zeitung› vom 4. Dezember 1986); etwa 1764 heiratete sie den Grafen

de Canorgue, der seit dem Ende des Siebenjährigen Krieges sich in Berlin aufhielt und sechs Monate später starb.

10 *Neffen:* Graf de Canorgue, Neffe des Marquis d'Argens, hielt sich nach dem Siebenjährigen Krieg volle sechs Monate in Berlin auf, wo er die Tochter des Bankiers Gotzkowsky heiratete. Sein Onkel führte ihn nicht beim preußischen König ein, weil Friedrich II. die Anwesenheit des Grafen ignorierte (vgl. Thiébault, ›Friedrich der Große und sein Hof‹, Stuttgart 1901, II, S. 284). Der Graf de Canorgue ist jung um 1767 gestorben.

11 *Gotzkowsky:* Sohn des Kunsthändlers Johann Ernst Gotzkowsky (vgl. Anm. 9), Casanova schreibt den Namen ›Schofskouski‹, ›Chouskouski‹, ›Choskoski‹, ›Choskouski‹, ›Chofskouski‹ und in ähnlicher übertragener Orthographie. Casanova schrieb am 17. März 1769 aus Aix einen Brief an den jungen Gotzkowsky, mit dem er für den Marquis d'Argens, dessen Gemahlin und ihre Nichte Bücher als Geschenk übersandte (vgl. ›Casanovas Briefwechsel‹, S. 90 ff.). Noch am selben Tag schrieb Gotzkowsky aus Eguilles an Casanova nach Aix einen Dankesbrief (Dux U 4, 108).

12 *Crostata:* Italienische Bezeichnung für Pastete.

13 *Pater Ganganelli:* Giovanni Vincenzo Antonio Ganganelli (1705 bis 1774) war 1723 Franziskanermönch (Minorit) unter dem Namen Fra Lorenzo, 1759 Kardinal geworden; er wurde tatsächlich am 28. Mai 1769 als Clemens XIV. zum neuen Papst gewählt; nach langem Zögern erfolgte durch ihn 1773 die Aufhebung des Jesuitenordens. Daß die Jesuiten diesen Papst vergiftet hätten, ist jedoch unbewiesen.

14 *Pontifex:* Titel des Papstes (eigtl. Oberster Priester) seit der Renaissance.

15 *Abbate Pinzi:* Giuseppe Antonio Pinzi (1713–1769), italienischer Weltgeistlicher und Diplomat (vgl. Kap. 4, Anm. 16).

16 *›et aliquid pluris‹:* lat., und noch einiges mehr.

17 *›Polyeucte‹:* ›Polyeucte martyr‹ (1643), christliche Tragödie in fünf Akten, von Pierre Corneille; in diesem Versdrama schildert der Dramatiker den Opfermut des frühchristlichen armenischen Märtyrers Polyeukt.

18 *Karneval:* Wahrscheinlich verbrachte Casanova nicht den Karneval in Aix, denn vom letzten Karnevalstag des Jahres 1769, das war der 7. Februar, stammt sein Brief an den Bankier Odiffret aus Nîmes (vgl. Kap. 5, Anm. 45). Er dürfte sich in Aix von etwa Mitte Februar bis wenigstens 26. Mai 1769 aufgehalten haben, da er dort das Fronleichnamsfest am 25. Mai mitgemacht haben will. Darüber berichtet er auch in seiner ›Confutazione‹ (III, S. 224). Bezeugt ist der Aufenthalt in Aix für den 17. März 1769, als Gotzkowsky dort-

hin an Casanova schrieb (Dux U 4, 108) und durch den Brief eines gewissen Artoth (Dux U 4, 140) vom 10. April 1769, der Casanova bat, ihm den Zeitpunkt seiner Abreise aus Aix mitzuteilen. In der ›Confutazione‹ (III, S. 224 f.) erwähnt Casanova auch die Bekanntschaft eines jungen Gelehrten, des Abbate d'Aimar, der ihm ein Buch des Abbé Richard lieh, das er für seine ›Confutazione‹ benutzte.

19 *eine ›Ilias‹ ... zum Geschenk gemacht:* Über das Geschenk für den Marquis d'Argens bemerkt Casanova in dem Brief vom 17. März 1769 an Gotzkowsky: ›Was meinen Homer anbelangt, so liebe ich ihn so sehr, daß ich ihn unter die Bücher des Herrn Marquis stellen will‹ (›Casanovas Briefwechsel‹, S. 92).

20 *Adoptivtochter:* Damals hieß sie noch Mina Giraud (geb. 1754), und galt als Nichte der Marquise d'Argens, geb. Cochois. Einige Monate nach Casanovas Abreise erklärte jedoch der Marquis d'Argens im Dezember 1790 im Beisein eines Notars und der versammelten Familie, sie sei seine rechtmäßige Tochter aus der Ehe mit der Schauspielerin Cochois. Daraufhin wurde Mina Giraud von der Familie als Barbe d'Argens legitimiert. 1774 heiratete sie den Generaladvokaten am Parlament von Aix-en-Provence, Monsieur de Magallon (vgl. D. Thiébault, ›Souvenirs de vingt ans de séjour à Berlin‹, Paris 1891, II, p. 404 s.). Über das Geschenk an die ›Adoptivtochter‹ schrieb Casanova in dem Brief an Gotzkowsky: ›Ich habe den Plan gefaßt, dieses Geschenk der Frau Marquise zu machen, als sie mir die Ehre erwies, mir zu sagen, daß das gnädige Fräulein, ihre Nichte, das Lateinische zu verstehen begann. Der Roman, den Sie sehen, ist geschätzt‹ (›Casanovas Briefwechsel‹, S. 92).

21 *›Argenis‹:* Gemeint ist offensichtlich der neulateinische barocke Staatsroman ›Argenis‹ (Paris 1621) des schottischen Schriftstellers John Barclay (1582–1621) mit Anspielungen auf zeitgeschichtliche Ereignisse und Zustände in Frankreich, England und Spanien. Die Gesellschaftsideale sind christlich-stoizistisch geprägt.

22 *Porphyrios:* Porphyrios, eigtl. Malchos (232 oder 233–um 301), griechischer Gelehrter, war Schüler und Biograph des Philosophen Plotin; er trat nicht nur als Kommentator des plotinschen Neuplatonismus und mit einer Kampfschrift in 15 Büchern ›Gegen die Christen‹ hervor, sondern hatte sich auch eingehend mit Homer beschäftigt, so in den ›Quaestiones homericae‹ (Venedig 1521).

23 *zu ihrer Zeit erwähnt:* Das Abenteuer in Metz erzählt Casanova in VIII, Kap. 2; das in England wird in den Memoiren nicht erwähnt.

24 *Santiago de Compostela:* Der Ort im Nordwesten Spaniens, in der Provinz Galizien, ist seit dem Mittelalter nach Jerusalem und Rom

einer der bekanntesten Wallfahrtsorte. Nach der Legende sollen Hirten dort durch das Leuchten eines Sterns die Gebeine des heiligen Jakobus des Älteren gefunden haben; um 829 wurde dann über dem Grab des Apostels die nach dem Wunder ›Campus Stellae‹ genannte Kirche errichtet. Sie wurde von den Mauren zerstört, von den Christen wieder aufgebaut. Im 11.Jh. wurde die berühmte Kathedrale, eine sechsschiffige Basilika im romanischen Stil, errichtet, in der die Reliquien des heiligen Jakobus seit dem 19.Jh. aufbewahrt werden.

25 *Muschelschalen:* Attribut des Pilgerheiligen Jakobus des Älteren, das die Pilger nach der Pilgerfahrt aus Santiago de Compostela mitbringen. Nach der Legende soll ein Ritter beim Kampf gegen die Mauren einen Meeresarm durchschwommen haben und ganz mit Muscheln bedeckt ans Land gekommen sein (vgl. Sachs/Badstübner/Neumann, ›Christliche Ikonographie in Stichworten‹, Leipzig 1973, S. 189, 260).

26 *Balsamo:* Giuseppe Balsamo (1743–1795), italienischer Abenteurer und Wundertäter aus dem Ort Ballaro bei Palermo. Er war seit dem 20.April 1768 mit der Römerin Lorenza Feliciani (vgl. Anm. 27) verheiratet. Die Pilgerfahrt kurz nach der Heirat schildert das anonym erschienene Buch von Théveneau de Morande ›Ma correspondance avec le Comte de Cagliostro‹ (Milan [Paris] 1786; Hamburg 1787, S.88). Zunächst war danach das Paar in dem italienischen Wallfahrtsort Loreto, reiste dann nach Venedig, Genua und nach Aix in der Provence, von dort über Barcelona nach Spanien, man besuchte Madrid, ging nach Lissabon, London und schließlich 1772 nach Paris. (Über die Reise nach Spanien vgl. auch ›Auszug aller europäischen Zeitungen‹, Wien 1791, Nr. 169, 155. Beilage vom 27.Juni). Den Namen Graf Alessandro Cagliostro legte sich Balsamo erst 1776 zu. Durch Alchimie, Spiritismus und Intrigen, zum Beispiel in der sogenannten ›Halsbandaffäre‹ 1785 (vgl. VIII, Kap. 1, Anm. 97) gewann er Reichtum und einen zweifelhaften Ruf; 1790 wurde Cagliostro als Freimaurer in Rom von der Inquisition wegen Ketzerei zum Tode verurteilt, 1791 vom Papst aber zu lebenslanger Haft auf der Festung San Leo bei Rimini begnadigt, wo er jedoch bereits 1795 im Wahnsinn starb. In seiner Polemik gegen Abenteurer ›Soliloque d'un penseur‹ (Prag 1786; Nachdruck in: ›Pages Casanoviennes‹, II, Paris 1925) setzte sich Casanova besonders mit Cagliostro auseinander (vgl. ›Der König der Kuppler und Schwarzkünstler Graf Cagliostro. Seine magischen Operationen und galanten Abenteuer von ihm selbst erzählt‹, hg. von Wolfgang Ansorge, Berlin o.J. [1912], S.22; E.Petraccone, ›Cagliostro nella storia e nella legenda‹, Milano/Palermo/Napoli

1922, p.45; ›Der Schwarzkünstler Cagliostro‹. In zeitgenössischen Berichten, hg. von Friedrich von Oppeln-Bronikowski, Dresden 1922).

27 *Serafina Feliciani:* Lorenza Feliciani (um 1750–1794), nannte sich seit 1776 Gräfin Serafina Cagliostro, war 1772/73 Großmeisterin der Freimaurerloge ›Iris‹; wurde, als ihr Mann (vgl. Anm.26) von der Inquisition in Rom verhaftet wurde, in das dortige Kloster ›Apollonia‹ gesteckt, wo sie auch starb.

28 *unter dem Namen Cagliostro wiederfinden:* Dieser Teil der Memoiren wurde nicht mehr geschrieben, sie reichen nur bis zum Jahr 1772 (vgl. I, Nachwort, S.304); Casanova sah wahrscheinlich den Abenteurer Cagliostro nicht zehn, sondern neun Jahre später in Venedig wieder, denn dieser hatte sich am 1.Juni 1778 unter dem falschen Namen Pellegrini, den auch Casanova in den Memoiren nennt, in die Fremdenliste eingetragen: ›Marchese Pellegrini e moglie di Napoli con quatro domestici‹ (Marchese Pellegrini und Gattin aus Neapel mit vier Bedienten).

29 *›Nuestra Señora del Pilar‹:* Berühmte Kathedrale in Zaragoza (vgl. Kap.4, Anm.23).

30 *katzenhaft:* Casanova schreibt ›chatieuses‹, ein Wort, das es im Französischen nicht gibt; offensichtlich leitet er es von ›chat‹ (Katze) ab.

31 *zum heiligen Schweißtuch:* Das Bild der heiligen Veronica entstand im Mittelalter aus Legenden. Um 1400 wird diese Legende mit der Passion Christi in Verbindung gebracht. Veronica soll sich jetzt unter jenen Frauen befinden, die Christus auf seinem Kreuzweg trifft und anspricht (Lukas 23, 27–31). Sie reicht ihm ein Tuch, damit er den blutigen Schweiß auf seinem Gesicht trocknen kann. Als er das Tuch wieder zurückgibt, enthält es den Abdruck seiner Gesichtszüge (lat.: vera icon; daher ihr Name Veronica). Dieses sogenannte Schweißtuch der Veronica wird in mehr als vierzig Kirchen Europas als Reliquie aufbewahrt (Petersdom in Rom, S.Maria Maggiore, S.Silvestro in Capite, S.Bartolomeo degli Armeni in Genua u.a.); das noch heute in Turin verehrte befindet sich seit 1578 in der Schloßkapelle (vgl. K.Pearson, ›Die Fronica, ein Beitrag zur Geschichte des Christusbildes im Mittelalter‹, Straßburg 1887; Sachs/ Badstübner/Neumann, ›Christliche Ikonographie in Stichworten‹, Leipzig 1973, S.345).

32 *Kupferstich zu kopieren:* Auch in dem Buch ›Ma correspondance avec le Comte de Cagliostro‹ (Hamburg 1786, S.84f.) wird bestätigt, daß Balsamo das Talent gehabt hätte, Federzeichnungen und sehr schöne Kupferstiche zu kopieren. Der venezianische Patrizier Zaguri besaß ›einen großen Adonis und eine Venus aus der Feder des

Grafen Cagliostro‹ (vgl. ›Carteggi Casanoviani‹, ed. P.Molmenti, Palermo 1916, I, S.73).

33 ›*Testone*‹: Der ›teston‹ war ursprünglich eine französische Silbermünze; sie wurde im Kirchenstaat und in der Toskana nachgeprägt. Der römische Testone hatte einen Wert von drei Paoli, den päpstlichen Groschen (vgl. Casanova, ›Histoire de ma vie‹, Édition intégrale, Wiesbaden/Paris 1962, t.VI, vol.11, p.354, note 18).

34 *Rembrandt-Zeichnung:* Casanova schreibt ›Reimbrand‹.

35 *Bankier Audifret:* Wahrscheinlich ist ein Brief an das Bankhaus Odiffret und Compagnon in Avignon gemeint. Am 7.Februar 1769 hatte er aus Nîmes an Odiffret wegen einer unbedeutenden Geldsumme geschrieben, die er ihm im August 1760 überlassen hatte, als er in Avignon weilte (vgl. Samaran, ›Jacques Casanova‹, Paris 1914, p.402, note 3; ›Casanovas Briefwechsel‹, S.90).

36 *Saint-Omer:* Das Hôtel de Saint-Omer in Avignon besteht noch heute (vgl. VII, Kap.3, Anm.2).

37 *zehn Jahre später:* vgl. Anm.28.

38 *er sei tot:* Cagliostro starb 1795 in San Leo (vgl. Anm.26).

39 *ermordete König von Schweden:* Gustav III. (1746–1792), Neffe des preußischen Königs Friedrich II., war König von Schweden seit 1771; er hatte die herrschende Adelspartei abgeschüttelt und sich dadurch verhaßt gemacht. Jacob Johann Anckarstroem verübte am 16.April 1792 auf ihn ein Attentat. Der König erlag am 29.April seinen Verletzungen.

40 *alle seine Werke:* vgl. Anm.5. Mit der Lebensgeschichte sind die 1735 in London veröffentlichten ›Mémoires et lettres de Mr. le Marquis d'A.‹ gemeint.

41 *seit sieben Jahren:* Im französischen Manuskript stand zuerst ›il y a vingt mois‹, diese Zeitangabe wurde durch eine zweite (unleserliche) ersetzt, die wiederum von Casanova gestrichen wurde (das Wort könnte ›six‹ oder ›huit‹ gewesen sein). Das läßt darauf schließen, daß der Autor bereits 1791 oder 1792 die Niederschrift der Memoiren bis zum Band XI im wesentlichen abgeschlossen hatte (vgl. Casanova, ›Histoire de ma vie‹, Édition intégrale, s. Anm.33, t.VI, vol.11, p.354, note 11).

42 *die Halunken ... in Dux bereitet haben:* Der Haushofmeister Feltkircher, der Kutscher Wiederholt und der Verwalter Stelzel schikanierten den Bibliothekar Casanova auf Dux ständig, und auch andere Angehörige des Personals trieben ihren Spott mit dem Venezianer. Es darf aber nicht übersehen werden, daß Casanova durch anmaßendes Auftreten häufig den Anlaß dazu bot. Im Dezember 1791 kam es zu einer regelrechten Prügelei in den Straßen von Dux. Trotz wiederholter Beschwerden Casanovas jagte der Graf Waldstein erst

im Juli 1793 Feltkircher und seine Kumpane aus dem Schloß (vgl. Roberto Gervaso, ›Giacomo Casanova und seine Zeit‹, München 1977, S. 260–271).

43 *zur gegebenen Zeit sprechen:* Diese Bemerkung macht besonders deutlich, daß Casanova ursprünglich vorhatte, auch seinen Aufenthalt in Dux in den Memoiren zu schildern. Am 27. Juli 1792 schrieb Casanova jedoch an den Freund Opiz: ›... daß ich am Ende meines zwölften Bandes beim Alter von siebenundvierzig Jahren halte, das heißt im Jahre 72 dieses Jahrhunderts‹ (vgl. G. Casanova, ›Briefwechsel mit J. F. Opiz‹, Berlin–Wien 1922, S. 82). – Auch in der Folge weisen verschiedene Bemerkungen darauf hin, daß Casanova ursprünglich beabsichtigte, die Memoiren über das Jahr 1772 hinauszuführen.

44 *Fronleichnamsfest:* Das Fronleichnamsfest fiel 1769 auf den 25. Mai. Auch in seiner ›Confutazione‹ (II, S. 103 f.) äußerte sich Casanova kritisch über das Fronleichnamsfest in Aix.

45 *Saturnalien:* Das römische Fest Saturnalia wurde zu Ehren des Gottes Saturn, des Bauern- und Erntegottes, und in Erinnerung an das Goldene Zeitalter (›Saturnia regna‹) im Dezember eine Woche lang begangen. Es erinnert in seiner Ausgelassenheit und Fröhlichkeit an den Karneval. In diesen Tagen genossen Sklaven ihre Freiheit, speisten mit ihren Herren oder wurden von ihnen bedient. Das beliebte Fest wurde bis zum Ausgang der Antike gefeiert (vgl. ›Lexikon der Antike‹, Leipzig (²neubearb. 1977, S. 496).

46 *Monsieur de Saint-Marc:* Wahrscheinlich Louis Sauvage de Saint-Marc, ein verdienstvoller Jurist seiner Zeit, Direktor der Zollverwaltung von Grenoble. Von Monsieur de Saint-Marc, ›membre du parlement‹, existiert in Dux (U 4, 29 u. 30) ein undatierter Brief an Casanova in Aix, der philosophische Betrachtungen enthält.

47 *Henriette:* Wahrscheinlich Jeanne-Marie d'Albert de Saint-Hippolyte (1718–1795), die 1744 Jean-Baptiste-Laurent Boyer de Fonscolombe heiratete (vgl. III, Kap. 1–5 und besonders IX, Kap. 4).

48 *durch Marcolina hatte sagen lassen:* vgl. IX, Kap. 4.

49 *›Croix d'or‹:* Eine Wegkreuzung südlich von Aix-en-Provence.

50 *›Rivoltata‹:* Im französischen Manuskript schreibt Casanova ›la rebaltade‹, ein Wort, das es im Französischen nicht gibt; offensichtlich ein Italianismus von ›ribaltere‹: ›umwerfen‹, oder ›ribalta‹: ›Bühne‹ (vgl. Casanova, ›Histoire de ma vie‹, Édition intégrale, s. Anm. 33, t. VI, vol. 11, p. 178 et p. 355, note 30).

51 *Molinari:* Francesco Molinari aus Bologna, der Begleiter von Nina Bergonzi in Valencia (vgl. Kap. 4, Anm. 62).

52 *Nina in Bologna wiedertreffen:* vgl. XII, Kap. 7.

53 *zweiundzwanzig Jahre:* Nach seinem Bericht trennte sich Casanova

im Dezember 1749 oder Januar 1750 von Henriette in Genf, also zwanzig Jahre zuvor (vgl. III, Kap. 5).

54 *Zusammentreffen in Cesena:* Casanova lernte Henriette im Herbst 1749 in Cesena kennen (vgl. III, Kap. 1), die er anschließend nach Parma begleitete.

55 *Monsieur d'Antoine:* François d'Antoine-Placas, Graf von Belvedere, 1749 Kammerherr des Herzogs Philipp von Parma (vgl. III, Kap. 4, Anm. 13).

56 *Marcolina:* Wohl fiktiver Name einer jungen Venezianerin, die Casanova seinem jüngsten Bruder Gaetano Alvisio, dem Unterdiakon, in Genua abspenstig machte, nach Lyon mitnahm und sie von dort mit ihrem Onkel Matteo nach Venedig zurückschickte (vgl. IX, Kap. 1–5).

57 *dreißig oder vierzig Briefen:* Diese Briefe sind nicht erhalten.

58 *Madame N.N.:* Casanova nannte sie früher Crosin, weil er sie von dem Abenteurer Croce übernahm, um sie nach Marseille in ihr Elternhaus zurückzubringen; dort heiratete sie den Kaufmann N.N. aus Genua (vgl. IX, Kap. 1 u. 2).

59 *Croces Abenteuer und Charlottes Tod:* Anspielung auf die Flucht Croces aus Spa und auf Charlotte de Lamotte aus Brüssel (vgl. X, Kap. 11).

60 *Rosalie:* Junges Mädchen aus Marseille, die Casanovas Geliebte war (vgl. VII, Kap. 4 u. 5 und IX, Kap. 1).

61 *kein Vergnügen gewesen:* Der Marchese Agostino Grimaldi hatte großzügig auf die Einlösung von Wechseln verzichtet und sich dadurch nicht für die Ränke Passanos mißbrauchen lassen, um Casanovas bedrängte Lage in Barcelona zu verschlimmern (vgl. Kap. 5, Anm. 23).

62 *Herzog von Villars:* Casanova hatte Honoré-Armand, Herzog von Villars (1702–1770) und seinen Arzt Théodore Tronchin (1709 bis 1781) in Genf und bei Voltaire kennengelernt (vgl. VII, Kap. 10, Anm. 39 u. 40).

63 *Marquis d'Aragon:* italienischer Abenteurer und Glücksspieler, dem Casanova in Rußland und Spa begegnet war (vgl. X, Kap. 5 u. 11).

64 ›*Colle di Tenda*‹: Paß an der Straße von Nizza nach Cueno in Piemont; er war im 18. Jh. zwar einer der höchsten Alpenübergänge (1873 m), aber nicht der höchste.

65 *Cavaliere Raiberti:* Carlo Adalberto Flaminio Raiberti-Nizzardi (1708 bis 1771), Staatssekretär für auswärtige Angelegenheiten in Turin (vgl. VII, Kap. 12, Anm. 35). Der venezianische Resident Berlendis berichtete am 8. Juli 1769 nach Venedig über Casanovas Aufenthalt in Turin: ›... er ist mit mehreren Personen von hohem Rang befreundet und oft in Gesellschaft des Chevalier Raiberti, der große

Vorliebe für sein Talent und seine Intelligenz zu hegen scheint‹ (vgl. Childs, ›Biography‹, p. 246, dt. ›Biographie‹, S. 251).

66 *Graf de la Pérouse:* Graf Gian Giacomo Marcello Gamba della Perosa, genannt Graf de la Pérouse (1738–1817), Freund Casanovas (vgl. VIII, Kap. 12, Anm. 43).

67 *englischen Gesandten X:* Sir William Lynch war außerordentlicher Gesandter Englands in Turin; er traf dort am 20. März 1769 ein und verließ die Stadt am 2. Oktober 1776 (vgl. ›Repertorium...‹ siehe Kap. 1, Anm. 46, III, S. 173). Er wird in den Briefen de la Pérouses und Raibertis in den Jahren 1769 bis 1772 erwähnt (Dux U 14, c 4 u. 7; U 14, h 2). Als Casanova ihm die ›Confutazione‹ widmen wollte, erfuhr er aus einem Brief des Grafen Simone Stratico vom 23. September 1769 (Dux U 14, l 15), daß dies der englische Gesandte aus ›Staatsrücksichten‹ nicht annehmen könne. Lady Elizabeth Pembroke beschreibt in den ›Letters and Diaries of Henry, Tenth Earl of Pembroke‹ (London 1942, S. 71) Lynch als ›sehr leichtfertig, nicht geeignet, junge Männer anzuleiten‹.

68 *Tänzerin ... Campioni:* Giustina Bianchi, geb. Campioni, genannt Campioni-Bianchi (gest. nach 1781), stand als Tänzerin in Diensten des Herzogs von Parma. Sie tanzte im Herbst 1765 und im Karneval 1766 als Gast in Venedig (vgl. ›Nuovo Archivio Veneto‹, 1892, t. IV, S. 439, 444). 1769 war sie nach Casanova in Turin. Im Karneval 1771 trat sie in Mantua auf (vgl. ›Indice dé Spettacoli teatrali per il carnevale dell' A. 1771‹ (Milano, S. 21). Im Karneval 1772, im Herbst 1773 und im Karneval und in der Fierra dell' Ascensione 1774 ist sie wieder in Venedig beschäftigt (vgl. ›Nuovo Archivio Veneto‹, 1893, t. V, S. 536; t. VI, S. 508, 513, 515). 1775 tanzte sie in Turin (vgl. G. Sacerdote, ›Teatro Regio di Torino‹, Torino 1892, S. 76), und Graf Richa berichtet am 25. Januar 1775 in einem Brief an Casanova über das Auftreten von Giustina Campioni in einer Ballettaufführung in Turin (vgl. ›Carteggi Casanoviani‹, ed. P. Molmenti, Palermo 1919, II, S. 32). Nach einem Brief von Marco di Monti an Casanova (vgl. Molmenti, ebd., 1916, I, S. 241) weilte sie Ende März 1781(?) in Triest. Im Jahre 1788 vermietete der Patrizier Zaguri ihr und Niccolò Foscarini sein Casino (vgl. Molmenti, ebd., II, S. 85, 90).

69 *›Geschichte von Venedig‹ des ... Nani:* Der venezianische Patrizier und Prokurator Giambattista Nani (1616–1678) verfaßte auf Geheiß des Senats eine ›Storia di Venezia del 1613 al 1671‹ (Venezia 1676/79, 2 Bde.), die mehrfach übersetzt wurde (vgl. ›Dictionnaire biographique‹, Paris 1834, III, S. 428).

70 *Chur:* Casanova schreibt ›Coire‹, verwendet also die französische Schreibung für Chur im schweizerischen Kanton Graubünden;

offensichtlich meint er aber einen italienischen Ort (vgl. Casanova,
›Histoire de ma vie‹, Édition intégrale, s. Anm. 33, t. VI, vol. 11,
p. 184). – Zu den Borromeischen Inseln vgl. VIII, Kap. 5, Anm. 18.

71 *Gasthof:* Der ›Albergo Svizzero‹ war um 1759 von Pietro und Tommaso Taglioretti, Vater und Sohn, eröffnet worden und galt bald als
einer der besten Gasthöfe der Schweiz. Dort tagten auch die Dele-
gierten der zwölf Kantone bei ihren jährlichen Versammlungen.
Hinter dem Gasthof befanden sich weite Höfe, die von großen Stäl-
len umgeben waren, in denen man 150 bis 200 Pferde unterbringen
konnte. Im 20. Jh. sank er zu einem zweitrangigen Gasthof herab
(vgl. P. Grellet, ›Casanova en Suisse‹, S. 196 f.).

72 *Doktor Agnelli:* Der Abbate Giovan-Battista Agnelli (1706–1788)
entstammte einer Mailänder Buchdruckerfamilie. 1764 eröffnete er
mit seinem Neffen Giuseppe die Druckerei in Lugano, und sie erhielten das Privileg für die Kantone Zürich und Luzern. Sie waren sehr
beliebt, da bei ihnen jene Autoren aus Italien drucken ließen, denen
die Zensur in ihrer Heimat Schwierigkeiten machte. Jedoch druck-
ten auch andere Verleger unter dem Firmennamen Agnelli, um
Verfolgungen zu entgehen und mit dem freisinnigen Renommée
Geschäfte zu machen, so daß der Verlag Agnelli manchmal grund-
los Schikanen seitens der Schweizer Behörden ausgesetzt war. 1766
wurde deshalb das Privileg für Lugano nur unter Schwierigkeiten
auf weitere zwanzig Jahre erneuert. Als Agnelli dann die Verbrei-
tung der Ideen der Französischen Revolution durch Druckschriften
förderte, stürmten Anhänger des alten Regimes am 29. April 1799
die Buchdruckerei, plünderten und zerstörten sie völlig. Die Familie Agnelli erholte sich nicht mehr von diesem Schlag und lebte
fortan in Dürftigkeit. An Stelle der Buchdruckerei auf der Piazza
della Riforma steht heute die ›Banca Popolare‹ (vgl. P. Grellet,
›Casanova en Suisse‹, S. 194 ff.).

73 *Bargello:* Titel des örtlichen Polizeihauptmanns in vielen Städten
Italiens.

74 *Monsieur de...:* Urs-Victor-Joseph Baron Roll von Emmenholtz
(1711–1786) war zunächst in französischem Dienst in Solothurn
tätig, dann als Capitano oder Landvogt von Lugano in den Jahren
1768 bis 1770 (vgl. D. A. Fechter, ›Die eidgenössischen Abschiede
1744–1777‹, II, Basel 1867). Casanova hatte dessen junge Frau Ba-
ronin Marie-Anne-Louise (Ludovika) Roll von Emmenholtz (vgl.
VI, Kap. 4, Anm. 21 u. 22) 1760 in Zürich kennengelernt.

1 *als alte Bekannte:* Casanova war Urs-Victor-Joseph Baron Roll von Emmenholtz 1760 in Solothurn vorgestellt worden (vgl. VI, Kap. 7).

2 *ein Werk:* Gemeint ist die ›Confutazione della Storia del Governo Veneto d'Amelot de la Houssaie. Diviso in tre parti. Amsterdam 1769. Presso Pietro Mortier‹ (Druckort und Drucker waren fingiert, recte: Lugano, Agnelli). Diese umfangreiche Schrift behandelt weit mehr Themen, als der Titel erkennen läßt; es war das anspruchsvollste Werk, das er je geschrieben hat und wurde innerhalb eines Jahres verkauft. Besonderen authentischen Wert für die Glaubwürdigkeit der Memoiren hat es, weil es viele autobiographische Details bestätigt. Zur Entstehung des Werkes vgl. Kap. 5, Anm. 15. Die erhoffte Begnadigung durch die venezianische Staatsinquisition ließ jedoch auf sich warten, er mußte zu seiner tiefen Enttäuschung noch fünf Jahre ihrer harren, bis er aus dem Exil in seine Heimat zurückkehren konnte (vgl. Gino Damerini, ›Casanova a Venezia dopo il suo primo esilio‹, Turin 1952, p. 63).

3 *zur Welt gebracht:* Leontius-Victor-Joseph Baron Roll von Emmenholtz war nicht vier, sondern anderthalb Jahre nach der Abreise Casanovas aus Solothurn und zwar am 14. Oktober 1761 geboren worden. Er diente später als Offizier in Frankreich, trat 1799 in die Solothurner Regierung ein und wurde 1821 Ritter der Ehrenlegion. Er starb im Jahre 1829, nur vier Jahre nach seiner Mutter, die 87 Jahre alt wurde (vgl. P. Grellet, ›Casanova en Suisse‹, S. 198f.).

4 *Lebel ... mit seiner Frau:* Wahrscheinlich fiktiver Name des Haushofmeisters des französischen Gesandten Chavigny in Solothurn; ihn hatte Casanovas Haushälterin und Geliebte, Madame Dubois, geheiratet (vgl. VI, Kap. 8 u. 9).

5 *Abbate Riva:* Francesco Saverio da Riva, Graf von Mauensee (1701 bis 1782), stammte aus einer alten venezianischen Patrizierfamilie. Den Titel Graf hatte ein Vorfahre 1698 erhalten, der auch in die Bürgerschaft von Luzern aufgenommen wurde und die Herrschaft Mauensee erworben hatte. Der Abbate Riva war als Weltgeistlicher, Jurist und Poet, als Mitglied der Akademie Arcadia geachtet. Oldelli schreibt über ihn in seinem ›Dizionario degli nomini illustri del Canto Ticino‹ (Lugano 1807): ›... ein wackerer Jurist, tiefer Philosoph, guter petrarkischer Dichter und arkadischer Schäfer mit dem Namen Siredo und eleganter Schreiber von familiären Briefen. Er war dem Vaterland sehr nützlich, das ihn höchlich schätzte, da er besonders zwischen Verwandten und Freunden mit seinen weisen Ratschlägen und seiner Rechtlichkeit und Fähigkeit die Streitig-

keiten schlichtete.‹ Von ihm ist ein kleiner Brief aus Montasina am Luganer See vom 14. Dezember 1769 an Casanova in Lugano in Dux erhalten (abgedruckt bei A. Ravà, ›Casanova a Lugano‹ in: ›Bolletino storico della Svizzera Italiana‹, 1911, S. 3 f.), worin von dem ›Sonetto a Voltaire‹ Casanovas die Rede ist, das in die ›Confutazione‹ aufgenommen wurde und das der Abbate verbessern wollte.

6 *Angelo Querini* (1721–1795), venezianischer Patrizier und Senator; Freund Voltaires (vgl. II, Kap. 8, Anm. 5).

7 *Graf Giovanni Battista:* Es gab einen Giovanni Battista da Riva, Graf von Mauensee (1687–1772), der ein älterer Bruder des Abbate Riva (vgl. Anm. 5) war. Gemeint ist wahrscheinlich Carlo da Riva de Mauensi (Mauensee), von dem sich zwei Briefe an Casanova in Dux befinden (U 4, 95; U 12, K 3). Er war der Sohn von Giovanni Rodolfo, Hauptmannstellvertreter von Lugano, ebenfalls ein Bruder des Abbate, und Carlo somit dessen Neffe. Carlo Riva, der auch Dichter war und sich als Mitglied der Akademie Arcadia ›Ligerio Dianteo‹ nannte, geriet mit Casanova wegen eines Gedichts in Streit. Über diese Fehde befindet sich in Dux ein kleines Manuskript, das A. Ravà im ›Bolletino storico Svizzera Italiana‹ (1911, Nr. 1–6) unter dem Titel ›Casanova a Lugano e la sfida andata in fumo‹ veröffentlichte. Eine der Schwestern C. Rivas war Nonne im Kloster S. Colombono in Como und hieß Francesca Luisa; anläßlich der Ablegung ihres Ordensgelübdes, dem einige Gedichte geweiht wurden, brach das literarische Gezänk zwischen ihrem Bruder Carlo und Casanova aus (vgl. A. Ravà, ›Casanova a Lugano‹, S. 5).

8 *Graf Federico Borromeo* (1703–1779), Sohn des Vizekönigs von Neapel (vgl. VIII, Kap. 5, Anm. 16).

9 *das letzte Mal, daß ich ein Pferd bestieg:* Doch sollte sich Casanova bei den Wettrennen, die Graf Waldstein in Dux veranstaltete, später den Fuß verletzen; ob das als Reiter geschah, weiß man nicht (vgl. ›Casanovas Briefwechsel‹, S. 173).

10 *dreizehn Kantone:* Bis zum Jahre 1798 bestand die Schweiz aus dreizehn Kantonen (heute 25). Da der Kanton Appenzell 1512 nicht am Kampf der Eidgenossenschaft gegen die Franzosen teilgenommen hatte, hatte er auch geringere Rechte und stellte keinen ›Bailli‹ (Amtmann). Die Urkantone schickten jährlich am 9. August 12 Vertreter, die den Titel ›Syndikus‹ oder ›Avoyer‹ oder ›Schultheiß‹ trugen, zur Prüfung der Rechnungsführung in die anderen Kantone. Präsident des ›Syndikats‹ war der Delegierte von Zürich (vgl. P. Grellet, ›Casanova en Suisse‹, S. 202).

11 *Abgeordnete aus Bern:* 1769 war Karl Steiger Syndikus des Kantons

Bern. Er war als Finanzkommissar 1758/62 Vorgänger von Muralt-Favre (vgl. Anm. 12) in London.

12 *Freund M.F.:* Louis de Muralt-Favre (1716–1789) war 1762 zum Berner Finanzkommissar in London berufen, 1763 aber wegen Unregelmäßigkeiten in der Geschäftsführung vom Rat der Zweihundert aus diesem Amt abberufen worden (vgl. IX, Kap. 13, Anm. 15).

13 *Tochter Sarah:* Anne-Sarah de Muralt-Favre (geb. 1750) heiratete Friedrich von Wattenwyl (vgl. Anm. 14) erst 1785 (vgl. IX, Kap. 13, Anm. 17 u. 28); die Feststellung Casanovas trifft also für die Zeit der Niederschrift dieses Teils der Memoiren zu.

14 *Monsieur de V.:* Frédéric de Vatteville (Friedrich von Wattenwyl).

15 *Marazzani:* Antonio-Luigi Marazzani, trat als Graf auf, italienischer Abenteurer (vgl. Kap. 1, Anm. 16).

16 *Venezianerin Bellucci:* Anna Bellucci, auch Belluzzi, genannt ›La Bastoncina‹, Tänzerin aus Venedig; sie trat 1757/59 in Petersburg auf. Stählin berichtet über ihr Auftreten (in: ›Theater, Tanz und Musik in Rußland‹, Peters Reprints, Leipzig 1982, II, S. 16, 17, 18, 21) und lobt bei ihr ›Anmuth und Feinheit im Tanzen‹. Ihr Ehemann Giuseppe (Carlo) Belucci war dort ebenfalls als Ballettmeister engagiert (vgl. ebd., S. 16, 18, 21). 1764/65 tanzten beide in Venedig. Von einer früheren Liebesaffäre mit ihr spricht Casanova sonst in den Memoiren nicht.

17 *Bobbio:* Ort zwischen Genua und Piacenza.

18 *Empfehlungsbrief:* Ein Brief vom 14. Dezember 1769 des Grafen Jacquemont du Bournans aus Luzern an Casanova (Dux U 4, 83) bestätigt prinzipiell diesen Sachverhalt, darin heißt es: ›Da Monsieur Antoine-Louis Marazzani, der sich in dieser Stadt aufhält, mir durch ausgezeichnete Äußerungen bewiesen hat, die einen Edelmann von guter Geburt und einer ähnlichen Erziehung ankündigen, und mir überdies erklärt und bewiesen hat, daß Ihre werte Person ihn mit Ihrer Güte und Gunst beehrte, so habe ich mich entschieden, ihm einen Platz bei mir zu verschaffen, der ihm vorteilhaft werden könnte. Aber ich wäre sehr geschmeichelt, mein Herr, wenn Sie mich würdigten, mir die Gnade zu erweisen, mir zwei Worte geradezu über ihn zu übermitteln.‹ – Casanova traf Marazzani 1780 in Venedig wieder (vgl. Kap. 1, Anm. 16).

19 *Baron von Sellentin:* preußischer Offizier, den Casanova 1767 in Augsburg getroffen hatte (vgl. X, Kap. 10).

20 *Chevalier de Brézé:* Giovacchino Argentero, Marchese von Bersezio (1727–1796), Militärschriftsteller und Mitglied der Akademie der Wissenschaften in Turin (vgl. VII, Kap. 12, Anm. 32). Ein Brief von de la Pérouse vom 19. Oktober 1769 (Dux U 14, c 1) an Casa-

nova (gedruckt in: ›Casanova Gleanings‹ [Nizza] 1959, II, S. 16)
bestätigt dessen Pferdekauf in Lugano.

21 *nach Lugano, um auf dem Viehmarkt:* Jedes Jahr fand seit Anfang des
16. Jh. in Lugano in den ersten vierzehn Tagen des Oktober auf der
Piazza Castello ein Viehmarkt statt, den man für den zweitgrößten
von Italien hielt, denn er zog vor allem Italiener an (vgl. P. Grellet,
›Casanova en Suisse‹, S. 203 f.).

22 *Fürsten Lubomirski:* Stanisław Lubomirski (1722–1783), Großmarschall der polnischen Krone (vgl. X, Kap. 7, Anm. 103). Der Brief
von Lubomirski aus Warschau vom 21. November 1769 an Casanova in Lugano ist erhalten geblieben (Dux U 14, a 1). In einem
Brief aus dem Jahre 1772 erinnerte sich Casanova noch mit Dank
an die ›edelmütigen Hilfeleistungen‹, die er in Lugano durch den
Fürsten empfangen hatte (vgl. ›Casanovas Briefwechsel‹, S. 112).
Es waren jedoch nur 37 Dukaten, die ihm der Fürst schickte.

23 *Großmarschall Bielinski:* Graf Franciszek Bielinski (1683–1766) war
seit 1742 Großmarschall der polnischen Krone (vgl. X, Kap. 8,
Anm. 34).

24 *Girolamo Zulian:* Girolamo Giulian, venezianisch Zulian, venezianischer Patrizier und Diplomat (vgl. Kap. 1, Anm. 65).

25 *Signor Berlendis:* Giovanni Berlendis war 1762/63 Sekretär der
venezianischen Gesandtschaft in London (vgl. IX, Kap. 8, Anm. 17).
1763 gehörte er auch zu den Begleitern der venezianischen Gesandten in Lyon (vgl. IX, Kap. 5), doch Casanova sagt nicht, ob er ihn
dort gesehen hat. Nach dem ›Protogiornale per l'Anno 1771‹ (S. 73)
gehörte Berlendis zu den ›Nodari ducali ordinari‹ und war vom
25. Mai 1768 bis 4. Oktober 1771 venezianischer Resident in Turin.
Schon am 19. August 1769 schreibt Berlendis an Casanova (Dux
U 4, 46) wegen der ›Confutazione‹ und lobt den Autor und die
schöne Absicht, für die er sich verwenden will: ›Ich hoffe, daß die
Öffentlichkeit Ihr Werk so aufnehmen wird, wie es dem Talent des
Autors entspricht, und daß Ihr Buch Sie Ihrem Ziel ein Stück
näherbringt. Nach allem, was ich zu Ihren Gunsten schon gesagt
habe, ist es mein schönster Lohn zu wissen, daß mein Vertrauen
berechtigt war, zumal ich von Ihrer Ankunft und Ihrem ehrenhaften Lebenswandel ausführlich berichtet habe‹ (deutsch von Deli
Walter, vgl. Childs, dt. ›Biographie‹, S. 251). Am 30. Dezember teilt
Berlendis der venezianischen Regierung mit, daß Casanova wieder
in Turin sei und ein Exemplar der ›Confutazione‹ überreicht habe,
das er nun dem hohen Senat einreiche (Text des Briefes vgl. ›Le
Livre‹, Paris 1881, p. 45, bzw. Édition ›La Sirène‹, XI, p. 330,
note 13). Berlendis hatte gehört, daß sich Casanova damit auch um
die Gunst des Herzogs von Savoyen bemühen wolle. Die veneziani-

schen Staatsinquisitoren erteilten hierauf Berlendis den Auftrag, Casanova weiter zu beobachten und es sorgfältig zu vermeiden, ihn in irgendeiner Form zu begünstigen. Am 3. Februar 1770 berichtet Berlendis, daß er sich streng an den Auftrag der Inquisitoren halten wollte. Tatsächlich beobachtete er Casanova weiter. Am 17. März 1770 schreibt er nach Venedig, daß Casanova den Weg nach Piacenza genommen und sich am Vorabend auf dem Boot der Großkaufleute von Livorno eingeschifft hätte, daß er sich nach Parma und Bologna begeben wolle, um danach nach Livorno zu gelangen. Dort habe er die Absicht, sich um eine Stelle bei der russischen Flotte zu bemühen, er würde aber alles so einrichten und den Dienst quittieren, falls die Russen sich anschickten, venezianisches Gebiet anzugreifen; er rühme sich auch, Orlow während seines Aufenthaltes in St. Petersburg kennengelernt zu haben. Unter dem 30. März meldete Berlendis, daß er von Casanova nichts mehr wüßte, aber am 14. April berichtete er, daß Casanova in den ersten Tagen des Monats in Livorno eingetroffen sei. Am 28. April schrieb Casanova aus Florenz, daß seine Hoffnung, auf der russischen Flotte eine feste Anstellung zu finden, zu Wasser geworden sei und daß er daran dächte, sich nach Rom zu begeben.

26 ›*Colleggio*‹: Das ›Pien Collegio‹ in Venedig war ein politisches Gremium, das aus der ›Signoria‹, das heißt dem Dogen und seinen sechs Räten (vgl. III, Kap. 6, Anm. 28), ferner den sechs ›Savi Grandi‹, den fünf ›Savi di Terraferma‹, den fünf ›Savi degli Ordini‹ und den drei Chefs der ›Quarantia criminale‹ bestand (vgl. Casanova, ›Histoire de ma vie‹, Édition intégrale, Wiesbaden/Paris 1962, t. VI, vol. 11, p. 357, note 8).

27 *Antwort ... erschien mir erstaunlich:* Das Original der Antwort ist von den drei Staatsinquisitoren Flaminio Corner, Piero Barbarigo und Alvise Renier unterzeichnet und hat den von Casanova im folgenden berichteten Inhalt (vgl. Anm. 25). Vielleicht hat der Sekretär der Staatsinquisitoren aber noch einen Privatbrief an Berlendis geschrieben.

28 *Abbate Andrais:* Antonio Francesco Andrei, Deputierter des Departements Korsika im französischen Nationalkonvent, Mitglied des Rates der Fünfhundert. Als Girondist war er zeitweise in Haft, worauf Casanovas Bemerkung, daß er sich in England der vollen Freiheit erfreue, anspielt. Er starb 1797 (vgl. ›Dictionnaire biographique‹, Paris 1834, I, S. 74). Von ihm befinden sich zwei Briefe vom April und Mai 1771 aus Turin in Dux (U 4, 60; U 11, 13). Caisotti di Rubione (vgl. Anm. 29) schrieb am 22. April 1771 an Casanova (Dux U 4, 89), daß der Abbate Andreis häufig mit Vergnügen von ihm erzähle.

29 *Abbate de Roubion:* Der Abbate Caisotti di Rubione war ein Sohn
des Diplomaten und Vizekönigs von Sardinien Graf Francesco-
Antonio-Gaetano Caisotti di Rubione (1700–1774); Ende 1773
wurde er Staatsminister (vgl. Pérouses Brief vom 15. Dezember 1773
in Dux). Pérouse erwähnt ihn wiederholt in seinen Briefen. Von diesem Abbate befindet sich in Dux (U 4, 89) ein sehr liebenswürdiger
Brief vom 22. April 1771, der Casanova in gesellschaftlicher und literarischer Hinsicht hervorhebt und in dem er an die angenehmen
Stunden erinnert, die sie in Gesellschaft mehrerer Freunde verbracht haben.

30 *Graf Rica:* Da es von den Grafen Rica oder Richa zwei Linien gab,
die aus Castelvecchio und die aus Olcenengo, ist es sehr schwierig,
die Person zu identifizieren. Allein um 1770 lebten vier Grafen dieser Familie: Giuseppe (geb. 1739), Lodovico Ignazio Bernardo (1734
bis 1810), Giuseppe Giambattista (gest. 1782) und Carlo Amadeo
(gest. 1811). Obwohl in Dux (U 13, K 1, 2 u. 4) drei Briefe aus den
Jahren 1762 und 1775 erhalten sind (jener von 1775 gedruckt bei
P. Molmenti, ›Carteggi Casanoviani‹, 1916, I, S. 151 ff.), so ist doch
keiner mit Vornamen gezeichnet, doch nennt der Absender sich in
dem Brief von 1775 ›fünfzigjährig‹, das macht wahrscheinlich, daß
der Briefschreiber mit Lodovico Ignazio Bernardo identisch ist.
Casanova kannte den Grafen bereits seit 1762. In seinem Brief an
Casanova bestätigt er selbst, daß ihn ›die Wollust nach Paris geführt‹ habe.

31 *Eucharistie:* Gemeint ist hier das Altarsakrament, das heißt die
Hostie, das Brot als symbolische Verkörperung des Leibes Christi
bei der Abendmahlsfeier.

32 *zwei Sonette:* Die beiden Sonette befinden sich noch in Dux (U 16,
a 60). Das erste enthält die Klage des Liebenden, dessen Schöne
starb, das zweite gibt die Antwort der Seele aus dem Jenseits.

33 *Baretti:* Giuseppe Baretti (1719–1789), berühmter italienischer
Schriftsteller der Aufklärung, hatte lange in London gelebt (1751/
60), verfaßte 1760 ein seinerzeit berühmtes englisch-italienisches
Wörterbuch, war dann nach Italien zurückgekehrt, gab 1763/65 in
Roverote unter dem Pseudonym Aristarco Scannabue die Zeit-
schrift ›La Frusta letteraria‹ (Die literarische Peitsche) heraus, in
der er heftig die zeitgenössische arkadische Dichtung attackierte. Er
wurde aus Venedig ausgewiesen, ließ sich in Monte Gardello bei
Ancona nieder, wurde auch von hier vertrieben und kehrte schließlich nach London zurück, wurde 1766 Sekretär der Royal Academy
und starb dort am 5. Mai 1789.

34 *›Ille Bioncis sermonibus et sale nigro‹:* lat., Mit Gesprächen in der Art
des Bion und scharfem Spott (nach Horaz, ›Episteln‹, II, 2, V. 60. –

Der griechische Dichter Bion (um 300 v. u. Z.) war wegen seiner Satiren (Diatriben) berühmt.

35 *Sprache zu verbinden:* Die Textstelle von ›Ich hatte einen literarischen Streit‹ bis ›der italienischen Sprache zu verbinden‹ wurde neu übersetzt.

36 *jener Zeit:* Im französischen Original stand zuerst ›Au commencement du mois d'avril 1770‹, wurde dann aber durch ›Dans ce même temps‹ ersetzt (vgl. Casanova, ›Histoire de ma vie‹, Édition intégrale, s. Anm. 26, t. VI, vol. 11, p. 357, note 11).

37 *Alexis Orlow:* Graf Alexej (Alexis) Orlow (1737–1803) war 1769 zum Generaladmiral der russischen Flotte ernannt worden und hatte im russisch-türkischen Krieg den Oberbefehl über die im Mittelmeer operierende Flotte übernommen; am 6. Juli 1770 (26. Juni alten Stils) zerstörte er die türkische Flotte in der Bucht von Tschesme völlig. Orlow hielt sich in Livorno von 1770 bis 1772 mit Unterbrechungen während des Krieges auf (vgl. X, Kap. 6, Anm. 59; J.-H. Castéra, ›Geheime Lebens- und Regierungsgeschichte Katharinens der Zweyten‹, Paris 1797, II, S. 17 ff.; F. W. Barthold, ›Die geschichtlichen Persönlichkeiten in J. Casanovas Memoiren‹, Berlin 1846, II, S. 301 ff.).

38 *Sir XXX:* Im französischen Original stand zuerst ›Link‹, war aber von Casanova durchgestrichen und durch XXX ersetzt worden (vgl. Casanova, ›Histoire de ma vie‹, Édition intégrale, s. Anm. 26, t. VI, vol. 11, p. 357, note 14). Gemeint ist Sir William Lynch (vgl. Kap. 6, Anm. 67).

39 *Konsul ... in Livorno:* Sir John Dick, auch Dyck (1720–1804) war 1754/76 englischer Konsul in Livorno, seit 1768 Baronet, Ritter des St. Annen-Ordens.

40 *Engländer Aston:* Lange Zeit haben Casanova-Forscher (z. B. in der Édition Garnier) den später berühmten neapolitanischen Minister John Francis Edward Acton (1737–1808) dahinter vermutet, doch schon Schütz druckt ›Aston‹, Prié schreibt in seinem Brief vom 12. Oktober 1771 aus Bologna an Casanova (Dux U 14, f 10) den Namen dieses Engländers ausdrücklich ›Aston‹ und die Édition intégrale (s. Anm. 26, t. VI, vol. 11, p. 196) bestätigt die Lesart. Wahrscheinlich handelt es sich um ein sonst nicht näher bekanntes Mitglied dieser englischen Familie, das seit 1764 den Kontinent bereiste und das James Boswell in Holland traf (vgl. ›Boswell in Holland, 1763–1764‹, ed. by F. A. Pottle, Melbourne/London/Toronto 1952, p. 187).

41 *Korsen Rivarola:* Gemeint ist wahrscheinlich der korsische Graf Antonio Rivarola, Konsul von Sardinien, dem Boswell 1765 in Livorno begegnet ist (vgl. ›Boswell on the Grand tour: Italy, Corsica

and France 1765–1766‹, ed. by F.A.Pottle, Melbourne/London/
Toronto 1956, p.149–150); er war der Sohn eines korsischen Ge-
nerals. Von Rivarola befindet sich in Dux ein Brief (U 4, 109) aus
Livorno vom 16.April 1770 an Casanova in Florenz. Graf Lam-
berg schreibt über ihn (in: ‹Mémorial d'un mondain,‹ Au Cap
Corse 1774, p.47): ›Clement Paoli [Bruder des berühmten Gene-
rals] ... wohnt im Haus des Monsieur de Rivarola [in Livorno], ein
Mann von anerkannter Rechtschaffenheit...‹

42 *Paoli:* Pasquale Paoli (1725–1807), berühmter korsischer Patriot,
studierte an der Kriegsschule in Neapel und wurde 1755 Generalkapitän im Kampf gegen Genua. Nachdem die Genuesen 1768 den
Franzosen Korsika abgetreten hatten, verteidigte er die Insel noch
ein Jahr und ging dann ins Exil nach London. Graf Lamberg
schrieb am 25.September 1772 an Casanova: ›Paoli ist entflohen,
und die Franzosen des gegenüberliegenden Ufers wünschten ihm
eine gute Reise und sahen lachend ihn fortfahren usw.‹ (vgl. ›Casanova und Graf Lamberg‹, hg. von G.Gugitz, Wien/Leipzig/Olten
1935, S.31). 1790 wurde er von der französischen Nationalversamm-
lung zum Kommandanten von Bastia, Präfekten und Befehlshaber
der korsischen Nationalgarde ernannt. Als er jedoch Korsika unabhängig machen wollte, wurde er vom Nationalkonvent in Paris
zum Hochverräter erklärt. Mit Hilfe der Engländer vertrieb er 1794
die Franzosen. Als die Briten sich jedoch festsetzen wollten und ihm
nur beschränkten Einfluß auf die Regierung gestatteten, zog er sich
von der Politik zurück, ging 1797 nach England, wo er auch starb.
James Boswell hatte ihn 1766 auf Korsika besucht und seine Ein-
drücke in zwei Büchern geschildert (›An Account of Corsica‹, 1768;
›Essays in favour of the Corsicans‹, 1769).

43 *gewisser Sclopis:* Es gab in Turin seit Ende des 17.Jh. ein Adelsgeschlecht namens Sclopis, auch Sclopiz, das aus Piemont stammte
(vgl. C.Bon-Compagni, ›Della vita e delle opere del Conte Federigo
Sclopis‹, Torino 1879). Prié teilt Casanova am 12.Oktober 1771
(Dux U 14, f 10) aus Bologna mit, daß ›ein gewisser Engländer namens Aston mit einer Madame Sclopis aus Turin glaubwürdig nach
Paris oder London reise‹.

44 *Commendatore Camerana:* Giulio Vittorio d'Incisa, Graf von Camerana, war von 1749 bis 1774 Resident des Königreichs Sardinien in
Venedig.

45 *englischen Residenten in Venedig:* Sir James Wright war von 1766–1774
englischer Resident; da er aber am 13.August 1769 nach Turin ging
und erst am 20.August 1771 zurückkehrte, vertrat ihn während
seiner Abwesenheit Robert Richie, Kaufmann in Venedig, als Geschäftsträger (vgl. ›Repertorium...‹, s.Kap. 1, Anm.46, III, S.180).

46 *›Erubuit: Salva res est‹:* lat., er errötete: damit ist alles in Ordnung
(nach Terenz, ›Adelphoe‹ [Die Brüder], IV. Akt, 5. Szene, V. 9).

47 *zwei Jahre später:* vgl. XII, Kap. 7.

48 *Schwester:* Das war die Sängerin Agata Carrara, genannt ›La Callimena‹ (vgl. Kap. 9).

49 *darüber berichten:* Die Textstelle von ›Was würden Sie dazu meinen‹
bis ›darüber berichten‹ wurde neu übersetzt.

50 *nie hätte eingenommen werden können:* Anspielung auf Homers ›Ilias‹,
I, V. 509–510. Dort bittet Thetis den obersten griechischen Gott
Zeus, Troja nur in Anwesenheit von Achill erobern zu lassen. Und
im XVIII. Gesang, V. 436–440 klagt Thetis: ›Einen Sohn zu ge-
bären, verlieh er mir, und zu erziehen, / Hoch vor Helden geschmückt! Er schwang sich empor wie ein Sprößling, Und ich erzog
ihn mit Fleiß, wie die Pflanz' im fruchtbaren Acker; / Drauf in
geschnäbelten Schiffen gen Ilios sandt' ich daher ihn, / Trojas Volk
zu bekämpfen [...]‹ (Deutsche Nachdichtung von Johann Heinrich
Voß, 1781).

51 *Angelo Bentivoglio:* Dieser Bolognese war der Sohn des Haushofmeisters des venezianischen Patriziers Maffetti; er war der ›böse
Geist‹ des jungen Maffetti und immer in dessen Begleitung zu sehen.
Da er offensichtlich den Jüngling zur Päderastie verführt hatte (ein
›sehr kleines Verbrechen‹ nach Casanovas Meinung) und finanziell
zu ruinieren drohte, wurde Bentivoglio am 13. Mai 1767 aus den
venezianischen Staaten ausgewiesen (vgl. ›Annotazion‹ vom 13. Mai
1767, Busta 537, im venezianischen Staatsarchiv).

52 *in Colorno:* In diesem kleinen Ort, etwa 15 km nördlich von Parma,
befand sich die Residenz der Herzöge von Parma, wo sie sich im
Frühjahr und Sommer aufhielten.

53 *Dubois-Chatelleraut:* Baron Michel Dubois-Chatelleraut (1711–1776)
war zunächst seit 1742 Graveur im Dienst des Herzogs von Parma,
seit 1766 Generaldirektor der dortigen Münze (vgl. III, Kap. 3,
Anm. 22). Er trug den Titel, obwohl in Parma keine eigenen
Prägungen erfolgten.

54 *Herzog von Parma:* Im Jahre 1770 war Ferdinando-Maria-Filippo-
Luigi Borbone (1751–1802) Herzog von Parma (seit 1765).

55 *Ordensband vom heiligen Michael:* Ursprünglich ein französischer mili-
tärischer Orden, der 1469 von Ludwig XI. gestiftet wurde. Verlor
durch häufige Verleihung an Wert. Durch Ludwig XIV. 1665 erneuert, wurde er auch an Gelehrte, Schriftsteller und Künstler verliehen; 1830 wurde er aufgehoben.

56 *ein Jahr aufgehalten:* Dubois-Chatelleraut reformierte 1755 in Venedig die Münzprägung (vgl. VII, Kap. 12, Anm. 14 u. 15).

57 *so alt ... wie Nestor:* Er war der älteste der griechischen Helden vor

Troja, berühmt durch seine Beredsamkeit und reiche Lebenserfahrung (vgl. Homer, ›Ilias‹).

58 *Cavaliere Morosini:* Francesco Morosini, geb. am 30. Mai 1751, seit 1772 mit Loredana Grimani verheiratet (vgl. ›Protogiornale per l' A.‹, 1773), stammte aus alter venezianischer Patrizierfamilie; er war ein Neffe des Diplomaten in Paris und London, später Prokurator von San Marco, Francesco II. Lorenzo Morosini (1714–1793), den Casanova häufig in seinen Memoiren erwähnt (z. B. III, Kap. 9, Anm. 35). Über den liederlichen Lebenswandel des jungen Patriziers beklagt sich Graf Stratico (vgl. Anm. 59) wiederholt in seinen Briefen an Casanova, so am 16. Februar 1771 (Dux U 14, l 18) über die zahlreichen ›galanten Krankheiten‹, die sich sein Schützling erworben hatte. Auch Casanova scheint über ihn geklagt zu haben, wie aus einem Brief von Cosimo Masy vom 16. August 1771 (Dux U 19, x 3) hervorgeht.

59 *Grafen Stratico:* Graf Simone Stratico (1730–1824), seit 1755 Professor der Medizin an der Universität Padua, später Professor der Mathematik und Physik in Venedig (vgl. IX, Kap. 5, Anm. 2).

60 *Er gab mir einen Brief an seinen Bruder:* Der Theologe, Philologe und Schriftsteller Graf Giandomenico Stratico, geb. am 19. März 1732 in Zara, kam 1746 nach Rom, trat dort in den Dominikanerorden ein und studierte am Collegio della Minerva. 1755 veröffentlichte er sein erstes Werk und wurde unter dem Namen Tessalo Cefallenio in die Akademie Arcadia aufgenommen. Wegen Unbotmäßigkeit gegen die Kirche mußte er eine Zeitlang im Kloster Santa Maria Novella in Florenz zubringen. 1763 erhielt er einen Lehrstuhl an der theologischen Fakultät in Siena, 1769 lehrte er Literatur in Pisa, ging 1772 erneut nach Siena, wo er auch über griechische Literatur las. 1776 wurde er Bischof von Cittanuova in Istrien, 1784 im dalmatinischen Lesina. Hier starb er am 24. November 1799 und hinterließ zahlreiche Werke in italienischer und lateinischer Sprache, sowohl in Prosa als auch in Versen. Sein Biograph Vitaliano Brunelli schrieb über ihn (in: ›Vita ed opere di Giandomenico Stratico‹, Zara 1886): ›Halb Mönch und halb Freigeist, Arkadier wie der Vater Bertola und zügellos zugleich wie der Abbate Casti, Reformator wie Scipione Ricci und Panegyriker [Lobredner] der Jesuiten unter Pius VI., wissenschaftlich und religiös auf seine Weise, Lehrer der biblischen Exegese und Bewunderer der Enzyklopädisten, Kenner alter Sprachen und aller europäischen Literaturen, Epikuräer wie Trimalchio [der verschwendungssüchtige, prunkliebende, schlemmerfreudige Neureiche in Petronius' ›Satyrikon‹], und generös wie der Samaritaner der Parabel.‹ Ein solch wunderlicher Heiliger war ganz nach dem Herzen Casanovas, der mit ihm zwischen 1770 und

1779 im Briefwechsel stand. Zehn Briefe von ihm sind in Dux, von denen P. Molmenti (vgl. ›Carteggi Casanoviani‹, 1916, I, S. 122 ff.) sieben veröffentlicht hat. Sie zeigen ihn ganz so, wie sein Biograph ihn geschildert hat.

61 *Universität Pisa:* Diese Universität war eine der größten Italiens, 1309 gegründet, gehörte zu ihren berühmtesten Professoren Galileo Galilei, der dort von 1589 bis 1609 Mathematik lehrte. Graf G. Stratico wirkte dort von 1769 bis 1772 als Professor.

62 *in den Bädern:* Gemeint sind die ›Bagni di S. Giuliani‹, am Fuß des Bergs Giuliano etwa auf halbem Weg zwischen Pisa und Lucca gelegen. Die Bäder waren schon zur Römerzeit berühmt, unter Markgräfin Matilda von Toscana (1064–1115) wurden sie restauriert; im 18.Jh. wurde durch sie Pisa ein Modebadeort.

63 *verhinderten Prätendenten:* Der Schotte Charles-Edward Stuart (1720 bis 1788), genannt der ›junge Prätendent‹, der ebenfalls wie sein 1766 verstorbener Vater James sich vergeblich bemühte, auf den großbritannischen Thron zu gelangen (vgl. VII, Kap. 11, Anm. 24).

64 *englische Konsul:* Sir John Dick, auch Dyck (vgl. Anm. 39). Er führte ein für die ›vornehme Gesellschaft‹ offenes Haus in Livorno. Archenholz schreibt (in: ›England und Italien‹, Carlsruhe 1787, IV, S. 142 f.) darüber: ›Sein außerordentlich großes Haus war in Sommer- und Winter-Appartements abgeteilt, dabei jeder Teil, von den Tapeten an bis zu dem kleinsten Geräte, verschieden und mit einer spitzfindigen Wahl für eine gewisse Jahreszeit bestimmt [...], indessen leistete ihm dieser Luxus sehr wesentliche Dienste.‹ So war Sir Dick auch Gastgeber von Graf Orlow, der bei ihm wohnte, als Dank übertrug der russische Admiral dem englischen Konsul die Ausrüstung seiner Flotte, wodurch der Diplomat und Geschäftsmann über eine Million Zechinen verdiente (vgl. Lamberg, ›Memorial d'un Mondain‹. Au Cap Corse 1774, p. 10). Dick soll auch, wie Castéra (in seiner ›Geheimen Lebens- und Regierungsgeschichte Katharinas II.‹, Paris 1797, II, p. 21) berichtet, mit im Komplott gewesen sein, als die angebliche Tochter der Zarin Elisabeth und des Grafen Alexej Grigorjewitsch Rasumowski, Prinzessin Elisabeth Tarakanow, aus Livorno entführt wurde (vgl. G. Brevern, ›Die vorgebliche Tochter der Kaiserin Elisabeth‹, Berlin 1867; Bilbasoff, ›Geschichte Rußlands‹, Berlin 1893, II, 1, S. 511 u. passim; v. Helbig, ›Russische Günstlinge‹, München 1919, S. 204, 234; Crusenstolpe, ›Russische Hofgeschichten‹, München 1917, II, S. 91 ff.) Sir John Dick (Dyck) leugnete übrigens im Jahre 1799 gegenüber Wraxall seine Mitschuld, vermochte ihn aber nicht völlig zu überzeugen (vgl. Wraxall, ›Mémoires historiques de mon temps‹, Paris

1817, I, p. 187 ss.). Dick war auch ein enger Freund von James Boswell (vgl. ›Boswell … in Italy …‹, s. Anm. 41, p. 222).

65 *Grafen Orlow:* Ein Brief Casanovas vom 14. Juni 1772 (vgl. ›Casanovas Briefwechsel‹, S. 112 ff.) an Fürst Stanislaus Lubomirski bestätigt diesen Sachverhalt: ›[…] Nach den edelmütigen Hilfeleistungen, die ich in Lugano von Ihren mildtätigen Händen und aus denen Sr. Hoh. des Fürstpalatins von Rußland [August-Aleksander Fürst Czartoryski] erhalten habe, habe ich den Winter in Turin verbracht und mich im Frühjahr 1770 mit einem Empfehlungsbrief des Ministers [Gesandten] von England [Sir William Lynch] an den Herrn Alexis Orlow nach Livorno begeben. Da ich nicht mehr wußte, wie ich leben sollte, ist mir der Gedanke gekommen, dem Großtürken den Krieg machen zu gehen, und mit dieser Absicht habe ich mich dem Herrn Orlow angeboten, um ihm in der Eigenschaft eines Expeditionssekretärs zu dienen. Ich kenne die griechische Sprache, die man auf den Inseln des Archipels spricht, ich kenne alle diese Länder, und ich würde ihm vielleicht nützlicherweise bei einem Einfall in dieselben dienen gekonnt haben, obschon Sekretär, würde ich mich nicht geweigert haben und vielleicht würde es ihm mit mir geglückt sein, die Dardanellen zu passieren. Aber keineswegs. Es hat sich Herr Dall' Oglio [vgl. Anm. 66] hier befunden, der sich Minister [Gesandter] des Königs von Polen nennt und Exzellenz schimpfen läßt, mit einem anderen Original, das Marquis Maruzzi [vgl. Anm. 67] heißt und sich in allem Ernst für einen Minister [Gesandten] von zweitem Rang der Kaiserin Katharina hält, die soviel Schlechtes von mir dem General Orlow sagten, daß dieser Herr mir rund heraus sagte, daß er nichts mit mir zu tun hätte. Ich habe sodann gesehen, daß sein Unternehmen auf nichts abzielte, und indem ich die Russen beklagte, die in die Levante gingen, und viel mehr jene, die sie begleiteten, bin ich nach Neapel gegangen […]‹ Auch Mayan schrieb am 23. Mai 1770 (Dux U 4, 99) an Casanova, daß er gut daran getan hätte, ›die berühmte Expedition der Russen‹ nicht zu begleiten.

66 *Dall'Oglio:* Giuseppe B. Dall'Oglio (gest. zwischen 1791 u. 1796), berühmter Violinspieler aus Padua oder Venedig (darauf zielt wahrscheinlich Casanovas Anspielung auf ›Beziehungen schon von meiner Geburt an‹); Casanova begegnete ihm 1764 in Berlin (vgl. X, Kap. 4, Anm. 31 u. 32), seit 1765 war er diplomatischer Vertreter der polnischen Republik in Venedig.

67 *Marchese Marucci:* Der Marchese Lambro di Marucci (Maruzzi) war russischer Geschäftsträger in Venedig, sein erster Bericht stammt vom 26. September 1768, sein letzter vom 20. April 1783 (vgl. X, Kap. 6, Anm. 84). Das ›Wiener. Diarium‹ meldet 1770 aus

Ferrara am 12. März, daß Maruzzi dort am Freitag, dem 9. März, angekommen und Samstag, den 10. März, nach Pisa und Livorno weitergereist sei.

68 *St. Anna-Orden:* Russischer Orden, der 1735 von Karl Friedrich von Holstein-Gottorp zu Ehren der Zarin Anna Iwanowna und seiner Frau Anna Petrowna gestiftet und in fünf Klassen verliehen wurde.

69 *worin er sich nicht erwähnt zu finden erwarte:* Tatsächlich gibt aber Casanova doch eine Charakteristik Manuzzis in der gegen Amelot gerichteten Schrift ›Confutazione‹ (I, S. 43 f.).

70 *›nescit vox missa reverti‹:* lat., hier: Einmal ausgesprochen, kann das Wort nicht zurückgenommen werden, eigtl.: ›Einmal entsandt, kann das Wort nicht zurückkehren‹ (nach Horaz, ›De arte poetica‹, V. 390).

71 *Dardanellen:* Meerenge, die das Ägäische und Marmarameer verbindet, durch die der Seeweg nach Konstantinopel führt. Casanova behielt tatsächlich recht: Die russische Ostseeflotte mußte auf dem gleichen Weg, den sie auf der Herfahrt benutzt hatte, durch das Mittelmeer, die Meerenge von Gibraltar, den Atlantischen Ozean, die Nord- und die Ostsee in die Heimat zurückkehren (vgl. ›Weltgeschichte‹, Berlin 1966, Bd. 5, S. 714; Ernst Werner/Walter Markov, ›Geschichte der Türken von den Anfängen bis zur Gegenwart‹, Berlin 1978, S. 180).

72 *Kalchas:* Berühmter griechischer Seher, der die Dauer des Trojanischen Krieges weissagte und daß ohne die Anwesenheit des Achill Troja nicht erobert werden könne, riet zur List, das hölzerne Pferd zu bauen; wurde im Seherwettstreit von Mopsos besiegt (vgl. ›Lexikon der Antike‹, Leipzig ²bearb. 1977, S. 266).

73 *Flotte war in See gestochen:* Das ›Wiener. Diarium‹ 1770 meldete unter dem 31. März aus Livorno, daß sich Orlow, Fürst Dolgorucki und drei weitere russische Offiziere im Hause des englischen Konsuls Dyck befänden, sie ›haben heute ihr Gepäck an Bord ihrer Schiffe bringen lassen‹. Am 12. April 1770 wird aus Livorno die Nachricht übermittelt: ›Diesen Morgen ist ein Courier, der an den Hrn. Grafen v. Orlow, der schon mit den Russen abgefahren, gesandt wird, angekommen.‹ Am 16. April 1770 traf Orlow vor Navarino ein.

74 *Pisa:* Casanova dürfte am 1. April 1770 in Pisa angekommen und dort bis zum 8. April geblieben sein. Am 14. April wird in der ›Gazzetta Toscana‹ (1770, No. 15) seine Anwesenheit in Florenz bereits gemeldet. In Pisa ging es Casanova schlecht (vgl. ›Il Duello‹, S. 6), und er mußte dort den mit Rubinen und Brillanten besetzten Orden des Goldenen Sporns verkaufen, wovon er in den Memoiren nichts sagt. Im Juli 1771 muß er abermals in Pisa gewesen sein, wovon er auch nichts berichtet, denn am 2. August 1771 schreibt ihm Cosimo

Masy (Dux U 19, x 3), daß es ihn unendlich tröste, die Kunde von seiner Rückkehr nach Pisa vernommen zu haben. Ein Brief Schrötters aus Wien vom 10. Juni 1771 (Dux U 10, s 2) wird Casanova nach Pisa nachgeschickt, und ein Brief der Maria Anna Vitelli-Frescobaldi vom 27. Juli 1771 (vgl. ›Frauenbriefe‹, S. 188) bestätigt, daß Casanova, nachdem er sich ›einige Augenblicke in den Bädern von Pisa aufgehalten‹ habe, glücklich in Florenz angekommen sei.

75 *Bischof:* Giandomenico Stratico wurde 1776 Bischof von Cittanuova in Istrien (vgl. Anm. 60).

76 *Pater Ricci:* Lorenzo Ricci (1703–1775) trat 1718 in den Jesuitenorden ein und wurde am 21. Mai 1758 Ordensgeneral. Bei der Auflösung des Ordens 1773 durch Papst Clemens XIV. wurde Ricci gefangengenommen und am 23. September 1773 in der Engelsburg inhaftiert, wo er zwei Jahre später starb.

77 *Ganganelli:* Giovanni Vincenzo Antonio Ganganelli, als Clemens XIV. Papst (seit 1769), der zwar am 21. Juli 1773 durch das Breve ›Dominus ac Redemptor‹ den Jesuitenorden aufhob, war bereits am 22. September 1774 gestorben. Als Lorenzo Ricci am 24. November 1775 starb, hatte Papst Pius VI. (seit 15. Februar 1775) das Pontifikat inne.

78 *berühmten Corilla:* Maria Maddalena Fernandez, geb. Morelli (1727 bis 1780), italienische Dichterin, die vor allem durch ihre improvisierten Dichtungen berühmt war; sie trug als Mitglied der Akademie Arcadia den Namen ›Corilla Olimpica‹. Casanova dürfte die Corilla in Florenz besucht haben, denn Graf Giandomenico Stratico spielt in seinem Brief vom 16. April 1770 (vgl. P. Molmenti, ›Carteggi Casanoviani‹, 1916, I, S. 123) darauf an.

79 *als Dichterin gekrönt:* Die Dichterkrönung der Corilla fand am 31. August 1776 statt. Diese Zeremonie entstand ursprünglich in Griechenland und wurde während der römischen Kaiserzeit von Rom übernommen. Seit Kaiser Domitian fanden die Krönungen öffentlich auf dem Kapitol statt. Während des Mittelalters geriet die Zeremonie in Vergessenheit. Erst durch Renaissance und Humanismus gelangte sie wieder zu Ehren, der ›poeta laureatus‹ war ein erstrebter Ehrentitel. Mit Petrarcas feierlicher Krönung im Jahre 1341 erfolgte die erste wieder auf dem Kapitol. Tasso sollte 1595 auf dem Kapitol zum Dichter gekrönt werden, doch er starb am Tag vorher im Kloster S. Onofrio am Gianicolo an völliger Erschöpfung auf seiner ruhelosen Flucht. Seit dem 17. Jh. verlor die Dichterkrönung immer mehr an Bedeutung, weil sie zu oft erfolgte (vgl. Casanova, ›Histoire de ma vie‹, Édition intégrale, s. Anm. 26, t. VI, vol. 11, p. 359, note 31).

80 *Sibyllen:* Seherinnen, die, von einer Gottheit begeistert, in Ekstase

spontan die zukünftigen (meist unheilvollen) Ereignisse voraus-
sagten. Casanova spielt offensichtlich auf die ›Oracula Sibyllina‹,
eine Sammlung von Sibyllenorakeln, in Hexametern an, die von
unbekannten Autoren aus dem griechischen, römischen und jü-
disch-christlichen Kulturbereich verfaßt wurden. Die erhaltenen
14 Bücher sind vom 2.Jh. v. u. Z. bis etwa zum 3.Jh. u. Z. entstanden
(vgl. ›Lexikon der Antike‹, Leipzig ²bearb. 1977, S.519).

81 *die ihnen Unsterblichkeit verlieh:* Schon zu Casanovas Zeiten gab es
zahlreiche Dichterinnen, die durch ihr eigenes Werk und nicht nur
als Gegenstand poetischer Verherrlichung berühmt waren; allerdings blühte namentlich im 18.Jh. unter Frauen aus den ›höheren
Gesellschaftsschichten‹ der literarische Dilettantismus, der Hang,
sich in Musenalmanachen als poetischer Liebhaber zu produ-
zieren.

82 *Prinzen Gonzaga Solferino:* Luigi Gonzaga-Castiglione, Prinz von
Castiglione della Stiviere, Marchese von Medole und Solferino
(1745–1819), venezianischer Patrizier und Liebhaber der Corilla
Olimpica (vgl. IX, Kap. 3, Anm. 39).

83 *Rangoni:* Prinzessin Elisabetta Gonzaga-Castiglione (gest. 1832),
Tochter des italienischen Konsuls in Marseille, geistvolle Schrift-
stellerin, heiratete nach 1763 den Prinzen Luigi Gonzaga (vgl. IX,
Kap. 3, Anm. 38).

84 *Tempel:* Die Dichterkrönungen fanden im allgemeinen im großen
Saal der Senatoren (›Il Salone‹) statt. Für Corillas Krönung hatte
der Papst jedoch nur einen kleineren Saal bestimmt (›Tempel‹ ist
also ironisch gemeint), die Krönung erfolgte am Abend und ohne
Prunk. Casanova war darüber wahrscheinlich durch den Bericht
des Abbate de La Barthe, eines Freundes des Dichters Francesco
Albergati, informiert (vgl. Ernesto Masi, ›La Vita i Tempi gli Amici
di F.Albergati‹, Bologna 1878).

85 *›Arce in Tarpeja…‹:* lat., Während Cajus herrschte, sah man nie auf
der Tarpeischen Burg [nach der römischen Sage bewachte Tarpeia
die Burg Roms gegen die sabinischen Belagerer und wurde nach
ihrem Verrat getötet: von den nach ihr benannten Tarpeischen
Felsen wurden Verbrecher gestürzt] einen Hengst; nun wird eine
Stute Rom sehen. Die Patres krönen Corilla in dunkler Nacht. Was
Wunder? Die Nacht bedeckt mit Finsternis alles Schändliche.

86 *›Corillam patres turba…‹:* lat., Die Patres krönen Corilla in Beifall
jauchzendem Chor, eingedenk, daß eine Wölfin [›lupa‹ bedeutete
auch eine öffentliche Dirne] einst die Ernährerin des Zwillings-
paares [Romulus und Remus, der legendären Gründer Roms] war.
Welch Unglück! Die Zeiten des unseligen Nero kehren wieder; mit
dem gewundenen Lorbeer krönt Pius [der Papst Pius VI.] die

Dirne nun selbst. (Die Epigramme auf die Dichterin finden sich bei Ademollo, ›Corilla Olimpica‹, Firenze 1887, S. 495). Sich in satirischen Gedichten zu Ereignissen des öffentlichen Lebens zu äußern und diese Distichen öffentlich anzuschlagen war in Rom schon seit der Renaissance gang und gäbe. Diese Sitte wurde auch noch zu Casanovas Zeiten geübt; da sie ursprünglich an einer verstümmelten Statue angeheftet wurden, die im Volksmund ›Pasquino‹ hieß – und heute noch südlich der Piazza Navona steht –, nannte man sie ›Pasquinaten‹ (vgl. Casanova, ›Geschichte meines Lebens‹, hg. v. Erich Loos, Berlin(West), XI, S. 397, Anm. 61).

87 *noch heute regiert:* Pius VI., vorher Graf Giovanni Angelo Braschi (1717–1799), wurde 1775 Papst.

88 *Distichon:* Ursprünglich antiker Doppelvers, dessen erster Vers ein Hexameter und dessen zweiter ein Pentameter sein muß. Auch die zitierten Vierzeiler bestehen jeweils aus zwei Distichen.

89 *›Sacra fronde vilis...‹:* lat., Mit dem heiligen Laub schmückt nun eine feile Dirne die Stirn; wer, Phoebus [Beiname des Apollon, des Gottes der Musen], möchte jetzt noch deine Belohnung der Poeten?

90 *›Quis pallor tenet ora?...‹:* lat., Welche Blässe steigt in dein Gesicht? Welch Zittern befällt deine Glieder? Fürchtest du zum Tarpejischen Felsen [vgl. Anm. 85] die Schritte zu lenken? Leg deine Furcht ab, o Frau! Die Schülerinnen von Helikon [dem Sitz der Musen] sollen dir günstig gesonnen sein, und wenn dir Apollon [der Dichtergott] nicht zur Seite steht, so wird es Priapos [der Fruchtbarkeitsgott, die Personifizierung der Sexualität] sein.

91 *Abbate Pizzi:* Giacchino Pizzi (1716–1790), Weltgeistlicher und Schriftsteller, war seit 1771 ›Procustode generale‹ der Akademie der ›Arcadia‹ (vgl. Anm. 92) und später ›Custode generale‹ (bis 1788); in der Akademie trug er den Dichternamen Nivildo Amarinzio. Er nahm Goethe am 4. Januar 1787 unter dem Namen Megalio Melpomenio in die Akademie auf (vgl. ›Zweiter römischer Aufenthalt‹, in: Goethe, Poetische Werke [Berliner Ausgabe], Bd. 14, S. 672 ff.). In Dux (U 4, 137) befindet sich ein Brief Pizzis an Casanova in Florenz, in dem er von dem Rat Weigel und dessen Einführung in die Akademie Arcadia berichtet.

92 *›Arcadia‹:* Die ›Accademia degli Arcadi‹ wurde 1690 von dem Kritiker G. M. Crescimbeni (1663–1728) nach der poetischen Ideallandschaft ›Arcadia‹ (in Vergils ›Bucolica‹) gegründet. Ihr Ziel war die Erneuerung der Poesie. Sie pflegte vor allem die sogenannte Schäferdichtung, ihre Mitglieder verkleideten sich bei den Zusammenkünften als Hirten und erhielten klangvolle Dichternamen (vgl. ‹Arcadia‹, in: ›Kleines Wörterbuch der Weltliteratur‹, hg. v. H. Greiner-Mai, Leipzig 1983, S. 33).

93 *glückliche Tage bereitete:* Die Textstelle von ›Über der Tür‹ bis ›glückliche Tage bereitete‹ wurde neu übersetzt.

94 *Marchesa Chigi:* Violante Teresa, Marchesa Chigi Zondadari (1723
bis 1792). Die Marchesa zählte, als Casanova sie kennenlernte, bereits siebenundvierzig Jahre. Sie stammte aus der Familie Gori
Pannilini und war 1738, also fünfzehnjährig, mit Flavio Chigi Zondadari verheiratet worden, mit dem sie zehn Kinder hatte. Ein Jahr
zuvor (1769) war sie Witwe geworden. Ihr galantes Leben scheint
sie (nach Meinung Ademollos in ›Fanfulla della Domenica‹, 1883,
Nr. 40) erst in späteren Jahren begonnen, aber dann längere Zeit
ausgekostet zu haben. Wenige Jahre vor ihrem Tod, der am 3. Januar 1792 erfolgte, schrieb ein gewisser Bandini aus Siena in sein
Tagebuch, daß Francesco Bocci das Amt eines Oberintendanten für
alle Geschäfte des adligen Hauses mit dem eines Galans der Marchesa vereine. Aber er hatte schon zahlreiche Vorgänger, unter
ihnen war auch Graf Giandomenico Stratico. Am 16. April 1770
hätte er an Casanova in Florenz ein Empfehlungsschreiben für die
Marchesa geschickt und am 30. April in einem weiteren Brief (vgl.
P. Molmenti, ›Carteggi Casanoviani‹, 1916, I, S. 122, 126) ihren
Geist und ihr Talent hervorgehoben. Die Marchesa schrieb an Casanova am 9. und 16. Mai 1770 zwei Briefe sehr schmeichelhaften
Inhalts, die sich in Dux befinden (vgl. ›Frauenbriefe‹, S. 181 ff.).
Dort sind auch mehrere Dichtungen von ihr erhalten (Dux U 17,
c 12). Nach ihrem Brief vom 9. Mai stimmt es wohl nicht, daß
Casanova gleich nach seiner Ankunft in Siena einen Besuch machte
und dann in ihrem Haus verkehrte, sondern wohl erst kurz vor seiner Abreise, was der liebebedürftigen Dame gar nicht recht war.

95 *Abbate Ciaccheri:* Der aus Livorno stammende Giuseppe Ciaccheri
(um 1723–1804) war Weltgeistlicher und Bibliothekar der Universität Siena, um die er sich verdient gemacht hat und der er auch seine
Bücher- und Gemäldesammlung vermachte. Graf Giandomenico
Stratico schrieb am 16. April 1770 (vgl. P. Molmenti, ›Carteggi Casanoviani‹, 1916, I, S. 122, 125): ›In Siena werden Sie den Herrn
Bibliothekar Ciaccheri aufsuchen, dem ich mit der Post schreibe.
Sie werden einen ungezierten Philosophen finden und einen Mann
unserer Richtung‹. Und am 30. April schrieb er: ›Mein Ciaccheri
ist ein Mann, der Geist wie Gemüt hat, und er ist ein großer Philosoph, ohne es zu zeigen.‹ Im übrigen verstand der galante Abbate
sich in seinen Liebesaffären, ganz ein Sohn seiner Zeit, Casanova
anzupassen (vgl. Molmenti, ebd., 1916, I, S. 118). Casanova korrespondierte mit ihm (vgl. ›Casanovas Briefwechsel‹, S. 98 ff.), auch
von Ciaccheri existiert in Dux (U 4, 73) ein Brief vom 30. Mai 1770.

96 *ohne Florenz zu berühren:* Obwohl Casanova behauptet, sich hier

nicht aufgehalten zu haben, meldete die ›Gazzetta Toscana‹ in der
Nr. 15 vom 14. April den Aufenthalt von ›Sig. Giacomo Casanova
di S. Gallo Nobile Veneziano‹ in Florenz. Casanova war offensichtlich gar nichts daran gelegen, in einer Stadt, die Venedig so nahe
war, als ›Adliger‹ bezeichnet zu werden, denn zu dieser Zeit war es
sein größter Wunsch, die Gunst der venezianischen Behörden
wiederzugewinnen, wie ja auch die Arbeit an der ›Confutazione‹
beweist (vgl. Anm. 25). In Nr. 16 der ›Gazzetta Toscana‹ vom
21. April 1770 erschien deshalb auch folgende Notiz mit der Be-
richtigung: ›Immer noch hält sich in Florenz der Signor auf, der in
der letzten Nummer dieser Zeitung als Sig. Giacomo Casanova di
St. Gallo, venezianischer Edelmann, bezeichnet worden ist. Wir
fühlen uns verpflichtet mitzuteilen, daß der genannte Herr selbst
bei uns erschienen ist, um zu erklären, daß er Giacomo Casanova di
Seingalt heißt und Venezianer sei, doch kein Adliger; auch daß er
sich diesen Rang, der weit über seine Qualifikationen hinausginge,
niemals beigelegt habe und sich damit begnüge, ein guter Untertan
dieses Landes, aber kein Edelmann zu sein.‹ Am 16. April hatte ihm
auch Graf Rivarola (vgl. Anm. 41) nach Florenz geschrieben, und
an demselben Tag schrieb Giandomenico Stratico (vgl. P. Molmenti, ›Carteggi Casanoviani‹, 1916, I, S. 122): ›Mich schmerzt
es, daß Sie am Mittwoch nicht abreisen können [...]. Vielleicht
werde ich am Mittwoch abend nach Florenz kommen, und Sie werden in die Via Larga in die Casa Medici schicken müssen, um zu
erfahren, ob ich gekommen bin. Vielleicht werden Sie mich Don-
nerstag abends in Poggibonsi [Ort in der Nähe von Florenz] finden.
Auf alle Fälle werde ich sehen, daß es mir glücken wird, wenigstens
einen Tag mit Ihnen zusammen zu verbringen.‹ Dem Brief fügt er
die erbetenen Empfehlungsschreiben für Siena bei und bittet ihn,
aus Siena zu schreiben, was Casanova offenbar getan hat, denn
Stratico erwiderte darauf am 30. April.

97 ›*Carpe diem*‹: lat., Nutze den Tag (Horaz, ›Carmina‹, I, 11, V. 8).

98 *Vico:* Dieses Landhaus der Marchesa Chigi ›Vico Bello‹ befand sich
ganz in der Nähe von Siena auf einer Anhöhe in herrlicher Umgebung. Das schöne Haus wie auch das Stadthaus der Marchesa,
die ›Villa Farnesina‹ an der Ecke der Via del Capitano, in der
Casanova seine Gastgeberin kennenlernte, war vom Architekten
Baldassare Peruzzi (1481–1536), nicht aber von Andrea Palladio
(1508–1580) erbaut worden.

99 *häßliche Dame ... hübsche Schwester:* Die ältere Schwester hieß Maria
Fortuna, sie war um 1750 in Pisa als Tochter des dortigen Bargello
(Polizeihauptmann, später von Siena) geboren worden, galt in
Italien als namhafte Stegreifdichterin und wurde unter dem Na-

men Isidea Egirea in die Akademie Arcadia, aufgenommen. Sie teilte ihre Gunst zwischen Ciaccheri und Giandomenico Stratico (vgl. P. Molmenti, ›Carteggi Casanoviani‹, 1916, I, S. 121, 125). Sie war auch eine große Bewunderin Metastasios, dem sie 24 Oktaven widmete, außerdem veröffentlichte sie zwei Dramen und 1781 ›Riflessioni sull' abuso della poesia‹ [Betrachtungen über den Mißbrauch der Dichtung] (vgl. A. Ademollo in ›Fanfulla della Domenica‹, 1883, Nr. 8). Casanova läßt sie in einem Brief an Ciaccheri grüßen und schickte ihr Gedichte (vgl. ›Casanovas Briefwechsel‹, S. 100), worauf Ciaccheri am 30. Mai 1770 antwortete (Dux U 4, 73). In Dux befindet sich auch ein offenbar an sie gerichtetes Gedicht (U 31, 28). – Die hübsche Schwester hieß Teresina Fortuna. In seinem Brief vom 30. April 1770 (vgl. P. Molmenti, ›Carteggi Casanoviani‹, 1916, I, S. 125) erinnert sich Giandomenico Stratico mit lüsternem Behagen an die ›Schenkel von Teresina Fortuna‹, auch auf einem undatierten Zettel für Casanova (Dux U 12, 102) nennt er die Signora Teresina, und wie aus dem (Anm. 95) erwähnten Brief von Ciaccheri hervorgeht, scheint sie den Namen ›La Giroachia d'Egirena‹ geführt zu haben.

100 *Pistoi:* Der Abbate Candido Pistoi (1736–1781) war Professor der Mathematik in Siena (vgl. ›Dictionnaire biographique‹, Paris 1834, IV, p. 72). Casanova läßt ihn in dem Brief an Ciaccheri grüßen (vgl. ›Casanovas Briefwechsel‹, S. 99).

101 *Gedichte zu gegebenen Endreimen zu machen:* Als ›bouts rimés‹ (gegebene Endreime) in Frankreich beliebtes literarisches Gesellschaftsspiel, bei dem möglichst sinnverschiedene Reimwörter vorgegeben wurden, die dann sinnvoll in einem Gedicht verwendet werden mußten.

102 *Sonett aus achtsilbigen Versen:* Die Silbenzählung ist das Prinzip der alternierenden romanischen Dichtung, das heißt des regelmäßigen Wechsels von einsilbiger Hebung und Senkung, im Gegensatz zur akzentuierenden Dichtung der germanischen Sprachen, in der metrische und sprachliche Hebungen, Wortakzent mit Versakzent zusammenfallen (vgl. G. v. Wilpert, ›Sachwörterbuch der Literatur‹, Stuttgart ²verb. 1959, S. 567, 9f., 5).

103 *als Schäferin ... hieß:* Isidea Egirea (vgl. Anm. 99 u. 92).

104 *Metastasio:* Pietro Antonio Metastasio (1698–1782), berühmter italienischer Dichter, seit 1729 Wiener Hofdichter (vgl. III, Kap. 12, Anm. 3).

105 *dafür in der Prosa vor:* Die griechische und lateinische Poesie beruht auf der regelmäßigen Abfolge von Längen und Kürzen nach einem bestimmten System, so daß also die meßbare Silbendauer den Rhythmus bestimmt, sie kennt keinen Reim. Nur in der rhetori-

schen Kunstprosa waren Binnenreime im Satz zugelassen (vgl. Wilpert, a. a. O., s. Anm. 102, S. 483 f.).

106 ›sine‹: lat., ohne.

107 ›sublata lucerna‹: lat., bei gelöschter Lampe (verändert nach Erasmus von Rotterdam, ›Adagiorum Chilias tertia‹, Centur. IV. Prov. LXXVII, deutsch in: ›Adagia‹, Auswahl, Übersetzung und Anm. von Anton J. Gail, Stuttgart 1983).

108 *verdankt sie ihrer Akademie:* Die 1582 in Florenz gegründete ›Accademia della Crusca‹ (vgl. VII, Kap. 7, Anm. 19) konnte zu Anfang des 16. Jh. den lange in Italien andauernden gelehrten Streit, welche Regionalsprache als Literatursprache gelten sollte, zu ihren Gunsten entscheiden. Dazu trug vor allem auch ein von ihr herausgegebenes maßstabsetzendes Wörterbuch bei, in dem als Quellen fast ausschließlich toskanische Autoren zitiert wurden. Nach dem Vorbild der florentinischen Akademie wurde 1635 die ›Académie Française‹ zur Reinerhaltung der französischen Sprache gegründet.

109 *die Art der Reichen:* Während der Zeit der Aufklärung floß in die italienische Sprache tatsächlich viel fremdes, vor allem französisches Wortgut ein.

110 *Architekt Palladio gebaut hatte:* Nicht Andrea Palladio, sondern Baldassare Peruzzi hatte es erbaut (vgl. Anm. 98).

111 *Bargello:* In Italien Titel des Polizeihauptmanns, dem die Sbirren (Büttel, Häscher) unterstehen.

112 *Coltellini:* Marco Coltellini (1719–1777), Sohn des Bargello von Florenz, war zuerst Buchdrucker in Livorno (vgl. ›Wiener. Diarium‹ 1771, Nr. 10) und kam um 1764 nach Wien (vgl. J. J. Khevenhüller-Metsch, ›Aus der Zeit Maria Theresias [1764–1767]‹, S. 38, 80, 270), wo er im Jahre 1771 als Theaterdichter angestellt wurde (vgl. J. H. F. Müller, ›Genaue Nachrichten von beyden Kaiserlich-Königlichen Schaubühnen und andern öffentlichen Ergötzlichkeiten‹. Wien 1772, S. 72). Trotz der Protektion durch Kaunitz mußte er wegen einer Satire auf Maria Theresia Wien verlassen (vgl. ›Vita italiana nel settecento‹, Milano 1895, S. 126). Nachdem er sich vorübergehend in Berlin aufgehalten hatte (vgl. V. J. Duval, ›Œuvres‹, Petersburg 1784, II, S. 187), trat er um 1773 in russische Dienste als Theaterdichter. Bilbasoff (›Katharina II. im Urteile der Weltliteratur‹, I, S. 105, 107, 224, 279, 280, 287) verzeichnet in den Jahren 1773 bis 1777 eine Reihe von Stükken, die Coltellini für die russische Oper schrieb. In St. Petersburg starb er im Alter von 58 Jahren (vgl. Filippo Mazzei, ›Memorie della vita…‹, Lugano 1845, I, S. 73 ff., 79, 200 ff., 276). Seine wichtigsten Libretti sind ›Almeria‹ (1761) für Francesco Majo,

›Iphigenia in Tauride‹ für Tommaso Traetta (1763) und Baldassare Galuppi (1768), ›Telemacco‹ (1765) evtl. für Gluck, ›La finta semplice‹ (1768, Die verstellte Einfalt) für Mozart, das Intermezzo tragico ›Piramo e Tisbe‹ (1768, Pyramus und Thisbe) für Johann Adolf Hasse, ›Antigona‹ (1768) für Traetta, der 1768/74 Hofkomponist in Petersburg war, und für den russischen Komponisten Dmitri St. Bortnjanski, der das Libretto unter dem Titel ›Creonte‹ (1776) vertonte, ›L'Infedeltà delusa‹ (Untreue lohnt sich nicht) für Joseph Haydn (1773), ›Lucinda ed Armidoro‹ (1777) und ›Le Nozze d'amore‹ (1777, Die Liebesnacht) für Giovanni Paisiello, der ebenfalls 1776/84 Kapellmeister der italienischen Oper in Petersburg war.

113 *in Wien bei Calzabigi:* Casanova hat Coltellini wahrscheinlich 1767 bei Ranieri Calzabigi getroffen (vgl. X, Kap. 9, Anm. 54).

114 *Anatom Tabarrani:* Pietro Tabarrani (1702–1780), italienischer Mediziner, Professor der Anatomie an der Universität Siena (1759/65); sein Hauptwerk waren die 1753 in Lucca erschienenen ›Observationes anatomicae‹. Casanova bittet in seinem Brief vom 19. Mai 1770 an Giuseppe Ciaccheri, ihn ›jenem […] Anatomen, unserem Tischgenossen in Vico‹ zu empfehlen (vgl. ›Casanovas Briefwechsel‹, S. 100).

115 *Piccolomini:* Die Piccolomini waren ein bekanntes altes Adelsgeschlecht in Siena, berühmt ist beispielsweise als architektonisches Denkmal die Loggia del Papa als Piccolominische Familienstiftung; ein Mitglied der Familie erwarb 1932/33 das Stadthaus der Marchesa Chigi (vgl. Anm. 98). Welcher Graf Piccolomini gemeint ist, war nicht festzustellen.

116 *des Sankt-Stefans-Ordens:* Wahrscheinlich ist der von Cosimo I. de' Medici 1562 (nach anderen Quellen 1554) gestiftete ›Ordine di Santo Stefano di Toscana‹ gemeint, der 1859 abgeschafft wurde.

117 *Signor Bianconi:* Giovanni Lodovico Bianconi (1717–1781), Arzt und Philosoph aus Bologna, war 1747/49 Leibarzt des Fürstbischofs von Augsburg Joseph, Landgraf von Hessen-Darmstadt; 1749 wurde er Mitglied der Akademie der Wissenschaften zu Berlin; 1749/63 war er Leibarzt des Kurfürsten von Sachsen Friedrich Christian und seit 1764 dessen diplomatischer Geschäftsträger in Rom. Von seinen literarischen Werken sind vor allem seine ›Briefe über Bayern und einige Gegenden Deutschlands‹ (1763) bekannt geworden, er war auch Autor von Schriften über Physik. Er war eine Zeitlang mit der Arzttochter aus Augsburg Sophie Gutermann von Gutershofen, der später berühmten Schriftstellerin Sophie von La Roche (1731–1807) verlobt. Bianconi hielt sich meistens in Siena auf. Bekannt ist auch seine Freundschaft zu Winckelmann,

mit dem er auch korrespondierte (vgl. C. Justi, ›Winckelmann und seine Zeitgenossen‹, Leipzig 1898, I, S. 310 ff.; J. J. Winckelmann, ›Briefe‹, hg. von W. Rehm/H. Diepolder, Berlin 1956, Bd. 3, S. 421 u. passim). Casanova sollte laut Brief vom 19. Mai 1770 an Ciaccheri (vgl. ›Casanovas Briefwechsel‹, S. 99) einen Brief an Bianconi abgeben, konnte ihn aber nicht finden.

ACHTES KAPITEL
(S. 219–252)

1 *Buonconvento:* Ort etwa 28 km südlich von Siena, war eine Poststation an der Strecke von Florenz nach Rom.

2 *drei Meilen in der Stunde:* Casanova hat wohl die italienische Meile im Sinn, die etwa 1,86 km entspricht.

3 *San Quirico:* San Quirico d'Orcia war eine alte Stadt an einer wichtigen Straßenkreuzung, sie lag aber nur etwa 16 km südöstlich von Buonconvento.

4 *Fuhrmann das Essen für mich bezahle:* Es war in Italien meist üblich, daß bei der Miete eines Reisegefährts nicht nur dessen Benutzung, die Dienste des Fuhrmanns, sondern auch die Unterbringung und Beköstigung in Gasthäusern in den Preis mit eingeschlossen waren und vor Fahrtantritt schriftlich geregelt oder beispielsweise die Bewirtung ausgenommen wurde.

5 *Graf de l'Etoile:* Vielleicht der Künstlername eines französischen Schauspielers, von dem nur das bekannt ist, was Casanova erzählt.

6 *Plumpudding:* Casanova schreibt im französischen Original ›blancputing‹, meint aber zweifellos den in England beliebten schweren Rosinenpudding.

7 *Montepulciano ... Montefiascone:* Montepulciano ist eine alte Bergstadt der Toskana, berühmt seit Jahrhunderten wegen ihrer Weine; einer wird als ›König der Weine‹ bezeichnet. – Montefiascone ist ein Muskateller, der aus der Stadt gleichen Namens über dem See von Bolsena stammt. Der dortige Wein trägt nach einer alten Anekdote noch heute den Namen ›Est, Est, Est‹. Der Bischof Johann Fugger soll auf dem Weg nach Rom stets einen Diener vorausgeschickt haben, der an die Türen der Gasthöfe mit dem besten Wein das lateinische Wort ›est‹ (im Sinne von ›hier ist er vorhanden‹) schreiben mußte. In Montefiascone fand er den besten Wein und schrieb ›est, est, est‹; der Bischof blieb dort. Sein Grab befindet sich in der Kirche Flaviano und trägt die Inschrift: ›Est, est, est! Propter nimium Est hic Joannes de Fugger dominus meus mortuus est‹ [Est, est, est! Wegen zuviel Est starb hier Johannes von Fugger, mein Herr] (vgl. Casanova, ›Histoire de ma vie‹,

Édition intégrale, Wiesbaden/Paris 1962, t. VI, vol. 11, p. 362, note 5).

8 *die Cornelys:* Teresa Imer, in London unter dem Namen Mrs. Cornelys Ballhausdirektorin (vgl. IX, Kap. 7, Anm. 10).

9 *Tochter Sophie:* Sophie Pompeati, angeblich Tochter Casanovas (vgl. IX, Kap. 8, Anm. 32 u. 33).

10 *siebzehn Jahre alt sein:* Im französischen Original stand zuerst ›neunzehn Jahre‹, von Casanova durchgestrichen und durch die neue Angabe ersetzt. Casanovas Angaben über das Alter Sophies sind unterschiedlich (vgl. Anm. 7, a. a. O., p. 362, note 6).

11 *Paoli:* Paolo, Silbergroschen des Kirchenstaates, auch in der Toskana verbreitet, mit dem stehenden Apostel Paulus auf der Vorderseite, hatte den Wert des Drittels eines Testone, einer in Rom geprägten Silbermünze.

12 *Nancy Stein ..., und daß ihr Vater meiner Tochter einen Ring geschenkt hatte:* Nancy Stein war Sophie Pompeatis Pensionsfreundin und beeindruckte auch Casanova (zum Geschenk des Ringes durch Nancys Vater vgl. X, Kap. 1, S. 24).

13 *Radicófani:* Hochgelegene Stadt (etwa 800 m) an der Straße nach Rom. Der Autor des Buches ›Reise von Warschau über Wien nach der Hauptstadt von Sicilien‹ (Wien 1795, S. 106 f.) schreibt: ›Zu Radicófani, auf dem Gipfel eines ungeheuren Berges, sind die beiderseitigen Grenzen von Toscana und dem Päpstlichen: eine geräumige Locanda [Wirtshaus], noch in den Zeiten des Hauses Medici erbaut, trägt das letzte mediceische Wappen, welches man an so vielen Orten des toskanischen Gebietes antrifft und ein Beweis der Verdienste dieses Hauses um Toscana ist [...] man darf, besonders zur Winterszeit oder bei übler Witterung, froh sein, eine so gemächliche Wohnung auf einem so hohen Berge zu finden.‹

14 *La Scala:* So wurde die Poststation, etwa 11 km südöstlich von San Quirico d'Orcio, genannt; ein gleichnamiger Gasthof ist anzunehmen, aber nicht nachweisbar.

15 *drittes Pferd:* Wegen der hohen Lage von Radicófani (vgl. Anm. 13) war die Steigung nur mit Hilfe eines dritten Pferdes zu bewältigen.

16 *Anglikanerin:* Die englische (anglikanische) Staatskirche ist im Bekenntnis der reformierten, im Kult und in der Verfassung der katholischen Kirche angenähert; sie entstand im März 1534 unter Heinrich VIII. durch Loslösung von Rom, nachdem der König vom Papst Clemens VII. im Juli 1533 exkommuniziert worden war. Der König wurde kirchliches Oberhaupt in England, ›soweit das Gesetz Christi es erlaubt‹.

17 *Centino:* heute: Centano, Dorf, etwa 18 km südlich von Radicófani, damals Poststation.

18 *Acquapendente:* Bergstadt nördlich des Sees von Bolsena.

19 *Montefiascone:* Die Wegstrecke von Acquapendente bis Montefiascone (vgl. Anm. 7) beträgt etwa 34 km.

20 *Boboli:* Der berühmte ›Giardino di Bóboli‹ befindet sich auf dem gleichnamigen Hügel bei Florenz.

21 *giriert:* banktechnisch: Wechsel wird an jemand übertragen (lat.), eigtl. ›in Umlauf setzen‹.

22 *Monterosi:* Poststation, etwa 40 km südlich von Viterbo.

23 ›*Posta della Storta‹:* Seinerzeit letzte Poststation vor Rom in der Nähe der etruskischen Stadt Veii, etwa 18 km nördlich von Rom.

24 *Sir B. M.:* Hier nennt Casanova den Liebhaber Bettys wenigstens mit Initialen zum ersten Mal; vielleicht handelt es sich um Sir B. Miller, einen der Subskribenten von Casanovas Übersetzung der ›Ilias‹ von Homer.

25 *an unsere Tür klopfte:* Die Textstelle von ›Ich trat erst ein‹ bis ›an unsere Tür klopfte‹ wurde neu übersetzt.

26 *Korsen Rivarola:* Vgl. Kap. 7, Anm. 41.

Neuntes Kapitel
(S. 252–281)

1 *Poststrecken:* Als eine Poststrecke bezeichnete man die Entfernung, die ein Postwagen in etwa zwei Stunden auf der Reise zurücklegte.

2 ›*La Croce di Malta‹:* Der Gasthof ›La Croce di Malta‹ existierte bis Mitte des 19. Jh. in der Via Fernanda (heute: Via Grande), auch Chr. Gottfr. Stein (›Reise durch Italien‹, Leipzig 1829, S. 277) erwähnt ihn.

3 *Gastwirt Roland:* Carlo Roland aus Avignon war der Besitzer des Gasthofs ›Albergo di Londra‹ an der Piazza di Spagna in Rom (vgl. VII, Kap. 8, Anm. 39).

4 *als Bruder erkannte:* Eine besondere Art des Händedrucks bei der Begrüßung war und ist das Erkennungszeichen der Freimaurer.

5 *Carozzino:* Leichter, eleganter Wagen, im allgemeinen nur mit zwei Sitzen versehen und von einem Pferd gezogen (Verkleinerungsform von ital. ›carozza‹ Wagen).

6 *beim Zoll:* Der römische Zoll, ›Dogana di Terra‹ genannt, befand sich in einem Gebäude (heute: Börse) an der Piazza di Pietra, dessen Fassade elf Säulen des Tempels des Kaisers Mark Aurel enthält. Casanova dürfte Ende April/Anfang Mai 1770 in Rom angekommen sein. Giandomenico Stratico schreibt am 30. April 1770 an Casanova in Rom (vgl. Molmenti, ›Carteggi Casanoviani‹, I, S. 124 ff.). Ebenso schreibt Bavet am 19. April 1770 (Dux U 11, h 3), daß Casanova nach Rom gereist sei, am 21. Mai 1770 (Dux U 11,

h 5) erhält er von dort schon Nachrichten über Casanova. Auch Giacomo Nani (Dux U 4, 87) schreibt am 30. Mai 1770 an Casanova nach Rom. Schließlich berichtet Alessandro Verri in einem Brief vom 30. Mai 1770 von einem außerordentlichen Mann, dessen Name Signor Casanova, ein Venezianer, sei, der durch seine Abenteuer Aufmerksamkeit errege (vgl. ›Natura ed Arte‹, 15. Maggio 1910, S. 803).

7 *Kirche San Carlo:* Gemeint ist die Kirche ›San Carlo al Corso‹, in deren Nähe Carlo Roland 1770 den Gasthof ›Ville de Paris‹ an der Piazetta Caetani eröffnete (vgl. I, Kap. 9, Anm. 40).

8 *Bargello:* Hauptmann der Polizeibüttel (Sbirren).

9 *Kardinalvikar:* Titel des päpstlichen Stellvertreters (vicarius urbis) in der Regierung der römischen Diözese; das war seit 1558 ein Kardinal. Das Bistum Rom umfaßte weite Gebiete außerhalb der eigentlichen Stadt.

10 *Gouverneur von Rom:* Der Gouverneur von Rom (›Gubernator Romae‹, auch ›Praefectus Urbis‹) war damals Präsident des Gerichts und der ›Congregazione criminale‹ der Stadt, Polizeipräfekt, Vizekammerherr an der Kurie und Präsident für öffentliche Veranstaltungen. Im Jahre 1770 übte das Amt Kardinal Antonio Casali aus (vgl. Carlo Bandini, ›Roma nel Settecento‹, Roma 1930, p. 244, note 3; Ranft, ›Lebensgeschichte aller Cardinäle ...‹, Regensburg 1772, III, S. 411, IV/2, S. 504; Casanova, ›Histoire dem a vie‹, Édition intégrale, Wiesbaden/Paris 1962, t. VI, vol. 11, p. 364 s. note 9).

11 *(auf die Galeeren):* Diese erklärende Bemerkung steht auch im französischen Original in Klammern (vgl. Casanova, ›Histoire de ma vie‹, Édition intégrale, s. Anm. 10, t. VI, vol. 11, p. 259). Civitavecchia war der Hafen der päpstlichen Flotte.

12 *Kardinal de Bernis:* François-Joachim de Pierre de Bernis (1715 bis 1794), Abbé, Schriftsteller und Diplomat, seit 1758 Kardinal; mit ihm war Casanova in Venedig befreundet (vgl. IV, Register, vor allem Kap. 3, Anm. 8), auch in Paris (vgl. V, Register) erfreute er sich der Gönnerschaft des Ministers für Auswärtige Angelegenheiten (1757/58). Von 1769 bis 1791 war der Kardinal französischer Geschäftsträger bei der römischen Kurie.

13 *ältesten Tochter:* Es war nicht die älteste, sondern die dritte und jüngste Tochter Carlo Rolands, Anna Maria, die im Juni 1766 François (Francesco) Lafont aus Carcassone im Languedoc heiratete; sie erhielt außer einer Mitgift von tausend Scudi auch den ›Albergo di Londra‹ im Wert von eintausendsechshundert Scudi, wovon aber Lafont sechshundert im Laufe von drei Jahren dem Schwiegervater zurückzahlen sollte, was er aber nicht einhielt. Als Carlo Roland 1785 starb, lebte seine Tochter noch (vgl. A. Valeri,

›Casanova a Roma‹, Roma 1899, S.21). Das Haus, auch ›Albergo Inglese‹ und ›Hôtel Lafont‹ genannt, gehörte bis ins 19.Jh. zu den vornehmsten und teuersten Hotels in Rom und wurde von vielen Fürsten aus ganz Europa besucht (vgl. Casanova, ›Histoire de ma vie‹, Édition intégrale, s.Anm. 10, t.VI, vol.11, p.364, note 4).

14 *Teresa, ... mein Bruder Giovanni ... 1762 heiratete:* Die Begegnung mit Teresa Roland (1744–1779) fand 1761 statt (vgl. VII, Kap.8). Sein Bruder Giovanni heiratete Teresa am 12.Mai 1764 (vgl. VII, Kap.8, Anm.40). Wahrscheinlich verwechselt Casanova das Datum der Heirat mit dem der Hochzeit seines Bruders Francesco, die tatsächlich 1762 stattfand.

15 *Fürsten Beloselski:* Fürst Andrej Michailowitsch Beloselski war vom Juli 1766 bis 27.Mai 1777 russischer Gesandter in Dresden und bewohnte das damals Naumannsche, später von Boxbergsche Haus in der Waisenhausstraße Nr.33. Er starb 1779 in Montpellier. Casanova hatte den Fürsten Beloselski schon im Jahre 1766 in Dresden kennengelernt (vgl. ›Casanovas Briefwechsel‹, S.62; Casanova, ›Gesammelte Briefe‹, ausgewählt ... von Enrico Straub, Frankfurt a.M./Berlin[West] 1978, II, S.55). Beloselski war mit Casanovas Bruder in Italien, denn auch die Fremdenlisten von Venedig aus dem Jahre 1771 melden, daß der Fürst in Begleitung von Giovanni Casanova, Professore al Servizio dell'Elettore di Sassonia (Professor im Dienst des Kurfürsten von Sachsen) am 5.Mai 1771 in Venedig eingetroffen und am 24.Mai wieder abgereist sei. Giovanni Casanova malte auch für die russische Gesandtschaftskapelle in Dresden Bilder (vgl. F.-A. O'Byrn, ›Johann George Chevalier de Saxe‹, Dresden 1876, S.154).

16 *könne nicht nach Rom kommen:* Giovanni Casanova war wegen angeblicher Wechselfälschung am 15.Dezember 1766 in Abwesenheit zu einer zehnjährigen Galeerenstrafe verurteilt worden (vgl. VII, Kap.8, Anm.42); seit 1764 war er aber bereits Direktor der Akademie der Schönen Künste in Dresden und für die römische Justiz unerreichbar. Dennoch mußte er mit der Vollstreckung des Urteils rechnen. So schreibt am 20.Juli 1771 Al.Verri (vgl. S. di Giacomo, ›Historia della mia fuga...‹, S.187): ›Ganz kürzlich ist in Rom einer seiner Brüder [Giovanni] mit einem polnischen Fürsten gewesen, der ihm einen Paß verschaffte, da er dort als Wechselfälscher mit Galeerenstrafe geächtet war. Sie sind eine gute Rasse.‹

17 *Kurfürstenwitwe von Sachsen:* Maria-Antonia-Walpurga-Symphorosa (1724–1780), Tochter Kaiser Karls VII., seit 1763 Witwe des Kurfürsten Friedrich Christian von Sachsen (vgl. X, Kap.9, Anm.11). Ihr Gesandter bei Papst Clemens XIV. war seinerzeit Giovanni Lodovico Bianconi.

18 *Mengs:* Anton Raphael Mengs (1728–1779), von dem sich Casanova zuletzt ziemlich ärgerlich in Madrid getrennt hatte (vgl. Kap. 2), kam erst im Februar 1771 nach Rom; er bewohnte sein altes Haus in der Via Vittorio 54 bis 1772. Er kehrte erst 1774 nach Spanien zurück. Wahrscheinlich hat ihn Casanova nach seiner Rückkunft aus Neapel gesehen.

19 *Parks:* Im französischen Original schreibt Casanova ›villes‹, meint aber zweifelsohne die Mehrzahl des italienischen ›villa‹ (Landsitz), das in Rom auch als Bezeichnung für Parks verwendet wird.

20 *französischen Gesandten:* Das war seinerzeit Kardinal François-Joachim Pierre de Bernis (vgl. Anm. 12).

21 *Lord Baltimore:* Frederick Calvert, Earl Baltimore (1731–1771); Casanova hatte den Lebemann in London kennengelernt (vgl. X, Kap. 1).

22 *kamen wir dort an:* Im ›Précis de ma vie‹ schreibt Casanova: ›Eine glückliche Liebschaft [mit Betty] ließ mich Rom verlassen und nach Neapel weiterziehen, eine unglückliche [zu Agata Carrara] ließ mich jedoch drei Monate später wieder nach Rom zurückkehren‹ (vgl. Casanova, ›Vermischte Schriften‹, ausgewählt ... von Enrico Straub, Frankfurt a. M./Berlin[West] 1978, S. 409). Die Dauer von Casanovas Aufenthalt in Neapel mit drei Monaten dürfte ganz richtig angegeben sein, denn am 19. Mai 1770 schreibt er an Ciaccheri (vgl. ›Casanovas Briefwechsel‹, S. 99), daß er am 10. Juni nach Neapel abreisen würde, und vom 11. September 1770 liegt die Bestätigung einer bezahlten Hotelrechnung aus Neapel in Dux (U 4, 130) vor; also verließ er an diesem Tage wahrscheinlich Neapel. Außerdem schrieben ihm François Jacquier am 24. Juli 1770 (Dux U 4, 32) und Dalaje Bettoni am 12. und 27. August nach Neapel (Dux U 11, h 1). Pasquale Latilla lädt Casanova in Neapel (Dux U 4, 117) auf sein Landgut beim Castellonovo (Castell dell'Ovo) am 6. Juli 1770 ein, damit dürfte auch die Annahme widerlegt sein, daß der Name Pasquale Latilla vielleicht fiktiv sei (vgl. Casanova, ›Histoire de ma vie‹, Édition intégrale, s. Anm. 10, t. VI, vol. 12, p. 366).

23 ›*Albergo delle Crocelle*‹: Der Gasthof, der noch bis zur Mitte des 19. Jh. existierte, galt als einer der besten Neapels; Verdi stieg hier gern ab, auch Herder und Grillparzer wohnten hier. Seit Mitte des 18. Jh. hatten die Mönche des Ordens vom Heiligen Kreuz (›Padri Crociferi‹), die von den Neapolitanern ›delle Crocelle‹ genannt wurden, zwei von den vier oder fünf neben ihrem Kloster und ihrer Kirche gelegenen ›casa palatiata‹ als Herberge eingerichtet, die wegen ihrer Lage an der ›Riviera di Chiaia‹ und ihrem Blick auf den Golf von Neapel als komfortable Unterkunft beliebt waren (vgl.

›Ars et labor‹, 15. September 1907, S. 854; E. Zaniboni, ›Alberghi italiani…‹, Napoli 1921, S. 162 f.). In Dux befindet sich eine Bestätigung der Gastwirte Giovanni Grasso und Sebastian Le(h)mann vom 11. September 1770 für bezahlte Kost und Wohnung in Neapel für Casanova (Dux U 4, 130).

24 *Herzogs von Matalone:* Carlo Caraffa, Herzog von Maddaloni (Matalona), war 1765 gestorben (vgl. VII, Kap. 10, Anm. 8).

25 *Wiedervermählung seiner Witwe mit dem Fürsten von Caramanica:* Die Witwe Vittoria Caraffa, Herzogin von Matalona [Maddaloni], heiratete nach 1765 Francesco Graf Palena d'Aquino, dann Fürst von Caramanica (1736–1795); er war 1781/84 neapolitanischer Botschafter in London, 1784/85 in Paris. 1786 wurde er als Nachfolger von Caraccioli (vgl. X, Kap. 1, Anm. 4) Premierminister. Als er Reformen einführen wollte, wurde er durch den Engländer Acton, den er zuvor protegiert hatte, gestürzt (vgl. B. Croce, ›Aneddoti e Profili setteccenteschi‹, Milano ²1922, S. 61).

26 *Cavaliere Goudar:* Ange Goudar (1720–1781 oder 1791), Abenteurer, Glücksspieler und Publizist (vgl. IX, Kap. 8, Anm. 21).

27 *Posilipp:* Name eines Hügelzugs (heute Stadtteil von Neapel), der schon zur Zeit der griechischen Besiedlung wegen seines großartigen Blicks auf den Golf und den Vesuv gerühmt wurde.

28 *Irin Sarah … in einer Londoner Bierschenke:* Goudar hatte seine Geliebte und spätere Frau tatsächlich in einer Londoner Schenke kennengelernt (vgl. IX, Kap. 8, Anm. 21, insbesondere Kap. 11, Anm. 34).

29 *die Dubarry:* Casanova schreibt ›la Bari‹, meint aber Jeanne Bécu (1743–1793), die berühmte Madame Dubarry; sie nannte sich zuerst Mademoiselle Vaubernier und wurde im September 1768 auf königlichen Befehl mit dem Grafen Guillaume Dubarry verheiratet, nachdem sie seit Juli 1768 die Mätresse von König Ludwig XV. geworden war. Da Goudar mit seiner Geliebten England spätestens 1767 verließ und sein erster Aufenthalt in Neapel ebenfalls in dieses Jahr fiel (vgl. B. Croce, ›Aneddoti e Profili‹, Milano ²1922, S. 64 f.), dürfte es sich um die Wiedergabe eines Gerüchts durch Casanova handeln.

30 *Königin:* Maria Carolina Luisa (1757–1814), eine Tochter der Kaiserin Maria Theresia, war seit 1768 mit König Ferdinando IV. von Neapel verheiratet.

31 *Pharao und Biribi:* Glücksspiele. Pharao ›wird mit einem Bankhalter und einer unbegrenzten Zahl von Mitspielern gespielt. Man braucht dazu zwei Kartenspiele zu je 52 Karten. Aus einem Spiel werden sämtliche Pik-Karten aussortiert und in zwei Reihen auf dem Tisch ausgelegt. Auf diese 13 Karten kann jeder Spieler einen

oder mehrere Einsätze machen. Es wird darauf gewettet, daß eine bestimmte Karte gewinnt oder verliert. Vom zweiten Spiel zieht der Bankhalter jeweils zwei Karten, die oberste wird offen nach links, die zweite offen nach rechts gelegt. Die linke bedeutet für den Spieler ‚Verlust‘, die rechte ‚Gewinn‘. Erscheinen links und rechts gleichwertige Karten (z.B. zwei Achten oder zwei Asse), kassiert die Bank sämtliche Einsätze auf diesem Feld. Tragen die zwei aufgedeckten Karten nicht gleiches Bild oder gleiche Zahl, wird auf die linke Karte jeder Gewinn-Einsatz kassiert, während Verlust-Einsätze ausgezahlt werden. Bei den rechten Karten werden umgekehrt alle Gewinn-Einsätze ausbezahlt, die Verlust-Einsätze von der Bank kassiert‹ (vgl. Childs, dt. ›Biographie‹, S. 319, Anm. 1 zu Kap. XV). – Biribi: vgl. IX, Kap. 1, Anm. 19.

32 *Lord Baltimore, Herr von Boston:* Hier verwechselt Casanova Frederick Calvert, Earl Baltimore, mit dem 1. Earl dieses Namens, George Calvert (1578–1632), Pair von Irland, 1625 Staatssekretär, der von König Charles I. für seine Verdienste große Ländereien in Nordamerika als Lehen erhielt; zu Ehren der Königin Henrietta Mary nannte er es Maryland. Die Stadt Boston liegt aber im heutigen Bundesstaat Massachusetts der USA (vgl. Casanova, ›Histoire de ma vie‹, Édition intégrale, s. Anm. 10, t. VI, vol. 11, p. 366, note 23.)

33 *Piperno:* Casanova nennt diesen Ort in den Pontinischen Sümpfen an der Via Appia als Poststation, der jedoch in anderen zeitgenössischen Quellen nicht auftaucht.

34 *bezahlte ... mit dem Leben:* Der exzentrische Frederick Calvert, Earl Baltimore, starb am 14. September 1771 in Neapel.

35 *Abbate Gama:* Abbate Giovanni Patrizio da Gama de Silveira (1704 oder 1705 bis 1774) aus Lissabon, Diplomat im Dienst von Kirchenfürsten (vgl. VII, Kap. 8, u. I, Kap. 9, Anm. 28).

36 *Hof von Rom:* Gemeint ist der Hof von Lissabon. Durch die Vertreibung des Jesuitenordens aus Portugal im September 1759 (vgl. IX, Kap. 9, Anm. 4) gab es Auseinandersetzungen zwischen König José I. und dem Papst Clemens XIII.; sie wurden durch das generelle Verbot des Jesuitenordens durch Papst Clemens XIV. (Giovanni Ganganelli) im Jahre 1773 beseitigt (vgl. Kap. 7, Anm. 77).

37 *Donna Leonilda ... Donna Lucrezia:* Donna Leonilda war wahrscheinlich Casanovas Tochter (vgl. VII, Kap. 10, Anm. 39), die der Liebschaft mit Lucrezia Castelli (vgl. I, Kap. 9, Anm. 33) entstammte.

38 *Agata:* Wahrscheinlich fiktiver Vorname einer italienischen Tänzerin aus Lucca (vgl. VII, Kap. 5, Anm. 19); sie heiratete wohl den Advokaten Aniello Orcivolo aus Neapel.

39 *Corticelli:* Maria Anna Corticelli (1747–1767[?] oder 1773), italienische Tänzerin (vgl. VII, Kap. 7, Anm. 34).

40 *Graf Medini:* Graf Tommaso Medini (1725–um 1788), italienischer
Abenteurer und Schriftsteller. Mit ihm duellierte sich Casanova im
Jahr 1746 in Padua (vgl. II, Kap. 8, Anm. 33). Über das Verhältnis
Medinis zu Goudar in Neapel geben auch zwei Briefe Medinis an
Casanova in Rom – sie sind zwar undatiert, aber sicher aus den
Jahren 1770/71 – Zeugnis. In einem Brief (Dux U 13, c 2) schreibt
Medini: ›Was Monsieur und Madame [Goudar] anbelangt, so kann
ich Ihnen sagen, daß sie sich in sehr üblen Verhältnissen befinden.
Sie versuchen irgendeinen Engländer auszubeuten, aber bis jetzt
vergeblich, weil sich jeder vor ihrem Haus in acht nimmt. Ich sehe
sie nicht mehr und glaube, daß ich ihm auch irgendeinen Anlaß in
meiner Angelegenheit gegeben habe.‹ In einem anderen Schreiben
(Dux U 13, c 3) bemerkt Medini: ›Aber kaum hatte ich das Mani-
fest in Gegenwart des Monsieur Godard [Goudar] gelesen, als ich
mir Gedanken über den Vorschlag machte, die mir richtig schienen.‹ Über seine Affäre mit dem französischen Gesandten [Choi-
seul, vgl. Anm. 41], der durch seinen gewalttätigen Charakter auch
andere vor den Kopf stieß, äußerte sich Medini in zwei Briefen an
Casanova, so am 9. Februar 1771 (Dux U 13, e 1) und in einem
undatierten (Dux U 13, c 2). Unter anderem bemerkt er: ›Gegen
die allgemeine Erwartung ist meine Angelegenheit mit dem Herrn
Gesandten von Frankreich in der Schwebe geblieben. Er hatte erklärt, daß, wenn ich mich vor der mir gemachten Anschuldigung
gerechtfertigt hätte, würde er mir den Zutritt zu seinem Haus bewilligt haben. Die letzte Beschuldigung war, daß ich mit Schimpf
aus Venedig ausgewiesen worden wäre. Als der betreffende Resident die Anfrage erhielt, bestätigte er als Privatmann das Gegenteil
[...] Da der Herr Gesandte von Frankreich mit diesem Zeugnis
nicht zufrieden war, so habe ich den venezianischen Gesandten
Seine Exzellenz Erizzo gebeten, daß er sich herablasse, die Wahrheit zu bezeugen; und er beehrte mich mit einem Brief voller
Würde und Gerechtigkeit. Ich habe ihn sofort durch den Baron
Binder, den österreichischen Geschäftsträger, dem Herrn Gesandten von Frankreich zukommen lassen.‹

41 *Gesandten Choiseul:* Vicomte Louis-César-Renaud de Choiseul (1735
bis 1791), Herzog von Praslin (seit 1785), war von 1766 bis 1771
Gesandter Frankreichs in Neapel.

42 *Unzen:* ›Onica‹ war im 18. Jh. im Königreich beider Sizilien eine
Goldmünze, die den Wert von zwei Scudi oder sechzig Carlini hatte
(vgl. Helmut Kahnt/Bernd Knorr, ›BI-Lexikon Alte Maße, Münzen
und Gewichte‹, Leipzig 1986, S. 203).

43 *Don Pasquale Latilla:* Von Pasquale Latilla befindet sich in Dux
(U 14, 117) ein freundschaftlich gehaltenes Einladungsschreiben,

datiert: ›Castellonovo, 6. Juli 1770‹ (vgl. Anm. 45). In einer Auf-
stellung von Freunden, die er im Notfall um Hilfe bitten wollte und
die er wahrscheinlich im Sommer 1792 anlegte (Dux U 16, i 5),
bemerkte er für Neapel: ›A Naples: D.[on] Pasquale Latilla‹.

44 *Callimena:* ›La Callimena‹ war der Künstlername der Sängerin
Agata Carrara, die 1776 in Venedig und 1778 in Turin auftrat. Der
Engländer Michael Kelly traf sie einige Jahre später in Venedig
und beschrieb sie (in: ›Reminescenses‹, I, S. 83) als ›eine der
schönsten Frauen ihrer Zeit und eine hervorragende Sängerin‹. Sie
wurde die Mätresse des venezianischen Patriziers Giovanni (Zuan)
Carlo Grimani.

45 *Castel dell'Ovo:* Die Festung stammt aus dem 13. Jh., sie befindet
sich auf einer eiförmigen Felseninsel (daher ihr Name).

46 *›strahlender Mond‹:* Die erste etymologische Erklärung bezieht sich
auf die griechischen Bezeichnungen für ›schön‹ ($\chi\alpha\lambda\acute{o}\nu$) und für
›Wahnsinn‹ ($\mu\grave{\epsilon}\nu o\varsigma$), die zweite ist unverständlich.

47 *Signora Sclopitz ... Sir Aston:* Zu Signora Sclopitz vgl. Kap. 7,
Anm. 43, und zu Sir Aston vgl. Kap. 7, Anm. 40.

48 *Anstoß zu erregen:* Die Textstelle von ›Da ich ganz Europa‹ bis ›Anstoß zu erregen‹ wurde neu übersetzt.

49 *neapolitanischer Dukaten:* Neapolitanische Goldmünze, genannt ›ducato del Regno‹, die von 1549 bis 1825 mit kurzen Unterbrechungen geprägt wurde.

50 *Albergoni:* Lodovico Albergoni (um 1724–nach 1768), stammte aus
Padua; bisher hatte ihn Casanova in den Memoiren nicht erwähnt.
Lodovico Albergoni wird in zeitgenössischen Berichten als Mitglied
einer Bande von Spielern, Kupplern und Verbrechern im Jahre
1741 erwähnt. An der Spitze dieser ›turba di furfanti‹ (Gauner-
schar) standen ein gewisser Martini und Gaetano Guado, der eine
Spielhölle unterhielt (vgl. G. Dolcetti, ›Le bische e il giuoco d'az-
zardo a Venezia‹, Venezia 1903, S. 122). 1741 und 1750 wurde
Albergoni verhaftet und von den Staatsinquisitoren verurteilt. Danach scheint er sich als Spitzel der Staatsinquisition erfolglos versucht zu haben, denn eine ›Annotazione‹ vom 30. April 1753
bemerkt: ›Es wurde bekannt, daß Ludovico Albergoni, da er sich
Hoffnung machte, dem Tribunal [der Inquisition] zu dienen, den
guten Ruf von Patriziern und anderen anschwärzte; und da die
Lauterkeit der ersten bekannt war, so verwarfen dies ihre Exzellen-
zen [die Staatsinquisitoren].‹ Es ist bewiesen, daß Albergoni 1744/45
in Padua war, wahrscheinlich auch 1746 (vgl. Bruno Brunelli, ›Fi-
gurine Padovane nelle Memorie di Giacomo Casanova‹ in: ›Atti e
Memorie della R. Accademia ... di Padova‹, 1933/34, vol. XL,
Padova 1934).

51 *Signor Bragadin:* Im April 1746 hatte Casanova die erste Begegnung mit dem Senator Matteo Bragadin (vgl. II, Kap. 7, Anm. 19), seinem Hauptgönner in Venedig.

52 *auf die fünf Städte:* Anspielung auf das Alte Testament, 1. Buch Moses, Kap. 14, 18 und 19; von den dort genannten fünf Städten Sodom, Gomorrha, Adama, Zeboim und Zoar wurden nur die beiden ersten zerstört, wegen der Sodomie, d. h. hier der gleichgeschlechtlichen körperlichen Liebe.

53 *Zuecca:* Volkstümlicher Name der großen Insel ›La Giudecca‹, südlich des Stadtkerns, heute am nach ihr benannten Canale della Giudecca gelegen; dort hatten viele reiche Venezianer Landhäuser (Kasino), die auch für verbotene Glücksspiele, für Orgien oder für ein Rendezvous mit einer Geliebten benutzt wurden (vgl. IV, Kap. 1, Anm. 13).

54 *gewissen Branzardi:* Über ihn ist nichts weiter bekannt; vielleicht ein fiktiver Name.

55 *Rat der Zehn:* Der ›Consiglio de' Dieci‹ war die älteste und mächtigste richterliche Instanz, die seit 1310 existierte; ihm gehörten der Doge, sechs Räte und zehn Senatoren an (vgl. I, Kap. 4, Anm. 52).

56 *Via Toledo:* Große Straße in Neapel (heute: Via Roma), die im 16. Jh. vom Vizekönig Don Pedro de Toledo angelegt wurde.

57 *Samen verspritzen würden:* Der Textteil von ›Ich bedauerte ihn‹ bis ›Samen verspritzen würden‹ wurde neu übersetzt.

58 *beim Schloß:* Gemeint ist der sogenannte Largo del Castello, der große Platz vor dem ›Castel Nuovo‹ (oder ›Maschio Angioino‹), dem alten festungsartigen Schloß aus dem 13. Jh. in der Nähe des Hafens (vgl. Casanova, ›Histoire de ma vie‹, Édition intégrale, s. Anm. 10, t. VI, vol. 11, p. 367, note 37).

59 *Bertoldi:* Der Schauspieler Antonio Bertoldi, Sohn des Schauspielerehepaars Andrea und Marianna Bertoldi, war lange Zeit als Harlekin (Arlecchino) in der italienischen Truppe am sächsischen Hof aufgetreten und bei der Kurfürstin von Sachsen, Maria Josepha, der ›hohen Beschützerin der Kunst und der Künstler‹ (vgl. Fürstenau, s. u. II, S. 363), sehr beliebt. Er wohnte 1737 in Dresden auf der Hauptstraße, 1762 wird er im unmittelbaren Dienst des Kurfürsten Friedrich August II. als ›Sekretär Bertoldi‹ vermerkt; er starb 1787 in Dresden (vgl. Moritz Fürstenau, ›Zur Geschichte der Musik und des Theaters am Hofe zu Dresden‹, Leipzig 1979, Peters Reprints, II, S. 228). Er gehörte ebenso wie Casanovas Mutter Zanetta zur italienischen Schauspielergesellschaft unter der Direktion seines Sohnes Andrea, die Kurfürst Friedrich August II. 1737 engagiert hatte und die aus 14 bis 16 Personen bestand, die bis 1748 mit 6000 Talern, von da an mit 7975 Talern jährlich auf dem Etat

standen. ›Diese Italiener, von welchen der größte Theil auch singen konnte, begleiteten den König nun meist nach Warschau oder gaben in Dresden abwechselnd in der Oper Vorstellungen und zwar Lust- und Singspiele, sowie Tragödien mit Musik, Tanz und allem möglichen Maschinen- und Decorationsaufwand u. dergl.‹ (vgl. Fürstenau, ebd., S. 228; ›Neues Archiv der sächsischen Geschichte‹, 1880, I, S. 293).

60 *vorigen Königs von Polen:* August III. Zu der italienischen Theatertruppe gehörte auch Casanovas Mutter (vgl. Anm. 59).

61 *Kurfürstenwitwe:* Maria-Antonia-Walpurga-Symphorosa, Kurfürstenwitwe von Sachsen seit 1763 (vgl. X, Kap. 9, Anm. 11; M. Fürstenau, ›Zur Geschichte der Musik und des Theaters am Hofe zu Dresden‹, s. Anm. 59, a. a. O., II, 183 ff., s. auch Register).

62 *Miss Chudleigh:* Elizabeth Chudleigh (1720–1788), heiratete 1744 heimlich Augustus John Hervey, Earl of Bristol, den sie jedoch bald verließ, trennte sich 1765 von ihm und vermählte sich 1769 mit Evelyn Pierrepont, Herzog von Kingston-upon-Hull, der jedoch 1773 schon starb. Wegen der Erbschaft wurde gegen sie 1776 ein Prozeß wegen Bigamie angestrengt und sie verurteilt (vgl. IX, Kap. 7, Anm. 68). Sie floh aus England und reiste auf dem Kontinent. In Italien hatte sie unter anderem eine Begegnung mit Stepan (Steffano) Zanowitsch, einem Bekannten Casanovas (vgl. XII, Kap. 6; ›Histoire de la vie et des aventures de la Duchesse de Kingston‹, Londres 1789, S. 88 ff.).

63 *Sir Hamilton:* Sir William Hamilton (1730–1803) stammte aus einer alten schottischen Familie. Er wurde 1764 außerordentlicher Botschafter und 1767 bis 1800 Bevollmächtigter Gesandter Englands in Neapel, wo er sich als Archäologe und Kunstsammler einen Ruf erwarb (vgl. III, Kap. 7, Anm. 30). Er besaß eine berühmte Vasensammlung, und Winckelmann nannte ihn schon 1767 seinen ›Freund und Gönner‹. Seine Frau N. Barlow, die er 1758 heiratete, starb 1782. Er heiratete 1791 in zweiter Ehe Emma Lyon-Harte (um 1760–1815), die berühmte Lady Hamilton. Sie war zuvor die Geliebte Nelsons. Auf sie spielt Casanova wohl an. Tatsächlich war Sir Hamilton nicht nur ein bedeutender Wissenschaftler, sondern auch ein leidenschaftlicher Jäger und Sportsmann. So wird von ihm berichtet, daß er noch im April 1801 zur Feier des Sieges Lord Nelsons vor Kopenhagen mit seiner Gattin die Tarantella tanzte, die die um dreißig Jahre jüngere Partnerin völlig erschöpfte (vgl. F. W. Barthold, ›Die geschichtlichen Persönlichkeiten in Jacob Casanovas Memoiren‹, Berlin 1846, II, S. 308 f.; G. Gorani, ›Geheime Nachrichten ... in Italien‹, Cölln 1794, I, S. 186 ff.).

64 *›a qua me servavit Apollo‹:* lat., vor der mich Apollo bewahrte (frei nach

Horaz, ›Sermones‹, I, 9, V.78). Anspielung auf seine Absicht, eine Schauspielerin Caton M. 1785 in Wien heiraten zu wollen. Ein Hinweis darauf findet sich in Da Pontes ›Memoiren‹ (vgl. Lorenzo Da Ponte, ›Memorie‹, a cura di Giovanni Gambarin e Fausto Nicolini, Bari 1918, p.294; Briefe der Caton M. an Casanova vom 12.April und 16.Juli 1786 in: Aldo Ravà, ›Lettere di donne a G.Casanova‹, Milano 1912, p.237).

65 *Quinze:* Glücksspiel mit Karten, bei dem die Zahl 15 den Ausschlag gab.

66 *Prinzen von Francavilla:* Don Michele Imperiali, Prinz von Montena und Francavilla, Marchese von Oria (um 1720–1782), spanischer Grande, war 1753/59 Mayordomo (Oberhofmeister) des Königs von Neapel, 1775/82 Chef der königlichen Garde-du-corps (berittene Leibgarde); am 25.Februar 1740 heiratete er die Prinzessin Eleonora Maria Borghese. Das Kasino, in dem ihn Casanova besuchte, lag in Santa Lucia, wurde später königlicher Besitz und im 20.Jh. das Hotel ›Washington‹ (vgl. B.Croce, ›Aneddoti e profili settecenteschi‹, Palermo 1914, S. 163 ff.; Salvatore di Giacomo, ›Ferdinando IV e il suo ultimo amore‹, Napoli/Milano 1922, S.108f.). Fernando Galiani (vgl. ›Die Briefe des Abbé Galiani‹, München 1907, II, S.712) schrieb bei Francavillas Tod: ›Gestern starb der Fürst von Francavilla. Er hätte der glücklichste der Menschen sein müssen, weil er der Beste war. Aber um glücklich zu sein, muß man eher schlau als gut sein.‹

67 *Badebecken:* Wahrscheinlich stieg Casanova auch einmal in das Badebecken des Fürsten, erwähnt davon aber nichts in den Memoiren. Jedoch in einem Brief vom 14.Juni 1772 an Fürst Stanislaus Lubomirski berichtet er darüber (vgl. ›Casanovas Briefwechsel‹, S. 114): ›Ich habe in Neapel diesen von Antlitz häßlichen Engländer [wieder] gefunden, der zu meiner Zeit in Warschau Generaladjutant des Königs [Stanislaus II. August Poniatowski] war und Lee hieß, der mich herausforderte, mit ihm um die Wette zu schwimmen. Ich habe die Herausforderung angenommen, aber er hat mich besiegt, und ich habe mir eine Krankheit zugezogen, die mich fast getötet hat.‹ Die ›Correspondance inédite du roi Stanislas Auguste‹ (Paris 1875, p.304 s.) verzeichnet, daß Lee 1767 Warschau verließ. Er ging dann nach Amerika, wo er es während des Unabhängigkeitskrieges bis zum Generalmajor brachte und 1784 in Philadelphia starb. In seinen Memoiren wird Casanova allerdings nicht erwähnt (vgl. Childs, ›Biography‹, p.253, dt. ›Biographie‹, S.258 u. S.318, Anm.13).

68 *Priester:* Es war ein gewisser Don Paolo Moccia aus Frattamaggiore (1715–1799), der als Professor schöne Literatur und die griechische

Sprache an der Pagenakademie in Neapel lehrte. Seine eigentümliche Fähigkeit, im Wasser nicht unterzugehen, war damals Gegenstand der Prüfung durch mehrere Akademien und gelehrter
Publikationen; er selbst unterrichtete die Öffentlichkeit in einem
lateinischen Brief (vgl. ›Revue historique‹, Paris 1889; Lamberg,
›Mémorial d'un mondain‹, Londres 1774, I, S. 183; A. d'Ancona,
›Viggiatori e avventurieri‹, Firenze o.J., S. 291 f.).

69 *Portici:* Das Haus bei Portici befand sich in der Nähe von Grana-
tello und hieß ›Villa Latiano‹, später ›Villa Passero‹ (vgl. B. Croce,
›Aneddoti e profili settecenteschi‹, Milano ²1922, S. 161 f.).

ZEHNTES KAPITEL
(S. 281–323)

1 *›Fovet et favet‹:* lat., Leben und leben lassen (eine Quelle ist nicht
nachweisbar).

2 *Prinzen von Asturien und seine Brüder:* Prinz von Asturien war der Titel
des Sohnes und Nachfolgers des spanischen Königs (vgl. Kap. 1,
Anm. 22), hier handelt es sich um den späteren Carlos IV., der
1788 den Thron bestieg. Die Brüder waren Don Fernando (1751
bis 1825), König von Neapel seit 1759, Don Gabriel (1752–1788),
Don Antonio (1755–1817) und Don Francisco (1757–1771). Nach
Fr. Rousseau (›Règne de Charles III‹, Paris 1907, II, p. 39, note 3)
gab es aber einen ganz anderen Grund, warum Carlos III. den Prinzen von Francavilla in Neapel zurückließ und nicht mit nach Spanien nahm, als er 1759 dort König wurde. Francavilla wurde als
Oberhofmeister bei der Prinzessin von Asturien, Maria Luisa Teresa, entlassen und 1765 ein Gesuch seiner Frau Eleonora Maria in
Ungnade zurückgewiesen.

3 *Sorrent:* Casanova schreibt den Namen des Ortes verschieden: So-
rento, Soriento, Soryento.

4 *Abbate Giliani:* Es handelt sich um Saverio Giuliano, von dem in
Casanovas Nachlaß zwei Briefe vom 18. und 24. Juni 1771 (Dux
U 4, 76 u. 100) erhalten sind, in denen von Tabak und Büchern die
Rede ist. Die Marchesa Frescobaldi-Vitelli übermittelte zweimal
Grüße Giulianos an Casanova (vgl. ›Frauenbriefe‹, S. 190, 192).

5 *Herzog von Serracapriola:* Antonino Maresca, Herzog von Serracapriola (1750–1822), wurde neapolitanischer Gesandter in St. Petersburg (1782–1822); seine erste Gattin, der Casanova in Sorrent begegnete, war Maria Adelaïde del Carretto (gest. vor 1788), die
Tochter eines piemontesischen Marchese (vgl. Molmenti, ›Carteggi
Casanoviani‹, Palermo 1916, I, S. 166 f.). Simone Stratico schreibt
am 9. April 1777 (Dux U 14, l 13) an Casanova, daß die Serenissima

Serracapriola wirklich eine Schönheit und die Gefälligste von der Gesellschaft sei, die wie eine piemontesische Frau ihre Fallen aufstellt.

6 *Minister Tanucci:* Marchese Bernardo Tanucci (1698–1783) war 1767 bis 1776 neapolitanischer Premierminister unter Ferdinando IV. (vgl. X, Kap. 1, Anm. 28).

7 *Abbate Bettoni:* Graf Giuseppe Bettoni, geb. in Bogliaco an der Riviera von Salò am 6. September 1722, studierte in Bologna, promovierte 1738 in Padua zum Doktor der Rechte und trat in den Somaskerorden in Rom ein. Er wurde zum ›Consultare dei Riti‹ und zum Auditor des päpstlichen Gerichts der Rota ernannt und besaß in Rom und Neapel zahlreiche Freunde (vgl. Brunati, ›Dizionarietto degli nomini ill. della Riviera di Salò‹, Milano 1837; Fr. Bettoni, ›Memorie sulla famiglia Bettoni da Brescia‹, Brescia 1872, S. 21). Simone Stratico schreibt am 9. April 1777 (Dux U 14, l 13), daß der Abbate Bettoni sich im Januar und Februar in Neapel aufhielt. Er wisse viel und besteche durch Ehrlichkeit, gesunden Menschenverstand und Weltgewandtheit. Auch die Freunde in Sorrent werden erwähnt (vgl. P. Molmenti, ›Carteggi Casanoviani‹, 1916, I, S. 166). Der verstorbene Herzog von Matalone war Carlo Caraffa (1734–1765) (vgl. VII, Kap. 10, Anm. 8).

8 *Bacchus, Ceres, Venus:* Gemeint ist Wein, Speisen der Tafel (Ceres war die italisch-römische Göttin des Getreides und des Ackerbaus) und Liebe.

9 *zwölf Jahre älter:* Tatsächlich war Bettoni nur drei Jahre älter als Casanova.

10 *Unzen:* vgl. Kap. 9, Anm. 42.

11 *Päckchen Karten:* Casanova schreibt im französischen Original ›livret‹, ein Päckchen mit 13 Karten, das jeder Spieler beim Pharaospiel (vgl. Kap. 9, Anm. 31) erhielt.

12 *Sir Rosebery:* Vielleicht Neil Primrose, Earl Rosebery (1728–1814); da Casanova von einem Sir Rosburi schreibt, kann es sich möglicherweise um den von Grellet (›Casanova en Suisse‹, S. 43) an anderer Stelle irrtümlich identifizierten Engländer handeln (vgl. VI, Kap. 6, Anm. 10). Horace Bleackleys Identifizierung (in: ›Casanova in England‹, London 1923) ist nicht bis ins letzte schlüssig.

13 *älteste von den fünf Hannoveranerinnen:* Vgl. X, Kap. 1 u. 2. – Sie hieß Bertha Augusta, Freiin von Schwicheldt (geb. 1744).

14 *Marchese della Petina:* Über ihn ist nichts weiter bekannt als das, was Casanova über ihn erzählt.

15 *›La Vicaria‹:* Das im 12. oder 13. Jh. erbaute Castel Capuano im Nordosten Neapels wurde auch ›La Vicaria‹ genannt, weil das Schloß als Residenz der früheren Vizekönige diente. Seit dem 15. Jh.

wurde es als Gericht und Gefängnis benutzt (vgl. Casanova, ›Histoire de ma vie‹, Édition intégrale, Wiesbaden/Paris 1962, t. VI, vol. 11, p. 369, note 6).

16 *Carlini:* Der Carlino hatte als Münze den zehnten Teil des Wertes eines ›ducato del Regno‹ (vgl. Kap. 9, Anm. 49).

17 *di Marco:* Carlo, Marchese di Marco (gest. nach 1799) aus Brindisi, war seit 1759 lange Jahre Minister der Justiz und des geistlichen Departements im Königreich Neapel. Gorani schreibt über ihn (in: ›Geheime Nachrichten ... in Italien‹, I, S. 132 f.): ›Dieser Minister ist ohne Zweifel der unverschämteste Lügner in beiden Sizilien. Es gibt keine schlechte oder strafwürdige Handlung, deren er nicht fähig wäre. Er hat sich immer in seinem Posten erhalten, weil er die Kreatur und der Spion des Generals Acton ist: das ist sein einziges Verdienst. Der General sieht es gern, daß an der Spitze eines so beträchtlichen Teils der Staatsverwaltung ein so nichts bedeutender Mensch steht, von dem er gar nichts für sich zu besorgen hat und der nur tut, was er haben will. Mit der Königin [Maria Carolina Luisa] steht er auf einem gleichgültigen Fuße; sie betrachtet ihn bloß als einen Unteragenten des Acton. Der König [Ferdinando IV.] ist in Ansehung seiner auch ganz gleichgültig; und er sagt oft in seinem scherzhaften Tone: ‚Ich bin wohl ganz ein Esel, aber Marco ist es noch mehr als ich.‘‹ Nach einigen nicht sehr rühmenswerten Anekdoten über Marco fährt Gorani fort: ›Dieser Schelm ist schon sehr alt, und das ist ein Trost.‹ 1799 lebte er noch als ›Pensionär der parthenopäischen Republik‹, ›beneficato da 60 a 70 anni‹ (Rentenempfänger zwischen 60 und 70 Jahren), war er durchaus nicht mehr ein Verfechter des Royalismus (vgl. Helfert, ›Fabrizio Ruffo‹, Wien 1882, s. Register).

18 *später heftig erröten:* Die Textstelle von ›Dieser Besuch‹ bis ›später heftig erröten‹ wurde neu übersetzt.

19 *mein Bruder:* Gaetano Alvisio (oder Luigi) Casanova (1734–1783) war seit 1755 Unterdiakon, 1767/69 auf Anordnung des ›Rates der Zehn‹ in Venedig eingesperrt (vgl. I, Kap. 1, Anm. 19), seit 1771 Prediger in Rom.

20 *noch erinnern:* Vgl. V, Kap. 6.

21 *›Fiera‹:* Wahrscheinlich meint Casanova das Fest der ›Santa Maria di Piè da Grotta‹ (heute Piedigrotta), das im September am Fuße des Posilipp oder in einer Kirche gleichen Namens mit Umzügen, Musik und Lampions stattfand. Es beruhte auf einem Gelübde des Königs von Neapel Carlo Borbone 1734 anläßlich der Schlacht von Bicocco (vgl. Casanova, ›Histoire de ma vie‹, Édition intégrale, s. Anm. 15, t. VI, vol. 11, p. 369, note 8).

22 *Don Pasquale Latilla:* Vgl. Kap. 9, Anm. 43.

23 *Joseph, der Sohn der Cornelys:* Giuseppe Pompeati (1746–nach 1790), Sohn von Angelo Francesco Pompeati und seiner Frau Teresa, geb. Imer, die unter dem Namen Mrs. Cornelys in London ein Ballhaus leitete (vgl. IX).

24 *in Venedig Verwandte:* Es handelt sich um seinen Onkel, den Kaufmann Giacomo Zuan Battista Pompeati, und dessen Sohn Giovanni. Der Bruder seines Vaters wurde 1698 geboren und am 8. Juni in San Simon Piccolo in Venedig getauft (vgl. Taufschein in der Verlassenschaftsabhandlung nach Angelo Pompeati im Archiv des Landgerichtes in Civilsachen Wien unter alte Regierung Nr. 2 ex 1768) und lebte noch 1774. Von seinem Sohn Giovanni befindet sich in Dux (U 12, 8) ein Brief vom 24. Dezember 1791.

25 *verschafft zu haben:* Die Textstelle von ›‚Callimena‘, sagte ich zu ihr‹ bis ›verschafft zu haben‹ wurde neu übersetzt.

26 *Buturlin:* Graf Pjotr Alexandrowitsch Buturlin (1734–1787), russischer Diplomat; war seit 15. Februar 1758 mit der Gräfin Marja Romanowna Woronzowa, der Schwester der Freundin Katharinas II., Jekaterina R. Daschkowa, vermählt, die bei dem berühmten Ritterspiel in St. Petersburg den ersten Preis erhielt (vgl. X, Kap. 6, Anm. 18). Er und seine Gattin galten als getrennt von Tisch und Bett lebendes Ehepaar (vgl. J.-H. Castéra, ›Vie de la Cathérine II‹, Paris 1797, II, S. 134). Er war über Paris nach Spanien im Dezember 1762 gereist, wo er bis 1766 als russischer Gesandter in Madrid wirkte. Danach war er nach Paris gegangen, wo er als Lebemann noch 1767 auftrat (vgl. C. Piton, ›Paris sous Louis XV‹, 1–3. série, s. Register; Katharina II., ›Memoiren‹, Leipzig 1913, II, s. Register).

27 *Neapel mit seiner Frau ... zu verlassen:* Tatsächlich wurden die Goudars 1774 aus Neapel ausgewiesen. Sie verließen die Stadt im September 1774, also nach Casanovas Abreise, zusammen mit dem zum Liebhaber Sarah Goudars gewordenen Grafen Buturlin, um zunächst in Florenz zu leben (vgl. IX, Kap. 8, Anm. 21; A. Ademollo, ›Un aventuriere francese‹, Bergamo 1891, S. 18f.). F. Galiani schreibt am 17. September 1774 (vgl. ›Briefe‹, München 1907, II, S. 538): ›Wir haben die schöne Madame Goudar verbannt; diese Verbannung ist soviel wert wie die eines Kanzlers.‹

28 *Procida:* Insel mit einem alten Kastell im Golf von Neapel in der Nähe von Ischia.

29 ›*Ti aspetterò ...:* ital., Ich werde dich morgen an demselben Ort, zur gleichen Stunde mit derselben Ungeduld erwarten, die eine Kuh hat, die sich nach dem Stier sehnt (im französischen Original in italienischer Sprache). – Childs schreibt (in: ›Biography‹, p. 250 bis 251, dt. ›Biographie‹, S. 255): ›Königin Caroline, der die Goudars

ihre Vertreibung zu verdanken hatten, war eigentlich nicht gerade die geeignete Person, die ihrem Mann Untreue vorwerfen sollte. Sie war eine Tochter der Kaiserin Maria Theresia, eine Schwester Marie Antoinettes und die größte Messalina, die je auf einem europäischen Thron saß. Man hat vermutet – und es liegt durchaus im Bereich des Möglichen –, daß sie dem Marquis de Sade als Modell für einige Szenen größter Verworfenheit diente, die er in seiner „Juliette' ausführlich schildert‹ (vgl. C. R. Dawes, ›Marquis de Sade‹, London 1927, p. 95; die Episoden sind zu finden in ›Juliette‹, 1797, IX, p. 308, Ausgabe von Jean Jacques Pauvert: Paris 1954, V, S. 234). Gorani hat uns einen erschreckenden Bericht von der Lasterhaftigkeit und Korruption am neapolitanischen Hof hinterlassen (vgl. Gorani, ›Mémoires secrets...‹, Paris 1793, I). Es ist merkwürdig, daß Casanova nichts davon erwähnt, aber vielleicht wurde er sich der Amoralität, die Gorani so stark beeindruckte, gar nicht bewußt.‹

30 *Alessandria:* Vgl. VIII, Kap. 5 u. 6. Dort erzählt er allerdings nichts darüber, daß er überhaupt in Alessandria, östlich von Turin, gewesen ist. Es gehört aber zu Casanovas Eigenheiten, daß er bisweilen im späteren Lebensbericht nebenbei Sachverhalte anführt, die er an entsprechender Stelle nicht für erwähnenswert hielt; das hat der Casanova-Forschung einige Rätsel aufgegeben und die Nachforschungen auch manchmal in die Irre geführt.

31 *Vermehrung des Quecksilbers:* Vgl. I, Kap. 8.

32 *König:* Ferdinando IV. (1751–1825) folgte 1759 seinem Vater, der als Carlos III. die spanische Thronfolge antrat, als König von Neapel. Er war schwach und unentschieden, die Regierungsgeschäfte überließ er ganz seiner Frau Maria Carolina Luisa (vgl. Anm. 29), mit der er seit 1768 verheiratet war, und seinem Premierminister Acton (vgl. Anm. 17), der allgemein verhaßt war. 1796 erklärte er gegen den Rat des Kardinals Ruffo dem revolutionären Frankreich den Krieg. 1799 unterlag er den französischen Truppen, die in Neapel die ›parthenopäische Republik‹ errichteten. Ruffo veranlaßte das kalabresische Volk im Zeichen des Kreuzes zum Aufstand gegen die französische Besatzung und befreite Neapel. Der Kardinal ermöglichte dem König, im Jahre 1800 in sein Land zurückzukehren. Doch nachdem er 1805 wieder in den Krieg mit Frankreich eingetreten war, mußte er 1806 nach Sizilien flüchten, wo er sich unter dem Schutz der englischen Flotte behaupten konnte, und Joseph Bonaparte, ein Bruder Napoleons, erhielt die Krone Neapels, die erst 1815 an Ferdinando IV. zurückfiel. Am 12. Dezember 1816 vereinigte er Neapel und Sizilien zum Königreich Beider Sizilien, als dessen Souverän er sich Ferdinando I.

nannte. Die Revolution von 1820 zwang ihn zur Einführung der spanischen Verfassung von 1812, der er sich jedoch mit Hilfe Österreichs 1821 entledigte, um den Absolutismus wiederherzustellen. Ferdinando wuchs ohne jede geistige Bildung auf, fand aber viel Vergnügen an athletischen Kunststücken. N.W.Wraxall vermittelt in seinen ›Mémoires historiques‹ (Paris 1817, I, S. 143) ein scharf gezeichnetes Porträt dieses Königs: Er bestätigt, daß kein europäischer Fürst so schlecht erzogen war wie der König von Neapel. Außer in Italienisch konnte er sich in anderen Sprachen nur mit großer Unbeholfenheit und peinlichen Mißverständnissen unterhalten. Jagd und Fischfang waren seine Lieblingsbeschäftigung. Das erlegte Wild pflegte er selbst zu verkaufen, wobei er sich mit den Lazzaroni (Tagedieben) um den Preis herumstritt. Für gewöhnlich bediente er sich auch der Mundart dieser Lazzaroni (daher sein Beiname ›Il re Lazzaroni‹, das heißt ›König der Tagediebe‹). Nach Wraxall war sein Benehmen auch äußerst zynisch. Als am Morgen nach seiner Vermählung die Hofleute ihn fragten, wie ihm seine Frau gefiele, antwortete er: ›Der Beischlaf war eine Hundearbeit, und sie schwitzte wie ein Schwein.‹ Die Anekdoten, die Casanova über ihn erzählt, entsprachen seinem Charakter (vgl. Barthold, ›Die geschichtlichen Persönlichkeiten in Jacob Casanovas Memoiren‹, Berlin 1846, II, S.310ff., Dr.Doran, ›‚Mann‘ and Manners at the Court of Florence, 1740–1786‹, London 1876, II, p.213; N.M.Wraxall, ›Mémoires historiques‹, Paris 1817, I, p.143). Gorani schreibt (in: ›Mémoires secrets...‹, Paris 1793, I, S.18, dt. in: ›Geheime Nachrichten ... in Italien‹, Frankfurt 1794, I, S.23): ›In diesen Belustigungen abzuwechseln, nahm er Kaninchen, Hunde oder Katzen und ließ sie prellen, bis sie davon starben. Endlich verlangte er, das Vergnügen pikanter zu machen, Menschen prellen zu sehen, wogegen sein Gouverneur nichts einzuwenden hatte. Und so dienten Bauern, Soldaten, Handwerker, mitunter auch Herren vom Hofe, dem gekrönten Kind zum Spielzeug; aber ein Befehl Karls III. [Carlos III.] unterbrach diese edlen Belustigungen.‹

33 *Prinzen von San Nicandro:* Domenico Cattaneo, Prinz von San Nicandro, Herzog von Termoli, Graf von Aversa, seit 1755 Oberhofmeister des Erbprinzen Ferdinando am neapolitanischen Hof (vgl. VII, Kap. 10, Anm. 26).

34 *zehn oder zwölf Fuß:* je nach gemeintem Maß 3,25 Meter oder 3,90 Meter.

35 *›Qui piger ad poenas...‹:* lat., Welch ein Fürst, der lieber belohnet, als Strafen verteilet, den es jedes Mal schmerzet, wenn er gestrenge sein muß (nach Ovid, ›Ex Ponto‹, I, 2, V. 123ff.).

36 *Lelio Caraffa:* Lelio Caraffa, Marchese d'Arienzo, ein Freund Casanovas, war 1761 gestorben (vgl. III, Kap. 9).

37 *Gelehrten Genovesi:* Antonio Genovesi (1712–1769), italienischer
Philosoph und Nationalökonom, Professor für Metaphysik an der
Universität Neapel, Professor für Ökonomie an der Universität
Mailand (1754/69); er war der erste Professor in Italien, der die
Ökonomie systematisch erforschte und sie als Wissenschaft lehrte.

38 *König Beider Sizilien:* Sizilien war 535 von Belisar für das Byzanti-
nische Reich erobert worden. Seit 827 setzten sich mohammedani-
sche Sarazenen (Araber) auf Sizilien fest und machten Palermo zur
Hauptstadt. Nach dem Verlust der Insel nannten die byzantini-
schen Herrscher das ihnen verbliebene festländische Unteritalien
›Sizilien diesseits der Meerenge‹. Nach Vertreibung der Araber,
unter denen Sizilien eine Zeit höchster wirtschaftlicher und kultu-
reller Blüte erlebte, wurde 1130 der Normannenherzog Roger II.
von Papst Anaklet II. zum König von Neapel und Sizilien gekrönt. Nach wechselvollem Schicksal unter der Stauferherrschaft
(1194–1268) und der Franzosenherrschaft der Anjou, gegen die
sich 1282 der blutige Volksaufstand der Sizilianischen Vesper richtete, wurde Peter III. von Aragón König von Sizilien. Für 160 Jahre
wurde die Insel vom festländischen Neapel getrennt. 1442 wurde
durch die Eroberung Neapels unter Alfonso V. von Aragón Sizilien
wieder mit dem Königreich auf dem Festland vereinigt. Seit 1458
teilte Sizilien das Geschick des Königreichs Neapel, in dem vor allem
spanische, französische und österreichische Erbfolgeinteressen aus-
gefochten wurden. Seit 1735 regierte eine Linie der Bourbonen in
Neapel, von denen Carlos III. 1759 König von Spanien wurde. Erst
1816 erhielt das Königreich Neapel offiziell den Namen Königreich
Beider Sizilien (vgl. Anm. 32).

39 *sehr spaßhaft lautete:* Ferdinando war siebzehn Jahre und nicht
›kaum vierzig Jahre alt‹, als er diesen Brief an seinen Vater schrieb,
denn die Vertreibung der Jesuiten aus dem Königreich Neapel erfolgte bereits 1767, noch einige Zeit vor der aus Spanien.

40 *niemals wird:* Ferdinando heiratete Maria Carolina Luisa 1768.
Seine Frau brachte siebzehn Kinder zur Welt, von denen eines tot
geboren wurde und neun sehr früh starben.

41 *bis an die Jahrhundertwende leben wird:* Tanucci starb am 29. April
1783 (vgl. X, Kap. 1, Anm. 28) im Alter von 85 Jahren.

42 *Cavaliere Morosini:* Francesco Morosini (geb. 1751), Neffe von
Francesco II. Lorenzo Morosino (1714–1793), Prokurator von
Venedig seit 22. Juli 1755 (vgl. III, Kap. 9, Anm. 35). Er war
Ritter vom Orden der ›Stola d'Oro‹; diese Würde konnte vererbt
werden.

43 *Turiner Akademie:* Gemeint ist offensichtlich die 1669 gegründete ›Real Accademia Militare‹ in Turin, die bis zum 20. Jh. bestand.

44 *Mädchen:* Francesco Morosini S. Steffano in Campo heiratete Loredana Grimani ai Servi di Zuane 1772 (vgl. ›Protogiornale‹ 1775, S. 171).

45 *Abbate Galiani:* Der berühmte Abbé Fer(di)nando Galiani (1728 bis 1787), neapolitanischer Gesandtschaftssekretär von 1759 (nach anderen von 1760) bis 1769 in Paris, galt als einer der geistreichsten Köpfe seiner Zeit (vgl. ›Die Briefe des Abbé Galiani‹, München 1907, 2 Bde.). Als Aufklärer und vielseitiger Schriftsteller besonders auf dem Gebiet der Nationalökonomie, der Philosophie, des Rechts und des Finanzwesens war er berühmt. Epochemachend wurde sein Traktat ›Della moneta‹ (1751, Über das Geld), das Karl Marx im ›Kapital‹ (Bd. 1) verwertete. Galiani war auch Dramatiker und Theaterleiter (vgl. V, Kap. 4, Anm. 4).

46 *Bruder dieses Abbate:* Marchese Bernardo Galiani (1724–1774), italienischer Schriftsteller und Übersetzer (vgl. I, Kap. 9, Anm. 4). – Über Casanovas Besuch in Sant' Agata: vgl. VII, Kap. 10.

47 *Donna Lucrezia Castelli:* Wahrscheinlich Anna Maria Vallati, geb. d'Antoni, angeblich Frau des Advokaten Castelli (vgl. I, Kap. 9, Anm. 23).

48 *Marchesa della C.:* Leonilda, Tochter Casanovas und Donna Lucrezias (vgl. VII, Kap. 10, Anm. 39), heiratete nach 1760 den Marchese della C. (vielleicht ein fiktiver Name).

49 *ein Duell miteinander hatten:* Das Duell mit Medini hatte 1746 oder 1747 in Padua stattgefunden (vgl. II, Kap. 8).

50 *Quadrille:* Kartenspiel mit vier Teilnehmern (die Bezeichnung stammt aus dem Spanischen ›cuartillo‹: der vierte; französisch wurde daraus ›quadrille‹).

51 *Theater San Benedetto:* Das ›Teatro San Benedetto‹ wurde auf Kosten der venezianischen Patrizierfamilie Grimani di San Luca erbaut und während des Karnevals 1756 eingeweiht. Es wurde bald das berühmteste Theater Venedigs; ab 1792 machte ihm das neue ›Teatro La Fenice‹ den Rang streitig. Seit 1868 hieß es ›Teatro Rossini‹, heute befindet sich dort in San Luca das Filmtheater ›Cinema Rossini‹ (vgl. Casanova, ›Histoire de ma vie‹, Édition intégrale, s. Anm. 15, t. VI, vol. 11, p. 370, note 23). – Über die Wiederbegegnung mit Agata Carrara, genannt die ›Callimena‹ (vgl. Kap. 9, Anm. 44), berichtet Casanova trotz Ankündigung nicht mehr.

52 *wir erkannten uns als Brüder:* Diese besondere Form des Kusses war ein Erkennungszeichen der Freimaurer untereinander.

53 *Klafter:* Casanova schreibt ›dix toises‹: zehn Klafter, das deutsche Längenmaß hatte ursprünglich 6 Fuß: 1,7512 m, später 10 Fuß:

2,9185 m (vgl. H. Kahnt/B. Knorr, ›BI-Lexikon. Alte Maße, Münzen und Gewichte‹, Leipzig 1986, S. 143). Wahrscheinlich meint Casanova nicht die Tiefe (›profondeur‹), wenn er von mehr als siebzehneinhalb bzw. fast dreißig Metern spricht, sondern die Größe.

54 *Signorina Anastasia:* Sie wird früher nicht in Casanovas Memoiren erwähnt.

55 *trotz der Blutverwandtschaft:* Dies war nicht Casanovas einziger Akt von Inzest (vgl. Childs, ›Biography‹, p. 39–40, dt. ›Biographie‹, S. 46). Über die Bedeutung, die man im 18. Jh. der körperlichen Liebe zwischen engen Blutsverwandten beimaß, vgl. VIII, Kap. 7, Anm. 18. Zum Ergebnis dieser Liebesbeziehung Casanovas zu seiner eigenen Tochter vgl. XII, Kap. 3.

56 *›agimus‹:* lat., Abkürzung für das Tischgebet nach einer Mahlzeit: ›Gratias tibi agimus, o Domine...‹

57 *Picenza und Battipaglia:* Das Dorf Picenza, etwa 12 km südöstlich von Salerno, liegt auf den Hügeln über der Ebene von Paestum, der griechischen Kolonie in Süditalien zwischen Apulien und Bruttium (8./9. Jh. v. u. Z.) mit den besterhaltenen und berühmtesten griechischen Tempeln, die von Winckelmann und Goethe als Meisterwerke griechischer Architektur gerühmt wurden; Battipaglia, etwa 20 km von Salerno entfernt, liegt in der Ebene.

58 *Monte Cassino:* Es gab im 18. Jh. zwei Reiserouten von Neapel nach Rom, die klassische, schon bei Horaz erwähnte, führte auf der alten Via Appia über Velletri, Fondi und Terracina durch die Pontinischen Sümpfe. In Marino in der Nähe von Velletri hatte Casanova sein Abenteuer mit der eben wiedergetroffenen Donna Lucrezia (vgl. I, Kap. 9). Weniger befahren war die andere Strecke auf der alten Via Casilina über Capua, Monte Cassino und Frosinone. Die berühmte Benediktiner-Abtei auf dem steilen Monte Cassino, gegründet im 6. Jh., konnte nur sehr langsam und unfallgefährdet erreicht werden (vgl. E. Zaniboni, ›Alberghi italiani e Viaggiotori stranieri‹, Napoli 1921, p. 152, sie wurde übrigens im zweiten Weltkrieg zerstört und inzwischen wiederaufgebaut). Casanova wählte trotz der Beschwernisse diesen Weg (vgl. Casanova, ›Histoire de ma vie‹, Édition intégrale, s. Anm. 15, t. VI, vol. 11, p. 371, note 32).

59 *Prinzen Xaver von Sachsen:* Prinz Franz Xaver von Sachsen, Graf von der Lausitz (1730–1806), war der zweite Sohn des Kurfürsten von Sachsen und Königs von Polen August III. (vgl. X, Kap. 9, Anm. 9).

60 *Signora Spinucci:* Gräfin Chiara Rosa Maria Spinucci, geb. in Fermo am 21. August 1741, kam 1759 nach Wien, wo sie Metastasio protegierte. Sie wurde am Hof eingeführt und ging dann nach Dresden, wo sie Hofdame wurde. Seit 4. März 1765 (nach anderen Quellen seit 22. März 1767) war sie morganatisch verheiratet mit dem Prin-

zen Xaver von Sachsen (vgl. Anm. 59), dem sie zehn Kinder gebar.
Die Heirat wurde erst 1777 von den europäischen Höfen anerkannt.
1768 reiste sie mit ihrem Gemahl nach Italien, wo sie sich längere
Zeit aufhielten. Am 19. März 1770 war sie mit Prinz Franz Xaver
in Rom eingetroffen, am 2. Mai weilten sie in Neapel, am 14. Juni
wieder in Rom, am 2. Juli in Siena, am 5. Januar 1771 in Pisa, am
15. Januar in Florenz, am 9. Februar in Bologna usw. Später lebte
sie bis zu ihrem Tod im Jahre 1792 in Paris und wurde in Fermo,
wo ihre Büste bis ins 20. Jh. im Rathaus ihren Platz fand, bestattet
(vgl. O'Byrn, ›J. G. Chevalier de Saxe‹, Dresden 1876, S. 246; Valeri, ›Casanova a Roma‹, Roma 1899, p. 38; A. d'Ancona, ›Viag-
giatori e avventurieri‹, Firenze, S. 292 f.).

61 *des Papstes:* Clemens XIV.
62 *Signor Bianconi:* Giovanni Lodovico Bianconi (1717–1781), Arzt,
   Philosoph und Schriftsteller aus Bologna, (vgl. Kap. 7, Anm. 117).

Das Register verzeichnet sämtliche Namen von Personen, die im Casanova-Text und in den Anmerkungen erwähnt werden, nicht aber mythologische und literarische Gestalten. Lebensdaten sind, soweit sie ausfindig gemacht werden konnten, beigefügt. Die Umlaute ä, ö, ü werden in der alphabetischen Einordnung wie a, o, u behandelt. Personen, deren Vorname nicht zu ermitteln war, stehen am Schluß der Personengruppe gleichen Namens; die mit gleichen Familien- und Vornamen sind nach Alter geordnet und durch die Zufügung 1., 2. usw. unterschieden. Der Autor Giacomo Casanova wird nur mit den Erwähnungen in den Anmerkungen registriert. Ausführliche Kommentare zu den Personen in den Anmerkungen sind durch Kursivdruck und hochgestellte Anmerkungsziffern gekennzeichnet, z.B. 328^{16}, Erwähnungen jedoch nur durch die Seitenzahl.

BIGLIARDI (Béliardi), Agostino (1723–1803), italienischer Weltgeistlicher, Abbé, (seit 1757) in französischen Diensten in Madrid als Mitarbeiter für Handel und Marine des Gesandten. 47, 104, 109, *336*[3]

BILBASOFF (Bil'basov), B. von (recte: Wassili Alexewitsch) (1838–1904), russischer Historiker. 397, 406

BINDER von Kriegelstein, Friedrich Freiherr (Baron) von (1708–1782), österreichischer Geschäftsträger in Neapel (1771). 416

BION (um 300 v. u. Z.), griechischer Satirendichter. 200, *392*[34]

BLAZIN (Blasin), Mademoiselle bzw. Madame, angeblich Gräfin, auch Castel-Bajac, verh. La Tour (Latour), Abenteurerin und Putzmacherin. 157 bis 160, 375

BLEACKLEY, Horace (1868 bis 1931), englischer Casanova-Forscher. 422

B. M., Sir, siehe M., Sir B.

BOCCACCIO, Giovanni (1313 bis 1375), italienischer Dichter. 355

BOCCI, Francesco, Oberintendant der Marchesa Chigi Zondadari in Siena. 403

BODISSONI, Baron von, italienischer Kunsthändler in Venedig, Warschau und St. Petersburg; Briefpartner von Casanova. 357

BONANNO FILINGERI E DEL BOSCO, Giuseppe Agostino, Prinz von Roccafiorita und della Cattolica (gest. 1779), außerordent-

licher Gesandter des Königreichs Neapel in Madrid (1761/70). 38, 52, 109, *332*[55]

BONAPARTE, Joseph (1768–1844), König von Neapel (1806/08), ältester Bruder Napoleons I. 425

BON-COMPAGNI di Mombello, Carlo (1804–1880), italienischer Historiker. 394

BONNEVAL, Claude-Alexandre, Graf, auch Ahmed Pascha (1675–1747), französischer und österreichischer Offizier, später türkischer Pascha. *359*[15], 377

BONO, Giuseppe (Joseph) (gest. 1780), Seidenkaufmann und Bankier in Lyon (seit 1756). 370, 373, *374*[29]

BONTELOUPT, Notar in Lyon. *374*[29]

BORROMEO, Federico, Graf von (1703–1779), Sohn des Vizekönigs von Neapel. 194, *388*[8]

BORTNJANSKI, Dmitri Stepanowitsch (1751–1825), russischer Komponist. 407

BOSWELL, James (1740–1795), schottischer Schriftsteller und Biograph. 375, 393, 394, 398

BOUVIER, René, französischer Theaterhistoriker. 365

BOXADORS Y CHAVES, Fernando de, Graf von Peralada (gest. 1801), spanischer Grande. 132 bis 133, 151, *368*[3]

BOXADORS Y CHAVES, Teresa, Gräfin von Peralada, geb. de Palafox, verw. Marquesa de Mondejar, Gattin von Fernando Boxadors y Chaves. 368

BOXADORS Y CHAVES, de, Graf

CABALLOS, Miguel de, siehe
Cevaillos, Miguel de.

CAGLIOSTRO, Alessandro, (angeblich) Graf von, auch Pellegrini, Graf oder Marchese,
eigtl. Giuseppe Balsamo (1743
bis 1795), italienischer
Abenteurer. 169–172, 380^{26},
$381^{28, 32}$, 382

CAGLIOSTRO, Serafina, (angeblich) Gräfin von, geb. Lorenza
Feliciani (um 1750–1794), Frau
des Vorigen (seit 1768); Großmeisterin der Freimaurerloge
›Iris‹ in Paris (1772/73). 169
bis 172, 380, 381^{27}

CAIS(S)OTTI DI RUBIONE
(Robione), Francesco-Antonio-
Gaetano, Graf (1700–1774),
sardinischer Diplomat (Gesandter zwischen 1745 und
1762, u. a. in Madrid), Vizekönig von Sardinien (1771).
392

CAIS(S)OTTI DI RUBIONE
(Robione, auch de Roubion),
Graf, Abbate, Sohn von Graf
Francesco-Antonio-Gaetano
Cais(s)otti Rubione; Brief-
partner Casanovas. 199, 391,
392^{29}

CAJETAN von Tiene (Gaetano
von Tiene) (1480–1547), katho-
lischer Heiliger (seit 1671),
Mitbegründer der Theatiner
und ihr erster Oberer. 339

CAJUS, siehe Caesar, Gaius Ju-
lius.

CALIXT III., vorher Alonso de
Borja (1378–1458), Papst (seit
1455). 362

CALLIMENA, La, siehe Carrara,
Agata.

CALVERT, Frederick, 7. Earl
Baltimore (1731–1771), englischer Lebemann. 261–262,
264, 308, 413^{21}, $415^{32, 34}$

CALVERT, George. 1. Earl Baltimore (1578–1632), englischer
Staatssekretär. 415^{32}

CALZABIGI (de Calzabigi), Ranieri (1714–1795), italienischer
Schriftsteller, Rat am Rech-
nungshof der österreichischen
Niederlande in Wien. 217, 407

CAMERANA, Commendatore, siehe
Incisa, Giulio Vittorio d',
Graf von Camerana.

CAMPIONI-BIANCHI, Giustina
(gest. nach 1781), italienische
Tänzerin. 188, 385^{68}

CAMPOMANES, Don Rodrigo de,
siehe Rodriguez de Campomanes, Pedro, Graf von Campomanes.

CANORGUE, Graf von (gest. um
1767), Neffe des Marquis
d'Argens. 163–164, 378^{10}

CANORGUE, Gräfin de, geb.
Gotzkowsky, Tochter des Berliner Bankiers und Kunsthändlers Johann Ernst Gotzkowsky,
Gattin (seit etwa 1764) von
Graf Canorgue, dem Vorigen.
163–164, 166, 377^9

CANOVA, Antonio (1757–1822),
italienischer Bildhauer,
Hauptvertreter der klassizisti-
schen Plastik. 335

CAPASSO, Gaetano, italienischer
Historiker. 338

CARACCIOLI, Domenico, Marchese di Villa Marina (1715
bis 1789), neapolitanischer
Diplomat, Vizekönig von
Sizilien (1780/86). 414

CLAUDIUS AUGUSTUS, Marcus
Aurelius Gaius Gothicus (219
bis 270), römischer Kaiser
(seit 268). 116, *362*[34]

CLAVIJO Y FAYARDO, José, Don
(um 1730–1806), spanischer
Schriftsteller und Gelehrter,
seit 1762 Redakteur des Jour-
nals ›El Pensador‹, Direktor
des Kronarchivs, verlor wegen
der Auseinandersetzung mit
Beaumarchais seine Stelle. 345

CLEMENS VII., vorher Giuliu dei
Medici (1478–1534), Papst
(seit 1523). 409

CLEMENS XIII., vorher Carlo
Rezzonico (1693–1769),
Papst (seit 1758). 160, 331,
376, 415

CLEMENS XIV., vorher Giovanni
Vincenzo Antonio Ganganelli
(1705–1774), Papst (seit 1769).
165, 208, 264, 323, *378*[13],
400[77], 412, 430

CLIMENT, José (gest. 1781),
Bischof von Barcelona (1766/
75). *366*[61]

COCHOIS, Barbe (vor 1722 – nach
1771), verh. Marquise d'Argens
(seit 1749), französische
Schauspielerin an der
Komödie in Berlin; Witwe seit
1768. 162, 164, *377*[6], 378, 379

COLTELLINI, Marco (1719–1777),
italienischer Dichter, Theaterdichter in Wien und Petersburg. 217, *406*[112], 407

COLUMBAN(US) (um 543–615),
irischer Mönch und Missio-
nar, durch dessen Schriften
antike Autoren überliefert
wurden. 351

CONDULMER, Antonio (1701 bis

nach 1755), venezianischer
Patrizier, Staatsinquisitor
(1755) und Theaterbesitzer.
34, *332*[55]

CORILLA (OLIMPICA), siehe
Fernandez, Maria Maddalena.

CORNEILLE, Pierre (1606–1684),
französischer Dramatiker. 378

CORNELYS, Mrs., siehe Imer,
Teresa.

CORNER (Cornaro), Flaminio
(1692–1778), venezianischer
Patrizier, Senator, Schriftsteller und Staatsinquisitor
(1772/73). 391

CORRADO, genuesischer Buchhändler in Madrid (1768). 113,
359

CORRADO, Tochter des Buchhändlers, Frau von Giovanni
Domenico Tiepolo. 113

CORREGGIO, Antonio Allegri da
(1494–1534), italienischer
Renaissance-Maler. 58, *343*[47]

CORTICELLI, Maria Anna (1747
bis 1767[?] oder 1773), italienische Tänzerin. 265, *415*[39]

COVARRUBIAS, Alonso de (um
1488 – nach 1564 oder 1570),
spanischer Architekt. 344

CRESCIMBENI, Giovanni Mario
(1663–1728), Abbate, Dichter
und italienischer Kritiker,
Gründer der Akademie ›Ar-
cadia‹. 402

CROCE, Antonio (auch della
[dalla] Croce, de la Croix,
Marchese di Santa Croce bzw.
Marquis von Santa Croce,
genannt Castelfranco, La-
crosse), Crosin oder Crozin,
italienischer Abenteurer und
Spieler. 187, 330, 384

ten, Übersetzer und Herausgeber, Philologe und Satiriker. 330, 406

ERIZZO, Niccolò Marcantonio (1723–1787), venezianischer Gesandter in Rom (1766/71). 416

ETOILE, Graf de l', siehe L'Etoile, Graf de.

FECHTER, Daniel Albert (1805 bis 1876), schweizerischer Historiker. 386

FELDKIRCHER (auch Feltkirchner, Faulkirchner), Georg (um 1733 bis nach 1793), Schloßverwalter (Haushofmeister) in Dux, Briefadressat Casanovas. *382*[42]

FELICIANI, Lorenza, siehe Cagliostro, Serafina, Gräfin von.

FELIPE (Vorname), spanischer Diener Casanovas. 74, 79–80, 82, 95, 98, 101, 107, 109, 113

FENGLER, Heinz, deutscher Numismatiker. 353, 356

FERDINAND VI., siehe Fernando VI.

FERDINANDO IV. (Don Ferrante, auch ›Il re Lazzaroni‹ genannt) (1751–1825), König von Neapel (seit 1759), König beider Sizilien (seit 1816), Sohn von Carlos III. 281–282, 295–300, 414, 421, 422, 423, *425*[32], 426, *427*[39, 40]

FERDINANDO-MARIA-FILIPPO-LUIGI BORBONE (1751–1802), Herzog von Parma (seit 1765), Sohn von Filippo I., Infant von Spanien. 203–204, *395*[54]

FERNANDEZ, Maria Maddalena, geb. Morelli, genannt ›Corilla Olimpica‹ (1727–1780), italienische Dichterin; verheiratet mit dem spanischen Hofkavalier Fernando Fernandez, von dem sie getrennt lebte. 208–210, 214, *400*[78, 79], *401*[82, 84, 85, 86]

FERNANDEZ DE CÓRDOBA, Luis (III.) (gest. 1771), Erzbischof von Toledo (seit 1755). 345

FERNANDEZ DE CÓRDOBA, Luis Antonio, 11. Herzog von Medinaceli (Medina Celi) (zwischen 1715 u. 1723–1768), Oberstallmeister der spanischen Könige Fernando VI. und Carlos III., Liebhaber der Schauspielerin Maria Teresa Palomino. 13, 119–120, *327*[9], *328*[11]

FERNANDEZ DE CÓRDOBA, Luis Maria, 13. Herzog von Medinaceli (Medina Celi) (gest. 1806), Oberstallmeister des spanischen Königs Carlos IV. 14, *328*[12]

FERNANDEZ DE CÓRDOBA, Maria Javiera de Alcántara, Herzogin von Medinaceli (Medina Celi), geb. de Gonzaga, Gattin von Pedro de Alcántara Fernandez de Córdoba, Herzog von Medinaceli. 328

FERNANDEZ DE CÓRDOBA, Pedro de Alcántara, 12. Herzog von Medinaceli (Medina Celi) (um 1732–1790), Sohn von Luis Antonio Fernandez de Córdoba, Herzog von Medinaceli. 14, *328*[12]

FERNANDEZ DE CÓRDOBA, Teresa, Herzogin von Medinaceli

bis um 1759), Sohn von Anton Raphael Mengs. 343

MENGS, Ismael Israel (1688 bis 1764), deutscher Maler, Vater von Anton Raphael Mengs. 57, 343

MESSA, Alkalde in Madrid. 27 bis 29, 31–32, 34, 37–38, 41 bis 42, 46–47, 56, 195, 334

MESSALINA, Valeria (hingerichtet 48 u. Z.), dritte Frau des römischen Kaisers Claudius, eine der berüchtigtsten Frauen der Kaiserzeit. 86, 355^{16}, 425

METASTASIO, Pietro Antonio, eigtl. Trapassi (1698–1782), italienischer Dichter, vor allem Opernlibrettist. 214, 405^{104}, 429

MICHELANGELO BUONAROTTI (1475–1564), italienischer Maler, Bildhauer und Architekt der Renaissance. 358

MILLER, B., Sir, Subskribent für Casanovas Übersetzung von Homers ›Ilias‹. 410

MIRANDOLA, Francesco Maria, Herzog von (1688–1747), letzter Herzog von Mirandola. 349^{75}

MITTEL, deutscher Kaufmann in Venedig. 329

MOCCIA, Don Paolo (1715 bis 1799), italienischer Priester, Professor an der Pagenakademie in Neapel, Autor lateinischer und griechischer Werke. 281, 420^{68}

MOCENIGO, Alvise Sebastiano (1725–1780), venezianischer Gesandter in Madrid (1762/68). 32, 34, 36, 38–39, 43–45, 47 bis 48, 52–56, 60, 62–63, 70,

73, 76, 101, 103, 105–107, 110 bis 112, 133, 138, 152, 198 bis 199, $332^{47,49}$, 335, 341, 342, 357^5, 358^{11}, 359^{13}

MOLINARI, Cesare, italienischer Sänger. 366^{62}

MOLINARI, Francesco, italienischer Sänger. 125–130, 185, 366^{62}, 383^{51}

MOLMENTI, Pompeo Gherardo (1852–1928), italienischer Casanova-Forscher. 335, 374, 382, 385, 392, 397, 400, 403, 404, 405, 410, 421

MOÑINO, José, Graf von Floridablanca (1728–1808), spanischer Diplomat, Minister des Auswärtigen (1776/92). 122, 365^{57}

MONTI, Marco de' (gest. 1782), venezianischer Konsul in Triest (seit 1763); Briefpartner Casanovas. 385

MORA, Marqués de, siehe Pignatelli, José María, Marqués de Mora.

MOREL-FATIO, Alfred-Paul-Victor (1850–1924), französischer Historiker. 328, 336, 338, 341, 353, 354, 366, 368, 373

MORIN, notarieller Kanzleiangestellter in Lyon. 374

MOROSINI, Francesco (I.) (geb. 1751), venezianischer Patrizier; Neffe von Francesco (II.) Lorenzo Morosini. 204, 300 bis 302, 304, 323, 396^{58}, 427^{42}, 428

MOROSINI, Francesco (II.) Lorenzo (1714–1793), venezianischer Gesandter in Paris (1748/51), Grenzkommissar (1752/54), Prokurator von San Marco (seit 1755),

ISBN Sammel-Nr. 3-378-00084-8
ISBN 3-378-00095-3
(Bd. 1 ISBN 3-378-00085-6)
(Bd. 2 ISBN 3-378-00086-4)
(Bd. 3 ISBN 3-378-00087-2)
(Bd. 4 ISBN 3-378-00088-0)
(Bd. 5 ISBN 3-378-00089-9)
(Bd. 6 ISBN 3-378-00090-2)
(Bd. 7 ISBN 3-378-00091-0)
(Bd. 8 ISBN 3-378-00092-9)
(Bd. 9 ISBN 3-378-00093-7)
(Bd. 10 ISBN 3-378-00094-5)

Gustav Kiepenheuer Verlag Leipzig und Weimar
Erste Auflage der Paperbackausgabe 1990
Lizenz Nr. 396/265   LSV 7353
Schrift: Baskerville-Antiqua
Gestaltung: Volker Küster
Printed in the German Democratic Republic
Bestell-Nr. 7884608   Fortsetzungsnummer: 904